통제경영의 종말

통제경영의 종말

통제경영의 종말

노부호의 스마트 시대 신 경영

노부호 지음

21세기북스

한국경영,
무엇을 파괴해야 하나?

한국경영은 혁명적인 변화를 거쳐야 한다고 생각한다. 정보화시대는 창조경영이 요구되는 시대이다. 정보화시대는 물건을 잘 만드는 것이 중요한 게 아니라 고객에게 감동을 주는 제품을 만드는 것이 중요하다. 또한 그렇게 해야 브랜드를 확립할 수 있다(1부 1장 12 '지금은 브레인 & 브랜드시대' 참조). 즉, 지금은 아이디어의 시대이다. 애플사의 브랜드는 아이폰과 같은 독창적인 제품을 만들어냈기 때문에 확립된 것이다. 물건 만들기로 치면 우리나라보다 잘 만드는 나라도 없을 것이다. 얼마 전 신문에 보도된 바와 같이 세계적 브랜드의 제품도 세아상역, 시몬느, 한국콜마, 크레신 등 우리 기업이 ODM_{original design manufacturer}으로 만들어주는 것이지만 정작 우리는 세계적인 자체 브랜드를 가지고 있는 회사가 많지 않다. ODM기업은 독자적인 기술로 직접 제품을 기획하고, 개발·생산·품질관리에서 출하까지 전 과정을 책임진다. 그런데도 이들 기업은 자체 브랜드를 가지지 못하다가 최근에야 개발하기 시작했지만 그것도 프리미엄이 아닌 저가브랜드이다. 브랜드가 중요한 시대에 우리에게 세계적 브랜드가 많이 없다는 것은 우리가 아직도 우리의 우수한 개발과 제조 역량에 기초를 두고 종업원들로부터 아이디어를 끌어내고 결집시키는 창조적 경영시스템을 만들어내지 못했다는 것을 말해준다. 우리가 자동차, 휴대폰, 영화, 광고, 게임 등에서 세계적으로 경쟁할 수 있는 상품을 내놓고 있다는 것은 우리에게 창조적 아이디어가 부족한 것이 아니라 아직도 많은 조직에 창조적 경영시스템이 구축되어 있지 않다는 것을 의미하는 것이다.

한국경영의 혁명적 변화는 우리의 사고, 관행, 제도의 파괴로부터 시작되어야 한다. 정보화시대는 경영파괴의 시대이다. 정보화시대는 모든 것이 변하는 시대, 그래서 패러다임이 변하는 시대라고 말하고 있다. 그러나 아직 우리는 거의 변하지 않았다. 세상은 정보화시대로 들어선 지 오래지만 한국경영은 아직 구시대를 벗어나지 못했다고 생각된다.

지금 우리에게 필요한 경영자는 미친 경영자 Crazy Manager 이다(1부 1장 02 '미친 경영자와 창조경영' 참조). 지금은 상식의 시대가 아니라 역설의 시대이다. 미친 경영자는 세상의 근본을 이해한 바탕 위에서 통찰력을 통해 기존 사고를 뒤엎고 실패를 두려워하지 않는 도전정신으로 새로운 미래를 건설하면서 우리를 놀라게 하는 경영자이다. 스티브 잡스는 대표적인 미친 경영자이다. 우리나라에도 스티브 잡스 같은 경영자가 나와 우리의 사고, 관행, 제도를 전면적으로 바꾸어 줄 수 있기를 바란다.

나는 회사에 입사한 지 얼마 되지 않는 졸업생들과의 대화를 통해 그들의 불만이 보통이 아님을 알고 있다. 이들에게 물어보기만 해도 경영이 획기적으로 변할 수 있을 것이라는 생각이 들었다. 경영파괴는 아래로부터 시작되어야 한다. 기존의 사고, 관행, 제도를 타파하기 위해서는 아랫사람들에게 '왜'라는 질문을 하게 하고 그들의 말을 경청해 고쳐나가야 할 것이다. 그들은 지금 "왜 내가 이런 쓸데없는 일을 하고 있지." 하면서 잠재력 개발과는 아무 상관없는 일을 하고 있다고 생각하고 있다.

지금 한국 기업의 경영에서 개선되어야 할 문제는 직원들에게 자율성과 주도권을 주고 있지 않다는 점이다. 입사한 지 얼마 되지 않은 신입직원이나 말단직원의 경우에는 목표가 있으면 준비하고 계획해서 일을 잘 처리할 수 있음에도 불구하고 책임 질 업무의 부재와 수시로 지시를 받는 구조로 인해 일의 예측성과 몰입도가 떨어진다. 이것은 젊은 사람들을 책임 있는 관리자로 키우는 것이 아니다. 한국에서도 P&G나 3M과 같은 외국계 회사 중에는 신입사원 때부터 책임을 질 수 있는 일을 맡기고 있는데 반해 우리는 왜 그렇게 안 되는지 자문해 볼 필요가 있다.

어느 정도 경험이 쌓이면 개선점이 보여 잘 해보려고 해도 주도권을 가지고 일을 할 수가 없다. 열심히 하려고 하면 '열심히 한다고 보상이 있는 것도 아닌데 왜 새롭게 일을 만들어 피곤하게 만드느냐'고 하는 분위기가 조직 내에 퍼져 있다. 그래서 현상유지를 타파할 길은 없고 시간만 가고 답답하다는 것이다.

그리고 일을 하는 수행책임과 집행권한이 분리되어 있다. 그 일이 누구의 일인가 명확하지 않게 운영이 되고 있는 것이다. 아랫사람들이 열심히 해서 어떤 일을 완성했는데 윗사람이 보고 마음에 안 들면 다시 하게 되고 그 동안 한 일이 수포로 돌아가고 낭비가 발생하는 경우가 종종 있다는 것이다. 예를 들어서 담당 임원이 열심히 자료조사와 소비자 조사를 통해서 신제품을 개발했는데 사장의 마음에 들지 않는다고 해서 오랜 시간에 걸쳐 만들어진 신제품이 무용지물이 되는 것이다. 수행책임은 집행권한을 전제로 하는데 그렇지 못하다. 일의 결과가 정말 마음에 들지 않으면 위에서 제동을 걸어야 하겠지만 그것이 일반화되어 있다는 것이 문제다.

정보화시대는 고객이 중심이 되는 시대, 즉 고객감동의 시대이다. 그래서 고객에게 꿈과 희망을 주라고 말하고 있는 것이다. 경영전략의 기본은 이처럼 고객에게 꿈과 희망을 제공하여 감동시키는 것이다. 고객에게 감동을 주기 위해서는 고객의 심층욕구를 이해해야 한다. 블루오션전략의 개념이 이 점에서 도움이 될 것이다(2부 2장 01 '블루오션' 참조). 블루오션에서 말하는 것과 같이 고객이 아니라 비고객을 이해하고자 하고, 경쟁 기업이 아니라 다른 대안산업을 참고하고, 우리의 자원과 능력의 범위 이내로 해야 할 일을 제한하는 것이 아니라 일하는 데 필요한 자원과 능력을 외부에서 가져오거나 개발한다는 영점기준사고가 도움이 될 것이다. 보다 중요한 것은 삶의 기본을 이해하는 것이다. 우리는 어떤 삶을 원하는가? 스티브 잡스는 그가 꿈꾸는 디지털 삶이 있었고 그것을 우리에게 제공하기 위해 제품을 만들었다.

정보화시대는 자율성과 혁신의 시대이다. 혁신에는 자율성이 요구된다. 혁신을 위해서는 사람들이 아이디어를 내고 시도할 수 있어야 하는데 이를 위해서 기본적으로 필요한 것이 자율성인 것이다. 윗사람이 간섭하지 말아야 하고 윗사람에게 물어볼 필요 없이 알아서 하는 주도권initiative이 요구된다. 주도권 없이 상상imagination 없고 상상 없이 아이디어idea가 나오지 않기 때문에 주도권 없이 혁신innovation이 없는 것이다.

주도권을 준다는 것은 다른 사람에게 종속되지 않고 일할 수 있도록 임파워empower되어야 한다는 것이다. 이것은 일하는 데 필요한 정보(전문가정보 포함)가 제공되고 일을 할 수 있도록 시스템이 갖추어져 있어야 함을 말한다. 경우에 따라서는 상사의 조언과 격려도 필요하다. 더욱 중요한 것은 하향식 경영을 상향식 경영으로 바꾸는 것이다. 하향식 경영은 우리가 무슨 사업을 할 것인가를 최고경영층에서 전략계획을 통해서 결정하고 직원들이 거기에 따라가는 것이다. 상향식 경영은 직원들의 관심과 창의적 아이디어에 기초를 두고 자유로운 시도와 실험을 통해서 성공한 사례가 나오면 그것이 사업으로 발전되는 것이다. 3M의 포스트잇이 좋은 예이다. 임파워먼트empowerment는 이와 같이 자유로운 시도와 실험을 장려하여 직원들이 사업의 방향을 정하도록 하는 것이다.

정보화시대는 휴먼경영의 시대이다. 정보화시대의 3가지 변화를 정보화, 세계화, 인간화라고 말했지만 이 중에서 인간화는 정보화, 세계화만큼 물리적으로 눈에 띄지 않는다. 그러나 인간화는 이 시대의 저류를 형성하면서 우리의 전체를 감싸게 될 것이다. 지금을 꿈의 시대, 감성의 시대, 영성의 시대라고 하는 것은 인간화의 한 단면이다. 휴먼경영은 창조경영과도 직결된다. 인간은 기본적으로 열정과 애정을 가지고 아무 간섭 없이 자율적으로, 그리고 다른 사람과 협력하면서 이 사회를 위해 가치 있는 일을 하고 싶은 것이다. 이것이 치열하게 인생을 살아가는 사람들의 희망인 것이다. 이러한 삶으로부터 예술가적 창조가 나온다. 그들은 단지 월급이 많아서 회사에 나오는 것이 아닐 것이다. 우리는 경영에서 이러한 삶을 실현해야 한다. 우리는 무엇 때문에 살아 있고 왜 경영하는가? 우리의 삶의 현장인 일터에서 삶의 질이 파괴되고 있다면 처음부터 무언가 잘못된 것이다. 정보화시대 기업경영의 가장 중요한 목적은 종업원을 행복하게 하는 것이다. 행복은 우리가 일에 열정을 가지고 주위 사람들과 애정 있는 관계를 가질 때 나오는 것이다. 이것은 일과 사람에 대한 인식을 바꿀 것을 요구한다. ‘일은 자기의 창조적 표현이다’ 라는 인식이 열정을 가져오고 ‘인간은 무한한 잠재력을 가지고 있다’ 라는 인식이 애정을 불러일으킨다. 사람들이 열정과 애정을 가지고 있다고 믿는 것이 그들을 성인으로 대하는 것이다. 물론 기업의 경쟁력과 조화를 이루는 행복경영이 되어야 할 것이다. 강소기업인 장암LS의 구연찬 회장은 ‘종업원이 행복하지 않다면 경영을 잘못한 것이라’ 는 신념으로 경영에 임하고 있다. 이 책에서 사례를 든 미라이공업, 주켄은 행복경영을 내세우는 기업들이다. 3부 2장 06 ‘제3수준의 경영: V이론’ 에서는 이와 관련하여 새로운 대안을 제시하고 있다.

나의 경영학 연구는 기업경영자들과 대화하면서 그들이 느끼는 문제가 무엇이고 그것을 어떻게 해결해야 하는가를 주제로 수행되었다. 내가 1997년부터 기업인들을 회원으로 하여 진행하고 있는 21세기 비즈니스 포럼의 월례 세미나와 임원들(주로 혁신 담당)과 진행하고 있는 MIGManagement for Innovation and Growth 월례 세미나가 나에게는 중요한 토론의 장이 되었다. 나도 학교에 와서 처음에는 설문지로 자료를 수집하고 통계적 분석으로 가설 검증하는 실증연구empirical research를 하여 SCI급 논문에 발표도 하였다. 그리고 이런 연구를 하는 세계적 모임인 GMRGGlobal Manufacturing Research Group를 조직하고 주도적으로 이끌어 왔다. GMRG는 나와 함께 이 조직을 만들었던 미국의 클레이 화이바크Clay Whybark 교수가 지도력을 발휘하여 세계 각국의 교수들이 계속 1년에 한 번씩 만나 공동으로 연구하면서 세계 최고의 학술지에 논문을 발표하고 있다. 내년에는 서울에서 이 모임을 개최할 계획이다. 그러나 나는 이러한 실증연구가 기업의 실제 문제를 해결하는 데는 효과적이지 않다고 느꼈고 기업경영자들과 기업의 실제 문제를 가지고 대화하면서 경영자들이 고민하는 문제는 무엇이고 해결책은 무엇인가에 대해 통찰력을 얻는 사례연구에 더 많은 관심을 두고 있다.

나는 오랫동안 우수한 기업의 경영을 주제로 연구해왔다. 그리고 우수기업의 경영과 관련하여 $E=E^3$이라는 개념적 모형을 개발하였다. 이 모형의 요지는 경영의 3 요소는 환경, 자원, 사람이고 경영을 잘하기 위해서는 이 3가지를 잘 관리해야 한다는 것이다. 또한 이 3가지를 잘 관리하기 위해서 윤활유처럼 요구되는 것이 비전과 문화인데 이는 최고경영자가 책임을 지고 개발하는 것이다. $E=E^3$으로부터 우수기업의 경영모형이 개발되었다(3부 2장 04 '우수기업의 경영모델' 참조). 우수기업의 경영과 관련하여 개발한 다른 모형은 전략의 고리 모형이다. 전략의 고리 모형은 기업경영에서 중요한 기본은 좋은 품질의 제품으로 고객에게 봉사하는 것이고 이것이 가능하기 위해서는 인재와 기술을 중요하게 생각하는 가치가 조직 내에 심어져 있어야 하는데 많은 기업이 이익을 중요하게 생각하여 매출액과 시장점유율을 늘리는 데 급급하여 인재와 기술을 소홀히 함으로써 내실을 잃을 수 있다는 것을 설명하는 것이다. 전략의 고리 모형은 좋은 제품을 고객에게 봉사하기 위해 인재와 기술을 중요하게 생각할 수 있도록 경영자는 가치와 철학을 개발해야 한다는 것을 말한다(3부 2장 01 '전략의 고리: 경쟁력의 기본' 참조).

나는 우수기업의 경영모형과 전략의 고리 모형을 통해 기업경영에서 가장 중요한 것은 리더십이라는 것을 알게 되어 '7요소 리더십' 모형을 개발하게 되었다. 7요소 리더십은 효과적 리더십의 요소를 7가지 즉 가치, 열정, 애정, 지혜, 비전, 실행, 동기로 파악한 것이다(3부 2장 09 '7요소 리더십 모델과 이순신 장군' 참조). 리더십과 관련된 것으로 나는 '기업가정신의 위계적 구조'라는 기업가정신에 관한 개념적 모형도 만들었다. 이 모형은 기업가정신은 혁신이고 혁신을 위해서는 기업가가 가치를 확립하여 열정과 애정의 성품을 개발함으로써 조직 내에 개방적이고 도전적인 문화를 형성해야 한다는 것을 말해주고 있다(3부 2장 10 '유일한의 기업가정신과 경영' 참조).

이상의 4가지 모형에서 그 중심은 가치다. 7요소 리더십 모형에서도 기초는 가치로, 가치가 없으면 다른 6가지 요소는 잘 개발될 수 없다. '기업가 정신의 위계적 구조'에서도 가치를 기본으로 하여 성품과 문화를 개발해야 혁신이 가능하다는 것을 말해주고 있다. 우수기업의 경

영모형에도 기업경영의 기초는 비전과 문화를 통한 종업원의 의식개
선인데, 비전과 문화는 지도자의 가치를 반영하는 것이다. 전략의 고
리 모형에서도 중심축은 가치이다. 가치가 없을 때 기업은 단기적인 이
익에 치중하고 장기적인 인재, 기술, 고객은 소홀히 하여 경영을 그르
치게 된다.

　이 책은 지난 80년대 초부터 경영과 혁신이라는 과목으로 가르쳐 온
내용을 중심으로 정리하였다. 그동안 수업에서 경영문제에 대해 학생
들과 토론하면서 나는 많은 아이디어를 얻을 수 있었다. 이 책은 그동
안 나를 거쳐 간 조교들이 타이핑과 교정 등 많은 노력을 해서 나온 산
물이다. 너무 많아 이름을 다 열거한다는 것은 어렵지만 대학원 과정의
이진우, 황인성, 김수환과 내가 지도한 경영학술 동아리 LENS의 이학
균, 오일구, 김민창, 류욱상, 한현수, 서영득, 심규황, 김대건, 석준호,
김영도, 김택호, 오지현 등에게 고마움을 전하고 싶다. 그리고 이 책이
이렇게 나올 수 있게 된 것은 무엇보다도 내용의 중복이 많고 무질서한
원고를 정리하느라 애써준 안현주 실장을 비롯하여 유승재 씨, 박혜란
씨 등 21세기북스의 편집담당자들 덕분이다.

노고산 기슭 연구실에서 한강을 바라보며
노부호

CONTENTS

서문 • 5

1부 경영혁신

1장 스마트시대의 신경영

01 경영파괴 키워드 • 22

02 미친 경영자와 창조경영 • 28

03 정보화시대의 환경 변화와 기업의 대응 • 33

04 정보화시대의 사고와 전략 • 46

05 정보화시대의 경영 과제: 혁신, 속도 • 53

06 정보화시대는 관계, 협력, 기업가정신이 중요하다 • 58

07 정보화시대의 기업경영 • 62

08 ABB 사례 • 89

09 CNN 사례 • 93

10 국제 환경 변화와 기업경영 • 100

11 협력의 중요성과 속도경영 • 107

12 지금은 브레인 & 브랜드시대 • 112

2장 기업 구조조정과 경영혁신

01 혁신과 성장의 2가지 전략 • 118

02 자율적 기업문화의 정립 • 134

03 혁신적 기업문화의 조성 • 140

04 시장 환경과 조직, 그리고 새로운 경영 • 151

05 IMF 위기 이후 한국 기업의 구조조정과 경영혁신 • 163

06 한국 기업의 경영혁신으로부터 배울 것 • 183

07 구조혁신을 통한 기업 경쟁력 강화 • 186

08 마음경영을 통한 원가주도전략의 성공적 실행: 한국전기초자의 사례 • 196

2부 경영전략

1장 비전

01 비전이란 무엇인가 • 210

02 비전의 요소 • 218

03 비전의 개발, 평가와 홍보 • 233

2장 전략

01 블루오션 • 242

02 전략은 다양하다 • 264

03 전략이란 무엇인가 • 270

04 틈새전략과 살포전략의 비교 • 277

05 정보화시대의 소프트전략 • 281

06 고객지향적 조직의 요소 • 286

07 고객충성심에는 고객지각이 중요하다 • 295

08 고객감동과 잠재상품 • 298

09 사업전략 수립의 2가지 방법 • 302

3장 목표관리

01 MBO는 특별한 것이 아니다 • 306

02 MBO의 전개 과정 • 314

03 MBO의 역사와 진화 • 324

04 우수경영의 모델과 MBO • 328

05 평가는 왜, 그리고 어떻게 해야 하는가? • 331

06 목표관리와 평가의 기본 • 337

07 목표관리의 문화적 고려 사항 • 340

08 목표관리제도와 인사고과의 연계 • 346

09 목표관리 도입 과정 • 352

3부 휴먼경영

1장 인간적 경영

01 성품과 가치 중심의 인간적 경영 • 360

02 영속하는 기업은 열정과 애정이 있다 • 379

03 일과 관계의 문화를 심화시키자 • 383

04 조직을 위한 사람인가, 사람을 위한 조직인가 • 386

05 정보화시대의 공장관리 • 391

06 자율성, 어떻게 실천할 것인가? • 399

07 종업원들의 참여와 몰입 • 404

08 민주주의와 시장경제 • 407

09 교도소와 인간적 경영 • 410

10 셈코 사례 · 422

11 미라이공업 사례 · 443

12 이나식품공업 사례 · 456

13 일본전산 사례 · 469

14 주켄공업 사례 · 476

2장 우수기업의 리더십

01 전략의 고리: 경쟁력의 기본 · 484

02 전략의 고리 실천 · 494

03 전략의 고리 기업 사례 · 505

04 우수기업의 경영모델 · 513

05 생명과 창조의 경영: 기업가정신과 잠재력 개발 · 527

06 제3수준의 경영: V 이론 · 533

07 신자유주의는 인간적이다 · 539

08 사업적 가치관과 집중력 · 542

09 7요소 리더십 모델과 이순신 장군 · 546

10 유일한의 기업가정신과 경영 · 570

11 리더십의 본질 · 608

12 자기 확신을 가진 지도자가 필요하다 · 622

주 · 626

참고문헌 · 628

1부
경영혁신

1장

스마트시대의 신 경영

01

경영파괴 키워드

경영의 세계적 구루로 알려진 톰 피터스는 2009년 한국의 한 강연에서 CEO는 이제 CDO Chief Destruction Officer가 되어야 한다고 말했다. 이후 어떻게 경영을 파괴해야 하는가에 경영자들의 관심이 쏟아지고 있다. 파괴한다는 것은 과거의 경영방식을 타파하고 새로운 경영방식을 구축하는 것을 의미한다. 소매시장을 석권했던 소매체인 시어즈가 고전하는 이유는 과거를 잊지 못하기 때문이다. 요즘 유행하는 말로 '이제는 좋은 경영자 Good Manager가 요구되는 것이 아니라 미친 경영자가 요구된다' 는 것이다.

미친 경영자란 상상력을 발휘하여 남들이 보기에는 정신이 나간 것처럼 대담한 행동을 하면서 세상을 바꾸고 새로운 미래를 창출하겠다는 열정을 가진 사람을 말한다. 또한 웅대한 비전과 불굴의 의지, 그리고 모험심도 요구된다. 두바이를 건설하고 있는 셰이크 모하메드를 이러한 미친 경영자로 부를 수 있을 것이다.

정보화시대를 맞이하여 한국 기업이 서구기업에 비해 부족한 것은

자율적이면서 성과지향적 경영에 바탕을 둔 창조적 경영이라고 생각
된다.

한국 기업의 경쟁력을 한 단계 제고시키기 위해서는 창조적 경영을
지향하는 경영파괴가 일어나야 할 것이다. 우리가 지금 파괴해야 할 경
영의 내용을 사업파괴, 조직파괴, 관행파괴, 사고파괴, 문화파괴로 나
누어 생각해보자.

사업파괴

이제는 단순히 물건을 판다는 개념에서 토털 솔루션을 제공한다는
것으로 사업의 개념이 바뀌어야 한다. GE파워시스템스는 터빈이나 발
전기를 만들어 팔지만 그것보다 수리해서 버는 돈이 더 많다. 이제는
소프트웨어와 시스템을 팔고 있는데 스위치를 올리기만 하면 GE의 시
스템과 서비스를 받을 수 있다고 말하고 있고, 심지어 고객기업에 대해
컨설팅 서비스도 제공하고 있다. GE파워시스템스의 전 사장이었던 로
버트 나르델리Robert Nardelli는 제품은 고객과 접촉하기 위한 하나의 핑
계에 불과하다고 말한다. 그는 고객에게 토털 솔루션을 제공하고 경쟁
기업보다 더 많은 수익성을 제공함으로써 고객만족이 아닌 고객성공
을 목표로 한다.

우리는 물건을 파는 시대에서 서비스를 파는 시대를 거쳐 이제 경험
을 파는 시대로 이행해가고 있다. 커피를 예로 들면 자판기에서 다방을
거쳐 스타벅스로 이행해가고 있는 것이다. 할리데이비슨도 문화와 라
이프스타일이라는 경험을 팔고 있다.

경험을 판다는 것은 고객이 '와, 이런 회사도 있나? 대단한 회사다.
마음에 든다' 고 말할 수 있도록 하는 것이다. 자동차를 팔 때도 제품,

서비스, 경험이 결합되어 고객이 "와!" 하고 감탄할 수 있도록 토털 솔루션을 제공하는 것이 중요하다.

유원지였던 용인자연농원이 테마파크인 에버랜드로 바뀌고 남이섬이 먹고 노는 유원지에서 문화 체험하는 관광지로 바뀐 것도 사업파괴의 일환이라고 할 수 있을 것이다.

조직파괴

계층을 줄여 의사결정단계를 축소하고 기능적 조직을 팀조직으로 만드는 것이 우리의 중요한 과제이다. 이를 위해 지금까지 나온 가장 이상적인 구조는 사장단(사장과 본부임원)-사업본부장-팀장으로 이어지는 3단계 조직구조이다. 이것이 제대로 작동하기 위해서는 거꾸로 된 조직구조가 되어야 한다. 팀장은 팀원이, 사업본부장은 팀장이, 사장단은 사업본부장이 일을 잘할 수 있도록 지원하는 것이다. 그런 의미로 사장단을 코치 또는 카운슬러라 부르는 기업도 있다. 이런 기업에서는 사장을 포함한 모든 관리자들이 정기적으로 부하직원의 평가를 받아 유임 여부가 결정된다. 이렇게 3단계 팀조직을 만들었을 때 일에 대한 열정을 가지게 되고 직원 간 협력이 잘되어 의사결정 속도가 엄청나게 빨라지게 된다.

또한 특별한 과제를 해결하기 위한 프로젝트 팀이 활용되기도 한다. 오리온은 IMF 전 미래경영팀이라는 별동부대를 만들어 케이블 방송사업 등 다른 사업으로 다각화할 수 있었다.

LG전자는 혁신 과제에 대해 풀타임 팀(일명 TDR 팀)을 구축하여 해결해나가고 있는데 현재 사무직원의 35퍼센트인 4000여 명이 참여하고 있다. 이러한 활동이 기초가 되어 LG전자의 가전사업은 세계 최고의 경쟁력을 갖추게 되었다.

　사람들 중에는 좋은 아이디어를 가지고 있으면서도 위계질서 속에서 일하기 싫어하는 자유분방한 이들이 있다. 그들은 보통 회사를 나가 자기 사업을 하는 경향이 있다. 조직과는 상관없이 혼자 일할 수 있도록 개인사업팀을 만들어 이러한 사람들을 수용할 필요가 있다. 브라질의 셈코라는 회사는 이러한 제도를 도입하여 큰 성과를 얻고 있다.

관행파괴

　외국인들은 한국의 관리자들이 일밖에 모른다고 하는데 우리는 그것을 미덕으로 알고 있다. 그러나 이제는 달라져야 한다. 여름휴가도 한국의 관리자는 4~5일밖에 가지 않는 것을 2~3주 가도록 하면 좋을 것이다. 그동안에 안 본 책도 읽고 시간이 없어 못했던 일도 하면서 재충전의 기회를 가질 수 있을 뿐만 아니라 휴가기간에 부하직원이 자기 일을 대신 함으로써 후계자 육성의 기회도 만들 수 있다.

　출퇴근시간도 특별한 일이 없는 한 정확하게 지켜 일, 가정, 그리고 개인생활의 균형을 취하도록 해야 할 것이다. LG생활건강에서는 9시~6시 또는 8시~5시로 출퇴근 플렉스타임제를 도입했는데 정착시키는 데 1년이 걸렸다고 한다. 그만큼 이런 관행을 바꾸기가 쉽지 않은 것이다. 이제는 일이 없는데도 상관의 눈치를 보느라 퇴근하지 못하는 일이 없어졌다고 한다.

　또한 우리가 받는 임금을 성과급제로 바꾸어야 할 것이다. 연공서열제나 시간급제와 같이 회사에 몇 년간 봉직했기 때문에 또는 몇 시간 일했기 때문이 아니라, 내가 설정한 목표를 달성했는지 또는 회사가 이익이 많이 났는지에 따라 임금을 받아야 할 것이다. 이것은 특히 현장

사원에게 적용하여 오버타임이나 주말수당 등을 폐지하고 임금을 기본급+생산성 인센티브+이익공유로 하여 생산목표의 달성 여부와 회사이익의 증감에 따라 임금이 정해지도록 하면 좋을 것이다. 이렇게 할 때 학습의욕도 생겨 현장사원들도 지식근로자로 성장할 수 있고 회사에 대한 충성심이 생겨 노사문제도 사라질 것이다.

그리고 '쓸데없는 일 하지 않기'도 요구된다. 깨끗하고 산뜻한 보고서를 만들기 위해 헛된 시간을 보내거나, 심지어 연구직 사원인 사원들을 판매사원으로 만들어 회사제품의 판매 할당량을 주고 고과에 반영하는 일도 있다. 이런 것들은 앞으로 사라져야 할 관행이다.

사고파괴

종업원의 의식 수준이 높아져야 기업의 성과도 좋아진다. 사고파괴는 의식 수준이 높아지는 것으로 이를 위해서는 가치관, 인생관이 정립되어야 한다. "무엇 때문에 사는가? 삶의 가장 중요한 가치는 무엇인가? 행복이란 무엇인가?" 하는 질문에 답을 하는 것이다. 가치관이 바르게 정립된 사람은 일에 열정과 타인을 향한 애정을 가지고 있기 때문에 회사에 대한 충성심이 있고, 다른 사람과 협력이 잘되어 회사 성장에 도움이 된다.

잭 웰치는 '회사에 충성심이 없는 사람이 가장 나쁘고 이런 사람은 회사에서 내보내야 한다'고 말한 바 있다. 중국기업 황밍에서는 '생각을 바꾸지 않으면 사람을 바꾸겠다'고 선언하며 직원의 3분의 1을 내보내고 새로운 사람들로 충원했는데 성과가 좋아졌다. 이와 같이 우리의 사고를 파괴하고 새롭게 가치를 확립하지 못하면 우리가 회사로부터 파괴를 당하게 될 것이다.

문화파괴

우리가 가장 시급히 파괴해야 할 문화는 권위주의이다. 부하가 상관에게 '노'라고 말하고 질문하고 비판하면서 도전할 수 있는 문화를 구축하는 것이 중요하다. 우리는 권위주의 때문에 상사에게 질문도 제대로 못하는 경향이 있다. 이러한 권위주의를 타파할 때 자율적으로 생각하고 질문하고 토론하면서 창조하는 문화를 형성할 수 있을 것이다.

한국 기업이 발전하기 위해서는 앞으로 여성인력과 외국인을 많이 활용해야 한다. 문화파괴는 여성인력이 선호하는 회사가 될 수 있도록 일과 삶의 균형을 취할 수 있는 유연한 근무환경을 만들고 외국인이 일하기 좋은 직장이 되도록 보다 개방적인 문화를 조성하는 방향으로 나아가야 한다.

02

미친 경영자와 창조경영

미친 경영자

지금은 불연속적 변화의 시대, 거꾸로 뒤집힌 세계라고 할 정도로 변화가 빠르고 불확실성이 심화되고 있어 과거의 상식이 통하지 않는 역설의 시대라고 한다. 이는 기술이 발달하고 사람들의 욕구가 다양하게 분출되면서 예상하지 못한 곳에서 과거의 상식을 뛰어넘는 변화가 일어나기 때문이다.

이것은 우리에게 엄청난 기회를 제공하고 있지만 과거의 상식으로는 미래에 적응할 수 없다. 이런 때에는 상식을 뒤집고 새로운 미래를 창조하는 경영자가 요구된다. 이런 사람은 예상을 뛰어넘는 일을 저지르는데 상식의 눈으로 보면 위험하고 미친 사람처럼 보인다. 그래서 이런 사람을 미친 경영자라고 부른다.

미친 경영자가 성공하기 위해 갖추어야 할 요소는 통찰력, 비전, 열정, 그리고 결단력이다.

두바이를 건설하고 있는 셰이크 모하메드는 미친 경영자의 한 사람으로 볼 수 있다. 어떻게 저런 아이디어가 나왔을까 할 정도로 우리의 상상을 뛰어넘는 일을 한다. 저러다가 완전히 망하지 않을까 걱정이 될 정도이다. 게다가 최근 글로벌 금융위기 여파로 부도 지경에 몰렸기 때문에 두바이에 대해서 부정적 인식이 있는 것도 사실이다. 하지만 두바이의 개방적 문화와 제도는 금융, 물류 등에서 중동의 허브로 부상할 수 있는 탄탄한 기반이 되고 있다. 이러한 점에서 몇 년간 시련을 겪게 되겠지만 다시 일어설 수 있을 것이다.

CNN을 창업한 테드 터너Ted Turner도 미친 경영자이다. 그가 24시간 뉴스만 하는 TV 방송국을 설립한다고 했을 때 방송 관련 전문가들은 거의 모두 말도 안 되는 바보 같은 짓이라고 비웃었다. 그러나 그는 오늘날처럼 미친 듯이 빠르게 돌아가는 세계에서는 방송이 뉴스를 가공하지 않고 있는 그대로 생방송으로 내보낼 수 있어야 한다고 보았고 그러한 그의 생각은 적중했다. 그가 5년 이상 적자를 보면서도 계획을 접지 않은 것은 그에게 통찰력에 기초를 둔 큰 꿈이 있었기 때문이다. 그는 또한 실패를 두려워하지 않고 생각한 것을 행동으로 옮기는 결단력 있는 사람이었다. 그리하여 그는 방송사에 새로운 역사를 창조한 것이다(보다 상세한 내용은 1부 1장 09 'CNN' 사례 참조).

박정희 대통령도 미친 경영자이다. 포항제철을 설립할 때나 경부고속도로를 건설할 때 많은 반대에도 불구하고 그것을 강행했는데 지금 생각해보면 당연히 해야 하는 일이었다. 그는 국민들 대부분이 생각하지 못했던 통찰력에 기초를 두고 한국의 미래에 대해 큰 꿈을 가지고 있었다. 그리고 열정과 결단력이 있었다. 이렇게 해서 그는 한국이 세계 10위권 안에 드는 경제국가로 발전해나갈 수 있는 기초를 닦았다.

STX의 강덕수 회장 또한 미친 경영자라고 해도 좋을 것이다. 그는 노르웨이의 아커야즈를 인수하여 한국은 거의 포기하고 있던 크루즈

선박 제조에 뛰어들었고 단기간에 글로벌 생산체제를 구축했다. 이는 그가 통찰력이 있고 세계적 기업을 만들겠다는 큰 꿈을 가지고 있었기 때문에 가능했다고 생각된다. 그리고 그는 사업 기회가 있으면 어디든 지 가겠다며 세계 각지를 발로 뛰는 경영자로 알려질 정도로 열정이 있었다. STX는 무모하다고 생각될 정도로 인수합병을 추진하면서 7년 만에 규모가 66배나 커졌는데, 여기에는 실패를 무릅쓰고 도전하는 강덕수 회장의 결단력이 뒷받침되었다고 생각한다.

지금은 세상이 엄청나게 빠르게 돌아가고 있고 사업의 기회가 많이 증가하는 시대이다. 이런 시대에 우리 경제를 한 단계 도약시키기 위해서 필요한 사람은 바로 미친 경영자다. 미친 경영자는 최고경영자에게만 붙는 이름이 아니다. 대리나 과장도 미친 경영자가 될 수 있도록 기회를 열어주고 자율성을 줌으로써 자기가 좋아하는 일을 하여 새로운 미래를 창조해나갈 수 있도록 해야 할 것이다.

창조경영

창조경영에는 도전적인 일의 문화와 개방적인 관계의 문화가 요구된다. 도전적인 일의 문화는 자기가 하는 일이 얼마나 재미있고 도전적인가 하는 것이다. 새로운 시도를 할 수 있는 일인가, 실패를 무릅쓰고 도전할 수 있는 여지는 어느 정도나 되나 하는 질문에 얼마나 긍정적으로 답할 수 있는가에 달렸다.

스스로 아이디어를 내서 어떻게 일하느냐에 따라 조직에 대한 기여도가 달리 매겨지고, 결과에 따라 평가받고 인정받을 수 있는 일이 돼야 한다. 자기 일이 얼마나 의미 있고 인정받을 수 있는 일이냐 하는 것이 도전적인 일의 문화 형성에 중요하다. 물론 실패를 장려하고 작은 성공도 인정하고 축하해주는 분위기도 중요하다.

그러나 한국 기업은 석사 학위를 마친 대리급 사원에게 고졸 사원도 할 수 있는 단순 반복 업무를 시킨다. 실패를 두려워하지 않게 하고 작은 성공이라도 평가하고 인정해주는 분위기가 부족하다. 자기가 하는 업무가 적성에 맞지 않아 다른 부서로 옮기고 싶어도 인력을 다른 부서에 빼앗기기 싫다는 이유로 잘 보내주지 않는다고 한다. 직원들에게 자기가 하고 싶은 도전적인 일을 시키는 것이 중요하다는 인식이 부족하다.

3M에는 15퍼센트 법칙이 있고 구글에는 20퍼센트 법칙이 있다. 자기 시간의 15퍼센트와 20퍼센트는 회사에서 요구하는 일과 다른 자기가 하고 싶은 일을 하라는 것이다. 그리고 실패를 장려하기까지 한다. 구글의 회장은 수백만 달러에 달하는 실패를 한 임원에게 '실패를 해서 기쁘다. 우리는 신속하게 많은 일을 하는 회사가 되어야 한다. 실패가 없다면 도전하지 않은 것이다' 라며 칭찬을 했다고 한다. SK네트웍스에서는 임원들에게 새로운 사업을 하도록 장려하고 지원하면서 2년간 실패를 허용하고 있는데 이러한 활동이 성장에 10퍼센트 정도 기여하고 있다고 한다.

개방적인 관계의 문화를 확립하기 위해 중요한 것은 상하간의 격의 없는 토론이다. 토론문화가 있을 때 그 조직은 창의적 아이디어가 흘러 넘치게 된다. 그러나 한국에는 토론문화가 없다. 뭔가 토론이라도 하려고 하면 튀는 인물로 취급돼 살아남을 수 없다. 말 한번 잘못했다가는 불이익을 당하기 때문에 가만있는 게 본전이라도 찾는 것이다. 회의는 현황보고와 지시사항으로 끝난다. 이러한 사고와 행동은 위로 갈수록 심하며 사람들은 조직 내에서 길들여지거나 걸러져 남아 있는 이들은 점점 순한 양이 되어간다. 이렇게 권위적인 문화이기 때문에 불가능한 목표를 앞에 두고 힘들다거나 불가능하다고 말하면 '하라면 하지,

무슨 말이 그렇게 많으냐'고 윽박지른다. 그래서 한국 기업에서는 'SSKK(시키면 시키는 대로 까라면 깐다)'라는 우스갯소리까지 있다.

다국적 기업인 한국P&G에서는 토론 없이는 의사결정을 하지 않는다는 원칙이 있다. 이 회사에서는 임원이 필요한 자료를 직접 만들기 때문에 작성해야 하는 보고서가 줄어든다. LG생활건강에서는 상관이 아랫사람을 찾아가서 물어보는 MBWAManagement By Walking(Wandering) Around(현장방문 경영방식)를 통해서 보고서를 쓸 필요가 없도록 하고 있다. 독일 지멘스의 페터 뢰셔Peter Loescher 회장은 잘못된 관행들을 도출하고 타파함으로써 회사 분위기를 바꾸고 구성원이 고객과 비즈니스에 집중할 수 있도록 했다.

지금 한국 기업에서는 창조경영의 필요성을 인식하고 아침 방송도 하는 등 위에서 부서장들을 통해 강조하고 있지만 실제 일이 이루어지는 현장은 창조경영과는 거리가 멀다. 한국 기업은 그동안 일사불란하게 움직여 선진기업을 뒤쫓아가는 데에는 어느 정도 성공했다. 하지만 이제 세계적 수준의 기업과 나란히 경쟁을 해야 하는 입장에서는 한국 기업의 문화가 달라져야만 한다.

정보화시대의 환경 변화와
기업의 대응

우리 인류가 겪은 2가지 큰 변화는 농경시대에서 산업화시대로 가는 산업혁명과 산업화시대에서 정보화시대로 가는 정보혁명이다. 이를 객관적으로 비교하긴 힘들지만 과거 100년에 걸쳐서 일어난 것보다 지난 10년 동안에 더 큰 변화가 일어났다고 말하기도 하고, 인류 역사 4만 년에 걸쳐서 창출된 것보다 더 많은 자료와 정보가 최근에 와서는 한 해만에 창출되고 있다고 말하기도 한다. 이런 이야기를 들어보면 정보혁명이 산업혁명보다 더 큰 변화라고 생각된다. 그렇다면 지금 우리는 인류 역사상 가장 급격한 환경 변화를 겪고 있는 것이다. 게리 하멜Gary Hamel 교수도 이 시대를 규정짓는 한 가지 특징은 변화의 속도가 하이퍼 속도로 올라갔다는 것이라면서 이산화탄소 배출, 휴대폰의 수, 인구 등이 기하급수적으로 증가하고 있음을 예로 들었다(Hamel, 2007).

이와 같은 급격한 변화를 우리는 불연속적인 변화라고 부른다. 연속적인 변화는 어제 하던 일을 오늘 좀 더 잘해야 하는 것이지만, 불연속적인 변화는 어제 했던 것과는 전혀 다른 일을 오늘 해야 하는 것이다.

어제까지 축구 경기를 했다면 오늘은 배구 경기를 해야 하는 것에 비유할 수 있다. 그래서 지금을 거꾸로 뒤집힌 세계라고도 한다. 어제 하던 일과 정반대로 하면 오히려 지금 일어나는 환경 변화에 더 잘 적응할 수 있다는 것이다. 이러한 급격한 환경 변화는 불확실성을 심화시켜 이제는 아무도 내일 무슨 일이 벌어질지 모르지만 어떠한 경우에라도 뛰어들 준비가 되어 있어야 한다. 이는 기업 간의 경쟁에서 원가와 품질보다는 대응성과 융통성이 더욱 중요해졌다는 것을 말한다.

정보화시대의 3가지 변화

지금 일어나고 있는 변화의 주류는 정보통신기술의 발전에 의해 나타나는 정보화이다. 얼마 전까지 우리는 다른 사람에게 자료를 보내기 위해서 팩스를 사용했는데 이제는 점점 사라져가고 인터넷으로 전송을 하고 있다. 전화도 더욱 발달되어 스카이프Skype와 같은 인터넷전화를 이용하면 국제전화도 무료로 할 수 있다.

정보화가 우리에게 주는 영향은 무엇인가? 가장 중요한 것은 의사소통의 혁명일 것이다. 현재 의사소통에 있어 물리적 거리의 중요성은 줄어들었다. 이제 정보는 우리가 원한다면 언제, 어디서, 누구에게나 즉시 제공될 수 있게 되었다. 그리하여 회사에 출근해서 일해야 할 필요성이 줄어들고 있다. 화상회의, 화상강의는 이러한 변화를 나타낸다. 이제 정보는 어느 개인이나 집단이 독점할 수 없고 공유하게 되었다. 정보의 공유는 힘의 집중에 분산을 가져와 민주화를 촉진하게 될 것이다.

또한 정보화는 우리 모두를 하나로 연결하여 세계화를 촉진시키고 있다. 이제 경쟁자는 국내는 말할 것도 없고 세계 도처에서 속출하고 있다. 국내에서만 안주할 수 없는 현실에 직면하고 있는 것이다. 이것은 경쟁이 심화되는 것을 의미한다. 경쟁이 심해지면 더 많은 협력이 필요해진다. 이제 경쟁은 대립적 경쟁에서 협조적 경쟁으로 바뀌고 있다. 대기업 간의 전략적 제휴, 지역경제권의 형성이 이 일환이고 세계는 앞으로 국경 없는 하나의 경제권으로 통합되어 갈 것이다. 이제 기업경영은 세계를 무대로 하지 않으면 안 된다.

정보화사회는 인간화를 촉진한다. 소득 수준 및 교육 수준의 향상으로 사람들은 점점 더 자아를 찾아가고 있다. 이제 사람들은 보다 많은 자율성을 가지고 더 가치 있는 일을 함과 동시에 자기가 한 일에 대해 공정한 평가를 받고 회사에서 일어나는 일들이 무엇인지 알기를 원하고 있다. 이는 정보화가 인간적 경영을 요구하고 있음을 말한다. 인간화가 진전됨에 따라 사람들은 독자적으로 일하기를 원하기 때문에 전문화가 촉진되고 있다. 전문화는 또한 자기영역 이외의 다른 것은 남에게 종속됨을 뜻한다. 전문화는 풍요로운 사회를 만들고 이것은 또 서비스산업의 발전을 가져오고 있다.

이제 소비자는 고부가가치의 다양한 제품을 찾고 있다. 정보화에서는 물건을 만드는 게 중요한 것이 아니라 어떤 물건을 어떻게 만들 것인가 하는 아이디어가 더 중요하다. 또한 아이디어는 사람의 머리로부터 나오기 때문에 교육이 중요해졌다. 그래서 정보화사회를 두뇌에 기초한 경제brain based economy라고 부른다. 이 경제에서는 노동집약적인 제조업이 약화되고 지식산업이 발달할 것이다.

3가지 변화와 기업경영

정보화시대에는 3가지 변화가 있고 그것에 따라 3가지 죽음이 나타난다. 여기서 죽음이라는 용어를 쓴 것은 3가지 인식의 전환이 있어야 한다는 것을 강조하기 위함이다.

3가지 변화는 정보화, 세계화, 인간화이다. 정보화에 의해서 거리, 세계화에 의해서 국가, 인간화에 의해서 관료가 죽는다. 이러한 3가지 변화에 의해서 대량고객생산, 세계경영, 그리고 자율경영이 중요해지고 있다(노부호, 2004).

1) 대량고객생산

먼저 정보화에 의해서 거리가 죽고 있다. 거리의 죽음은 생산체제를 뒤바꿔놓고 있다. 이제는 생산자와 소비자가 도매, 소매, 대리점 등의 중간단계 없이 직접 대화할 수 있다. 이 때문에 고객의 요구에 따라 생산하는 주문생산 체제로 바뀌고 기술의 발달에 의해서 대량생산에서처럼 싸고 빠르게 구입할 수 있어 대량고객생산mass customization으로 이어진다.

거리의 중요성이 사라지고 모든 사람이 직접 대화할 수 있는 정보화시대에는 생산하고 구매하는 방법이 달라진다. 이제는 소비자가 생산자에게 직접 주문하고 배달 받는 시대이다. 생산자가 만든 물건을 진열대에 올려놓으면 그 중에서 소비자가 원하는 것을 사는 시대에서 생산자가 고객이 원하는 것을 파악하여 만들어주는 시대로 바뀌고 있다. 예를 들어 일본의 어느 화장품 회사는 방문 판매원이 고객을 직접 만나서 투명 접착테이프와 투명 필름을 사용하여 고객의 각질과 살결을 채취하고 분석한다. 그리고 대략 2주 후에 기후나 연령을 고려하여 고객의 피부에 꼭 맞는 화장품을 만들어 제공하고 있다.

이러한 대량고객생산에 비해 산업화시대의 생산체제는 표준화된 제품을 대량으로 생산하는 대량계획생산mass production이었다. 대량고객생산에서는 고객이 원하는 다양한 물건을 싸고 빠르게 공급하는 것이 중요하다. 산업화시대에도 주문생산이 있었지만 문제는 돈과 시간이 많이 든다는 것이었다. 주문생산은 정확하게 고객의 욕구를 파악하여 신속하게 설계, 제조하여 배달하는 능력이 요구된다. 누가 이것을 잘하느냐 하는 것이 경쟁력인데 컴퓨터업계에서는 미국의 델Dell이 가장 앞서가고 있다. 델은 인터넷으로 컴퓨터를 주문하면 페덱스Fedex를 통해 부품을 수거하고 조립해서 배달한다. 기업들은 이제 대량고객생산 체제를 보다 효율적으로 완성시키기 위한 경쟁에 들어갔다고 할 수 있다.

2) 세계경영

정보화는 바로 세계화를 가져온다. 그런데 세계화에 의해서 국가가 죽고 있다. 세계화 시대에 중요한 것은 국가를 잊는 것이다. 정치적 측면에서는 아직 국가가 있지만 기업경영에서는 없다. 즉 기업에게 세계경영이 요구되는 것이다. 세계경영이란 기업이 경쟁력을 향상시키기 위해 국적을 불문하고 모든 자원을 활용하는 것이다.

이제 기술은 큰 제약조건이 될 수 없다. 기술개발은 미국에서도 할 수 있고 러시아 사람을 데려와서도 할 수 있기 때문이다. 세계경영을 위해서는 우리가 상품 기획을 연구하고 개발·설계·가공·조립·판매 등은 여러 나라에 지구적 네트워크를 형성해 수행하여 세계 최고의 제품을 만들어낸다는 사고가 요구된다.

또한 세계 각 지역에 자원을 할당하고 통합하여 가치를 창조하는 능력이 필요하다. 세계경영에서 가장 중요한 것은 문화적 적응력이다. 외국인과 일을 할 때는 그들의 문화와 전통을 이해하고 효과적으로 대화함으로써 어떻게 우리 일에 적극적으로 참여시켜 협력해나갈 수 있느냐가 가장 중요하다고 할 수 있다. 그 지역에 뿌리를 내리는 것이 필요하다. 정보화시대의 경영자는 다른 나라의 언어를 배우고 그 나라의 문화와 전통을 이해할 수 있는 역량을 길러야 한다. 일본의 마쓰시다는 미국 영화사인 MCA를 인수했다가 경영진과 불화가 생기자 시그램에 팔아넘겼다. 그 주된 이유는 마쓰시다 경영진이 미국에서도 가장 독특하고 자유분방하며 고집 센 할리우드 영화인들의 문화를 이해하지 못했기 때문이다.

3) 자율경영

정보화시대는 인간화되는 시대이다. 정보화시대의 가장 중요한 특징은 경쟁이다. 세계화에 의해서 시장이 넓어지고 경쟁자가 많아지기 때문이다. 경쟁이 심화되었기 때문에 만들면 팔리는 시대에서 좀 더 나은 물건을 만들지 않으면 안 팔리는 시대가 되었고, 그러기 위해서는 머리를 써서 생각하고 새로운 아이디어를 내지 않으면 안 되게 되었다. 파스칼이 '인간은 생각하는 갈대이다' 라고, 데카르트가 '나는 생각한다. 고로 존재한다' 라고 한 것처럼 사람들은 스스로 생각해서 자율적으로 일할 때 인간적이라고 말할 수 있으므로 정보화시대를 인간화되는 시대라고 하는 것이다.

아이디어를 내기 위해서는 지시한 대로 하는 게 아니라 자율적으로 생각해야 하기 때문에 지시하는 관료가 죽는다. 여기서 관료는 지시하고 통제하는 구시대의 관리자를 말하는 것이지, 자율을 주고 지원하는 새 시대의 관리자를 지칭하는 것은 아니다. 농경시대와 산업화시대에는 많은 사람들이 시키는 대로 일을 했다. 시키는 대로 주어진 일만 반복하게 되면 변화가 잘 일어나지 않을 뿐 아니라 일에 다양성이 없기 때문에 열정을 느끼지 못하고 매너리즘에 빠지게 된다. 정보화시대에는 남을 지시, 통제, 명령하겠다는 생각을 버려야 한다.

정보화시대에 들어와 자율경영이 요구되는 데는 3가지 이유가 있다.

첫째, 정보화시대에는 경쟁이 심화되기 때문에 경쟁 기업보다 더 나은 제품을 만들 수 있도록 아이디어를 내야 한다. 아이디어는 지시로는 나올 수 없고 스스로 생각해야 한다.

둘째, 정보화시대에는 아무도 내일 무슨 일이 일어날지 모를 정도로 변화가 빠르기 때문에 물어볼 시간도 없고 물어볼 사람도 없다. 자율경영은 시대적 요구사항이다.

셋째, 자율성은 생명력과 창의력의 원천이라는 점에서 인간적 요구사항이다. 지시로는 사람들의 잠재력을 개발할 수 없다. '집돼지는 왜 미련하고 멧돼지는 왜 날렵한가?' 라는 생각을 하면 그 중요성을 알 수 있을 것이다. 멧돼지는 자율적으로 광야에 내버려두었기 때문에 자생력을 가지고 날렵해진 반면, 집돼지는 집에 가둬두고 먹이고 재워주었기 때문에 생명력 없이 미련한 것이다.

변화를 사랑하는 시각

이렇게 정보화·세계화·인간화되는 시대에 우리에게 요구되는 시각은 무엇인가? 무엇보다도 '변화를 사랑하는 시각' 일 것이다. 정보화시대는 급격한 환경 변화의 시대이고 변하지 않으면 살아남을 수 없다. 변화는 새로운 가치창출의 기본이고 기업은 계속해서 새로운 가치를 창출하지 않으면 도태된다. 따라서 변화를 적극적으로 추구하는 것이 기업을 활성화시키는 것이다. 우리는 변화를 적극적으로 받아들이고 이를 통해서 최고를 전진해나가야 한다. 변화는 살아 있다는 것이 생명력, 창조력의 원천이다.

'우리는 얼마나 많은 일을, 얼마나 빠르게, 얼마나 과감하게 변화시키고 있는가? 당신은 무엇을 변화시켰는가? 그 변화가 이루고자 하는 목표는 무엇인가? 당신은 비전을 향해서 변화해가고 있는가?' 를 매일 질문해야 한다.

1) 사고의 유연성

변화하기 위해서는 새로운 사고를 받아들일 수 있는 사고의 유연성이 요구된다. 사고가 유연해진다는 것은 새로운 아이디어를 받아들이고 발상의 전환을 통해서 창의적 아이디어를 내놓는 것을 말한다.

그러기 위해서는 다양한 경험을 해야 한다. 우리의 사고는 경험에 의해서 결정되기 때문이다. 사고를 유연하게 하기 위해서는 경험을 확장함으로써 경험의 한계를 극복해나가야 한다. 우리가 보통 꽉 막혔다고 하는 사람은 경험이 제한되어 다른 생각을 받아들이지 못할 정도로 사고가 경직되어 있다. 대원군은 국제적 경험이 부족하여 사고가 경직되었기 때문에 개방화가 대세인 시대에 쇄국정책을 취하여 나라의 발전을 후퇴시켰다.

그러면 우리는 어떻게 경험을 확장하고 사고를 유연하게 할 수 있을까? 그러기 위해서는 독서와 대화를 통해서 다른 사람의 경험을 자기 것으로 만들어야 한다. 성공한 사람 중에 독서를 좋아하고 대화를 즐기는 사람이 많은 것은 그들의 사고가 유연하기 때문이다. 기업에서는 대화를 장려하고 다른 사람의 아이디어를 받아들이는 개방적 문화가 요구된다. 이를 위해 조직 내에 사람들이 자연스럽게 만나 대화할 수 있는 비공식적 대화기구를 많이 만들어 두어야 한다. 일례로 HP에서는 오후에 30분 정도 모든 직원이 모여 대화할 수 있는 티타임을 가지고 있다.

기능부서 간이나 다른 회사와도 정보를 공유하고 대화와 협력을 하는 벽 없는 조직을 만들어야 한다. 또한 다른 회사와 전략적 제휴도 하면서 그들로부터 배우려고 노력하는 것도 우리의 경험을 확장시키는데 중요하다.

그리고 새로운 것에 대한 호기심을 가지고 새로운 시도와 경험을 해야 한다. 호기심은 다람쥐 쳇바퀴 돌리듯 매일 똑같은 것을 반복하는 상황에서 벗어나게 함으로써 우리의 삶을 재미있게 만들어준다. 미국 회사의 한 임원은 안식년 휴가 때 6개월간 이탈리아에서 요리를 배우고 와서 재충전되었다고 말했다. 여기서 재충전되었다는 것은 경험이 확장됨으로써 사고가 유연해졌다는 뜻이다. 삼성그룹의 이건희 회장은 직원들이 외국에 출장을 가면 일만 끝내고 오지 말고 그 주위의 명소를 돌아보고 오라고 했다는데, 이것은 호기심을 가지고 새로운 경험을 하는 일이 중요함을 말한 것이다.

생각을 유연하게 하려면 영점기준사고도 필요하다. 이는 모든 것을 부정하는 근본적인 질문을 하는 것이다. 그러면 관습적으로 생각하고 행동해왔던 것이 반드시 옳지만은 않다는 것을 알게 된다. 우리의 변화에 가장 큰 장애요인 중의 하나는 관습이라는 타성이다. 우리는 관습적으로 넥타이를 매고 출근하는 경향이 있는데 영점기준사고란 "우리가 왜 넥타이를 매고 출근해야 하느냐?" 하고 자문해보는 것이다. 그렇게 질문할 때 넥타이를 매고 출근해야 할 필요가 없을 때도 있다는 것을 알게 되고 우리의 관습적인 행동도 바뀔 수 있을 것이다.

기업이 침체에 빠지는 것은 직원들이 사고의 한계 속에 갇혀 돌파구를 찾지 못하기 때문이다. 이때 필요한 것이 다양한 경험을 하고 유연한 사고를 하는 경영자이다. 한 중소기업은 대기업에서 혁신을 담당했던 고위 임원을 사장으로 영입하여 그때까지와는 다른 방법으로 원가절감, 영업활동 강화, 그리고 신제품 개발을 추진함으로써 침체로부터 벗어나고 매출과 이익을 확대하면서 경쟁력 있는 기업으로 탈바꿈했다. 이 회사는 새로운 사장이 오기 전까지 원가절감, 영업활동 강화, 신제품 개발에 대해 별다른 활동을 하지 못하고 있었다. 이것은 개인이든 기업이든 지능이나 지식보다 경험과 사고가 성공에 더 중요함을 말해주는 것이다. 최고경영자를 꿈꾸는 사람은 다양한 경험을 하여 사고를 유연하게 할 필요가 있다.

2) 긴박감

정보화시대는 변화의 시대이다. 변화를 위해서는 긴박감이 요구된다. 긴박감은 변화의 필요성을 느끼고 무언가 해야겠다는 의지를 나타내는 것으로 우리를 행동지향적으로 만든다. 긴박감은 위기의식과 도전의식으로부터 나온다. 위기의식은 이래서는 안 되겠다는 것이고 도전의식은 우리도 할 수 있다는 것이다.

보통 변화를 모르고 침체되어 있는 조직은 경험의 한계 속에 갇혀 문제를 인식하지 못하고 있거나 성공 경험에 도취된 나머지 자만에 빠져 곧 나아지겠지, 설마 망하기야 하겠나 하는 안일한 생각을 하고 있다. 나는 이렇게 안일한 생각에 빠진 상태를 위기의식의 반대 의미로 '설마의식'이라고 부르고 있다. 그리고 경우에 따라서는 '우리는 안 돼, 어쩔 수 없어, 이 정도면 됐다'라며 도전의식과 반대되는 '패배의식'에 젖어 있다. 설마의식과 패배의식으로부터 나올 수 있는 것은 해이감이다. 해이감에 젖으면 바깥세상은 바뀌고 있는데 그에 상응하는 변화의 필요성을 느끼지 못하고 현상유지에 만족하게 된다. 문제를 찾아 돌파구를 마련해야겠다는 생각을 하지 못하고 다람쥐 쳇바퀴 돌리듯이 매일 같은 일을 반복하는 것이다. 이것은 살아 있되 죽어 있는 것이다.

신라면으로 유명한 농심은 2008년 초 손욱 회장이 부임하기 전까지 해이감이 높았다. 40년 이상 꾸준히 성장해왔고 라면 시장점유율 70퍼센트로 업계 1위라는 자만에 빠져 2004년 이후 매출이 지속적으로 감소하고 있는데도 곧 나아지겠지 하면서 조직은 변화의 필요성을 느끼지 못했다고 한다. 그러나 손욱 회장은 세계 일류 식품회사를 향해 나아간다는 비전을 제시하고 종업원들에게 네슬레, 아지노모토 등 세계 최고의 식품 기업과의 차이를 인식시키면서 위기의식을 고취하였다.

이래서는 안 되겠다는 위기의식은 미래지향적 사고에서 나온다. 이러한 사고를 하기 위해서는 비전이 요구된다. 비전이 있을 때 미래지향적 사고가 가능하다. 살아남기 위해서는 10년 후에 우리가 도달해야 할 곳이 여긴데 이런 상태가 지속되면 어떻게 되겠는가를 자문해볼 때 위기의식이 생기는 것이다. 이것은 개구리의 예가 말해준다. 데워지는 물속의 개구리는 얼마 지나지 않아 물이 뜨거워질 것이라는 미래지향적 생각은 하지 않고 현실에 안주하고 있었기 때문에 산 채로 익어버린다.

도전의식을 살리기 위해서는 비전을 통해서 희망찬 미래를 보여주고 도전적인 목표를 제시하여 패배의식을 타파해야 한다. LS산전의 김정만 전 부회장은 경험의 한계, 사고의 한계로 문제를 보지 못하고 현상유지에 만족하는 직원들에게 '한계돌파'라는 이름의 도전적 목표를 제시하면서 긴박감을 조성하고 자체 기술개발, 발로 뛰면서 고객의 소리를 듣는 관계영업 체제를 확립하는 변화를 추진하였다.

긴박감이 열정으로 바뀔 때 지속적인 변화를 이끌 수 있다. 일본전산은 일본에서 3류대학이라고 할 수 있는 공업전문대학 출신 4명이 시작해 지금은 계열사 140개, 종업원 13만 명, 매출 8조 원으로 세계 각지에 공장과 지사가 있는 세계적 기업으로 성장했다. 이것은 일본전산이 열정이 강한 회사이기 때문이다. 일본전산은 못할 것은 없다고 강조한다. '못할 것'이라는 생각을 버리는 것이 중요하다는 것이다.

일본 전산은 "우리는 무슨 수를 써서라도 해내기로 한 것은 결국 해내기 때문에 회사가 강하다" "우리는 못할 이유를 열거할 시간에 한 번 더 시도하고 백 번 더 실험해서 만들어낸다" 하고 말한다. 일본전산에서는 이러한 열정을 강화하기 위해서 '나는 할 수 있다'라는 구호를 매일 세 번 복창하도록 한다. 심리학적으로 이렇게 복창하면 그 말은 자기에 대한 명령이 되고 잠재의식 속에 각인되어 행동으로 나타난다는 것이다.

이러한 열정을 뒷받침하는 도전적 조직이 되기 위해서는 시도를 장려하고 실패를 허용해야 한다. 새로운 시도는 실패의 가능성이 높기 때문에 실패를 허용하지 않으면 시도가 일어나지 않는다. 유한양행 창업자 유일한은 나태한 실패는 나무랐지만 성실한 실패는 보너스를 주면서 격려했다. 그리고 실패했다고 좌절하지 말고 계속 시도하여 실패를 갚아야 한다고 말했다.

이러한 열정, 초超긍정적 사고는 이 일에 일생을 걸었다는 의지를 나타내는 사업적 가치로부터 나온다. 일본전산은 사업적 가치관이 강한 회사이다. 그들은 모터로 세계를 지배하겠다는 야심을 가지고 출발했다. 사업적 가치관은 이 일은 해야 할 의무이기 때문에 하는 것이라는 생각을 갖게 함으로써 실패를 무릅쓰고 시도하는 결단력을 키워 머뭇거리지 않고 행동하게 하였다.

이상에서 말한 바와 같이 변화를 위해서는 설마의식과 패배의식을 타파하고 위기의식과 도전의식을 심어 현실에 안주하는 해이감 대신에 변화의 필요성을 느끼고 행동하는 긴박감을 조성해야 한다.

내용 요약

정보화시대는 급격한 환경 변화의 시대로 경영의 패러다임이 바뀌어야 한다. 이 장에서는 이러한 환경 변화의 시대에 대한 기업의 대응 방안을 기술했다. 정보화시대는 정보화, 세계화, 인간화라는 3가지 변화에 의해서 대량고객생산, 세계경영, 자율경영이 중요해지고 있다.

급격하게 환경이 변화하는 정보화시대에 경영자에게 요구되는 것은 변화를 사랑하는 시각이다. 이를 위해서 필요한 것이 사고의 유연성, 긴박감, 열정이다.

정보화시대는 상식이 통하지 않는 역설의 시대이다. 이런 때에는 상식을 뒤집고 새로운 미래를 창조하는 미친 경영자가 요구된다. 미친 경영자는 통찰력, 비전, 열정, 그리고 결단력을 가지고 남들이 생각하지 못하는 대단한 꿈을 이루어내는 사람이다. 미친 경영자는 최고경영자만이 아니라 중간관리자에게도 붙일 수 있는 이름이다.

정보화시대는 물건을 잘 만드는 시대가 아니다. 창조적 아이디어를 내어 꿈과 희망을 주는 제품을 만들고 브랜드를 가꾸어 나가야 한다. 이를 위해서 창조경영이 요구된다. 특히 뒤쫓아가기만 했던 한국 기업이 세계적 선도 기업이 되기 위해서 가장 절실하게 요구되는 것이 창조경영이다.

정보화시대 경영의 기본 틀은 대량고객생산, 세계적 경영, 그리고 자율경영이다. 이를 위해서 변화를 사랑하는 시각을 가지고 미친 경영자를 육성하고 창조경영을 하도록 해야 할 것이다.

04

정보화시대의
사고와 전략

　지금 우리는 정보혁명에 의해서 산업화시대에서 정보화시대로 급격하게 환경이 변하는 대변혁의 시대에 놓여 있기 때문에 새로운 사고와 시각이 그 어느 때보다 절실히 요구된다. 특히 경영자는 변화의 첨병으로서 요구되는 사고와 시각을 가지고 사회적 변화에 주도적 역할을 해야 한다.

　지금 일어나고 있는 변화는 정보화·세계화·인간화로 나타나고 있다. 정보화는 정보통신기술의 발달에 의해서 지리적 거리에 관계없이 누구하고나 즉각적으로 의사소통이 가능하게 된 것을 말한다. 이러한 의사소통의 혁명에 의해서 세계가 하나의 지구촌이 되는 세계화가 진행되고 있다.

　세계화는 경쟁을 심화시키고 있고 경쟁에서 살아남기 위해서는 새로운 아이디어로 제품을 혁신해나가야 하기 때문에 사람들이 보다 자율적으로 일하는 인간화가 요구된다.

변화를 사랑하는 시각

이것은 앞에서도 이야기했지만 변화의 시대에는 변화하지 않으면 망한다는 인식이 필요하다. 특히 사고방식의 변화가 요구된다. 기업성공에 중요한 것은 얼마나 많이 알고 있느냐 하는 전문가적인 지식보다 어떻게 생각하느냐 하는 사고방식이다. 대원군이 쇄국정책을 취한 것은 지식의 부족이라기보다는 사고방식이 잘못되었기 때문이다.

사고방식을 바꾸는 유연성을 가지기 위해서는 내 생각만 주장하기보다 남의 말을 경청하는 개방적 태도와 모든 것을 근본적으로 재검토하는 영점기준사고zero based thinking가 요구된다. 이것은 지금까지 해온 사고와 행동에 근본적인 질문을 하는 것이다.

만일 돈을 벌기 위해 열심히 일해왔다면 '돈은 왜 필요한가?' '돈이 없다면 어떻게 될 것인가?' '왜 일을 하는가?' 와 같은 질문을 해보는 것이다.

변화하는 시대에 가장 무서운 적은 관습이라는 이름의 타성이다. 관습을 타파하기 위해서는 변화를 위한 변화도 필요하다. 어제까지 자가용으로 출근했으면 오늘부터는 버스를 타고 출근해보는 것이다. 변화는 새로운 가능성을 열고 우리를 성장하게 한다. 우리는 끊임없는 변화를 통해서 최고를 지향해야 한다. 경영에도 많은 변화가 요구되고 있다. 고객 및 공급업자와의 관계가 보다 밀착되고 있는가? 우리 회사는 6개월에 한 번씩 새롭게 재조직되고 있는가? 우리는 지금 과거보다 더 많은 자율성을 행사하고 있는가?

미친 듯이 변한다고 하는 정보화시대에 적응하기 위해서 우리는 얼마나 많은 일을 얼마나 빠르고 과감하게 변화시키고 있는지 항상 생각해야 하고 하루가 끝난 시간에도 나는 오늘 무엇을 변화시켰는가라는 질문을 해야 할 것이다.

고객지향적 사고의 심화

정보화시대에 요구되는 사고는 고객지향적 사고이다. 정보화는 정보통신기술의 발달에 의해서 거리에 관계없이 누구하고나 일대일로 대화할 수 있는 것을 말하는 것으로 생산체제의 변화를 가져오고 있다. 산업화시대는 우리의 고객이 누구인지 몰랐기 때문에 평균적인 수요를 예측하여 대량생산하였으나 이제는 고객 한 사람 한 사람을 파악할 수 있기 때문에 고객의 욕구를 개별적으로 충족시켜주는 일대일 생산체제라 할 수 있는 대량고객생산 체제로 바뀌고 있다. 대량고객생산 체제가 가능하기 위해서는 일선 종업원들이 고객과 밀착하여 고객의 욕구를 파악하고 독창적인 아이디어로 사업을 시작하는 고객지향적이고 창의적인 상향식 경영을 하지 않으면 안 될 것이다.

세계에서 가장 혁신적이라고 할 수 있는 3M은 별다른 전략 없이 단지 2가지 원칙을 가지고 있는데, 하나는 '혁신적인 사고를 가질 것'이고 다른 하나는 '모든 면에서 고객을 만족시킬 것'이다. 이를 위해서 고객과의 충분한 대화를 통해 분명하지 않은 욕구까지 찾아내어 충족시키려 노력하고 있다.

개방주의와 개인주의

지금은 국경을 넘어 모든 것(사람·정보·자본·산업 등)이 이동하고 개인 간·기업 간 협력이 이루어지는 시대이다. 우리의 활동 영역은 씨족사회·부족사회를 거쳐 국가사회로 넓혀져 왔다. 세계화란 우리의 활동 영역이 국가사회에서 세계사회로 넓어지는 것을 말한다. 세계는 하나가 되어가고 있고 문화도 서로 수렴하고 있다.

세계화될 때 우리에게 필요한 2가지 시각은 개방주의와 개인주의이다. 개방주의는 대립적 시각을 버리고 협력적 시각을 갖는 것이다. 우리는 외국과 외국인을 대립적 시각으로 바라보는 경향이 비교적 큰 편이다. '화교가 발붙이지 못한 나라가 한국이다'라고 하는 말은 이것을 어느 정도 반영한다고 생각한다. 또한 무조건 수입은 나쁜 것이고 외국 투자기업은 한국 경제를 지배하는 매판 자본으로 매도하는 국수주의적 태도는 시정되어야 한다.

국산품 애용이라는 시각도 불식해야 할 것이다. 수입품이든 국산품이든 싸고 좋은 물건을 사야 나쁜 물건을 만들어내는 기업이 도태됨으로써 경쟁력이 향상되는 것이다.

안정을 해치지 않는 범위 내에서 우리 경제를 개방시켜 수입품이라도 싸고 좋은 물건은 사고, 외국 기업이라도 싸고 좋은 물건을 만들어 낸다면 우리의 삶의 질을 향상시킨다는 인식이 요구된다. 특히 외국 투자기업은 새로운 자금·기술·경영을 가져오고, 고용을 창출하기 때문에 우리가 보다 적극적으로 유치해야 할 필요가 있다.

또한 개인주의는 개방주의의 결과이다. 세계화는 기본 경쟁 단위를 국가에서 기업, 나아가서 개인으로 좁혀가고 있다. 국가사회는 한 국가가 다른 국가를 침공하고 지배하는 대립사회였다. 그래서 국력이 가장 중요하다는 국가주의가 중심 사상이었다. 국가주의는 국력에 의해서 지탱되는 국가가 있어야 그 보호를 받는 기업과 개인이 존재할 수 있다는 것이다. 물론 지금도 프랑스와 중국이 핵실험을 하고 군사력을 과시하고 있는 것을 보면 국가주의가 완전히 사라졌다고 볼 수 없다. 그러나 개인 간 기업 간의 협력이 중요한 세계사회에서는 국가가 나서서 개인과 기업을 보호해줄 수 없기 때문에 개인의 잠재력이 개발되어야 기업의 경쟁력이 제고되고 그 바탕 위에 국력이 향상된다는 개인주의가 중요한 사고로 자리 잡아야 하는 것이다. 국가주의 시대에는 국가를 위해서 희생되는 개인과 기업이 요구되었지만 개인주의 시대에는 개인의 잠재력 개발을 통한 삶의 질 향상이라는 개인 존중 사상이 요구된다.

변화와 경쟁

정보화시대의 변화를 특징적으로 나타내면 '변화와 경쟁' 이다. 과거와는 차원이 다른 급격한 변화로 아무도 내일 무슨 일이 일어날지 모르기 때문에 자율성이 요구되고, 격심한 경쟁으로 누구도 자신을 보호해줄 수 없기 때문에 자기 몫은 자기가 해야 한다는 가치창조의 정신이 요구된다.

이제는 남이 시키는 것을 하는 것이 아니라 자기가 하고 싶은 것을 스스로 찾아서 해야 한다. 그래서 정보화시대에 중요한 것은 자기가 무엇을 하고 싶은가를 아는 것이다.

정보화시대는 개성의 시대라고 하지만 자기가 무엇을 하고 싶은가를 아는 것이 가장 개성적인 일이다. 또한 얼마나 많은 가치를 창조할 수 있는가 하는 것은 자기의 능력에 따라 결정된다. 남의 보호를 받을 수 없는 치열한 경쟁의 시대에 자기 계발 노력이 절실히 요구된다 함은 말할 필요도 없다. 자기 능력에 기초를 두고 자율적으로 가치를 창출하는 개성적·독립적 정신이 요구되는 것이다. 이러한 정신은 기업경영에 자율과 경쟁이라는 시장경제 원칙을 적용할 때 나오게 된다. 아무리 능력이 없는 사람도 그 사람으로부터 최대의 효과를 내려면 자율성밖에 없다는 말이 있다. 자율성을 강화하기 위해서 우리는 관리자로서 아랫사람에게 무엇을 해줄 것인가보다 무엇을 하지 않아도 될 것인가를 생각해야 할 것이다.

우리는 문제가 생기면 정부에 기대는 습성이 강하기 때문에 정부도 각종 자금지원의 예산을 확보하기 위한 노력을 하고 있는데, 이러한 지원에는 많은 낭비가 내재되어 있음을 인식할 필요가 있다.

자율성은 생명력·창조력의 원천이다. 미국이 정보통신 방송 등 첨단산업에서 세계를 석권하고 있는 이유는 자율과 경쟁의 원리에 의해 테드 터너, 빌 게이츠와 같은 사람이 나올 수 있었기 때문이다. 이와 같이 시장경제 원칙을 적용하면 우리는 개성적·독립적 사고를 가지면서 강인해지는 것이다.

경쟁이 요구하는 가치창조의 정신, 독립정신은 일에 철저한 책임정신을 나타낸다. 우리는 최근 고속철도 사업에서도 경험했지만 일을 적당히 한 나머지 많은 낭비가 발생했고 이것이 우리의 경쟁력을 약화시켰다. 우리는 책임정신을 고취해야 하고 이를 위해서는 성과평가 또는 연봉제를 적극적으로 도입해나가야 할 것이다.

세계적 경영이 요구되는 시대

정보화시대는 세계적 경영이 요구되는 시대이다. 세계적 경영은 경쟁력을 제고시키기 위해서 국적에 관계없이 모든 자원을 규합하여 가치창조를 하는 것을 말한다. 외국인도 종업원으로 채용하고 연구 개발도 외국인을 활용하여 세계적으로 하는 것이다.

이렇게 세계적 경영을 할 때 가치창조에 가장 큰 제약조건은 기술이라기보다는 문화이다. 세계 어떤 사람과도 대화를 통해서 협력을 이끌어낼 수 있는 능력이다. 다른 나라의 언어를 배우고 그 나라의 문화와 전통을 이해할 수 있는 역량을 길러나가는 것이 정보화시대 경영자에게 요구되는 것이다.

　결국 정보화시대에 관리자에게 필요한 것은 변화를 사랑하는 유연성, 고객의 욕구를 파악하고 충족하는 고객지향적 사고, 개방주의와 개인주의에 기초를 두고 자기 능력에 따라 새로운 가치를 창조하는 독립정신과 책임정신이다. 세계 언어와 문화를 이해함으로써 세계 그 누구에게서도 협력을 이끌어낼 수 있는 세계 시민이 되는 것이다.

05

정보화시대의 경영 과제:
혁신, 속도

혁신

혁신은 항상 중요한 과제였지만 급격하게 환경이 변화하는 최근에 와서 더욱 그 중요성이 강조되고 있다. 혁신은 행동이고, 행동은 아이디어를 필요로 한다. 따라서 혁신이 잘 일어나도록 하기 위해서 아이디어가 발효되고 행동이 실천될 수 있는 제도가 필요하다. 아이디어의 발효는 여러 사람의 아이디어가 광범위한 상호 작용을 통해서 수정, 결합, 보완되어 보다 나은 아이디어가 되는 과정을 의미한다.

아이디어가 발효될 수 있는 조직은 개방적인 조직이다. 광범위하게 비공식적으로 대화가 이루어지는 조직을 말한다. 이것은 앞에서 언급한 바 있는 무계층, 무장벽, 무경계조직이 되는 것이다.

개방적인 조직에서는 프로젝트 중심으로 여러 기능부서 사람들뿐만 아니라 고객, 공급업자와 같은 외부 사람들이 참여하여 상하 구별 없이 문제 해결에 관심을 가지고 있다.

또한 종업원들에게 많은 정보가 제공된다. 회사의 사업이 어떻게 시행되었고 각자가 어떤 역할을 했는가를 알 수 있는 자세한 정보가 수시로 제공된다. 이것은 종업원과 회사 사이에 이해와 신뢰를 가져온다. 어려운 기업이 회생한 뒷면에는 정보제공의 이야기가 많이 있지만 그것이 얼마나 중요한가를 잘 이해하고 있는 기업은 많지 않다.

이와 같이 개방적인 조직에서는 광범위한 상호 작용을 통해서 조직 내 아이디어가 넘쳐흐르기 때문에 문제는 해결되고 혁신이 이루어지는 것이다.

개방적 조직을 만들기 위해서 HP에서 실시하고 있는 것이 MBWA이다. MBWA는 '문제는 현장에 있다' 는 인식하에 문제를 찾아 현장에 나가는 것을 장려하고 사무실에 앉아 있는 것을 금기로 여기고 있다. 이렇게 함으로써 종업원 간의 상호 작용은 활발해지는 것이다.

행동이 실천될 수 있는 조직은 행동지향적 조직이다. 행동지향적 조직은 실수를 허용하고 '무서운 아이들' 을 육성하며 혁신을 측정하고 보상하는 조직이다. 혁신이란 새로운 시도이다. 새로운 시도는 처음부터 잘할 수 없다. 따라서 혁신은 실험을 장려하고 실수를 허용하는 분위기에서 가능하다. 실수를 하지 않았다는 것은 새로운 시도를 해보지 않았다는 것이다. 실수 없이 배울 수 없고 성공할 수 없다. 그래서 어떤 회사에서는 "우리는 실수하는 사람을 나무라지 않고, 위험을 택하지 않는 사람을 나무란다"라고 말하고 있다.

혁신은 성공확률이 낮고 위험부담을 안고 있으므로 이를 위해서는 '겁 없는 무서운 아이들' 이 필요하다. 이들은 건설적인 의미에서 현실을 부정하고 질서를 파괴하는 사람들이다. 이들은 자기 일에 미쳐 무섭게 추구하는 '미치광이' 이다. 모든 조직에는 일을 못하게 막는 관료제도가 있다. 따라서 혁신을 위해서는 이와 같은 '겁 없는 무서운 아이들' 과 '미치광이' 를 육성할 필요가 있다. 경우에 따라서는 내부기업가로서 육성하기 위해 자금지원도 해야 한다. 이것이 조직 정체를 막는 방법이다. 새로운 아이디어를 가진 사람들에게 자금지원을 하지 않으면 그들은 지원을 받기 위해 회사를 떠날지도 모른다.

혁신적인 행동을 장려하기 위해서는 혁신에 대한 관심, 측정, 그리고 보상이 이루어지도록 해야 한다. 이를 위해 첫 번째 필요한 것은 관심이다. 따라서 최고경영층은 혁신에 대한 이야기를 많이 하고, 연차보고서, 사내 신문 등의 매체를 통해 혁신에 대한 관심을 불러일으켜야 한다. '측정되는 것이 이루어진다'는 말에서도 알 수 있듯이 혁신적인 활동을 측정하고 게시하고 이야기하면 무언가 이루어지기 시작한다는 것이다.

예를 들어 어떤 기업에서는 신제품에서 발생하는 매출액의 비중을 측정함으로써 신제품 개발을 촉진하고 있다. 마지막으로 "보상되는 것이 더 잘 이루어진다"라는 말이 있다. 앞서 말한 신제품 비중을 사업부 평가에 사용하는 것이 한 방법이다.

속도

환경이 급격하게 변할 때 중요한 것은 신속하게 소비자의 욕구를 충족시켜주는 대응성이다. 대응성과 관련하여 최근 기업경영에서 중요하게 고려되고 있는 지표는 속도이다. 속도는 어떤 일을 처리하는 데 걸리는 시간을 두고 하는 말이다. 속도는 제품개발, 제조 및 유통에 소요되는 시간을 말한다. 속도가 늦다는 것은 시간의 낭비가 많다는 것이다. 시간은 왜 낭비되는가? 그것은 불필요한 활동, 부가가치가 없는 활동에 시간을 소비하기 때문이다.

속도를 빠르게 하기 위해서는 첫째, 공정 간 연결이 잘되어 정보 및 자재가 정체 없이 흐르며 의사소통과 조정이 잘되어야 하고, 둘째, 의사결정이 신속하게 이루어질 수 있도록 해야 한다. 이를 위해서는 다음과 같은 노력이 필요하다.

1) 조직구조의 분권화

분권화는 조직계층의 수가 줄어들어 자율성이 확대되는 것을 의미한다. 자율성이 확대되어 일선 작업자가 많은 책임을 질 때, 더 빠른 문제 해결과 신속한 결정이 가능해지므로 일의 속도가 훨씬 빨라지게 되는 것이다.

2) 부서 간 장벽의 완화

이는 부서 간 협조가 잘되고 의사소통이 활발해짐을 의미한다. 그래서 부서 간 조정에 낭비되는 시간이 줄어든다. 부서 간 장벽을 완화하기 위해서는 관리자로 하여금 여러 부서와 관련이 있는 다기능 프로젝트를 개발하도록 장려해야 한다.

3) 속도의 문화

속도를 중요하게 여기고 이를 빠르게 하기 위한 활동을 장려하는 조직 분위기가 필요하다. 이를 위해서는 속도에 대한 도전적인 목표를 세우고 종업원의 제안을 통해서 엄격하게 관리해나가는 것이 중요하다.

4) 공정 간 정보의 신속한 전달

이것은 일선 관리자들 사이에 수평적으로 정보가 전달되는 정보의 분권화를 의미하기도 하고, 멀리 떨어져 있는 판매원, 공장, 창고 간의 정보전달에 컴퓨터를 이용하는 것을 의미하기도 한다.

이와 같이 정보화시대의 기업경영에서 속도가 강조되는 이유는 경쟁력의 4요소인 원가, 품질, 대응성, 융통성을 모두 향상시켜 주기 때문이다. 특히 급변하는 정보화시대에 중요한 대응성, 융통성을 향상시켜 준다.

첫째, 조직 내 낭비 요소를 제거함으로써 원가절감이 이루어진다. 시간이 적게 든다는 것은 서류작업이 줄어들고, 인력과 자재비용이 적게 든다는 것을 의미한다.

둘째, 속도를 빠르게 하기 위해서는 일을 처음부터 잘하지 않으면 안 되므로 조직 내 품질의식이 향상된다.

셋째, 속도가 빠르다는 것은 고객의 요구에 신속히 대응할 수 있다는 것이다.

넷째, 속도가 요구하는 분권화되고 의사소통이 활발한 조직에서는 환경 변화에 대한 융통성이 좋다.

06

정보화시대는 관계, 협력, 기업가정신이 중요하다

정보화시대에는 기업경영에서 관계relationship, 협력partnership, 그리고 기업가정신entrepreneurship이 중요해진다. 우리는 지금을 정보화시대라고 부르고 있다. 정보통신기술의 발달에 의해서 모든 것이 바뀌는 정보혁명이 일어나고 있는 것이다. 지금 일어나고 있는 혁명적 변화는 정보화, 세계화, 인간화의 크게 3가지 방향으로 진행되고 있는데, 각각에 대해 기업경영에서 중요하게 다루어야 할 내용이 있다.

정보화는 정보통신기술의 발달로 거리에 관계없이 누구하고나 의사소통이 가능하게 된 것을 말하는데, 정보통신기술을 어떻게 활용하느냐에 따라 사람들과의 관계에서 폭과 깊이가 달라진다. 정보통신기술을 얼마나 잘 활용하느냐에 따라 기업 간에 관계의 폭과 깊이에서 큰 차이가 날 수 있다는 말이다. 개인도 홈페이지와 블로그를 잘 활용하는 사람은 많은 사람과 보다 깊은 관계를 맺을 수 있기 때문에 사람에 따라 관계 형성에 큰 차이가 날 수 있다. 이처럼 정보화시대에는 기업경영에서 관계가 중요하다.

관계가 중요해지면서 나타나는 것이 대량고객생산과 고객 커뮤니티이다

지금은 정보통신기술에 기초를 두고 고객, 공급업자, 유통업자들과 어떻게 관계를 구축하느냐 하는 것이 기업성공에서 중요해졌다. 삼성전자의 성공요인 중 하나는 공급체인관리SCM라는 기술을 통해서 회사와 고객, 공급업자, 유통업자를 하나로 묶어 정보를 공유함으로써 환경 변화에 신속하게 대응한 것이다. 이러한 SCM은 기업성공에 필수적인 요소이다.

대고객 관계를 위해서는 홈페이지를 구축하여 기업을 알리고 이미지를 형성해나가야 할 뿐만 아니라 고객 커뮤니티를 운영하여 정보 교류를 통해서 고객충성심을 끌어내는 것도 중요하다. 인터넷 카페나 블로그를 통해 기업을 알릴 수도 있다. 아모레퍼시픽의 한방 브랜드인 '설화수'는 '설화클럽'이라는 고객 커뮤니티를 통해 크게 성공할 수 있었다. 정보기술을 활용한 관계 구축이 기업성공에 중요함을 말해주는 것이다.

세계화는 기업경영에 국경이 의미가 없어지는 것을 말한다. EU, NAFTA와 같은 지역경제권, 국가 간 자유무역협정FTA, 최근 보도된 싱가포르, 말레이시아, 인도네시아의 인접지역을 묶어 하나의 경제권이 형성되는 초광역경제권이라는 것도 세계화의 일환이다.

세계화는 시장이 넓어지고 경쟁이 심화되는 것이다. 경쟁이 심화될 때 협력이 중요해진다. 정보화시대는 기업 간 파트너십이 중요해진다. 정보화시대는 기술 발전의 속도가 빠르고 환경 변화가 급격하기 때문에 혼자 모든 것을 할 수 있는 시대가 아니라 협력해야 하는 시대이다. 한때 핸드폰업계의 선두였던 모토로라가 뒤처지게 된 것은 혼자 모든 것을 하려고 했기 때문이라는 이야기가 있다.

우리나라에서 강조되고 있는 대·중소기업 상생도 정보화시대이기 때문에 더욱 중요해진 것이다. 이제는 대립해서는 정보화시대의 변화와 경쟁에서 살아남을 수 없다. 어떤 산업과 관련된 기업 연구소 대학, 단체 등의 집합체를 뜻하는 클러스터cluster를 형성하는 것이 국가경쟁력에 중요하게 된 것도 협력의 중요성을 말해주는 것이다.

인간화는 창조성을 위해서 사람들이 스스로 생각해서 자율적으로 일하게 하자는 것이다. 이를 위해서 필요한 것이 자기가 하고 싶은 일을 찾아서 하고 그 결과에 책임을 지는 기업가정신entrepreneurship이다.

기업 내에 기업가정신을 살리기 위해서는 개방적 문화와 도전적 문화를 심어나가야 한다. 개방적 문화는 다른 사람의 아이디어를 존중하고 장려하는 것이다. 이를 위해서는 윗사람 눈치 보지 않고 자기 일을 할 수 있어야 한다. 3M에서는 '연약한 아이디어를 죽이지 말라'고 했고, LG생활건강에서는 신입사원과 여성사원의 아이디어를 특히 존중하라고 말하고 있다. 이렇게 아이디어를 존중하는 개방적 문화가 기업 성공의 기초가 되고 있다.

개방적 문화는 조직 내에 아이디어가 흘러넘치게 한다. 제안제도 같은 것을 두어 아이디어를 존중하고 장려한다. 또한 늘 대화를 통해 아이디어의 교류가 활발하게 이루어지도록 한다.

아이디어는 발효하는 특성이 있기 때문에 많은 아이디어가 나와 상호 작용이 활발해지면 더 나은 아이디어로 발전하게 되는 것이다. 도전적 문화는 시도와 실패를 장려한다. 실패를 통해서 배울 수 있고 더 큰 성공을 얻을 수 있다. 실패를 두려워하지 않아야 많은 시도를 할 수 있고 앞으로 나아갈 수 있다.

구글의 성공요인은 실패를 장려함으로써 많은 시도를 하는 데 있다. 최고경영자인 슈미트는 실패한 관리자에게 "나는 당신이 실패해서 기쁘다. 우리는 실패하지 않으면 앞으로 나아갈 수 없다" 하고 말했다.

이상에서 말한 바와 같이 정보화시대에는 기업경영에서 관계 맺기, 협력하기, 그리고 기업가정신 살리기가 중요해진다.

07

정보화시대의 기업경영[1]

자율성과 주도권

정보화시대에 경영의 가장 중요한 키워드는 혁신이다. 혁신에는 자율성이 요구된다. 혁신을 위해서는 사람들이 아이디어를 내고 시도할 수 있어야 하는데 여기에 기본적으로 필요한 것이 자율성이다. 윗사람이 간섭하지 않고 물어볼 필요 없이 알아서 하는 주도권이 요구된다. 주도권 없이 혁신은 없다. 주도권을 준다는 것은 다른 사람에게 종속되지 않고 일할 수 있도록 임파워되어야 한다는 것이다. 이것은 일하는 데 필요한 정보(전문가 정보 포함)가 제공되고 일을 할 수 있도록 시스템이 갖추어져 있어야 함을 말한다. 경우에 따라서는 상사의 조언과 격려도 필요하다.

삼성투신의 사례는(이 장의 끝 참조) 임파워먼트와 성과와의 관계를 잘 말해주고 있다.

자율성은 또한 덜 관료적으로 되어야 함을 말한다. 즉 계층이 없는 조직을 지향해야 한다. 덜 관료적이라 함은 보다 민주적으로 되어야 한다는 것이다. 민주적인 조직에서는 상관이 임명되는 것이 아니라 능력 있는 사람을 자연스럽게 추대되도록 하거나 부하들이 동의해야 임명이 가능하게 하고 임기 중이라도 부하들이 거부하면 물러나게 할 수 있다.

고어Gore에는 보스나 임원, 관리자, 부사장과 같은 계급, 즉 직책이 없다. 다만 일부 직원들some associates 중에 단순한 호칭인 '리더'로 불리는 사람이 있다. 고어에서 리더는 임명되지 않고 동료들이 그럴만하다고 추대할 때 될 수 있다. 이를 '자연적 리더십'이라 한다.

예를 들어서 만약 어떤 프로젝트를 추진하기 위해서 당신이 회의를 소집했는데 사람들이 나타나면 당신은 그 팀의 리더가 될 수 있는 것이다. 그리고 리더로서 봉사해달라고 거듭 요청받은 사람들은 자신의 명함에 '리더'라는 명칭을 자유롭게 쓸 수 있다. 이런 명칭을 지닌 고어 직원들의 비율은 약 10퍼센트이다.

고어의 전임 CEO인 척 캐럴Chuck Carroll이 은퇴했을 때, 이사회는 고어 직원들에게 누가 다음 CEO가 되면 좋은지에 대해 광범위한 의견조사를 실시하였다. 직원들은 미리 명단을 받지 않고 자신들이 기꺼이 따르고 싶은 사람을 고를 수 있었다. 이렇게 해서 켈리는 새로운 CEO로 선정되었다. "우리는 명단을 받지 않았고 회사 내에서 어떤 사람이든 자유롭게 선택할 수 있었어요. 그런데 놀랍게도 그 사람은 저였습니다."

팀은 또한 자유롭게 팀장을 바꿀 수 있기 때문에, 동료가 뽑은 리더들은 권위를 유지하기 위해 동료로부터 지속적으로 협력을 얻어야 한다. 이것은 리더가 아랫사람으로부터 평가를 받아야 한다는 것을 의미한다.

이렇게 계층이 없고 리더가 자연스럽게 또는 아랫사람들의 의견에 기초를 두고 선출될 때 상관은 아랫사람을 지시 통제command and control하는 것이 아니라 기여하고 창조contribute and create해야 한다. 기여한다는 것은 조언하고 격려함으로써 아랫사람들이 일하는 데 도움이 되어야 하고 contribute, 창조한다는 것은 자기 스스로 미래를 위해 조직문화를 새롭게 가꾸고 새로운 사업을 발굴함으로써 부가가치를 창출해야 한다는 것이 다create. 이제 지시 통제하는 관리자는 살아남을 수 없게 되었다.

블라식푸드Vlasic Foods에서 일하다 고어에 채용된 소비자 마케팅 전문가인 스티브 영Steve Young은 "만약 당신이 이곳에서 누구에게 어떤 일을 하라고 지시한다면, 그들은 두 번 다시 당신과 함께 일하지 않을 것"이라고 말하고 있다. 구글에서는 세상에서 가장 똑똑한 사람들이 공동의 비전을 가지고 높은 수준으로 동기부여되어 있을 때 명령과 통제는 선택할 수 있는 것이 아니라고 말한다. 구글의 문화는 '당신은 할 수 없다' 라는 관료주의 문화가 아니라 '나는 할 수 있다' 라는 자유주의 문화이다.

지시 통제하는 것이 아니라 조언하고 격려할 때 통제의 폭은 커질 수 있다. 구글의 관리자는 바로 이러한 통제의 폭이 넓다. 관리자는 보통 50명 이상의 부하로부터 직접 보고를 받고 어떤 리더들은 100명 이상이 되기도 한다.

자율경영의 이점: 결의

주도권을 가지고 일한다는 것은 자율과 책임의 경영을 한다는 것이다. 이러한 경영은 문제를 사전에 방지한다. 많은 계층으로 이루어진 대기업의 최고경영자는 이미 문제가 크게 확대되었을 때야 비로소 알게 되고 그것을 고치기 위해 필요 이상의 많은 비용을 쓰게 된다. 홀푸드

Whole Foods에서는 일선 종업원들이 주도권을 가지고 의사결정을 하기 때문에 작은 문제가 아무 조치도 취해지지 않고 큰 문제로 커지는 일을 사전에 막을 수 있다. 자율과 책임의 긴밀한 연결은 이와 같이 주인의식을 심어주기 때문에 직원들의 동기부여를 억제하는 관료적인 통제의 필요성을 줄여준다. 또한 팀 성과와 기업 전체 성과가 개인 복지와 바로 연결되기 때문에 동료 간에 상호 평가하는 분위기가 조성된다. 즉, 동료로부터의 압력이 관료제를 대신하고 있으며 이는 곧 관료제에서는 볼 수 없는 충성도를 갖게 만든다.

지시하는 대로 하게 하고 평가는 제대로 하지 않는 통제하고 보호하는 경영은 순종과 나태를 가져오지만 자율과 책임의 경영은 열정과 결의를 가져온다. 고어의 직원들은 지시에 순종하기보다 자기가 하고 싶은 일을 결의를 가지고 한다.

듀폰에 재직하는 동안 빌 고어는 결의와 순종commitments and compliance의 차이를 절감했다. 그는 흔히 이렇게 얘기한다. "권위주의자들은 결의를 가진 직원을 얻지 못하고 오직 그들에게 명령을 내릴 뿐이었다." 고어의 굳은 신념은 체념한 순종resigned compliance보다 자발적 결의가 조직에 몇 배 더 소중한 가치를 지니고 있다는 것이다. 또 다른 이념의 핵심에는 이런 믿음이 깔려 있다. "모든 결의는 자발적이다all commitments are self commitments."

실제로 이는 직원들이 업무분담과 책임을 동료들과 협상을 통해서 정한다는 뜻이다. 고어에서 업무는 배정되는 게 아니라 오직 본인의 의사에 의해 수용된다. 하지만 팀 성공에 얼마나 공헌했는가에 따라 직원을 평가하고 보상하기 때문에, 그들은 일을 피하기보다는 더 많이 하려고 한다. 직원들은 어떤 요청에도 '아니요' 라고 자유롭게 말할 수 있지만, 한번 이루어진 약속은 신성한 맹세에 가까운 것near sacred oath이라고 여겨야 한다. 따라서 신입직원들은 능력 이상의 책임을 지지 않도록 항상 주의를 받는다. 지켜지지 못한 약속은 그들의 보상에 영향을 주기 때문이다. 업무분담의 정도를 협상하는 과정은 시간이 걸리는 일이지만 직원사기의 관점에서 보면 이득은 상당히 큰 것이다.

자율경영팀

자율성을 주는 방법으로 팀이 활용되고 있다. 여기서 팀은 기능적 팀(예를 들어 생산팀, 마케팅팀 등)이 아니라 기능이 통합된 사업팀을 말한다. 사업팀은 어떤 일을 하기 위해 필요한 기능이 내재되었다고 해서 기능충족팀self contained team이라고 부른다. 제품개발팀은 제품을 개발하기 위해 필요한 기능이 모두 포함되어 있기 때문에 사업팀에 속한다.

홀푸드는 매장당 8개 팀이 있다. 팀은 자율적으로 신입직원 채용부터 가격, 주문, 촉진과 같은 주요 결정을 한다. 제품 선택을 예로 들면 팀 리더는 상점 관리자와 의논하여 현지 고객의 관심을 끌 것이라고 생각되는 상품이면 무엇이든지 들여놓을 자유가 있다. 이 방식은 회사 전체의 전국 단위 구매자가 각 점포에서 판매할 상품을 지정하고 대형식품 제조업자들로부터 상품을 선반에 올려주는 조건으로 수천 달러를 받는 일반적인 슈퍼마켓의 관행과는 현저히 다른 것이다. 홀푸드에서는 본사에 앉아 있는 경영진이 어떤 제품을 어떤 선반에 진열할지 결정하지 않는다. 각 상점들은 홀푸드의 엄격한 기준을 충족시키는 한 제품을 현지에서 조달하도록 장려되고 있고 그 결과 모든 상점은 각각 독특한 상품구조를 하고 있다.

채용도 다른 회사에서는 보통 상점 관리자가 하지만 홀푸드에서는 신입직원을 4주간의 인턴십 후에 팀원의 3분의 2 이상이 찬성하는 조건으로 각 팀이 결정한다.

고어도 팀 단위로 일을 한다. 고어의 조직은 피라미드가 아니라 격자lattice조직이다. 팀을 네트워크로 수평적으로 연결한 조직이라고 보면 되겠다. 고어의 팀은 자연스럽게 형성된다. 누군가가 아이디어를 내고 같이 일할 사람을 모을 수 있으면 팀이 만들어지고 그는 리더가 된다. 리더는 임명되는 것이 아니고 주위에서 능력이 있다고 인정하는 것이므로 자연적 리더십이라고 할 수 있다. 이렇게 형성된 팀은 고정된 팀이 아니라 일이 끝나면 해체된다.

팀은 외부 누구의 간섭도 없이 각자 팀 목표달성을 위해 역할분담을 하고 협력한다. 팀이 목표를 달성하면 해체되고 팀원은 자기를 필요로 하는 다른 팀에 가서 일하는데 동시에 몇 개의 팀에 소속되어 일한다. 고어의 신입직원들도 첫 번째 팀과 서명한 지 몇 달 내에 두 번째, 세 번째 프로젝트를 맡으라는 권유를 받는다. 고어에서는 사람들이 다방면으로 훈련을 받았고 광범위하게 여러 분야에 관심을 가졌다고 여기기 때문에, 아무도 단일 업무에 자기 시간의 100퍼센트를 쏟아부을 것이라고 예상하지 않는다.

구글에서도 자율성을 실행하는 기본 단위는 소규모 자율경영팀이다. 1만 명의 구글 직원들 중 제품개발과 관련이 있는 절반 정도의 사람들은 소규모 팀에서 일하는데, 규모가 작아 2~3명 단위의 팀이 대부분이다. 지메일Gmail과 같은 큰 프로젝트조차 30명의 사람들이 서너 개의 팀으로 나뉘어, 각각 스팸을 거르거나 속도를 개선하는 등 특정 서비스 향상을 위해 작업했다.

각 팀에는 변화하는 프로젝트 요구사항에 따라 팀 멤버 간에 바뀌는 책임자인 '상급기술자 리더über-tech leader'가 있다. 위에서 언급했듯이 팀 리더는 구성원의 합의에 의해서 능력에 따라 선정되므로 자연적 리더십이라 할 수 있다.

대부분의 연구원들은 한 팀 이상에서 일하고, 아무도 팀을 바꾸기 위해 인사부의 승인을 받을 필요가 없다. 구글의 비즈니스 운영부문 부사장인 쇼나 브라운Shona Brown은 말한다. "가능하다면 우리는 사람들이 일에 수동적으로 할당되기보다 적극적으로 맡길 원해요. 만약 기회를 보면 잡으면 됩니다."

소규모 팀의 장점

소규모 팀에서 일할 때는 설득할 사람이 적고 자체적으로 필요한 기능을 다 갖추고 있기 때문에 사람들은 자율적 주도권을 더 쉽게 가질 수 있다.

또 구글에서는 팀의 규모를 조금 작게 유지함으로써 추가되는 가치에 비해 시간과 비용이 많이 드는 지나친 손질을 하지 않는다. 이 때문에 구글 프로젝트는 대부분이 한동안 베타상태(소프트웨어 제품이 테스트 단계에 있는 것)로 있다가 사용하면서 다듬어진다. 그래서 가끔 사용자들로부터 불평을 듣기도 한다.

소규모 팀은 팀원이 서로 친밀해지기 때문에 회사 비전과 목표를 달성하기 위해 일체감을 가지고 열정적으로 일하는 벤처회사와 같은 분위기를 쉽게 창출할 수 있다. 대규모 팀에서 개인의 기여는 규모 그 자체와 관료제도 때문에 미미하게 인식되기 쉽고 정당하게 평가받기 어려울 뿐만 아니라 가끔은 상급자나 약삭빠른 동료가 가로채 버리기 때문에 주인정신과 열정이 생기기 힘들다. 반면에 구글의 소규모 팀은 개인의 노력과 성과가 제대로 평가, 인정, 보상으로 연결될 수 있는 이점이 있다.

평가 및 보상

고어에서 직원들은 1년에 한 번씩 종합적인 평가를 받는다. 일반적으로 적어도 20명의 동료들로부터 전반적인 기여의 관점에서 평가한 자료를 수집한다. 평가 대상자와 같은 근무 분야에서 뽑은 사람들로 이루어진 보상위원회는 이 정보를 받아 평가한다. 직원 각자는 종합적인 공헌도에 따라 사업부서의 다른 직원들과 비교해 등급이 결정된다. 이 등급이 상대적인 보수를 결정한다. 명단을 공개하지는 않지만, 사람들은 그들의 등급이 어떤 사분위에 들어 있는지는 알게 된다.

많이 공헌할수록 더 높이 평가받고 많은 보수를 받을 것이다. 따라서 대부분의 직원들은 많은 일을 맡기 위한 압력을 느끼고 있다. 하지만 이 압력은 채찍을 휘두르는 보스가 아니라 자신의 동료로부터 나온다. 기여에 따라 차별적 보상이 주어지지만 고어에서는 운명공동체라는 일체감을 조성하기 위해 입사 후 1년이 지난 직원은 월급의 12퍼센트를 주식으로 받는다. 매년 이익공유제도에 의해서 기업의 단기적 성과도 공유한다.

차별화된 보상

지난 몇 년 동안은 그 누구도 구글이 이렇게 성장하리라곤 예상치 못했다. 기업 공개를 하자마자 주가는 계속 가파르게 상승세를 이어나갔다. 하지만 모든 창업회사에서 그렇듯이 구글 역시 주가에 큰 변동이 없을 때에도 이런 슈퍼스타를 어떻게 계속 유지할 수 있을까 하는 문제를 피해갈 수 없었다.

구글은 많은 가치를 창출하는 직원과 그렇지 않은 직원에 대해 보상을 철저하게 구분함으로써 슈퍼스타와 같은 우수한 인재를 유지하고 있다.

보통 구글 직원이 받는 연봉은 업계 평균과 비슷한 편이지만 그 평균 안에서의 편차는 훨씬 차이가 많다. 구글의 연간 보너스는 기본급의 30퍼센트에서 60퍼센트 정도이나, 이윤을 창출한 아이디어를 생각해 낸 사람에게는 더 많이 제공된다. 2004년 구글은 분기별 창업자상Founders' Awards이라는 제도를 도입했고 회사의 발전에 기여한 팀에 수백만 달러의 주식restricted stock을 증여하고 있다. 입사한 이후 "내가 어떻게 구글에 수백만 달러의 이익을 벌어줄 수 있을까?" 하고 고민했던 에릭 비치Eric Veach는 스마트 애드Smart Ads라는 광고 아이디어를 찾아내어 자기 팀에게 주는 총 1천만 달러의 창업자상을 받았다. 구글의 창업자상은 직원들이 자기 사업을 하기 위해 이직하지 않아도 큰돈을 벌 수 있다는 것을 말해주며 사내에서 기업가처럼 행동하도록 만들어주는 것이다.

홀푸드는 4주마다 한 번씩 모든 상점의 각 팀들을 대상으로 노동 시간당 이윤을 계산한다. 일정 수준을 넘는 성과를 낸 팀은 다음 월급 때 보너스를 받는다. 각 팀은 상점 내의 다른 팀은 물론 타 상점의 팀들이 이룩한 성과자료를 공유한다. 이렇게 임파워된 상황에서 팀 간 성과를 단기간 내에 비교 평가할 수 있는 자율과 경쟁의 경영이 이루어지기 때문에 일이 운동경기같이 재미있게 된다. 어떤 팀도 탈락자가 되고 싶어 하지 않으므로 팀 간 경쟁이 치열해지고 일을 잘하게 하는 동기 부여가 된다. 모든 정보가 공개되었을 때 팀 간 경쟁은 자기와의 경쟁이 된다. 또한 팀의 성과가 개인의 복지로 바로 연결되기 때문에 결과를 내야 하는 압력은 상관이 아니라 팀 내 동료로부터 나온다. 이것이 왜 신입직원 고용을 위한 팀 투표가 홀푸드에서 중요한 일인지를 설명해준다. 만약 게으른 사람에게 투표하여 채용하면 당신의 급여가 줄어들 수도 있다.

실제로 CEO인 맥키는 각 팀 멤버가 팀 리더의 의사에 상관없이 새로운 신입사원 채용 여부에 투표로 권리를 행사할 수 있을 때 비로소 그들의 성과에 대해서 주인의식을 가질 수 있다고 주장한다. 홀푸드의 직원들은 이와 같이 자기 자신과의 치열한 경쟁을 통해서 개개인이 강력한 경쟁자가 되었다. 각 팀은 과거 역대 최고 성과에 도전하며 매장 내 다른 팀, 그리고 타 매장의 유사한 팀들과 경쟁한다. 성공은 직접적으로 팀에 대한 인정과 보너스, 승진으로 이어진다. 또한 1년에 10번, 각 매장은 300여 가지의 성과측정치에 대해 본사 경영진과 지역 책임자로부터 평가를 받는다. 그리고 각 매장의 고객봉사 점수를 다른 모든 매장에 배포한다. 이렇게 매장 간에도 직원들의 경쟁심리가 작용하고 있다. 이와 같은 홀푸드의 경영은 자율과 책임에 기초한 자기 자신과의 싸움이다. 우리가 얼마나 열심히 힘을 합쳐 일했느냐에 따라 즉, 우리의 열정과 애정의 깊이에 따라 성과가 달라지므로 인간적 경영을 요구한다. 인간적 경영을 할 때 직원들에게 열정과 애정이 생기기 때문이다. 그리고 수익성, 성장성도 좋다. 홀푸드는 1평방피트당 수익이 미국 식품산업 중 최고이고, 매출은 경쟁자보다 2배 많은 수치를 기록하고 있다. 2002년에서 2007년 사이에는 한 점포당 매출이 산업 평균의 3배인 연간 11퍼센트씩 성장했다. 이러한 성과로 1992년 기업공개 이후 15년 동안 주가가 거의 3000퍼센트 가까이 올랐다.

채용

사원을 채용할 때 적성과 성품이 중요해지고 있다. 새로 회사에 들어오는 사원은 자기에게 맞는 일, 자기가 하고 싶은 일을 선택해야 하고 회사는 맡은 일을 잘할 수 있는 능력 있는 사람, 함께 팀으로 일할 수 있는 성품이 좋은 사람을 채용해야 할 것이다.

홀푸드는 신입직원을 한 팀에서 일하게 하여 4주간의 인턴십 후에 팀원의 투표로 채용 여부를 결정하는데 팀원의 3분의 2 이상이 찬성해야 한다. 고어에서는 신입직원이 후견인의 안내에 따라 인턴으로 2~3개월 정도 여러 팀에서 일하다가 자기에게 맞는 팀을 선택하는데 채용 여부는 팀이 자유롭게 결정한다. 후견인은 회사에 들어온 지 오래된 선배직원들이 맡는다. 회사에서 사용하는 특수용어를 쉽게 풀어주고, 업무를 소개하며, 초심자를 안내하는 역할을 한다. 또한 신입직원에게 자기의 능력이 팀의 필요에 맞는지 확인하도록 도와주는 것은 후견인의 몫이다. 신입직원은 자신이 원한다면 자유롭게 후견인을 새로 구할 수 있다.

구글은 채용과정이 철저하다. 열정이 있고 능력이 있는 탁월한 인재를 채용하기 위해 리크루팅만 담당하는 사람이 전 세계적으로 1000명 정도 있다. 구글은 대량공채를 하지 않는다. 직원 한 사람을 채용하려면 최고경영자의 사인을 받고 개별적으로 직무기술서, 자격요건을 승인받는다. 그리고 지원서를 받아 여러 번의 인터뷰(한국에서 상무로 채용이 된 어떤 사람은 12번 인터뷰를 했는데 지금은 8번으로 줄었다고 한다)를 거치는데 한 사람을 채용하는 데 보통 6개월 정도 걸린다.

채용과정은 다음과 같다. 채용 담당자가 지원서를 받아 이력서를 검토하고 인터뷰 등과 관련된 일정을 잡는다. 인터뷰가 끝나면 인터뷰 담당자는 각자 자기의 인터뷰 결과 보고서를 작성한다. 부서별 채용위원회는 이 보고서들을 모두 받아 평가한다. 평가 기준은 능력, 경력, 리더십, 그리고 구글다움 Googliness이다. 구글다움은 성품이 구글다운지를 평가하는 것이다(능력은 일반인지능력이라고 하여 IQ와 같은 인지능력을 보는 것이고, 경력은 직무관련 지식과 경험이라고 해서 업무 경험과 지식을 보는 것이다). 똑똑하고 경력도 좋고 리더십이 있어도 구글에 어울리지 않는 사람이라고 생각되면 통과하지 못한다.

각 부서별 채용위원회를 거치면 그다음에 pre—EMGExecutive Management Group를 거쳐 여기에서 최종 결정을 내린다. EMG는 창업주를 포함한 최고경영 의사결정기구이다. 구글의 최고경영진은 아무리 바빠도 일주일에 하루는 종일 일정을 잡아놓고 신입직원에 대한 평가를 한다. 그만큼 인재를 중요하게 여기고 있는 것이다. 신입직원은 이렇게 여러 단계를 거쳐서 들어오기 때문에 구글에 잘 맞을 수밖에 없다.

문화

정보화시대는 보다 개방적이고 도전적인 문화를 가져야 할 것이다. 개방적 문화는 대화에 기초를 두고 협력하는 것을 강조하고, 도전적 문화는 대담한 사명을 가지고 그것을 이루기 위해 실패를 무릅쓰고 시도하는 것을 장려한다. 구글은 개방적이고 도전적인 문화를 조성함으로써 직원들이 들어가고 싶고 머물고 싶은 회사를 만들고자 한다.

EDS의 개방적 문화

EDS사는 아직도 대부분이 구전에 의해서 운영되고 있다. 이 말은 어떠한 업무를 수행하거나 도움을 받기 위해 접촉하고 싶은 사람이면 누구와도 이야기를 할 수 있다는 것을 의미한다. 예컨대 중요한 직무를 수행할 사람을 보충해야 할 필요가 있을 때 특정한 인물이 적격이라고 판단되면 그 사람이 어디에 있든, 어느 전략사업단위에 속하든, 그리고 자신의 '서열'이 어떠하든지에 상관없이 그 사람을 끌어다 쓸 수 있다. 그러한 인물을 데리고 있는 상사에게 전화를 걸어 말하기만 하면 필요한 예의는 다 갖춘 셈이 된다. 그뿐이다.

EDS사의 임원들은 '일부 상사들은 사람을 붙잡고 놓아주지 않는 경향이 있다' 고 솔직히 말한다. 그러나 대부분은 '주는 사람만이 받을 수 있다' 는 말을 이해하기 때문에 도움을 주려고 노력한다. 즉 당신이 도움을 요청받았을 때 도와주어야만 그러한 네트워크가 당신에게 유리하게 작용할 수 있는 것이다. 물론 거기에는 자부심도 있다. 마케팅 담당 책임자이며 오랫동안 기술전문가로 일해 온 설리번은 '자네가 키운 그 친구가 다른 분야에서 수행되는 매우 중요하고 창의성을 요하는 프로젝트에 참여하게 될 것이네' 라는 말을 들으면 커다란 만족감을 느낀다고 한다.

임원들은 서로 협력하는 전략사업단위 책임자들에게 모든 영예가 돌아가게 될 것이라고 말한다. 공식적인 구조를 재치 있게 활용하고, 도움이 되는 "수평적인" 기회들을 창출하는 관리자들은 승진하게 될 것이며 실제로 승진하고 있다. 또한 다음 세대의 최고 리더는 결단력이 있는 '수평주의자들', 즉 다른 부서의 관리자들과 협력하여 새로운 가치를 창출하는 지식활용의 극대화를 가장 맹렬히 추진하는 사람들이 될 것이라고 말한다.

고객지향적이다

EDS의 개방적 문화는 고객지향적 가치로 이어지고 있다. 사실 정보화시대는 고객중심의 경영이 이루어져야 한다는 의미에서 모든 조직이 고객지향적 가치를 지향해야 할 것이다.

고객지향적 가치는 창업자인 로스 페로의 아이디어이다. 로스 페로는

'첫째도, 둘째도, 셋째도, 넷째도 그리고 다섯째도 고객', 즉 '고객이 전부이다' 라는 가치를 표방하면서 이를 실천하기 위해서는 '고객에게 가까이 다가가는 것'을 넘어 '고객과 구별되지 않아야 한다'고 생각하고 있다.

EDS는 신입사원을 입사 후 처음부터 고객 회사에 보내어 18개월 정도 관련 프로젝트 업무를 하면서 배우게 한다. 즉, 고객의 실제 세계에 대한 감각을 익히면서 시작하게 하는 것이다. 이러한 과정에서 '고객과 구별되지 않아야 한다'는 EDS의 철학이 머릿속에 주입, 체화되는 교화가 이루어진다.

많은 기업이 고객지향적 가치를 표방하지만 실제 어떻게 하고 있고 얼마나 고객에게 가까이 다가가고 있는가 하는 것은 기업마다 천차만별이다. 그 차이는 기업이 가지고 있는 고객지향적 철학의 깊이에 달려 있다. 그렇기 때문에 고객지향적이라고 말하기는 쉽지만 실천하기는 어려운 것이다. EDS와 같이 깊이 있는 철학으로 고객지향적 가치를 실현하는 기업은 다른 기업이 쉽게 따라올 수 없기 때문에 그 자체로 경쟁우위가 된다. 사람도 그 사람의 철학적 깊이에 따라 다른 사람에게 가까이 다가가는 정도나 다른 사람을 끌어당기는 정도가 다르다.

고어의 개방적 문화

개방적인 조직은 친밀한 인간관계로부터 이루어진다. 고어에서는 이를 위해 여러 기능부서의 직원들을 한 건물에서 일하게 하고, 여러 공장을 한곳에 위치시키고 공장 규모를 200명 이하로 제한하고 있다.

연매출 20억 달러의 회사로서 고어처럼 직원들이 서로 친밀감을 느끼는 회사는 별로 없다. 중소기업에서 대부분의 회의는 얼굴을 맞대고 이루어진다. 고어는 대기업이지만 개인이 서로 만나 상호 작용하는 기회를 극대화하기 위해 열심히 노력하고 있다. 연구개발 전문가, 영업사원, 연구원, 화학자, 기술자가 한 건물에서 일한다. 상이한 분야의 사람들이 가까이 일하는 것은 제품 출시에 걸리는 시간을 줄이고 모든 직원들로 하여금 고객 관리라는 목표에 집중시킨다. 그들은 이메일이 아니라 직접 얼굴을 맞대고 얘기하도록 권유받고 있다.

회사는 사람들이 쉽게 만나 아이디어를 공유하도록 하기 위해 플래그스태프에 소재한 10개 공장이나 델라웨어 주와 메릴랜드 주 경계선에 위치한 15개 공장과 같이 클러스터 형태로 생산시설을 조직하고 있다. 이렇게 공장들이 가까이 있으면 새로운 팀에 참여할 동료를 스카우트하거나 제품개발에 필요한 전문가 의견을 구하기 쉽다. 새로운 공장이 비용이 적게 드는 지역에 자리 잡는 것이 비용절감에 도움이 되겠지만, 고어는 돈이 더 들더라도 기능이 다른 여러 공장들을 한데 모아 기능 간, 팀 간 밀도 있는 의사소통이 가능하게 만드는 것을 더욱 중요시하고 있다.

고어는 몇몇 예외를 제외하고는 어떤 공장도 200명 이상 규모로 확대되지 못하도록 제한하고 있다. 사업부서의 직원이 늘어날수록 불가피하게 인간관계는 줄어들고 최종 제품과도 거리가 멀어지기 때문이다. 게다가 부서가 커질수록 사람들은 기업의 주요 결정에 대한 관심이 적어지고, 실행하겠다는 동기가 줄어들 것이다. 부서가 특정 규모 이상으로 커지면, '우리가 결정한다'는 것이 '그들이 결정한다'는 것으로 바뀌게 된다. 빌 고어는 더 큰 부서가 효율을 보다 높이 올릴 수 있지만 대신에 동기부여를 떨어뜨리고 함께 일하는 직원들의 인간관계를 저해하기 때문에 그들을 일하게 하기 위해서 관료주의도 함께 늘어난다고 생각하고 있다.

구글의 개방적 문화

구글의 성공은 대화에 있다고 말할 정도로 구글은 대화를 강조하는 회사이다. 이것은 구글의 개방적 문화를 말해준다.

구글 직원은 무슨 말이든지 눈치 보지 않고 하고 싶은 말을 자유롭게 할 수 있다. 그렇기 때문에 치열하게 의견교환이 이루어지는데 회의 중에는 누가 높은 지위에 있는 사람인지 모를 정도이다. 사장이라도 대화의 흐름에 도움이 되는 가치 있는 발언을 할 수 있을 뿐이다.

일반적인 기업에서는 CEO가 전략을 아래로 하달하는 것이 보통이지만 구글에서는 아랫사람들의 의견이 집약되어 전략이 수립된다. 구글의 슈미트 사장은 전략을 발표하기proclaim보다 의견을 끌어낸다provoke고 말하고 있다. 또한 "만약 회사를 운영하면서 다양하게 여러 사람들의 말을 주의 깊게 듣는다면 회사의 방향에 공감하는 사람이 많아지고 실행이 잘된다" 하였다. 슈미트는 보통 폭넓게 의문을 제기하면서 계획과정을 시작한다. 예를 들어서 "구글은 동영상 관련 프로그램을 어떻게 상용화할 것인가, 수억대의 휴대폰에 우리 서비스를 어떻게 제공할 수 있는가?"와 같은 것이다. 그는 이러한 질문에 답하기 위해서 14개 팀을 결성했다. 그러나 중요한 것은 질문이 아니라 직원 간의 상호 작용이라고 보았다. 상호 작용을 통해 정말로 흥미 있는 아이디어가 개발되기 때문이다. 이렇게 함으로써 직원들 스스로 회사의 사업모델을 어떻게 바꾸어 가야 할 것인지에 대해 생각하게 만드는 것이다.

구글에서는 경영층과 직원들 간의 대화가 많다. 구글의 제품전략 회의가 이 중 하나이다. 매주 슈미트와 임원진은 6시간에 걸쳐 구글의 각 팀 멤버와 대화를 진행한다. 이는 팀원에게 자신이 중요한 프로젝트에서 일하고 있다는 믿음을 심어줄 수 있고 슈미트와 임원진도 이렇게 많은 시간을 일선 혁신가들과 보냄으로써 그들과 밀접하게 연결되는 것이다.

구글은 직원들 간 네트워크가 잘된 조직으로 수평적인 대화가 잘 이루어지도록 하는 몇 가지 메커니즘이 있다. 첫째는 모든 팀 멤버들에게 개방되어 항상 변하는 아이디어와 코멘트로 가득한 기타 목록Misc List이다. 이 목록에 포함된 주제의 범위는 구글의 중국시장 진출 전략부터 회사 식당의 메뉴까지 다양하다. 둘째는 정보기술 기반으로 구축한 사내 통신망인 'MOMAMessage Oriented Middleware Application'이다. MOMA에는 회사 내부의 수백 가지 프로젝트를 자유롭게 올리는 웹페이지가 들어 있어, 각 팀은 프로젝트 진전 상황에 대해 상호 의사소통하며 피드백을 얻고 도움을 부탁할 수 있다. 셋째로는 '발췌snippets'인데, 이는 구글의 모든 연구원들이 1주일마다 개인의 활동과 성과를 요약하여 올리는 웹사이트이다. 어떤 구글 직원이든 발췌 목록을 검색하여, 비슷한 프로젝트를 연구하는 동료가 있는지 확인하거나 단순히 어떤 일이 진행되고 있는지 추세를 파악할 수 있다. 넷째는 카페에서 하는 전체 직원회의인 'TGIF'이다. 이곳에서 브린과 페이지는 신입직원을 소개하고 주중의 주요 사건을 요약하며, 질의응답을 공개적으로 주고받는다.

많은 대화에 기초를 둔 구글의 의사결정은 합의로 이루어진다. 원칙적으로 의사결정에 영향을 받는 사람은 모두 자기 의견을 말할 수 있는 기회를 가진다. 그래서 슈미트는 "무엇인가 결정할 때는 내가 아닌, 우리가 함께 결정을 내립니다"라고 말하고 있다.

고어의 도전적 문화

도전적 문화는 상관의 눈치를 보지 않고 자기가 하고 싶은 일을 할 수 있는 재량권에서 출발한다. 고어에서는 이 재량권이 모든 직원들에게 1주일에 반나절의 실험 시간dabble time으로 주어진다. 그들은 책임지고 있는 주요 업무를 제대로 수행하기만 하면 나름대로 선택한 창의적인 주제를 연구하기 위해 온전히 그 시간을 쓸 수 있다. 직원들은 누구나 고어의 혁신적인 제품들 대부분이 이런 실험적인 프로젝트에서 출발했다는 사실을 알고 있다. 고어텍스도 이 실험적인 프로젝트에서 출발했다. 창업자 빌 고어의 아들이자 현재 고어의 회장인 로버트 고어Robert Gore는 우연히 PTFE를 확장할 수 있었다. 그 결과 그는 폴리머, 즉 확장된 PTFE가 질기면서도 구멍이 많다는durable and porous 사실을 알게 되었다. 고어텍스는 회사의 최대사업부를 이루는 섬유계열을 비롯한 수많은 제품의 출발점이 되었다.

또 다른 사례인 고어의 기타줄 사업을 살펴보자. 애리조나 주에 위치한 플래그스태프 시에 있는 기술자인 데이브 마이어스Dave Myers는 고어텍스 섬유에 함유된 바로 그 폴리머를 가지고 산악자전거 바퀴살을 코팅해보았다. 예상외의 성과를 보고 만족한 마이어스는 잔모래가 달라붙지 않도록 차단하는 바퀴살 코팅이 기타줄에도 이상적이라고 생각했다. 강철코일에 땀이나 기름이 묻을 때, 기타줄은 음색의 특성을 잃어버린다. 마이어스는 주로 심장이식 개발을 연구하는 연구원이었고, 회사는 이제까지 음악산업에 진출한 적이 없지만 그에게 주어진 실험 시간에 기타줄 프로젝트를 추구하도록 결정했다. 10여 개의 공장들이 둘러싸인 곳에서 연구를 진행하던 마이어스는 재빨리 연구개발팀의 도움을 구하고, 곧 소수의 지원자들을 끌어모아 하나의 팀이 되어 자신이 만든 프로젝트bootstrap project(회사의 공식적인 프로젝트가 아닌 개인적으로 여기저기서 필요한 자원을 끌어모아 수행하는 프로젝트)를 위해 함께 일했다. 그들은 실험을 진행하면서 회사의 공식적 승인을 받지 않고도 일할 수 있었다. 연구를 시작한 지 3년 뒤 마이어스 팀은 결국 음색을 3배나 오래 유지하는 기타줄을 만들어 대성공을 거두었다. 오늘날, 엘릭시르 기타줄은 경쟁사에 비해 50퍼센트 이상 더 팔리고 있다.

다른 회사에서는 의료제품 사업부에서 가장 잘 팔리는 기타줄을 만들어낸다는 것은 상상조차 할 수 없을 것이다. 하지만 고어에서는 당연하고 자연스러운 일이다this is par for the Gore. 고어의 제품 혁신 비결은 뜻밖의 발견serendipity이 언제든 일어날 수 있고 누구라도 혁신가가 될 수 있다는 굳은 신념에서 나온다. 고어는 아이디어의 시장이다. 이곳에서 마이어스 같은 제품 챔피언은 회사에서 재능이 가장 많은 사람들의 자유재량 시간discretionary time을 얻기 위해 경쟁한다. 또한 무언가 새로운 일을 열심히 하고 싶어 하는 동료들은 유망한 프로젝트에 참가할 기회를 얻기 위해 경쟁한다.

고어의 한 연구원은 이렇게 말했다. "만약 당신이 프로젝트에서 함께 일할 사람들을 구할 수 없다면 그건 좋은 아이디어가 아닐 것입니다." 그 결과 고어에서 아이디어는 똑같은 조건에서 경쟁한다. 부사장이나 사업부 본부장과 같은 직책이 존재하지 않기 때문에, 누군가가 좋아하는 프로젝트라고 해서 승인될 수 없고 어느 누구도 새로 시작되는 프로젝트embryonic project를 저지할 수 없다.

고어에서 끈기와 인내는 혁신의 중요한 요소이다. 유망한 프로젝트는 직원 몇 명의 관심을 끌기만 하면 오랫동안 지속될 수 있다. 대부분의 회사에서 인내란 크고 중요한 문제를 직원들이 조금씩 파고드는 끈기로 받아들이기보다는 손실을 견디는 의지라고 생각한다. 하지만 고어에서 결의와 인내는 반드시 신중함을 수반한다. 회사는 결코 프로젝트의 주요 불확실성이 모두 해소되기 전에는 큰 도박을 걸지 않는다.

고어에서는 제품 혁신의 불확실성을 줄이기 위해 거치는 과정이 있다.

어떤 프로젝트가 개인의 실험 단계dabble stage를 넘기만 하면, '실재, 승리, 가치real, win, worth' 라고 불리는 과정을 통해서 개발팀은 주기적으로 다기능 검토cross functional review를 거친다. 같이 일할 동료전문가를 끌어모으려면 신제품 챔피언은 먼저 이 기회가 진짜 존재하는 것임을 증명해야 한다. 동료들은 질문을 던질 것이다. "이 제품은 고객의 진짜 실질적인 불편함을 해소해줄 수 있을까? 얼마나 많은 고객들이 이 제품을 필요로 하고, 개선된 해결책에 얼마나 많은 돈을 낼까?" 개발이 진전됨에 따라 화두는 고어가 시장에서 승리를 거둘 수 있느냐로 바뀐다. 이 단계의 질문은 다음과 같다. "기술우위를 지킬 수 있을까?" "제휴사를 찾지 않으면 안 되는 기술격차가 있을까?" "극복해야 할 법적 규제가 있을까?" 이런 문제를 해결하면, 그다음 초점은 수익성으로 쏠린다. "안정된 이익을 올리도록 가격을 높이 책정할 수 있을까?" "돈 버는 사업시스템을 구축할 수 있을까?" "손익분기점을 얼마나 빨리 돌파할까?"

제품개념에서 제품도입까지 정해진 일정이나 제품개발 단계별 일정stage gates이 있는 것은 아니다. 고객 가치를 둘러싼 초기 대화는 정말 필요가 없는 아이디어를 제거하지만 가능성 있는 제품 개념은 단지 너무 많은 돈을 허비하지 않는다면, '실재'에서 '가치'로 가는 여행을 할 수 있도록 충분한 시간이 주어진다. 그동안 모든 직원들은 배의 흘수선water line[2]을 넘어갈 정도로 회사의 재정상태나 평판을 크게 해칠 수 있는 실수의 가능성을 예의주시한다.

구글의 도전적 문화

구글의 조직 분위기가 도전적인 것은 세계에서 가장 해결하기 어려운 문제를 다룰 수 있는 기회에 매력을 느끼는 성취지향적인 사람들로 가득 찬 곳이기 때문이다. 또한 세계 최고의 공과대학 대학원의 연구실에서 일하는 것처럼 소규모 팀에서 연구와 많은 실험을 하고 동료 간에 치열하게 의견을 주고받으면서 세상을 더 좋게 만드는 데 기여하겠다는 사명감으로 일하는 분위기이다. 구글은 또한 논쟁적이고 우수한 성과를 지향하는 학구적 가치를 반영하고 있기 때문에 논쟁을 할 때 누가 좋은 의견을 내느냐가 중요하지 위계 속에서의 직책은 아무 소용이 없다.

구글은 세계의 정보를 체계화하겠다는 사명을 가지고 직원들에게 풀기 어렵지만 중요한 문제를 해결할 수 있는 기회를 줌으로써 고급 두뇌를 영입하고 있다. 많은 기업들이 분기별 실적에만 신경을 쓰고 직원들에게 지속적인 전략 혁신에 필요한 상상력과 용기를 주지 않고 있는데 구글에서는 다르다. 페이지와 브린은 주주들에게 "인재들이 구글에 오는 이유는 우리가 그들에게 세상을 바꿀 권한을 주기 때문입니다" 하는 내용의 편지를 보냈다. 구글 개발 그룹에 있는 사람 중 아무나 한 사람을 붙잡고 물어보아도 비슷한 대답을 들을 수 있을 것이다. 컴퓨터 과학 분야의 교수인 아누락 아차랴Anurag Acharya도 구글에 들어온 이유를 설명하면서 "10년에서 15년 정도 걸려 해결할 수 있는 문제를 찾는 것이 목표"라고 말하고 있다. 그래서 구글 직원들이 이상주의자라는 소리를 듣게 된다. 이러한 도적적인 분위기를 유지하기 위해서 구글의 리더들은 평범한 연구원보다 독특하고 뛰어난 연구원이 몇 배 더 소중하다고 생각한다. 그래서 가장 명석한 사람만을 채용하겠다고 고집한다. 논리는 간단하다. A급 사람은 A급 사람과 일하고 싶어한다. 그러나 B급 직원은 누구의 관점에서 보더라도 자신감이 부족한 C급 직원을 채용하기 쉽다. 평범한 계층이 늘어날수록 회사는 진정으로 탁월한 사람을 모으고 유지하기가 어려워진다.

구글의 소규모 팀은 열정을 가지고 있고 벤처기업과 같은 문화를 형성하고 있다. 벤처문화란 자기가 하고 싶고 인생에 의미 있다고 생각되는 일을 대박을 꿈꾸며(단지 금전적 대박만이 아니라 세상을 바꾸는 큰일을 한다는 기분으로) 하나의 팀으로 끈끈하게 뭉쳐 열정적으로 일하는 문화이다. 이런 사람들에게는 열정에 따라 행동할 수 있는 자유를 주는 것이 중요하다.

이를 위해 도입한 것이 20퍼센트 규칙이다. 모든 개발자들은 자기 시간의 20퍼센트를 회사의 핵심 일과 관련되지 않은 창의적인 일에 자유롭게 쏟을 수 있는 자유가 주어진다. 이 정책 덕분에 구글은 지속적으로 전략적 대안을 새롭게 확장할 수 있었고, 동시에 우수한 인재를 확보할 기회를 얻었다. 또한 구글은 다양한 문제에 관심을 지닌 호기심 많은 사람들을 채용한다. 20퍼센트 정책은 그들이 구글을 떠나지 않고도 각자 개인적 열정을 추구할 수 있도록 보장해준다. 구글은 최근 회사의 신제품 절반 이상이 20퍼센트 프로젝트에서 나왔다고 할 정도로 이 규칙으로부터 좋은 성과를 내고 있다.

20퍼센트 규칙은 직원들이 단기적인 압력에서 벗어나 미래지향적인 큰 그림을 그릴 수 있게 하고, 혁신은 모든 사람의 책임이라는 것을 명확하게 해줌으로써 미래에 적응하는 전략적 책임을 최고경영층과 함께 공유하도록 하고 있다.

개방적 문화와 도전적 문화에 기초를 둔 상향식 진화[*]

1) 구글의 상향식 진화

구글의 미래에 대한 적응과 성장은 최고경영층이 주도하는 전략계획에 의한 하향식 계획적 방법이 아니라 20퍼센트 규칙과 같이 아랫사람들의 시도와 실험에 의한 상향식 진화적 방법이다. 구글 전략의 핵심은 직원들이 더 많은 아이디어를 생각해내고 그것을 경쟁사보다 더 빨

---

* 상향식 진화에 대해서는 1부 2장 01. 혁신과 성장의 2가지 전략 참조.

리 저비용으로 실험함으로써 미래의 선두로 나서는 것이다. 이러한 상향식 진화적 방법이 아니고서는 환경 변화가 빠른 정보화시대에 선두로 나설 수 없다는 것이 구글 경영진의 생각이다.

이러한 실험을 도와주는 것이 구글랩Google Labs이다. 구글 직원은 완전히 시장에 내놓기에는 부족한 서비스를 구글랩에 올려 호기심 많은 사용자들의 반응을 얻는다.

구글과 같이 아랫사람들의 시도와 실험에 의해서 미래 사업의 방향이 정해지는 진화적 성장의 경우에는 사업의 범위가 폭넓게 정해진다. 구글이 하는 사업이 무엇이냐는 질문에 슈미트는 '우리는 사람들이 무엇인가를 찾는 것을 도와주고자 한다'고 대답했다.

2) 고어의 상향식 진화

고어는 직물, 전자, 의료, 산업재의 네 부서로 구성되어 있지만, 고어의 리더들은 회사 핵심사업의 영역을 규정하려고 하지 않는다. 고어는 현재 사업 포트폴리오 상에 1천 개 이상의 제품을 보유하고 있지만, 몇 개 안 되는 세계적 수준의 핵심 역량을 활용하여 수많은 제품시장으로 진입한 전형적인 회사이다. 리더들은 외과용품과 같은 기존 시장에서 고어의 존재를 확대하는 혁신을 장려하는 한편 PTFE와 기타 폴리머와 관련된 고어의 전문지식을 활용하는 어떠한 제품이라도 모두 사업범위 내에 둔다. 또한 이런 생각은 직원들에게 혁신에 대한 엄청나게 폭넓은 무대를 제공한다.

이러한 혁신의 결과로 개발된 제품들은 고어텍스에 비해서는 세상에 별로 알려지지 않았지만 헤아릴 수 없을 만큼 많다. 고어의 첨단 직물은 부츠, 구두, 모자, 장갑, 침낭 등을 만드는 데 사용되고 있고, 북극과 남극, 에베레스트산을 탐험하는 과정에도 활용되었다. 합성 혈관조직, 수술용 그물surgical mess을 비롯한 다양한 의료 제품은 1300만 명 이상의 환자들에게 이식되었다. 미항공우주국NASA의 우주비행사는 고어 섬유로 짠 우주복을 입는다. 막 기술membrane technology은 수소를 동력으로 하는 연료전지에 이용되기도 한다. 고어는 엘릭시르Elixir 기타줄과 글라이드Glide 치실로 성공을 거둔 것처럼, 거듭 미지의 신규시장에 뛰어들어 선두를 차지했다. 이 제품 계열은 매각 금액을 비밀에 붙인 채 2003년 P&G에 팔렸다. 고어에는 또 개발 중인 초기 프로젝트들이 언제나 수백 개 정도 있다. 이곳은 창업회사처럼 활동하면서 돈을 버는 대기업이다.

공동체

미래 기업은 공동체를 지향해야 한다. 정보화시대는 조직을 공동체로 만드는 기업이 늘어날 것이다. 공동체가 되기 위해서는 목적의식sense of purpose이 있고 평등의 철학egalitarianism을 공유해야 한다. 공동체는 다함께 힘을 합쳐 사회를 보다 아름답게 만들고자 하는 숭고한 목적이 있는 것이다. 공동체는 단지 돈 때문에 일하는 것이 되어서는 안 된다. 사명감 즉, 이 사회를 위해서 내 일생을 걸겠다는 사업적 가치가 있어야 한다. 이러한 공동체의 개념이 미국의 유기농 식품 판매 업체인 홀푸드에서 실행되고 있다. 홀푸드는 세계 식품 공급의 산업화에 반대하며 지속가능한 유기농에 기초를 두고 사람들의 건강에 보다 좋은 먹을거리를 제공한다는 목적의식이 있다. 직원들이 홀푸드에서 일한다는 것은 그들의 삶과 가치에 대한 표현이다. 그들은 영양가 있는 식품을 팔고 지속가능한 농업에 기여하며 농약을 쓰지 않는 유기농 식품과 농업을 지지한다.

평등의 철학은 위계질서hierarchical order와 반대개념이다. 위계질서는 아랫사람이 나보다 못하다는 무시와 소외의 철학에 기초를 두고 있지만 평등의 철학은 개인을 존중하고 참여시킨다. 공동체에서의 상하관계는 지시, 명령의 관계가 아니라 조언, 격려의 관계이다. 정보화시대의 조직은 계층과 직책이 없는 방향으로 가고 있다. 평등의 철학은 보수에서도 나타난다. 상하 간의 보상 격차가 크지 않은 것이다. 보통 〈포춘Fortune〉 선정 상, 500대 기업에서 CEO와 일반 직원들의 평균 임금은 400배 이상이지만 홀푸드는 19배 이하로 묶어 놓았다. 또한 회사 스톡옵션의 93퍼센트는 비임원진에게 부여하고 있다. 대부분의 미국 기업에서 스톡옵션의 75퍼센트가 5명 이하의 고위경영진에게 분배되고 있는 것을 보면 놀라운 수치가 아닐 수 없다.

공동체가 추구하는 것은 구성원 간의 일체감이다. 일체감은 목적의식과 평등의 철학을 요구하지만 투명성을 기본으로 해야 한다. 일체감은 신뢰에 기초를 두고 있는데 이를 위해 요구되는 것이 투명성이다. 홀푸드는 투명성의 극치를 보여주고 있다. 모든 직원의 성과와 급여가 공개되고 있다. 이러한 투명성은 상여금 결정에 대해 관리자가 개인적인 편애나 근거 없는 차별을 두기 어렵게 만든다. 그리고 급여가 잘못 지급될 경우 불만을 가진 직원들은 근거 자료를 가지고 논리적으로 반박할 수 있다. 그들은 어떤 종류의 업무와 사람들이 가장 많은 급여를 받는지 알기 때문에, 이러한 급여 비교를 통해 직원들 스스로 자신의 기술과 능력을 개발하고 새로운 책임을 맡기 위해 노력한다.

홀푸드의 투명성은 급여 데이터뿐만 아니라 다른 부분에도 광범위하게 적용되고 있다. 직원들은 누구나 회사의 민감한 영업, 재무 데이터인 일일 점포 매출, 팀 매출, 상품원가, 점포당 이윤 등을 자유롭게 열람할 수 있다. 매장의 팀들은 이러한 구체적인 재무자료를 가지고 상품주문과 가격결정을 할 수 있는 것이다. 이러한 투명성은 팀 간 경쟁을 치열하게 만들고 있다. 공동체라고 해서 경쟁이 없는 것이 아니다.

그러나 그 경쟁은 정보를 공유하고 서로 배우는 개방적 경쟁이다. 또한 팀의 성과가 개인의 보상으로 바로 연결되기 때문에 결과를 내야 하는 압력은 상관이 아니라 팀 내 동료로부터 나온다. 홀푸드는 이와 같이 치열한 내부 경쟁을 통해 강력한 경쟁자가 되어 수익성, 생산성, 성장성에서 경쟁 기업보다 2~3배 앞서고 있다. 공동체 조직은 숭고한 목적의식, 평등의 철학, 투명성에 기초를 두고 일체감을 가지지만 치열하게 내부경쟁을 통해서 경쟁력을 제고하는 것이다.

삼성투신 사례

　삼성투신운용은 삼성그룹 계열사 가운데 가장 주목받지 못하는 회사였다. 삼성 계열 금융회사들은 대부분 해당업종에서 독보적인 경쟁력을 갖추고 있지만 유독 삼성투신만은 두각을 나타내지 못했다. 2009년 초 주식형펀드를 운용하는 국내 51개 자산운용사 가운데 3년간 누적수익률(주식형)은 31위에 그쳤고 최근 1년 수익률도 겨우 20위에 턱걸이했을 정도다. 이런 삼성투신운용에 변화가 일어났다. 그것은 긴박감과 임파워먼트이다. 긴박감은 위기의식과 도전의식이다. 2009년 초부터 삼성투신의 고객이자 자산규모가 100조 원을 넘는 민간 최대의 자산 보유사인 삼성생명이 별도의 투신사를 설립할 것이라는 이야기가 여의도 증권가에서 흘러나왔다. 그러자 삼성투신 고위 관계자는 "이대로 가다가는 죽을 수도 있다는 생각이 들었다" 하고 말할 정도로 위기감을 느꼈고 그룹에서도 "삼성이라는 이름을 달고 하는 사업인 만큼 그만한 성과를 내야 한다"라는 의견이 나오면서 삼성투신 직원들은 도전의식을 가지게 되었다. 이러한 위기의식과 도전의식이 제대로 해보겠다 하는 긴박감을 가지게 한 것이다.

　그러나 변화는 구성원의 임파워먼트 없이 이루어질 수 없다. 임파워먼트는 자율성이 있어야 하는 것은 기본이고 이를 행사할 수 있도록 정보와 조언이 원활하게 제공되고 시스템이 뒷받침되어야 한다. 자율성의 일환으로 삼성투신은 자산운용권을 펀드매니저에게 돌려줬다. 그동안 삼성투신 매니저들은 자산의 80퍼센트를 미리 짜놓은 컴퓨터프로그램이 지시하는 대로 투자했다. 나머지 20퍼센트만이 펀드매니저들의 몫이었다. 개인의 능력이 발휘될 기회는 별로 없었고 수익률도 낮을 수밖에 없었다. 그런데 이 비율을 뒤집었다. 모험이었지만 80퍼센트를 매니저들이 마음껏 투자할 수 있도록 바꿔버렸다. 그리고 계층도 축소하여 한 명의 본부장 밑에 있던 3개 팀을 독자적인 3개의 본부로 승격시켰다. 이렇게 함으로써 본부 간 경쟁 분위기는 더 강화되었다.

　또한 자율성을 제대로 행사할 수 있도록 3개 주식운용본부에 리서치센터 인원을 내줬다. 이들은 매니저들과 호흡을 맞춰가며 운용의 핵심인 개별 종목 발굴에 나섰다. 이렇게 직원들이 임파워먼트가 되자 조직 분위기는 서서히 바뀌었다. 조직 내에는 뭔가 해보자는 기운이 돌고 매니저들은 자신들의 신념과 스타일에 따른 투자를 시작했다. 그동안 다른 회사를 따라하던 상품설계에서 벗어나 삼성만의, 삼성다운 상품을 내놓았다. 수익률도 좋아져 근래 6개월간은 4위, 3개월간은 3위까지 올라왔고 최근 한 달의 성적은 100억 원 이상 규모 주식형펀드 운용회사 중 2위를 기록했다.[3]

08

ABB 사례

ABB 조직구조의 특징은 계층을 파괴하여 그 수를 4개로 축소하고 하부단위를 고성과 자율경영팀으로 만든 것이다. ABB는 일찍이 자율경영팀을 기본단위로 하는 조직을 만들었다. 조직계층은 최고경영층으로 취리히에 위치하고 있는 13명의 경영위원회가 있다. 경영위원회는 8개의 큰 사업 분야를 책임진다. 그 아래에 65개 작은 사업 분야 책임자와 국가관리자를 포함하는 250명 정도의 임원이 있고, 그 밑에 1300개의 독립된 회사의 관리자가 있다.

각 회사는 4~5개의 이익센터로 구성되며 이익센터는 3~4개의 자율경영팀으로 구성된다. 각 회사는 200명 규모이고 이익센터는 50명, 팀은 10명 정도의 규모이다. 이익센터는 각자의 손익계산서를 가지고 있으며, 독자적인 자산을 소유하고 있다. 그리고 외부고객과 직접 거래하므로 주인정신을 가지게 되어 높은 성과를 내기 때문에 고성과팀이라고 부른다. 고객에 대한 직접적인 접촉이 소규모 사업단위를 '진정한 사업체'로 바꿔주기 때문이다.

ABB 조직구조의 두 번째 특징은 스태프의 규모를 대폭 축소했다는 것이다. 이 당시 회장을 맡았던 퍼시 바네빅Percy Barnevik은 본사의 스태프를 감축시키는 일을 과학적으로 실행해왔다. 그는 어떤 본사의 활동이든 간에 본사의 인원을 첫해에 90퍼센트까지 감소시킬 수 있다고 주장했다. 약 30퍼센트는 자연스러운 인원감소 및 기타 해고를 통해 감축시켰다. 또 다른 30퍼센트는 50명으로 구성된 이익센터 중 한 곳으로 보냈고 나머지 30퍼센트는 독립적인 서비스센터(종종 새로운 회사)로 전출시켰다. 이 서비스센터에서는 경쟁체제로 업무를 수행하며, 시장가격을 기준으로 각 운영 부서에 대금을 청구한다. 그리고 나머지 10퍼센트는 본사 중앙 부서에 남아 있게 된다.

ABB 조직구조의 세 번째 특징은 국가별, 사업별의 2가지 차원으로 된 매트릭스 구조이다. 개별 이익센터, 공장, 기업 등의 국가별 구조와 수력발전, 공장자동화 등의 사업별 구조로 이루어져 있다. 사업 책임자들은 각자 맡은 사업분야에 대해서 세계 전략을 실행할 책임을 지고 예산 집행의 책임을 지는 등 막강한 것은 아니지만 상당히 강한 힘을 갖고 있다. 예를 들면 사업분야 책임자가 사업성과를 분석한 결과, 비슷한 부품을 생산하는 공장의 수를 5개에서 한두 개로 줄이자는 '합리화'를 제안했다고 가정해보자. 그리고 그 5개의 공장들은 동일한 정도의 권한을 가진 서로 다른 5명의 국가 분야에 사장의 '명령' 하에 있다고 가정하자. 경제적·사회정치적인 배려, 그리고 해결해야 될 의사결정은 전적으로 사업 분야 책임자와 국가별 책임자에게 달려 있다. 이러한 이차원적 매트릭스 구조를 사용하게 된 이유는 글로벌 기업과의 경쟁과 이들 사이에서의 비교 우위 확보에 대한 활동에 필요한 기업의 거대화와 전략적 규모의 경제를 위한 조직이 필수적이었기 때문이다.

매트릭스 조직은 이중보고 체계 때문에 갈등이 발생하여 실패로 끝나는 수가 많은데 ABB의 경우는 문제없이 잘 귀결되고 있다. 이것은 현지 이익센터가 모든 책임을 지는 라인line이고 사업관리자는 스태프로서 전략적 문제를 다루고 국가관계자에게 도움을 주는 것으로 인정을 받고자 하기 때문이다. 또한 개방적인 문화가 조성되어 최고경영자들을 외부자가 아닌 내부자로 만들고 사업관리자와 국가관리자 사이의 갈등으로 분쟁이 되풀이 될 경우 둘 다 해고될 것이라는 불문율이 있기 때문이다.

ABB에서 볼 수 있는 다른 특징은 개방적 조직이라는 것이다. 개방적 조직은 대화와 협력, 그리고 정보공유가 잘되는 조직이다. 개방적 조직일 때 아이디어의 결집과 지식의 축적으로 창조경영이 가능해진다. ABB는 각 사업단위의 성과에 대한 월별 정보를 공유함으로써 내부경쟁을 조장하여 서로로부터 배울 수 있는 기회를 갖게 하고 있다. 또한 다양한 의견 교환을 통해서 지식을 공유하고 축적한다.

ABB에서는 의견교환을 위한 포럼이 있다. 예를 들면 한 사업 분야의 경영이사회는 세계적 전략을 수립하기 위해 매년 4~6회 정도 만난다. 그리고 사업 분야 내에는 연구개발과 구매 분야 등을 전문적으로 책임지는 5명의 경험이 풍부한 스태프가 있다. 이들은 여행을 통해 끊임없이 지역단위의 관리자들과 상의하고, 전체적인 학습 및 조정에 대한 안건을 발전시켜 나가고 있다. 또 여러 분야의 전문가들로 구성된 기능별 조정팀은 생산, 품질, 마케팅 및 기타 여러 가지 이슈들을 협의하기 위해 매년 두 번 정도 만난다. 공식적인 회합도 중요하지만 대부분의 가치는 '연중 일어나는 정보교환을 통해' 창조된다. 지역적으로 분산된 다양한 사업으로부터 지식을 축적하여 이를 통해 가치를 창조하는 일은 매우 어려운 일이다. ABB는 어떤 사업의 기술분야에서 다른 지역의 공장보다 앞선 기술을 가진 공장을 엑설런트 센터Excellent center로 지정하여 다른 공장들의 기술적인 문제를 조정하고 지식을 전파하는 역할을 하도록 하고 있다. 예를 들어서 핀란드의 ABB 스트롬

스버그stromsberg는 전자장비 분야에서 오랫동안 기술적 지도력을 수행해왔기 때문에 엑설런트 센터로 지정되었다.

본사 차원에서는 이러한 정보 및 의견교환이 원활하게 이루어질 수 있도록 상호 신뢰와 교환의 문화를 창조하는 것이 중요하다. 이를 위해서는 공동체정신의 고양이 필요하고 서로를 알기 위해 함께 모여 시간을 보내고 자신에게 돌아오는 혜택을 볼 수 있어야 한다. 공동체문화는 일 중심의 문화, 최선을 다하는 문화로 뒷받침되어야 한다.

ABB는 삼성전자와 같은 세계경영을 하는 기업에게 조직계층의 타파와 자율과 책임을 가진 고성과팀으로 구성된 하부단위, 그리고 매트릭스 조직을 도입해볼 필요성을 제기하고 있다. 그리고 삼성전자가 전체적으로 세계적인 차원으로 개방적 조직을 만들어 갈 필요성도 제시하고 있다.

CNN 사례

블루오션과 미친 경영자

정보화시대에는 소비자, 기술 등 모든 것이 변하기 때문에 전통적인 산업의 조건을 탈피한 새로운 비즈니스모델이 요구된다. 이 모델은 블루오션이 될 수 있다. CNN은 기존의 방송산업의 규칙을 깨고 나온 블루오션이다.

테드 터너가 블루오션으로서의 CNN을 창출할 수 있었던 배경에는 그만의 특성이 있었다. 그는 꿈과 열정이 있었고 무언가 다른 사람이 생각해내지 못하는 것을 할 수 있는 통찰력과 결단력을 갖추고 있었다.

그는 70년대 말 설립 당시 CNN을 완전한 네트워크로 만들고 미국, 나아가서는 세계 방송사에 새로운 역사를 만들려는 꿈을 가지고 있었다. 이러한 꿈이 그에게 열정을 심어주었다. 그는 또 열정적인 성품을 가진 사람이었다. CNN이 창립되어 미친 듯이 돌아가고 있던 374일 동안 터너는 애틀랜타에서 멀리 떨어져서 1980년 아메리카컵 요트대회

방어준비에 대부분의 시간을 보낼 정도로 자기가 좋아하는 일에 매진하는 열정이 있었다.

그가 하루 24시간 뉴스만 내보내는 TV 방송으로서 CNN을 개국한다고 했을 때 주위의 모두가 바보 같은 짓이라고 하거나 돌았다고 생각했다. 하지만 그는 이것이 꼭 필요하고 성공할 것이라는 통찰력에 기초를 두고 실패를 무릅쓰고 실천에 옮기는 결단력을 보여주었다.

터너의 통찰력에는 그의 경험이 보탬이 되었다. 그의 조그마한 애틀랜타 방송국인 WTCG(현재의 WTBS)사는 1976년 12월 인공위성을 통해 광범위하게 프로그램을 내보내기 시작하여 어느 정도 성공을 거두었다. WTCG사의 성공, 새로운 방송기술, 그리고 그 어느 때보다도 확대되고 있는 유선방송망 등을 고려해볼 때 그는 CNN의 성공가능성을 짐작해볼 수 있었다. 그는 환경이 급격하게 변하는 정보화시대에 이제 더이상 상식이 통하지 않는다는 것을 알고 자기 생각을 실천에 옮기는 미친 경영자라고 할 수 있다(1부 1장 02 '미친 경영자와 창조경영' 참조).

그의 결단력은 1979년 CNN 개국을 선언하고 준비한 이후 1984년까지 7700만 달러를 날렸음에도 불구하고 중단하지 않고 계속했다는 것에서 남다른 점을 발견할 수 있다. 그는 1985년 처음으로 흑자를 달성하였지만 제대로 된 투자수익은 그 뒤에 이루어졌을 것이다. 이렇게 적어도 5년 이상 돈을 까먹으면서도 CNN을 포기하지 않고 지속했다는 것은 실패해도 좋다는 결단력이 있었기 때문이라고 생각된다.

테드 터너와 기업문화

CNN의 문화를 지탱하고 활성화시켜 주는 다소 모순적인 일들은 대부분 터너의 비전과 성격, 그리고 그의 독특한 일처리 방식에서 나온 것이다. 터너는 실패라는 것은 생각하지도 않는 사람이다. 그는 주도권을 가지고 일하는 것의 중요성을 믿고 있으며 비전은 언제나 웅대하다. 그는 체계적으로 일하는 사람은 아니지만 매우 결단력이 있다. 터너의 접근방법은 '그것을 하라Do it' 라는 두 마디 말로 압축될 수 있다.

무엇보다도 터너는 뛰어난 사람들을 확보하여 그들 스스로 알아서 일하도록 놓아두는 것이 중요하다는 사실을 믿고 있다(이것은 CNN의 '말단' 에까지 모두 반영되어 있다).

CNN의 비즈니스모델: 속도경영

기존의 방송사는 시청자가 원하든 원하지 않든 자기들의 편의에 따라 저녁 7시에만 뉴스를 제공해준다. CNN의 비즈니스모델은 기존의 방송사와는 다르게 '수요에 맞추어 뉴스를 공급하는 것' 이다. 이것은 일간지가 시간지(또는 분간지)로 바뀐 것이라고 볼 수 있다. 따라서 CNN의 비즈니스모델은 기존의 방송사와는 경영의 초점, 운영방법, 문화, 채용하는 사람이 모두 달라져야 하고 이 모든 것이 하나로 정렬되어 있어야 한다.

CNN이 수요에 맞추어 뉴스를 공급한다는 사명을 갖고 있을 때 가장 중요한 경영의 초점은 속도이다(경쟁력에는 품질, 원가, 속도, 다양성의 4가지 요소가 있다). CNN에서 중요하게 공유하는 말은 실제로 사건이 전개되는 양상을 있는 그대로 다듬지 않고 내보내고real, raggedness 인공적인 것을 피하라는 것이다.

CNN에서는 빠른 결정이 중요하다. 다른 언론사에서 있다가 온 부사장인 에드 터너와 사장인 존슨이 CNN에서는 다른 방송사나 신문사에서 몇 시간 걸리는 결정도 몇 분 아니면 몇 초 만에 결정된다고 말할 정도로 의사결정의 속도가 빠르다. CNN에서는 '황급히 서둘러라' 라는 문화가 있다. 그래서 회의에 참석할 때도 모두 어떤 격식도 없이 황급히 나타난다.

이를 위해서 CNN은 의사결정에 참석하는 사람을 꼭 필요한 서너 명 이하로 둔다. 이들은 본사 스튜디오에 서로 가까이 있어 의사결정 사안이 있을 경우 바로 만나 서서 회의를 진행하고 그 자리에서 결정을 내린다. CNN에는 많은 사람이 참석하는 의사결정을 위한 위원회가 없다.

채용

CNN은 속도경영을 위해서 어떤 사람을 기자로 채용하는가? CNN은 자신의 기사를 내보내지 못해 안달하는 기자 즉, 뉴스에 대한 애착과 열정을 기준으로 채용한다. 기술적 분야는 회사에서 가르쳐주면 되기 때문이다. CNN은 스타가 지배하는 방송국이 아니다. 그들은 '뉴스가 바로 스타다' 라고 말하고 있다. 중대한 기삿거리가 생겼을 때 CNN의 기자가 6시간 정도 뛰어다니며 생방송으로 보도하는 경우는 흔히 있는 일이다. CNN의 기자는 속도경영을 위해서 혼돈스러운 상황에 익숙해야 하고 비상시의 모호성에 대처하는 능력이 있어야 한다.

이것은 다양한 경험과 문학적 상상력을 가진 사람이 필요하다는 것을 말해준다. CNN의 기자는 취재할 때 혼자 일을 처리할 수 있도록 많은 것을 알고 있지만 어느 한 분야의 전문가는 아닌 다기능 비전문가 multiskilled nonspecialist로 육성된다. CNN에서는 이들을 VJVideo Journalist라고 부른다. 비디오 저널리스트란 CNN이 창안한 새로운 형태의 '만능기자' 로, 전통적인 기존 방송국 기자들보다 더 많은 일을 수행한다.

CBS나 NBC의 기자들은 상당히 대규모인 지원 캐스트들을 앞세우고 있다. 그러나 CNN의 비디오 저널리스트들은 단지 카메라맨 한 명만을 데리고 나가는 경우가 많으며, 가끔 음향담당도 데리고 나간다. 그들은 대부분의 원고를 직접 쓰고 '프로그램'을 감독하며 음향을 담당하기도 하는 등 무슨 일이든 필요한 일은 다한다.

자율성

CNN은 이렇게 기자들을 혼자 일을 처리할 수 있도록 육성시키면서 자율적으로 일하도록 내버려 둔다. CNN의 부회장인 라인하르트 Reinhardt는 '일을 한다는 것은 자기가 알아서 한다는 것을 의미한다. 만약 당신이 당신의 방식대로 일을 해서 대부분 성공한다면 당신은 승진할 것'이라고 말한다. CNN에서는 어느 계층이든 누구나 입사할 때부터 주도권을 가지고 각자 알아서 일하도록 하고 있다. 아무도 당신에게 무엇을 해야 할지 알려주는 사람은 없다. 무엇을 해야 할지 결정하는 것은 전적으로 당신에게 달려 있으며 그대로 실행에 옮기면 된다. 물론 조언을 구하되 손을 놓고 앉아서 명령을 기다리지는 말라는 것이다.

CNN은 벤처기업으로 출발하여 회사가 살아남느냐 죽느냐 하는 어려운 고비를 거치면서 성장했기 때문에 생존본능상 비용을 절약하고 조직 운영이 간소하다. CNN은 기술에 투자하는 것을 포함하여 반드시 써야 할 곳에는 지출을 하지만 필요치 않은 곳에는 되도록 돈의 사용을 억제하고 있다. 돈을 많이 가지고 있었던 기존 방송사들은 지난 60〜70년의 역사(라디오 방송개국 이래로)를 이루는 동안 수많은 관료주의적인 장애물들을 낳았으며 엄청난 돈을 지칠 줄 모르고 써대는 성향을 갖게 되었다. 그러나 CNN의 부사장이었던 베이커는 근무한 10년 동안 누군가를 어딘가에 급하게 보내기 위해 비행기를 전세 낸 적이 없다고 말하고 있다. CNN이 거느린 비행단은 '애틀랜타에서 출발하는 델타 항공사 비행기 2등석'이라고 말할 정도이다. 그러나 더 중요한 것은 모든 사람들이, 비디오 저널리스트를 비롯해서 현장담당 직원들 모두 어디에 비용이 얼마나 드는지를 안다는 것이다. 이 말은 겉으로 보기에는 별 의미가 없는 이야기 같지만 결과에 큰 차이를 낸다. 대체적으로 이 회사는 각자가 자기 일만 하는 것이 아니라 전체를 관리할 수 있는 '감각'을 갖고 있기 때문에 재정적으로 통제를 할 수 있는 것이다.

현장에 있는 사람이면 누구나 도쿄로부터 애틀랜타까지 위성을 통해 정보를 전송하려면 비용이 얼마나 드는지, 또는 로스앤젤레스에서 애틀랜타까지 전화로는 어느 정도의 비용이 드는지를 정확히 알고 있다. 사람들은 예산에 대해 어떤 감정을 갖고 있기 때문에 무엇이 과도한지, 무엇이 부족한지를 안다. 즉각적으로 주요 의사결정을 할 수 있는 CNN의 능력의 대부분은 그 같은 감각 속에 포함되어 있다.

집권화와 분권화

CNN은 극단적인 집권화와 분권화를 동시에 달성한 좋은 예이다. 제반 경영활동과 정보는 애틀랜타 본사로 집권화하였고 상위 의사결정자들이 2~3미터 정도밖에 떨어져 있지 않다. CNN의 신속한 의사결정 능력은 그 같은 물리적인 집권화와 최고 의사결정권자들의 상호 간 친숙성 때문에 더욱 고양된다. 동시에 CNN은 모든 면에서 분권화를 요구하고 있다. 즉 비디오 저널리스트들이 갖는 역할과 데스크 담당자들의 중요성을 강조하는 일이라든가, 모든 사람은 자신에게 적합하다고 생각하는 일을 솔선하여 주도권을 가지고 수행해야 한다고 주장한다든가, 그에 따른 실수에 대해 관용을 베푼다든가(실수가 발생해도 그것에 대해 왈가왈부하지 않는데, 이는 3대 방송사와 엄청나게 다른 점이다) 하는 것이 그 예이다. 일선에 있거나 일선 가까이에 있는 사람들은 엄청난 자율성을 지니고 있지만, 그들은 비전을 체득해야 하고 자신들이 하는 일이 전체와 어떻게 연결되는지를 이해해야 한다.

CNN은 비용을 중시하여 분명히 통제하고 있기는 하지만, 거대한 회계부서나 강압적인 수많은 서류를 통해서 하지는 않는다. 무엇보다도 CNN의 기업문화는 놀라울 정도의 자기통제를 유도한다.

10

국제 환경 변화와 기업경영

정보화시대는 변화의 시대이다. 세계는 지금 급격한 변화의 와중에 있다. 소련 동구에서 일어났던 체제의 변화나, 미국 서구를 비롯한 여러 나라에서 일어나고 있는 기업경영의 변화나 모두 변화의 물줄기는 같다. 우리도 예외일 수는 없으며 변하지 않으면 안 되는 것이다. 정보화시대는 또한 창업자 사회이며 개방 사회이다. 지금은 전 세계적으로 많은 중소기업이 창업되어 대기업을 공략하고 있다.

최고경영자들은 살아남기 위해서 서로 정보를 교환하고 배우겠다는 열의를 가지지 않으면 안 될 것이다.

변화의 요인

"우리는 모든 것을 바꾸어야 한다." 일찍이 고르바초프가 한 말이다. 이제 세상은 달라졌고 우리도 생각하는 것, 하는 일, 하는 방법이 달라져야 한다.

이러한 변화의 물줄기는 서로 상호 관련성을 가지고 있지만 크게 3가지로 나누어볼 수 있다.

첫째, 정보기술의 발달이다. 이제 의사소통에 있어 물리적 거리가 중요하지 않게 되었다.

둘째, 기업경영의 세계화이다. 세계는 점점 국경 없는 하나의 경제권으로 통합되어 가고 기업경영에 국가의 중요성이 점점 작아질 것이다.

셋째, 사람도 많이 달라졌다. 이제 사람들은 보다 많은 자율과 책임을 요구하고 기업경영이 보다 인간적으로 되어갈 것이다.

변화의 내용

이상과 같은 환경 변화에 따라 지금 기업경영에서 일어나고 있는 변화는 무엇인가.

1) 조직구조의 변화

가장 큰 변화는 조직구조의 변화이다. '이제 관료조직의 시대는 지나갔다'고 하는 것은 좀 극단적인 표현이지만, 지금 일어나고 있는 변화를 잘 말해주고 있다.

이제 조직은 계층의 수가 줄어들고 있으며 이것은 실제 일선에서 일하는 사람들에게 모든 정보와 의사결정 권한이 주어지는 대대적인 분권화를 뜻하는 것이다.

조직의 개념은 고객과 공급업자에까지 확대된다. 조직 구성원이 각자의 역할을 가지면서 업무 흐름상 상호 관련성을 갖는 네트워크가 형성됨으로써 조직 내부의 기능 간 장벽이 없어질 뿐만 아니라 외부와의 경계도 없는 형태가 될 것이다.

2) 사람에 대한 인식의 변화

인간은 무한한 잠재력을 가지고 있다는 인식이 그 출발점이다. 경영의 과제는 인간이 가지고 있는 무한한 잠재적 독창성을 어떻게 끌어내는가 하는 것이다.

인간의 잠재적 독창성을 끌어내기 위해서는 자율성과 종업원에 대한 교육이 강조된다. 이런 자율성의 일환으로 활용되는 것이 자율경영팀이다.

자율경영팀은 일선 종업원들이 관리자나 감독자 없이 스스로 주어진 일을 수행하기 위해 사람을 모집하고 예산도 수립한다. 심지어는 기계 설계 및 시설 배치 등도 수행하면서 독자적으로 일을 추진하고 성과에 따라 보상을 받는다. 이는 곧 종업원의 경영 참여를 대폭 확대하는 것이다. 능력이 부족하다는 이유로 종업원의 경영 참여를 제한하기보다는 교육과 훈련을 통해서 그들의 능력을 개발시켜나가야 한다는 것이다.

'회사는 대학처럼 운영되어야 한다' 는 말도 있다. 현재처럼 아이디어가 경영의 성과를 좌우하는 정보화시대에서는 종업원에게 가능한 한 모든 기회를 제공해야 한다.

3) 탈규모화

정보화사회에서는 '규모의 경제' 보다 '규모의 비경제' 가 더 크게 부각되고 있다. 조직의 규모가 작을수록 구성원은 서로 친밀감과 소속감을 가지게 될 뿐만 아니라 급변하는 환경 변화에 신속하게 대응하는 능력을 가지게 된다는 것이다.

이제 '규모의 경제'라는 말은 그 중요성이 점점 줄어들고 있고 최소 경제 규모MES도 감소되고 있다. 자동차 공장의 경우, 최소한 25만 대 규모는 되어야 한다고 했으나, 이제는 1만 대 정도로도 경쟁력을 유지할 수 있게 되었다. 경쟁력을 갖추기 위해서 '규모는 클수록 좋다'는 통념은 이제 버려야 한다.

이제 큰 조직은 어떻게 작아질 수 있는가를 생각하지 않으면 안 되게 되었다. 기업이 경쟁을 이겨내고 환경 변화에 적응력이 강한 작은 조직이 되기 위해서는 될 수 있는 대로 하청(아웃소싱)을 많이 주는 것이 좋다.

"기업정신 이외에는 모든 것을 하청주어라Subcontract everything but soul"라는 말이 있다. 이는 전략적으로 중요한 일 이외에는 하청을 주라는 말이다. 심지어 연구개발도 하청을 줄 수 있다는 것이다. '세계 어딘가에 우리보다 잘하고 있는 기업이 있다면 하청을 준다'라는 원칙에 기초를 두고 기업이 점점 전문화되어 가고 있음을 인식해야 한다.

4) 마케팅의 개인화

"고객은 각각 다른 욕구를 가진 개인이다." 이 말은 개인화의 현상을 설명해주고 있다.

정보기술의 발달로 인해 기업은 고객 개개인의 욕구를 파악하고 충족시켜 줄 수 있게 되었다. 이것은 마케팅의 혁신을 의미한다. 60년대 대중마케팅의 시대는 지나가고 이제는 우리에게 맞는 고객을 찾아서 관계를 맺는 것이 중요한 일대일 마케팅 시대가 되었다. 그 예로 미국의 한 컴퓨터자료 회사는 기업이 원하는 고객을 찾아주는 업무를 하고 있는데 최근 매출액이 급성장하고 있다. 마케팅의 개인화는 경쟁이 심화됨에 따라 고객에 대한 서비스가 점점 중요해져 감을 의미하는 것이다.

변화 대응 전략

1) 시간전략

급격한 환경 변화에서 중요한 것은 신속하게 소비자의 욕구를 충족시켜 주는 대응성responsiveness이다. 제품개발, 제조 및 유통에 소요되는 조달 시간이 대응성을 결정한다.

최근 대응성은 기업경영의 경쟁력을 측정하는 가장 중요한 지표로 인식되어 기업은 시간의 낭비를 줄이기 위해 많은 노력을 기울이고 있다. 그런데 시간은 왜 낭비되는가? 첫째는 공정 간 연결이 잘 안 되고 의사소통에 차질이 발생하기 때문이다. 둘째는 의사결정이 신속하게 이루어지지 않기 때문이다. 이는 자율성과 분권화의 문제이다. 공정연결과 분권화가 잘 이루어졌을 때 공정 간 자재 흐름이 원활하게 이루어지고 문제는 발생 즉시 해결될 수 있는 것이다. 이것은 조직구조와 사람의 능력 문제이다. 즉, 빠른 결정을 내릴 수 있는 조직구조와 사람이 요구된다.

2) 세계전략

세계전략은 우리 기업이 세계를 무대로 하는 세계적인 기업이 되어야겠다는 것이다. 이를 위해 무엇인가 특별한 것, 즉 전문화가 되고 많은 공급업자를 개발해야 한다. 우리나라와 같이 기술 수준이 낙후되어 있는 상황에서 공급업자의 개발은 우리 기업이 갖고 있는 어려움 중의 하나이지만 추진해나가지 않을 수 없는 일이다.

공급업자의 개발은 국내에만, 그리고 부품에만 국한시키지 않고 R&D까지도 외국에 하청을 줄 수 있다는 의식이 요구된다. 세계적인 기업이 되기 위해서는 종업원도 세계적인 수준이 되어야 한다. 이를 위해서는 교육 훈련에 투자를 아끼지 않고 배움의 기회와 의욕이 충만한 배움터로 직장을 만들어야 한다. 또한 세계적 수준의 종업원은 세계적 친구를 많이 가지고 있어야 한다. 대부분의 아이디어는 머릿속에만 있거나 혼자 생각하는 것보다 다른 사람을 만나 이야기할 때 얻어지는 게 많은 법이다. 이런 의미에서 관리자는 여행을 많이 해야 한다.

3) 틈새전략

세계시장을 무대로 심화되는 경쟁에서 이기기 위해서는 우리가 하는 일을 우리보다 더 잘하는 누군가에게 맡기지 않으면 안 된다. 틈새전략은 대기업 측면에서 보면 공급업자를 개발하고 계열화를 추진하는 것이 된다. 기업은 급격히 전문화되어 가고 있으며 틈새를 찾아가고 있다. 틈새전략의 시장 규모는 작아 보일지 모르지만 세계시장을 무대로 하기 때문에 결코 작은 것이 아니다. 독일의 우수한 성과는 세계를 무대로 작은 시장 틈새를 고부가가치 제품으로 파고들어 지배하는 많은 수의 중견 기업으로부터 나온다고 한다.

지금까지 우리 기업은 남이 하는 것을 값싸게 경쟁해왔으나 고임금 하에서는 그것이 불가능하다. 대·중소기업의 양극화 속에서 많은 기업이 어려움을 겪고 있는 이유도 저가제품의 대량생산이라는 종래의 생산 방식을 답습하면서 기술개발을 통한 제품 차별화를 소홀히 했기 때문이다.

4) 품질전략

시간전략은 품질을 전제로 한 것이다. 또한 품질이 좋아야 시간 낭비가 줄어든다. 지금까지 관찰된 바에 의해 품질이 나빠도 가격이 싸면 팔릴 것이라는 생각은 잘못된 것이라는 게 증명되었다. 품질이 절대적 요구 사항이다. 그러나 한 가지 염두에 두어야 할 것은 품질이란 상대적 개념이라는 것이다. 절대적으로 좋은 품질은 없다. 우리가 고삐를

늦추면 곧 우리의 품질은 나빠지는 것이다. 끊임없이 향상시켜 나간다는 생각이 중요하다.

품질전략의 일환으로 제품의 정보화를 추진해야 한다. 제품의 정보화(전자수첩 등)는 기존 제품의 개념을 바꾸어놓고 있는데 정보화되지 않는 제품은 경쟁력을 상실하게 될 것이다.

5) 기술전략

앞서의 내용들과 맥락을 같이하지만, 우리가 앞으로 경쟁해 나아가야 할 시장은 기술이 주도하는 시장이다. 기술은 도입이 아니라 개발되는 것이고 사람의 머릿속에서 만들어지므로 결국 사람전략이라 할 수 있겠다. 끊임없는 향상을 위한 교육과 훈련, 그리고 조직 구성원 간의 화합 속에서 일에 대한 의욕을 북돋을 수 있는 조직 분위기 조성이 있어야 한다. 이는 기술 이전과 사람에 대한 인식 변화에 두고 이루어져야 한다.

협력의 중요성과 속도경영

정보화시대는 기술발전 속도와 환경 변화가 빠르고 기회 또한 빠르게 지나간다. 따라서 시장기회에 신속하게 대응해야 한다. 기회를 포착해서 신제품을 개발하는 등 시장을 창출하기 위해서는 클러스터 내에 있는 관련 기업, 연구소, 대학들이 협력해야 한다. 협력이 잘되어야 신속하게 제품을 개발하고 시장에 도입할 수 있기 때문이다.

협력을 강조하는 말로 이제는 외부인outsider이 없다는 말이 있다. 다른 기업을 남으로 보지 말라는 것이다. 그래서 확장된 기업extended enterprise이라고 한다. 협력업체는 우리 기업에서 분사된 기업이라는 뜻이다. 고객도 남으로 보지 말고 확장된 종업원extended employees으로 보고 경영에 참여시키면 좋을 것이다. 고객의 의견을 청취하는 것은 물론 '고객이사제도'를 두어 그들을 경영에 보다 깊이 참여시켜야 한다.

IT 산업에 있는 어느 최고경영자의 말에 따르면 우리가 신제품 개발이 늦는 것은 기술이 부족한 것이 아니라 협력이 잘되지 않기 때문이라고 한다. 서로 믿고 대화하지 않기 때문에 제대로 기회를 추구하지도 못하고, 공동으로 제품을 개발할 때 과실을 어떻게 나눌 것인가 하는 데도 합의를 이루기 어렵다는 것이다.

Atom의 시대에서 bit의 시대로

정보화시대는 물리적 자산atom이 아니라 컴퓨터 정보bit가 중요한 시대이다. 정보통신기술을 잘 활용해서 기업 내외부로 연결망을 구축해야 정보가 공유되어 보다 신속하게 시장 변화에 대응할 수 있다. 정보화는 또한 일상적인 일에서 인간의 육체와 사고를 제거하여 시간, 비용, 인력을 절감시켜 주고 특히, 연결비용도 감소시킨다. 더욱 중요한 것은 시장과 고객의 변화에 신속하게 대응할 수 있게 되어 경쟁력 제고에 필수적이다. 철강공장은 용광로 등 물리적 시설이 중요하게 보이지만 진짜 경쟁력은 그러한 물리적 시설을 연결시키고 관리할 수 있는 정보화에 있다. 중국이 여러 산업에서 우리를 무섭게 추격하고 있지만 물리적으로는 가능해도 우리의 노력 여하에 따라 정보화에서는 우리를 따라오기 힘들게 만들 수 있다.

포스코의 PI

정보화에 의해서 속도경영을 가능하게 하는 것을 PIprocess innovation라고 한다. PI는 일하는 방법을 개선하고 그것을 ERP와 같은 소프트웨어로 정보화하여 조직 내 부문 간뿐만 아니라 조직과 외부 이해관계자 간에 정보를 공유하는 혁신이다. 이렇게 할 때 기업경영의 속도는 엄청나게 빨라진다.

포스코의 사례를 보면 PI 이후에 경영의 속도도 빨라지고 재고, 전자 구매e-procurement 비율 등에서 생산성 향상도 이루어졌다. 주문에서 납기까지 걸리는 시간은 30일에서 14일로, 판매생산계획 수립은 60일에서 15일로, 월 결산 소요일 수는 6일에서 1일로 단축되었다. 이에 따라 제품 재고도 100만 톤에서 40만 톤으로 줄어들었다. MRO 품목의 수를 59만 개에서 28만 개로 줄였고 홈페이지를 통해서 구매를 하는 전자구매의 비율을 98퍼센트로 높여 구매효율도 크게 향상되었다.

경영속도가 빨라짐으로써 경영계획 수립주기도 단축되었다. 예산편성 소요일 수는 110일에서 30일로, 통합 판매생산계획 수립은 60일에서 15일로, 표준단가 계산 소요시간은 15일에서 3일로 단축되었다. 경영 사이클이 연간 단위에서 분기 단위로 전환되었고 시나리오경영이 가능해졌다. 과거 예산편성은 연도 고정예산을 편성했는데 지금은 분기예산을 편성하고 5분기 연동계획rolling plan으로 하고 있다.

시멕스사

멕시코의 세계적인 시멘트 생산기업인 시멕스Cemex사도 정보화로 경영의 속도가 빨라졌다. 시멘트는 자산집약적이고 저효율적인 사업으로 가장 큰 문제점은 수요가 불확실하다는 것이다. 시멕스사는 레미콘을 주문받아 6개 공장으로 보내 생산하여 고객에게 배송한다. 문제는 레미콘이 차별화가 되지 않는 일반상품이고 고객 주문의 반 정도가 배달 수시간 전에 변경되며 고객, 트럭운전수, 운송지시자 사이의 전화가 자주 불통되어 주문 상실뿐만 아니라 고객 불만이 크다는 것이다. 그런데 정보기술을 도입하여 정보를 공유함으로써 생산 및 배송 부분의 비효율을 제거할 수 있었다. 예를 들어서 어느 고객이 콘크리트를 요청하면 그 콘크리트가 어느 곳에 있는가를 파악하여 GPS로 가장 가까이 있는 트럭이나 공장에 지시하여 배송시간을 단축하는 것이다. 이렇게 위성을 활용한 배송시스템 도입으로 배송시간을 기존의 3시간에서 20분으로 단축할 수 있었고 이러한 신속배달로 프리미엄 가격을 부과할 수 있었다.

자라

자라Zara라는 스페인의 패션브랜드 의류회사도 정보화를 이용하는데, 신제품을 개발할 때 최신유행을 디자인에 도입하여 15일 내에 생산하고 있다. 보통 패션의류는 신제품 개발에 6개월 정도 걸리기 때문에 수요예측에 기초를 두고 봄옷은 겨울에 생산하고 겨울옷은 봄에 생산한다. 그래서 시즌 중에 어떤 제품은 재고가 부족하고 어떤 제품은 재고가 남아 세일기간에 할인해서 팔고, 그래도 남는 것은 땡처리해야 하기 때문에 수익성이 악화되는 문제를 안고 있었다. 이에 전통적인 의류회사는 시즌 중에 파는 제품의 비율(이것을 적중률hit ratio이라고 한다)을 높이기 위해서 수요의 특성을 예측하여 디자인 단계에서부터 반영하려고 노력한다. 그러나 6개월 이상 앞을 내다보는 예측이므로 시장 상황이 급격하게 변하는 정보화시대에는 이것이 더욱 어려워졌다. 중요한 것은 자라와 같이 신제품 개발 기간을 단축하여 자주 소량씩 생산하여 공급하는 체계를 구축하는 것이다. 이렇게 되면 재고를 줄일 수 있다. 자라는 또한 의류를 일주일에 두 번 매장에 배달하기 때문에 시장 반응을 보고 시장에 연동하여 의류를 생산한다. 자라와 같이 한다면 팔리는 것을 보고 신제품을 시장에 도입하고 생산할 수 있기 때문에 재고를 많이 둘 필요가 없다. 자라는 신제품 개발 기간을 획기적으로 단축하고 디자인과 제조를 강력하게 통합하여 수요에 맞추어 신속하게 공급하는 체제Quick, custom made retailing를 구축하였다. 이로써 새로운 틈새 시장(Armani에 버금가는 품질에 중간 가격)을 개척함으로써 낮은 인지도의 의류회사에서 전 세계적인 브랜드로 발돋움할 수 있었다.

지금은 브레인 & 브랜드시대

지금은 브레인과 브랜드의 시대이다. 나는 얼마 전 패션으로 유명한 일본의 오모테 산도힐이라는 백화점에 들렀다. 그런데 이것저것 구경하다가 청바지 가게에서 양쪽 무릎에 구멍이 나 있고 군데군데 누빈 청바지의 가격이 100만 원이나 하는 것을 보고 놀랐다. 혹시 내가 가격을 잘못 봤나 하고 한 번 더 볼 정도였다. 정말 세상이 바뀌고 있다고 하는 것을 실감할 수 있는 조금은 충격적인 경험이었다.

그 청바지는 우리의 일반적 생각으로 보면 거지나 입을 법한 옷인데 신사복보다 비쌌다. 그 이유는 돌체앤가바나Dolce & Gabbana라는 브랜드가 붙어 있었기 때문이다. 브랜드가 말하는 것은 무엇인가? 브랜드는 아이디어이고 창의력인 것이다. 이제는 그냥 잘 만들어서는 안 되고 머리를 써서 창의적으로 만들어야 하는 시대이다. 단순히 잘 만든 청바지는 10만 원 정도면 살 수 있다. 그래서 정보화시대를 머리Intelligence를 써서 정보Information를 가공하여 아디이어Idea를 내야 한다는 의미에서 3I 시대라고 한다.

우리는 세계 유명 브랜드의 제품을 똑같이 만들어낼 정도로 물건 만들기로는 세계 최고 수준이라고 할 수 있다. 하지만 잘 만들기만 해서는 선진국이 될 수 없다. 우리도 이제 머리를 써서 창의적으로 물건을 만들고 브랜드를 키워나가야 한다.

지금은 브랜드와 창의력이 중요한 시대이다. 최근 디자인이 중요해지는 것도 브랜드가 중요하기 때문이다. 경영에서 가장 중대한 과제는 이제 어떻게 창의력을 조장하는 경영시스템을 만들 것인가 하는 것이다. 과거의 경영방식을 조금 개선하는 정도가 아니라 획기적인 변화가 필요한 시대이다.

창의력에서 가장 중요한 것은 자율성이다. 그들에게 자율적 권한을 주고 알아서 일하도록 놓아두어야 한다. 자율성이 궁극적으로 지향해야 하는 것은 모든 종업원을 사업가entrepreneur로 만드는 것이다. 사업은 혼자 할 수 없기 때문에 소규모 사업팀을 만드는 것이 필요하고 환경 변화에 따라 생성되고 해체되는 유연성을 가져야 한다. 이것이 일본의 교세라에서 도입한 아메바조직의 기본개념이다. 이렇게 되었을 때 경영은 보고, 지시하는 형태에서 대화, 협력하는 형태로 바뀌게 될 것이다.

종업원들로부터 창의력을 끌어내기 위해서는 문화적 소양을 심어줄 필요도 있다. 미국의 프로그레시브Progressive라는 자동차 보험회사는 짧은 기간 안에 세계 3대 자동차 보험회사로 성장하였다. 이 회사는 매년 일정한 예산을 들여 미술품을 수집하고 이를 사원들에게 대여하여 바꾸어가면서 자기들 방에 걸어두게 하였는데 이것이 직원들의 상상력을 자극하여 새로운 상품을 많이 내놓았기 때문이라고 하고 있다. 두바이를 창조적으로 건설하고 있는 셰이크 모하메드도 어릴 때 시를 많이 배운 것이 창의력 개발에 도움이 되었다고 한다.

브레인과 브랜드시대에는 제품의 개념이 실용적인 것에서 감성적으로 바뀌어간다. 이제 제품에는 꿈, 희망, 사상이 담겨 있어야 하고 문화와 개성을 표현할 수 있어야 한다. 즉 풍부한 이야깃거리, 꿈과 희망, 그리고 감동을 주어야 한다. 이럴 때 그 제품은 고객의 사랑을 받게 될 것이다. 어떤 브랜드가 우리의 사랑을 받는 것은 그 브랜드하면 생각나는 이야기, 경험, 그리고 감동이 있기 때문이다. 이처럼 브랜드 파워를 높이기 위해서는 이야기, 경험, 감동을 주어야 하는데 이것은 2부 2장 05 '정보화시대의 소프트전략'에서 설명한 바와 같이 제품을 복합화, 유흥화, 패션화하는 것이다.

브레인과 브랜드시대에는 개인의 브랜드가 가장 중요하고 그다음이 기업 브랜드, 마지막이 국가 브랜드이다. 황창규가 있을 때 삼성전자가 있고 삼성전자가 있을 때 한국이 있다는 말이다. 자율성의 관점에서 볼 때 이것은 인권이 가장 중요하고 그다음이 경영권, 제일 마지막이 통치권이라는 것이다. 산업화시대에는 국력(군사력)이 가장 중요했고 그다음이 기업이고 개인은 제일 마지막이었다. 기업은 국가를 위해서 희생하고 개인은 기업을 위해 희생하는 시스템이었다. 얼마 전 IMF 위기상황이었을 때 LG전자가 반도체사업을 현대에 넘겨준 것은 경영권이 통치권에 압도당한 하나의 예라고 할 수 있다. 이런 국가운영시스템이 아직도 존재한다면 우리는 창의적 선진국가를 만들 수 없다. 우리나라에는 기술자, 전문 경영인 등에서 개인 브랜드가 부족한 것을 보면 개인은 경영체제 속에서 희생되고 있다는 생각도 든다.

개인 브랜드가 확립되는 경영시스템은 최고의 인재를 채용하고 인력개발을 최우선순위에 두는 경영이다. 최고의 인재를 등용하는 기업에서는 자리가 있어야 사람을 채용하는 것이 아니다. 영국의 이매지네이션Imagination이라고 하는 회사의 사장은 "나는 사람을 채용할 때 일이 있어서 하는 것이 아니라 사람만 좋으면 채용하고 일 년 동안 내버려두어 자기가 알아서 일을 찾아 하도록 한 후 일 년 후에 평가하여 성과가 좋으면 그대로 두고 성과가 좋지 않으면 해고한다" 하고 말했는데 이 것이 바로 우리가 지향해야 할 채용의 관행이라고 생각된다. 인력개발에 대해 삼성전자나 GE가 우수기업인 이유는 경영층이 인간의 잠재력은 무한하다는 인식과 믿음에 기초를 두고 교육에 엄청난 투자를 할 뿐만 아니라 경력개발계획을 통해서 사람들을 키워주기 때문이다. 다음에 하고 싶은 일이 무엇이고 그것을 위해 어떤 능력이 개발되어야 하는가에 기초를 두고 역량개발을 위한 지원을 하는 것이다. 이들 기업은 직원들을 위해 투자하는 시간을 결코 아끼지 않는다. 같이 시간을 보내며 대화를 통해 그들을 이해하고 그들의 문제를 해결하기 위해 함께 고민한다.

인력개발에 관심을 갖는 회사는 개인의 성과·능력 평가를 잘하고 있다. 대체로 종업원을 상중하 ABC로 분류하여 창의력 있는 A급(좀 더 세분하면 S급) 인재를 확보해 특별관리 하고 있다. 시가보상과 직급파괴의 조직운영도 창의력 개발에 필요하다. 이제는 능력에 따라 일하고 성과에 따라 보상받는 사고가 확립되어야 할 것이다. 삼성전자같이 앞서나가는 기업은 부하직원이 상사보다 3배의 월급을 받기도 하고 임원이 팀의 일원으로 일하기도 한다. 이익공유제도를 통해서 연봉의 50퍼센트까지 지급하기도 하며 R&D인력은 프로젝트 인센티브를 받아 사장보다 월급을 더 많이 받는 경우도 생긴다. 엄청나게 다양해지는 인재를 관리해나가기 위해서는 전통적 인사관리 관행을 타파해나가야 한다. 삼성그룹의 최근 사장단 회의에서도 강조되었듯이 한국의 대기업은 세계 선도기업으로 나아가기 위해 과거의 모방체제에서 벗어나 창조적 경영시스템을 확립해야 할 것이다.

2장

기업 구조조정과
경영혁신

혁신과 성장의
2가지 전략[4]

혁신과 성장은 기업경영에서 가장 중요한 이슈이다. 혁신과 성장이 어떻게 이루어지느냐 하는 것에는 2가지 방법을 생각해볼 수가 있다. 하나는 분권적 방법이고 다른 하나는 집권적 방법이다. 여기서 분권적이라는 것은 상향식bottom up이고 집권적이라는 것은 하향식top down이다. 우선 집권적 방법은 전략계획strategic planning을 통해서 우리 회사가 처한 상황과 시장 전망을 고려해 어떤 사업을 버리고 추가할 것인가를 결정하는 것이다. 예를 들어, 지금 바이오사업이 전망이 좋으니 우리도 해보자고 하여 경영층을 중심으로 사람들을 모으고 조직을 갖추어 사업을 추진하는 것이다. 이것은 전략계획을 통해서 하기 때문에 계획적인 방법이라고 부른다. 이에 반해 분권적 방법은 아랫사람들로 하여금 자유로운 시도를 하게 하고 이런 과정 속에서 성공한 사례가 있으면 그것이 사업으로 발전되는 것이다. 이것을 진화적evolutionary 방법이라고 한다. GE는 주로 계획적인 방법을, 3M은 주로 진화적 방법을 쓴다.

제일모직은 하향식 전략계획에 의한 성장을 시도하고 있다. 제일모직은 설립 이후 10년 단위로 변신해왔다. 1970년대에는 국내 일등의 신사복지 메이커로, 1980년대에는 종합의류 메이커로 변신하여 삼성물산 의류 부문을 2004년에 통합하면서 종합패션 메이커로 자리 잡았다. 1990년대에는 전자제품 케이스로 쓰이는 엔지니어링 플라스틱인 ABS, PS 등 케미컬 사업에 뛰어들었다. 그리고 2005년에는 전자제품 핵심소재인 EMC, CMP 슬러리, CR(색소자용 화학용액), 2차 리튬전지용 전해액 및 활물질 등 9개의 정보통신용 화학소재 사업으로 진출하였다. 이 모든 사업전개는 최고경영층이 주도한 것인데 특히 정보통신용 화학소재 사업을 위해서는 2001년부터 4년간 106명의 석·박사 연구원을 동원하여 제품을 개발하고 출시하였다.

다음과 같은 기사도 삼성그룹이 계획적 방법에 의해서 성장하고 있음을 말해주고 있다.

"삼성은 지난해 바이오제약 등 5대 신수종사업에 2020년까지 23조 원을 투자한다는 계획(고용효과 4만 4810명)을 발표한 데 이어 올해엔 사상 최대 규모인 43조 원(전년 대비 18퍼센트 증가)을 투자하기로 했다.[5] 이 회장의 강력한 의지는 지난해 5월 삼성의 신수종사업 투자 결정을 통해 구체적으로 드러났다. 당시 삼성은 태양전지, 자동차용 전지, LED, 바이오제약, 의료기기 등 5개 친환경 및 건강증진 미래산업 분야에 오는 2020년까지 23조 3000억 원을 투자, 이들 5개 신사업에서 매출 50조 원, 고용 4만 5000명을 창출할 것이란 방침을 밝혔다."[6]

삼성은 이의 일환으로 지난달 25일 바이오제약 산업 본격 진출을 선언했다.

삼성은 이날 세계 톱 바이오제약 서비스업체 퀸타일즈Quintiles사를 전략적 해외 투자자로 선정, 자본금 3000억 원 규모의 합작사를 설립한다고 밝혔다.

제일모직을 비롯한 삼성그룹과 같이 한국 기업에서는 대부분 집권적 방법에 의해서 사업을 추진하고 있지만 서구 기업에서는 개인에게 자율적으로 여러 가지 시도를 하게 하는 분권적 방법에 의해서 사업이 추진되는 경우가 많다. 그 대표적인 회사가 바로 3M이다. 1902년 창업한 이 회사는 처음에 사금을 캐는 광산회사였는데 결국 엄청난 실패를 겪고 도산 지경이 되었다. 뭘 할까 고민을 하다가 사포와 회전숫돌Sand paper and grinding wheel 제조업으로 바꾸었다. 이때가 1904년 11월이었다. 처음에는 광산에서 돌가루가 많이 나와 연마제를 만들었는데 사포로 만들어 일반인이 사용할 수 있도록 하기 위해 접착제를 연구하였다.

1907년부터 1914년까지 3M은 저품질, 낮은 수익성, 과도한 재고, 열악한 현금 흐름을 이겨내려고 안간힘을 썼다. 그러나 회계사에서 세일즈 매니저로 자율적으로 변신한 윌리엄 맥나이트William L. Mcknight가 부장으로 승진하면서 3M은 달라지기 시작했다. 그는 조직 내에 자율적으로 시도하고 실험하는 문화를 도입하였다. 겉으로는 겸손하고 수줍어 보이지만 끊임없이 호기심을 가지고 새로운 기회를 추구하였고 꺾이지 않는 추진력으로 시도하고 실험했다.

그는 500달러를 투자해서 조그만 창고에 실험과 검사를 위한 싱크대와 접착 욕조를 만들었는데, 이것이 바로 3M 최초의 실험실이었다. 수개월간의 실험 끝에 3M은 새롭고 매우 성공적인, 천으로 된 쓰리 엠 아이트Three−M−ite를 개발하였다. 덕분에 3M은 처음으로 배당을 실시하였으며, 이 제품은 개발 이후 75년이 지나도록 여전히 3M의 상품 목록에 기재되어 있다.

1920년 1월 맥나이트는 3M이 사포를 제조하는 데 사용하는 모래 샘플을 필라델피아에 사는 프랜시스 오키Francis Okie에게 보내라는 편지를 받는다. 3M은 원료를 팔지 않았기 때문에 그 편지를 무시할 수도 있었지만 호기심으로 가득했던 그는 "왜 오키가 그런 샘플을 요구했을까?" 하고 질문을 함으로써 3M 역사상 가장 중요한 제품을 우연히 개발하게 되었다. 그는 오키가 전 세계적으로 자동차 제조업체와 페인트 가게에 광범위하게 사용되는 혁명적인 방수 사포를 개발하자 이에 대한 특허권을 획득하고 웨토드라이Wetodry라는 제품을 시장에 도입했다. 그리고 조직을 구축하는 데 항상 관심을 두고 있었던 맥나이트는 오키를 고용하였다. 오키는 19년 후 정년퇴직할 때까지 3M에서 새로운 발명품들을 개발하는 데 핵심적인 인물이 되었다.

맥나이트는 우연한 발견을 통해서 기대하지 못한 변화를 가져오는 진화적 성장을 위해서는 자신에게만 의존해서는 안 된다고 보았다. 직원들 모두가 호기심을 가지고 새로운 아이디어를 내고 토론하는 개방적 문화와 실패를 두려워하지 않고 시도하고 실험하는 도전적 문화를 조성해야 한다는 것이다.

진화적 성장의 문화를 조성하기 위한 맥나이트의 접근방식은 3M의 전 역사를 통해 흔히 다음과 같은 구절로 표현되고 있다.

"처음에는 멍청하게 들리더라도 아이디어를 가진 사람의 이야기를 항상 경청하라."

"격려하라. 이것저것 간섭하지 마라. 아이디어가 있으면 그것을 발전시키도록 배려하라."

"유능한 사람을 고용하라. 그리고 그들을 혼자 내버려두라."

"만일 사람들을 통제하면 양처럼 유순한 사람들만 남게 될 것이다. 그들이 필요로 하는 자유를 제공하라."

"당장 성과가 나지 않더라도 실험을 장려하라."

"한번 해보게 하라. 그것도 당장!"

그는 또한 진화적 성장의 핵심인 자율적인 시도의 중요성에 대해서 다음과 같이 이야기하고 있다.

"사람들에게 자유를 부여하고 자율적으로 행동하도록 독려함으로써 잘못이 생길 수도 있다. 그러나 독재자와 같은 방식으로 모든 사람들을 권위적인 틀에 묶어서 일을 시키는 권위적인 경영이 가져오는 실수보다는, 개개인이 자율적인 환경에서 저지를지도 모르는 실수가 장기적으로는 덜 심각하다. 실수가 저질러졌을 때 창의적인 기업가정신을 짓밟는 경영방식은 기업을 망치는 심각한 요소이며, 만약 우리가 지속적으로 성장하기를 원한다면 개개인으로 하여금 창의적인 기업가정신을 발휘하도록 격려하는 것이 중요하다."

이와 같이 자율적 시도의 문화 속에서 태어난 것이 마스킹 테이프이다. 딕 드류Dick Drew라는 젊은 사원은 자동차 페인트 공장을 방문했다가 2가지 색깔을 분리하는 접착제와 테이프가 적절한 구실을 못하여 더덕더덕 이중으로 색깔이 뭉쳐졌고 선도 똑바로 그어지지 않아 고생하는 것을 보았다. 그 후 실험실에서 마스킹 테이프를 고안해내어 3M이 사포로부터 벗어나는 첫 번째 발전적인 변화를 이룩했다. 마스킹 테이프로부터 5년 후, 방수 포장 테이프를 요구하는 회사들의 요구에 맞추어 3M은 마스킹 테이프 기술을 접목한 스카치 셀로판테이프라는 세계적인 가정용 상품을 새로이 개발하였다.

스카치테이프는 계획된 것이 아니었다. 우연하게 마주친 문제점으로 나타난 기회를 활용하여 실험적으로 개발된 진화적 산물이다. 1920년 3M의 어느 누구도 테이프 사업에 들어갈 것이라고 예상하지 않았고, 어느 누구도 확실히 1930년대 중반까지 스카치테이프가 가장 중요한 사업이 될지를 예상하지 못했다. 스카치테이프는 훌륭하게 짜인 전략에 의해서가 아니라 맥나이트가 만들어낸 조직문화의 자연적인 산물이었다.

진화적 발전에서 중요한 사고방식은 처음부터 큰 시장을 추구하지 않는 것이다. 아이디어가 떠오르면 아무리 작은 것이라도 시작한다. 이러한 것들 중에서 어떤 것이 크게 될지 예측할 수 없기 때문에 여러 가지를 시도하여 잘되는 것은 발전시키고 잘되지 않는 것은 버려야만 한다.

포스트잇의 탄생도 진화적 발전에 기초를 두고 처음부터 큰 시장을 추구하지 않았다. 처음에 스펜서 실버라는 사람이 접착력이 매우 약한 실패한 접착제를 만들었다. 그때 교회 성가대에서 노래를 부르던 아트 프라이Art Fry라는 다른 동료는 노래를 부를 부분을 종이로 끼워서 표시했다가 노래 책을 펼칠 때 그것이 떨어져서 당황스러웠던 경험이 있었다. 그는 책에 표시를 하기 위한 접착용 쪽지가 있었으면 하는 생각에 스펜서 실버가 발견한 실패한 접착제를 확인해보고자 하였다. 이것이 계기가 되어 사장되어 있던 실패한 접착제 기술을 찾아내어 제품으로 만들어낸 것이 포스트잇이다. 이것은 AP(미국 최대의 통신사) 선정 20세기 10대 발명품에 들어갈 정도로 획기적인 제품이 되었다.

3M이 이와 같이 성공적인 진화를 해온 배경에는 맥나이트, 오키, 드류와 같은 개인을 뛰어넘어 누가 사장이 되든 상관없이 진화를 통해서 계속 전진해나갈 수 있는 토양이 제도로서 마련되어 있었기 때문이다. 3M은 직원들이 아이디어를 공유하면서 거기에 기초를 두고 신제품을 개발하고 사업으로 발전시킬 수 있도록 개방적이고 도전적 문화를 형성하고 있다.

아이디어를 창출하고 공유하는 개방적 문화를 조성하는 측면에서는 다음과 같은 것이 있다.

- 신제품 포럼: 모든 사업부가 자기들의 최신 제품을 공유한다.
- 기술 포럼: 직원들이 기술적 논문을 발표하고 새로운 아이디어를 교환한다.
- 기술공유상: 신기술을 개발하여 다른 사업부와 성공적으로 공유한 사람에게 주어진다.

- 고객문제 해결팀: 고객이 있는 장소로 가서 고객의 문제를 해결하는 소규모 고객활동팀이다. 마스킹 테이프Masking tape와 같이 신제품 개발의 아이디어를 얻을 수 있다.
- 칼튼회Calton Society: 3M의 노벨상이라고 불리는 것으로 우수하고 독창적인 기술적 기여를 한 사람에게 주는 회원자격이다.
- 이중사다리dual ladder: 관리자로 가지 않고 전문가로서 성장할 수 있어 혁신을 조장한다(이것은 남의 눈치 안 보고 자기가 하고 싶은 일을 하게 하는 자율성을 조장하는 제도이다).

시도와 실패를 통해서 신제품을 개발하고 사업을 추진하는 도전적 문화를 조성하는 제도에는 다음과 같은 것이 있다.

- 15퍼센트 법칙: 기술직 사원들에게 자기 시간의 15퍼센트는 회사나 상관과 관계없이 자기가 선택한 프로젝트에 쓸 수 있도록 하는 것이다.
- 25퍼센트(30퍼센트) 법칙: 매출액의 25퍼센트가 지난 5년간 개발된 신제품에서 나와야 하는 것이다(이 법칙은 1993년 매출액의 30퍼센트가 지난 4년간 개발된 신제품에서 나와야 하는 것으로 상향조정되었다).
- 신속제품도입 프로그램: 각 사업부에서 우선순위가 높은 제품을 선정하여 짧은 시간 안에 시장에 도입하는 제도이다.
- 자기사업 기회: 성공적으로 신제품을 개발하여 자기 개인이나 자기 부서 또는 자기사업부의 프로젝트로 운영할 수 있는 제도이다.
- 신규사업 기금: 신제품을 개발할 수 있도록 신제품 개발과 시장조사를 위해 5만 달러까지 지원할 수 있는 모험자본제도이다.
- 위대한 전진상Golden Step Award: 성공적으로 신규사업을 일으킨 사람에게 주는 상이다.

- 작은 자율적 사업부: 큰 회사 내에서 자율적인 작은 사업부 단위로 일함으로써 개인 주도권을 조장한다. 또한 긴밀한 인간관계를 맺을 수 있어 개방적 분위기도 조장한다.
- 이익공유제: 주인정신을 가지고 일할 수 있게 한다.

3M은 일찍이 이익공유제를 1916년에 핵심직원 중심으로 도입했는데 1937년에는 거의 모든 직원에게 적용했다. 이와 같은 메커니즘에 의해 3M은 진화를 거듭하여 접착제와 연마제로 시작한 기업이 지금은 45가지 이상의 핵심기술을 보유하고 있는 대기업이 되었다. 핵심기술들의 다양한 조합과 융합을 통해 6만여 개의 제품을 만들어내고 있으며 매년 500여 개의 신제품이 나온다. 3M은 R&D를 중요하게 생각하는 회사로서 매출의 약 6퍼센트인 1.5조를 투자하고 있다.

3M은 2011년 현재 소비재, 디스플레이, 전자, 건강, 산업재, 보안 등 6개의 산업분야에 46개의 제품사업부를 가지고 있다.

이렇게 3M은 1902년 창업한 이래 지난 100년 이상 자율과 개방의 문화에 기초를 두고 성공적으로 진화적 발전을 거듭해왔다. 이것이 HP 창업자 중 한 사람인 빌 휴렛Bill Hewlett이 3M을 가장 존경할 만한 기업이라고 부른 이유이다. 그는 미국에서 존경할 만하고 배울 만한 기업이 있느냐는 질문을 받았을 때 주저 없이 3M이라고 대답했다. 3M은 다음에 어떤 제품을 개발하게 될지 그들마저도 알 수 없지만 계속적으로 성공적이리라는 것은 확신한다는 것이다.

이상에서 설명한 바와 같이 상향식 진화적 성장은 하향식 계획적 성장과는 다르다.

기업의 성공적인 결과는 최고경영층의 전략계획에 의해 이루어지기도 하지만 많은 경우 아랫사람들의 시도와 실험에 의해서 우연히 이루어지고 있다. 다음 사례를 살펴보자.

존슨앤드존슨

존슨앤드존슨은 염증방지용 거즈antiseptic gauge와 의약용 반창고를 주로 생산했었다. 그런데 우연히 한 내과의사로부터 반창고가 피부질환을 일으킨다는 내용의 편지를 받았고 이에 대응해 파우더를 보냈다. 이것을 계기로 존슨앤드존슨이 모든 상품에 파우더를 끼워서 판매하기 시작하자 고객들이 파우더를 더 구할 수 없느냐고 요청해왔다. 이것이 나중에 가정용 상비품으로 유명해진 '존슨즈 토일릿 앤드 베이비파우더Johnson's Toilet and Baby powder' 가 등장하는 계기가 되었다.

존슨앤드존슨이 베이비파우더 사업에 뛰어든 것은 계획이 아니라 우연이었다. 이러한 우연을 계기로 존슨앤드존슨은 소비재 산업에 전략적으로 진입하게 되었고 현재 존슨앤드존슨의 소비재 제품은 성장 면에서 의약품만큼이나 중요한 입지를 차지하고 있다.

그 후 존슨앤드존슨에 또 다른 우연이 일어났다. 이 회사의 한 직원이 그의 아내가 부엌용 식칼에 손을 자주 다치자 부인을 위해 작은 거즈와 수술용 테이프를 결합한 일회용 밴드를 개발했다. 그가 이 사실을 마케팅 담당자들에게 이야기하자 그들은 그것을 시장에 내놓고 소비자들의 반응을 보기로 결정했다. 이렇게 탄생한 밴드에이드Band Aid는 존슨앤드존슨의 역사상 가장 큰 판매제품이 되었다.

1937년 J. 윌라드 매리엇J. Willard Marriott은 9개의 수익성 좋은 식당으로 구성된 레스토랑 체인을 운영하고 있었다. 그 중의 하나인 워싱턴 시의 후버공항 근처에 있는 8호점에 다른 점포와는 전혀 다른 손님들이 찾아왔다. 그들은 비행기를 타러 가다가 들러 기내에서 먹을 음식을 사서 주머니나 종이백 아니면 가방에 넣고 나갔다. 이 말을 들은 매리엇은 하룻밤 고민한 후 그다음 날 이스턴 항공사Eastern Air Transport를 방문하였다. 그리고 8호점이 박스로 포장된 점심 도시락을 매리엇로고와 글자가 새겨져 있는 밝은 오렌지색 트럭으로 활주로에서 직접 배송하는 사업을 체결하였다.

몇 달이 안 되어 이 사업은 후버공항의 아메리칸항공American Airlines으로 확대되었고 나중에는 100개 이상의 공항에서 공항서비스 사업을 하게 되는 주요 사업으로 발전하였다.

이상에서 본 바와 같이 존슨앤드존슨과 매리엇사의 사업 전개는 전략계획의 산물이라기보다 예상하지 못한 기회를 포착하여 새롭게 시도함으로써 이루어진 것으로 진화적 발전인 것이다.

1970년대와 1980년대에 놀랄 만한 성공을 한 월마트Wal-mart도 계획이 아니라 진화의 관점으로 보아야 할 것이다. 월마트 시스템은 경제를 잘 아는 천재의 머리에서 나온 전략계획에 의해서라기보다 변화와 선택이라는 진화적 과정에 의해서 이루어졌다는 것이다. 짐 월턴Jim Walton은 그의 아버지 샘 월턴Sam Walton이 변화 때문에 성공했고 그와 같은 변화를 시도할 때 결코 두려워하지 않았다고 했다. 월마트의 한 임원도 우리는 '시도하고, 잘못되면 고치고, 다시 시도하라Do it. Fix it. Try it'라는 모토를 가지고 일한다고 말했다. 만일 무엇인가를 시도하여 그것이 잘되면 계속하여 발전시키고, 안 되면 잘되도록 노력하거나 다른 것을 시도한다는 것이다. 예를 들어 월마트는 손님을 잘 응대하는 것으로 유명한데, 이것은 전략이나 거대한 계획에 의해서 나온 것이 아니었다. 한 점포 매니저가 가게 물건이 자주 도난당하여 이를 해결하고자 했던 실험의 결과에서 나온 것이다. 그는 손님들이 들어오고 나갈 때 나이 지긋한 신사로 하여금 "안녕하세요? 방문해주셔서 감사합니다. 도와드릴 것이 있으면 알려 주십시오"라고 말하도록 했는데 정직한 사람들은 이 말에 환영한다는 느낌을 받았고, 동시에 도둑질을 하려고 들어온 사람은 물건을 훔칠 때 누군가가 감시하고 있을지 모른다는 인식을 갖게 되었다는 것이다. 이 이상한 실험이 효과를 보았고, 결국 회사 전체

계획적 발전	진화적 발전
전략계획: 사업구조 조정	시도 실험do it, fix it, try it
하향식top-down	상향식bottom-up
명확한 목표	모호성ambiguity, 우연한 발견
큰 변화	작은 변화
불연속적, 단계적discontinuous	연속적, 점진적incremental
모방제품	획기적 제품
최고경영층: 통찰력, 결단력	개인주도권: 자율성, 창의력
경영실패: 너무 커서 학습 안 됨	개인실패: 학습과 성공의 기회

에 파급되어 월마트의 경쟁력을 높이는 결과를 가져왔다.

〈표 1〉은 계획적 발전과 진화적 발전의 차이를 보여주고 있다. 계획적 발전은 전략계획에 의해서 최고경영층이 주도하는 하향식이고 진화적 발전은 시도와 실험에 의해서 아랫사람들이 주도하는 상향식이다. 계획적 발전은 명확한 목표가 있고, 진화적 발전은 많은 시도와 실험 끝에 성공하는 쪽으로 전개되지만 무엇이 성공할지 모르는 모호성이 있다.

계획적 발전은 불연속적으로 단계적으로 크고 대담하게bold discontinuous leaps 이루어지지만 진화적 발전은 예기치 않은 기회를 잡는 작은 점진적 시도incremental steps가 연속적으로 이루어져 전략적 변화strategic shifts로 발전된다.

진화적 발전은 이것저것 하다가 우연하게 마주친 기회(자동차 페인트 공장에서 2가지 색상을 제대로 처리하지 못한 문제)와 발견(스펜서 실버가 실험하다가 발견한 접착이 잘되지 않는 접착제)에 기초를 두고 제품을 개발하기 때문에 획기적 제품breakthrough product이 나올 가능성이 있다. 포스트잇이 바로 우연하게 개발된 획기적 제품이다. 그러나 계획적 발전은 환경조사에 기초를 두고 무엇이 미래에 중요한 사업이 될지를 찾아내는 것이기 때문에 남다른 통찰력은 요구되지만 모방적 제품이 될 가능성이 많다. 모방적 제품이라고 해서 큰 사업이 되지 않는다는 것은 아니다. 제일모직이 개발한 정보통신용 화학소재도 이미 나와 있는 것이지만 큰 시장을 형성하였다. 진화적 발전은 개인적 주도권individual initiative에 의한 시도와 실험을 통해서 점진적으로 변신해가지만, 계획적 발전은 최고 경영층의 미래 통찰력top management future insight에 기초를 두고 전략계획을 통해서 급진적으로 변신해간다. 개인의 주도권이 요구되는 진화적 발전을 위해서는 자율과 개방의 문화가 요구된다.

진화적 발전은 개인의 실패를 가져올 수 있지만 계획적 발전에서 나오는 경영의 실패보다는 관리 가능할 정도로 작고 오히려 학습의 기회와 성공의 밑거름이 된다. 경영의 실패는 규모가 너무 크기 때문에 학습의 기회가 되기 어렵다. 금호그룹은 대우건설과 대한통운의 인수가 실패로 끝났지만 이것으로 배울 수 있는 학습의 기회는 크지 않을지 모른다. 계획적 발전을 주로 하는 기업은 회의도 많고 전략적 분석에 치중하기 때문에 개인의 주도권을 약화시키는 경직된 관료적 문화를 가지게 되는 경향이 있다.

진화적 발전의 문화

존슨앤드존슨, 3M은 진화적 발전을 하는 대표적인 회사이다. 이들은 새로운 것을 많이 시도하여 잘되는 것은 계속 발전시키고 안 되는 것은 과감히 중단한다. 이들 회사는 새로운 아이디어에 기초하여 개인의 시도와 실험을 장려하는 고도로 분권화된 환경을 조성하고 있다.

3M의 15퍼센트 법칙은 시도와 실험을 장려하는 제도이다. 이를 위해서는 실패를 허용해야 한다. 존슨앤드존슨의 존슨2세가 "실패는 가장 중요한 제품이다"라고 말한 것은 그가 진화적 발전의 원리를 이해하고 있기 때문이다. 존슨앤드존슨은 사실 실패를 많이 하였다. 그러나 이러한 실패 속에서도 107년의 기업 역사에서 단 한 번도 적자를 낸 적이 없다.

자기사업을 할 수 있는 기회를 제공하는 것도 중요하다. 기업의 관료제도하에서 자기 아이디어를 펼칠 수 없다고 생각되면 사람들은 회사를 나가게 된다. 실은 자기사업을 하려고 회사를 나가는 사람이 아이디어도 많고 도전적이다. 이런 사람들이 남아 있어야 회사가 발전하는 것이다. 3M에서는 성공적으로 신제품을 개발하면 자기사업의 기회를 제공하고 제네시스 그랜트Genesis Grants라는 벤처자금으로 지원도 하고 있다. 브라질의 셈코Semco라는 회사도 자기사업의 아이디어를 가진 사람을 지원하고 성공하면 이익을 공유하는 제도를 가지고 있다.

진화적 발전을 위해서는 자기 의견을 자유롭게 개진하고 공유하는 개방적인 문화를 조성하는 것도 필요하다. 우리나라는 윗사람 눈치 보느라 아랫사람들이 하고 싶은 말을 마음대로 하지 못하고 있다. 3M에서 강조하는 것처럼 "처음에는 멍청하게 들리더라도 아이디어를 가진 사람의 이야기를 항상 경청하라" "연약한 아이디어를 죽이지 마라"를 실천하기 위해서는 한국 기업의 권위적인 문화를 타파해나가야 할 것이다.

3M에서는 아이디어를 공유하기 위해서 신제품 포럼과 기술 포럼을 운영하고 있다. 이와 같이 아이디어가 공유되는 제도를 운영하는 것이 필요하다.

진화적 발전은 혁신이 활발하게 일어날 때 가능하다. 혁신의 목표를 설정하는 것이 진화적 발전을 촉진하게 될 것이다. 3M에서는 30퍼센트 법칙이 있어 지난 4년간 개발된 신제품으로부터 매출의 30퍼센트가 나와야 한다.

진화적 발전에는 인정과 보상도 중요하다. 앞에서 밝힌 것처럼 3M에서는 기술공유상, 칼튼회, 위대한 전진상 등의 인정제도와 이익공유제도와 같은 보상제도를 가지고 있다.

이와 같이 진화적 발전은 개방적이고 도전적인 문화, 혁신 목표, 인정과 보상을 통해서 이루어진다.

짐 콜린스Jim Collins와 제리 포라스Jerry Porras는 진화적 발전을 위해 특히 다음의 5가지를 강조했다.

1. 시도하라, 그것도 지금 당장!

문제를 해결하기 위해서는 무엇인가 해야 한다. 하나가 실패하면 다른 것을 해보는 것이다. 예기치 않은 기회 또는 고객의 문제점에 대응해 적극적으로 행동하면 변화와 혁신을 가져올 수 있다. 가만히 있는 것이 가장 나쁜 것이다.

2. 실패할 수 있다는 점을 받아들여라

어떤 변화가 성공할지 미리 알 수 없기 때문에 실패를 진화적 과정의 통합된 일부로 받아들여야 한다. 다시 말해서, 성공하지 못한 수많은 실험들(또한 사람들)이 없었다면 스스로 변화하고 혁신하는 시스템을 가질 수 없다.

3. 작은 것부터 조금씩 하라

작은 점진적 시도가 중대한 전략적 변화의 기초를 형성할 수 있다. 3M의 포스트잇도 처음에는 작게 출발했지만 나중에 큰 시장을 형성하였다. 맥나이트가 오키에게 간단하게 대답한 것이 방수용 사포를 만들었고 이것이 자동차산업에서 하나의 큰 시장을 형성하게 되었다. 그리

고 딕 드류의 마스킹 테이프를 낳고 스카치 셀로판테이프를 나오게 하
여 녹음테이프 등으로 확산되었다.

4. 사람들에게 충분한 자유를 주라

사람들에게 자유를 주지 않으면 시도를 할 수 없다. 특히 중요한 것
은 끈기를 갖고 일을 추진할 수 있도록 간섭하지 않는 것이다. 포스트
잇이 어떤 장점이 있는가를 다른 사람에게 설득하기는 어려웠지만 누
구도 그 실험을 그만두라고 하지는 않았다.

5. 이상을 말만 하지 말고 제도화하라

이미 앞에서 설명한 대로 3M은 진화적 발전을 가져올 수 있도록 제
도가 갖추어져 있다. 15퍼센트 법칙, 30퍼센트 법칙, 기술 포럼, 칼튼회
등이 그것이다.

자연의 진화와 기업의 진화는 한 가지 다른 점이 있다. 기업의 진화
에는 계획과 목표가 있다는 것이다. 진화하는 기업은 목표에 도달하기
위해 진화를 선택하는 것이다. 기업의 진화는 무작위가 아니라 방향과
기준을 가지고 기회를 추구한다. GE의 잭 웰치는 이와 같은 목표와 진
화의 역설적인 혼합을 경영학적 아이디어로 받아들여 '계획적 기회주
의planful opportunism'라고 명명했다. 기업의 진화는 비전과 목표를 가지
고 진화하기 때문에 의식적으로 변화를 선택한다. 3M에서도 변화가
시장에 먹혀들어갈 만큼 실용적이고 핵심적인 이념과 합치돼야 선택
되는 것이다. 그렇기 때문에 기업의 진화를 의도적인 진화purposeful
evolution라고 부른다. 그러나 자연계의 진화란 "번식하라, 변화하라, 강
자는 살고 약자는 죽게 하라"라는 다윈의 말처럼 자연적 선택natural
selection이다. 즉, 전혀 의식하지 못한 가운데 환경에 가장 잘 적응한 변

132

화는 살고 그렇지 못한 변화는 멸망함으로써 자연적으로 선택되는 것을 말한다. 물론 정도의 차이는 있으나 모든 기업들은 진화한다. 진화는 우리가 의도적으로 시도하든 시도하지 않든 우연히 이루어진다. 현실세계는 기업이나 개인의 운명을 바꿔놓을 우연한 사건들로 가득 차 있다. 이것은 모든 경제 주체들에게도 해당된다. 그러나 혁신적 기업들은 진화의 힘을 더욱 적극적으로 일상화하기 위해 문화, 제도, 시스템을 갖출 필요가 있다.

자율적 기업문화의 정립

　우리가 선진국으로 도약하기 위해서 요구되는 것은 기업의 경쟁력이다. 경쟁력은 경영혁신을 통해서 제고되고 경영혁신은 자율적인 기업문화에 기초를 두고 기업가정신이 조직 내에 충만할 때 활성화된다. 따라서 한국이 선진국으로 도약하기 위해서 요구되는 것은 자율적인 기업문화의 조성이다.

　자율성이야말로 생명력과 창의력의 원천이다. 집돼지는 미련하지만 자율적인 멧돼지는 생명력이 있다.

　이와 같이 조직 내에 자율성이 있느냐 없느냐에 따라 종업원이 집돼지가 되느냐 멧돼지가 되느냐가 결정되는 것이다. 우리는 자율성을 제고하여 종업원을 기업가정신이 넘치는 멧돼지로 만들어야 한다. 기업이 앞으로 해야 할 과제는 기업가를 양성하는 것이다. 자율적으로 내버려두고 책임정신을 강조하는 것이 기업가정신을 고양하는 길이다. 또한 정보화시대에는 변화가 너무 급격하여 아무도 내일 무슨 일이 일어날지 모르는 불확실성의 시대로서, 다른 사람에게 물어볼 시간도 없고 물어도 아는 사람이 없기 때문에 자율적 경영을 하지 않을 수 없는 것이다.

최근 자율성을 강조하는 말로 'management by getting out of the way' 라는 말이 있다. 이는 길을 비켜가라는 뜻으로, 부하직원이 일을 하는데 상관이 와서 간섭하지 못하게 하는 것이다. 이제는 상관이 아랫사람을 위해서 무엇을 해줄 것인가를 생각하는 것이 아니라 아랫사람을 위해서 무엇을 해주지 않아도 되는가를 생각하는 시대로 가고 있다.

어떤 최고경영자는 '나의 가장 중요한 임무는 이 회사로부터 나를 실직시키는 것이다. 내가 없이도 이 회사가 정상적으로 운영될 수 있다면 내가 제일 일을 잘하는 것이다' 라고 하였다. 이것이 바로 'management by getting out of the way' 가 요구하는 개념인 것이다.

자율의 관점에서 우리는 서구 경영으로부터 종업원을 신뢰하고 일을 자율적으로 맡기는 방법을 배워야 한다. 한국의 경영자들은 일반적으로 민주적·개방적·자율적이라기보다 권위적·폐쇄적·지시적인 경향이 상대적으로 강하다.

권위적이기 때문에 정보를 공유하기보다 일방적으로 지시하는 회의가 되기 쉽고, 폐쇄적이기 때문에 개방적인 대화와 협력보다 대립적 갈등의 성향이 크다. 특히 아랫사람은 "이것은 나의 일이다" 하고 말할 수 있는 자기 프로젝트가 없어 일일이 허가를 받아야 하고 소신껏 움직이지 못한다. 마음껏 뛰고 싶은데 벽이 너무 높다는 것이다. 상관이 시키는 일을 해야 하기 때문에 상관이 퇴근하기 전에는 마음대로 퇴근하지도 못한다.

또한 평가기준이 잘 개발돼 있지 않아 일이 잘됐을 때 받는 칭찬보다 잘못됐을 때 받는 비난이 크기 때문에 실패가 두려워 새로운 시도를 하지 않으며, 실패를 해도 은폐하기 때문에 실패로부터 배우지 못하고 있는 것이다.

일부 도산 지경에까지 이른 한국 기업이 외국 기업에게 인수된 후 경쟁력을 되찾아가고 있다는 보도가 나왔는데 이는 근무 분위기가 자율적인 방향으로 달라졌기 때문이다. "윗사람 눈치 보느라 하릴없이 밤늦게까지 남아 있을 필요가 없고, 각자의 재량권이 많아지고 책임이 늘어나면서 업무 강도가 높아졌다"고 한다. 한마디로 회사에 활력이 생겼다는 것이다. 활력이 바로 경쟁력이다. 한국 기업은 무기력하다. 열심히 늦게까지 일하지만 신이 나지 않는다. 그것은 한국 기업에 자율성이 부족하기 때문이다.

그러면 조직 내에 자율적인 기업문화를 어떻게 심어나갈 수 있을 것인가?

첫째, 자율성을 중시하는 최고경영자의 철학과 비전이 있어야 한다. 미국의 최고경영자는 "만약 고객이 원한다면 누구의 지시도 받지 말고 그냥 하라"라고 말하는 데 익숙하다. 또한 자율성을 제고하기 위해서는 장기적으로 볼 때 어느 정도의 실패 없이는 성공할 수 없다는 인식 하에 종업원들이 위험을 택하고 실패로부터 배울 것을 기대하고 있다. 중요한 것은 종업원들이 지속적으로 창조적 아이디어를 내도록 장려하는 것이고 그러면 언젠가는 경영혁신이 일어나고 경쟁력이 제고될 것이라는 믿음이다. 따라서 자율적 문화의 조성에 가장 중요한 것은 종업원에 대한 신뢰이다. 미래산업의 정문술 회장은 "철저히 믿고 맡길 때 아랫사람은 상상할 수 없는 에너지를 낸다"라고 말하고 있다.

둘째, 종업원들이 일에 대한 재량권을 많이 가질 수 있도록 제도화되어 있어야 한다. 이를 위해서는 직무구조가 명확하여 자기 일이 있어야 한다. "나는 이 일을 하는 사람이고 잘하는 것으로 평가받는다" 하고 말할 수 있어야 한다. 이것이 목표관리의 기초이다. 자기 목표를 가지고 자기 평가가 이루어질 수 있을 때 자율성이 실행될 수 있을 것이다. 그러나 한국 기업은 이 점에서 부족한 것이 많다. 명확하게 정의

된 자기 일이 없기 때문에 상관의 지시에 따라 움직일 수밖에 없는 것이다.

그래서 일을 자기가 알아서 찾아나갈 수 있게 하고 결과에 따라 평가받도록 하는 것이 요구된다. 3M에서는 '15퍼센트 법칙rule'이라고 하는 것이 있어 자기 시간의 15퍼센트를 관리자의 감독 없이 자기가 하고 싶은 연구에 시간을 보낼 수 있도록 하고 있다.

셋째, 조직구조도 하나의 큰 조직보다 독립적인 작은 조직의 느슨한 연합체로 되어 있어야 자율과 책임의 정신을 심기 쉽다. 책임을 쉽게 물을 수 있을 때 자율을 주기도 쉽다. 그런데 하나의 큰 조직으로 운영하면 공유의 문화가 생겨 한 부서의 적자를 다른 부서의 흑자로 메워주기 때문에 책임정신을 심기 어려운 것이다. 그래서 하나의 큰 조직보다 작은 조직을 기본 평가 단위로 만들어 독립적으로 운영할 때 각 조직은 경쟁 압력을 받아 환경 변화에 적응하려는 책임정신을 가지게 되고 자율성이 가능해지는 것이다. ABB는 25만 명의 큰 회사이지만 평가의 기본 단위는 50명 규모의 팀이다.

자율성이란 적극적 참여의식을 말하는데 큰 조직은 소속감을 느끼기가 쉽지 않아 참여의식이 생기지 않기 때문에 자율성 행사가 쉽지 않은 점도 있다.

넷째, 자율성을 제고하기 위해서는 평가제도가 확립되어 있어야 한다. 자율적인 기업문화는 책임정신 없이 성립될 수 없다. 책임정신은 분기별로 또는 최소한 1년에 한 번은 평가를 해서 모든 사람이 항상 회사를 위해서 무슨 좋은 일을 했는지를 말할 수 있을 때 나온다. 평가를 하지 않으면 내가 잘하고 있는지 못하고 있는지 무슨 일을 해야 좋은 평가를 받는지 모르기 때문에 열심히 일해도 알아주는 사람이 없는 분위기가 형성되어 자율적으로 일을 하고 싶은 욕구가 생길 수 없는 것이다.

우수한 기업은 대대적인 자율성과 공정한 평가라는 특징을 가지고 있다. 세계적 경쟁력을 누리고 있는 영국의 이매지내이션에서 하고 있는 것처럼(1부 1장 12 '지금은 브레인&브랜드시대' 참조) 사람만 좋으면 채용하고 1년 후에 평가해 성과가 좋지 않다면 해고한다는 것은 자율과 평가의 중요성을 말해주는 것이다.

마지막으로 자율적 기업문화를 조성하기 위해서는 정부 주도에서 시장 주도로 경제운영의 방식이 바뀌어야 한다. 정부 주도 경제운영하에서는 위로 권력이 집중되고 정치가 개입함에 따라 사회 전체에 권위주의 문화가 조성되어 기업이 아무리 노력해도 어떤 한계를 벗어날 수 없다. 정치가 경제에 미치는 영향은 세계에서 가장 관료적이라고 비난받는 일본보다 훨씬 크다.

그동안 한국 기업에서 혁신이 활발하게 일어나지 않은 것은 자율적 상향식 경영보다 지시적 하향식 경영을 했기 때문이다.

하향식 경영은 한국 기업의 경영, 특히 대기업에서 최고경영층을 보좌하는 기획실이 중심이 되어 자기의 능력과 전략은 생각하지 않고 국내외에서 잘 팔리는 제품을 조사 · 분석해서 가능하다 싶으면 대규모 설비 투자로 시장을 지배하는 경영이다.

대규모 투자를 하면 매출액의 비약적인 양적 성장은 가능하지만 제품을 모방하고 기술을 도입하기 때문에 기술축적이 늦어 내실 있는 성장이 되지 않는다. 한국 기업은 세계적인 용량capacity을 확보하고 있지만 기술은 없기 때문에 몸통만 있고 머리는 없는 기형적 모습을 보여주고 있다는 비판을 받고 있다.

상향식 경영은 현장에 있는 사람의 혁신적 아이디어에 기초를 두고 소규모로 실험적 투자가 일어나는 것이다. 점진적이지만 창의적인 자체 기술개발로 기술의 저변이 확대되어 내실 있는 질적 성장이 가능하다.

정보화시대는 변화와 불확실성의 시대로 자율적 기업문화의 조성은 생존의 조건일 뿐만 아니라 경쟁력 제고를 위한 혁신의 기초로서 우리가 선진국으로 도약하기 위해서 요구되는 것이다. 이를 위해서는 정부도 경제운영의 방식을 정부 주도에서 시장 주도로 바꾸어 우리 사회 전체가 보다 자율적으로 바뀌도록 해야 할 것이다.

03

혁신적 기업문화의 조성

정보화시대는 변화와 혁신의 시대이다. 혁신이 잘 일어날 수 있는 기업문화는 어떤 것인가? 회사의 분위기를 혁신적으로 창출하기 위해서는 개방적 조직과 도전적 조직이 요구된다. 혁신은 행동으로 나타나야 한다.

아무리 아이디어가 많아도 신제품을 개발하기 위해서는 행동이 있어야 하는 것이다. 물론 행동할 때는 아이디어가 뒷받침되어야 한다. 아이디어가 없는 행동은 움직임에 불과할 뿐이다.

조직 내에는 사실 아이디어가 없는 것이 아니라 실천 가능한 아이디어가 부족하다. 게다가 그런 아이디어가 있어도 실천되지 않는 경우도 많다.

따라서 기업 문화에서 중요한 것은 애매모호한 아이디어들을 실천 가능한 아이디어로 만드는 개방적 조직과 그것을 행동으로 옮기게 하는 도전적 조직이다.

개방적 조직

애매모호한 아이디어를 실천가능한 아이디어로 만드는 데는 사람들 사이에 상호 작용이 상당히 중요하다. 상호 작용을 원활하게 하는 조직으로 만들어나가기 위해서는 무엇보다 개방적 조직이 요구된다고 할 수 있다. 상호 작용이란 대화와 비판의 문화에서 나오는 것이다. 단순히 대화만 해서는 안 되고 비판할 수 있는 문화, 남의 아이디어를 수용하는 문화가 필요하다. 그래서 많은 사람들과의 대화가 이루어지게 되면 아이디어가 수정, 보완, 결합, 확대되어 실천가능한 아이디어로 만들어지는 것이다.

어떻게 아이디어가 실천가능한 아이디어로 바뀌느냐에 대해서는 논리적으로 설명이 불가능하다. 우연하게 성공적인 아이디어로 바뀌는 것이다. 그렇기 때문에 일단 그냥 만나서 이야기해야 한다. 아이디어가 수정, 보완, 결합, 확대되는 것을 발효라고 할 수 있는데, 아이디어의 발효가 조직 내에서 활발하게 이루어져야 예기치 않게 성공적인 아이디어가 창출될 수 있는 것이다. "위대한 발견은 우연한 만남에서 이루어진다"라는 말이 있다.

노벨상을 받은 제임스 왓슨James Watson은 우연히 어떤 학회에 참석하여 발표 내용을 듣고 집에 와 잠을 자다가 꿈속에서 생각해오던 물질의 분자구조가 나타났다고 한다. 이처럼 아이디어의 발효가 이루어질 수 있는 분위기를 창출할 수 있는 것이 개방적 조직이라고 할 수 있다.

1) 비공식적 대화기구

개방적 조직의 일차적인 요구사항은 비공식적 대화기구다. 권위적인 분위기가 아니라 자유분방한 비공식적 대화기구를 만드는 게 필요한 것이다. 우리나라 기업은 권위적인 경향이 많다. 어떤 직원은 상사가 격의 없는 대화는커녕 아예 자신의 말도 들으려고 하지 않아 모욕을 느꼈다고 한다. 또한 회의가 정보를 공유하고 토론하는 기회가 되지 못하고 일방적으로 지시하는 것으로 그쳐 반대의견을 제시하기가 힘들다는 말도 있다.

비공식적인 대화기구 중에 대표적인 것이 배회관리Management By wandering Around이다. 관리자는 현장에 나가서 현장의 목소리를 듣고 무슨 문제가 있고 어떤 도움을 주어야 하는지를 알아보아야 한다. 현장에 있는 사람이 "이런 시시한 일로 상관을 찾아가 얘기하는 것보다 나중에 만나서 지나가는 말로 얘기해야지" 하는 생각을 가지고 있으면 하루 이틀 시간만 지나가게 되고 일은 신속하게 이루어지지 않는다. 그러므로 쉽게 이야기할 수 있는 문화를 창출해야 한다. HP사에서는 오후 3시부터 3시 30분까지 30분 동안 티타임이 있어 이 시간에는 사장을 포함하여 누구와도 비공식적 대화를 나눌 수 있다.

2) 협력

누구하고도 협력할 수 있는 문화가 되기 위해서는 기능적 장벽은 물론, 회사와 회사 사이의 경계도 타파되어야 한다. 정보화시대에는 외부인이란 없다. 누구와도 협력해야 하고 모두 우리 회사 사람이라는 인식이 필요한 것이다. 이의 일환으로 나온 것이 팀조직이다. 팀을 만든다는 것은 회사 내부나 외부를 막론하고 일에 도움이 되는 사람은 다 모여서 그 일에 참여하는 것을 의미한다.

미국의 포드자동차는 91년도에 토러스 자동차를 만들어 '올해의 차 Car of the year' 라는 상을 받았다. 그때 조직 내부에 있는 영업, 설계, 제조, 구매부서 사람들뿐만 아니라 조직 외부에 있는 대리점 주인, 고객, 공급업자까지도 다 망라해 처음부터 하나의 팀이 되어 차를 만들었다.

만드는 과정에 공급업자가 참여하여 차에 맞는 부품을 같이 개발하고 성공하면 5년 동안 구매계약을 해줌으로써 협력체제가 구축되어 더 좋은 차를 더 빨리 만들 수 있었던 것이다.

3) 합작 및 제휴

누구와도 협력할 수 있는 분위기 중의 하나가 합작과 제휴를 하는 것이다. 정보화시대는 합작하고 제휴하는 시대이지 결합하는 시대는 아니라고 할 수 있다. 기업경쟁력을 제고시키기 위해서는 합병하는 것보다 제휴하는 것이 더 좋은 방법이라 할 수 있다. 정보화시대는 경쟁이 심화되기 때문에 소유하고 지분을 늘리는 시대가 아니라 협력하고 관계를 맺는 시대인 것이다. 각자 잘할 수 있는 부분을 특화하고 상호 간 협력하면 대기업보다 더 큰 능력을 발휘할 수 있다.

정보화시대에는 새로운 개념의 대기업이 나타나고 있다. 단순히 규모가 큰 기업이 아닌 작지만 네트워크를 형성하여 경쟁력을 갖춘 기업이 바로 대기업인 것이다. 일본의 닌텐도라는 게임기를 만드는 회사는 55억 달러의 매출액을 올리고 있다. 이 정도의 회사라면 보통 종업원이 4만 명 정도 필요하지만 500명밖에 되지 않는다고 한다. 이것은 많은 기업에 하청을 주고 있기 때문이다.

나이키 같은 회사도 상품기획만 하는 규모가 작은 중소기업으로 볼 수 있지만 하청기업을 많이 거느려 세계적인 제품을 만들어내고 있으므로 대기업이라고 할 수 있다.

우리나라는 내실이 없어도 규모만 크면 대기업으로 취급하고 있는데 이보다는 내실 있는 기업을 대기업으로 인식하는 것이 필요하다 할 것이다. 합작과 제휴를 하는 것은 이와 같이 경쟁력을 키우는 방법도 되지만 다른 문화를 배우는 가장 중요한 방법이 된다. 문화가 행동을 결정하고 그것이 성공할 것인지 실패할 것이지 결정하므로 문화를 배우는 것은 상당히 중요하다. 결국 합작과 제휴를 통해서 새로운 문화를 배워야 한다. 기업이 문화를 바꾼다고 하는 것은 엄청나게 힘든 것이다.

기업은 환경 변화에 적응하지 못하고 시간이 지남에 따라 도태되는 속성을 가지고 있다. 기업문화를 바꾸기가 힘든 것은 오래전부터 형성된 고착된 문화가 조직 내에 있고, 잠재의식 속에 있어 눈에 보이지 않기 때문이다. 이것을 바꾸기 위해서는 외국 기업이나 다른 기업과 합작하고 제휴하여 그 문화를 배워야 한다. 특히 우수한 기업이나 새로 신설되는 기업과 합작하거나 제휴하는 것이 중요하다.

4) 정보공유

조직 내에 정보가 흘러넘치도록 하기 위해서는 정보를 제공하고 공유해야 한다. 정보를 제공해야 아이디어가 생기고 신뢰가 생긴다. 예를 들면 GM공장의 관리자들은 근로자들에게 다른 공장과 비교하여 생산성이 얼마나 낮은지를 구체적인 자료를 통해 제시하였다. 그리고 노동조합과 생산성 향상을 위해 공동 노력할 것을 합의하여 생산성을 8퍼센트 향상시킬 수 있었으며 불량률을 2년간 95퍼센트까지 줄이고 평균 조립시간을 41퍼센트 단축할 수 있었다.

이 사례는 정보제공이 기업성과에 주는 영향을 설명하는 것이다. 어느 대기업에서는 회사가 돈을 벌었는지 아닌지에 대해서 종업원들이 잘 모른다는 불평이 있다. 회사 내에 있는 모든 정보를 아무런 숨김없이 제공한다는 것이 절실히 요구된다고 하겠다. 또한 조직 내에 정보가 공유될 수 있도록 해야 한다. 우리나라 사람들이 일본으로 연수를 갈 때마다 일본기업에서는 "당신들은 왜 똑같은 질문을 계속하느냐?" 하는 불평을 한다. 이는 조직 내 정보가 공유되지 않는다는 것을 말해주고 있다.

5) 창조적 모방

창조적인 모방은 벤치마킹으로도 알려져 있는데 이것은 다른 회사를 방문하여 듣고, 배우고, 향상시켜 나가는 것을 말한다. 그런데 이렇게 단순한 창조적인 모방조차도 쉽게 이루어지지 않는다. 세계적으로 우수한 기업에 가서 보고, 듣고, 배워 그것에 따라 행동하는 것이 제대로 안 되고 있는 것은 조직 내에 위기의식이 결여되어 있기 때문이다.

도전적 조직

도전적 조직이란 아이디어를 신속하게 행동으로 옮기는 조직을 말한다. 기본적으로는 자율성을 많이 주는 조직이다. 대체로 우수기업을 보면 본사 시스템의 규모가 작고 관리자들이 매우 높은 지출재량권을 가지고 있다. 이에 반하여 한국 기업은 관료적이어서 자주 보고해야 할 뿐 아니라 서류를 일일이 결재받아야 하기 때문에 소신껏 움직이지 못하고 일이 잘못되는 것을 두려워하여 작은 변화도 일어나기 힘들다고 한다.

1) 시도의 장려

도전적 조직은 시도를 장려하는 것으로부터 출발한다. 정보화시대에 들어와 시장은 보이지 않는다고 할 정도로 빠르게 지나가기 때문에 불확실성이 심화되고 있다. 그래서 혁신의 성공은 예측 불가능하고 확률이 낮은 게임이다.

성공은 수많은 실패에 기초를 둔 우연의 산물이다. 여러 번 시도하다 보면 예기치 않은 순간에 예기치 않은 일로 성공하는 것이다. 즉 논리적 분석이 불가능하고 계획적으로 되는 일이 없다. 불확실성이 심한 확률적인 게임을 할 수밖에 없는 상황에선 많은 시도를 해보는 수밖에 없다. 성공은 무수히 많은 실패의 부산물이라 할 수 있다. 성공과 실패는 무작위로 나타나는 현상이지 누가 계획적, 의도적으로 하는 것이 아니다.

혼다 소이치로는 1퍼센트의 성공은 99퍼센트의 실패에 기초를 두고 있다고 하였다. 지금은 계획을 세울 수 없는 시대로 시도해보기 전에는 아무도 모른다는 것이다. 그래서 요즘은 고객을 무시하라는 말이 나오고 있다. 얼마 전까지 고객의 말에 경청하라는 것과는 대조적이다. 고객의 말에 귀를 기울이는 것은 지금 하고 있는 일을 어떻게 더 잘할 수 있는가 하는 데는 필요하지만 전혀 새로운 일을 하는 데는 도움이 되지 않는다.

고객의 말을 듣고 실패한 대표적인 예는 1985년경 코카콜라에서 일어났던 일이다. 코카콜라는 1년 동안 30억 원 정도의 예산을 들인 시장조사를 통해 뉴 코크New Coke라는 신제품을 개발했다. 그런데 시장에 나오자마자 고객들은 코카콜라 본사 앞에 와서 '우리의 콜라를 돌려달라Return Our Coke'라는 피켓을 들고 사흘 동안 데모를 했다. 뉴 코크는 코카콜라가 아니라 펩시콜라와 맛이 똑같은 제품이었던 것이다. 결국 코카콜라는 고객의 이러한 요구로 뉴 코크를 회수하고 다시 이전의 제품으로 되돌아갔다.

그러나 지금은 시장조사도 할 필요가 없는 시대이다. 직관을 믿고 빠르게 행동하는 것이 필요하다. 직관은 시도를 통해서 향상된다. 현재는 논리와 분석이 아니라 감각과 직관이 통하는 시대인 것이다. 분석하고 계획을 세우기보다는 직관을 믿고 시도하는 안이 성공할 수 있다.

'미래의 영광은 최고의 열의를 가지고 많은 시도와 실패를 거듭하면서 미래를 공략하는 사람에게 돌아갈 것이다'라는 말이 있다. 성공하는 기업이 되기 위해서는 생각하는 사람보다 행동하는 사람을 키워야 한다. 생각하는 사람은 기획실이나 전문스텝의 자리에 우수한 자들로 소수만 있으면 된다. 많은 사람들은 영업과 생산 활동을 하는 데 주력해야만 한다.

2) 실패 장려

시도하는 조직이 되기 위해서는 실패를 장려해야 한다. 그렇지 않으면 새로운 시도를 하지 않으려 할 것이다. 혁신을 하려면 많은 시도가 있어야 하는데, 새로운 시도는 성공할 확률이 낮으므로 많은 실패를 수반하게 된다. 그러므로 혁신을 끌어내려면 실패를 장려해야 한다. 따라서 실패를 칭찬하고 때로 승진시키는 것이 필요하다. IBM의 기술책임자가 애플과의 PC 개발 경쟁에서 실패하고 사장에게 사표를 냈을 때 그것을 반려하고 오히려 승진시켰다는 일화가 있다.

그 당시 IBM의 사장은 "당신이 나간다면 많은 돈을 들여 당신을 훈련시켰는데 그 훈련비용을 어떻게 회수할 것이며 만일 당신이 경쟁 기업으로 간다면 그것은 더욱 참을 수 없는 일이다"라고 말했다고 한다. 앞에서 언급했듯 혁신이 요구되는 정보화시대에는 실수하는 사람을 나무라지 않고 위험을 택하지 않는 사람을 나무라야 할 것이다. 실수를 하지 않는 사람은 잘 모르는 내일의 사업은 하지 않고 알고 있는 기존의 사업만 하기 때문이다. 그래서 P&G의 임원회의는 실패한 이야기로부터 시작하는데 실패한 사실이 없는 임원은 좋지 못한 평가를 받는다고 한다. 한국 기업은 도전적, 창조적 자세가 부족하고 뭔가 새로운 것을 시도하기 힘들다고 하며 문제가 발생한 후에야 돈을 투자하는 경향이 있다고 하는데, 이는 실패를 장려하지 않기 때문에 나오는 결과일 것이다.

시도를 통한 시행착오가 능력을 향상시키고 미래에 대비하게 함으로써 큰 문제를 방지할 수 있다는 사실을 이해해야 할 것이다. 실패는 성공의 어머니라고 했듯이 우리는 실패로부터 배우고 성장할 수 있기 때문에 실패에 대해 공개적이고 대담한 지원이 필요하다. 경영자는 종업원들이 더 많은 실수를 더 빨리 저지르도록 하기 위해서 어떤 지원이 필요한가를 항상 생각해야 할 것이다.

만일 실패를 인정하지 않는다면 시도가 잘 일어나지 않을 뿐만 아니라 은폐함으로써 실패로부터 배울 수 있는 기회도 없다. 또한 실패를 조정하기보다는 무리하게 강행하고, 체면 때문에 도움을 줄 수 있는 타부서와의 의사소통이 결여되어 비판의 즐거움, 그리고 진실이 없는 경직된 조직분위기가 될 것이다.

3) 작은 시도

우리는 큰 시도보다 작은 시도를 장려하여 현장에서 자율적으로 많은 시도가 이루어질 수 있도록 하는 것이 중요하다. 큰 시도는 기업 전체에 많은 영향을 미치기 때문에 위험부담이 높으므로 심사숙고를 통해 계획을 세워 추진한다. 그렇기 때문에 쉽게 시작하거나 중단할 수 없다. 그러므로 계획 중심의 큰 시도를 장려하는 것보다 현장에서 일선 종업원들이 실패해도 기업에 별 영향이 없는 실험 중심의 작은 시도를 장려하고 여기서 나오는 혁신들을 모아 큰 결과를 나타내는 문화가 형성되어야 한다. 이러한 것이 자율적인 경영인 것이다. 한국 기업경영의 문제점은 현장 중심의 작은 시도를 장려하지 않아서 혁신이 일어나지 않는다는 것이다.

조금 노력하면 개발될 수 있는 기술도 외국으로부터 도입하는 경우가 많다고 한다. 이것은 아랫사람들을 믿지 않기 때문에 일어난다고 할 수 있다. 작은 시도를 장려하는 것은 또한 작은 성공과 작은 시장을 존중하는 것을 말한다. 작은 성공의 마음가짐은 모든 종업원들을 매일 제품과 공정의 향상에 관심을 두게 하는 것이다. 작은 성공을 찾아 칭찬하면 매일매일 일어날 가능성이 높아지고 끊임없는 향상으로 이어져 그것이 작지 않다는 것을 알게 될 것이다.

또한 신제품 시장의 경우에는 초기에 작고 사소한 것으로부터 출발하기 때문에 작은 시장을 무시하는 것은 앞으로 가는 방향을 무시하는 것이다. 예를 들어 3M의 포스트잇도 작은 시도를 통해 나온 것으로 지금은 엄청난 매출을 올리고 있지만 처음에는 작게 출발하여 시장을 형성하는 데 8년이나 걸렸다. 처음엔 아무도 그렇게 큰 시장이 될 줄 몰랐다고 한다.

4) 시장 압력

시도를 장려하기 위해선 우선 기업을 시장에 노출시켜야 한다. 시도하지 않으면 살아남을 수 없는 분위기를 조성하는 것인데 그 중 하나가 조직을 해체하고 분리하는 것이다. 조직을 해체한다는 것은 조직 내 독립적으로 운영되는 작은 사업단위를 여러 개 만들어 이익센터로 운영하는 것이다. 우리나라는 해체하고 분리하는 경영보다 결합하는 경영이다. 많은 회사에서 여러 가지 사업부가 독립적으로 운영되지 못하고 결합되어 있다. 독립적으로 경영해야 자기에 맞는 문화를 개발하고 그 시장에서 성공할 가능성을 높일 수 있다. 그러므로 조직을 해체하여 시장의 압력을 직접적으로 받을 수 있도록 해야 한다(조직의 해체에 대해서는 1부 2장 04 '시장 환경과 조직, 그리고 새로운 경영' 참조).

또한 사내에 있는 제품과 서비스를 외부에 판매하고 또한 외부로부터 구매할 수 있도록 해야 한다. 예를 들어 자사의 회계분야가 우수하다면 그것을 외부에 판매하고 좋지 못하면 외부에서 도입해야 한다. 이렇게 해야 경쟁의 압력이 생기게 되는 것이다.

구제품을 도태시키는 것도 도전적 조직을 만드는 방법이다. 많은 기업에서 수익성 있는 구제품이 신제품 도입을 억제하고 있지만 3M과 같은 뛰어난 기업들은 자기들에게 성공을 가져다 준 기술과 제품을 과감히 버릴 수 있도록 신제품을 개발하는 정책을 가지고 있다. 혁신을 조장하기 위해서는 혁신을 측정하고 보상해야 한다. HP와 같은 기업에서는 지난 3년간 개발된 신제품이 매출액에서 차지하는 비율을 혁신비율이라 하여 이것이 30퍼센트 이상 되도록 각 사업부에 목표를 주고 평가지표로 사용하고 있다.

시장 환경과 조직,
그리고 새로운 경영

정보화시대에 나타나는 시장의 특성은 크게 3가지로 나누어 볼 수 있다. 패션화, 세분화, 혼란화가 그것이다. 패션화는 이제 모든 제품의 수명주기가 짧아져 패션처럼 되고 있다는 것이다. 고객이 오늘 요구하는 것이 내일은 달라지는 빠르게 변화하는 환경 변화에 적응하기 위해서는 정보화시대가 요구하는 문화를 갖추어야 한다. 구글이나 페이스북이 성공하고 있는 것은 그들이 그런 문화를 갖추고 있기 때문이다.

세분화는 시장이 작아지고 있다는 것이다. 고객의 욕구가 폭발하고 있어 이제는 한 사람 한 사람이 시장이 되는 시대이다. 표준화된 제품으로 대규모 시장을 공략하는 대량생산mass production의 시대가 아니라 맞춤형 제품으로 소규모 시장을 공략하는 대량고객화mass customization의 시대이다. 이러한 세분화된 작은 시장을 공략하기 위해서는 큰 조직이 아닌 작은 조직으로 공략해야 효과적일 수 있다.

혼란화는 아무도 내일 무슨 일이 일어날지 알 수 없다고 할 정도로 불확실성이 심하여 어떤 사업이나 제품이 성공할지 미리 알 수 없다는 것이다. 이럴 때는 정보를 수집하고 분석하여 계획을 세워 경영하기보다 직관에 따라 행동하고 시도하는 조직이 요구된다. 많은 시도를 하다 보면 실패하는 것도 있지만 성공하는 것도 있다. 혼다 소이치로가 '1퍼센트의 성공은 99퍼센트의 실패에 기초를 두고 있다'고 말한 것처럼 우리는 많은 시도를 하고 얻은 1퍼센트의 성공을 가지고 전진해나가야 한다. 이상과 같이 정보화시대는 문화적 적응성이 높은 유연한 조직, 작은 시장을 공략할 수 있는 작은 조직, 불확실성에 대비하여 시도하는 조직이 요구된다.

유연한 조직

기업은 변하기 힘들다. 왜냐하면 눈에 보이지 않는 잠재의식 속에 고착된 기업문화가 있기 때문이다. 사람에게 고착된 자기만의 스타일이 있어 그것을 쉽게 바꿀 수 없는 것처럼 기업도 고착된 기업문화 때문에 쉽게 변화될 수 없다. 그래서 많은 기업이 시간이 지나면서 변화된 환경에 적응하지 못하고 시장에서 사라져 버리는 것이다. 여기에서 장수 기업은 예외에 속한다.

예를 들면 시어스사는 1900년대 중반에 미국에서 가장 큰 소매점으로 독보적인 위치를 차지하던 백화점이었다. 그러나 산업화시대에는 잘 적응할 수 있는 기업문화를 가지고 있었지만 정보화시대로 오면서 급변하는 변화에 적응하지 못하고 2005년 초 케이마트K-mart에 인수되고 말았다. 결국 고착된 기업문화가 적응력에 상당히 방해가 된 것이다. 기업이 성공하는 것은 어느 정도 우연이라고 할 수 있다. 예를 들어서 월마트가 성공하고 있는 것은 계획적인 전략에 의해서라기보다 설립 때 가지고 있던 태생적 기업문화가 정보화시대가 요구하는 문화에 우연하게 들어맞았기 때문이다. IBM도 컴퓨터업계에서는 독보적인 존재였지만 한때 컴퓨터업계에서 사라질 위기에 처한 적이 있었다. 지금 IBM은 전혀 다른 분야로 회생하여 컴퓨터 회사라기보다는 기업의 문제를 해결해주는 서비스 회사가 되었다.

정보산업에서는 IBM의 시대를 지나 MS의 시대를 거쳐 지금은 구글의 시대라고 말할 수 있는 것처럼 현 시대가 요구하는 문화를 가진 기업이 그 시대를 기배한다. 가전산업에도 진공관 시대를 주도했던 RCA, 제니스Zenith 시대를 지나 트랜지스터 시대의 소니를 거쳐 디지털융합 시대의 삼성전자의 시대로 왔다가 지금은 삼성전자와 애플이 지배권을 놓고 한판 승부를 벌이고 있다. 한 시대를 지배했던 기업이 사라지는 이유는 고착된 기업문화를 변화시키기 어렵기 때문이다. 다시 말해서 조직 내에는 현상유지를 고수하는 고착된 조직문화가 있어 유연한 조직으로 가기가 힘든 것이다. 유일한 방법은 파괴하는 수밖에 없다. 조직은 아무리 변화하려고 해도 자체적으로 불가능하여 파괴해야 한다. 파괴한다는 것은 조직을 해체하거나 분리하는 것이고, 해체한다는 것은 성격이 다른 사업부를 독립적 조직으로 나누어 기업을 독립적 사업부의 연합체로 만드는 것이다. 또한 분리한다는 것은 성격이 다른 사업부를 독립회사로 설립하는 것이다.

삼성전자를 예로 들어보면 몇 개의 큰 사업부─가전사업부, 컴퓨터사업부, 휴대폰사업부, 반도체사업부, LCD사업부(이러한 구분은 실제 삼성전자에서 사용하고 있는 것과는 조금 다르다)─로 되어 있는데 사업부마다 요구되는 문화가 각각 다르다. 가전은 가전시장이, 휴대폰은 휴대폰시장이 요구하는 문화에 적용해야 한다. 가전제품을 만드는 사람과 반도체를 만드는 사람의 사고방식은 전혀 다른 것이다. 이런 이질적인 사업을 하나로 묶어놓고 경영을 한다는 것은 가전문화, 휴대폰문화 중 어느 문화에도 적용하기 어렵게 만든다. 각 사업부가 자기 시장의 압력을 받을 수 있도록 조직을 나누고 독립시키는 것이 요구된다. 시장의 압력을 받아서 변하든지 아니면 망하든지 간에 독립적으로 내버려 두지 않으면 고착된 기업문화가 잘 변화되지 않을 것이다. 지금 삼성전자가 하는 방법은 각 사업부를 독립적으로 운영하는 것에 가깝다. 만일 이것으로도 환경 변화에 적응할 수 있는 문화를 형성하기 어렵다면 각 사업부를 별도의 회사로 분리하는 것도 한 방법이다. 이렇게 하면 문화적 적응성은 높아지지만 각 사업부가 한 회사 내에 있을 때에 얻을 수 있는 시너지효과를 상실할 수 있기 때문에 신중하게 결정하여야 한다. 결론은 고착된 기업문화를 타파하고 빠르게 변하는 환경에 적응하기 위해서는 상황에 따라 끊임없이 조직을 해체하고 분리하는 방향으로 나가야 한다는 것이다.

작은 조직

정보화시대에 조직 규모가 작아지는 것은 시장이 작아지기 때문이지만 다른 이유도 있다. 정보화시대는 지식산업이 발달하고, 환경 변화가 빠르기 때문에 그에 맞게 대응하는 속도경영이 요구되며, 생산기술이 발달하고 아웃소싱이 증가하는 네트워크 경제로 가기 때문이다.

지식산업은 규모가 클 필요가 없다. 아이디어를 내는 창의적 활동은 10명 내외의 팀으로 이루어진다. 규모가 크면 원가가 절감된다는 규모의 경제라는 말은 산업화시대의 용어이다. 아이디어가 중요한 정보화시대에는 창의성을 발휘할 수 있는 자율적인 소규모 팀으로 조직을 운영하여 창의의 경제를 발휘할 수 있도록 해야 할 것이다. 또한 급격한 환경 변화에 빠르게 적응하기 위해서는 작은 조직이 요구된다. 큰 조직은 관료화되기 때문에 변화에 대한 대응성이 느리다. 그리고 토요타 생

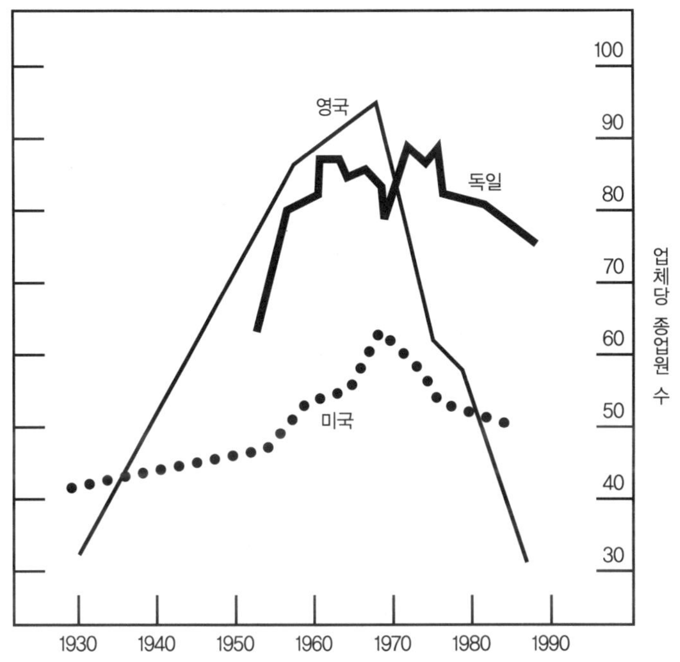

산 시스템에서와 같이 준비시간의 감소와 집단 기술의 적용 등으로 소
량생산이 가능해지고, 융통자동화flexible automation의 발달로 소량으로 생
산하고도 경제성이 있는 융통생산시스템flexible manufacturing system이 등장
함에 따라 회사 규모가 산업화시대처럼 클 필요가 없는 것이다. 정보화
시대는 정보통신기술의 발달로 한 기업이 모든 것을 다하기보다 다른
기업에 아웃소싱을 주는 네트워크 경제로 가기 때문에 기업 규모가 작
아지고 있는 것이다. 1990년대에 나온 한 조사에 의하면 기업 규모가
영국과 독일, 그리고 미국에서 1970년대 이후 시간이 지남에 따라 점
점 감소하는 것으로 나타났다(〈그림 1〉 참조).[7]

한국 기업도 1990년도부터 종업원 수로 본 기업의 규모가 작아지고

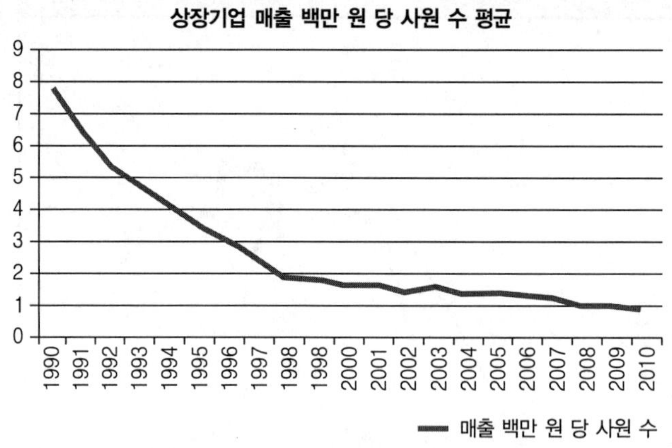

상장기업 매출 백만 원 당 사원 수 평균

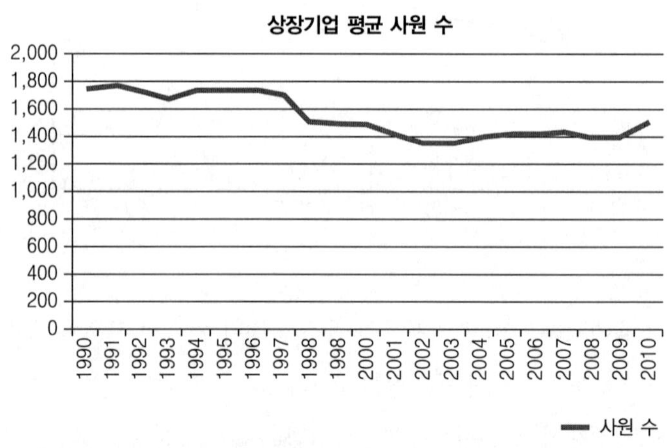

상장기업 평균 사원 수

자료: 한국상장회사 협의회(KOCO Info) 산업보고서 분석 결과로부터 도출

있음을 알 수 있다(〈그림 2〉 참조).

더욱이 매출액 당 종업원 수는 1990년대는 매년 15퍼센트 정도로 급격하게 감소하다가 2000년대는 감소폭이 줄기는 했지만 그래도 매년 6퍼센트 정도 감소하고 있다(〈그림 2〉 참조). 한국에서도 정보화시대에 들어와서는 기업 규모가 감소하고 있다.

정보화시대는 또한 시장이 작아지기 때문에 단순히 기업 규모가 작아야 하는 것뿐만 아니라 작게 운영해야 하는 시대라고 할 수 있다. 발전기 등 중공업 분야에서 유명한 ABB사는 종업원이 25만 명이나 되는 다국적기업이지만 내부를 들여다보면 50명 단위의 중소기업이 5000개 모여 있는 기업이다. 그런데 이 50명도 10명 단위의 고성과팀으로 구성되어 있다. 아주 작은 고성과팀이 자율적·독립적으로 운영되면서 시장에 의해서 평가받는 것이다.

지금은 작은 시장에서 전쟁이 벌어지고 있기 때문에 그에 맞는 전략을 구사해야 한다. 그래서 정보화시대의 경영전략인 틈새전략이 성공하는 시기라고 할 수 있다. 틈새전략이란 확실한 초점을 가지고 작은 시장을 깊이 있게 파고드는 것을 말한다. 틈새전략을 수행하려면 작은 조직, 즉 틈새조직이 요구된다. 틈새전략은 빠르게 치고 빠지는 게릴라 전략이라고 할 수 있는데 큰 조직은 빠르게 움직일 수 없기 때문에 불리하다. 틈새전략은 또한 틈새정신을 요구한다. 틈새전략은 남들이 잘 보지 못하는 고객의 잠재적 욕구를 파악해서 시장을 창조해나갈 수 있어야 하는데 이를 위해서는 고객과 밀착하여 물러서지 않는 강인한 정신을 가져야 한다.

시도하는 조직

시도하는 조직이 되기 위해서는 아이디어가 많은 조직이 되어야 한다. 아이디어 없이 시도할 수 없기 때문이다. 좋은 아이디어를 가지고 시도할 때 성공적 혁신을 기대할 수 있다. 조직 내에는 아이디어가 부족한 것이 아니라 폐쇄적 문화 때문에 그것을 끌어내지 못하는 것이 문제다. 그리고 그 아이디어를 실행 가능한 아이디어로 다듬어야 한다.

직원들로부터 아이디어를 끌어내고 실행 가능한 좋은 아이디어로 다듬어내기 위해서는 개방적 문화를 조성하여야 한다. 개방적 문화는 직원들이 다른 사람이나 상관의 눈치를 보지 않고 자유스럽게 자기 생각을 이야기할 수 있게 한다. 그리고 많은 사람들이 만나서 서로의 의견 교환을 통해 아이디어가 수정, 보완, 결합되는 과정을 통해서 평범한 아이디어가 실행 가능한 아이디어로 발효된다. 아이디어의 발효가 활발하게 이루어질 때 실행 가능한 아이디어가 흘러넘치는 조직이 될 것이다.

개방적인 조직의 첫 번째 과제는 대화와 비판의 문화를 심는 것이다. 이를 위해서는 자연스럽게 만나 대화할 수 있는 비공식적 대화기구를 만들어 놓는 것이 필요하다. 이는 오후 3시경 전 직원이 만날 수 있는 티타임을 정해놓는 것과 같은 것이다. 그러면 상관이나 다른 부서의 사람들을 만나기 위해 일부러 약속시간을 정하는 번거로움이 없어진다. 티타임에 만나 지나가는 말로 부담 없이 이야기할 수 있으므로 조직 내에 대화가 촉진될 것이다. '우연한 만남이 위대한 아이디어를 낳는다' 라는 말이 있는 것처럼 많은 만남이 자연스럽게 이루어지도록 하는 것이 중요하다. 특히 대화가 많으면 좋을 사람들끼리 가까이 있도록 자리나 사무실을 배치하는 것도 필요하다.

우리나라 기업에서는 권위주의적 문화가 강하여 윗사람의 눈치를 보지 않고 말할 수 있는 분위기가 아니라고 하는데 이것은 시정되어야 할 것이다. 대화를 촉진하기 위해서는 기능 간 장벽을 제거하고 기업 간 경계도 타파해야 한다. 이것은 부서 간 이기주의를 제거하고 기업 간의 대립적 시각을 타파하는 것을 요구한다. 1986년 포드자동차가 토러스Taurus라는 자동차를 개발할 때 개발 시작부터 관련된 모든 사람들로 제품개발팀을 구성하였다. 그때 이것은 생소한 개념이었다. 조직 내에 있는 영업·설계·제조·구매·원가부서뿐만 아니라 조직 밖에 있는 대리점, 고객, 공급업자 등 관련된 모든 사람들이 모여 제품을 개발하여 토러스는 1986년 'Car of the year(그해의 최고 차)'에 선정될 수 있었다.[8] 토러스의 성공적인 개발은 기능 간 장벽을 제거하고 기업 간 경계를 타파하여 대화하고 협력하는 것이 혁신의 성공에 중요하다는 것을 증명하는 것이다.

시도하는 조직이 되기 위해서는 시도를 장려하고 실패를 허용해야 한다. 시도를 장려한다는 것은 자율성을 확대하는 것인데 이를 위해서는 관료적인 문화를 타파하여야 한다. 우리나라 대부분의 기업에서는 관리자가 자기책임 영역에서 윗사람의 허가 없이 할 수 있는 일은 거의 없다고 할 정도로 관료적이다. 그리고 실패에 대해 책임을 묻고 경우에 따라서는 자리를 떠나야 하기 때문에 관리자들이 새로운 시도에 대해 소심해질 수밖에 없어 혁신이 활발하게 일어나지 못하고 있는 것이다.

불확실성이 심화되고 있는 정보화시대에 성공할 수 있는 방법은 많이 시도하는 수밖에 없다. 성공하는 기업의 경영자들은 '고객을 위해서 필요한 일이라고 생각되면 윗사람의 허가를 받지 말고 그냥 하라'라고 말함으로써 시도를 장려하고 있다. 시도를 장려하려면 실패를 해도 좋다는 도전적 문화를 조성해야 한다. 실패를 해도 자율적 시도를 통해서 관리자가 자신의 생각의 폭과 깊이를 확대할 수 있을 때 더 나은 경영자로 클 수 있고 기업에 더 큰 기여를 할 수 있는 것이다.

불확실성이 심한 정보화시대에는 시장조사도 하지 말라고 하고 있다. 해봐야 알 수 있는 것도 없고 그 시간에 경쟁 기업이 들어와 시장을 선점해버릴 수 있기 때문에 먼저 신제품을 도입하여 성공하면 계속 생산하고 실패하면 그만두는 것이 더 낫다는 것이다.

시장조사를 하여 실패한 사례는 앞에서도 이미 얘기했던 1985년에 도입된 코카콜라의 뉴 코크이다. 코카콜라는 1년 동안 시장조사를 실시한 후 새로운 제품인 뉴 코크를 출시했지만 코카콜라의 열성 고객들이 본사 앞에서 시위를 한 후 경영진들은 뉴 코크를 시장에서 철수시키고 원래의 콜라를 클래식 코크Classic Coke라는 상표로 그냥 팔기로 했다. 시장조사는 실패로 돌아갔던 것이다. '고객의 말을 경청하라' 라는 말 대신에 '고객의 말을 무시하라' 라는 말이 최근 유행하는 말이 되었다. 성공적인 신제품은 기존에 고객들이 가지고 있는 생각을 뛰어넘어야 하는데 이것은 관리자의 시장과 사업에 대한 감각에 기초를 둔 통찰력과 직관으로 결정하는 수밖에 없는 것이다. 아이폰iPhone과 같은 신제품은 고객한테 물어서 나올 수 있는 것이 아니다.

신제품 개발을 성공으로 이끄는 데는 매우 많은 변수들이 작용하여 분석의 한계를 뛰어넘는다. 기술적인 변수, 유통 관련 변수, 소비자 반응에 관한 변수, 경쟁 제품의 변수, 정책적 변수, 인플레 등 경제적 변수, 그 외에 쿠데타, 내전과 같은 돌발적인 변수도 있다. 한마디로 알 수 없다는 것이다. 출시 후 초기 대박을 친 '신라면 블랙' 이 높은 가격을 문제 삼아 허위, 과장 광고 판정을 내린 공정거래위원회의 개입으로 실패작으로 끝나버린 것이 이를 설명하고 있다. 그렇기 때문에 직관을 믿고 그냥 시도하는 수밖에 없는 것이다.

정보화시대의 경영은 개방적 문화와 도전적 문화를 조성하여 혁신을 촉진하는 것이다(1부 1장 05 '정보시대의 경영 과제: 혁신, 속도' 참조). 이것은 시장경제의 고리로 설명될 수 있다. 시장경제의 고리는 '자율─접촉─정보─기회─시도─경쟁─열정─행운─혁신─기업' 으로 이어지는 것으로 신제품 개발과 같은 혁신이 이루어지는 과정을 설명하는 것이다(〈그림 3〉 참조).

사람이란 뭔가 잘해보고 싶은 욕망이 있기 때문에 자율적으로 내버려 두면 정보를 구하기 위해서 사람들을 만나는 접촉이 일어나게 된다. 접촉은 사람들 사이의 우발적인 연결을 통한 상호 작용을 말하는데, 이러한 접촉을 통해서 자기가 가진 문제를 해결할 수 있는 새로운 기회를

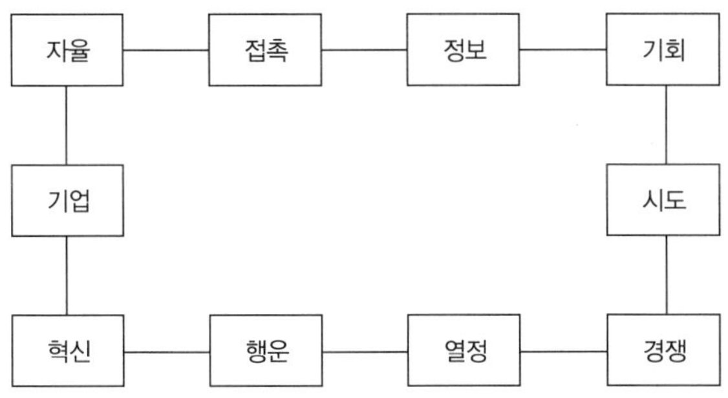

창출하게 되는 것이다. 기회가 포착되면 신제품을 만든다든지 새로운 사업을 시작한다든지 하는 많은 시도가 이루어지고, 그럴수록 경쟁이 심화되는 것이다. 경쟁이 있기 때문에 열정적으로 시도하게 되고 행운이 있으면 성공하여 혁신을 창출하게 되는 것이다. 실패하는 경우에는 재기하기 위한 기회를 추구하게 될 것이다. 자율-접촉-정보-기회로 연결되는 고리가 기회추구 메커니즘이고, 시도-경쟁-열정-행운으로 연결되는 고리가 위험감수 메커니즘이다. 그리고 결과로 나타나는 것이 혁신이다. 기회추구 메커니즘을 활성화시키는 것이 개방적 문화이고, 위험감수 메커니즘을 활성화시키는 것이 도전적 문화이다.

잘못된 경영은 참여를 무시하는 데서 온다. 따뜻한 피가 흐르는 사람들을 자율적으로 행동하도록 허용하면 자연스럽게 참여의식도 강해지고 동시에 성공할 확률이 높아진다. 조직 구성원들의 참여의식이 낮은 이유는 계획과 지시에 바탕을 둔 잘못된 경영을 하는 데서 나오는 것이다. 올바른 계획은 좋은 결과를 가져온다는 논리에 바탕을 둔 공산주의 경제체제는 새로운 시대에서 무용지물이 되었고, 관료적인 문화가 지배적인 공산주의 국가의 국영 기업체는 이미 사라진 지 오래이다.

　이상에서 설명한 바와 같이 정보화시대는 급격한 환경 변화에 적응하기 위해서 하루가 다르게 변모하는 조직, 중소기업처럼 운영하여 시장 변화에 빠르게 대응하고 틈새전략을 구사하여 시장을 깊이 있게 파고드는 조직, 기업가정신을 가지고 실패를 무릅쓰고 시도하는 조직이 요구된다. 즉, 조직해체를 통해서 무수히 많은 시도를 할 수 있는 작은 조직이 요구되는 것이다.

IMF 위기 이후
한국 기업의 구조조정과 경영혁신

IMF 위기의 직접적 원인은 외환 유동성 부족이지만 그 근저에는 기업의 경쟁력과 수익성이 악화되게 만드는 구조적 요인이 있었다. 이는 한국 기업이 60년대의 경영 형태를 계속 유지해오면서 정보화시대의 환경 변화에 적응하지 못했기 때문이다.

우리가 IMF 위기로 얻게 된 긍정적인 효과 중의 하나는 한국의 기업 경영이 정보화시대에 맞게 크게 바뀌었다는 것이다. IMF 위기로 많은 기업이 도산 위험에 직면하여 대대적인 구조조정과 경영혁신을 경험하면서 많이 배우고 달라졌다. 삼성전자, 포스코, 현대자동차 등이 세계적 기업으로 탈바꿈한 것은 IMF 위기가 계기가 되었다고 할 수 있다.

이하에서는 CEO 또는 임원들을 직접 만나 IMF 위기 이후 한국 기업의 구조조정과 경영혁신 경험에 대해 면담한 자료에 기초를 두고 구조조정과 경영혁신의 내용이 무엇이고, 어떤 순서로 이루어져야 하는지, 이 과정에서 CEO의 역할이 무엇인지를 설명하고자 한다.

구조조정과 경영혁신은 크게 3가지 방향으로 이루어져야 한다. 그것은 사업구조의 변화와 관련된 전략적 측면, 경영활동의 효율을 제고하는 체계적 측면, 사람들이 열성적으로 일할 수 있는 분위기를 조성하는 인간적 측면이다.

구조조정과 경영혁신에서 중요한 것은 CEO가 종업원들로부터 신뢰를 받는 것인데 이를 위해 필요한 것이 커뮤니케이션이다. 위기의식을 조성하는 것도 중요하지만 이에 앞서 수행되어야 하는 것이 종업원과의 대화를 통한 신뢰구축이다. 구조조정과 경영혁신에서 가장 중요한 CEO의 역할은 종업원들의 의식을 바꾸고 전략적 과제를 설정하여 적극적으로 참여하게 하는 것이다. 우리나라도 1등 회사의 종업원이라는 자부심과 할 수 있다는 도전의식이 구조조정과 경영혁신의 성공에 중요하게 작용하였다.

한국 기업의 경영 수준

지금은 산업화시대에서 정보화시대로 가는 과정에서 경영의 패러다임이 바뀌고 있기 때문에 이에 맞게 구조조정하는 것만이 정보화시대에 생존을 보장할 수 있는 길이다.

한국 기업은 구조조정과 혁신을 통해서 경쟁력을 향상하고 수익성을 회복해야 한다. 한국 기업이 세계경쟁에서 겪는 어려움은 기본적으로 경영을 잘못하고 있기 때문이다. 이는 우리나라 제조기업의 총자산경상이익률과 자기자본경상이익률이 다음 〈표 2〉와 같이 60년대 이후 계속 하락해오고 있음을 보면 알 수 있다(Yoo, 2002). 우리나라 제조기업의 총자산경상이익률ROA이 60년대는 6.5퍼센트, 70년대는 3.3퍼센트, 80년대는 2.5퍼센트였다.

특히 90년대에 와서는 1퍼센트 정도로 낮아졌는데 국제 비교자료

<표 2> 한국제조기업의 이익률 추이		
	한국 제조기업 총자산경상이익률(ROA)	자기자본경상이익률(ROE)
1962~69	6.54	16.9
1970~79	3.29	14.5
1980~89	2.52	10.8
1990~99	1.29	5.0

를 보면 미국, 독일 등은 9~10퍼센트, 대만은 6퍼센트, 일본은 4퍼센트이다. 우리가 세계적 경쟁력을 누리기 위해서는 한국경영이 한 단계 높아져야 한다.

IMF 이후 한국 기업의 경쟁력은 대기업(여기에는 많은 중견기업도 포함된다)을 중심으로 향상되었다. 그 이유는 다음과 같다.

1) 자율경영

지금은 지시의 문화에서 자율의 문화로 바뀌어가고 있다. 과거에는 상명하달식으로 아랫사람은 보고하고 윗사람은 지시하는 경영이었다. 의사소통이 위에서 밑으로 일방적으로 흐르고 위의 몇 사람만 똑똑하면 된다는 식이었고, 경영정보도 톱에서만 공유하는 경향이 강하였다. 그러나 이제는 고객이 중요해져 그들의 목소리를 많이 들어야 한다. 그러기 위해서는 일선에 있는 사람이 우수하고 자율적으로 결정할 수 있어야 한다. 그 결과 한마디로 관료주의가 많이 완화되었다. 관료주의에서는 시키는 대로 하면 되기 때문에 밑의 사람들도 위만 바라보고 있다. 이럴 때에는 사람들이 변화의 필요성도 느끼지 못하고 전문가의식도 생겨나지 않는다.

그러나 이제는 자기 할 일을 자기가 알아서 해야 한다는 인식이 많이 늘어났다.

2) 책임경영

최고경영층에서는 가치 중심 경영을 강조하고 가치파괴(대체로 ROIC 가 8퍼센트 정도보다 낮은 경우)를 용납하지 않는 분위기가 강화되고 있다. 특히, 한국의 대기업에서는 회장이 직접 이러한 평가지표에 근거해서 계열사 사장들을 긴밀하게 평가해 나가고 있다.

또한, 평가지표가 향상되고 경험이 축적되면서 객관성, 공정성이 좋아지고 결과를 수용하는 분위기가 높아짐에 따라 상하 모든 관리자를 중심으로 책임경영체제가 자리를 잡아가고 있다. 이와 관련하여 대기업을 중심으로 부문별 부회장제를 도입하여 핵심사업을 총괄하면서 전권을 행사하는 전문경영인형 부회장 시대가 열리고 있다.

3) 현장경영

경영자는 현장경영을 통해 종업원과 대화하면서 비전을 공유하고 신뢰를 획득함으로써 그들을 주인으로 경영에 참여시켜야 한다. LG전자의 김쌍수 회장은 현장 7, 사무실 3이라는 7 대 3 법칙을 가지고 있다. 직원들과 직접 대화함으로써 오해의 소지를 없앨 뿐만 아니라 현장에서 실무자 수준에서는 해결하기 힘든 애로사항을 즉각 처리함으로써 경영의 효율성을 높이고 있다.

경영혁신에서 중요한 것은 최고경영자의 혁신 과제에 관심이 얼마나 철저히 오랫동안 지속되느냐 하는 것이다. 현장에서 생생한 정보를 통해 자극을 받고 현장 감각을 키워나갈 때 혁신의지를 더욱 강화시킬 수 있다. 현대차의 품질이 좋아진 것은 정몽구 회장이 품질만은 철저히 잡겠다는 의지를 가지고 있기 때문이다.

4) 수익경영

과거에는 주로 매출액, 시장점유율로 평가가 이루어졌다. 그때는 수요가 없어도 조업 중단이라는 생각은 하지 못했고 생산 능력이 있는 대로 공장을 돌렸다. 그리고 사회적으로도 매출액을 기준으로 기업이 평가되어 은행에서도 매출액 규모가 커야 대출을 잘해주었고, 종업원들에게는 긍지를 심어줄 수 있었다. 그러나 이제 많은 기업들이 수익성을 따지기 시작했다. 실제로 대부분의 기업에서는 매출액을 줄여서라도 더 많은 이익을 내려고 하고 있다.

특히 공장에서는 작업자와 관리자의 수가 줄어들었는데도 매출액이 증가하고 생산성이 훨씬 높아진 경우가 많다. 이것은 종업원들의 의식 개선과 저가의 원자재로 고품질을 내는 기술에 기인한 것이다.

또한 이제는 매출액경상이익률과 같은 매출액 수익성뿐만 아니라 자산 효율성을 감안한 CFROI_{Cash Flow Return On Investment}를 평가하기 때문에 재고, 매출채권 등 기업 이익을 왜곡시킬 가능성이 있는 자산을 줄이기 위한 노력을 많이 하고 있다.

이외에 불필요한 자산의 매각과 감축에 의해 현금이 확보되고 이자 비용이 줄어들어 수익성이 향상되기도 한다. 예를 들어서 ㈜나산에서는 재고도 매출원가에 포함시켜 수익성을 계산하고 재고 자산의 장부가를 제로로 만들어 일찍 처분하도록 하고 있다.

수익성을 제고하기 위해 매출 경쟁을 하지 않고 제품의 제값을 받는 움직임도 확대되었다. 가동률을 줄여 공급을 줄이는 방법으로 시장 지배력을 강화함으로써 가격을 인상시키기도 하고, 해외시장을 개척함으로써 국내 공급을 줄이기도 한다. 국내 공급 물량이 줄어들게 됨에 따라 중간 상인들의 횡포도 줄어들고 중간 마진을 줄임으로써 제대로 된 가격을 받을 수 있게 된 경우도 있다.

5) 투명경영

이제는 외국인 투자자의 증가, NGO의 활동과 같은 시장의 힘에 의해 투명경영을 하지 않으면 안 된다는 윤리의식도 높아졌고, IT기술의 발달로 자료 수집이 용이하고 정보공유가 가능하기 때문에 더욱 촉진되었다고 말할 수 있다. 투명경영은 새는 돈을 막아주기 때문에 기업의 체질을 강화시키고 수익성 향상에 기여한다. 신세계도 동종 업계의 다른 기업보다 5퍼센트 정도 수익성이 높은데 이것은 투명경영에 기인하는 바가 크다고 한다.

이러한 요인에 의해 IMF 이후 한국 기업의 경쟁력이 향상된 측면도 있지만 전반적으로 볼 때 아직도 수익성은 별로 나아진 것이 없다. 한국 상장기업의 30퍼센트 정도가 여전히 이자 보상배율이 1이 안 되고, 기업의 투자수익률이 자본비용을 하회하는 가치파괴 현상(1997년 1.2퍼센트, 2003년 4.3퍼센트)이 오히려 확대되고 있다. 은행의 수익성도 ROA가 아직 1퍼센트 이하이다. 우리가 세계적 경쟁력을 누리기 위해서는 한국경영이 한 단계 높아져야 한다.

구조조정과 경영혁신의 방향

한국 기업에 경쟁력을 제고시키기 위해 필요한 것은 구조조정과 경영혁신이다. 기업이 경쟁력을 제고하기 위해서 경영혁신이 필요하다는 것은 GE와 웨스팅하우스Westinghouse의 비교에서도 알 수 있다. 웨스팅하우스는 많은 혁신적인 제품을 가지고 좋은 출발을 했지만 새로운 경영 아이디어를 받아들이는 경영혁신에 관심을 두지 않는 과학자와 엔지니어들이 주도하였기 때문에 GE와는 달리 역사의 뒤안길로 사라지게 되었다. 웨스팅하우스는 과학자와 엔지니어들 중심의 폐쇄적 문화로 기술적 아이디어는 있었지만 새로운 경영 아이디어는 활발하게 받아들이지 못했다. 반면 GE에서는 6시그마, 무경계, 개방적 문화 등 경영혁신의 아이디어가 많이 나왔다. 기술혁신뿐만 아니라 경영혁신이 필요한 것이다.

구조조정과 경영혁신은 크게 3가지 방향으로 이루어져야 한다. 경영의 3요소는 환경, 자원, 사람이다. 장기적 관점에서 변화하는 환경에 적응하기 위해 기업의 방향을 설정하는 전략적 관리, 전략적 과정에서 설정된 목표를 달성하기 위해 필요한 활동에 조직 전체적인 관점에서 체계적으로 자원을 배분하는 체계적 관리, 그리고 사람들이 몰입하여 열성적으로 일할 수 있는 분위기를 조성하는 인간적 경영으로 나누어진다. 따라서 경쟁력을 제고하기 위해서는 전략적, 체계적, 인간적 측면에서 우수한 경영을 해야 할 것이다.

GE의 사례를 보면 전략적으로 세계 1위 또는 2위 사업만 남겨놓고 나머지는 매각하거나 폐쇄함으로써 사업의 방향을 뚜렷이 하였다. 체계적으로는 OTROrder to remittance 프로그램에 의해서 업무의 공정 혁신을 이루어 고객 주문에서 송금까지의 시간을 급격하게 단축시켜 재고 및 간접비를 감축하고, 6시그마 프로그램을 도입하여 품질 및 서비스뿐만 아니라 경영시스템 전반의 품질을 향상시켜 많은 비용절감을 가져왔다. 이러한 체계적인 변화가속 프로그램Change Acceleration Process에 의해서 종업원의 공감대를 형성하고 변화에 대한 의지를 지속시켜 나감으로써 변화를 촉진하고자 하는 인간적 경영을 하였다.

이에 덧붙여 조직을 개방적이고 자율적으로 만들기 위해 워크아웃 프로그램을 도입하여 모든 종업원들이 직위에 관계없이 자신의 의견을 경영층에 반영할 수 있도록 하여 종업원들의 참여의식과 주인의식을 고취하였다. 또한 GE에서는 종업원들에게 '미래의 기회를 추구하는 것은 당신의 책임이다' 라는 말을 강조함으로써 기업가정신을 고취하고 있는데 이것도 인간적 측면에서 일반적으로 우수기업이 잘하고 있는 관행이다(강석진, 2001).

그동안 한국 기업들은 IMF를 거치면서 많은 성공적인 구조조정 사례를 가지고 있다. 이러한 사례들을 보면 희망적 비전과 개방적 대화를 통한 노사신뢰에 기초를 두고 전략적 과제들을 충실하게 수행하고 있다. 전략적 과제에는 사업구조 혁신과 품질 향상, 원가절감 등이 중요하다. 사업구조 혁신은 저부가가치에서 고부가가치 제품으로 이행하면서 수익성 위주의 사업을 전개하고 세계 1등 제품을 만들겠다는 것을 나타낸다. 전략적 과제 설정은 구체적으로 해야 한다. 예를 들어서 '고부가가치 제품의 비중을 몇 퍼센트로 한다' 라는 것처럼 품질 향상과 원가절감의 목표를 구체적으로 설정하는 것이다. 노사신뢰에는 대화와 최고경영자의 솔선수범이 중요하다.

구조조정과 경영혁신의 순서

경영혁신이라고 하는 것은 기본적으로 지속적으로 해야 되는 것이다. 그래서 여러 가지 바꾸어야 할 사항 중에 우선순위에 따라 그때 상황에 가장 중요한 혁신 과제를 선택해 추진하는 것이 필요할 것이다. 예를 들어서, 삼성전자는 93년 품질경영을 선언하고 품질을 가장 중요한 과제로 선택하여 경영혁신을 추진하였다. 그러나 만일 도산 직전이나 적자 등의 위기 상황에 놓여 곤란을 겪고 있는 어떤 기업에 새로운 경영자로 들어가 성공적인 경영혁신을 하고자 할 때는 이를 위한 순서가 있다(〈그림 4〉 참조).

혁신을 추진한 사람들의 이야기를 들어보면 가장 먼저 해야 할 것은 위기의식을 조성하는 것이라고 말하고 있다. 그러나 위기의식을 조성하기 전에 필요한 것이 커뮤니케이션이다. 다시 말해서 커뮤니케이션을 통해 종업원들의 불만이 무엇인지를 알고 그것을 귀담아 듣고 해결해줄 때 종업원들과의 사이에 신뢰가 구축되고 혁신에 참여할 수 있는 마음가짐이 생겨날 수 있다는 것이다. 사소한 것에 대한 불만이 종업원들의 참여의식을 떨어뜨리고 경영혁신에 저항하게 되는 결과를 가져오는 경우가 많다. 위기의식이라는 것도 일방적으로 심는다고 되는 것이 아니고 대화를 통해서 종업원들과 신뢰가 구축이 되었을 때 보다 쉽게 조성될 수 있는 것이다.

예를 들어서, 한국중공업의 경우에도 일방적으로 비전을 설정하고 따라오라고 했을 때 공감대가 형성되지 않았기 때문에 직원들이 제대로 참여하지 않는 상황이 발생했다. 그러자 사장 한 사람이 아니라 최고경영층 10명이 같은 팀이 되어 하나의 목소리로 임원들과 5개월간 대화하면서 변화 프로그램의 필요성을 교육하고 임원이 다시 직원들에게 설명하는 체제를 구축하였다. 동시에 직원들이 무엇을 생각하는

지를 알아보고 그것에 기초해 비전을 설정했을 때 오히려 공감대가 형성되고 혁신에 참여하는 분위기를 조성할 수 있었다. 그래서 가장 먼저 해야 할 것은 직원들과 대화하여 그들이 원하는 것과 불만이 무엇인지를 아는 것이다. 이것이 비전을 설정하고 신뢰의 분위기를 조성하는 데 필요하다고 생각된다.

처음에는 직원들과의 많은 대화를 통해 신뢰를 형성한 다음, 기업의 실상과 경쟁 기업의 움직임, 산업 내의 동태에 대한 다양한 정보를 직원들과 공유함으로써 위기의식을 심을 수 있는 것이다. 그래서 기본적으로 혁신의 첫 번째 단계는 종업원들과의 대화를 통한 신뢰구축, 두 번째 단계는 위기의식을 조성하는 것이고 이러한 신뢰와 위기의식이 조성되었을 때 비전을 설정하고 공감대를 형성하는 것이 바른 순서라고 생각된다.

비전에는 여러 가지 내용이 포함될 수 있지만 지금까지 답습했던 기업의 방향이나 관행이 달라질 수 있도록 새로운 패러다임을 제시하고 기본적으로 우리의 생각이나 의식을 바꾸도록 해야 할 것이다. 다시 말해서 비전을 통해서 마음가짐을 새롭게 하고 뭔가 잘해보자고 하는 긍정적 의식을 가지도록 해야 한다. 이 단계에서 중요한 것은 공감대를 형성함으로써 참여의식을 불러일으키는 것이다. 종업원들이 혁신에 참여하기 위해서는 이러한 혁신 활동을 통해서 종업원들에게 돌아가는 혜택이 무엇인가에 대한 구체적인 내용을 제시하는 것이 중요하다. '내가 왜 원가절감해야 하느냐, 주주나 사장에게는 좋지만 나에게 무슨 혜택이 있느냐' 라는 질문에 대해서 설득할 수 있어야 한다. 즉, 그들의 월급, 승진, 고용은 어떻게 되고 그들에게 어떤 미래가 전개될 것인가를 그들이 알 수 있어야 한다.

이렇게 비전을 설정한 뒤 실행하기 위해서는 비전으로부터 파생되어 나오는 전략적 과제에 기초를 두고 여러 가지 장단기 목표를 각 종업원들에게 할당해서 달성될 수 있도록 행동계획을 수립하는 것이 필요하다. 목표를 설정할 때는 사람들을 너무 오래 기다리게 하지 않는 것이 좋기 때문에 단기간에 성과를 낼 수 있는 중간목표를 설정하여 성공을 경험하게 함으로써 "아, 이렇게 하니까 되는구나" 하는 자신감을 심어주는 것 또한 중요하다. 그리고 이러한 혁신을 추진해나갈 수 있는 구심력이 강한 주체세력을 형성하는 것도 필요하다. 한국중공업에서는 CEO가 신임하는 사람들로 팀을 구성하여 기업의 문제를 파악, 분석하고 해결책을 내놓는 권한을 가진 집단을 만들었다. 물론 비전을 실행하기 위해서는 전략적인 초점을 어디에 두어야 할 것인지를 결정해야 한다. 한국전기초자의 서두칠 사장은 코스트 리더십을 중요하게 생각했기 때문에 어떻게 하면 더 원가를 절감하느냐 하는 데에 그 실행의 초점을 두고 각자 무엇을 해야 하는지에 대한 행동계획을 수립했다. 기술개발도 원가경쟁의 일환으로 이루어졌다고 할 수 있다. 기본적으로 우리가 혁신해야 할 내용은 구조적인 것과 소프트웨어적인 것이 있을 수 있는데, 소프트웨어적인 것이라고 하는 것은 혁신과 관련해서는 문화를 바꾼다고 보면 좋겠다.

지금은 은퇴했지만 동양화재의 박종익 사장은 고객들에게 서비스를 확실하게 제공하는 것을 가장 중요한 전략적 요소라고 생각했기 때문에 어떻게 하면 서비스를 향상시킬 수 있는가에 초점을 맞추었다. 그는 종업원들에게 서비스의 중요성을 일깨워주고 서비스를 잘하도록 하기 위해서 여러 가지 인센티브를 제공함으로써 자신의 비전을 실행할 수 있었다.

비전이 달성되지 않는 이유 중의 하나는 많은 기업들이 비전을 설정하고 있지만 그 기초가 되는 기업의 존재이유에 대해서 깊이 생각해보지 않아 애초에 목표설정의 방향이 잘못되어 있기 때문이다.

비전을 설정하고 공감대를 형성하는 것은 변화의 기초를 닦는 것이

며 문화적 측면에서 해야 할 일이라고 한다면, 구조적 측면에서 해야
할 일도 있다.

　구조적 측면에서는 사업구조, 제품구조, 조직구조, 유통구조, 전략
적 제휴와 같은 것이 있다. 사업구조는 저수익 사업에서 철수하고 사업
구조를 고도화하기 위해 비전의 범위 내에서 사업 영역을 재구축하는
것이다. 벽산의 경우 기업의 비전을 건축자재 판매에서 안전하고 쾌적
한 주거공간의 창조로 바꾸고 공간과 관련된 고객의 총제적 욕구를 충
족시키는 총체적 문제 해결 접근법을 하였다. 이를 위해 단순한 자재
공급에서 서비스, 시스템, 자재를 패키지화한 시스템 영업으로 사업구
조를 고도화했다(김재우 2003). 제품구조는 제품라인과 모델의 구성을
바꾸는 것인데 오리온의 경우에는 200여 개 되는 제품 중에서 이익이
나지 않는 제품을 폐기하여 70개 정도로 줄였다. 조직구조는 부서를
폐쇄하거나 신설하고 통폐합시키는 것과 팀조직을 만들어 계층을 줄
이는 것 등을 포함한다. 유통구조는 벽산에서 한 것과 같이 4000여 개
에 달했던 거래처를 매출의 80퍼센트를 담당하는 400개로 줄여 내실
을 기하는 것이다. 벽산은 또 라파지와 전략적 제휴도 하였다.

CEO의 역할: 문화 재창조와 전략적 과제의 설정

　경영혁신에는 최고경영자의 사고와 철학으로부터 파생되는 비전과
의지가 중요하다. 경영혁신을 위해서는 종업원들이 능동적으로 참여
하고 책임 있게 행동하는 문화가 필요한데 이러한 문화를 형성하는 기
초가 되는 것이 최고경영자의 사고와 철학, 그리고 비전과 의지이기 때
문이다.

　망해가는 회사를 보면 문화에 병이 들어 있다. 우선 대화가 별로 없

다. 임원회의를 보면 보고와 지시는 있어도 토론이 별로 없다. 아랫사람들이 무슨 얘기든지 자유롭게 할 수 있는 분위기가 되어 있지 않고 관료적인 문화가 지배적이어서 윗사람에게 잘보이려 실제와 다르게 포장해서 말한다. 또한 사실대로 보고하지 않고 속마음을 내보이지 않는다. 그리고 사장을 포함해서 임원들이 일선 현장에 나가 일이 어떻게 돌아가는지 알려고 하지 않는다. 횡적으로도 부서 간 협력이 잘 안 되고 서로 적대적 감정을 가지고 있으며 파벌이 심하다. 경영혁신을 하는 최고경영자는 조직문화를 보고, 지시, 대립에서 대화, 토론, 협력의 문화로 바꾸는 것이 중요하다.

그리고 회사는 망해가고 있는데 아무도 관심이나 걱정이 없다. 위기의식을 느끼지 않는다는 것이다. 개인적으로 월급만 받으면 된다는 식이고 설마 회사가 망하기까지 하겠느냐 하는 설마의식이 팽배하다. 그리고 회사가 침체된 원인을 남의 탓으로 돌린다. 사장은 능력 없는 아랫사람들을 데리고 일하자니 힘들다고 생각하고 아랫사람들은 사장이 비전이 없다고 생각하는 등 서로 남이 안 보는 데서 비난하기만 한다. 문제의 근본원인을 파악하고 해결하려는 노력이 없다. 그리고 우리는 안 된다는 패배의식이 깔려 있다. 미래지향적 전략적 사고가 부족하고 현실에 안주하면서 우리도 더 잘해볼 수 있다는 도전의식이 없다. 전략적 사고가 부족하여 고객, 전략, 정보라는 용어가 별로 의미 있게 사용되지 않는다.

1999년 백영배 사장이 (주)나산의 관리인으로 부임했을 때는 유통대리점이 모두 이탈하려고 하고 원자재 구입도 현금 없이는 살 수 없을 정도로 신용이 추락한 상태였다. 그래서 조직 내에 망하기 직전의 패배의식이 팽배해 있었다. 백영배 사장은 신속하고 과감하게 구조조정을 한 후 그 결과를 가지고 파산부와 협상하여 월급을 동종 업종의 기업보다 더 많이 올려주는 결정을 내렸다. 그렇지 않아도 우울하게 회사생활을 하고 있는 사람들인데 월급을 적게 주면 능력 있는 인력은 다 나가고 올 데 갈 데 없는 사람만 남아 정상화되기 힘들다고 주장한 것이 그 배경이었다.

그리고 종업원의 사기를 진작시키면서 도전의식을 강화하기 위해 20퍼센트 성장 목표를 설정하였다. 처음에는 아무것도 모르는 사람이 큰소리친다며 냉소적이었는데 다행히 20퍼센트를 초과하는 성과를 달성하였다. 또한 인사제도 개편을 통해서 조직의 문화를 보다 경쟁적으로 바꾸었다. 나산은 전통적으로 쌀 한 톨이라도 나누는 공유의 문화였지 경쟁문화가 아니었다. 따라서 조직문화를 경쟁적으로 바꾸기 위해 특진도 시키고 매출 목표달성에 대해 인센티브를 주기도 하였다.

경영혁신의 출발은 위기의식과 도전의식을 심어주는 것이다. 이를 위해서는 최고경영자가 임직원 및 거래처, 고객과 광범위하게 대화하면서 문제의 근본원인을 파악해야 한다. 그리고 대안은 무엇인지, 회사에 어떤 문제가 있는지 등에 기초를 두고 비전과 전략적 과제를 제시하면서 미래의 희망을 심어주고 최고경영자가 진실하고 능력이 있음을 보여줌으로써 신뢰를 획득해야 한다. 그리고 기업회생에 가장 중요한 과제를 종업원들에게 제시하고 필요한 활동을 전개해나가면서 직원들의 능동적 참여를 불러일으키는 것이다.

비전 설정과 공감대 형성

구조조정에는 비전 설정이 먼저 이루어져야 한다. 종업원들과 비전을 공유할 때 조직은 일체감을 이루고 폭발력을 발휘할 수 있는 것이다. 또한 구조조정이 필요한 시기에는 종업원들의 사기가 저하되어 있으므로 새로운 비전을 제시함으로써 긍지와 자부심을 가질 수 있도록 하여 모두가 경영에 적극적으로 참여하도록 하는 것이 중요하다.

삼성전기는 1995년 구조조정을 시작할 때 종업원들이 긍지와 자부심을 가질 수 있도록 새로운 비전을 설정하였다. 삼성전기는 삼성전자와 울타리를 같이하고 있는데 삼성전자에 대한 매출 의존율이 높고 처우에서도 뒤떨어져 2등 회사라는 인식을 가지고 있었다. 그러나 수출비중을 늘리고 삼성전자에 대한 매출 비중을 줄여 삼성전자의 그늘에서 탈피하고 세계 일류기업 대열에 참여한다는 비전을 설정함으로써 종업원들에게 긍지와 자부심을 심어주었다.

한국전기초자는 비전을 98년은 혁신의 해, 99년은 도약의 해, 2000년은 성공의 해라고 설정하였다. 98년 혁신이 의미하는 것은 고통과 희생이고, 99년 도약이 의미하는 것은 경쟁사 삼성코닝을 따라잡는다는 것이고, 2000년 성공이 의미하는 것은 부채를 다 갚는 것이라고 구체화했다(서두칠 2003).

한국전기초자의 서두칠 사장은 경영에는 사람의 마음이 중요하기 때문에 종업원의 마음이 안정되어야 하고 인격적인 대우를 받아 따뜻함을 느껴야 한다고 주장한다. 또한 기를 불어넣어주어 의욕을 가지고 일하도록 해야 한다고 말한다.

그래서 마음의 안정감을 느낄 수 있도록 단 한 사람도 해고하지 않겠다고 했고, 따뜻한 정을 느낄 수 있도록 애정을 가지고 회사 내용을 설명해주었고, 기를 심어주기 위해 삼성코닝을 따라잡는다와 같은 도전적 목표를 설정하였다.

기업의 비전이 종업원과 공감대를 형성하기 위해서는 최고경영자의 종업원과의 대화 및 솔선수범이 중요하다. 한국전기초자의 서두칠 사장은 하루에 세 번씩 종업원과 대화했다(1부 2장 08 '마음경영을 통한 원가주도전략의 성공적 실행: 한국전기초자의 사례' 참조). 3교대하는 회사인데 교대조별로 하루에 2~4시간 회사방침과 현황을 상세하게 숨김없이 설명했다. 주로 비전을 공유하고 공감대를 형성하기 위한 것이었다. 한국전기초자에서의 솔선수범은 경영진이 우선 열심히 일하는 것이다. 경영진은 제사까지 포기하면서 하루도 쉬지 않고 일했다. 그러나 경영진은 단순히 열심히 일하는 것뿐만이 아니라 공부하고 연구하는 모습으로 바뀌어야 한다. 이를 위해서 임원들에게 독서를 강조하였다고 한다.

비전을 제시하고 그것이 달성될 수 있다는 확신을 주기 위해서는 중간에 작은 규모의 성공을 보여주어야 한다. 한국전기초자에서도 비전이 성공할 수 있을 것인가에 대해, 특히 삼성코닝을 추월한다는 것에 대해 부정적이었다. 그러나 1998년 매출을 2배로 올리고 소형이기는 하지만 모니터용 유리를 만들어내면서 소극적이고 부정적인 생각이 적극적이고 긍정적으로 바뀌게 되었다. 삼성전기도 95년 구조조정을 시작하여 98년까지 많은 성과를 보여줌으로써 종업원들에게 비전에 대한 확신을 심어주었다. 예를 들어서 매출액은 6200억에서 3조로, 이익은 100억에서 200억으로 증가했고, 매출구성에서도 가전 대 정보통신이 60 대 30이던 것을 30 대 65로 바꾸었다.

공격적 사업 구조조정과 투자

사업 구조조정은 안 되는 사업은 철수하고 기업전략에 따라 새로운 사업을 전개하는 것을 말하므로 공격적인 투자를 소홀히 해서는 안 될 것이다.

93년부터 삼성전기는 제품을 저부가가치에서 고부가가치로 과감히 대체했다. 93년 당시 필름콘덴서, 세라믹콘덴서, EMI필터 등 8개 제품을 중소기업에 이전했으며 가스정보기 사업에서는 손을 떼고 영상부품기판, 칩부품, 이동통신, 광부품, MR헤드 등을 6대 사업으로 선정해

178

집중 육성했다.

한국전기초자의 사업구조 변화는 고부가가치 제품으로 이행하고 고객의 다양한 요구에 부응하는 것이었다. 이를 위해서 텔레비전 유리는 쇠퇴시장이지만 중소형에서 29인치, 33인치와 같은 대형유리로 바꿔나가고 사양산업인 텔레비전 유리에서 성장산업인 모니터로 바꿔나갔다. 물론 원천기술이 없고 핵심기술을 보유한 회사들이 기술을 제공해주지 않기 때문에 직접 기술을 개발하였다.

원가절감과 품질 향상: 경영의 기본

경쟁력 향상을 위한 경영혁신에는 3부 3장에서 설명하는 '전략의 고리' 라는 개념을 이해하는 것이 중요하다(노부호, 1999).

전략의 고리는 기업이 추구해야 할 목표로 이익보다 고객, 품질, 기술, 현장, 사람의 개발을 더 중요하게 생각하는 것이다.

기업이 사람과 기술을 중요시하지 않고 단기적으로 이익을 추구하는 것은 사업적 가치가 결여되어 있기 때문이다. 사업적 가치는 전략의 고리를 실천하는 추진체이다. 사업적 가치가 있을 때 경영은 이익 중심에서 고객, 인재와 기술 중심으로 바뀌게 된다. 사업적 가치는 우리는 무엇 때문에 일을 하고 사업을 하는지에 대한 질문이다. 돈 때문인가 가치 때문인가. 가치는 인간의 가장 중요한 욕구다.

이것은 '일생을 걸고 해볼 만한 일' 이라고 하는 사업적 가치가 확립되어 있을 때 열정이 나오는 것이고 열정과 도전이 있을 때 실패를 마다하지 않고 기술개발에 매진하여 좋은 제품을 만들어 낼 수 있는 것이다.

인간적 가치는 인간존중의 가치이다. 인간존중의 가치란 종업원들을 가족처럼 여기고 조그만 것에까지 세심한 배려와 관심을 가지는 것이다. 그래서 종업원들로 하여금 사장이 남이 아니라는 인식의 변화로 인해 회사 일을 열심히 함으로써 자신이 잘되고 회사가 잘된다는 생각을 갖게 하는 것이다.

한국 도자기의 김동수 회장은 부친으로부터 사업을 물려받고 열악한 재무구조를 개선하기 위해 '빚과의 전쟁'을 펼쳐나가는 한편, 기술개발로 품질을 높이는 것이 중요하다는 인식하에 한국도자기의 대표적인 제품인 '황실장미 홈세트'를 개발하였다. 이 제품은 날개돋친 듯 팔려나갔고 10만 달러의 수출고를 올렸다. 이것이 한국도자기가 부채가 전혀 없고 현금으로 거래하는 회사로 탈바꿈하게 된 기초가 된 것이다.

이렇게 그가 기술개발을 통한 품질로 승부를 걸면서 세계전략을 구사하는 경영을 하는 것은 그의 '40년 인생을 도자기로 마무리하고 싶다'는 장인정신, 즉 사업적 가치관에서 비롯된 것이라고 생각된다.

삼성전기는 아무리 부가가치가 높은 제품이라도 가격 경쟁력이 없으면 시장에서 살아남을 수 없다는 판단에 따라 원가절감과 품질 향상을 위해 1997년부터 '월드 톱 라인 만들기'라는 생산성 혁신운동을 시작했다. 생산성 향상목표는 50퍼센트였다. 삼성전기의 1997년 이전의 생산성 향상률이 연 30퍼센트 수준이고 외국 선진기업들의 향상률도 30퍼센트 선에 머무르고 있는 것을 감안할 때 만만치 않은 목표였다. 그러나 생산성 50퍼센트 향상이라는 목표를 2000년까지 달성하지는 못했지만 기존의 생산 개념을 완전히 뛰어넘은 역발상을 하는 등의 노력 끝에 결실을 얻어내었다. 모니터용 핵심부품인 DY(편향코일) 생산라인의 경우 기존의 일(一)자 형태를 U자 형태로 바꿔 불량률을 71퍼센트나 줄였고 인건비도 53퍼센트나 절감하는 효과를 얻었다. 하드디스크 라인은 지속적인 개선으로 24시간 무인자동라인으로 변형시키는 데 성공했다. 이와 같이 삼성전기가 원가, 품질에 도전적 목표를 설정하고 성공적으로 실행할 수 있었던 배경에는 삼성전자에 대한 의존도를 줄이고 긍지와 자부심을 느낄 수 있는 일등 회사로 변해야겠다는 비전이 하나의 가치관으로 자리 잡고 있었기 때문이다.

조직문화: 일의 문화와 관계의 문화

문화적 요소 중에서 가장 중요한 것은 일의 문화와 관계의 문화를 확립하는 것이다(노부호, 2000). 일의 문화는 열정이고 관계의 문화는 '우리는 모두 하나다' 라고 하는 것이다. 일은 지겹고 힘들다. 그런데 한국전기초자에서는 공장 벽면에 '가장 어려운 일을 즐거운 마음으로 하는 회사' 라는 77미터짜리 간판을 붙여 놓고 종업원들의 의식을 바꾸어 이 일을 사명과 천직으로 생각하도록 하여 일을 사랑하고 재미있게 할 수 있도록 했다.

관계의 문화를 확립하는 데 중요한 것은 조직분위기를 민주적, 개방적, 자율적으로 만드는 것이다. 수직적인 기능적 조직을 팀 중심의 수평적 조직으로 바꾸어 기능적 장벽을 타파해야 한다. 앞에서 예를 든 바와 같이 GE에서 내건 경영방침 중의 하나가 무경계boundaryless이다. 이를 위해 워크아웃 프로그램이 도입되었다. 한국 기업이 외국 기업과 비교해서 가장 뒤떨어지는 부문이 관계의 문화를 확립하는 것이다. 한국 기업은 권위적 문화에 기초를 두고 있다. 한국전기초자에서는 대화를 통해서 관계의 문화를 확립하고 있다. 한국전기초자의 서두칠 사장은 대화의 '대' 자는 마주본다는 뜻이라고 말했다. 그래서 사장실에 책상은 없고 마주보고 대화하기 좋게 장방형 테이블만 두고 있다고 한다. 상하 간의 대화도 친구처럼 할 수 있어야 효과적이기 때문이다.

LG전자 창원공장은 지난 10년 동안 인원은 40퍼센트로 줄었지만 매출액은 5배 이상 늘어날 정도로 생산성이 올라갔다. 이는 획일적인 유니폼 대신 다양한 평상복을 입고 근무하자는 노조의 제안을 받아들인 것이 주요한 요인이었다. 유니폼을 없앤 후 사무직과 생산직 사원 사이의 위화감이 없어지고, 직원들의 표정도 밝아졌다며 이런 노력 덕분에 에어컨 불량률이 재작년 0.5퍼센트에서 올해 0.3퍼센트로 현격히 줄어들었다고 한다. LG전자 창원공장은 또한 일의 문화를 확립하는 데 성공하였다. 그 당시 이 공장의 김쌍수 사장은 '노조의 헌신적인 노력' '과실을 공유하는 시스템' '상시적인 혁신시스템 도입'과 같은 3가지 요소를 슬로건으로 꼽고 있는데 이것은 일하는 문화를 나타내는 구체적인 표현이라고 볼 수 있다. 이 배경에는 '회사의 경쟁력 향상과 동떨어진 노조 활동은 사상누각'이라는 노조의 자각이 중요한 요인이었지만 '노력한 만큼 확실한 성과를 지급한다'는 경영원칙도 일의 문화를 조성하는 원동력으로 작용했다고 생각된다. 실제로 창원공장 6000명의 직원은 올 연초 1인당 400만 원씩의 성과급을 받았다.

기업 내 사업적 가치가 있을 때 일의 문화가 확립되고 인간적 가치가 있을 때 관계의 문화가 확립될 수 있다.

한국도자기는 독특하게 '충효忠孝사상'을 경영이념으로 내세우고 있다. 부모님께 효도하는 마음孝으로 정성스레 제품을 만들어 전통적인 가치를 계승하고 충忠의 의미를 현대적으로 해석, 사회에 대한 책임을 다할 수 있는 회사가 되겠다는 것이다. 이와 같이 정성을 다하는 마음과 사회적 책임감이 일의 문화를 형성하는 기초가 된다.

06

한국 기업의
경영혁신으로부터 배울 것

IMF 외환위기를 전후해서 많은 한국 기업이 구조조정을 통해 보다 경쟁력 있는 기업으로 탈바꿈하였는데 그 대표적인 것이 한국에서 처음으로 세계적 기업으로 부상한 삼성전자이다.

삼성전자는 1987년 이건희 회장이 승계했을 때 매출 17조, 이익 2700억, 수출 9억 달러였는데 2007년에 매출 194조, 이익 15조, 수출 757억 달러로 엄청난 성장을 하였다.

기업가정신이 강한 경영자는 사업적 가치관이 강하고 이럴 때 통찰력과 결단력이 나타난다. 이건희 회장의 리더십 특징은 통찰력과 결단력이다. 통찰력과 결단력은 집중력이 있을 때 나온다. 이 회장의 집중력은 정신력이다. 이는 죽든지 살든지 어디 한번 해보자 하는 사업에 올인하는 사업적 가치관과 기업가정신이 있을 때 나오는 것이다. 그는 어떤 일에 대해서 철저하게 알 때까지 파고드는 성격을 가지고 있고 영화를 봐도 시각을 달리해서 여러 번 본다고 한다. 특히 반도체사업을 하기 전에는 반도체에 관한 책을 거의 다 읽었다고 한다. 그래서 기술적 배경이 없는데도 불구하고 당대 최고의 기술자들과 반도체에 관해 소통할 수 있는 기술적 직관을 가질 수 있었다. 이 때문에 전대 회장이 시작한 반도체사업이지만 그 당시 경제 규모에서 실패하면 그룹이 다 넘어갈 위험이 있어 대부분이 반대하던 투자 결정을 과감하게 할 수 있었던 것이다. 이후에도 일본이 경기침체 속에서 머뭇거릴 때 조기 투자하는 결단력을 통해서 반도체에서 일본을 추월하는 쾌거를 이룩하였다.

반도체사업은 투자 규모가 크고 제품 수명주기가 짧아 출시 후 급격히 가격이 하락해 리스크가 크고 조기 투자가 중요하기 때문에 결단력이 요구되는데, 이러한 사업에 이건희 회장의 리더십 스타일이 맞아 떨어졌던 것이다. 또한 그는 통찰력을 가지고 5~10년 후를 내다보면서 특정시기에 요구되는 전략적 과제를 화두로 던지고 있다. 1993년에는 질경영, 그다음에는 디자인, 인재를 강조했고 최근에는 창조경영을 강조하고 있는데 이것은 재계를 선도하는 아이디어였다.

1993년 프랑크푸르트에서 질경영을 선언할 당시 그는 정보화시대에 진행되는 급격한 변화의 흐름을 감지하고 우리에게 주어진 시간은 4~5년으로 그 안에 일본을 따라잡고 1등으로 부상하지 않으면 영원히 이류로 전락한다는 메시지를 강력하게 전달하였다. 또한 종업원들에게 변화의 필요성을 인식시키는 충격을 주기 위해 7-4제를 도입하기도 했다. 뒤에 온 IMF 외환위기를 생각해보면 1993년의 질경영 선언은 절묘한 타이밍이라 하지 않을 수 없다.

중요한 것은 통찰력과 결단력이 실행의 깊이를 가져온다는 것이다. 모든 기업이 다 품질경영, 디자인경영, 인재경영을 하고 있지만 성공 여부는 실행의 깊이에 달려 있다. 그는 질경영을 촉진하면서 12시간 A/S체제로 많은 비용이 들어가자 삼성 일부 임직원들이 이러다가 망하는 것 아니냐고 했을 때 삼성이 망하면 내 돈을 넣을 테니 걱정하지 말라고 장담했다. 또 디자인경영을 추진할 때는 한국 최초의 사내디자인 스쿨을 설립하고 기존의 2배가 넘는 디자이너를 임원으로 임명하여 디자인 혁명을 선도함으로써 한국의 디자인 수준이 크게 향상되는 계기를 만들었다. 인재경영에서도 사장보다 돈을 더 받는 S급 인재를 발굴하라고 요구하고 사람들의 인사고과에 인재발굴 실적을 반영하였다. 그는 이와 같이 말뿐만이 아니라 구체적이고 행동지향적으로 개혁 아이디어를 실행에 옮김으로써 성공의 기초를 닦았다.

이건희 회장의 리더십이 돋보이는 또 다른 부분은 프리미엄 제품전략이다. 프리미엄 제품전략의 결과 삼성 핸드폰의 평균 판매가격은 노키아보다 30퍼센트 정도 높다고 한다. 지금은 삼성전자뿐만 아니라 한국의 다른 기업도 1등 내지 고급제품을 만들고 있지만 삼성전자가 처음으로 한국 제품은 싸구려 제품이라는 인식을 바꿔주고 우리들에게 한국인으로서의 자부심을 키워주었다. 또한 다른 기업들도 고급제품을 만들어내도록 자극을 주었다고 말할 수 있다.

이건희 회장은 세계적 기업이 출현할 수 있는 새로운 경영 패러다임을 보여주었다. 이러한 점에서 삼성전자의 사례는 우리에게 교훈이 되는 것이다. IMF 위기 때 우리는 은행을 포함해 많은 기업을 외국인에게 팔면서 그들에 대한 우상숭배 비슷한 것을 가지고 있었다. 그러나 이러한 사례를 통해서 우리는 경영을 어떻게 하느냐에 따라 아무리 어려운 기업이라도 살릴 수 있고 한국 경영자들도 세계적 수준의 경영 능력을 가지고 있다는 사실을 깨닫게 되었다.

구조혁신을 통한
기업 경쟁력 강화

경영에서 문화와 비전의 역할

경영이란 무엇인가? 지금까지 나온 정의를 보면 크게 3가지로 분류될 수 있다. 첫째, 경영은 사람을 통해서 일을 수행하는 것이다. 둘째, 경영이란 급격하게 변화하는 환경에 적응해나가는 것이다. 셋째, 경영이란 기술, 품질, 원가 등 상충하는 여러 요소들 간에 균형을 유지하기 위해서 적절하게 자원을 배분하는 것이다. 경영을 잘하기 위해서는 환경 변화에 잘 적응하고, 여러 가지 상충적인 요소에 자원을 균형적으로 배분하고, 사람관리를 잘해야 한다. 환경, 자원, 사람이 경영의 3요소다. 환경은 경영의 전략적 측면, 자원은 체계적 측면, 사람은 인간적 측면이다.

이러한 전략적, 체계적, 인간적 측면의 경영을 원활하게 하기 위해서 요구되는 것이 비전과 문화다. 비전과 문화는 경영자가 해야 할 가장 중요한 과제이다. 비전은 일종의 지붕과 같은 슈퍼스트럭처이고 문

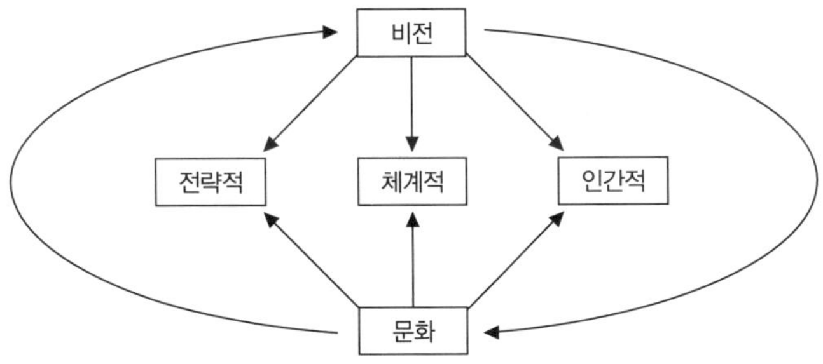

화는 주춧돌과 같은 서브스트럭처라고 할 수 있다. 비전과 문화가 잘되어 있어야 전략적, 체계적, 인간적 관리가 원활하게 돌아갈 수 있는 것이다. 경영이 잘되기 위해서는 비전과 문화가 바로 서 있어야 한다(〈그림 5〉 참조).

구조혁신의 내용

경쟁력 제고를 위한 구조혁신은 크게 다음의 4가지 방향으로 이루어져야 한다. 먼저 장기적 관점에서 변화하는 환경에 적응하기 위해 어떤 사업을 버리고 추가할 것인가 하는 전략적 측면의 구조혁신, 선택된 사업의 경쟁력을 제고하기 위해 원가, 품질, 기술을 향상시켜 나가는 체계적 측면의 구조혁신, 그리고 이상의 경영활동에 사람들이 적극적으로 참여하고 아이디어를 낼 수 있도록 분위기를 조성하는 인간적 측면의 구조혁신이 있다. 그리고 이러한 3가지 측면의 구조혁신을 뒷받침해주는 것이 새로운 비전에 기초를 두고 종업원들의 사고와 인식을 바꾸게 하는 문화적 측면의 구조혁신이다.

문화적 구조혁신

구조혁신이 필요한 시기에는 종업원들의 사기가 저하되어 있는데 새로운 비전을 제시함으로써 종업원들이 긍지와 자부심을 가질 수 있도록 하여 모두가 경영에 적극적으로 참여하도록 하는 것이 중요하다.

삼성전기는 1995년 구조혁신을 시작할 때 삼성전자에 대한 매출 의존율이 높고 처우에서도 뒤떨어져 2등 회사라는 인식을 가지고 있었다. 그러나 세계 일류기업을 지향하는 비전을 세우고 사업구조를 고부가가치화하고 수출 비중을 늘림으로써 삼성전자의 그늘에서 탈피하여 종업원들에게 긍지와 자부심을 심어줄 수 있었다(삼성전기의 구조조정에 대해서는 1부 2장 05 'IMF 위기 이후 한국 기업의 구조조정과 경영혁신' 참조).

서두칠 사장이 한국전기초자에 부임했을 때 '한국전기초자의 유리사업은 사양산업이고 과도한 투자로 부채가 많다. 원천기술이 없고 핵심기술을 보유한 회사들이 기술을 제공해주지 않기 때문에 기술 자립 가능성이 없고 미래가 없다. 3D 업종이라 작업자 구하기가 힘들다' 라는 등의 이유로 전망이 어둡다고 인식된 상태에서 종업원들이 '우리는 안 돼' 라는 패배의식으로 침체에 빠져 있었다.

그러나 서두칠 사장은 "사양산업은 없다. 환경 변화에 적응하지 못한 사양기업이 있을 뿐이다. 경영을 잘하고 경쟁력을 키우면 된다. 과도한 투자라고 하지만 한국전기초자의 세계 시장점유율은 8퍼센트 정도인데 수출을 하고 시장점유율을 높이면 해결된다. 오히려 투자를 더 늘려야 할 것이다. 우리가 원천기술을 확보하지 못한 것은 도전하지 않았기 때문이다. 로열티를 주고 있는 기술까지 반납하고 대신 모두 밤새워 연구해서 새로운 기술을 우리가 직접 개발하자. 3D업종으로 뜨겁고 위험한 곳이지만 우리가 일할 수 있다는 것은 보람이고 축복이다. 일에 대한 가치관을 새롭게 하자. 자신의 일에 흥미를 가지고 소명의식을 가진다면 세상에 안 될 일이 어디 있겠는가"라고 말하면서 종업원들에게 긍정적이고 도전적인 사고를 심어주었다.

또한 서두칠 사장은 경영에는 사람의 마음이 중요한데 종업원의 마음이 안정되어야 하고, 인격적인 대우를 받아 따뜻함을 느껴야 하고, 기를 불어넣어주어 의욕을 가지고 일을 하도록 해야 한다고 주장하였다. 그는 이것을 심心, 정情, 기氣로 설명하였다. 마음心의 안정감을 느낄 수 있도록 단 한 사람도 해고하지 않겠다고 했고, 따뜻한 정情을 느낄 수 있도록 애정을 가지고 회사 내용을 설명해주었고, 기氣를 심어주기 위해 삼성코닝을 따라잡는다와 같은 도전적 목표를 설정하였다.

서두칠 사장은 특히 비전경영, 솔선수범, 현장경영, 열린경영으로 종업원과 한마음이 되는 일체감과 '그래, 한번 해보자'고 하는 긴박감을 조성함으로써 구조혁신이 성공적으로 실행될 수 있는 기초를 닦았다. 열린경영은 종업원들과 모든 정보를 공유함으로써 종업원들이 위기의식을 가지고 경영에 적극적으로 참여하게 하였다. 비전경영은 '소가 밟아도 무너지지 않는 회사를 만들자'고 하는 비전을 통해서 패배의식에 젖어 있던 종업원들에게 우리도 할 수 있다는 도전의식을 심어주었다.

위기의식과 도전의식이 있을 때 긴박감이 생성된다. 솔선수범과 현장경영은 종업원과 한마음이 되는 데 요구되는 가장 중요한 것이다. 그는 연중무휴 근무, 현장 상시주재의 기치하에 현장에서 시간과 장소를 가리지 않고 종업원들과 대화하고 경청하면서 함께 문제를 풀어나가고자 하였다.

삼성엔지니어링의 정연주 사장은 처음에 부임하여 주로 현황을 파악하는 데 시간을 보냈는데 이때 직원들의 자신감이 부족하다는 것을 느꼈다. 월급도 업계 평균에 비해 낮았다. 그래서 자신감을 고취시킨다는 의미에서 월급을 업계 최고 수준이 되도록 인상하였다. 회사가 침

체해 있고 미래가 보이지 않으면 직원들은 내가 아니라 다른 사람이 문
제라는 식의 자기중심적으로 이야기하고 정보공유를 하지 않는 경향
이 있다.

정연주 사장은 정보공유를 위한 회의문화와 이에 기초한 학습문화
를 조성하였다. 그는 개인이 가지고 있는 아이디어를 전체 앞에서 발표
하게 하였다. 작은 부서 단위의 회의도 직접 주재하면서 질문도 하여,
직원들이 공부하지 않을 수 없게 했다. 또한 시장은 글로벌로 전개되기
때문에 넓고 장기적으로 성장의 기회가 있다는 인식을 심어주며 고객
과 시장에 대한 인식을 새롭게 하도록 만들었다. 단지 고객으로부터 주
문을 받는다는 소극적 입장에서 탈피하여 고객정보를 획득하고 고객
욕구를 파악하게 하였다. 동시에 원자재의 수급동향을 파악하여 고객
회사의 투자계획 수립에 필요한 정보를 제공하는 방법으로 고객과 하
나가 되고 그 과정에서 고객의 투자계획에 따라 플랜트 수주를 하는 적
극적 자세를 취하도록 하였다.

LG생활건강의 차석용 사장은 2005년 초에 부임하여 제일 처음 한
말이 '이제 맑은 정신으로 일하는 것이 중요하니 9-6으로 일하자' 였
다. 이것은 자율적인 문화를 조성하는 말이다. 윗사람 눈치 보면서 퇴
근을 늦게 하지 말라는 것이다.

차석용 사장은 내부지향적인 회사를 외부지향적인 회사로 탈바꿈시
키고자 했다. 권위주의 문화는 회사를 내부지향적 회사로 만든다. 고
객만족이 아니라 윗사람을 만족시키기 위해 노력하는 것이다. 외부지
향적 회사로 바뀐다는 것은 고객만족의 관점에서 쓸데없는 일은 하지
않는 것이다. 가능한 한 보고서를 쓰지 않고 쓰더라도 멋지게 꾸미려고
하지 말고 1페이지로 간략히 하라는 것이다. 가능하면 회의도 간단하
게 하거나 아예 하지 말고 금기사항이었던 윗사람에게 전화하는 것을
장려하였다.

전략적 구조혁신

전략적 측면의 구조조정은 선택과 집중의 개념에 기초를 두고 안 되는 사업은 철수하고 기업전략에 따라 새로운 사업을 전개하는 것을 말하므로 필요에 따라서 공격적인 투자를 소홀히 해서는 안 된다.

1부 2장 05 'IMF 위기 이후 한국 기업의 구조조정과 경영혁신'에서 설명한 바와 같이 지난 93년부터 삼성전기는 일부 제품에서는 손을 떼고 일부 제품은 중소기업에 이전함으로써 사업구조를 저부가가치에서 고부가가치로 과감히 대체했다. 한국전기초자도 중소형에서 대형 유리로 바꿔나가고 텔레비전 유리에서 성장산업인 모니터로 바꿔나감으로써 사업구조를 고부가가치로 이행하였다.

신원은 IMF외환위기 때 사업을 축소하는 과정에서 가장 핵심적인 부분에 사업의 초점을 강화하였다. 패션만 남겨놓고 다 정리한 후 브랜드 고급화를 위해 디자인 역량을 더욱 강화해나갔고 이제는 다른 브랜드의 도입이나 패션업체 M&A를 고려하고 있다.

1부 2장 05 'IMF 위기 이후 한국 기업의 구조조정과 경영혁신'에서 예를 든 바와 같이 IMF 외환위기 때 어려움을 겪은 벽산은 사업의 개념을 건축자재 판매에서 안전하고 쾌적한 주거공간의 창조로 바꾸고 사업구조를 고도화했다.

한국피자헛도 IMF위기를 맞이하여 1998년도 매출 성장률이 −14퍼센트, 순이익이 전년 대비 60퍼센트 수준으로 떨어졌지만 공격적인 전략으로 나가 9900원의 저가제품을 개발하여 매출 확대를 꾀하였다. 또한 매물로 나온 좋은 입지의 점포를 매입하면서 1999년에는 140퍼센트의 매출 신장을 달성할 수 있었다. 그리고 신 성장동력으로 레스토랑 이외에 배달시장을 공략하기 위해 배달전문 프랜차이즈를 개설하여 배달 매출의 비중을 2000년 25퍼센트에서 2002년 40퍼센트까지 확대하였다.

지금은 배달전문 프랜차이스 서비스와 홈서비스의 두 사업부로 운영되고 있다.

체계적 구조혁신

중소기업 규모인 일진다이아몬드의 이윤영 사장은 TOP_{Total Operational Performance}이라는 원가절감 활동을 통해서 6개월 만에 매출액 대비 30퍼센트 정도의 원가절감을 이루어 기업을 적자에서 흑자로 반전시켰다. TOP은 생산공정을 진단하여 비용, 시간, 품질의 측면에서 원가절감될 수 있는 아이디어를 직원들에게 제안하게 하였다. 그 중에서 실행 가능하고 재무적 성과가 높은 것을 채택하여 관련 부서에 주고 실행계획을 만들어 실천하였다. 아이디어 제안은 적절한 보상 프로그램이 뒷받침되면 활성화될 수 있다. 이 기업에서는 원가절감액의 3퍼센트를 아이디어 개발자와 실행자에게 나눠주고 있다.

한국 도자기의 김동수 회장은 열악한 재무구조하에서 기술개발로 품질을 높이는 것이 중요하다는 인식을 하고 한국도자기의 대표적인 제품인 ‘황실장미 홈세트’를 개발함으로써 10만 달러의 수출고를 올렸다. 그 결과 한국도자기를 부채가 전혀 없는 회사로 탈바꿈시킬 수 있었다.

삼성전기는 원가절감과 품질 향상을 위해 1997년부터 ‘월드 톱 라인 만들기’라는 생산성 혁신운동을 시작하여 기존의 생산 개념을 완전히 뛰어넘은 역발상을 하는 등의 노력 끝에 불량률을 71퍼센트나 줄였고 인건비도 53퍼센트나 절감하는 효과를 얻었다(1부 2장 05 ‘IMF 위기 이후 한국 기업의 구조조정과 경영혁신’ 참조).

인간적 구조혁신

LG생활건강의 차석용 사장은 종업원들의 아이디어를 끌어내는 것을 중요하게 생각하고 있다. 특히 신입사원을 비롯한 젊은 사람들과 여직원의 생각을 존중하라고 했고 침묵하는 직원들의 잠재력이 크다고 강조하였다. 이를 위해서 그는 사무실 개방 정책을 내세웠다. 그는 신입사원도 사장 방으로 실실 웃으면서 들어올 수 있어야 한다고 말한다. 과거에는 이들을 무시하는 경향이 있었고, "고민해봤어?" 하고 면박을 주기도 했기 때문에 아이디어를 내지 않았다는 것이다. 그러나 이렇게 조직 분위기가 바뀌자 많은 아이디어가 나왔다.

그리고 결재 단계를 축소하였다. 예를 들어 디자인 시안이 나와서 결정되기까지 과거에는 두 달이 걸렸는데, 지금은 보름이면 끝난다. 빠르게 하면 실수가 나올 것 같지만 의사결정 단계가 축소되어 일을 효율적으로 할 수 있고 자율성이 강화되어 창의성이 발휘되는 것이다. 이렇게 한 결과 디자인이 외국제품 같다는 평가를 받고 있다.

그는 또한 창조경영을 위해서 연공서열제도를 성과급제도로 바꾸었다. 창의성이 별로 요구되지 않았던 저가상품 시대에는 능력 있는 사람과 없는 사람의 차이가 그렇게 크지 않아 연공서열제도가 적합했다. 그러나 고가상품의 시대에는 고객에게 감동을 주는 창의성이 중요하기 때문에 능력 있는 사람과 없는 사람의 차이가 1000배 이상 될 수 있으므로 성과급제도로 가야 한다는 것이다.

포드 자동차의 구조혁신

모든 구조혁신에는 문화적 변화가 선행되어야 한다. 침체된 기업은 사고나 인식에 문제가 있다. 보통 '우리는 안 돼'라는 부정적, 패배적 사고에 젖어 있는데 새로운 비전을 제시함으로써 긍정적, 도전적 사고를 하도록 해야 한다. 업계 최고 수준으로 월급을 인상하여 자부심을 심어주는 것도 필요하다. 또한 사고의 한계 속에서 소극적인 행동을 할 때는 더 큰 시장의 기회를 제시해 줌으로써 보다 적극적인 사고를 할 수 있도록 해야 한다.

전략적 구조혁신은 사업구조를 바꾸는 것이다. 부진사업으로부터 철수하고 유망사업으로 진입하는 것이다. 이를 위해 핵심사업에 집중하면서 기술과 마케팅에서 공격적 전략을 펼칠 필요가 있다.

체계적 구조혁신은 원가, 품질, 기술을 향상시킴으로써 현재 사업에서의 경쟁력을 제고시키는 것이다. 한국도자기는 기술과 품질에 기초를 두고 신제품인 '황실장미 홈세트'를 개발하여 부채의 늪에서 빠져나올 수 있었다.

인간적 구조혁신은 창조경영을 위해서 직원들이 활발하게 아이디어를 내는 개방적 조직을 만드는 것이다. 따라서 관료제도를 타파하고 성과급제도를 실시할 필요가 있다. 중요한 것은 종업원들이 일에 몰입하고 협력할 수 있도록 긴박감과 일체감을 가질 수 있도록 하는 것이다.

포드자동차가 2008년 2분기 이후의 실적 악화를 극복하고 최근 꾸준히 상승세를 보이고 있는데 이것은 포드가 성공적으로 추진한 구조혁신에 기인하고 있다. 첫째, 포드는 부진한 사업을 정리하고 핵심사업에 집중하는 전략을 추진하였다. 포드자동차는 과거 20년간 사 모았던 유럽계 고급 브랜드들을 차례로 매각했다. 2007년 애스턴마틴을 영국계 컨소시엄에, 같은 해 재규어 및 랜드로버를 인도 타타에, 2010년 볼보를 중국 지리자동차에 매각하는 것을 마무리지었다.

둘째, 체계적으로 연구개발, 구매, 생산 등의 밸류체인 전반에 걸친 혁신사업을 추진하여 경영자원을 효율적으로 배분하고 기본 경쟁력을 강화하였다.

우선 연구개발 부문에서는 여러 종류의 플랫폼들을 통합하여 그 수를 줄이는 한편 활용도를 높이는 글로벌 플랫폼 전략을 전격 추진하였다.

구매 부문에서는 부품거래 업체를 대폭 축소하는 한편, 장기적 거래 관계를 형성하는 전략으로 전환하였다.

생산 부문에서는 과잉생산을 사전에 방지하고 글로벌 금융위기로 급감한 시장수요에 유연하게 대응하기 위해 공장 폐쇄 및 소형차 공장으로의 전환 등 생산 효율화를 도모하였다.

포드는 품질에서도 좋은 성과를 보여주고 있다. J. D. 파워의 2010년 IQS 순위에서 일반 브랜드 중 1위를 차지했고, 차급별 순위에서도 포커스, 머스탱, 토러스가 각 차급 1위로 선정된 것을 포함하여 8개 모델이 3위 내에 드는 성과를 이루었다.

여기에서 주목되는 것은 포드에서 문화적 측면과 인간적 측면에서의 구조혁신은 눈에 띄게 이루어진 것이 없다는 점이다. 포드가 이 부분에서 추가적인 노력을 기울인다면 더욱 경쟁력 있는 업체로 탈바꿈할 수 있을 것이다.

08

마음경영을 통한
원가주도전략의 성공적 실행:
한국전기초자의 사례

회사 개황

한국전기초자는 1974년 5월에 설립되어 초기에는 흑백 텔레비전용 유리만 생산하다가 1988년 들어 컬러 텔레비전용 유리 생산을 시작했다. 1995년 12월에 주식을 상장했으며, 컬러 유리 생산을 위한 제2, 3공장을 준공했다. 그러나 1997년에 들어와서 77일간의 장기 파업을 겪었고, 부즈 알렌 해밀턴의 보고서대로 살아날 수 없는 상황이 되었다는 판단하에 한국전기초자의 대주주였던 한국유리는 97년 말 유리공장이 절실히 필요했던 대우그룹에게 한국전기초자를 매각하게 되었다.

대우그룹에서는 서두칠 사장을 전문경영인으로 파견하여 1998년부터 대대적인 경영혁신 운동을 전개하였다. 서두칠 사장은 이미 강성노조 문제에다 과다차입으로 수익성이 좋지 않았던 대우전자부품의 사장으로 가서 93년에서 97년 초까지 강성노조 문제를 해결하고 기업을 건전하게 회생시킨 경험이 있었다.

그런데 한국전기초자는 1997년 IMF 외환위기 후 대우가 그룹 차원의 어려움을 겪게 되자 1999년 말에 일본의 아사히글라스로 경영권이 이양되었다. 이후 서두칠 사장은 아사히 경영층과의 의견대립으로 2001년 7월 한국전기초자를 떠나게 된다.

1997년 12월 서두칠 사장이 한국전기초자에 부임하였을 때, 회사의 상황은 극도로 악화되어 있었다. 1997년 매출은 2377억, 차입금은 3480억, 그러니까 차입금이 매출액의 1.5배 수준이었다. 리스채무 1200억 원을 합치면 총 부채는 4700억 원이었다. 97년도 매출 증가율은 −22.5퍼센트, 수지는 589억 적자였고, 부채 비율은 1114퍼센트였으며 자본잠식 상태였다. 노사분규 이후 무엇 하나 제자리를 잡고 있는 것이 없었다.

이렇게 문제가 악화된 이유는 원칙 없는 노사관계에서 비롯되었다. 노조 측의 요구를 웬만하면 다 들어주는 분위기로 회사 급료수준은 구미지역에서 가장 높았다. 또한 점심시간은 물론이고 용해로에서 1시간 일하고 30분 쉬는 시간, 원활한 형 교환을 위해 30분 교대조가 먼저 나오고 인계조는 늦게 나가는 시간도 1일 8시간 근무시간에 포함되었다. 이 때문에 제품원가가 올라가고 품질도 저평가를 받았다. 오늘 납품하면 다음 날 반품되는 일이 수시로 벌어졌다. 경쟁력이 떨어지다 보니 재고는 늘어갔다. 게다가 시장은 다양한 제품을 요구하는데 컴퓨터 모니터용 유리는 아예 생산도 하지 못하고 텔레비전 유리만, 그것도 소형 12인치, 14인치만 만들 수 있었기 때문에 고객의 다양한 요구에 대응하지 못하고 있었다.

이런 상황에서 재고누적을 견디지 못한 경영진이 용해로의 불을 끄게 되자 현장사원들은 불안감에 휩싸였다. 용해로는 유리공장의 심장이기 때문에 용해로의 불이 꺼진다는 것은 그 공장이 문을 닫는다는 이야기와 같다. 노조는 '고용보장'이라는 기치를 내걸고 단체교섭에 나섰다. 그러나 타협을 보지 못해 1997년 7월 16일 오후 3시 전면 파업에 돌입하였다. 1997년 9월 30일 노조가 '선조업 후교섭'으로 방침을 변경하면서 77일간의 파업이 막을 내렸다. 이 과정에서 한국전기초자의 품질은 떨어지고 신용도가 추락하였으며 그동안 부품을 공급받지 못했던 LG전자, 오리온전기, 삼성전관 등은 일본전기초자NEG와 1998년 말까지 수입계약을 체결했다. 회사는 망가질 대로 망가져 있었다.

구조조정의 성과

1997년 말에 1114퍼센트에 달하던 부채 비율은 2000년 말 37퍼센트로 낮아졌고, 3480억 원에 이르던 차입금은 2000년 말 무차입 경영으로 바뀌었다. 1997년에 600억 원의 적자를 본 회사는 2000년에 1717억 원의 순이익을 올렸다.

특히 2000년에 한 투자기관에서 700여 상장사를 대상으로 분석한 결과, 한국전기초자는 영업 이익률에서 35.35퍼센트로 1위를 기록한

<표 3> 서두칠 사장의 경영 성과

연도	1997	1998	1999	2000	2001. 6
매출액	2377억 원	4842억 원	5717억 원	7104억 원	3089억 원
당기순이익	△598억 원	305억 원	745억 원	1717억 원	858억 원
차입금	3480억 원	1944억 원	857억 원	50억 원	—
부채비율	1114%	174%	94%	37%	23%
영업이익률	△12%	17%	22%	35%	37%
자기자본수익률	△85%	29%	36%	53%	39%

것으로 집계되었다. 또 차세대 제품인 초박막액정유리TFT-LCD 사업을 위해 1800억 원의 내부 투자자금도 확보해놓은 상태였다. 2001년에도 전반기 실적을 보면 계속 좋은 성과가 이어지고 있다(〈표 3〉 참조). 부도 위기의 퇴출대상 기업에서 3년 만에 초우량 기업으로 변신한 것이다.

마음경영

많은 사람들이 이를 두고 기적이라고 말했지만 이것이 가능하게 된 데는 서두칠 경영의 핵심이라고 할 수 있는 마음경영이 있었다. 한국전 기초자를 회생시키기 위해 그가 취한 것은 원가주도전략이었다. 즉, 좋은 물건을 납기에 맞춰서 싸게 팔자는 전략이다. 싼 가격에 타사 제품보다 좋게 만든다면 고객은 감동하게 되어 있다는 것이다. 이 전략은 전체 사원과 혼연일체가 되지 않고는 불가능한 것이었다.

서두칠 사장의 마음경영은 이 전략을 성공적으로 수행할 수 있는 기초가 되었다. 그는 종업원들이 마음을 어떻게 먹느냐가 중요한데 심心, 정情, 기氣를 잘 조화시켜야 한다고 주장하고 있다.

첫째, 심은 마음을 편안하게 해주는 것이고 둘째, 정은 구성원 사이에 따뜻한 정분의 교류가 있어야 하며 셋째, 기를 발휘할 수 있게 해줘야 한다는 것이다. 이 3가지를 이루기 위한 서두칠 사장의 마음경영은 이미 앞에서도 밝혔듯이 비전경영, 솔선수범, 현장경영, 열린경영이라는 4가지 요소로 구성되어 있다.

1) 비전경영

비전은 우리가 어떤 회사를 만들고자 하고 이것을 어떻게 달성할 것인가를 나타내는 것이다. 그는 부임 초기 사원들과의 대화에서 '소가 밟아도 무너지지 않는 회사'를 만들자고 했다. 해고를 하지 않겠다는 약속과 함께 좋은 물건을 값싸게, 그리고 열심히 만들어 내놓아야 한다는 의식으로 무장된 회사라야 소가 아니라 코끼리가 밟아도 깨지지 않을 것이라고 주장했다. 이를 달성하기 위해 98년은 혁신의 해, 99년은 도약의 해, 2000년은 성공의 해로 정하였다.

비전은 패배의식에 젖어 있던 종업원들에게 꿈과 희망을 제공하여 우리도 할 수 있다는 도전의식을 심어주는 것이다. 해고를 하지 않겠다고 한 것은 종업원들에게 심리적 안정감을 제공해주었다. 비전을 통한 의식의 변화가 신뢰 형성의 출발이 되는 것이다.

비전으로부터 도전의식을 끌어내기 위해서는 심리적 안정감을 필요로 한다. 도전의식이 위기의식과 결합될 경우 "그래, 한번 해보자" 하는 긴박감이 나오는 것이다. 긴박감은 기대를 성공으로 이끄는 중요한 마음가짐이다.

2) 솔선수범

종업원들을 한마음으로 만들기 위해서 가장 중요한 것은 솔선수범이다. 솔선수범은 현장에서 이루어지는 것이기 때문에 현장경영과 같이 이루어진다.

서두칠 사장은 현장 상시주재를 선언하고 중요하게 실천하고 있다. 그의 현장 상시주재는 과장급 이상 중역들의 연중무휴 근무체제로 이어졌다. 특히 휴무 시간대나 공휴일, 일요일, 새벽 등 해이해지기 쉬운 시간대에 어김없이 현장에 나타나 직접 점검 지도했다. 그렇게 함으로써 중역들에게 제자리를 지키게 하고, 사원들에게도 항상 현장에 사장이 함께 있다는 걸 보여주었다. 일요일에도 아침 7시면 반드시 회사에 나타나 두 시간에 걸쳐 1, 2, 3공장을 순회했다.

솔선수범에는 기강이 요구되는데 서두칠 사장은 기강이 강한 사람이다. 그는 16평짜리 아파트를 전세 내어 직접 요리해 식사를 하고 새벽 6시면 출근한다. 그가 운전기사 없이 직접 운전하기로 한 것도 솔선수범에 속하는 일이다. 사장 운전기사와 부사장 운전기사는 평소 카브러시로 본관 앞에 주차된 승용차의 먼지를 쓸어내는 것 외에는 하는 일이 없었다. 어쩌다 한번 사장이 기차를 타고 구미에 내려오면 기차역으로 나가 모셔오는 것이 유일한 업무였다. 그는 사장 기사에게는 트럭으로 제품을 외부로 운송하는 일을 맡기고, 부사장 기사에게는 내부에서 지게차를 운용하는 일을 맡겨 해고하는 대신에 두 기사를 사장으로 만들었다.

3) 현장경영

현장경영은 솔선수범의 실천 장소로 대화와 경청에서 시작된다. 이런 점에서 현장경영은 열린경영과도 연결된다. 현장경영은 그의 경영철학이다. 그는 현장 상시주재를 기치로 내걸고 현장의 중심에서 경영을 하고자 한다고 했다. 그가 처음 임지로 내려와 새벽 시간을 마다않고 들른 곳은 노조 사무실이 아니라 생산현장이었다. 그는 노조를 상대하기 전에 전 사원을 직접 대면하며 적극적인 노사관계를 열어나갔던 것이다.

서두칠 사장은 12월에 부임한 후 3개의 교대조 시간에 맞춰 새벽 3시~5시, 아침 9시~11시, 오후 4시~6시까지 각각 2시간 동안 추운 겨울 강당에서 현장사원들과 함께 떨면서 기업이 처한 상황이나 미래전략에 대해 대화하였다. 이 일화는 그의 현장경영의 대표적인 사례라 할 수 있다.

현장경영의 이점은 신속한 의사결정이다. 다른 회사에서는 어떤 일을 기획하고 결재받고 실행에 옮기려면 2~3달 걸릴 일도 서두칠 사장은 새벽부터 밤늦게까지 하루도 빠짐없이 현장에 있을 뿐만 아니라 매

일 아침 부서별 중역회의를 하고 브리핑을 받기 때문에 해결방안이 즉
석에서 도출되고 바로 실행에 들어갈 수 있었다.

4) 열린경영

서두칠 사장은 모든 정보를 숨기지 않고 공유하였다. 이렇게 해야
종업원의 사고가 사장 수준으로 높아져 변화의 실행이 용이하게 된다
는 것이다. 심지어 서 사장은 제품의 원가산출 공식도 일일이 수치를
적어가며 공개했다. 이는 제조업체에서 사원들에겐 극비사항으로 감
추고 있는 경우가 대부분이다. 종업원들은 전혀 정보를 제공받지 못하
고 있던 생산, 재고, 기술에 대한 것뿐만 아니라 회사의 비전, 전략, 국
내외 시장추세와 전망 등 전략적 정보까지 알게 되어 감동을 받아 '함
께 한번 해보자' 하는 참여와 협력의 정신이 생겼다.

열린경영은 모든 정보를 공유하는 과정에서 위기의식을 심을 수 있
다. 그는 매출 현황, 누적적자 내역, 낙후된 기술 수준, 열악한 경쟁력,
부채, 국내외 시장의 추세와 전망까지 세세히 설명했다. 한국전기초자
의 시장점유율은 회사 존속이 어려운 8퍼센트 선에 머물러 있고, 더구
나 경쟁사의 경우는 17인치의 상용생산을 넘어 19인치 개발에 박차를
가하고 있는데 한국전기초자는 아직 14인치와 15인치 생산에 머물러
있다는 것이다. 따라서 살아남을 방법은 하나밖에 없는데 그것은 고객
들이 "한국전기초자가 달라졌다. 품질에도 이상이 없고, 값은 세계에
서 가장 싸다"라고 얘기하도록 만들어야 한다고 강조하면서 위기의식
을 심고 긴박감을 조성하고자 하였다.

열린경영은 회사라는 조직에 몸담고 있는 구성원 모두가 회사경영
의 주체임을 인식시키는 기초가 되었다. 대립적인 노사관계는 현장사
원들이 경영은 경영자들이 알아서 하는 것이고 우리는 노동력이라는
상품을 팔고 대가만 받으면 그만이라고 하는 생각에서 비롯된다. 열린

경영을 통해서 정보를 공유할 때 주인의식과 경영에 적극적으로 참여하려는 의식이 생기는 것이다.

열린경영은 직원 가족에게도 확대되었다. 부인들에게도 남편 회사가 어떤 곳이며 남편이 맡은 일은 무엇인지 설명해주었다. 그리고 회사가 힘든 혁신운동을 펼치고 있으니 출근하는 남편의 어깨에 힘을 실어달라고 부탁하는 목적으로 사원부인초청 경영현황설명회를 개최했는데 뜻 깊은 행사라며 모두에게 좋은 반응을 불러일으켰다. 이 행사를 계기로 기존의 1600명 사원 외에 그들의 부인을 '회사 가족'으로 끌어들일 수 있었다. 사원부인 경영설명회를 하기 전에는 아침에 출근하는 남편에게 부인이 하는 인사가 "일찍 들어오세요"였는데 설명회를 한 후에는 "열심히 일하세요"로 바뀌었다고 말해주는 가족도 있었다.

내용 요약

비전경영, 솔선수범, 현장경영, 열린경영에 의한 마음경영을 통해서 서두칠 사장은 노조원들의 신뢰, 이해와 공감을 얻고 종업원과 한마음이 되는 일체감과 '그래, 한번 해보자'고 하는 긴박감을 조성할 수 있었다. 긴박감은 참여와 희생의 정신으로 이어진다. 이것은 중역급 관리자들의 연중무휴 근무, 공정혁신과 제품혁신, 그리고 노사관계의 획기적 개선을 가능하게 하였다.

서두칠 사장은 처음 공장을 방문하여 회사가 안고 있는 문제점을 대략 간파할 수 있었다. 현장조명이 어두웠고 종업원들의 근무태도가 느슨했고, 현장이 지저분했고, 공정과 공정 사이에 재공품이 많았다. 그리고 특히 서 사장에 대한 현장 종업원들의 태도가 아주 적대적이었다.

그러나 문제점이 많다는 것은 가능성이 많다는 것을 말해준다. 그는 이 많은 문제점을 개선시키기 위해서는 과장급 이상 중역급 관리자들이 연중무휴로 근무해야겠다는 결심을 하게 된다. 연중무휴 근무체제는 그가 떠날 때까지 3년여 동안 유지되었다.

그리고 연구팀들은 밤을 새가면서 공정개선에 몰두하여 1일 용량을 180톤에서 250톤으로 증가시키고 성형에서 포장까지 일괄 생산체제를 구축하여 일주일에 보름 정도 걸리던 공정 소요시간을 4시간으로 줄였다. 33인치 초대형 TV 브라운관이나 17인치 모니터용 플래트론 같은 고부가가치 제품개발도 야전침대에서 토막잠을 자면서 철야로 연구하여 성공시켰다. 이것은 한국전기초자가 미국의 테크네글라스와 로열티를 지불하는 기존의 기술제휴관계를 단절하고 독자적으로 개발했기 때문에 더욱 값진 것이었다. 또한 기술개발도 얼마나 열심히 그리고 어떻게 하느냐에 따라 없는 기술도 개발할 수 있고 다음에 도전해야 할 과제를 선택하고 도약해나가는 자신감을 가지게 될 수 있음을 말해주고 있다.

노사관계의 개선도 서두칠 사장의 마음경영 덕분에 가능했다. 용해로에서의 근무를 1시간 일하고 30분 쉬는 것에서 2시간 일하고 10분 쉬는 체제로 휴식시간을 대폭 축소하고 월급도 동결한다는 노사협상안을 제시했을 때 노조 측에서는 철야농성을 주장하기도 했다. 그러나 현장의 지지를 얻지 못했고 하루 만에 단 한 번의 협상으로 타결될 수 있었다. 서두칠 사장이 노조를 향해 희생을 요구할 수 있었던 것은 비전경영, 열린경영, 현장경영, 솔선수범에 기초를 둔 도덕적 당당함이 있었기 때문이다. 결국 노조도 "목표달성을 위해 2000년까지는 참고 고생하자"며 오히려 노조원들을 설득하였다.

이러한 참여와 희생의 정신이 있었기 때문에 일괄 생산체제로의 공정혁신, 중역들의 연중무휴 근무, 독자적인 고부가가치 제품개발, 그

204

리고 용해로의 근무체제를 1시간/30분에서 2시간/10분 체제로 바꾸는 희생적인 근무 자세를 통해 원가절감이 가능했고 원가주도전략은 성공할 수 있었다.

2부

경영전략

1장

비전

비전이란 무엇인가

비전의 중요성

정보화시대로 들어가면서 경영의 패러다임이 바뀌고 있다. 정보화시대와 산업화시대의 차이는 여러 가지가 있으나 그 중에서도 산업화시대는 예측이 가능했지만 정보화시대는 예측이 불가능하다는 것을 가장 큰 차이점으로 들 수 있다.

예측을 할 수 있던 산업화시대에는 계획을 세울 수 있었고 그 계획에 의해서 많은 사람들을 이끌어가는 통제에 의한 경영을 할 수 있었다. 계획을 세운다는 그 자체가 바로 통제를 의미한다. 예를 들어 정부에서 5개년 계획을 세우면 모든 기업이 그 계획에 따라서 행동하게 된다. 또한 기업에서 5개년 계획을 세우면 그에 따라서 모든 사업부들이 움직이도록 요구되었다. 즉, 산업화시대에는 예측-계획-통제의 경영을 했다.

그러나 정보화시대는 '아무도 내일 무슨 일이 일어날지 모른다' 고

할 정도로 예측이 불가능하다. 따라서 일어나는 상황에 자율적으로 적응하는 경영을 해야 한다.

그런데 자율적으로 적응한다고 해서 무조건 마음대로 할 수는 없다. 우리의 자원과 능력은 제한되어 있기 때문에 모든 것을 다 할 수는 없으므로 행동의 범위와 기준을 정해놓는 것이 효과적이다. 행동의 범위와 기준이 바로 비전이다. 이는 우리는 어떤 가치를 추구하고 어떤 조직문화 속에서 무엇을 하는 회사인가 하는 것이다. 우리는 자율적으로 행동하기 위해서 비전이 필요하다. 즉, 정보화시대는 적응−비전−자율의 경영이 요구된다. 정보화시대에 와서 비전이 중요하게 된 것은 자율이 중요해졌기 때문이다.

비전이란 어떤 좋은 일을 하는 회사가 되고자 하느냐는 것이다. 비전의 본질은 가치와 도전이다. 가치 있고 도전적인 일이 비전인 것이다. 혼다의 비전은 '완벽한 엔진을 개발' 하는 것이다. 이러한 비전이 있기 때문에 종업원들은 각자 자기 위치에서 무엇을 해야 할지를 알게 되어 자율경영이 가능해지고, 비전을 달성하기 위해서 현장 중심의 기술개발을 강조하는 특색 있는 회사로 발전할 수 있었다.

비전의 본질

기업마다 어떤 형태로든 비전이 있다. 그러나 어떤 회사는 그 비전이 죽어 있고, 어떤 회사는 살아 있다. 죽어 있는 비전은 그냥 액자에만 걸려 있어 종업원의 일상생활에 아무런 영향을 주지 못하는 것이고, 살아 있는 비전은 종업원들의 매일매일의 행동에 영향을 주는 것을 말한다. 그렇다면 살아 있는 비전이 되기 위해서는 어떤 요소를 갖추어야 하는가?

행동과 판단의 기준

첫째, 행동과 판단의 기준이 되어야 한다. 그래야만 비전이 종업원들의 일상생활에 항상 영향을 줄 수 있다. 비전이 행동과 판단의 기준이 될 때, 종업원들이 주도권을 가지고 현장에서 일어나는 문제를 누구의 지시도 받지 않고 해결할 수 있는 것이다.

페더럴익스프레스Federal Express의 비전은 '무조건 틀림없이 하룻밤 사이에 진정으로 신뢰할 만한 우편배달 서비스를 제공한다' 라는 것이다. 이러한 비전이 있었기 때문에 일선 종업원이 누구의 지시도 받지 않고, 주도권을 갖고 문제를 해결하는 분위기가 형성될 수 있었다. 예를 들어 페더럴익스프레스의 한 원격통신전문가는 시에라산맥의 폭설로 통신이 두절되자, 누구의 지시도 받지 않고 자기의 신용카드로 헬리콥터를 전세내었다. 그리고 산꼭대기에 내려서 가슴까지 오는 눈 속을 1킬로미터나 헤쳐나가 통신라인을 보수하여 정상적인 영업이 가능하도록 했다.

환경이 급격하게 변하는 정보화시대에는 문제가 발생했을 때 이처럼 일선 종업원이 자율적 주도권을 가지고 해결하지 않으면 경쟁에서 살아남을 수 없다. 이를 위해서는 명확한 비전과 대대적 자율성을 통해서 비전에 따른 행동에 실패를 허용함으로써 일선 종업원이 위험을 선택하고 행동지향적이 되도록 해야 한다.

만일 페더럴익스프레스의 직원이 그때 갔다 오지 않았다면 오히려 회사 내에서 부정적으로 평가받았을 것이다. 기업의 경쟁력이 떨어지는 이유는 종업원들이 문제를 보고도 해결하려고 하지 않고 지나쳐버리기 때문이다. GM의 회장이었던 존 에이커즈John F. Akers는 GM의 경쟁력이 떨어지는 이유가 현장에서 문제가 발생했을 때 일선 종업원이 즉각 해결하지 못하고 방법을 찾기 위한 위원회를 구성하여 문제 해결을 지연시키기 때문이라고 하였다.

일선 종업원의 자율적 주도권에 의해서 문제가 해결되고 고객의 욕구가 충족될 때 기업의 경쟁력이 생긴다.

감동적 가치

둘째, 비전의 본질은 감동적이어야 한다. 비전은 행동으로 뒷받침되지 않으면 소용이 없는데 행동은 가슴속 깊이 사무치는 느낌이 있을 때 쉽게 나올 수 있다. 즉, 행동으로 나오려면 '이것은 정말 한번 해볼 만한 일이다' 라고 가슴 깊이 느껴야 한다. 그러므로 비전은 감동을 줄 수 있을 정도로 가치 있는 일이어야 한다. 페더럴익스프레스는 '진정으로 신뢰할 만한 우편배달 서비스' 를 제공하기 위해서 코스모스Cosmos라는 컴퓨터 시스템을 개발하였다. 배달 상태를 궁금해 하는 고객이 전화를 하면 현재 우편물이 어디에 있고, 언제 도착한다는 것을 확인해서 알려주는 것이다. 이런 수준의 서비스를 제공한다는 것은 '정말 한번 해보고 싶은 가치 있는 일' 이므로 비전이 실천될 수 있는 것이다.

미국항공우주국이 인공위성 프로그램을 시작했을 때 내건 비전은 '인간을 달에 착륙시킨다' 라는 것이었다. 이러한 가치 있고 감동적인 비전이 있었기 때문에 과학자들이 열정을 가지고 참여함으로써 인간의 달 착륙 프로그램은 성공할 수 있었던 것이다.

비전의 본질은 가치 있는 일이고, 이를 통해 기업은 사회개혁운동에 참여한다. 기업은 단지 돈을 벌기 위한 것이 아니라, 사회를 개혁하고 보다 살기 좋은 곳으로 바꿔가기 위한 것이다. 이러한 사회개혁 운동을 통해 감동을 주고 자부심을 심어줄 때 종업원들은 열정을 가지고 비전을 실천하게 된다.

도전적 목표

셋째, 비전은 도전적인 목표가 되어야 한다. 비전을 통해서 도전의식을 심어주는 것이 중요하다.

'캐논'이 60년대 복사기 사업을 처음 시작할 때 내건 비전은 '제록스를 따라잡자' 하는 것이었다. 겨우 막 시작한 캐논이 독보적이었던 제록스를 따라잡는 것은 거의 불가능한 일이었을 것이다. 그러나 20년이 지난 80년대 미국 시장에서는 제록스의 시장점유율이 80퍼센트 이상에서 40퍼센트 정도의 수준으로 하락하였고, 캐논은 제록스를 따라잡았다. 이것은 도전정신을 심어주고, 전략적 과제를 설정하여 모두가 참여함으로써 기술개발과 품질 향상을 이룰 수 있었기 때문에 가능했던 것이다.

기업 성공에 중요한 것은 현재의 역량이 아니라 세계 최고를 겨냥하는 도전의식이라는 말이 있다. 그러므로 지도자가 해야 할 가장 중요한 일은 도전이란 중요한 것이며 불가능한 일이란 없다고 느끼도록 만들어 종업원들에게 도전의식을 심어주는 것이다. 바로 이러한 도전의식만이 사람들을 강하게 만들어주는 원동력이 된다.

또한, 도전적 목표가 있을 때 조직은 미래에 대비하여 무엇을 준비할 것인가를 생각하게 되므로 조직 내 학습이 장려된다.

'필립모리스'의 비전은 '우리 회사는 마케팅회사이다' 라는 것이다. 이러한 비전이 있을 때 종업원은 무엇을 준비해야 할 것인가를 구체적으로 알게 된다.

지금은 침체되어 있지만 80년대 '소니'는 단순한 가전에서 디지털가전으로 비전을 바꾼 뒤 '인텔'과 제휴하여 긴밀하게 협력하고 캘리포니아에 디지털 신제품을 개발하기 위한 주문형 반도체 개발 연구실을 운영하였다. 이와 같이 새로운 비전은 새로운 전략적 과제를 낳는다.

안정적 진화

넷째, 비전의 요소로 안정적인 진화를 들 수 있다. 비전이라고 하는 것은 고객을 위해 가치를 제공하는 것이므로 시장이 바뀌면 이 비전의 내용도 달라져야 된다. 즉, 고정되어 있는 것이 아니라 진화해야 하는 것이다. 물론 비전은 아주 기본적인 가치이므로 자주 바꿀 수는 없지만 시장이 달라질 때 변화할 수 있는 융통성을 가지고 있어야 한다.

피플익스프레스People Express라는 항공회사는 '비행기를 버스처럼 누구나 탈 수 있게 하겠다' 라는 획기적 비전을 제시하고, 비행기 값을 반으로 낮추었다. 자동차를 대중적으로 만든 포드의 '모델T' 와 같이 비행기 여행에 있어서 역사적이고 획기적인 일을 한 것이다. 사람들은 물밀듯 모이게 되었고, 그만큼 성과를 낼 수 있었다. 그러자 다른 회사들도 가격을 인하하기 시작했고, 2~3년 후에는 타 항공사와 요금에서 큰 차이가 없어졌다. 그런데 다른 회사는 서비스를 향상시키면서 가격을 인하했는데, 피플익스프레스는 처음부터 '서비스는 없다. 그러나 가격은 싸다' 라는 정책을 사용했기 때문에 시간이 지나면서 점점 서비스의 질이 떨어졌다. 특히 낮은 가격을 유지하기 위한 초과예약으로 공항에 나왔던 고객이 집으로 돌아가는 일이 발생하는 등 서비스가 현저히 나빠지자 고객들은 등을 돌리게 되었다. 결국 피플익스프레스는 시장에서 사라져버렸다. 이는 비전이 안정적 진화를 하지 않았기 때문이다. 물론 피플익스프레스는 비행기 요금을 획기적으로 낮췄다는 역사적 의미로서 '모델T' 와 같이 충분히 칭찬을 받고도 남는다는 평가도 있다.

비전은 과거의 성공 패턴에 안주해서도 안 되며 시장의 욕구를 협소하게 해석하여 변화를 제한해서도 안 된다. 따라서 비전과 다소 대치되는 듯이 보일 수 있는 목표를 추구하는 대담한 시도나 시간에 따라 부분적, 또는 극적으로 변화시킬 진취적 행동을 장려해야 한다. 혼다도 '완벽한 엔진을 개발한다' 라는 엔지니어링을 중요시하는 회사에서 최근 '고객욕구에 맞는 자동차를 개발한다' 라는 마케팅 중시 회사로 비전의 내용을 바꾸었다.

자기 확신

마지막으로 자기 확신하의 실천이 되어야 한다. 물론 비전이 행동 기준이 되고, 감동적이고 도전적 목표로 제시되면 실천이 가능하지만 보다 근본적으로 실천되려면 비전은 결국 개인의 확신에 기초를 두고 있어야 한다. 비전이라고 하는 것은 달성하기 어렵다. 저항이 나타나기 마련이고 실제 실천을 하다 보면 여러 가지 어려움이 많다. 진정으로 신뢰되는 서비스를 제공하려면 컴퓨터 시스템도 개발해야 되고, 종업원들 교육도 시켜야 되는 등 많은 자금이 들어가는데, '이렇게 투자해서 망하지는 않을까' 하는 생각을 하기 시작하면 비전을 실천하지 못한다.

CNN의 테드 터너 회장은 모든 사람들이 '어떻게 뉴스만 하는 방송국이 성공할 수 있겠는가' 하면서 반대했는데도, 5년 동안 적자를 보면서 몇 천만 달러씩 투자했다. 이것은 비전에 대한 자기 확신이 있어야 가능한 일이다. 비전이라고 하는 것은 대담한 목표이기 때문에, 거기에 대한 자기 확신이 없으면 실천될 수가 없다.

그러면 개인의 확신은 어디에서 출발하는가? 결국 자기의 경험과 사유로부터 출발한다. 깊이 생각해보지 않고 남이 하니까 우리도 한다는 식으로 비전을 제시해서는 실천될 수 없다. 이것은 일생을 걸고 한번 해볼 만한 일이라고 하는 확신이 서는, 가슴 깊은 곳으로부터 나오는 비전이어야 한다.

　그러므로 최고경영자는 의미 있는 경험을 많이 해야 한다. 남들이 하지 못한 것을 경험하게 될 때 남과 다른 사고를 하고 다른 아이디어를 내고, 다른 상상력을 가질 수 있는 것이다. 어떤 비전을 제시하는가 하는 것이 지도력의 가장 중요한 요소이기 때문에 정보화시대에서 지도자에게 중요한 것은 결국 '상상력의 싸움'이라고 할 수 있다.

　비전은 확신이 있고 구체적인 현장의 용어로 표현할 때 실천될 수 있다. 비전은 기술개발, 일치단결식의 추상적 단어의 나열이 아니라 구체적인 표현이어야 한다. '진정으로 신뢰할 만한 우편배달 서비스'와 같은 비전이나, 미국 어느 슈퍼마켓과 같이 "제1조: 고객은 항상 옳다. 제2조: 만일 고객이 틀렸다고 확신이 서면 제1조를 보라"처럼 구체적인 현장의 용어로 표현되어야 한다. 그래야 고객만족이 달성된다. '고객만족은 우리의 기쁨이다'와 같이 추상적으로 비전을 제시해서는 고객에게 만족된 경험을 줄 수 없다.

　또한 비전은 상징적 행동으로 뒷받침될 때 실천될 수 있다. 자기 확신이 있는 사람은 행동지향적이고 상징적인 행동이 나온다. 예를 들어, '콜맨'이라는 등산용 버너를 생산하는 미국 회사가 있는데, 이 회사에 품질이 나쁘다는 불평이 들어온 적이 있었다. 그러자 회장은 임원회의를 소집하고는 고객이 반납한 스토브를 임원진 앞에다 던지면서 "이런 스토브를 만들려면 모두 사표 내라" 하고 소리치고 나갔다. 그것이 콜맨이라는 회사의 임원진 품질관리회의의 시작이자 끝이었다. 길게 이야기할 필요 없이 비전이 말장난이 아니라는 것을 상징적인 행동으로 보여준 것이다.

비전의 요소'

　비전은 크게 2가지 요소로 구성되어 있다. 바로 핵심이념과 미래상이다. 핵심이념은 다시 핵심가치와 핵심의의로 구성된다. 핵심가치는 제품과 서비스를 제공하거나 기업을 경영할 때 가장 중요하게 생각하는 것을 나타낸다. 이는 원가, 품질, 속도, 다양성의 4가지 경쟁기술과 기업 성공에 중요한 품질, 고객, 기술, 종업원 중에서 무엇을 중요하게 생각하는지를 말한다. 현대자동차의 경우는 이 중에서도 품질, 기술 등을 중요한 가치로 보았다.

　핵심의의는 존재이유를 나타내는 것으로 무엇 때문에 존재하느냐 하는 것이다. 일차적으로 현대차는 자동차를 만들기 위해서 존재한다. 그러나 여기에 그치지 않고 좀 더 깊이 생각해보면 보다 근본적인 존재이유가 있을 것이다. 이것을 알기 위해서는 계속해서 다섯 번쯤 '왜' 라는 질문을 해봐야 한다. 왜 자동차를 만드느냐고 질문하면 처음에는 돈을 벌기 위한 것이라고 답할지 모르지만, 다시 왜 돈을 벌려고 하느냐 물어 보면 기술개발을 하기 위해서라고 했다가 결국 종업원의 행복과 고객의 문화생활에 기여하기 위한 것이라고 답하게 될지 모른다. 존재이유는 이 사회와 인류를 위해 어떤 기여를 할 것인가로 정의되어야 한다. 디즈니의 존재이유는 표면적으로는 만화를 만드는 것일지 모르지만 깊이 들어가 보면 결국 인류의 행복을 위한 것이 된다.

미래상은 변화와 발전change and progress을 통해서 20~30년 후 우리 회사가 이루고자 하는 장기목적goal과 그 목적이 달성되었을 때 갖추게 될 모습을 구체적으로 기술한 생생한 묘사vivid description로 구성되어 있다. 여기서 장기목적은 도전적이고 감동적인 것이 되어야 할 것이다. 짐 콜린스Jim Collins와 제리 포라스Jerry Porras는 이 목적을 BHAGBig Hairy Audacious Goal로 나타내었다. 이것은 크고 달성하기 어려운 대담한 목적이라고 번역될 수 있을 것이다.

한국의 기업들은 대부분 장기목적BHAG을 설정하고 있다. 예를 들어서 삼성전자의 장기목적은 2020년 매출 4000억 달러, 브랜드가치 세계 5위를 달성하는 것이다. 절삭공구업계에서 세계적 기업인 와이지-원은 장기목적으로 2014년 글로벌 매출 1조 원을 목표로 하여 세계 5대 메이커가 되고 2020년에는 2조 원을 달성하는 것을 목표로 하고 있다. 한미글로벌의 장기목적은 2015년 세계 10대 CM회사가 되는 것이다. 이의 일환으로 수주액 1조, 매출액 8000억을 달성하고자 하고 매출액 중 해외 비중을 30퍼센트로 올려 세계적 건설부문 혁신기업이 되는 것을 목표로 하고 있다. 이외에도 많은 기업의 예를 들 수 있을 것이다.

생생한 묘사는 BHAG가 달성되었을 때 회사가 어떤 모습을 띠게 될 것인가 하는 것이다. 아직 한국의 기업 중에서는 이것을 제대로 표현한 기업을 보지 못했다. 이것은 우리 회사가 BHAG를 달성하면 수익성, 성장성, 지배력이 어떻게 달라지고 고객과 협력업체들과의 관계, 임직원들의 자율성, 복지를 비롯한 삶의 질이 어떻게 바뀔 것인가를 말해주는 것이다. 이렇게 20~30년 후의 모습들을 구체적으로 공유할 때 임직원을 비롯한 이해관계자들이 꿈과 희망을 가지고 변화와 성장의 대열에 적극적으로 참여하게 된다.

꿈 = 가치 + 존재이유 = vision

핵심이념은 그 조직의 지속적인 성품character을 반영하는 것이다. 제품이나 시장의 특성이 변하고, 기술적 혁신이나 돌파breakthrough가 일어나고, 경영상의 유행management fads이 달라지거나 지도자가 누구냐에 상관없이 일관성 있는 정체성의 기초가 된다. 비전 있는 지도자visionary leader는 핵심이념을 확립하는 사람이다.

데이비드 패커드David Packard는 HP 경영철학을 만든 비전 있는 지도자다. HP way는 개인에 대한 깊은 존중, 품질과 신뢰성에 대한 헌신, 지역사회 책임에 대한 결의라는 가치에 기초를 두고 인류의 발전과 복지를 위해 기술적 기여technical contributions를 하는 의의*purpose를 추구하는 것이다.

핵심이념은 '우리 회사는 어떤 회사인가?' 하는 정체성을 나타내는 것이다. 정체성이 파악되면 우리가 어떤 사업을 할 것인지가 정해질 수 있다. 정체성은 우리 내면에 있는 것을 발견discover하는 것이지만 사업전략은 환경 변화에 기초를 두고 우리가 만들어가는create 것이다.

이런 의미에서 정체성being이 사업전략doing보다 더 중요하다고 말할 수 있다. 핵심이념은 영원히 바뀌지 않는 것은 아니지만 장기적으로 변하지 않고 기업이 나아가야 할 방향에 대한 지침이자 영감을 주는 기초가 된다. 핵심이념은 조직을 하나로 묶어주는 접착제 역할을 한다. 사

---

* 이 책에서는 purpose는 의의, goal은 목적, objective는 목표로 번역하고자 한다.

람이란 이념을 떠나서는 살 수 없는 이념적 동물이기 때문에 이념을 공유할 때 하나가 될 수 있다. 특히 세계화, 분권화, 다양화되면서 조직이 급격한 환경 변화를 겪는 정보화시대에 조직을 하나로 묶는 접착제가 되는 핵심이념이 더욱 중요해질 것이다.

핵심가치는 기업의 주요 의사결정에서 판단기준이 된다. 핵심가치는 기업마다 다르고 외부 평가에 따라 좋다 나쁘다로 판단하는 것이 아니라 기업의 내재적 가치와 철학을 반영하는 것이다. 사람으로 치면 어떻게 살아갈 것인가를 말해주는 것이다. 윤리적 가치를 얼마나 중요하게 생각하느냐에 따라 사람들의 행동이 달라지듯이 기업도 마찬가지이다. 월트 디즈니사의 핵심가치는 상상과 건전성imagination and wholesomeness이다. 이것은 창업자의 신념을 반영하는 것이지 시장에서 성공하기 위해 요구되는 것이 아니다.

P&G가 표방하고 있고 문화 속에 뿌리내리고 있는 제품 우수성product excellence이라는 가치는 단지 성공을 위한 전략이 아니라 창업자인 윌리엄 프록터William Procter와 제임스 갬블James Gamble의 종교적 신념에 가까운 개인적 가치였다. 가치는 수단이 아니라 목적이라는 것이다. J&J의 CEO인 랄프 S. 라슨Ralph S. Larson은 "핵심가치는 경쟁우위의 수단이 될지는 모르지만 그보다는 우리의 생활방식way of life이나 문화로 지켜나가기 위한 것이고 비록 그것이 어떤 상황에서 우리에게 불리한 경쟁열위competitive disadvantage가 되더라도 지켜나가고자 하는 것이다"라고 말했다. 실제로 한미글로벌은 2008년 상암DMC랜드마크 프로젝트 입찰 과정에서 윤리규정을 지키기 위해 한 해 매출과 맞먹는 수주를 포기하였다.[10]

핵심가치는 내재적 신념을 나타내기 때문에 사람마다 가치관이 다르듯이 기업마다 다르다. 병원이라면 정직, 성실과 같은 윤리적 가치를 핵심가치로 해야겠지만 광고회사는 자유분방함과 같은 창의성을 끌어낼 수 있는 것을 핵심가치로 해야 할 것이다. 그렇기 때문에 모든 기업에 통용되는 바른 핵심가치universally right set of core values는 없다. 단순히 기업에 좋다는 것들을 모두 채택하여 많은 수의 핵심가치를 가지는 것은 바람직하지 않다. 대체로 우리에게 부족한 면이나 없어서는 안 될 꼭 필요한 것들로 3개에서 많으면 5개가 바람직할 것이다. 너무 많으면 관심이 분산되어 아무것도 중요한 것이 되지 않을 우려가 있기 때문이다.

핵심가치를 파악하기 위해서는 자신에게 솔직하고도 철저하게 자문해볼 필요가 있다. 상황이 바뀌어도 또는 이것을 지키는 것이 기업에 손해를 끼치더라도 고수할 만한 것인가를 곱씹어보는 것이다. 앞에서 이야기한 바와 같이 한미글로벌은 1년 매출에 해당하는 사업을 포기하고 핵심가치인 윤리적 가치를 고수하였다.

핵심가치를 경영환경에 따라 변할 수 있는 사업전략, 경영관행, 문화적 규범business strategies, operating practices, cultural norms과 혼동해서는 안 된다. 대체로 핵심가치는 인재, 기술, 고객, 윤리와 관련되어 있다. 품질, 혁신은 사업전략이나 경영관행일 경우가 많다. 이는 경쟁력을 제고하기 위한 수단이다. 품질과 혁신이 핵심가치가 되기 위해서는 시대에 따라 변하지 않아야 할 뿐만 아니라 이 부문에서 다른 기업보다 월등히 높은 수준의 활동과 결과를 보여줄 수 있어야 한다. 삼성전자가 93년 품질경영이라는 기치 아래 품질을 강조했을 때 그것은 핵심가치라기보다 사업전략 또는 경영관행이었다. 그 당시 삼성전자는 일류제품을 만드는 전략premium strategy을 추진했고 이 전략 달성에 필요한 것이 품질이었다. 그 후 삼성전자는 디자인과 핵심 인재를 강조했고 최근에는 소프트웨어를 강조하고 있다. 지금 삼성전자의 핵심가치는 '인재와 기술을 바탕으로 최고의 제품과 서비스를 창출하여 인류사회에 공헌한다' 라는 비전에 나와 있듯이 인재, 기술이라고 생각된다.

그렇다면 핵심가치를 파악할 때는 누가 참여해야 할 것인가? 콜린스와 포라스는 마스그룹Mars Group이라는 개념을 제시했다. 마스그룹이란 화성과 같은 위성에 기존 회사의 좋은 점만을 따서 새로운 회사를 설립할 경우 5~7명밖에 탈 수 없는 우주선에 누구를 태워 보낼 것인가 할 때 선택하는 사람들의 집단을 말한다. 그렇다면 회사의 핵심가치를 정서적으로 깊이 체화하고 있는 사람, 동료들로부터 신망이 높은 사람, 그리고 높은 수준의 일하는 역량을 보여주는 사람을 선택하게 될 것이다.

핵심가치는 개인이 표방하는 가치에 기초를 두고 작성되어야 하지만 다양한 사람들이 모여 있는 대기업, 특히 외국인도 있는 세계적 기업global company에서도 공유된 핵심가치를 파악할 수 있다. 개인으로부터 시작해서 공통분모를 뽑아냄으로써 조직 전체의 것으로 만들 수 있는 것이다. 핵심가치를 기술할 때는 다음 몇 가지 질문에 답해야 한다.

- 회사에서 일할 때 당신이 개인적으로 지키고자 하는 가치는 무엇인가?(이 가치는 아주 기본적이기 때문에 보상을 받든지 안 받든지에 상관없이 지키는 것이다.)
- 당신의 자녀에게 내가 회사에서 지키는 것이라고 말하고 당신의 자녀도 일할 때 지키기를 바라는 그 가치는 무엇인가?
- 내일 아침에 일어나서 남은 생애 동안 일을 안 해도 좋을 만큼 충분한 돈이 주어지더라도 지켜나가고자 하는 가치는 무엇인가?
- 그 핵심가치는 백 년 후에도 지금처럼 타당하리라 생각하는가?
- 그 핵심가치는 상황이 달라져서 불리해지더라도 지킬 수 있는가?
- 다른 종류의 사업을 새로 시작하여 조직을 꾸린다면 산업의 종류를 불문하고 어떤 핵심가치를 조직 내에 심고자 하는가?

마지막 3가지 질문은 변하지 않고 지속되는 핵심가치와 상황에 따라 변하는 사업전략이나 경영 관행을 구별해주는 중요한 것이다.

핵심의의

　의의는 존재이유raison d'être를 말한다. 우리가 무엇 때문에 여기서 일을 하는지를 나타낸다. 이나모리 카즈오는 "우리가 이렇게 함께 일하게 된 것은 소중한 인연이다. 그리고 우리가 만드는 세라믹 부품은 도쿄대학에서도 할 수 없는 고도의 기술을 요하는 중요한 것이다. 훌륭한 제품을 만들어 세상에 내보내고 싶은 마음이 들지 않는가?"라고 말함으로써 함께 일하는 팀원들에게 존재이유를 설명했다. 대한항공에서는 스튜어디스를 교육시킬 때 대한항공이 있었기 때문에 중동을 포함해 세계 전역으로 근로자와 관리자들이 다닐 수 있었고 산업화가 가능했다고 말해줌으로써 그들에게 하는 일의 의미를 일깨우고 자부심을 심어준다고 한다. 이와 같이 조직의 의의purpose는 그 조직의 영혼을 나타내는 것이다.

　HP의 창업자 중 한 사람인 데이비드 패커드는 1960년에 종업원들에게 연설하면서 조직의 의의가 단지 돈을 버는 것을 넘어서 보다 깊은 데 있음을 역설했다.

　"…… 많은 사람이 기업은 단지 돈을 벌기 위해 존재하는 것이라고 잘못 생각하고 있다. 이것은 중요한 결과이지만 좀 더 깊이 파고들면 기업은 사람들이 혼자 할 수 없는 일을 집단적으로 함께하여 이 사회에 기여하는 것이다. 이 말은 진부하게 들릴지 모르겠지만 근본적인 것이다……. 주위를 돌아보면 사람들이 돈밖에 관심이 없는 것처럼 보일지 모르지만 보다 심층적인 욕구는 이 사회에 가치가 있는 제품을 만들고 서비스를 제공하는 것이다."[11]

　100년 이상 지속되어야 하는 조직의의는 상황에 따라 변하는 조직목적goal이나 전략과는 다르다. 목적은 달성될 수 있고 전략은 성공적으로 수행될 수 있지만 조직의의는 그럴 수 있는 것이 아니다.

조직의의는 우리에게 방향을 제시하는 수평선 위의 별a guiding star on the horizon과 같다. 영원히 추구해가지만 절대로 도달할 수 없는 것이다. 존재이유는 변하지 않는 것이지만 우리가 변할 수 있도록 고무시키는 것이다. 조직의의가 달성될 수 없다는 사실 자체가 조직은 변화나 전진change and progress을 멈출 수 없음을 말해주고 있다.

삼성의 조직의의는 '인재와 기술을 바탕으로 최고의 제품과 서비스를 창출하여 인류사회에 공헌한다' 인데 하루가 다르게 변화하고 치열하게 경쟁하는 정보화시대에 최고의 제품과 서비스는 실제가 아닌 개념으로만 존재한다.

이것은 일등기업을 따라잡고 후발기업이 따라오지 못하도록 해야 할 뿐만 아니라 새로운 성장동력을 만들기 위해서 끊임없는 혁신을 통해 발전해나가야 함을 말해주는 것이다.

조직의의를 말할 때 현재 생산하고 있는 제품이나 대상으로 하고 있는 고객층으로 나타내는 잘못을 범하지 말아야 한다.

3M은 조직의의를 처음에 만들었던 접착제adhesives와 마모제abrasives가 아니라 '해결되지 않은 문제를 혁신적으로 해결하기 위해 영원히 노력한다perpetual quest to solve unsolved problems innovatively' 로 나타내었다. 그랬기 때문에 3M은 단지 접착제와 마모제만 만드는 것에 그치지 않고 혁신에 혁신을 거듭하며 이제는 6만여 종의 다양한 제품을 생산하고 있다.

디즈니도 처음에는 만화cartoon를 만들었지만 존재이유를 '만화 만드는 것to make cartoons' 으로 하지 않고 '사람들을 행복하게 하는 것to make people happy' 으로 했기 때문에 미키마우스, 디즈니랜드, EPCOT센터 등으로 발전할 수 있었다.

이와 같이 조직의의를 제품으로 나타내지 않고 인류와 사회에 대한 기여로 나타내기 위해서는 특정제품을 만드는 것이 어떤 의미가 있고 왜 중요한지에 대해 계속해서 질문할 필요가 있다. 월트디즈니도 '왜 만화를 만드느냐' 하는 계속된 질문을 통해 '사람들을 행복하게 하는 것'이라는 조직의의를 찾게 됐다고 볼 수 있다.

조직의의는 조직의 영혼으로 기업방향에 대한 지침guide이 되고 우리에게 숭고한 일을 하도록 고무inspire시키는 것이다. 그렇기 때문에 '주주가치를 극대화하는 것' 등과 같은 재무적인 것이 조직의의가 될 수 없다.

재무적인 것을 넘어서 정신적 차원의 조직의의를 찾아내기 위해서는 우리 회사의 존속이 왜 중요한지에 대해 자문해보아야 한다. 예를 들어 어떤 사람이 회사를 사서 그 자리에 다른 회사를 설립하고 우리 회사의 이름이나 브랜드를 비롯하여 우리가 제공해왔던 제품 및 서비스를 폐기한다고 했을 때 우리 회사를 팔지 않겠다고 거절할 수 있는 이유는 무엇일까 하고 자문해보는 것이다(짐 콜린스와 제리 포라스는 이것을 'Random Corporate Serial Killer Game'이라고 불렀다). 즉 우리 회사가 왜 계속 존재해야 하느냐는 것이다.

와세다대학 입구 네거리에는 300년이 넘는 역사를 가진 자그마한 단층 메밀국수집이 있다.

내가 주인에게 돈을 많이 준다면 이 집을 팔 생각이 없느냐고 물었더니 "그런 질문을 하는 것은 굉장히 실례다. 이곳은 조상 대대로 내려오는 집이고 와세다 대학생이 졸업 후 20~30년 만에 다시 왔을 때 다른 것은 다 변해도 이 집만은 바뀌지 않은 것을 보고 추억에 잠길 수 있는 곳인데 어떻게 팔 수 있겠느냐"고 답했다. 이 메밀국수집의 조직의의는 조상의 정신을 계승하는 것과 졸업생들에게 추억을 제공하는 것이라고 볼 수 있다.

정보화시대에 들어와 경쟁이 치열해지면서 사람들의 창조적 에너지와 재능을 충분히 끌어내는 것이 중요해졌다. 사람들은 무엇 때문에 회사를 위해 자기 전부를 바치는가? 그것은 회사 일이 자기의 조직의의를 설명해주기 때문이다.

인간의 가장 기본적인 욕구는 "내가 왜 사느냐?" 하는 조직의의를 아는 것이다. 그러므로 이 욕구가 충족되지 않으면 회사에 오래 남아 있지 않을 것이다.

핵심이념의 발견

핵심이념은 없는 것을 창조하는create 것이 아니라, 내면에 있는 것을 발견하는discover 것이다. 자기 내면을 들여다보고 진실하게 물어보는 것이 필요하다. 지적인intellectual 활동이 아니라 정서적인emotional 활동인 것이다.

"우리는 어떤 가치를 가져야 하는가?" 대신에, "우리는 어떤 가치에 열정을 가질 수 있는가?" 하고 물어야 한다.

핵심이념은 정서적인 것이기 때문에 그것을 얼마나 열정적으로 심도 있고 강력하게 실천하느냐가 중요하다. 비전 있는 회사와 그렇지 않은 회사의 차이는 핵심이념을 실천하는 진실성authenticity, 기강discipline, 일관성consistency에 있다.

많은 기업이 혁신을 핵심가치로 하고 있지만, 3M만큼 혁신을 조장하는 제도와 문화를 강력하게 구축하고 있는 회사는 많지 않다. 또한 많은 기업이 윤리적 가치를 핵심가치로 하고 있지만 한미글로벌처럼 가치를 지키기 위해 1년 매출에 해당하는 비즈니스를 포기할 정도로 일관성과 기강을 보여주는 회사도 흔치 않다.

결국 핵심이념에서 중요한 것은 글로 나타낸 것이 아니라, 실천하는 것이다. 이것은 CEO를 포함한 경영층의 가치관이 중요하다는 것을 말해준다.

미래상

미래상은 20~30년 후 달성할 목적BHAG과 생생한 묘사로 구성되어
있다.

장기목적

앞에서도 언급했듯이 장기목적은 명확하고 도전적이고 감동적인 것이
되어야 한다. 이럴 때 장기목적은 노력을 결집할 수 있는 초점이 될 수 있다.
　명확하다는 것은 장기목적의 시간과 수준이 구체적이어야 한다는
것이다. ‘언제까지, 무엇을 한다’ 라고 표현되어야 한다. ‘가까운 시일
내에 에베레스트산에 올라가자’ 보다 ‘2011년 11월 30일까지 에베레스
트산 정상에 올라가자’ 라고 해야 어떤 노력을 어떻게 기울여야 할지
알 수 있고, 행동이 시작될 수 있다.
　그러나 장기목적이 항상 계량적으로 시간과 수준을 포함하여 구체
적으로 표현되어야 하는 것은 아니다. 장기목적은 보다 구체적인 조직
목표로 뒷받침될 수 있기 때문이다. 포드자동차는 ‘자동차를 대중화한
다democratize the automobile’ 라는 장기목적을 설정할 때 시간과 수준을 제
시하지 않았다. 여기에는 대중화가 되려면 가격이 싸야 하고, 이를 위
해서는 자동차 제조원가를 언제까지 얼마로 낮추어야 한다는 조직목
표가 암묵적으로 제시되어 있었기 때문이다. 나이키Nike는 1960년대에
‘아디다스를 때려 부수자’ 라는 장기목적을 설정했는데 이것이 구체적
으로 무엇을 의미하는지 매출액, 수익성 등의 관점에서 구체적인 조직
목표를 설정해야 할 필요가 있었다.
　장기목적이 도전적일 때 의지와 각오를 다질 수 있다. 게리 하멜은

<table>
<tr><td colspan="2" align="center">〈표 4〉 장기목적의 사례</td></tr>
<tr><td>지표목적</td><td>2000년까지 매출 1250억 달러 규모의 회사가 되고자 한다(월마트가 1990년 수립).</td></tr>
<tr><td></td><td>자동차를 대중화한다(포드가 1900년대 초 수립).</td></tr>
<tr><td></td><td>일본제품의 열악한 품질 이미지를 바꾼 것으로 유명한 회사가 되고자 한다(소니가 1950년대 초 수립).</td></tr>
<tr><td>타도목적</td><td>세계 1등 담배회사인 RJR을 때려눕힌다(필립모리스가 1950년대 수립).</td></tr>
<tr><td></td><td>아디다스를 때려 부수자(나이키가 1960년대 수립).</td></tr>
<tr><td></td><td>야마하를 부수어 버리자(혼다가 1970년대 수립).</td></tr>
<tr><td>존경목적</td><td>자전거 산업에서의 나이키가 되자(지로스포츠디자인(Giro Sport Design)이 1986년에 수립).</td></tr>
<tr><td></td><td>20년 후 HP처럼 존경받는 기업이 되자(왓킨스-존슨(Watkins-Johnson)이 1996년에 수립).</td></tr>
<tr><td></td><td>서부의 하버드가 되자(스탠퍼드대학이 1940년대 수립).</td></tr>
<tr><td>혁신목적</td><td>회사를 혁명적으로 바꾸어 대기업의 강점과 소기업의 날씬함과 민첩성(leanness and agility)을 가진 회사로 만든다(GE가 1980년대 수립).</td></tr>
<tr><td></td><td>방산제품제조회사에서 다각화된 첨단기술(high-technology) 회사로 변신한다(록웰(Rockwell)이 1955년에 수립).</td></tr>
<tr><td></td><td>존경받지 못하는 사업부에서 회사 내부에 필요한 부품을 공급하는 존경받고 일하기 좋은 사업부로 변신한다(어느 컴퓨터 제조회사의 부품사업부가 1989년 수립).</td></tr>
</table>

이것을 전략적 의도strategic intent라고 했다. 이런 전략적 의도가 있을 때 기업은 경쟁 기업을 따라잡고 업계 정상에 오를 수 있다는 것이다.

감동적이라는 것은 장기목적의 달성이 가치와 보람 있는 일이어서 그 일에 열정을 가지고 참여할 수 있다는 것이다. 장기목적은 대담하여 처음 보기에는 달성 가능성이 낮아 보인다. 그러나 구성원들의 열정적 참여와 의지가 있다면 목적 달성은 가능해질 것이다.

장기목적을 수립하는 데는 현재의 기업 능력이나 환경을 넘어서 미래를 멀리 내다보는 통찰력이 요구된다. 현재 능력보다 달성의지가 목적달성에 더 중요하다. 20~30년 장기적으로 추구하는 것이기 때문에 의지만 있다면 필요한 능력은 개발될 수 있는 것이다. 캐논이 1960년대에 복사기 사업에서 '제록스를 따라잡자'라고 했을 때는 상대도 되지 못했지만, 80년대에 와서 제록스를 따라잡을 수 있었던 것은 전략적 의지를 가지고 끊임없는 노력을 경주하여 능력을 키워왔기 때문이다.

장기목적에는 4가지 종류가 있다. 지표목적target, 타도목적common enemy, 존경목적role model, 혁신목적internal transformation이다.

지표목적은 언제까지 어느 수준을 달성한다고 하는 것이고, 타도목적은 경쟁 기업을 언제까지 따라잡겠다는 것이다. 존경목적은 존경대상이 되는 기업처럼 되어보겠다는 것이고, 혁신목적은 회사의 사업이나 문화를 바꾸어 보겠다는 것이다. 〈표 4〉는 4가지 종류의 장기목적에 대한 예이다.

생생한 묘사

위에서 언급했듯이 생생한 묘사는 장기목적을 달성하면 회사가 어떤 모습이 될 것인지를 구체적이면서 감동적으로 흥미 있게 기술하는 것이다. 말로 표현했던 것verbalize을 그림으로 나타낸 것visualize이다. 그리고 그것이 구성원들에게 감동을 불러일으킬 때emotionalize 장기목적은 달성하기 쉬워진다.

헨리 포드Henry Ford는 자동차를 모든 사람이 탈 수 있도록 싸게 만들어 자동차를 대중화한다는 장기목적을 다음과 같이 생생한 묘사로 나타내었다.

"나는 자동차를 많은 대중을 위해 생산할 것이다. 자동차 가격이 아주 낮아져서 웬만한 봉급생활자라면 자신의 차를 가질 수 있고, 가족과 함께 축복된 즐거운 시간을 자연의 야외공간에서 즐길 수 있을 것이다. 내가 이 일을 완성했을 때, 모든 사람은 자동차를 가질 여유가 있고, 또한 자동차를 소유하고 있을 것이다. 말은 고속도로에서 사라지고, 자동차가 당연히 그 자리를 차지할 것이다. 그리고 우리는 많은 사람들에게 높은 임금 수준의 일자리를 제공할 것이다."

생생한 묘사에는 개인의 가치, 열정, 확신이 들어 있어야 한다. 경영자들은 대개 그들의 내면에 있는 꿈과 정서를 구성원들에게 나타내는 데 불편해한다. 그러나 이러한 자기 내면의 꿈과 정서를 종업원들과 공유할 때, 구성원들이 일체감을 느끼고 동기부여가 되기 때문에 이를 주저하지 말아야 한다. 카이 앤더슨Kye Anderson은 14세 때 아버지가 심장마비로 돌아가신 후 자기 일생을 인간의 심장병 치료에 바치겠다는 사명을 수립한 후 심폐진료장비를 생산하는 메디컬그래픽스Medical Graphics의 사장이 되었는데, 직원들에게 다음과 같이 말함으로써 그의 꿈과 정서를 공유하였다.

"여러분들이 부모님이나 자녀들을 구급실로 데려왔다고 가정합시다. 좀 더 구체적으로 데려온 사람이 여러분의 딸이며 그녀가 호흡곤란을 겪고 있다고 상정합시다. 그녀를 진단하여 질병의 원인을 캐내기 위하여 간호사가 메디컬그래픽스의 제품인 의료장비를 끌고 온다고 상상하십시오. 여러분은 그 순간 어떤 기분이기를 바랍니까? 분명 안도감을 느끼기를 원하실 것입니다. 그러기 위해서 여러분은 세계에서 가장 훌륭한 장비를 제작했으며 그것이 의미 있고 정확한 조사 결과를 제공해주어 궁극적으로 자녀의 생명을 구해줄 수 있으리라는 확신이 서야 합니다."

핵심이념과 미래상의 차이점

핵심의의core purpose는 방향을 제시하는 것이고, 장기목적은 구체적으로 달성되어야 하는 것이다. 핵심의의가 수평선상의 별이라면 장기목적은 올라가야 할 산이다. 일단 산의 정상에 오른 뒤에는 다른 더 높은 산을 정복하는 장기목적을 다시 수립해야 한다. 여기서 중요한 것은 너무 일찍 샴페인을 터뜨리지 말라는 것이다. 산의 정상에 올랐다고 자축을 하고 새로운 장기목적을 수립하지 못할 경우 해이감complacency에 빠져 조직이 역동성을 잃어버리고 쇠퇴해버릴 수 있다.

핵심이념을 파악하는 것은 발견과정discovery Process이고, 미래상을 수립하는 것은 창조과정creative Process이다. 핵심이념과 미래상 둘 다 주관적인 내면을 반영하는 것이기 때문에 옳고 그른 것이 없다. 중요한 것은 둘 다 우리의 정서에 불을 붙이고 역동적으로 나아가게 동기부여 시키는가 하는 것이다. 특히 미래상은 구성원들이 달성하고 싶은 것이어서 그것을 수립한 최고경영자가 떠나도 구성원들을 계속해서 동기부여시키는 것이어야 한다. 미항공우주국의 '인간을 달에 보낸다' 라는 달 착륙 프로그램은 이 대담한 장기목적을 수립한 케네디 대통령이 암살된 뒤에도 계속되어 마침내 완성되었다.

장기목적은 비합리적일 만큼 도전적으로 설정되어 어려울 것 같은데도 달성이 가능한 것은 상당 부분 훌륭한 리더십 스타일에 기인하고 있다. 겸손과 의지를 갖춘 리더가 대화를 강조하는 현장 중심의 리더십으로 구성원들의 일체감과 긴박감을 끌어내어 결의를 가지고 장기목적을 달성하기 위해 끊임없이 필요한 역량을 강화시켜 나가기 때문이다. 삼성전자도 창업 이후 80년 동안 다른 기업과 다르게 대담하게 인재와 기술에 투자하면서 끊임없이 역량을 축적해나갔기 때문에 세계적 기업이 된 것이다. 여기에는 세계적 기업을 만들고자 하는 이병철 회장과 이건희 회장의 강한 결의가 있었기 때문에 가능했다.

03

비전의 개발, 평가와 홍보

비전의 개발

비전의 내용은 결국 우리가 무슨 일을 하느냐, 그 일은 어떤 가치를 가지고 있느냐, 그 일을 하기 위한 조직의 분위기는 어떠해야 하는가 하는 3가지로 나눌 수 있다. '무조건 틀림없이 하룻밤 사이에 진정으로 신뢰할 수 있는 우편배달 서비스' 라고 한다면 우편배달 서비스가 우리의 일이고 그것이 어떤 가치를 지니고 있는지 지각하고, 그 일을 하기 위해 요구되는 자율성 있는 분위기가 조성될 수 있도록 해야 할 것이다.

비전의 개발에는 가능하면 전체 종업원이 참여하여 그들의 꿈과 의지가 반영되어야 한다. 이러한 비전이 중장기 전략에 반영되어 좋은 결과가 나온다면 그 수혜자는 결국 종업원임을 강조하여 참여의식을 조장하여야 할 것이다. 비전은 여러 사람이 설정하겠지만 특히 최고경영자의 경험이 중요하다. 자기가 어떤 일을 했을 때 가장 흥분되었고 가장 감동적이었는가, 어떤 일로 사람들은 희망을 가지는가 등을 생각해 보아야 한다.

그리고 기본적으로 일은 가치 있는 것이어야 하기 때문에 내가 하는 일에 어떤 가치가 내재되어 있는가, 무엇이 가장 소중한 가치인가 하는 것을 생각해야 한다. 우리가 무슨 일을 할 것인가라는 것은 우리가 어떤 가치를 지향해야 하는가라는 질문과 같은 것이다.

그래서 어떤 순간에 감동을 받았는가와 같은 질문을 해본다면 사업이나 일의 방향을 결정할 수가 있다. 지금까지 일을 하면서 어떤 분위기가 일에 지장을 초래했는가, 지나친 관료주의적인 분위기가 일을 얼마나 망치고 있는가, 어떤 분위기가 가장 마음에 들었는가, 반대로 가장 괴로운 경험은 무엇인가를 생각해본다면 어떤 분위기를 조성해야 하는지 알 수 있게 된다.

제약회사인 '얀센'의 비전은 어떤가? 제약회사의 일은 '약을 만드는 것', 또는 '인류의 건강'이라고 정할 수도 있을 것이다. 단순히 약을 만드는 것이라고 하면 범위가 좁아지겠지만 인류의 건강을 위해서 노력한다고 하면 제약뿐만 아니라 다른 사업도 가능할 것이다. 이렇게 일을 정하는 것이 비전을 정하는 첫 출발이 된다. 얀센의 가치는 "People, Trust, Challenge to the Best"에 있다. 즉 사람과의 신뢰관계를 중요시 여기고 최고를 지향하는 가치를 가지고 있다. 그것이 바로 이 기업의 비전이 중요하게 내세우는 가치인 것이다.

문화는 어떤 분위기를 조성하고자 하는가에서 출발하는데, 얀센의 경우는 개인이 혁신적이고 창조적인 기업가적 정신을 가진 문화, 팀 정신의 문화, 그리고 투지와 도전적인 정신 등을 중요시하는 문화를 가지고 있다.

LG전자는 처음에 가전제품으로 시작했다가 최근에 멀티미디어로 일의 내용을 바꿨다. 먼저 일에 대한 것을 알아야 되고 그다음이 가치이다. 과거에는 매출액, 시장점유율과 같은 양적 가치가 중요했지만 요즘은 질적 가치로 바뀌고 있다. 그래서 대량생산에서 고객만족으로 이동했고 품질, A/S와 같은 것을 중요시한다. 그다음은 문화인데, 과거에는 무조건 신기술을 적용했지만 이제는 히트상품을 창출하려는 문화로 바뀌어가고 있다. 다시 말해서 더욱 시장지향적으로 바뀌어가고 있는 것이다.

이렇게 일, 가치, 문화의 내용을 담고 있으면 비전이 된다. 따라서 비전은 '우리는 멀티미디어산업에서 고객만족을 중시하면서 히트상품을 창출하려고 노력한다' 라는 식으로 말할 수 있을 것이다.

비전의 검토

비전을 설정하고 나면 이를 검토해야 한다. 살아 있는 비전인가 아닌가를 검토하기 위해서는 다음과 같은 질문이 필요하다.

- 판단과 행동의 기준이 될 만큼 구체적인가?
- 과감한 행동을 장려할 만큼 명확한가?: 비전에 비추어 무엇이 바른 행동인지 명확하지 않으면 과감한 행동이 나올 수 없다.
- 빠른 실패와 학습을 조장하는가?
- 대담한 시도를 장려할 만큼 광범위한가?: 범위가 너무 제한되어 있다면 대담한 행동이 나올 수 없다.
- 종업원이 매일 실천할 수 있는가?: 구체적인 현장의 용어로 표현되어 있어야 한다.
- 간결한가?: 비전은 25개 단어 이내로 나타낼 수 있어야 한다.
- 전략의 핵심을 나타내는가?: 이 사업에서 성공하기 위해서 해야

할 일을 비전으로 나타내야 한다. 페더럴익스프레스의 전략은 '신뢰할 만한 서비스'이고, 슈퍼마켓은 '고객만족'이 핵심인 것이다.

한국의 비전 평가

한국 기업의 비전을 이상의 기준에 따라 평가해보면 주로 하향식 경영을 하기 때문에 아랫사람들에게 주는 자율성이 부족하여 과감한 행동이나 대담한 시도를 장려하지 못하고 있다. 아랫사람에게 주도권을 주기보다 상사(특히 임원진)에 의해 결정되고 대기업인 경우 계열기업에서는 모 회사의 의견에 따라 모든 것을 결정하는 경우가 많다.

어떤 회사에서는 '행동하는 경영'과 같은 구체적이고 행동지향적 용어로 비전의 내용을 보완한 경우도 있지만 실제 기업문화는 권한위양이 잘되어 있지 않고 경영층도 소신을 갖고 일을 추진하지 않는다는 지적이 있다. 즉, 비전과 문화가 하나로 정렬되어 있지 않은 것이다.

빠른 실패와 그로 인한 학습을 조장하는 것도 실패를 허용하지 않는 분위기이므로 기대하기 어렵다. 실패한 사례에 대해서도 깊이 있게 이야기하거나 학습의 기회로 만들려고 하지 않고 우선 넘어가고 보자는 생각에 실패의 경험을 묻어버리기에 급급하다는 것이다.

판단과 행동의 기준이 될 만큼 구체적인가 하는 것도 애매모호한 경우가 많았다. 비전은 추상적이기 때문에 세부 단위의 실천강령이 필요한데 그러한 것이 없거나 희박하여 나중에는 비전 자체가 무엇이었는지조차도 모르게 된다는 것이다. 한 외국계 회사는 윤리적 가치와 관련해서 정기적으로 교육을 실시하여 회사의 이념에 위배되는 상황에 접했을 때 종업원들이 대처해야 할 요령에 대해 토의하고 사례와 경험을 교류함으로써 윤리적 가치가 행동과 판단의 기준이 될 수 있도록 하였다.

종업원이 매일 실천할 수 있는가 하는 것도 구체적이지 못하기 때문에 직원들은 당장의 업무에만 열중할 뿐 비전을 잘 생각하지도 않아 실천되지 않고 있다는 것이다. 어떤 외국계 회사는 비전 속에 관심과 배려라는 가치가 있지만 매달 매출실적을 빡빡하게 관리하고 있기 때문에 서류 작업이 많고 단순히 보고를 위한 보고가 되어 비전과 실제 일이 이루어지는 것과는 다르다고 하는 경우도 있었다.

비전은 간결하지만 구체적이지 않고 너무 포괄적이며 어느 회사나 표방하는 내용이기 때문에 내 것이라는 느낌이 들지 않는다는 의견도 있다. 어느 외국계 회사는 본사에서 설정한 비전을 그대로 한글로 번역해서 쓰고 있기 때문에 말은 좋지만 국가별 사업장별로 인사제도, 급여 시스템이 달라 공감이 가지 않는다는 경우도 있었다. 한국 옷을 입고 있는 외국인처럼 어색하다는 것이다.

비전 자체는 기업이 나아가야 할 전략적 방향을 잘 나타내고 있는 경우가 많다. 그러나 좋은 말로 써놓았을 뿐 구체적이지 않아 종업원 입장에서는 어떻게 해야 하는지 잘 모르겠다는 경우가 대부분이었다. 그리고 실행의 측면에서 얼마나 끈기 있게 추진하느냐가 문제라는 지적이 있었다. 중요한 것은 전략적 방향을 나타내는 핵심가치와 관련된 세부 과제를 개발하여 직원들이 이를 수행할 때 전략이 실행될 수 있도록 하는 것이다.

비전이 보다 구체적으로 직원들에게 전달되어 그들의 근무태도에 반영되기 위해서는 최고경영층이 비전의 의미를 실천적으로 재해석하여 그 내용을 직원들과 공유해나갈 필요가 있다. 예를 들어서 기술개발을 중요시하는 비전을 갖고 있다면 "기술개발에 돈을 아끼지 마라"고 정문술 전 미래산업 사장이 했던 말처럼 직원들에게 수시로 이야기해 줄 필요가 있는 것이다. 아무리 좋은 비전이라도 최고경영층의 관심과 재해석이 없다면 연초에 다 같이 한번 외치고 나서 잊어버리고 홈페이지에나 적혀 있는 비전이 되기 쉽다.

중요한 것은 비전이 실천될 수 있는 문화를 형성하는 것이다. 비전의 의의는 종업원을 경영에 능동적으로 참여시키는 데 있다. 보다 자율적인 문화, 실패를 허용하는 문화가 조성된다면 과감한 행동과 대담한 시도를 통해 비전을 실현해나갈 수 있을 것이다. 그러나 대부분의 한국 기업에서는 이런 문화가 형성되어 있지 않다.

비전의 홍보

비전은 홍보되고 공유되어야 하는데 이를 위해서는 최고경영자의 역할이 중요하다. 여기에는 개인적 행동, 인정과 보상, 매체의 3가지 방법이 있다. 개인적으로는 비전과 일관성 있는 행동이 요구된다. 하루 2~3차례 3분 정도 비전과 관련된 연설을 하면서 비전을 실천하는 모범을 보인 사람들을 예로 들기도 하고, 실천하면서 겪었던 어려움도 이야기하는 등 조직 구성원들로부터 지지와 참여를 이끌어내는 캠페인을 벌이는 것도 필요하다. 또한 회의 시작 전에 비전을 강조하기도 하고 비전 전파에 결정적인 역할을 하는 관리자와 워크숍을 가지거나 비공식 커피모임 또는 현장에 나가 종업원들과 비전에 관련된 대화를 나누는 것도 필요하다. 중요한 것은 최고경영자가 비전에 열성적인 집중력을 보여야 비전이 실천될 수 있다는 것이다.

인정과 보상의 측면에서는 비전을 실천한 사람을 승진정책에 반영하고 비전 실천을 위해 작은 행동을 취한 사람들에게도 감사편지를 보내는 등의 일이 필요하다. 또한 '비전상' 같은 것을 제정하여 비전의 실천에 뛰어난 기여를 한 사람을 인정하는 것도 좋은 방법이 될 것이다. 그리고 비전과 관련된 시도를 하다가 실패한 경우에도 보상함으로써 행동을 장려하는 것도 중요하다.

매체의 측면에서는 비전을 반영하는 기사가 있다면 '우리는 이렇게 하고 있는가' 라는 메모를 적어 돌려보게 하고 뉴스레터에 비전 문구를 넣고 이와 관련된 기사를 연재하도록 하는 것이 좋다. 또한 비전을 나타내는 핀·모자·셔츠 등을 만들어 배포하고 비전을 널리 알릴 수 있는 슬로건 또는 표어를 공모하는 방법도 있다. 그리고 정기적으로 비전과 관련된 종업원들의 태도, 믿음, 관행을 알아보기 위해 설문조사를 하는 것도 도움이 될 것이다.

2장

—

전략

01

블루오션[12]

블루오션은 프랑스 인시아드INSEAD의 김위찬 교수와 르네 마보안Renee Mauborgne 교수가 1990년대 중반부터 제시한 가치혁신value innovation이라는 개념에 기초를 두고 만든 용어이다. 블루오션(푸른 바다)은 수많은 기업들이 치열하게 경쟁하면서 피를 흘리는 시장 즉 레드오션red ocean(붉은 바다)과는 상반되는 개념이다. 새로운 차원에서 고객의 욕구를 충족시키는 제품혁신, 사업혁신을 포함하는 가치혁신에 의해 창출된 것으로 경쟁 기업들이 아직 들어오지 못하여 경쟁이 없는 시장이라는 뜻이다.

기업전략은 크게 시장점유전략Market Share Strategy과 가치창출전략Value Creation Strategy의 2가지로 나누어 볼 수 있다.

시장점유전략이란 경쟁 기업들이 시장점유율을 늘리기 위해 고객의 욕구를 충족시키는 것보다 매출액을 증대시키는 데에 더 많은 관심을 두고 있는 것을 말한다. 또한 단기적인 시각에 머물러 광고, 가격, 유통으로 시장을 지배하고자 한다.

이 전략은 주로 제과, 소주, 맥주, 화장품 등의 시장에서 활용되고 있다. 실제로 우리나라에서는 70년대에 삼성, LG(당시 금성사), 대우가 가전시장의 점유율을 서로 빼앗기 위해 광고, 가격, 유통으로 경쟁을 했었던 시기가 있었다. 시장점유전략은 레드오션전략이다.

반면에 가치창출전략은 가격, 품질, 납기, 융통성의 측면에서 혁신을 이루어 고객의 달라진 욕구를 충족시키면서 새로운 시장을 창출함으로써 경쟁 기업을 따돌리고 시장을 지배하고자 하는 전략이다. 장기적 시각을 가지고 기술개발에 많은 투자를 하고 제품혁신을 추구한다.

기업전략은 또한 틈새전략과 살포전략으로 나누어 볼 수 있다. 틈새전략은 기술개발과 제품혁신으로 새롭게 고객의 욕구를 충족시키면서 고객 속으로 파고 들어가는 것이고, 살포전략은 차별화된 제품에 의한 새로운 고객욕구의 충족 없이 모방제품으로 시장에 뛰어드는 것이다. 가치창출전략은 틈새전략이고 시장점유전략은 살포전략이다.[*]

전략의 기본은 새로운 개념에 기초를 둔 제품개발 또는 사업개발로 고객의 욕구를 충족시켜 고객만족, 나아가서는 고객감동을 이끌어내는 것이다(예를 들어서 '총각네 야채가게'는 색다른 서비스로 고객에게 감동을 주었다).

고객욕구가 충족되는 정도에 따라 제품을 4가지 수준으로 나눈 총체적 제품 개념Total Product Concept이 테드 레비트Ted Levitt 교수에 의해 제안되었다(〈그림 6〉 총체적 제품 개념 참조).

제품의 기본 특성만을 갖추고 있는 본원상품, 기대 수준의 특성을 갖추고 있는 기대상품, 기대 이상의 특성을 갖추고 있는 확장상품, 그리고 예상하지 못한 특성을 갖추고 있는 잠재상품이 그것이다.

자동차로 말하면 본원상품은 굴러는 가지만 그 이상은 크게 기대할 수 없는 차이다. 80년대 말에 미국에 출시된 유고슬로비아에서 만든

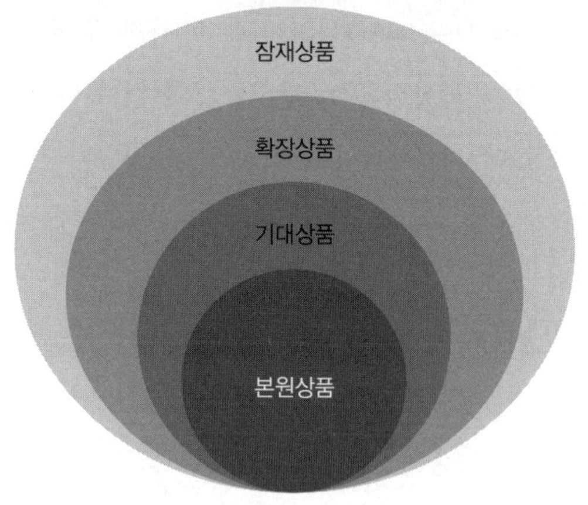

유고YUGO라는 자동차가 있었는데 이 차는 기름을 넣고 달리면 기름통에서 기름이 샌다고 할 정도로 품질이 좋지 않았다. 유고는 본원상품 수준의 서비스밖에 제공하지 못했다고 할 수 있는 것이다. 이 차는 그 뒤 미국 시장에서 자취를 감추었다.

기대상품은 차를 살 때 우리가 기대하는 것으로 6개월 정도는 고장이 나거나 말썽부리지 않는 자동차라 할 수 있다. 지금까지 미국 자동차는 고장이 잘 난다는 측면에서 기대상품이라고 말해도 좋을 것이다. 확장상품은 기대 이상의 특징을 가지고 있는 것으로 2년 이상 고장이 나지 않는다면 이 범주에 포함시킬 수 있다. 얼마 전 가속기 페달 사고가 나기 전에는 토요타 자동차가 이 범주에 속했다.

잠재상품은 예상하지 못한 특징을 가지고 있는 자동차로 10년 이상 고장이 나지 않는다면 이 범주에 들어갈 것이다. 현대자동차는 보증기간을 '10년 10만 마일'로 제시함으로써 제품 그 자체로는 아니지만 마케팅 측면에서 잠재상품을 제공했다고 볼 수 있다. 이런 마케팅 슬로건

244

으로 현대자동차는 미국에서의 입지를 확고하게 다질 수 있었다.

일반적으로 말해 본원상품에서는 고객이 분노하고 기대상품에서는 불만을 나타내고 확장상품에서는 만족하며 잠재상품에서는 감동하는 것이다.

틈새전략, 가치창출전략, 그리고 블루오션전략의 기본은 고객감동을 이끌어내는 것이다. 잠재상품을 제공하기 위해서는 발상의 전환을 통해서 제품의 개념을 바꾸는 노력이 필요하다. 창조적 아이디어가 요구되는 것이다.

일본에 아버지로부터 가업으로 물려받아 두부를 제조 판매하는 회사가 있는데 아무리 두부를 잘 만들어도 일반적 시중가격인 100엔 이상을 받지 못했다고 한다. 그런데 두부에 오토코마에(남자다운) 두부라는 브랜드를 붙이고 '진정한 오토코마에, 즉 터프가이는 당신을 배반하지 않는다'를 모토로 내세운 마케팅을 시작하여 일본 최고 히트상품 10선에 뽑히고 300엔까지 값을 올려 팔 수 있었다. 이것은 두부에도 브랜드를 붙이고 스토리가 있는 제품을 만들어 고객에게 감동을 주는 발상의 전환이 있었기 때문이다. 오토코마에 두부는 블루오션 제품인 것이다.

블루오션을 개척하기 위해서는 가치혁신을 이루어야 하는데 이는 발상의 전환을 요구한다. 기존의 전통적 사고를 뛰어넘어 잠재상품 수준으로 고객의 욕구를 충족시키는 창조적 아이디어를 내야 한다.

산업에 대한 가정

산업의 조건은 주어지는 것이 아니라 만들어지는 것이라고 생각해야 한다. 사양화되고 있던 영화산업이 성장산업으로 탈바꿈할 수 있었던 것은 영화를 '보는 것'에서 탈피하여 '분위기를 즐기는 것'으로 산업의 조건을 새롭게 정의하고 새로운 비즈니스모델을 구축하였기 때문이다.

벨기에의 영화관인 키네폴리스는 다른 전형적인 복합상영관multiplex과는 달리 초대형 상영관megaplex이라는 새로운 개념의 영화관을 구상하여 시장점유율 50퍼센트 이상으로 시장을 지배할 수 있었다.

기존의 복합상영관이 100석 정도의 관람실에 35밀리미터 영사기를 갖추고 있는 데 비해 키네폴리스는 700석 이상의 관람실에 70밀리미터 영사기와 10배 큰 스크린과 최첨단 음향장비를 가지고 있다. 도심보다는 외곽에 위치해 있으며 무료 주차공간을 제공하였다. 이렇게 함으로써 키네폴리스는 보는 영화에서 즐기는 영화로 수익성 있는 성장을 실현하고 있다.

산업의 조건을 뛰어넘기 위해서는 대안산업alternative industry을 관찰해볼 필요가 있다.

캐나다의 '태양의 서커스단cirque du soleil'은 서커스단이 경쟁력을 잃고 모두 사라져 갈 때 소비자들이 서커스를 보러 오지 않으면 어디로 가느냐 하는 질문을 통해 대안산업으로 뮤지컬, 연극, 영화 등을 설정하였다. 그리고 이러한 요소들을 서커스에 포함시켜 기존 서커스의 개념을 바꾸어 고객들이 고가의 관람료를 지불하면서도 즐기게 만들어 큰 성공을 거두었다.

기존 산업의 조건을 뛰어넘기 위해서는 기존 관행에 의문을 제기할 필요가 있다. 인슐린 주사의 구매자는 환자이지만 사용자와 구매에 영향을 주는 사람은 의사이다. 처음에는 바늘주사로 놓기 때문에 환자는 돈만 내고 의사가 모든 것을 결정했다. 그래서 약의 순수성purity을 강조했다. 그러나 노보노디스크Novo Nordisk는 환자에게 초점을 맞추어 노보펜Novo Pen을 개발하여 환자들이 직접 구매하고 쉽게 사용할 수 있도록 만들었다.

전략의 초점

전통적 전략의 논리는 경쟁 기업과 비교하여 경쟁우위를 확보함으로써 경쟁 기업으로부터 시장을 빼앗아오는 것이다. 그러나 블루오션에서는 경쟁 기업을 의식하지 않고 고객에게 초점을 맞추어 충족되지 않은 고객의 욕구를 파악하고 만족시키는 전략을 개발하는 것이다. CNN은 시장점유율 경쟁을 위해 기존의 방송국처럼 뉴스의 전문성과 앵커의 인기로 경쟁하지 않고 생방송을 내보낸다는 것으로 고객의 새로운 욕구를 만족시킴으로써 크게 성공할 수 있었다. 전략의 초점을 경쟁 기업에 두지 않고 고객에게 둘 때 고객의 소외된 욕구를 파악하는 것이 중요하다. 이를 위해서는 고객보다 비고객을 보는 것이 필요하다. 비고객은 3가지 부류로 나누어 볼 수 있다.

1) 잠재 비고객 soon-to-be non-customer

다른 대안이 없어 가끔 고객이 되지만 불만이 많고 더 나은 것이 나오면 바로 떠나버리는 고객이다.

2) 거부하는 비고객

한번 고객이 되어 보기는 했지만 너무 비싸거나 또는 너무 불편하여 다시는 찾아오지 않는 고객이다.

3) 무관심 비고객

아예 처음부터 관련이 없다고 생각하여 관계를 맺지 않는 고객이다.

이상의 비고객들이 어떤 불만이나 필요와 욕구를 가지고 있는지를 알 수 있다면 제품의 개념을 바꾸는 획기적인 블루오션전략을 수립할 수 있을 것이다.

호주의 카젤라와인즈라는 회사는 식사 때 맥주나 다른 음료를 마시는 비고객층에게 왜 와인을 마시지 않는지 물어보았다. 그 결과 와인은 빈티지 연도, 품종, 포도산지, 제조사 등에 따라 품질이 달라 복잡하고 이해하기 어렵기 때문에 잘 몰라서 주문할 때 주눅이 들어 잘 마시지 않는다는 것을 알아내었다. 그래서 이 회사는 품종, 빈티지 연도도 따지지 않고 단순하게 고급Premium, 보통급Regular의 2가지 종류만으로 나누어 옐로테일Yellow Tail이라는 브랜드로 미국 시장에 도입하여 고객들이 맥주처럼 가볍게 즐길 수fun and easy 있도록 함으로써 큰 성공을 거두었다.

고객에게 초점을 두고 고객의 새로운 욕구를 충족시키고자 할 때는 인터넷이나 환경보호와 같은 외부환경의 새로운 추세trend에 주목할 필요가 있다. 이러한 추세를 다른 관점에서 보면 블루오션의 기회를 창출할 수 있다. 불법 음악파일 공유는 1990년대 말 시작되었는데 이러한 것이 계속될 수 없다는 것에 착안한 애플Apple은 i-Tunes라는 on-line music store를 시작하여 큰 성공을 거두었다.

고객의 차이점과 공통점

고객욕구의 차이에 기초를 두고 시장을 세분화하고segmentation 목표고객을 설정하여targeting 경쟁우위를 확보할 수 있는 전략을 수립하는 것positioning이 전략 수립의 기본으로 알려져 있다. 이와 같이 시장세분화를 통해 고객의 차이점에 집중함으로써 고객을 유치하고 확장해나가야 한다는 것이 전통적인 전략의 논리이다.

그러나 블루오션에서는 품질을 높이면서도 가격을 낮추는 가치의 도약을 통해 고객욕구의 공통점에 초점을 맞추어 대다수의 고객을 끌어들이는 시장통합market integration을 하게 된다. 예를 들어, 프랑스의 아코르사는 염가호텔 체인인 포물원Formule 1을 저렴한 가격에 편안한 수면을 원하는 고객의 욕구를 파악하여 전략적으로 혁신하였다. 값비싼 식당과 화려한 라운지 같은 호텔의 일반적인 서비스 요소를 제거하여 원가를 절감하였고, 방은 작지만 편안하게 잘 수 있도록 침대를 바꾸고 방음효과를 높였다. 이렇게 함으로써 원가고객과 품질고객을 모두 흡수함으로써 시장점유율을 크게 높일 수 있었다.

고객의 공통적 욕구에 초점을 두고 시장통합을 이루기 위해서는 같은 산업 내의 전략그룹을 통합하는 것도 필요하다. 고급 자동차시장에서도 BMW, Benz는 고급이고 Cadillac은 저급이다. Lexus는 이 두 그룹을 통합하여 Cadillac의 가격으로 BMW의 품질을 제공함으로써 시장을 통합할 수 있었다(〈lexus와 블루오션〉 참조).

Lexus와 블루오션

토요타가 중저가시장에서 쌓아온 기술력과 품질의 자부심은 있는데 벤츠와 BMW의 벽을 넘지 못하는 한계를 느끼고 새로운 브랜드로 미국의 고급화 시장을 겨냥하여 만든 것이 Lexus이다(Lexus는 Let's Export to the U.S.를 나타낸다).

토요타는 Reverse Engineering을 통해서 최고의 제품을 철저히 분해, 연구하여 96가지 내구성 저하요인을 파악하여 문제를 해결함으로써 6년 이상 타도 새차 같은 내구성을 유지할 수 있도록 하였다. 그 결과 Lexus는 낮은 고장률, 높은 연비, 정숙한 주행(도서관 수준이라는 평을 들을 정도)의 특징을 가지게 되었다. 새로운 브랜드의 확립을 위해서 토요타는 독립된 마케팅을 하였다. 그 특징은 완벽한 A/S, 딜러중시, database marketing이었다. 가격은 침투가격전략으로 동종의 BMW525는 6만

자산과 역량

전통적인 전략 논리에서 중요한 것은 자산과 역량이다. 전략을 수립할 때 회사는 기존의 자산과 역량을 가지고 할 수 있는 것이 무엇인가를 묻는다. 이것을 자원기반전략resource based strategy이라고 부른다. 그러나 블루오션에서는 기존의 자산과 역량에 제약을 받아서는 안 된다. 새로운 사업을 시작한다면 무엇이 필요한가를 먼저 질문하고 부족한 것은 새로 구입하든지 아웃소싱이나 전략적 제휴, 나아가서는 투자자의 자본투자로 확보해야 한다는 것이다. 모든 것을 백지에서 출발해야 한다는 뜻으로 영점기준전략zero based strategy이라고 부를 수 있다.

1980년대 후반 버진그룹은 음악과 오락 전문의 초대형 상점을 고려하면서 기존의 소규모 음악 체인점에 제한받지 않고 백지에서 출발하여 초대형 체인점을 선택하였고 소규모 체인점은 매각하였다.

제품과 서비스 제공

전통적 경쟁은 그 산업이 설정한 상품과 서비스의 한계 내에서 이루어지지만 블루오션에서는 그 한계를 벗어나서 소비자의 총체적 문제 해결total solution이라는 관점에서 접근한다.

고객의 총체적 문제 해결을 위해서는 제품이 사용되기 전, 후 그리고 사용되는 동안 필요한 보완재complementary product를 볼 필요가 있다. 영화를 보기 전에는 아기 보기baby sitting나 주차가 필요한데 영화관에서 이를 제공한다면 고객만족이 제고될 것이다. 반스앤노블Barnes&Noble에서는 책을 사러 오는 고객이 책을 읽고 지적탐험을 하는 것을 보고 책을 읽을 수 있는 라운지, 전문지식을 가진 직원, 휴식을 취할 수 있는 카페를 제공하여 고객만족을 이끌어냈다.

(주)벽산도 '건축자재 판매'에서 '공간창조'로 기업의 사명mission을 바꾸었는데 이것은 고객의 문제 해결에 한발 더 다가가기 위한 것이다. 단순히 건축자재만 파는 것이 아니라 기술과 디자인을 결합하여 고객이 요구하는 천장이나 바닥을 실제로 구현해 내는 것이다.

고객의 총체적 문제 해결을 위해서는 기본 상품에 서비스, 배달, 경험, 컨설팅, 시스템을 복합적으로 추가하여 제품의 개념을 확대할 필요가 있다. 버진항공사Virgin Atlantic Airways는 비즈니스 고객들에게 서비스로는 샤워와 다림질을 제공했고 배달로는 리모바이크로 신속하게 시내에 들어갈 수 있는 교통편을 제공했다. 보통 비행기에서 내리면 피곤하여 호텔에 체크인을 한 후 샤워하고 비즈니스 면담을 하러 가기 마련이다. 그런데 버진항공사는 샤워와 다림질을 제공함으로써 호텔로 가는 시간을 절약하고 바로 비즈니스 면담으로 갈 수 있게 하였다. 또 시간이 촉박할 때는 교통정체를 피해갈 수 있는 리모바이크를 제공하였다.

그리고 제품의 기능적 측면과 정서적 측면을 동시에 고려할 필요가 있다.

스와치Swatch는 기술적 측면이 강한 시계에 브랜드를 붙이고 패션화시킴으로써 정서적 측면을 가미하였다. 오토코마에 두부도 기능적인 두부에 브랜드를 붙여 정서적인 면을 추가함으로써 고객감동을 이끌어내었다.

기능과 감성을 결합하는 것과 관련하여 페라리의 CEO 롱지노티 뷔토니Longinotti – Buitoni는 그의 책 《드림케팅》에서 "기업은 제품의 기능적 가치를 넘어 고객의 감성적 가치와 연결할 수 있는 꿈을 팔아야 한다" 하고 말했다. 그는 맥스웰하우스에 비해서는 스타벅스가, 스즈키에 비해서는 할리데이비슨이, 카터 대통령에 비해서는 케네디 대통령이 꿈과 희망을 제공하고 있다고 했다.

감자칩에 퀴즈나 유머를 인쇄한 프링글스프린츠, 이케아의 DIY 가구, 스포츠 레저용품업체 REI는 기존 제품에 재미, 체험, 개성 있는 문화, 꿈을 결합하여 성공한 예이다(〈꿈과 희망〉 참조).

꿈과 희망

세계 초일류 제조업체들에게는 '굴뚝산업'이란 말이 통하지 않는다. 그들은 기존 제품에 끊임없이 재미와 문화, 체험, 심지어 꿈까지 결합해 매일 새롭게 태어나고 있었다. 2차산업인 제조업이 2.5차산업으로 업그레이드되는 현장이다.

"사람의 심장이 하루에 뿜어내는 피는 몇 갤런인가?" 미국 소비재회사인 프록터앤드갬블P&G은 지난해 출시한 감자칩 신제품인 '프링글스프린츠'에 이런 식의 퀴즈나 유머를 인쇄했다. 경쟁업체의 난립으로 과자류 매출이 크게 줄어들면서 고전하던 P&G가 낸 고심의 묘안이다.

결과는 대성공. 작년 6월 출시 이후 6개월 만에 매출 1000만 달러(약 100억 원)를 기록, 지난해 미국 제과시장의 최고 히트상품이 됐다.

'맛'으로 승부하던 제과시장에 '정보'와 '재미'라는 새로운 부가가치를 결합한 것이 성공비결이었다.

스포츠레저용품 업체인 REI도 '물건 만들기'에 '재미와 문화'를 접목해 성공한 케이스다. 미국 시애틀 도심 한가운데에 있는 이 회사 본사 매장은 어른들의 놀이터다. 20미터 높이의 인공암벽, 150미터 길이의 하이킹오솔길, 비오는 방(방수가 되는지 체험하는 곳) 등 체험시설이 갖춰져 있기 때문이다. 옆에는 암벽 등반가나 자전거선수 출신 직원들이 고객들에게 충고를 해준다.

또 스웨덴의 가구업체인 이케아IKEA는 '스스로 만든다'는 DIYDo It Yourself 개념을 가구에 접목, 사양길로 치닫던 가구산업을 고부가가치 성장산업으로 업그레이드시켰다. 고객을 직접 가구조립에 참여시킴으로써, 고객을 공동생산자로 변화시킨 것이다. 그 결과 이케아는 지난 10년간 연평균 10.9퍼센트라는 두 자릿수 성장을 기록했다.

이탈리아의 스포츠카 메이커인 페라리의 전 CEO인 롱지노티 뷔토니는 "고객의 꿈을 상품화하라"고 역설했다. 그의 분류에 따르면 맥스웰하우스, 스즈키, 카터 대통령은 '평범한 상품'에 불과하다. 반면 스타벅스, 할리데이비슨, 케네디는 '드림dream(꿈) 상품'의 반열에 올랐다.

〈조선일보 2005. 3. 10.〉

제품에 감성적인 것을 결합하는 방법으로 커뮤니티를 형성하는 것도 있다. 고객들은 커뮤니티에 소속됨으로써 개성을 표현하고 정체성을 확인한다. 할리데이비슨의 커뮤니티는 고객들에게 소속감과 정체성을 제공해주고 있다. 할리데이비슨은 단순히 오토바이를 파는 기업이 아니라 '반항적 라이프스타일'이라는 정체성을 파는 기업으로 탈바꿈했다(《할리데이비슨의 커뮤니티》 참조).

할리데이비슨의 커뮤니티

지난 18일 미국 밀워키의 할리데이비슨 본사에서 환호성이 터졌다. 이날 뉴욕 주식시장에서 오토바이 메이커인 할리데이비슨의 주식 시가

총액(주식수에 주기를 곱한 것)이 세계 최대 자동차메이커인 GM(제너럴모터스)을 추월한 것이다.

주식 투자자들이 할리데이비슨을 매출이 33배가 넘는 GM보다 높게 평가한 이유는 간단했다. 즉 할리데이비슨은 단순히 오토바이를 파는 기업이 아니라 '반항적인 라이프스타일'이라는 문화를 전 세계에 파는 기업으로 탈바꿈했기 때문이다. 그 결과 할리데이비슨을 타는 사람들의 모임인 '호그' 회원은 세계 100여 개국 100만 명에 달해 지난 4년간 배로 늘어났고, 이와 함께 할리데이비슨 매출도 70퍼센트 이상 늘어났다.

할리데이비슨은 1980년대 초반 일본의 저가 오토바이 공세에 파산 위기에까지 몰렸다. 그러나 새 경영진은 일본식 저가모델이 아닌 웅장한 대형오토바이라는 전통으로의 복귀를 결정하고, 문화를 파는 기업으로 변신을 선언했다.

마니아들 사이에서 할리데이비슨은 '생명이 있는 기계'로 불린다. 특유의 배기음 덕분이다. 할리의 배기음은 일반 기계음처럼 규칙적이지 않다. 시동을 걸면 묵직한 베이스톤의 소리가 불규칙한 엇박자로 울린다. 굳이 글로 옮기자면 '투둥 퉁퉁 투두둥' 정도로 들린다.

황 씨 같은 할리 마니아들은 이 배기음을 일컬어 바이크의 '심장소리'라고 한다. 다른 모터사이클에선 들을 수 없는 이 소리는 두 개의 엔진을 45도 각도로 V자형으로 배열한 데서 비롯됐다.

할리데이비슨 본사는 이 배기음을 보존하기 위해 별도의 소음연구소를 세우고, 특허도 냈다.

〈조선일보 2005. 3. 10.〉

전략캔버스와 가치곡선

전략캔버스는 제품이나 서비스의 가치 요소별로 고객에게 제공되는

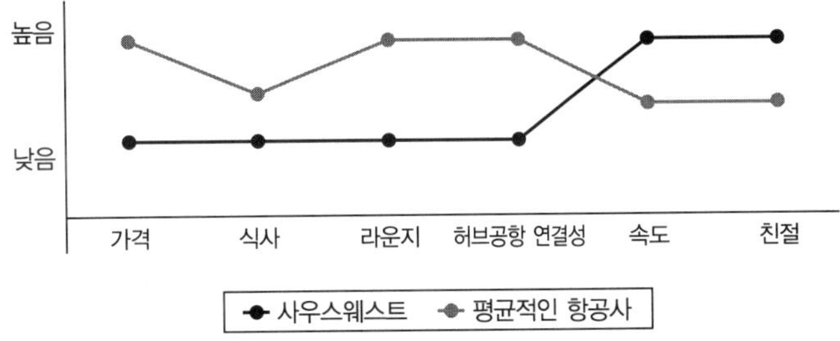

수준이 경쟁 기업이나 산업평균과 비교하여 상대적으로 얼마나 높은 지를 나타내 주는 가치곡선을 그리기 위한 도표이다. 예를 들어, 사우스웨스트항공의 가치곡선을 평균적인 항공사와 비교한 것을 전략캔버스에 단순하게 나타내면 〈그림 7〉과 같다.

이 전략캔버스를 보면 사우스웨스트항공이 어떤 가치 요소를 아예 제거했고, 어떤 가치 요소를 감소시키거나 증가시켰으며, 또 새롭게 창조했는지를 알 수 있을 것이다.

블루오션전략을 찾기 위해서는 지금과는 다른 가치곡선을 통해서 고객에게 감동을 줄 수 있어야 한다. 새로운 가치곡선을 도출하기 위해서는 다음과 같은 4가지 질문을 할 필요가 있다.

1. 제거eliminate

자산의 업종에서 당연하게 받아들이고 있는 요소 중 제거되어야 할 것은 무엇인가?

고객가치와 무관하게 일방적으로 제공되는 서비스가 있는가?

2. 감소reduce

어떤 요소가 업종표준 이하로 감소되어야 하는가?

경쟁에 몰입돼 기능과 서비스가 과도하게 제공되지 않는가?

3. 증가raise

어떤 요소가 업종표준 이상으로 올라야 하는가?

고객에게 적절한 수준으로 제공하지 못하고 있는 기능과 서비스는 무엇인가?

4. 창조create

그 업종에서 결코 제시한 적이 없는 요소 중 어느 것이 창출되어야 하는가?

고객을 위한 완전히 새로운 가치의 원천으로서 제공되면 좋아할 고객의 잠재된 욕구는 무엇인가?

첫 번째 물음은 경영자에게 다른 회사와 경쟁하고 있는 요소가 실제로 고객에게 가치를 부여하는지를 고려하도록 만든다. 이러한 요소는 종종 전혀 가치가 없거나 심지어는 가치를 하락시킴에도 불구하고 당연하게 받아들이고 있다. 때로는 고객이 가치 있게 여기는 것이 근본적으로 변하지만, 경쟁하는 데 급급한 회사는 고객의 욕구변화에 반응하지도 않고 심지어는 인식조차 못하고 있다. 두 번째 질문은 경영자가 경쟁자에 대항하고 이기기 위해 상품과 서비스를 지나치게 디자인하고 있는지의 여부를 결정하도록 만든다. 세 번째 질문은 산업이 관행상 고객에게 이 정도 수준에서 만족하라고 강요한 서비스를 파악하고 기능과 서비스를 증가시키는 것이다. 네 번째 질문은 경영자가 산업의 기존 경계를 박차고 나와 고객을 위한 새로운 가치의 원천을 발견하도록 한다.

아코르사의 사례를 살펴보자. 1980년대 중반 프랑스의 염가호텔 사업은 불황과 유휴설비로 어려움을 겪고 있었다. 아코르사의 공동회장인 뒤브륄Paul Dubrule과 펠리송Gerard Pelisson은 회사의 경영자에게 고객을 위해 가치도약을 실현할 것을 요구했다. 그들은 경영자들에게 산업의 현행관행·실무·전통에 대해 알고 있는 모든 것을 잊도록 촉구했다. 아코르가 새롭게 시작한다면 그들이 무엇을 해야 하는가라는 질문이 그들에게 던져졌다.

1985년에 아코르가 염가호텔 체인인 포물원을 시작했을 때, 염가호텔 사업은 크게 두 종류의 시장으로 세분화되어 있었다. 하나는 별이 없는 호텔과 별 한 개 등급 호텔로 구성되었으며, 객실 1실당 평균가격은 60~90프랑이었다. 고객은 단지 저렴한 가격 때문에 이 호텔을 이용했다. 또 하나의 시장은 별 두 개 등급의 호텔로, 객실 1실당 평균가격은 200프랑이었다. 이 비싼 호텔들은 별이 없거나 한 개 등급인 호텔에 비해 보다 나은 수면환경을 제공함으로써 고객을 유인했다. 사람들은 그들이 지불한 만큼 얻게 되리라고 기대한다. 다시 말하면, 그들은 더 비싼 값을 지불하고 편안한 수면을 취하든지 좀 적게 지불하는 대신 불편한 침대와 소음을 참아야 한다.

그러나 아코르의 경영자는 별의 개수에 상관없이 모든 염가호텔의 고객이 원했던 것은 저렴한 가격에 편안히 취할 수 있는 수면이라는 사실을 인식하는 데서 가치혁신을 시작했다. 이러한 광범위한 욕구에 중점을 두면서 아코르의 경영자들은 그 산업이 고객에게 강요한 불편한 문제를 극복하기 위한 기회를 포착했다. 그들은 위에서 제기한 4가지 질문을 했다.

이러한 질문에 대답하면서 아코르는 호텔에 대한 새로운 개념을 인식하게 되었으며, 그 결과 포물원을 시작하게 되었다. 첫째, 값비싼 식당과 화려한 라운지와 같은 호텔의 일반적인 특징을 제거했다. 아코르는 비록 고객을 상실할지라도 대부분의 사람들이 호텔의 이러한 특징 없이도 지내는 데 큰 불편이 없다고 생각했다.

아코르의 경영자는 염가호텔이 고객에게 과도한 서비스를 하는 측면이 있다고 믿고 있었다. 포뮬원은 별이 없는 대부분의 호텔들이 제공하는 것보다 적은 서비스를 제공한다. 예를 들어 접수원들은 숙박절차와 퇴숙절차가 가장 많은 시간대에만 근무한다. 다른 시간대에는 자동접수시스템automated teller을 이용한다. 포뮬원의 방은 작고, 침대와 꼭 필요한 필수품만을 구비하고 있으며 문구류나 책상, 장식 등은 전혀 없다.

옷장과 화장대 대신에 방의 한쪽 모퉁이에 몇 개의 선반과 옷걸이가 있다. 방 그 자체는 생산에 있어 규모의 경제, 높은 품질통제와 방음효과를 얻을 수 있도록 하나의 공장에서 제조된 조립식이다.

포뮬원은 아코르에게 상당한 원가우위를 가져다주었다. 회사는 객실 1실당 제조원가를 반으로 절감시켰으며 인건비도 산업평균인 매출액 대비 25~35퍼센트인 것을 20~23퍼센트로 낮추었다. 이러한 원가절감을 통해 아코르는 고객이 가장 중요하게 여기는 측면을 별 두 개 등급의 프랑스 호텔 평균 수준 이상으로 향상시켰다. 그러나 가격은 별 한 개 등급 호텔보다 약간 높은 정도다. 고객들은 아코르의 가치혁신에 보답했다.

이 회사는 많은 프랑스 염가호텔 고객 중 다수를 흡수했을 뿐 아니라 그 시장을 넓혀 나갔다. 전에는 자기네 차에서 잠을 잤던 트럭 운전기사에서부터 몇 시간의 휴식이 필요한 직장인에 이르는 새로운 고객들이 염가호텔에 흡수되었다. 포뮬원은 경쟁상황을 무관하게 만든 것이다. 결국 프랑스에서 포뮬원의 시장점유율은 바로 밑의 5개 경쟁사의 시장점유율을 합한 것보다도 크게 되었다.

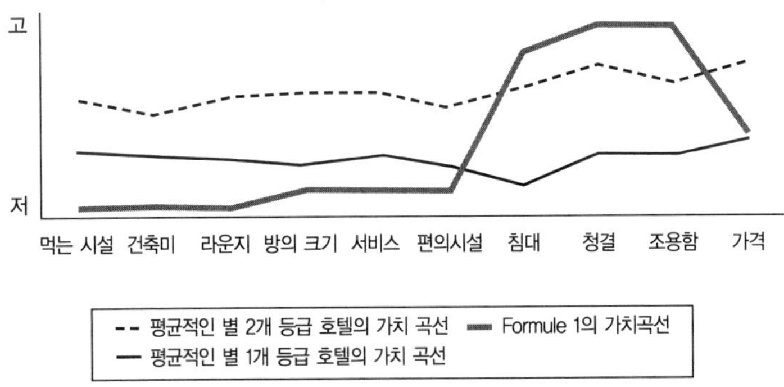

이러한 가치혁신의 결과 포물원은 전통적인 염가호텔과는 전혀 다른 가치곡선을 나타냈다(〈그림 8〉 참조).

가치혁신의 반복

기업이 일단 새로운 가치곡선을 창출하면 어떤 일이 일어날까? 조만간 경쟁자가 그것을 모방하려고 할 것이다. 가치혁신자가 여러 해 동안 우려할 만한 도전에 직면하지 않아도 되는 업종도 많지만 경쟁자들이 빨리 출현하는 업종도 있다. 그러나 결국 가치혁신자의 성장과 이익은 공격을 받게 될 것이다.

시장점유율을 유지하는 데 급급한 회사는 전통적 전략논리의 함정에 빠질지도 모른다. 가치혁신을 반복하는 데 가장 성공한 곳들은 가치혁신이 일어날 수 있는 3가지의 기본 요소를 활용한 기업들이다. 이 3가지 기본 요소는 상품·서비스·배달이다. 산업과 기업마다 3가지 기본 요소의 엄밀한 의미는 각기 다르지만, 일반적으로 상품 요소는 물리적인 제품을 뜻한다. 서비스 요소는 보수유지, 고객서비스, 품질보증, 그리고 도매상인과 소매상인의 훈련과 같은 지원 기능이다. 마지막으로 배달 요소는 제품을 소비자에게 전달하기 위해 사용되는 물류와 경로관리channel를 포함한다. 버진애틀랜틱항공사의 가치혁신을 다음 3가지 관점에서 살펴보자.

1. 상품: 1등석을 없애고 수면을 취할 수 있는 커다란 좌석을 도입해 비즈니스클래스 좌석의 안락감을 산업표준 이상으로 향상시켰다.
2. 서비스: 비즈니스클래스 승객들이 호텔에 체크인하지 않고 바로 약속모임에 갈 수 있도록 샤워, 다림질과 마사지서비스를 받을 수 있고 최첨단 사무설비를 이용할 수 있는 라운지를 제공했다.
3. 배달: 비즈니스 승객의 수송을 위해 도착할 때와 출발할 때 도심의 교통체증을 피할 수 있는 리모바이크(특별 설계된 모터사이클)를 제공했다.

이와 같이 블루오션전략이 성공하기 위해서는 고객을 감동시킬 제품의 새로운 개념을 창조해내는 것이 중요하다.

블루오션의 특징

블루오션전략이 성공하기 위해서는 초점, 차별화, 멋진 슬로건이 요구된다.

1. 초점Focus

기업은 모든 주요 가치 요소에 대해 노력을 분산하지 않고 몇몇 요소에 집중해야 한다. 보통의 항공사들은 모든 부분에서 잘하려고 하기 때문에 사우스웨스트항공의 친절한 서비스, 속도, 소도시 간 빈번한 운항이라는 초점전략을 이기지 못하였다.

2. 차별화Divergence

경쟁자를 벤치마킹하는 대신 대안산업의 관찰을 통해 다른 경쟁자들과 차별화해야 한다는 것이다. 경쟁자는 잘 못하지만 나는 잘할 수 있는 것을 찾아야 한다.

3. 멋진 슬로건Compelling Tagline

블루오션전략에는 전달 메시지가 뚜렷하고 강렬한 멋진 슬로건이 필요하다. 보통 비행기 여행이라면 비싸다는 것이 일반적인 관념인데 사우스웨스트항공은 "언제라도 당신이 원할 때, 자동차 운전비용으로 비행기 여행을 즐겨라Enjoy your flight at driving cost whenever you want" 하는 멋진 슬로건을 통해 비행기 여행은 비싸다는 사람들의 인식을 바꾸어 주었다.

블루오션과 사업 포트폴리오

기업이 블루오션전략을 확대해나가기 위해서는 하고 있는 사업의 포트폴리오를 3가지 범주로 나누어 관리해볼 필요가 있다.

1. 개척자: 블루오션 사업으로 수익성 있는 성장의 원천이다. 잠재 상품 수준의 서비스를 제공하고 있다.
2. 이주자: 경쟁 기업에 비해서 더 나은 서비스를 제공하고 있지만 전통적 사고의 틀을 벗어나지 못하고 있어 경쟁 기업의 추격을

받고 있다. 확장상품 수준의 서비스를 제공하고 있다.

3. 안주자: 산업 내 평균적인 서비스를 제공하는 데 그치고 있어 경쟁 기업과 비교하여 대체로 밀리고 있다. 기대상품 수준의 서비스를 제공하고 있다.

이상을 살펴보면 블루오션전략은 고객의 욕구를 새로운 관점에서 파악하여 고객감동을 줄 수 있는 새로운 상품의 개념을 찾아내는 것이다.

보통 우리가 전략의 3요소라고 할 때는 3C라고 하여 고객Customer, 경쟁 기업Competitor, 우리 회사Company를 들고 있다. 고객조사 등을 통해서 그들의 욕구를 파악하고, 경쟁 기업과 비교한 우리 회사의 강약점을 비교하여 우리 회사의 자원과 역량에 비추어 전략을 수립해야 한다는 것이다. 그러나 블루오션전략에서는 발상의 전환을 위해서 비고객non-customer이 왜 비고객인지 질문하여 고객의 욕구를 파악하고 경쟁 기업보다는 대안산업alternative industry을 관찰하여 그 특징을 자사의 제품에 포함시켜 제품의 개념을 도약시켜야 한다. 그리고 우리 회사의 역량에 제한을 받기보다 이 사업을 성공적으로 수행하기 위해서 어떤 자원이 필요하고 또 아웃소싱outsourcing까지 고려하여 어떻게 자원을 확보할 것인가 하는 영점기준zero-base 접근이 필요하다.

블루오션전략과 레드오션전략을 비교한 것이 〈표 5〉 '레드오션과 블루오션의 비교'이다. 레드오션전략은 모방 또는 유사제품으로 시장에 뛰어드는 살포전략에 의해서 매출액과 시장점유율을 확대하기 위한 시장점유전략을 구사한다. 이에 반해 블루오션전략은 고객의 욕구에 초점을 두는 틈새전략으로 새로운 시장을 창출하는 가치창출전략을 구사한다. 블루오션전략은 가치의 도약을 통해서 고객을 감동시키는 것이고 전통적인 레드오션전략은 광고, 가격 등을 수단으로 경쟁 기업의 매출을 빼앗아오는 증분수요incremental demand에 관심을 두고 있다.

〈표 5〉 레드오션과 블루오션의 비교

	레드오션	블루오션
전략 특성	살포전략, 시장점유전략	틈새전략, 가치창출전략
목적	매출액, 시장점유율, 증분수요	고객욕구, 고객감동, 가치도약
수단	시장세분, 광고, 가격, 표준화	시장통합, 품질, 서비스, 차별화
사고	연속적 사고(선형적, 상식적)	불연속적 사고(입체적, 역설적)
서비스 수준	기대상품, 조금 개선	잠재상품, 색다른 경험

또한 고객욕구의 차이점에 중점을 두고 시장세분화로 다양한 포트폴리오의 제품라인을 구성한다. 그러나 블루오션전략은 고객욕구의 공통점commonalities에 중점을 두어 한두 개 주요 가치 요소를 획기적 수준으로 만족시키는 가치도약을 통해서 다수 고객을 끌어들이는 시장통합market integration을 시도한다. 레드오션전략은 주로 표준화된 제품으로 원가경쟁을 하고 블루오션전략은 차별화된 제품으로 품질, 서비스 중심의 가치경쟁을 한다.

블루오션전략은 불연속적 사고에 의해서 창조적, 입체적 아이디어로 상식을 뛰어넘는 역설로 경쟁하는 것이다. 현대자동차는 미국이라는 거대하고도 높은 장벽의 시장을 뚫기 위해 기존에는 생각지 못했던 광고전략을 내놓았다. 즉, '10년 10만 마일 무상보증서비스'와 자동차 구매자가 실직하면 자동차를 반환할 수 있게 한 것이다. 이것은 마케팅을 통한 블루오션전략이라고 할 수 있다. 레드오션전략은 획기적인 기술혁신이나 제품혁신 없이 조금씩 개선은 하지만 대체로 어느 기업이나 만들 수 있는 기대상품 수준에서 치열하게 경쟁하는 데 반해, 블루오션전략은 기술혁신에 기초한 제품혁신을 통해서 고객을 감동시킬 수 있는 잠재상품으로 고객들에게 색다른 경험을 제공함으로써 경쟁기업을 따돌리는 것이다.

02

전략은 다양하다

전략은 사업 포트폴리오를 어떻게 구성할 것인가로부터 시작된다. 한마디로 어떤 사업을 할 것인가이다. 즉 어떤 산업에서, 어느 지역의, 어떤 고객을 대상으로 어떤 제품 또는 서비스로 사업을 할 것인가라는 것으로, 이것을 우리는 한마디로 비즈니스모델이라고 부르고 있다(《그림 9》 참조).

사우스웨스트항공은 한 가지 사업인 항공산업에서 미국 내 가격에 민감한 고객을 대상으로 사업을 하고 있다. 일본전산도 운송용 로봇 같은 다른 산업에도 진출했지만 모터사업이라는 한 가지 사업에 주력하고 수출도 하고 있다.

GE는 산업, 금융, 방송, 엔터테인먼트 등(이멜트가 들어와서는 일반산업에서 철수하고 환경, 바이오산업으로 진출하였다) 여러 산업에 걸쳐 다각화되어 있고 세계 여러 나라에서 사업을 하고 있는 다국적 회사이다.

SK네트웍스는 정보통신, 에너지, 무역 등 다양한 사업을 하고 있는 종합상사이다. 다각화이기는 하지만 한 분야에 전문성을 가지고 다각

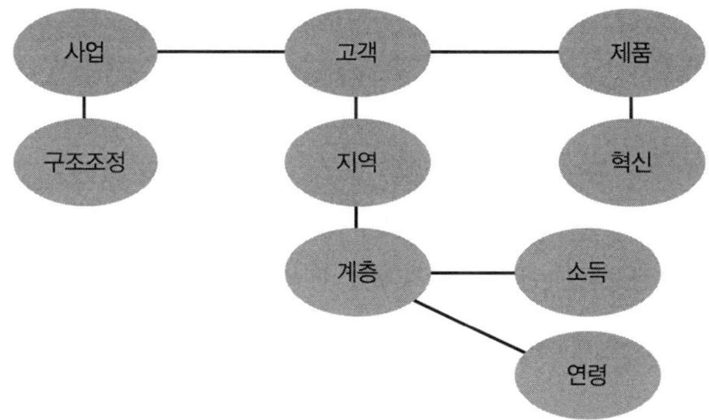

화할 때 초점다각화focused diversification 또는 관련다각화related diversification
라고 한다.

독일 머크사는 제약과 화학이라는 두 축을 가지고 사업 포트폴리오
를 구성하면서 성장하고 있다. 2010년에는 각종 실험장비와 바이오의
약품 제조기기를 만드는 미국의 밀리포어를, 2007년에는 스위스의 생
명과학회사인 세르노를 인수한 바 있는데 이것은 관련다각화라고 할
수 있다.[13]

이상에서 제시한 것처럼 어느 한 가지 바른 전략이 정해져 있는 것
은 아니다. 어떤 사람은 다각화보다 전문화가 좋고 한 우물을 파야 한
다고 주장하기도 하지만 기업 성공사례를 종합해보면 한마디로 말할
수 없다. 어떤 기업은 전문화해서 망하기도 하고 어떤 기업은 다각화해
서 성공하기도 한다.

미국의 인터내셔널 하베스터International Harvestor라는 회사는 농기계라
는 한 가지 분야의 사업만 했지만 망하고 말았다. 반면, GE는 다각화
된 기업이지만 좋은 성과를 올리고 있다.

전략과 통찰력

중요한 것은 어떤 사업을 할 것인가를 결정할 때 미래를 내다보는 통찰력이 있어야 한다는 것이다. STX의 강덕수 회장은 엔진사업을 하는 쌍용중공업을 인수했고 그 뒤 M&A를 통해서 조선-해운-에너지-플랜트로 연결되는 사업 포트폴리오를 완성했는데 이는 그의 통찰력에 기초를 둔 것이다. 유니클로도 의류시장이 패션과 개성을 강조하는 시대에 기능, 패션, 가격을 결합한 새로운 비즈니스모델로 크게 성공하고 있다.

전략과 정신력

전략이 성공하기 위해 중요한 것은 그 시대에 맞는 비즈니스모델을 구축하는 것이지만 이외에 이 사업에서 성공해야겠다는 정신력도 필수적이다. 목숨 걸고 죽기 아니면 살기로 하는 것이다. 일본전산이 모터산업에서 성공한 것은 정신력 때문이다(보다 자세한 것은 3부 1장 13 '일본전산 사례' 참조).

일본전산의 정신력은 '해내지 못할 것이 없다' '불가능한 것은 없다'라는 나가모리 사장의 열정으로 나타낼 수 있다. 이 회사의 핵심가치는 정열, 열의, 집념이다. 이 회사의 열정은 처음 사업을 시작했을 때부터 가지고 있던 DNA였다. 어느 회사도 이들을 믿지 못해 일을 주려고 하지 않자 나가모리 사장이 대기업을 찾아가 당신들이 정말로 안 되는 일이 있으면 달라고 해서 받아온 것이 모터의 크기를 반으로 줄이는 일이었다. 밤낮으로 매달려 그들은 크기를 18퍼센트 줄이는 데 성공하였다. 전혀 못할 줄 알았는데 조금이나마 성공시키자 대견하게 생각되어 다른 일을 맡을 수 있었고 그것이 성공의 발판이 되었다. 그리고 이 회사는 배와 절반의 법칙을 가지고 일하고 있다. 납기를 다른 회사의 반으로 줄여 따라오지 못하게 하루 16시간을 근무하고 토, 일요일도 출근하는 등 다른 회사의 두 배로 일하겠다는 각오를 가지고 있다. 이렇게 하면 다른 회사로부터 주문을 받지 않을 수 없다는 것이다. 일본 전산은 이러한 정신력이 있었기 때문에 성공할 수 있었다. 일본전산과 같이 복잡한 산업재를 생산하는 회사에서는 SWOT분석, STP, 4P같은 전략적 사고를 적용하기보다 그냥 다른 기업으로부터 수주하여 좋은 품질의 제품을 값싸게 제때 공급하는 것이 중요하다. 이런 기업은 열정이 전략이다. 나가모리 사장은 '안 된다고 보고하지 말라, 되는 방법을 찾아라' 라고 말하면서 이를 위해 경직된 사고를 버리고 유연한 사고에 기초를 둔 발상의 전환을 할 것을 요구하고 있다. 또한 "할 수 있다"를 전 직원에게 매일 아침 3회 복창하게 하여 정신력을 강화시키고 있다. 또한 단지 몸으로 일하는 것이 아니라 골똘히 생각하고 고민하고 연구하는 '지적 하드워킹' 을 통해 문제 해결의 아이디어를 내는 것이 중요하다고 보고 있다.

열정은 실패를 무릅쓰고 시도하는 것이다. 일본전산은 고객의 문제를 해결하기 위해서 고민하고 연구하고 시도하면 못 해낼 게 없다고 생각하고 있다. 철저하게 파고들면 달인의 경지에 이를 수 있다는 것이다. 그는 채용할 때 학력 좋은 사람보다 학력은 나빠도 꿈을 가지고 있고 내가 이 회사를 왜 선택했나를 알고 있는 직원 즉, 회사에 합격했을 때 가슴이 두근거리는 직원을 뽑고 회사에 들어온 직원들은 모든 것을 걸고 자신을 발전시킬 자세가 되어 있어야 한다고 강조한다.

오사카의 요시노 초밥은 1841년 창업해서 지금까지 달라지지 않은 점포 크기와 변치 않는 초밥, 간장 없이 맛을 내는 초밥으로 유명하다. 이 회사의 사장은 70이 넘은 나이에도 1층 입구에서 고객들에게 90도로 허리 굽혀 '어서 오십시오'라고 인사한다. 이는 이 회사 사장의 열정을 말해주는 것이다. 오쿠라야 야마모토는 1848년 창업한 다시마 집인데 품질중시 경영을 하고 있다. 옛날부터 홋카이도에 가서 목숨 걸고 좋은 다시마를 구해 팔았다고 할 정도로 열정적인 기업이다. 장수기업은 모두 이러한 강한 열정이 있다.

성공적인 전략은 진화와 성장을 위한 차별화전략, 틈새전략이다

성공적인 전략은 차별화전략, 틈새전략이 되어야 한다. 차별화전략은 경쟁 기업과 비교해서 뭔가 다르다는 것이다. 일본전산도 차별화전략이다. 경쟁 기업과 비교해서 납기를 반으로 줄여 준다는 것이 차별화 요소이다. 틈새전략은 비교적 작은 시장이지만 다른 기업이 잘할 수 없는 것에 집중하여 경쟁우위를 확보하는 것이다. 일본전산도 처음에는 다른 기업이 하지 못하는 것을 주문받아 처리했기 때문에 틈새전략으로 출발하였다고 할 수 있다.

전략에서 중요한 것은 성장을 지속해야 한다는 것이다. 기존 사업을 확장하든지, M&A로 외부기업을 매수하거나 신사업을 개발해야 한다. SK네트웍스는 신규사업 제안제도를 통해서 신사업을 발굴하고 있다. SK네트웍스는 2009년 6월 20분기에 연속 성장을 달성하였다. 삼성엔지니어링은 연 평균 30퍼센트의 성장을 목표로 하고 있다. 그동안 사우디에서 석유화학플랜트 중심의 사업을 했지만 성장목표를 달성하기 위해서 지역과 사업을 다각화할 계획을 가지고 있다. 리비아, 알제리와 같은 북아프리카 지역에 진출하고 사업도 석유화학 이외에 발전설비, 담수화설비 등 인프라 사업에도 진출하려는 것이다.

또한 전략에서 중요한 것은 사업을 진화시켜 나가야 하는 것이다. 진화란 제품혁신을 통해서 사업을 고부가가치화하거나 공정혁신으로 원가절감을 이루어 경쟁력을 제고시킴으로써 사업을 확대해나가는 것이다.

앞에서 나온 것처럼 일본의 오토코마에(남자다운) 두부도 진화의 한 예가 될 수 있다. 가업으로 내려오는 사업인데 아무리 잘 만들어도 100엔밖에 받을 수 없었던 두부에 오토코마에(남자다운) 두부라는 브랜드를 붙이자 300엔까지 받을 수 있었다. 이와 같이 상상력을 통해 스토리를 넣고 브랜드화해야 한다. 이것이 제품을 고부가가치화하는 제품혁신 전략이다.

03

전략이란 무엇인가

전략이란 경쟁우위를 확보하기 위해 어떻게 경쟁하겠다는 것을 나타낸다. 우리 회사는 어떤 회사인가, 무엇을 할 것인가 하는 비전이 전략 수립에 앞서 설정되어야 한다. 혼다의 비전은 '완벽한 엔진을 만든다'는 것이고 페더럴익스프레스의 비전은 '진정으로 신뢰할 만한 우편배달 서비스를 제공한다'는 것이다. 여기에서 이 두 회사가 어떻게 경쟁할 것인지에 대한 전략을 이미 나타내고 있다고 볼 수 있다.

전략은 2가지 측면, 기업의 능력과 시장이 제공하는 기회의 조화를 통해서 개발된다. 기회와 능력을 조화시키는 데는 2가지 방법이 있다. 능력에 기초를 두고 기회를 추구하는 틈새전략과 능력에 관계없이 기회를 추구하는 살포전략이다. 틈새전략을 구사하는 기업은 단지 팔린다는 이유만으로 물건을 만들지 않고 시장의 변화에 따라 새로운 제품을 만들기 위해 자기 능력을 지속적으로 개발해나간다. 틈새전략에서는 새로운 시장창출이 중요하다. 틈새전략은 충족되지 않은 고객욕구는 무엇이고 남들이 하기엔 어렵지만 우리가 잘할 수 있는 것은 무엇인가 하는 질문에 기초를 두고 시장틈새를 찾아 끊임없이 능력을 개발하는 것이다. 이는 고객지향적이고 미래지향적이다.

능력에 관계없이 시장에 진입하는 살포전략은 현재 시장이 요구하는 것, 즉 잘되겠다고 여겨지는 것은 무엇이든지 하는 것이다. 즉, 능력 개발보다는 시장점유가 중요하다. 무엇이 잘 팔리는가에 기초를 두고 사업 결정을 한다. 또한 판매지향적이고 과거지향적이다. 살포전략은 전략적 사고가 결여되어 있을 때 나오는 것이다.

틈새전략의 핵심 : 초점과 진화

틈새전략은 초점과 진화에 기초를 두고 있다. 우리가 모든 것을 다 잘할 수는 없기 때문에 제품을 선정할 때는 한정된 분야에 자원을 집중하는 초점과, 환경은 변하고 내일도 있기 때문에 능력을 개발해나가는 진화가 틈새전략의 기본이 되는 것이다. 초점은 해볼 만한 가치가 있는가(가치관), 할 수 있는가(능력), 하고 싶은가(선호)에 기초를 두고 결정해야 한다. 남들이 하기 어려운 일인가, 다른 일로 더 많은 가치를 창출할 수 있지는 않은가 하는 질문을 해야 한다. 즉, 자기를 잘 아는 것이 중요하다. 각 기업은 가치·능력·선호에서 다르기 때문에 전략적 초점은 우리가 어떻게 달라야 하는가를 말해주어야 한다. 중소기업이 개발한 식혜를 잘 팔린다는 이유로 대기업이 만들어 팔았는데 이것이 대기업이 해야 할 가치가 있는 일인가 질문해본다면 잘못 결정된 초점임을 알 수 있을 것이다.

초점의 개발에는 시장점유가 아닌 가치창조의 사고가 필요하다. 가치창조의 사고에는 발상의 전환을 통해서 기존의 사고를 탈피하는 것과 모든 것을 부정하는 영점기준사고가 요구된다.

초점은 고객의 충족되지 않은 욕구는 무엇이고 그것을 어떻게 만족시켜줄 것인가 하는 것이다. 고객이 진정으로 원하는 것이 무엇인가라는 질문으로부터 출발하여 그것을 충족시켜주기 위해 지금까지 해오던 것을 더 잘하거나, 경쟁 기업을 모방하는 것이 아니라 기존 산업의 조건을 벗어나서 전통적으로 그 산업에서 제공하지 않던 전혀 새로운 가치를 창조해나가는 것이 중요하다.

앞에서 밝혔듯 가치창조의 사고에는 다음 4가지 질문이 기초가 된다.

1. 자신의 업종에서 당연하게 받아들이고 있는 요소 중 제거되어야 할 것은 무엇인가?
2. 어떤 요소가 업종표준 이하로 감소되어야 하는가?
3. 어떤 요소가 업종표준 이상으로 올라야 하는가?
4. 그 업종에서 결코 제시한 적이 없는 요소 중 어느 것이 창출되어야 하는가?

이러한 질문을 할 때 기존 산업의 조건을 벗어날 수 있는 발상의 전환이 가능하다.

초점의 개념을 잘 활용한 기업들을 보자. 참존화장품의 경우 피부약에 대한 정보와 기술에 기초를 두고 화장품을 피부약의 일종이라고 여기며 제품개발에 힘썼다. 산업의 조건을 뛰어넘은 것이다. 이러한 기술축적의 결과 남들이 쉽게 모방할 수 없고 오랜 기간 고객에 의해서 지각될 수 있는 수준에까지 이르게 되었다. 영화관을 운영하는 벨기에 기업인 버트클레이즈는 60년대부터 80년대까지 사양길을 걷고 있던 영화관 산업에서 새로운 가치를 창조한 전형적인 예이다. 기존 영화관들은 축소되고 있는 시장에서 스크린과 영화 프로그램의 수를 늘려 모든 고객들을 흡수하기 위해 서로 치열한 경쟁을 벌였다. 그러나 버트클레이즈는 25개의 스크린과 1600개의 좌석을 갖춘 키네폴리스라는 메가플렉스를 설립하여 대형스크린과 70밀리미터의 영사기, 좌석 사이의 넓은 공간, 최첨단 음향장비, 도시 외곽에 넓은 주차공간을 갖추고 가치의 도약을 시도하여 성공하였다.

진화는 변화하는 시장환경에 적응하기 위해 능력을 개발하고 세계 최고가 되겠다고 하는 것이다. 시장 변화를 파악하고 지속적으로 능력을 개발하기 위해서는 진화의 문화를 심는 것이 중요하다. 이것은 혁신이 활발하게 일어나도록 하는 것이다. 개방적이고 도전적인 문화를 심고 배우는 조직으로 만들어야 한다.

개방적 문화는 대외적으로는 고객의 관점에서 생각하고 대내적으로는 권위적이지 않고 민주적 분위기, 그리고 상관의 의견에 반해 토론할 수 있는 분위기를 요구한다. 관리자가 해외정보를 수집하기 위해 박람회에 참가하고 현장을 방문하여 그 의견을 듣는 배회관리MBWA가 좋은 예이다. 도전적 문화는 대대적인 자율성 아래서 실패를 허용하고 시도를 장려하는 것이다. 불확실성이 심한 정보화시대는 시도해보지 않고는 일의 결과를 알 수 없기 때문에 많이 시도하는 것이 많은 성공을 가져온다. 그러나 이는 실패할 가능성이 높기 때문에 실패를 허용하지 않으면 새로운 시도는 일어나지 않고 조직은 무기력해질 것이다.

기업 전략은 무엇이냐는 것보다 어떻게 수립하느냐가 중요하다.

어려움을 겪던 시어스의 회생은 가치창출의 사고와 혁신창조의 문화에 의해서 가능하였다. 시어스는 우선 고객의 우선순위가 바뀌고 경쟁 기업의 전략이 다양해졌다는 환경 변화를 인식하였다. 고객의 가치의식이 강해짐에 따라 보다 낮은 가격에 좋은 서비스를, 그리고 여성의 사회참여로 그들이 쇼핑할 시간이 부족해짐에 따라 고객에게 편의convenience를 제공하지 않으면 안 되게 되었다. 이러한 환경 변화로 코스트코, 프라이스클럽과 같은 할인점, '월마트'와 같은 대형유통,

홈 데포Home Depot, 서킷 시티Circuit City와 같은 카테고리 킬러 등 여러 가지 형태의 소매점이 나타났다.

시어스는 우선 표적시장을 연 수입 3~5만 달러의 30~50대 주부로 선정하고 의류를 목표고객에 대한 주요 상품으로 구비하였으며, 내부 개조를 통해 매장을 확장하여 쾌적한 분위기를 조성하고 서비스의 질을 높였다. 이 수준의 고객들은 인정받는 고급상품에 대해서는 높은 가격을 지불한다는 인식하에 '캐년 리버 블루스Canyon River Blues'라는 진바지의 상표 인지도를 확립해나갔다. 전통적인 주요 품목인 공구나 가전제품 대신에 의류 부문을 강조하기 위해 '보다 부드러운 시어스come see the softer side of Sears'라는 광고 캠페인도 벌였다. 반대로 한때 시어스와 같은 명성을 누렸던 워드는 가격을 낮추었지만 할인점, 대형유통점에 밀렸고 고급상표, 서비스 및 즐거운 쇼핑에서는 시어스에 밀렸다. 또한 제품믹스를 의류에서 경기에 민감하고 마진이 적은 가전제품으로 바꾸었으나 카테고리 킬러에 밀려 경쟁력을 상실하였다.

이것은 무엇을 의미하는가? 오늘날의 초경쟁 환경에서 성공하기 위해서는 단순한 의미의 낮은 가격이나 높은 서비스로는 되지 않는다는 것이다.

워드와 같이 경쟁 기업을 의식하여 시어스보다 낮은 가격, 월마트보다 나은 서비스로 하다 보면 초점을 상실하고 아무도 찾지 않는 곳no man's land이 되어버린다. 미래의 중요한 집단을 목표고객으로 선정하고 우리 기업만이 할 수 있는 가치를 창조해나가야 할 것이다.

혁신창조문화는 종업원들로부터 새로운 아이디어가 계속해서 나오고 현장에서 시도와 실험이 이루어져 새로운 가치를 창조해나가는 기반이 되고 전략을 지속적으로 심화시키기 위해서 요구되는 것이다. 혁신창조문화는 기본적으로 종업원들의 개방적이고 능동적인 잣대에 기초를 두고 있다. 시어스는 혁신창조문화를 조성하기 위해 '쇼핑하고 일하고 투자하기에 매력적인 장소'로 비전을 설정하는 것으로부터 시작하였다. 이는 일과 회사에 대한 종업원의 태도가 고객 앞에서의 행동을 결정하고, 이것이 기존 고객이 다시 찾아오느냐 하는 고객유지와 다른 고객을 소개시켜주는 고객소개 여부를 결정함으로써 재무성과를 결정한다는 논리에 기초를 두고 있는 것이다. 이렇게 설정된 비전을 달성하기 위해서 시어스는 종업원을 주인으로 만들고 고객만족에 초점을 두는 문화를 조성하고자 하였다. 주인의식은 자율성이다. 시어스는 종업원들에게 기업내부 사정과 경쟁 환경에 대한 풍부한 정보를 제공하고 의사결정의 권한을 대폭 이양하였다.

예를 들어, 경쟁 환경이 어떻게 변하고 있고 경쟁 기업과 비교한 우리 회사의 고객만족도는 어떤 수준에 있는지, 우리 회사가 1달러의 매출로 올릴 수 있는 이익은 얼마인지 등에 관한 정보를 제공하였다. 1985년에서 1995년 사이에 쇼핑몰을 방문하는 소비자들의 수가 3분의 1로 감소한 사실은 종업원들에게 위기의식을 심어줄 수 있었다. 그리고 1달러의 매출로 45센트를 버는 게 아니라 실제는 1.7센트밖에 되지 않는다는 사실은 정보제공의 중요성을 확인시켜주는 것이었다. 이처럼 시어스는 새로운 보상제도를 도입하기 전에 종업원들에게 경영정보를 제공하고 목표설정 과정에 참여시켜 주인의식을 심어주고자 하였다. 이렇게 풍부한 정보를 제공할 때 자율성이 가능해질 뿐만 아니라 종업원의 만족도도 높아지고 변화와 향상의 동기부여가 조성되는 것이다. 종업원들이 무언가 스스로 이룰 수 있는 권한을 부여받는 기회를 갖게 되면 자긍심이 생겨나고 만족도도 높아진다. 종업원의 만족은 이직률을 낮추고 낮은 이직률은 학습효과를 높인다. 따라서 종업원 만족이 가장 중요한 목표가 되어야 한다.

고객지향적 문화는 고객정보가 혁신의 원천이 된다는 점에서 중요하다. 시어스는 종업원들에게 당신들이 여기서 월급을 받으면서 하는 가장 중요한 일이 무엇인가 하고 물었을 때 50퍼센트 이상의 종업원이 회사의 자산을 보호하는 것이라고 대답했다. 고객만족이 중요하다고 대답한 종업원은 거의 없었다. 1990년대 초 소매상에서 고객만족 수치는 가장 낮았다.

모토로라는 폐쇄적이고 경직된 문화 때문에 전략의 진화에 실패하고 정보통신 산업에서의 선두자리를 신생기업인 에릭슨, 노키아 등에게 내주게 되었다. 기업 내에는 기술문화와 마케팅문화가 균형을 이루어 기술개발과 고객욕구가 조화를 이루어야 한다. 그러나 모토로라에서는 기술문화가 상대적으로 강하여 외부변화를 감지하는 노력이 부족하였고 자신의 기술적 우수성을 과신하여 다른 기업과 제휴 기회를 추구하지 않아 급격한 기술 변화를 쫓아가지 못했던 것이다.

초점과 진화에 기초를 두고 틈새전략을 추구하는 것이 전략적 사고의 기초가 된다. 즉, 미래시장은 어떻게 바뀔 것이고 그러한 시장을 파고들기 위해 어떤 능력을 개발할 것인가 하는 능동적이고 미래지향적인 사고가 전략적 사고의 핵심이다. 한국 기업은 이러한 전략적 사고가 부족하다. 전략적 사고 없이 현재 시장이 요구하는 대로 따라가기만 해서 도태되는 경우도 많았다. 수동적이고 현실안주적이다. 우리는 신발산업에서 이를 경험하였다. 주문하는 대로 만들어주기만 했지 시장이 어떻게 달라질지는 생각하지 않았다. 주문한 대로 만드는 단순한 제조기술밖에 없었고 미래시장을 개척하기 위한 소재개발, 설비제조, 디자인, 판매능력을 개발하지 못했다. 이처럼 기술개발에 대한 인식이 부족하였기 때문에 1987년 설립된 신발연구소도 제 기능을 못하였다. 시장 환경 변화에 따라 지속적으로 능력을 개발해나가는 진화의 개념이 부족하여 기술개발에 대한 필요성을 인식하지 못했기 때문에 신발산업은 도태되었던 것이다.

틈새전략과
살포전략의 비교

틈새전략과 살포전략을 보다 구체적으로 비교하면 모방과 개발, 확대와 심화, 외형과 내실의 관점에서 설명될 수 있다.

제품 도입에 있어서 살포전략은 하향식이다. 개발보다는 모방에 기초를 둔다. 무언가 잘 팔리는 제품이 있으면 기획실이 중심이 되어 시장조사를 하고 필요하면 기술제휴를 통해 도입하는 것이다. 대기업의 식혜 판매가 이의 대표적 예가 될 수 있다. 이에 반해 틈새전략은 상향식이다. 종업원의 아이디어가 축적되는 과정에서 기술개발이 이루어지고 신제품이 도입된다. 상향식 기술개발은 현장의 자율성을 살리고 실험을 장려하는 노력을 기울여야 한다.

상향식 기술개발은 종업원들의 독창적 아이디어에 기초를 두고 있기 때문에 다른 기업과 차별화되고 기술축적의 결과 남들이 쉽게 모방할 수 없는 것이 된다. '참존'의 기초화장품이 이런 예에 속한다. 3M의 포스트잇 개발도 현장 사람의 실험에 의해서 이루어진 것이다. 하향식 투자는 혁신적 아이디어에 기초를 두지 않고 모든 것을 투자, 즉 돈으로 해결하려는 사고방식이다. 내일의 산업을 위한 혁신적 투자가 아니라 조선·자동차와 같은 어제의 산업을 위한 전통적 투자를 한다. 우리나라는 하향식 투자에 의해서 조선·자동차·반도체 등의 대량생산산업은 발달되었지만 아이디어산업은 활성화되지 못하고 있다.

살포전략은 확대전략이다. 능력에 관계없이 이익이 된다면 시장에 뛰어들기 때문에 사업이 확대된다. 대기업이 식혜시장에 뛰어든 것도 이러한 전략 때문이다.

한국의 자동차산업도 한때 살포전략을 추구하여 많은 로열티를 지불하고 새로운 모델을 도입하는 데만 치중한다는 비난을 받은 적이 있다. 살포전략은 남이 할 수 있는 것을 하기 때문에 가격, 광고, 유통으로 경쟁하게 된다. 제과산업과 맥주산업은 살포전략을 구사하고 있다고 볼 수 있다. 차별화된 제품으로 시장을 파고드는 틈새전략이 아니기 때문에 가격, 광고, 유통으로 시장을 지배하려고 한다. 독창적인 사업을 하는 것이 아니라 돈이 된다면 모두 한다는 생각으로는 세계적인 기업이 되기 힘들다.

틈새전략은 고객과 밀착하여 능력에 기초를 두고 경쟁 기업이 잘 보지 못한 기회를 포착해 기술개발에 의해서 시장에 파고 들어가는 심화전략이다. 이를 위해서는 차별화전략이 필요하다.

우리나라 가전산업도 90년대 초반까지는 제품차별화보다 시장점유율 확대경쟁을 했는데 물걸레 청소기, 김치냉장고와 같은 차별화된 제품이 나오면서 살포전략으로부터 벗어났다.

살포전략은 외형을 중시하고 밀어내는 전략이다. 기존 시장에서는 시장점유율을 확대하기 위해 대형투자를 하고 고객은 생각하지 않는다. 대중광고, 가격경쟁, 유통지배, 심지어는 강매를 통해서 무조건 많이 팔려고만 한다. 틈새전략은 내실에 기초를 두고 끌어당기는 전략이다. 현장의 실험에 기초를 두어 소형투자를 하고 대중광고보다는 구전

278

에 의해서 판매가 이루어진다. 참존화장품도 광고보다는 구전으로 판매되고 있다. 고객의 욕구를 충족시켜주는 신뢰관계를 통해서 이미지를 구축함으로써 고객의 지속적인 구매를 가능하게 하고 있다. 이를 위해서는 끊임없는 기술개발이 필요하다.

전략의 실천

틈새전략과 살포전략은 실천과정에 어떤 차이가 있는가. 각 전략에는 기본이 되는 정신이 있고 이것에 의해서 두 전략이 추구하는 방향이 결정된다. 먼저 살포전략에서의 정신은 매출액 올리기이다. 그러므로 구체적 문제의식이나 방향감각이 결여되어 전략적 과제가 없다. 외형적인 것을 추구하기 때문에 현재의 시장기회를 파악하여 단기적인 광고·가격·유통에 중점을 두고 전체 사원을 판매원화한다. 자동차회사에서 관리자들의 승진고과에 자동차 판매실적을 반영하는 것은 살포전략 정신의 한 예이다. 이에 반하여 틈새전략에는 이 사업에서 최고가 되겠다는 뚜렷한 사업적 가치관이 있다. 따라서 틈새전략에서는 능력에 기초를 두고 시장의 기회를 파악하는 전략적 과제를 가지고 있다. 또한 환경 변화에 적응하고 경쟁우위를 확보하기 위한 장기적인 문제의식을 가지고 있으며 이는 기술개발의 원동력이 된다. 기술개발에 있어서도 현장 실험을 중시하여 전 종업원의 아이디어에 기초를 두고 끊임없는 향상을 추구한다. 그러므로 새로운 기술축적에 의해 독창적인 고유모델이 나올 수 있다. 틈새전략의 특징은 전 종업원의 연구원화이다. 살포전략에서는 대체로 기능적이고 제품이 계속 증식되기 때문에 어느 한 제품에 대한 결의를 가질 수 없다. 그러나 틈새전략에서는 특정 고객에 초점을 두고 시장을 파고 들어갈 수 있는 제품조직을 하고 있다. 살포전략에서는 국내에서 살아남으면 된다는 소극적 자세를 갖게 되는 반면 틈새전략에서는 세계 최고가 되어 시장을 선도하려는 세계전략을 구사하게 된다. 평가도 살포전략은 주로 매출액 기준이지만 틈새전략은 주로 신제품 개발을 기준으로 한다.

05

정보화시대의
소프트전략

　우리는 지금 산업화시대에서 정보화시대로 옮아가는 과도기로 급격한 환경 변화를 겪고 있으며 그 중에서도 가장 중요한 사실은 정보화가 우리 사회를 소프트하게 만들고 있다는 것이다. 이것은 앞으로 눈에 보이는 것보다 보이지 않는 것이 더 중요해지고 근육보다 두뇌에 기초를 둔 사회가 된다는 것을 의미한다.

　정보화시대의 가장 큰 특징은 변화, 경쟁, 그리고 풍요의 시대라는 것이다. 먼저 정보화시대는 급격한 '변화'의 시대이다. 발달된 정보통신기술로 모두와 연결될 수 있기 때문이다. 우리는 세계 어디에 있든지 누구하고나 즉각적으로 의사소통이 가능하게 되었다. 오늘 미국에서 일어났던 일이 시간의 지체 없이 우리에게 전달되는 것과 같이 정보의 유통속도가 엄청나게 빨라져 정보가 폭발적으로 증가한다. 이로 인해 우리는 많은 아이디어를 가질 수 있게 되었고 급속도로 빨라진 기술의 발전으로 신제품이 하루가 다르게 쏟아져 나오고 있다. '아무도 내일 무슨 일이 일어날지 모른다'는 이러한 세태를 잘 설명해주는 말이다.

변화·경쟁·풍요의 정보화시대

또 정보화시대는 극심한 '경쟁' 의 시대이다. 정보화는 세계 전체를 하나의 시장으로 만드는 '세계화' 를 가져와 이제 기업은 국내에 안주할 수 없고 세계를 무대로 경쟁하지 않으면 안 된다. 그리고 경쟁자의 수도 증가해 과거에는 생각지도 않았던 중국·말레이시아·태국·인도네시아 등 후발 개도국이 경쟁상대로 나타나고 있다.

이러한 변화와 경쟁의 와중에 기술 수준이 높아짐에 따라 정보화시대는 물자가 풍부해지고 소득 수준이 높아지는 '풍요' 의 시대로 바뀌고 있다. 산업화시대가 '만들면 팔리는 시대' 였다면 정보화시대는 물자가 풍부해지고 경쟁이 심화됨에 따라 '잘 만들지 않으면 팔리지 않는 시대' 가 되었다. 이것은 단순히 만드는 게 중요한 것이 아니라 아이디어를 내어 경쟁 기업과는 다른 가치 있는 물건을 만들어내는 것이 중요함을 말해준다. 정보화시대를 가리켜 정보Information를 다루고 머리Intelligence를 써서 생각하며 아이디어Idea를 내는 것이 중요한 '3I' 시대라고 부르는 것도 이 때문이다.

정보화시대에는 이런 의미에서 공장이나 기업도 좀 소프트해져야 한다. 산업시대의 공장들은 근로자들이 싸게 물건을 만들어내기 위해 힘들게 일하는 곳이었다. 이런 공장에서 근로자들은 자부심을 가질 수 없었고 혁신적인 아이디어도 낼 수 없었다.

이제 공장은 싼 물건을 만들어내는 '원가절감' 의 장소가 아니라 보다 나은 물건을 만들어내는 '혁신' 의 장소가 되어야 한다. 이것은 공장이 생각하고 아이디어를 내는 곳이 되어야 하는 것을 뜻한다.

예를 들어, 「목표달성 1백일 작전」이라는 것보다 「생각하면서 일하자」와 같은 표어가 요구된다.

정보화시대에 경쟁력의 관건은 누가 근로자의 잠재력을 더 많이 끌어내느냐에 달려 있다. 이것은 단순히 바쁘게 일만 하는 것이 아니라 생각하면서 일하고 끊임없이 실험과 연구가 이루어져야 함을 뜻한다.

이렇게 공장을 운영하는 것이 고부가가치 제품을 생산하고 우리나라의 산업구조를 고도화하는 방법일 것이다.

경영의 소프트화

한국 기업들이 양적으로는 팽창해왔지만 질적으로는 많은 허점이 있다는 지적이 많다. 예컨대 한국 조선업계가 수주실적으로는 세계 1위이지만 시간당 건조양은 일본의 60퍼센트에 불과해 품질·생산성·기술 수준 등을 전반적으로 끌어올리는 작업이 필요하다는 것이다. 이것은 바로 생각하는 경영, 즉 경영의 소프트화를 요구한다.

이렇게 공장에서 물건을 만드는 사람보다 아이디어를 내는 사람의 비중이 높아질 때 제품은 눈에 보이는 것보다 보이지 않는 것이 더 중요하게 될 것이다. 사실 IBM에서 컴퓨터를 직접 만드는 데 종사하는 사람은 5퍼센트도 안 되고 나머지 95퍼센트는 설계·구매·영업 등 아이디어를 내는 사람이라고 한다.

독창적인 아이디어를 내기 위해서는 자율적으로 일하는 분위기가 중요하다. 미국이 영화나 음악·병원·호텔·정보통신 등 3차산업에서 세계적으로 독점하다시피 하고 있는 것은 미국경제가 자율과 경쟁에 기초한 자유시장기구에 의해 움직이고 있기 때문이다. 미국에서 하이테크기업을 창업할 때 우수한 인력이 쉽게 모여들어 창업이 활발하게 이루어지고 있는 것도 이 때문이다.

세계적으로 잘사는 나라들은 자율과 경쟁원리에 기초를 두고 역동적이고 창조적으로 운영된다는 것도 염두에 두어야 한다. 그러므로 공장에서의 작업은 자율적으로 이루어질 수 있도록 재구성되어야 한다.

지금 근로자들은 기능적으로 세분된 일을 감독자의 지시에 따라 아무 생각 없이 반복적으로 수행하고 있는 형편이다. 즉 납땜공·선반공·삽입공·용접공과 같이 기능이 세분화된 체제에서는 자율적으로 일할 수 있는 분위기가 상당히 제한되어 있을 뿐 아니라 일의 보람을 느낄 수도 없다. 일을 기능뿐만이 아니라 통합된 전체로서 해야 일의 보람도 느낄 수 있고 생각하면서 자율적으로 할 수 있다. 예를 들어서 납땜공·삽입공보다는 PCB 보드를 만드는 작업팀의 일환으로 일하게 하여 그들에게 구매·예산·일정·훈련 등의 관리업무까지 맡긴다면 훨씬 더 많은 아이디어를 낼 수 있을 것이다.

부가가치가 높은 서비스 제공

풍요한 정보화시대에 경제가 소프트화된다는 것은 소비자들에게 고부가가치 서비스가 제공되는 것을 의미하고 이는 상품의 패션화·복합화·유흥화를 가져오게 된다. 고객의 욕구는 모두 다르고 수시로 변화하므로 개성을 살리면서 유행을 창조하는 제품이 요구된다. 미국 캘리포니아의 한 건포도 회사는 건포도를 판매하여 올린 것보다 더 많은 수입을 티셔츠나 장신구에 회사로고를 사용하는 데 따른 라이센스 수입에서 거둬들인다.

경쟁이 심해짐에 따라 고객에게 제공되는 서비스의 수준이 점점 높아지고 있으며 정보화시대의 경쟁은 잠재상품 수준에서 이루어지게 된다(잠재상품에 대해서는 2부 2장 08 '고객감동과 잠재상품' 참조). 상품의 패션화·복합화·유흥화는 잠재상품을 만들기 위한 것이다. 미국의 '노드스트롬'이라는 백화점에서는 탈의실의 꽃, 피아니스트가 연주하는 그랜드피아노의 선율 등을 갖추고 있는데 이는 모두 잠재상품의 예이며 서비스의 복합화이다. 또 미국의 한 지역에서는 서점들이 경쟁에 뒤지지 않기 위해 유명작가의 낭독회, 커피숍 그리고 예술작품 전시회 등을 마련하고 있는데 이것도 서비스의 복합화 현상이다.

고객욕구 충족의 중요한 측면은 즐거움을 제공하는 것이고 이것이 서비스의 유흥화를 가져오고 있다. 코카콜라는 소비자의 마음을 사로잡기 위해 영화배우들과의 계약체결에 수십 억 달러를 지출하고 있고, 켈빈클라인은 진제품은 별로 등장하지 않는 116쪽짜리 선정적인 화보를 제공하기 위해 수백만 달러를 쏟고 있다. 이러한 사실이 서비스가 유흥화되는 현상을 설명해주는 것이다.

정보화시대는 생각하는 시대라고 말할 수 있다. 단순히 물건을 만드는 것보다 생각하는 사람이 많을 때 경제가 소프트화되고 이때 우리의 삶의 질은 향상될 것이다.

고객지향적 조직의 요소

최근 한국의 기업경영에 '고객만족'의 중요성이 강조되고 있다. 이 것은 바람직한 현상이다. 경쟁이 심화됨에 따라 이제 기업이 경영의 기 본을 지키지 않으면 안 되겠다는 것을 자각하기 시작한 것이라고 볼 수 있다. 기업은 '돈만 벌면 된다'는 사고에서 '우리 물건을 사주는 고객 이 있어야 돈을 벌 수 있다'라는 평범한 사실을 인식하게 된 것이다. 고 객만족과 관련하여 가장 중요한 것은 모든 것이 변해도 고객이 우리를 선택한다는 사실은 절대 변하지 않는다는 것이다. 그래서 성공적 기업 은 고객지향적이다. 고객지향적 회사는 고객의 관점에서 회사를 본다.

'고객만족'을 위한 경영의 기본적인 전제는 고객봉사 정신이다. 고 객은 제공되는 서비스의 내용과 과정에 관심을 둘 뿐이다. 제품을 집으 로 가져갔을 때 '작동이 잘되는가?' '상점에서 대우를 잘 받았는가?' 등이 중요한 것이다. 고객은 회사 내에서 무슨 일이 일어나는지에 대해 서는 관심이 없다. 생산부서가 있는지 마케팅부서가 있는지에 대해 관 심조차 갖지 않는다. 배달이 늦을 때 그것이 생산부서 때문인지 구매부서 때문인지 아니면 창고와 공장 사이의 의사소통 때문인지에 대해서도 관심이 없다. 단지 배달이 늦었다는 사실이 고객에게는 중요할 따름이다.

그럼에도 불구하고 아직까지는 내부적 활동에 치중하여 회사 중심적 시각으로 고객을 대하는 회사가 많은 실정이다. 이런 회사에 가보면 고객상담실을 창고로 사용하고 있거나, 불평하는 고객을 골칫덩어리로 여기고 있기 일쑤다. 2분간의 진찰을 받기 위하여 5시간을 기다려야 하는 종합병원의 경우는 고객이 철저히 무시되는 우리나라의 현실을 단적으로 보여준다.

고객봉사를 중요시하는 조직에서는 모든 종업원이 고객의 입장에서 회사 일을 한다. 고객지향적 회사는 고객이 무엇을 요구하는지를 사전에 파악하고자 노력하고 판매·제도·연구·회계 등 각 업무에 고객이 깊이 관여하고 있다. 고객지향적 조직이 되기 위해서는 다음 몇 가지 요소를 갖추고 있어야 한다.

비전

고객지향적 조직이 되기 위해서는 조직 내에 고객을 중요시하는 최고경영자의 비전이 있어야 하며 이를 실천하는 것이 중요하다.

미국 식료품업체의 사장인 스튜 레오나드는 자신의 철학을 상점 벽에 게시했는데 그 내용은 다음과 같다.

제1조: 고객은 언제나 옳다.
제2조: 만약 고객이 옳지 않다고 확신이 서면 제1조를 보라.

그는 한 걸음 더 나아가 3톤짜리 화강암 덩어리를 구해서 이 내용을 새겨 상점의 콘크리트에 끼워 붙여두었다. 굳이 이렇게 무거운 돌까지 끼워 붙여 자신의 철학을 환기시키려 했던 이유는 자신은 물론 조직 전체를 훈련시키기 위함이었다. 그는 이렇게 말한다. "고객이 그 곁을 지날 때마다 그 철학은 고객이 우리를 판단하는 기준이 될 것이고, 따라서 우리는 그 주장에 부끄럽지 않은 행동을 하려고 분발하게 될 것이다. 한마디로 숨을 곳이 없어진다."

이와 같은 최고경영자의 비전이 구체적으로 표현되고 실천될 때 종업원 모두는 고객봉사라는 공동 목표를 가지고 고객문제 해결에 초점을 맞추게 된다. 또 고객봉사라는 의미 있는 비전을 공유할 때 일할 만한 가치가 있는 회사라는 자부심을 갖게 되고 회사를 위해 열심히 일하게 된다. 그것이 곧 고객에 대한 봉사와 헌신으로 이어지는 것이다.

영국의 버진애틀랜틱항공사 회장은 자기 회사 비행기의 이등칸을 타고 복도를 지나면서 고객에게 자기소개를 하고 그들과 대화한다. 그는 한 번 여행에 5~6킬로미터를 걷는데, 고객의 불평을 객관적 자료가 아닌 고객들의 정서적 반응을 통해서 청취하고자 비행기를 탄다고 한다. 그는 고객의 불평을 수렴하며 여러 가지를 개선하였다. 어린이용 특별 음식으로 땅콩버터 샌드위치를 제공한다든지, 기내에 더 많은 경영 관련 잡지와 신문을 비치한다든지, 채식 음식에 더 많은 콩을 넣는다든지, 공항 리무진에 카폰을 설치한다든지 하는 것이었다. 사소한 것들이지만 그는 "우리가 조그만 일에 신경을 쓰면 고객이 우리를 다시 찾는다"라고 말한다.

이와 같이 최고경영자가 고객봉사 태도를 생활화할 때 고객봉사 정신이 하나의 가치관으로서 조직 내에 자리 잡을 수 있다. 즉, 고객봉사는 물건을 많이 팔아 이익을 남기기 위해서 하는 것이 아니라, 보다 나은 사회를 만들기 위해서 하는 것이다. 고객봉사는 도덕적 차원에서 해야 한다. 우리는 서비스가 좋지 못해 기분이 나쁘다고 해서 다른 곳을 이용할 수 있는 경우가 많지 않다. 공공기관과 같이 독점인 경우에는 더욱 그렇다.

결국 우리가 의지할 데는 종업원의 봉사정신이 하나의 가치관으로 자리 잡도록 하는 것에 있다. 우리는 고객에게 봉사하기 위해 태어났다는 선언 같은 것이 필요하다. 고객봉사 정신이 있을 때 일을 잘하겠다는 열정도 나온다. 보다 나은 사회를 만들기 위해서 우리에게 요구되는 것은 특별한 자선사업이 아니라 자기가 하는 일을 통해서 고객에게 봉사하는 것이다.

나는 얼마 전 TV에서 일본 근로자들의 인터뷰 장면을 보고 그들의 고객봉사 정신이 대단하구나 하고 충격을 받은 적이 있다. "일을 하면서 가장 중요하게 생각하는 것은 무엇인가?" 하고 질문했을 때 그들은 "고객이 안심하고 쓸 수 있는 기계를 생산하는 것"이라고 대답하였다. 그들은 일을 할 때 고객이 머릿속에서 떠나지 않는 것 같았다.

과연 우리 근로자들에게 똑같은 질문을 한다면 어떤 대답이 나올까 궁금하다.

종업원 한 사람 한 사람이 고객봉사 정신을 생활화하기 위해서는 최고경영층의 고객봉사에 대한 비전과 태도가 현장 실천을 통해서 종업원들에게 심어져야 할 것이다.

그러나 아직도 우리는 봉사지향적 사고보다 판매지향적 사고가 지배하고 있다고 느껴지는 것은 잘못된 일일까?

나는 얼마 전 시내 유명 백화점에서 산 물건을 바꾸러 갔는데, 백화점 직원으로부터 다른 코너에서 파는 물건으로 바꿔줄 수 없을 뿐만 아니라 환불도 자신의 매출이 줄어들게 되므로 곤란하다는 말을 듣게 되었다.

이러한 상황은 매출액을 기준으로 직원을 평가하여 그들로 하여금 고객봉사의 태도보다는 판매지향적인 태도를 심어주어 초래된 것이다. 그 백화점에는 입구에 많은 안내직원이 있어 고객들이 오고갈 때 인사하는 것이 보였지만 그것이 봉사를 위한 것인지 판매를 위한 것인지 궁금하였다.

고객봉사는 최고경영자의 철학으로부터 파생되지 않으면 아무런 실효를 거둘 수 없는 것이다.

자율성

고객만족 경영은 자율성에 기초를 두고 있다. 이러한 조직에서는 고객을 대하는 일선 종업원이 직접 고객의 문제를 해결하기 위한 행동을 쉽게 할 수 있다. 그러나 전통적 조직은 기능과 계층이 있어 일을 하는 데 협력이 잘 안 되고, 종업원은 윗사람으로부터 일방적인 지시를 받아야 하기 때문에 일하기가 힘들다. 이런 조직은 기능 중심으로 고객봉사는 뒷전이고 아무도 책임지는 사람이 없다. 여기 재미있는 사례가 있다. 어떤 사람이 기내 특별식으로 채식을 주문했는데 체크인 카운터 직원에게 불안한 마음으로 주문한 음식이 기내에 공급되었는지를 물어봤다. 그 직원은 "모르겠는데요. 죄송하지만 전 바빠요. 탑승구로 가서 문의하세요. 아마 거기서는 당신을 도와드릴 수 있을 거예요" 하고 대답했으며, 탑승구의 여직원은 "도와드리고 싶지만 저는 기내식과 아무 관련이 없어서……. 일단 비행기에 타셔서 스튜어디스에게 문의하세요. 아마 잘 해결해줄 거예요" 하고 대답했고, 기내의 스튜어디스는 "저희들에게 좀 더 일찍 알려주셨어야지요. 만일 저희가 제때에 알기만 했다면 아무 일도 없었을 거예요" 하고 대답했다고 한다.

이와 같이 전통적 조직에서는 고객의 욕구가 무시되기 일쑤다.

종업원의 자율성을 높이기 위해서는 기능과 계층이 없는 팀조직으로 가야 한다. 예를 들어, 위와 같은 사례에서 15명이 한 팀이 되어 처음부터 끝까지 운항에 책임을 진다면 그들은 출발하기 전 다같이 모여 문제점(예를 들어 어떤 특별식이 주문되었는지, 갓난아기는 탔는지, 유아용 침대는 필요한지, 깨지기 쉬운 물건은 없는지 등)을 점검하고 정보를 공유하기 때문에 책임의식을 가지고 고객의 욕구를 충족시켜줄 수 있을 것이다.

종업원을 영웅으로 대우

고객봉사와 관련하여 특히 중요한 것은 일선 종업원이 고객을 어떻게 대하느냐 하는 것이다. 스칸디나비아항공회사의 회장인 얀 칼슨은 일선 종업원이 고객을 어떻게 대하느냐가 회사의 운명을 결정한다고 하여 종업원이 고객을 만나는 순간을 진실의 순간moment of truth이라고 불렀다. 고객에게는 종업원이 바로 회사인 것이다. 우리가 백화점에서 물건을 살 때 점원이 우리를 어떻게 대하느냐에 따라 그 백화점에 대한 이미지가 결정된다. 여기에는 종업원의 자발적 행동이 필요하다. 종업원이 고객을 잘 대하는지 잘못 대하는지 경영층이 일일이 감독할 수는 없기 때문이다.

그러므로 자발적 행동을 유도하기 위해서는 종업원들을 잘 대해주어야 한다. 일선에 있는 사람들을 영웅으로 대우해주어야 그들도 고객을 영웅처럼 대하고 봉사하게 될 것이다.

경영층이 종업원을 대하는 것이 그대로 종업원과 고객의 관계에 반영된다고 하는 투명조직transparent organization의 개념이 있다. 즉, 종업원을 보면 경영 상태를 알 수 있다는 것이다. 만일 일선 종업원이 초라한 시설에서 낮은 급료를 받고 일하며 존중받지 못한다면 어떻게 고객에게 친절하게 대할 수 있겠는가?

미국 캘리포니아 주에 본사를 두고 있는 '노드스트롬' 이라는 백화점은 서비스가 좋기로 소문이 나 있다. 이 백화점의 판매원은 손님이 멀리 매장 구석에 있는 계산대를 찾아가 한참 기다리게 하지 않고 즉시 그 자리에서 계산 또는 반품처리하거나 포장을 해준다. 그리고 한 번 다녀간 고객이라도 그 이름을 기억하고 고객과 관련된 정보를 고객수첩에 꼼꼼하게 기록해두며 수시로 선물이나 편지를 보낸다.

이 백화점의 판매원은 무엇 때문에 고객에게 친절하게 대하는가? 이것은 그들이 좋은 대우를 받고 있고 판매원의 수가 많으며 관리자들이 항상 매장 내에 배치되어 판매원들을 도와주고 있기 때문이다.

더욱이 판매원들은 재고에 대한 부담을 갖고 있지 않고, 1일 수선과 같은 지원을 받고 있으며, 나아가 반품·포장 등 어떠한 일도 자율적으로 할 수 있도록 허용되고 있다.

이와 같은 지원이 있기 때문에 '노드스트롬' 의 판매원들은 고객봉사를 자기 일처럼 하고 있다. 회사가 지원한다는 것을 알고 있을 때 평범한 종업원으로부터 비범한 성과가 나오는 것이다.

고객이 주역

고객지향적 조직이 되기 위해서는 고객이 주역이 되는 조직이 되어야 한다. 그러나 많은 기업에서는 자기들 편의대로 일을 처리하고 있다. 고객은 잘해야 손님이고 나쁜 경우에는 물주이다. 이제는 고객을 주인으로 모시는 기업이 되어야 한다. 고객에게 편리하게 일을 처리할 수 있고 즐거움을 주는 조직이 되어야 한다. 병원은 대체로 의사, 수술 및 검사 활동을 지원할 수 있도록 설계되어 있다. 은행은 우선 업무의 효율을 위해 카운터로 막아놓고 있다. 고객이 주역이 된다는 것은 병원이나 은행을 갔다 오는 것이 극장이나 야구장에 갔다 오는 것과 같은 즐거움이 되어야 하는 것을 말한다. 고객을 주인으로 대하기 위해서는 종업원들이 기업을 위해서 일한다기보다 고객을 위해서 일한다는 태도를 가져야 한다. 우리나라 호텔에 가보면 매상을 올리기 위해 비싼 음식을 권하는 경우를 가끔 보는데, 이는 고객을 주인으로 대하는 것이 아니다. '디즈니월드'는 고객이 조직을 처음 만나는 때부터 환상을 심어주는 것으로 유명하다. 비행기에서, 공항에서, 그리고 주차장에서부터 고객이 주역이 되는 분위기를 창출한다. 나는 디즈니월드를 방문해서 입구의 안내원에게 텐트를 칠 장소를 물어본 적이 있다. 그때 안내원의 말을 잘 알아듣지 못해 한 번 더 말해달라고 부탁했다. 그러자 안내원은 내 뒤에 많은 차들이 기다리고 있는데도 차근차근 설명해주고는 이해가 확실하게 되었는지 확인까지 해주었다. 이것은 고객 한 사람 한 사람을 주인으로 대하는 태도가 몸에 배어 있기 때문일 것이다.

기술 및 제도

고객지향적 조직이 되기 위해서는 기술 및 제도의 뒷받침이 있어야 한다. 기술 및 제도는 종업원이 고객을 위한 가치창조를 잘할 수 있도록 해주는 것이다. 고객지향적이라는 것은 친절한 서비스만으로 되는 것이 아니기 때문이다. 한때 요금을 반으로 낮추고 '누구나 탈 수 있는 비행기'라는 슬로건을 내건 피플익스프레스라는 항공사는 그들의 미소는 아무도 흉내 낼 수 없다는 말이 있을 정도로 친절했지만, 승객과 여행사를 짜증나게 하는 비효율적인 예약제도 때문에 고객들로부터 외면당하는 결과를 가져왔다. 피플익스프레스는 여행 자체에는 즐거움을 주어도 예약하기에는 고통스럽다는 것이다.

'진정으로 신뢰할 만한 우편배달 서비스를 제공한다' 라는 페더럴익스프레스는 막강한 컴퓨터 지원 시스템이 있기 때문에 하루 수백만 개의 소포를 착오 없이 배달할 수 있다. 코스모스라는 컴퓨터 시스템은 소포를 수집에서 배달까지 끊임없이 추적할 수 있게 해주기 때문에 고객은 자기가 부친 물건이 제대로 가고 있는지를 항상 확인할 수 있다. 의류제조회사인 '베네통' 이나 '리미티드' 는 컴퓨터 시스템과 융통제조기술의 뒷받침으로 본사·공장·유통센터 및 매점이 하나로 통합되었다. 따라서 옷감을 선택, 제조, 수송하는 속도가 경쟁업체보다 열 배이상 빠르기 때문에 고객주문에 따라 제조할 수 있는 융통성이 있어 개별고객의 욕구를 충족시켜줄 뿐만 아니라 재고 회전율을 높이고 원가절감을 이루고 있다. 우리나라의 한 은행에서는 고객의 대기시간을 세밀하게 측정한 다음, 이를 단축하기 위해서 한 고객의 일이 끝나기 전에 다음 고객을 부르는 등 많은 아이디어를 내기도 하였다. 이는 고객만족 향상에 관리제도의 중요성을 말해주는 것이다.

07

고객충성심에는
고객지각이 중요하다

고객감동을 통한 고객충성심의 확보에는 고객의 지각perception이 중요하다. 고객은 각각 다른 개인이므로 회사의 서비스 또는 제품의 객관적 가치보다 그것을 어떻게 받아들이느냐 하는 주관적 느낌이 중요하다는 것이다. 고객지각은 고객마다 다른데 경험과 구전에 의해서 좋은지 나쁜지가 형성되므로, 결코 중립적이지 않다. 또한 하나의 나쁜 경험이 10가지 좋은 경험을 일소할 수 있기 때문에 중요하게 다루어야 한다.

고객지각에는 과정이 내용보다 중요하다. 고객을 어떻게 대하느냐가 품질 또는 결과보다 고객지각에 더 큰 영향을 준다는 것이다. 자동차 대리점의 사례를 조사한 한 통계에 의하면 14퍼센트의 고객은 제품 때문에, 68퍼센트는 대리점 직원이 대하는 태도 때문에 구매하지 않는다고 한다. 또한 고객과의 지속적인 친근한 접촉이 고객관계를 호전시키는 데 중요한 역할을 한다. 판매 후 고객에게 안부전화를 거는 일이 지각에 영향을 준다는 것이다. 성공적으로 사업을 운영하고 있는 사람들의 말을 들어보면 판매나 수리 후 회사중역 또는 관리자들이 잠깐 전화함으로써 얻어지는 효과는 놀라울 정도라고 한다. 도미노피자에서 최고의 거래실적을 올린 체인점 주인은 자신의 중요한 성공비결이 1주일에 100명의 고객에게 전화를 거는 일이었다고 말했다.

또한 사람이란 자기통제 욕구가 강하기 때문에 발생할지도 모르는 문제에 대해 사전에 고객에게 알려주면 고객만족이 증가하고 좋은 결과를 가져온다. 예를 들어서 사전에 수술 후유증에 대한 정보를 제공하면 환자의 회복이 빠르고 입원기간을 단축시킨다는 연구결과가 있다. 수술 후유증으로 극심한 호흡곤란을 겪는 경우가 있는데 사전에 정보를 제공받은 환자는 마음의 준비를 하지만 그렇지 못한 환자는 아무리 설명해도 자기는 죽어가고 있는데 의사들이 거짓말하고 있다고 의심하여 회복이 늦어진다는 것이다.

고객에게 진실한 정보를 시기적절하게 주는 것이 중요한 이유는 기대 수준을 올바르게 정할 수 있기 때문이다. 고객지각에 영향을 주는 것은 기대에 비추어 얼마나 실행했느냐에 달려 있다(고객지각=실행/기대). 비행기의 이륙이 10분 지연될 것이라는 기내 방송과 달리 1시간이나 지연된다면 고객의 신용을 잃게 될 것이다.

경우에 따라서는 잔인한 진실을 이야기하는 것도 고객충성심을 얻는 비결이 될 수 있다. 미국에는 죽음death이라는 담배가 있는데 그 담배의 포장에는 다음과 같은 글귀가 씌어 있다. '이 담배는 다른 어떤 담배와 마찬가지로 당신을 죽이는 담배이다. 담배는 중독되고 건강을 해친다. 담배를 피우지 않고 있으면 시작하지 말고, 담배를 피우고 있으면 끊어라.' 이 문구가 있음에도 불구하고 이 담배는 많이 팔리고 있다. 이 담배 회사는 수익의 10퍼센트를 암 연구기관에 기부하고 있다.

또한 제품 및 서비스 문제가 발생했을 때 어떻게 처리하느냐가 고객만족에 영향을 준다. 문제가 생겼을 때 변명 대신 진실을 말하고 고객의 입장에서 성실하게 노력하면 그들의 마음을 돌릴 수 있다. 문제를 잘 처리하면 불만이 있기 전보다 오히려 더 큰 충성심을 가지게 될 수도 있다. 이런 의미에서 고객불평의 관리는 고객지각에 중요하다. 종업원들은 고객불평에 대응할 때 골치 아픈 일로 여기며 귀찮아하고 자기 관점에서 변명하려고 하는 경향이 있다. 그러나 종업원들은 고객의 입장에서 듣고 고객불평을 향상의 기회로 삼아야 할 것이다. 고객의 대부분은 불만을 경험해도 불평하지 않고 다시는 해당 업체를 찾아오지 않을 가능성이 높을 뿐만 아니라 다른 사람에게 나쁜 소문을 퍼뜨리기도 한다. 고객불평은 향상의 기회가 될 뿐만 아니라 잘 해결하면 더 큰 충성심을 갖도록 할 수 있기 때문에 기업은 불평하는 고객을 오히려 고맙게 생각해야 할 것이다.

08

고객감동과 잠재상품

　고객감동이라고 했을 때 항상 떠오르는 기억은 내가 서울에서 자카르타까지 싱가포르에어라인을 타고 갔던 경험이다. 나는 비행기를 타기 전부터 마음이 편안하고 기분이 좋았다. 왜 이렇게 타보기도 전에 마음이 즐겁고 편안한가 하고 나는 자문해보았다. 그것은 아마 싱가포르에어라인이 오랫동안 고객봉사를 위해 남다른 노력을 기울인 것이 매스컴을 타고 나에게 전해졌기 때문일 것이다.

　예상한 대로 싱가포르에어라인의 서비스는 거의 완벽에 가까운 수준이었다. 다른 비행기에서는 보통 스튜어디스를 부르는 버튼이 고장 나 있거나 또 빨리 와주지도 않는데 여기서는 버튼을 누르자마자 달려왔고, 모두 자는 한밤중에 사소한 서비스를 부탁했는데도 기꺼이 들어주었다.

　고객봉사와 관련한 종업원들의 반응은 대개 지금까지 고객 중심으로 잘 해냈는데 어떻게 더 잘하느냐 하는 것이 보통이다. 그러나 타보기도 전에 마음을 편안하게 해주는 싱가포르에어라인의 사례를 경험하고, 나는 정말 고객봉사에는 끝이 없다는 생각이 들었다.

잠재상품 수준의 서비스 제공

하버드대학교 레비트 교수의 총체적 제품 개념total product concept에 의하면 고객봉사에는 '본원상품' '기대상품' '확장상품' '잠재상품' 의 4가지 차원이 있다(2부 2장 01 '블루오션' 참조).

본원상품 수준에서는 고객이 분노하고, 기대상품 수준에서는 고객이 불만을 느끼며, 확장상품 수준에서는 고객이 만족하지만, 잠재상품 수준에서는 예상하지 못했던 서비스를 받고 고객이 감동하는 것이다. 어떤 통계 자료에 의하면 만족한 고객의 44퍼센트가 다른 제품으로 바꾸지만 감동한 고객은 정신적 유대감을 갖고 항상 미래 구매로 연결된다고 한다.

'안전을 판다' 라고 하는 볼보자동차는 1955년 삼각 안전벨트를 개발했고 1991년 측면 충격보호 시스템을 도입하여 사망률을 25퍼센트 감소시켰다. 이러한 노력은 안전이라고 하는 잠재상품을 제공하기 위한 것이라고 볼 수 있다.

트럭을 생산하는 샤브·스카니아는 소음이 나지 않는 차를 만들기 위해 캡슐엔진을 개발하였고 수리하기 쉬운 차를 만들기 위해 부품 수를 줄이고 조립을 단순화시켰는데 이러한 활동도 잠재상품을 제공하기 위한 것이라고 볼 수 있다.

미국의 전문의류 백화점인 '노드스트롬' 에서는 탈의실에 꽂아둔 꽃, 그랜드피아노의 선율이 흐르는 공간, 모든 물건을 반품할 수 있도록 하는 제도, 즉석에서 거의 모든 문제를 처리하는 권한을 갖고 있는 점원 등 파격적인 잠재상품 수준의 서비스를 통해서 '노드스트롬에서 문제란 없다' 라는 비전을 실천하고 있다. 노드스트롬에서의 쇼핑을 하나의 '경험' 또는 '일대 사건' 으로 바꿔놓고 있는 것이다.

스웨덴의 가구판매상점인 이케아Ikea는 단지 상점이 아니라 들르는 곳이고 돈을 쓰는 곳만이 아니라 시간을 보내는 곳이라고 말하면서 쇼핑보다 나들이를 강조하고 있다. 여기에는 어린이 놀이방이 있고 유모차도 빌릴 수 있고 기저귀도 공짜다. 또한 상점 내에는 싸게 음식을 제공하는 식당이 있고 이케아 가족Ikea Family이라고 하는 고객 클럽이 있어 할인혜택을 주고 있다.

이상에서 보듯이 잠재상품 수준의 서비스는 볼보와 샤브·스카니아처럼 안전·소음 등의 핵심 서비스의 끊임없는 향상을 통해서 남들이 하지 못하는 깊이 있는 서비스를 제공하거나 노드스트롬, 이케아와 같이 다양한 서비스의 복합화를 통해서 쇼핑이라는 상품의 개념을 즐겁게 시간을 보내고 가족과 같은 관계를 맺는 하나의 '경험' 또는 '나들이'로 바꾸어놓은 것을 말한다.

일대일 경영

고객을 감동시키기 위해서 기억해야 할 요소는 고객의 욕구는 모두 다르고 변한다는 것이다. 최상의 서비스는 개인서비스이다. 식당에 가서도 웨이터가 자기를 알아볼 때 기분이 좋은 것은 이 때문이다. 과거 대량생산시대에는 진열대에 놓여 있는 물건 중에서 필요한 것을 울며 겨자 먹기로 사갈 수밖에 없었지만 지금은 경쟁이 심화되고 상품이 다양해져 자기에게 맞지 않으면 사지 않게 되었다.

지금은 또한 정보화시대로 고객과 생산자가 직접 연결된다. 과거 대량생산의 산업화시대에는 우리 고객이 누구이고 어디에 있는지도 몰랐지만 지금은 정보통신의 발달로 고객과 기업이 중간 단계를 거치지 않고 일대일로 연결되고 있다.

예를 들어 사고 싶은 물건이 있으면 PC를 통해 그 물건을 만들어내는 공장과 그곳에서 생산하는 제품을 파악하여 구매하고 대금결제도 신용카드로 할 수 있다. 또한 1부 1장 03 '정보화시대의 환경 변화와 기업의 대응'에서 예를 든 일본의 어느 화장품 회사의 경우와 같이 고객을 방문하여 피부를 분석하고 그 고객의 피부 특성에 맞는 제품을 2주 안에 배달해주고 있다. 정보화시대에 들어오면서 생산과 구매방식이 달라지고 있는 것이다.

이와 같이 기업과 고객이 직접 연결되는 시대의 경영을 일대일 경영이라고 한다. 여기에서 중요한 것은 데이터베이스database와 대화dialogue이다. 즉, 데이터베이스를 통해서 우리 물건을 사는 고객은 누구이고 그 고객이 어떤 특징을 가지고 있는가를 파악하고, 대화를 통해서 고객의 변화하는 욕구를 추적해나가는 것이다. 이것은 기업이 고객의 마음속으로 파고 들어가는 것을 의미한다. 예를 들어서, 우리 제품을 구입한 고객을 데이터베이스로 추적해보았을 때 가족이나 수입이 늘어났다고 하면, 다음에 고객이 무슨 물건을 살 것인지를 미리 짐작해볼 수 있다. 고객의 마음속으로 파고 들어간다고 하는 것은 끊임없는 고객의 욕구를 충족시켜줌으로써 고객과의 관계를 심화시켜 나가는 것을 말한다.

이상에서 말한 것처럼 정보화시대에 들어오면서 경쟁이 심화됨에 따라 고객감동이 중요한 경쟁 변수가 되고 있다. 여기에는 서비스의 복합화와 심화를 통해 남들이 할 수 없는 잠재상품 수준의 서비스를 제공하는 것, 그리고 일대일 경영을 통해서 고객의 마음속으로 파고 들어가 관계를 심화시켜 나가는 것이 필요하다.

사업전략 수립의 2가지 방법

우리가 어떤 사업을 할 것인가를 결정하는 방법에는 2가지가 있다. 하나는 분석적인 방법이다. 환경 분석에 의해서 파악되는 기회와 위협을 고려하고 경쟁 기업과 우리의 자원을 비교하는 SWOT 분석에 의해서 이 사업이 우리에게 맞는 것인가를 결정하고 재무적 타당성이 있는지 여부도 파악해야 한다. 이것은 전략적 적합strategic fit 모델이다. 이는 멀리 내다보기보다 현재 상황에 기초를 두고 결정하는 경향이 있기 때문에 단기적이고 정적이다. 미국이 TV산업에서 일본기업의 공격을 받자 철수를 결정하였는데 후에 TV산업이 HDTV 등의 고부가가치산업으로 발전하면서 철수한 결정을 후회하였다고 한다. 또한 일본이 조선산업에서 철수한 것도 조선산업이 증후장대의 노동집약적인 3D산업이라고 생각했기 때문이다. 이것은 뒤에 나오는 FPSO, 드릴십 등의 고부가가치 선박의 출현을 예상하지 못한 단기적 시각의 결정이었다고 볼 수 있다.

다른 하나는 직관적인 방법으로 이 사업을 할 필요가 있느냐 없느냐와 같이 전략적 중요성에 기초를 두고 어떤 사업을 할 것인가를 결정하는 것이다. 이것을 전략적 비전strategic vision 모델이라고 부른다. 이 방법은 현재 상황보다 장기적 관점에서 죽기 아니면 살기로 승부를 걸어볼 필요가 있는지를 자문하는 것이다. 그래서 필요가 있다면 전략적 과제를 설정하고 달성해나가는 과정을 통해서 실패를 해도 그것으로부터 배우며 경쟁우위를 축적하여 성공을 도모하는 것이다. 학습과 성장이 중요하며, 장기적이고 동적dynamic인 접근 방법이다.

일본의 캐논은 60년대 난공불락의 제록스를 따라잡자는 전략적 비전 하에 개인용 복사기가 5000~6000달러 할 때 1000달러짜리를 만들겠다는 전략적 과제를 설정함으로써 경쟁우위를 키워나갈 수 있었다. 삼성전자가 반도체사업을 시작할 수 있었던 것도 전략적 비전 모델에 기초를 두었기 때문이다. 전략적 적합 모델에 의해서 분석적으로 접근했다면 시작하지도 못했을 것이다. 또한 우리가 포항제철을 시작했을 때 어느 나라도 가능하다고 생각하지 않았고 그래서 차관도 받을 수 없었다. 그러나 박정희의 전략적 비전이 오늘의 포스코를 가능하게 했다.

토요타 자동차로 대표되는 일본의 자동차산업은 전략적 비전 모델에 기초를 두고 있다고 볼 수 있다. 지금은 금융위기와 최근 일어난 지진으로 어려움을 겪고 있지만 토요타 자동차는 빠른 속도로 계속해서 경쟁우위를 축적함으로써 GM을 따라잡고 후발 기업들의 추격을 뿌리쳐 왔다. 우리의 조선산업도 지금은 세계 1위를 하고 있지만 시간이 되면 중국에 넘겨준다는 생각보다 계속해서 경쟁우위를 축적하여 지켜나간다는 각오가 필요하다.

분석적으로 접근하면 중국이 우리를 추월할지도 모른다는 생각이 들 수도 있지만 우리가 장기적 비전을 수립하고 비전 달성에 요구되는 과제를 설정하고 노력하여 경쟁우위를 계속 축적해나간다면 계속 선두를 유지할 수도 있다. 우리가 어떻게 하느냐에 달려 있다는 것이다.

이것은 사양산업이라고 소홀히 했던 섬유와 신발산업에도 똑같이 적용될 수 있는 말이다. 중요한 것은 끊임없이 제품혁신과 공정혁신을 통해서 앞서 나가는 것이다. 이를 위해서는 엔지니어를 비롯한 우수한 인재들을 조선산업으로 끌어들이고 통찰력 있는 경영자를 전면에 배치해야 한다. 이공계 기피 현상은 이 때문에 우려스러운 것이다. 특히, 중국이 우리보다 엄청나게 많은 이공계 인력을 배출하고 R&D 인력을 보유하고 있다는 것은 우리에게 정책적 변화가 긴박하게 요구되고 있음을 말해준다. 우리가 6·25사변 후의 폐허 위에 반도체, 조선, 자동차, 철강 등 세계적 기업을 출현시킬 수 있었던 것은 미래지향적 국가비전에 기초를 두고 젊은이들을 산업의 역군으로 참여시켜 자부심을 가질 수 있게 만든 국가적 지도력이 있었기 때문이다. 지금 우리에게 다시 한 번 요구되는 것은 기존 산업에서 경쟁우위를 지켜나가고, 새로운 성장동력을 확보하는 국가비전을 설정하여 국민적 역량을 한 데 모으는 것이다.

3장

목표관리

01

MBO는 특별한 것이 아니다

반세기 전, 미국의 여성 경영학자 폴렛Mary P. Follet은 '경영이란 사람을 통해서 일을 수행하는 것'이라고 정의하였다. 여기서 일을 수행한다는 것은 목표를 달성하는 것을 의미하는데 이처럼 목표의 달성은 경영의 핵심이 되고 있다.

목표관리MBO는 목표를 효과적으로 달성하기 위한 제도이므로 경영관리제도라고 볼 수 있다. MBOmanagement by objectives라는 단어는 피터 드러커Peter Drucker가 1954년에 그의 저서 《경영의 실제The Practice of Management》에서 처음으로 사용했지만 그가 MBO제도 자체를 고안해낸 것은 아니다.

그는 연구조사를 하는 가운데 효과적인 경영자는 목표관리 개념을 실천하고, 효과적인 조직에서도 목표관리와 같은 제도가 존재하고 있음을 발견하고 그것을 MBO라는 용어로 설명한 것이다.

즉, MBO라고 하는 것은 새로운 관리 방법으로 고안된 것이 아니라 기존 관리 방법에 이름을 그렇게 붙인 것이다.

사실 모든 기업이 '목표에 의한 관리'를 하고 있다. 다시 말하면, 모든 기업이 목표를 가지고 있고 또 이를 달성하기 위한 제도를 가지고 있는 것이다.

단지 기업이 가지고 있는 목표가 장기적이냐 단기적이냐, 명확하느냐 애매하느냐, 모든 종업원에게 알려져 있느냐 일부에게만 알려져 있느냐 하는 차이가 있다.

또한 목표를 달성하기 위한 제도가 공식적으로 정비되어 있느냐, 비공식적으로 정비되어 사람에 따라 달라지느냐, 관리제도를 구성하는 부분 제도(예를 들어, 계획·평가·보상 등)가 조직목표를 달성하는 방향으로 통합되어 있느냐, 아니면 개별적으로 조화 없이 운영되고 있느냐 하는 차이가 있을 뿐이다.

기업마다 가지고 있는 목표관리제도는 그 유형이 다르고 거기에서 나오는 성과도 다르다.

관리의 최선은 사원 참여

MBO의 기본 이론은 '관리의 최선은 종업원을 목표설정에 참여시키고 설정된 목표를 달성하기 위해 필요한 자원을 적절하게 배분하는 것이다'라는 간단하면서도 설득력 있는 이론에 기초를 두고 있다.

즉, MBO는 맥그리거McGregor의 Y이론에 입각하여 종업원이 목표설정에 참여하고 조직 분위기가 자기개발, 자기통제, 원활한 의사소통을 보장하는 경우, 종업원은 목표달성에 적극적일 것이라는 데 기초를 두고 있는 것이다.

그러나 많은 기업이 MBO를 실제로 적용해본 결과, 경우에 따라서는 기대 이하의 결과를 나타내게 되었는데 여기에는 2가지 문제점이 지적되고 있다.

첫째는 기업을 전체 시스템의 관점에서 보고 있지 않다는 것이다. 기업은 다수의 목표를 가지고 있고 또 그것들은 상충하게 마련이므로, 한 목표의 달성은 다른 목표의 희생을 초래한다.

예를 들면, 경제운영에서 안정의 목표를 달성하기 위해서는 성장의 목표를 어느 정도 희생해야 하는 것과 같다. 수출을 270억 달러 달성한다는 목표는 상충하는 다른 목표(예를 들면 수익성)의 달성을 희생해야만 가능한 것이다.

따라서 수출에 대한 목표가 적정한 수준보다 더 높게 설정된다면 상충하는 목표의 과도한 희생을 초래하는 비효율성이 야기될 것이므로 목표를 설정하기에 앞서 자원의 소요량이나 우선순위의 견지에서 다른 목표와의 상충관계를 파악하는 것이 매우 중요하다.

경우에 따라서 각 부서는 자기 책임을 기업 전체의 관점에서 보지 않고 자기 부서만의 관점에서 준최적화를 추구하는 경향을 나타내고 있다.

기업이 다수의 목표를 추구할 때 적용될 수 있는 개념이 만족화이론 Satisficing Theory이다. 만족화이론은 1978년 노벨상 수상자인 허버트 사이먼 Herbert Simon에 의해서 창안되었다. 그 내용은 기업은 상충하는 다수 목표의 상쇄 trade-off 관계를 분석하여 여러 가지 목표에 만족스러운 수준을 정해놓고 우선순위에 따라서 될 수 있는 대로 그 수준에 가까이 가고자 노력한다는 것이다.

만족화이론은 앞으로 목표관리를 시행할 때 준최적화를 피하고 기업 전체의 관점에서 조직목표를 효과적으로 달성하기 위해서 염두에 둘 중요한 개념의 하나가 되어야 할 것이다.

장기적 '전략경영' 요청

둘째로 지적되고 있는 MBO 시행상의 문제점은 예상되는 미래의 변화에 맞추어 계획을 세우는 장기적 안목의 부족에 있다.

과거 MBO는 동기유발 및 성과평가와 같은 단기적이고 내부효율적인 것에 치우친 나머지 장기적 관점에서 환경 변화를 예측하고 그 바탕 위에 목표를 수립하는 일을 소홀히 해왔다.

전략경영은 장기적 관점에서 목표를 설정하고 이를 달성하기 위한 전략을 수립하는 것이다.

전략경영의 기본 전제가 되는 것은, 기업 환경은 여러 가지 기회와 위협으로 가득 차 있고 이러한 기회와 위협은 변화에 의해서 발생하고 있다는 것이다. 따라서 환경 변화를 예측하여 기회를 포착하고 위협을 피하기 위한 장기계획을 수립하는 전략경영은 기업경영의 중요한 활동이고 앞으로 MBO를 시행하는 데 염두에 두어야 할 또 하나의 중요한 개념이다.

이와 같이 Y이론, 만족화이론, 그리고 전략경영은 MBO의 개념적 기초가 되고 있는데 이러한 개념은 다음과 같은 MBO 특유의 경영철학을 낳고 있다.

첫째, MBO는 '참여적 경영'을 지향하고 있다. 참여적 경영이란 모든 계층의 종업원으로 하여금 적극적으로 경영에 참여하여 주어진 책임영역 내에서 자율적으로 권한을 행사하도록 조장하는 것으로, 개인의 능력을 인정하고 존중하는 경영철학이다. 이러한 조직 분위기 속에서 종업원은 자기개발과 자기통제의 의욕을 가지게 될 것이다.

둘째, MBO는 업적과 성과에 의해서 종업원을 평가하고 책임을 묻는 '결과 중심의 경영'을 지향하고 있다. 결과 중심의 경영은 누가 조직목표의 달성에 어느 정도 기여하고 있는가를 보다 명확하게 파악하고 그에 따라 평가하므로 모든 종업원이 조직목표를 달성하는 방향으로 노력하게 되어 조직효과를 향상시킬 수 있다.

셋째, MBO는 '반응적 경영'이 아닌 '예상적 경영'을 지향하고 있다. 즉, 목전의 문제를 해결하는 데 급급한 것이 아니라 미래의 변화를 예측하고 장기적 관점에서 조직이 나아갈 방향을 설정하여 필요한 활동을 사전에 준비해나가는 것이다.

제반활동은 조직목표와 유기적으로 연결되어야

MBO의 과정은 크게 4가지로 나누어볼 수 있다.

첫째는 미래의 환경 변화에 비추어 조직 전체의 나아갈 방향을 결정하는 계획활동이다. 조직 전체의 방향은 다수의 조직목표를 설정하는 것으로 결정된다.

둘째는 모든 계층의 관리자가 조직목표를 달성하기 위해서 어떤 기여를 해야 하는지를 결정하는 조직활동이다. 이것은 개인별 직무목표를 설정하고 이를 달성할 수 있는 구체적인 행동계획을 수립하는 것을 말한다.

셋째는 행동계획의 진전 상황 및 결과를 검토하고 평가하여 계획된 대로 일이 이루어질 수 있도록 보완조치를 취하는 통제활동에 관한 것으로 성과평가가 주된 내용이 되고 있다.

넷째는 셋째 단계의 평가에서 나온 자료를 토대로 장기적인 관점에서 조직 전체의 성과를 지속적으로 향상시키기 위하여 관리자 보상, 관리자 개발, 인력 및 경력계획을 수행하는 역입feedback활동이다.

이와 같이 MBO는 계획·조직·통제·역입의 과정을 밟고 있는데 중요한 것은 이에 수반되는 여러 가지 활동이 조직목표의 달성이라는 명제에 초점을 두고 통합되어 일관성 있게 움직여야 하는 것이다.

예를 들어, 계층별 직무목표는 상하로 일관성 있게 설정되어 서로 조화를 이루고 조직목표달성에 이어져야 할 것이다. 성과평가가 보상 및 처벌을 위한 활동으로만 되어서는 안 될 것이다.

책임경영을 위해서는 관리자의 행위와 성과에 보상 및 처벌이 명확하게 연결되어야 하겠지만 성과평가의 자료를 토대로 개인의 성장과 잠재력 개발을 위한 방안을 마련해야 할 뿐만 아니라 인력 및 경력계획을 통해서 조직의 현재와 미래에 필요한 인력 수준을 제공해야 할 것이다.

최고경영자의 의지와 원활한 의사소통 필요

MBO의 조직 내 도입은 관리 형태뿐만 아니라 종업원의 직무절차 및 기대에 중요한 변화를 요구하게 되므로 종업원들의 저항을 유발하게 될 가능성이 많다.

절차가 복잡한 데다 기록해야 할 것이 많고 비생산적인 회의가 많아 막대한 시간이 소요되므로 다른 일을 할 수 없다든지, 내가 무엇을 해야 하는지 잘 알고 있는데 굳이 나의 직무목표를 문서화해야 할 필요가 무엇인가라든지, MBO가 억압의 수단으로 사용되는 것은 아닌지 또는 성과평가로 나를 처벌하려는 것은 아닌지 등의 이유로 저항이 나타나고 있다.

이러한 저항을 완화시키기 위해서는 무엇보다도 최고경영층의 지지와 결의가 필요할 뿐만 아니라 종업원과의 원활한 의사소통을 통해서 참여의식을 고취해야 할 것이다.

예를 들어, 경영층은 MBO의 도입 초기 단계부터 종업원을 참여시킴으로써 왜 도입하는지 그 이유를 알리는 데 시간과 노력을 기울여야 한다. 그리고 종업원에게 MBO에 대한 교육 및 훈련을 제공함으로써 MBO가 자기의 미래에 어떤 영향을 줄 것인지를 이해시키고 불필요한 걱정을 배제하도록 해야 할 것이다.

MBO와 같은 큰 변화를 시도하는 경우에는 변화의 촉매역할을 할 수 있는 소수의 사람을 선정하여 도입의 주체가 되도록 할 필요도 있다.

MBO가 특별한 것이 아니라 효과적인 경영관리제도이기 때문에 도입하겠다는 생각보다는 경영관리제도를 보다 효과적으로 만들겠다는 생각이 앞서야 한다. 따라서 MBO를 도입할 때는 새로운 형태를 조직 내에 설치하는 것보다 현재 제도를 분석하고 어떤 개선점이 필요한가를 파악하여 경영관리제도를 향상시켜 나가는 것이 더욱 중요하다.

예를 들어 '우리의 목표는 구체적이고 명확한가?' '우리의 목표는 적절한 시기에 관련된 종업원에게 제대로 전달되고 있는가?' '목표의 기간은 우리 사업의 성격에 비추어 적절한가?' '목표수준은 도전적이고 달성 가능한가?' 등의 질문을 해보아야 할 것이다.

MBO는 개혁이 아니고 차차 진화해가는 것

MBO도 하나의 제도이므로 형식과 절차가 없는 것은 아니지만 그것은 조직마다 다르다.

따라서 경영관리상의 문제를 MBO라고 하는 정해진 틀로 치유하려고 하지 말고 문제를 전체적인 관점에서 하나씩 해결해나감으로써 경영관리제도가 자연히 MBO라고 하는 시스템으로 진화되어가도록 하는 것이 보다 바람직한 것이다.

그래서 어떤 사람은 처음 도입할 때 MBO라는 용어를 언급하지 않는 것이 좋다고 주장하기도 한다. MBO라는 용어를 씀으로써 필요 없는 저항을 불러일으킬 뿐만 아니라, 기계적인 절차에 주의를 기울이는 나머지 경영관리의 동적 관계에 관심을 소홀히 하게 된다는 것이다.

경영관리의 본질은 정적이고 기계적인 것이라기보다는 동적이고 유기적인 것이므로 MBO라는 제도의 형식보다는 적극적인 참여의식, 신뢰감, 협조 분위기와 같은 사람과 사람 사이의 동적인 관계가 효과적인 경영관리에 더 중요하다.

MBO을 특별한 것이 아니고 효과적인 경영이라고만 한다면 경영을 잘하고 있다는 것은 MBO를 실천하고 있다는 뜻이 된다.

우리나라 경영관리제도의 주요 약점은 대부분 단기적 관점에서 목표를 설정하고, 개인별 직무목표가 명확하지 않고, 결과 중심의 성과평가가 관리자 보상, 관리자 개발, 인력계획 등과 유기적으로 연결되지 않고 있다는 점이다.

이런 관점에서 우리나라의 기업은 경영의 개선을 위한 MBO의 도입을 고려해보아야 할 것이다.

MBO의 전개 과정

예상적 경영

경영이란 '사람을 통해서 목표를 달성하는 것'이라고 정의 내리듯이 목표의 달성은 경영의 본질로서, 목표 없이 경영을 생각할 수 없는 것처럼 경영이 있는 곳엔 항상 목표가 존재한다. 목표가 없는 조직에 방향 감각이 있을 수 없다. 성공하는 기업의 중요한 특징 중의 하나는 조직이 나아가야 할 명확한 방향을 설정하여 사전에 필요한 조치를 취하는 '예상적proactive' 경영을 수행한다는 것이다. 방향 감각이 없이 '반응적reactive'으로 발등의 불을 끄기에 바쁜 기업은 실패할 가능성이 높다.

MBO는 계획·조직·통제·역입의 과정을 밟고 있는데, 각 과정에 여러 가지 활동들이 조직목표의 달성이라는 명제에 초점을 두고 통합되어 일관성 있게 움직인다(《표 6》 MBO의 전개 과정 참조).

그러면 이러한 활동들이 보다 구체적으로 어떻게 이루어지는지 살펴보자.

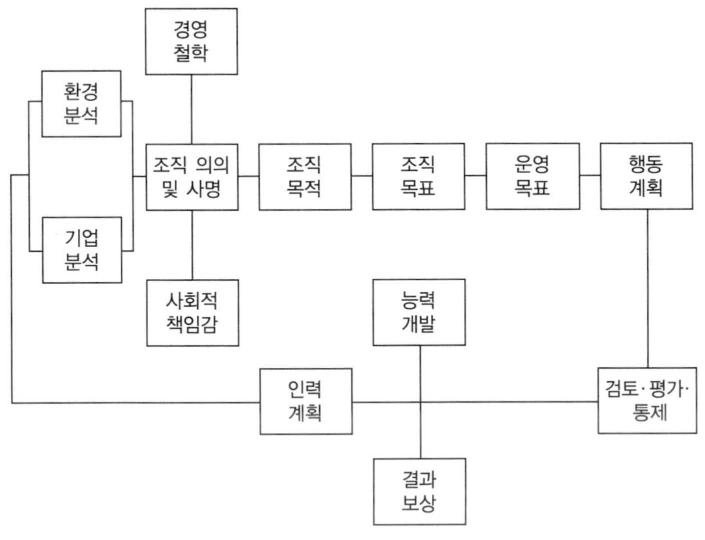

조직의의 및 사명

그러면 기업은 어떻게 목표를 설정하고 달성해나갈 것인가? 기업의 목표는 설립이념으로부터 파생된다. 설립이념은 존재의 당위성을 나타내는 것으로, 모든 기업이 문서화된 설립이념이 있는 것은 아니지만 적어도 암묵적으로는 무엇 때문에 존재하는가 하는 당위성을 가지고 있을 것이다. 이 존재의 당위성을 '조직의의'라고 부른다.

조직의의로부터 파생되는 것이 조직사명이다. 조직사명은 기업의 존재의의를 실현하기 위해 수행해야 하는 기업의 활동 범위를 나타내는 것으로, 우리의 고객은 누구이고 어떤 제품으로 고객의 어떤 욕구를 만족시킬 것인가를 내용으로 하고 있다. 조직의의와 조직사명은 이와 같이 개념적 차이가 있으나 조직사명에 의해서 조직의의가 정의되는 경우가 대부분이므로, '조직의의 및 사명' 으로 한데 합쳐 부르고 있다.

한 예로 전력회사의 조직의의 및 사명은 다음과 같이 나타낼 수 있을 것이다. "국민에게 값싸고 질 좋은 전기를 제공한다."

여기에서 우리는 전력회사의 고객은 누구이고 어떤 제품을 공급하여 어떤 욕구를 만족시켜줄 것인가를 알 수 있을 뿐만 아니라 전력회사의 조직의의가 산업발전 및 국민복지 향상에 있음도 미루어 짐작할 수 있다.

목표설정의 기초가 되는 조직의의 및 사명은 어떻게 결정할 것인가? 이는 쉽게 결정되는 것이 아니다. 조직의의 및 사명은 기업이 '무엇을 할 것인가'를 말해주는데 이것은 크게 3가지 관점에서 결정된다고 볼 수 있다. 즉 무엇을 하고자 하는가, 무엇을 해야만 하는가, 무엇을 할 수 있는가에 의해서 결정되는 것이다. '무엇을 하고자 하는가' 는 경영자의 가치관과 철학에 의해서 결정되고, '무엇을 해야만 하는가' 는 사회적 책임 및 이해집단의 기대에 의해서 결정되며, '무엇을 할 수 있는가' 는 기업의 능력에 의해서 결정된다.

물론 '무엇을 할 것인가' 하는 문제는 환경 분석을 통해서 환경에 존재하는 기회와 위협을 파악하고 위에서 제시한 3가지 사항을 고려함으로써 결정될 수 있다. 다시 말하면, 환경 속에는 무수히 많은 기회와 위협이 존재하지만 어떤 기회를 취하고 어떤 위협을 피할 것인가는 우리가 '하고자 하는 것' '해야만 하는 것' '할 수 있는 것' 에 달려 있는 것이다.

조직목적 및 조직목표

조직의의 및 사명은 우리가 무엇을 할 것인가를 광범위하게 나타내는 것이지만 이를 보다 구체적으로 제시한 것이 조직목적과 조직목표이다. 조직목적은 계량적으로 서술하지 않는 것이 보통이고 조직목표는 계량적으로 나타낸 것이다. 예를 들어, '전력 생산의 석유 의존도를 줄인다' 라는 것은 전력회사의 경우에 가져볼 수 있는 조직목적이다. 경우에 따라서는 조직목적을 기술함 없이 바로 조직목표로 이어지기도 한다.

조직목표는 조직 전체와 관련된 구체적인 목표로서 5가지 기본적인 요소, 즉 우선순위, 시간제약, 목표기준, 목표수준 및 목표방향을 포함하고 있다. 전력회사의 경우 다음과 같은 조직목표를 생각해볼 수 있을 것이다.

시간제약	목표기준	목표수준	목표방향
2005년까지	원자력 발전의 비중을	40퍼센트	이상으로 올린다

여기에서 우선순위는 나와 있지 않지만, 우선순위란 목표 사이의 상대적 중요성을 나타내므로 다른 목표와의 비교를 통해서 결정될 수 있다.

현실적으로 우리가 조직목표를 설정할 때 조직목표의 5가지 요소 중 우선순위를 명시하지 않는 경향이 많은데, 암묵적으로는 결정되어 있다고 보아야 할 것이다. 기업은 다수의 조직목표를 가지고 있고 이는 상충관계에 놓이게 될 것이므로 어떤 목표를 달성하기 위해서 어떤 목표를 희생해야 할 것인지를 가름해주는 우선순위는 필수적인 것이다.

운영목표

조직목표는 조직 전체와 관련된 목표로서 그것이 달성되기 위해서는 조직목표를 세부영역으로 분할하여 부서별·개인별로 할당함으로써 목표에 대한 의무·책임·통제의 한계를 명확하게 해야 할 필요가 있다. 이와 같이 조직목표가 분할되어 부서별·개인별로 할당된 목표를 운영목표라 한다.

운영목표를 설정할 때는 운영목표가 조직목표에 일관성 있게 연결될 수 있도록 하기 위해서 수직적·수평적 조정이 필요하다. 수직적 조정에 의해서 운영목표가 조직목표를 달성하는 데 기여하게 하고, 수평적 조정에 의해서 운영목표 상호 간에 중복 또는 충돌이 일어나지 않도록 한다. 예를 들어, 마케팅부가 적극적인 판매촉진 활동 및 가격인하를 통해 내년도 시장점유율을 20퍼센트 증대시키고자 한다고 가정해보자. 이것은 마케팅부의 중요한 목표로 성립될 수 있을지 모르지만, 조직 전체로 보면 이익의 상실이라는 결과를 가져오게 될 수도 있으므로 조직목표를 달성하기 위해서 운영목표의 설정이 조정되어야 하는 것이다.

이러한 수직적·수평적 조정을 가능하게 하기 위해서 사용되는 것이 '연결핀linking pin 개념'을 이용한 목표설정이다. 연결핀 개념은 미국의 경영학자 리커트Likert에 의해 제시된 것으로 모든 관리자는 자기가 감독하는 부서와 상위계층 부서의 2가지 내부 집단에 속하여 부하 종업원을 상위계층에 연결시키는 역할을 한다는 것이다. 따라서 '부'의 목표설정에는 사장을 포함한 중요 임원진과 모든 부장이 참석하여 조정함으로써 조직목표를 세분하여 각 '부'에 할당할 수 있고, '과'의 목표설정에는 한 사람의 부장과 그에 속한 모든 과장이 참석하여 '과'의 목표를 설정할 수 있다. 여기에서 부장은 자기 '부'의 목표뿐만 아니라 조직목표를 알고 있기 때문에 '과'의 목표를 설정할 때 조직목표와의 일관성을 유지할 수 있도록 조정할 수 있는 위치에 있다. 또한 과장은 '계'의 목표를 설정할 때 '과' 및 '부'의 목표를 염두에 두고 조정의 역할을 담당할 수 있는 것이다.

이와 같이 운영목표의 설정에는 부장·과장·계장이 연결핀이 되어 관할부서의 목표를 수평적으로 조정하고 그것이 조직목표와 일관성을 가질 수 있도록 수직적으로 조정한다. 한편, 운영목표의 설정은 상위부서의 목표를 하위부서에 할당하는 하향식 과정과, 주어진 자원의 범위 내에서 달성 가능한 하위부서의 목표를 집계하여 상위부서의 목표로 정하는 상향식 과정의 상호 작용에 의해서 이루어진다.

수직적·수평적 조정 및 하향식·상향식 과정의 상호 작용에 의해서 '부' '과' '계'를 거쳐 개인별 직무목표에 이르는 운영목표가 설정되면, 제반목표를 달성하기 위해서 어떤 활동이 어떤 일정으로 수행되어야 하고 필요한 인적·물적 자원은 어느 정도이며 누가 책임을 져야 할 것인가를 나타내는 행동계획이 수립되어야 한다.

행동계획

행동계획은 조직목표 및 운영목표가 추구하는 바를 달성하는 수단이 되는 것으로 다음 4가지 작업이 필요하다.

- 활동구성: 목표를 달성하기 위해 필요한 활동이 무엇인지를 파악하는 것을 말한다. 활동에는 여러 가지 대안이 있게 마련인데 이 중 어떤 것을 선택할 것인가는 자원의 소요량, 목표에 대한 기여도, 시행 가능성의 3가지 기준에 기초를 두고 결정된다. 다시 말

하면, 활동의 선택 가능성은 자원 소요량이 적을수록, 목표에 대한 기여도가 높을수록, 방침이나 절차를 변경시키지 않고 시행될 수 있는 가능성이 높을수록 커지는 것이다.

- 일정수립: 활동 사이의 관계 및 순서를 파악하고 활동의 완료 예정일 및 소요시간을 고려하여 제반활동을 조화 있게 결합하는 것을 말한다. '간트Gantt 도표' 또는 'RERT/CPM 기법'이 필요에 따라 이용될 수 있다.
- 예산편성: 활동에 필요한 인적·물적 자원을 배분하는 것을 말한다. 대부분의 경우 예산편성은 과거의 추세에 기초를 두고 지난해의 예산에다 새로운 프로젝트나 인플레 요소를 감안하여 정해지고 있다. 그러나 목표와 행동계획이 예산 청구를 위한 근거로서 제시되는 보다 체계적인 방법의 필요성이 높게 인식되고 있다. 그 중의 하나가 '영점기준예산제도'로서 이는 새 회계연도에 모든 활동을 그 필요성과 소요 자원의 관점에서 평가하고 정당화하는 것을 말한다.
- 책임관리: 누가 주요 활동을 성공적으로 수행할 책임을 질 것인지 결정하는 것을 말한다. 여기서 책임이라고 하는 것은 활동을 직접 관리하는 것뿐만 아니라 다른 부서와의 조정 및 협력도 내포하고 있다. 책임관리에 특히 중요한 것은 직무의 복잡한 상호 중복과 상호 관계를 관리하는 것이다.

검토·평가 및 통제

행동계획은 조직 구성원을 조직목표를 달성하는 방향으로 움직이게 하지만 동태적으로 변하는 환경요인과 조직요인, 문제 상황에 개입되어 있는 불확실성, 예측할 수 없는 인간의 태도와 행동, 그리고 시스템 환경에 대한 불완전한 정보 때문에 추구하는 조직목표를 계획한 대로 달성한다는 것은 매우 어려운 일이다. 따라서 행동계획대로 일이 진행되고 있는지 진전 상황을 검토하여 차질이 생기면 목표가 달성될 수 있도록 보완조치를 취해야 한다. 이러한 것을 '통제'라고 하는데 전통적으로 통제는 상관이 부하의 활동을 감독하고 시정하는 외부통제를 의미했다. 그러나 현대에 들어오면서 외부통제는 어느 정도 종업원을 순종하게 하지만 통제에 대한 반감 및 저항을 불러일으키고, 관리비용을 증가시킬 뿐만 아니라 저항하는 만큼 엄격한 감독을 필요로 하므로 효과적인 통제방법이 되지 못하고 있다.

목표에 의한 관리MBO는 다른 사람의 활동보다 자기 활동에 대한 통제를 말하는 '자기통제self control'를 보다 효과적인 통제방법으로 제시하고 있다. MBO는 종업원을 목표설정 및 행동계획의 수립에 참여시키고 종업원에게 필요한 정보를 제공해주는 참여적 경영의 원칙에 입각해 있다. 따라서 종업원 자신이 무엇을 어떻게 해야 할지를 가장 잘 아는 사람이므로 진전 상황에 비추어 스스로 보완조치를 취할 수 있는 것이다. 자기통제는 인간의 특성에 대한 2가지 대립되는 가정 중에서 X이론이 아닌 Y이론에 기초를 두고 있는 것으로, 이를 시행하기 위해서는 관리자가 적극적인 참여를 조장해야 한다.

관리자 및 종업원의 활동을 조직목표를 달성하는 방향으로 통제해 나가기 위해서는 조직과 이를 운영하는 사람들이 얼마나 효과적인가를 판단하기 위한 검토 및 평가가 있어야 한다. 또한 목표를 설정하고 달성하는 과정은 한 번으로 끝나는 것이 아니라 계속되는 것이므로 평가의 결과를 인력계획, 관리자 개발 및 보상에 연결시켜 추가로 어떤 인력이 얼마나 필요하고, 종업원에 대한 교육 및 훈련의 필요성을 파악하며, 적절한 보상에 의한 종업원의 동기부여를 통해서 조직의 능력을 끊임없이 향상시켜나가야 할 것이다. 다시 말하여, 검토 및 평가는 통제뿐만이 아니라 조직의 능력을 향상시키기 위한 인력계획, 관리자 개발 및 보상을 위해서 수행되는 것이다.

검토는 평가를 전제로 수행되는 활동으로 상당한 비용과 시간을 필요로 하기 때문에 검토를 얼마나 자주 할 것인가, 검토의 대상을 얼마나 큰 규모로 잡을 것인가를 적절한 수준에서 결정해야 한다. 평가에는 조직성과평가와 개인성과평가의 2가지가 있다. 조직성과평가는 이익·시장점유율·투자수익률 등과 같이 객관적으로 측정될 수 있는 기준에 의해서 이루어지기 때문에 비교적 용이하다. 개인성과평가는 창의성·주도력·판단력 등과 같은 주관적이고 추상적인 것으로, 측정할 수 있는 객관적인 방법이 없기 때문에 어려운 과제로 인식되고 있다.

이렇게 어려운 과제임에도 개인성과의 평가에 많은 시간과 노력을 들이는 이유는 평가가 통제에 필수적일 뿐만 아니라 과거 성과를 보상하는 근거가 되고 인력계획 및 교육 훈련의 자료를 제공하기 때문이다. 또한 개인은 자기가 어느 위치에 있는지를 알고자 하는 심리적 욕구가 있는데 평가를 통해서 그것을 충족시킬 수 있다.

내용 요약

이상 우리는 MBO에서 목표가 어떻게 설정되고 달성되는가를 살펴보았다. MBO는 목표가 체계적인 방법으로 계획되고 추구될 때 조직이 가장 효과적일 수 있다고 하는 신념에 기초를 둔 현대 경영관리제도이다. 종업원의 참여를 통해 목표를 설정함으로써 종업원 각자가 무엇을 해야 하는가를 잘 알게 되고 목표의 달성 여부가 중요하므로 종업원의 행동에 일일이 신경 쓸 필요 없이 목표를 달성하는 범위 내에서는 자율경영이 가능한 것이다. 이렇게 종업원 각자의 역할이 명확하고 자율경영이 가능할 때 몇몇 중요한 사람이 아니라 조직 전체 구성원이 유기적으로 결합된 시스템이 되어 조직을 움직여 나갈 수 있는 것이다. 만일 조직목표가 애매하고 종업원이 이를 잘 이해하지 못하고 있다면 몇몇 경영자들이 내리는 판단에 의해서 조직의 운영이 결정되는 경직성이 야기될 것이다.

오늘날 사람들은 보다 많은 교육을 받고 있고 그들의 직무로부터 단순한 월급 이상의 개인성장, 잠재력 개발, 그리고 자아실현과 같은 보다 높은 차원의 욕구를 추구하고 있다. MBO시스템은 이러한 욕구를 충족시켜주는 데 적합한 것이다. 우리는 최근 에너지 문제라든가 주요 원자재의 부족 사태, 국제수지의 악화, 정부의 규제 등과 같은 일련의 어려운 문제들을 경험하고 있다. 따라서 경영층의 기본적 관심은 급변하는 환경 조건의 제약 속에서 어려운 목표를 달성할 수 있을까 하는 것이므로 이 같은 조직성공을 위한 기획·예측·분석 등의 역할이 미래에는 더욱더 증대될 것이다. MBO시스템은 목표를 계획과 분석에 입각하여 추구하는 것이므로 심화되는 환경 변화와 더불어 더욱 널리 실행될 것이다. 또한 최고경영자들이 점차 전략적이고 장기적인 목표의 가치를 중요하게 인식해가고 있는데 이러한 경향은 분명히 MBO의 활용을 촉진하게 될 것이다.

MBO의 역사와 진화

드러커가 MBO라는 표현을 처음 쓴 이래 MBO만큼 경영기법으로 오랫동안 존속되어 온 것은 없는 것 같다. 그러나 MBO를 실제 적용해 본 결과 기대 이하의 결과를 가져왔는데 이는 MBO를 좁은 의미로, 그리고 부정적으로 생각하는 경향이 있었기 때문이다. MBO를 단지 목표를 주고 평가해서 조직목표를 달성시키려고 하는 평가와 채찍의 수단으로 사용하고 있는 것이다.

이는 MBO에 관한 여러 가지 정의들을 보면 알 수 있다. 오디온 Odiorne은 "목표관리management by objectives시스템은 조직의 상급과 하급 관리자들이 공동으로 조직목표를 설정하고, 각기 개인의 주요 책임 영역을 기대되는 결과의 관점에서 정의하여 이것을 사업단위를 운영하고 구성원 각자의 기여를 평가하는 지침으로 사용하는 과정이라고 말할 수 있다"로 정의하였다. 또 MBO의 기본 이론은 '관리의 최선은 종업원을 목표설정에 참여시키고 설정된 목표를 달성하기 위해 필요한 자원을 조직적인 방법으로 배분하는 것이다' 라는 개념에 기초를 두고 있다고 하였다. 이러한 정의들을 살펴보면, 목표관리제도는 목표달성을 위해 성과평가와 자원배분에 역점을 두고 있는 것을 볼 수 있다. 그러나 피터 드러커는 1954년 발간된 자신의 저서 《경영의 실제The Practice of Management》에서 MBO를 "기업이 필요로 하는 것은 미래상에 기초를 두고 조직의 방향을 설정하고, 조직목표와 개인목표의 통합을 통해 설정된 조직목표를 향해서 모든 구성원들이 노력하도록 하는 것인데, 그렇게 하려면 목표에 의한 관리와 자기통제management by objectives and self control가 중요하다"라고 정의내리면서 목표에 의한 관리라는 말을 처음으로 썼다. 여기에서 사실상 더 중요한 말은 자기통제self control이다. 자기통제의 필요성은 경영을 잘하기 위해서이다. 그런데 경영을 잘하고자 하는 목적도 망각하고 자기통제라는 중요한 단어도 무시하고 컨설턴트들이 '목표에 의한 관리'라는 것만 발췌함으로써 목표라는 말이 강조되었다. 그리고 목표를 주고 평가하여 승급·승진을 결정하는 목표지상주의적 관리를 하기 시작했다. 또한 소문자로 된 'management by objectives(목표에 의한 관리)'를 첫 글자만 딴 대문자인 MBO로 표시하여 형식적인 측면을 강조하였다. 그러다 보니 아랫사람을 속박하는 하나의 채찍으로 사용되는 경향이 많았고 그것이 개인과 회사의 발전과는 잘 연결되지 못했다. 그래서 많은 기업들이 도입하였지만 실효를 거두지 못하고 있는 것이다.

MBO의 진화

목표관리MBO만큼 관리자들 사이에 인기를 누리고 있는 관리제도도 없다. 이는 많은 양의 문헌들을 보면 알 수 있다. 그러나 때때로 간과되는 것은 MBO는 수십 년에 걸쳐 변화해왔으며, 생존할 수 있는 관리제도로 남아 있기 위해서는 계속적으로 변화해야 한다는 것이다.

　피터 드러커는 그의 책 《경영의 실제The Practice of Management》에서 MBO를 하나의 기법으로 대중화시키는 계기를 만들었다. 그는 MBO를 관리제도로 보았으며 심지어는 '관리의 철학'이라고 불렀다. 동시에—심지어 드러커의 책이 발간되기 이전에—GE는 그들의 구조개혁에 MBO의 핵심적인 측면을 사용하였다. MBO는 초기에 부하들의 인성 특성을 강조하는 전통적인 평가도구의 단점을 극복하기 위한 목적으로 주로 사용되었다. MBO는 목표에 대비하여 성과를 평가하는 데 초점을 두었다. 최고경영자들이 참여하는 것이 아니라 중간 관리자들이 주축이 되어 상사와 부하 간의 관계에 치중하면서 성과평가를 하였고 MBO를 목표달성을 위한 수단으로 보았다. 그 결과, 조직과 종업원이 통합이 아니라 대립하게 되는 결과를 낳았고 이후 MBO가 발전되면서 개인의 욕구를 감안하는 동기부여에 관심을 두게 되었다.

　특히 MBO를 조직의 요구와 MBO프로세스에 적극적인 참가자가 되는 개인들의 욕구를 통합하는 방법으로 보았다. 기본적인 가정은 조직의 모든 계층의 사람들이 나름대로 기여할 수 있다는 것이다.

　MBO가 발전하는 다음 단계에서는 단기적 경향의 MBO프로세스에 장기전략계획이 통합되었다. PPBSPlanning, Programming and Budgeting System와 같이 계획·활동·예산을 연결시켜주는 체계적 제도로서 활성화되었다. 또한 환경이 보다 급격하게 변함에 따라 기업전략이 MBO에 접목되어 전략경영의 기법으로 확장되었다. 이러한 접근은 MBO에 대한 최고경영층의 책임·관심·참여를 요구한다. 이것은 또한 기업의 단기목표와 장기목표를 결합시킨다.

　이러한 개념의 확장은 80년대에 들어와 경쟁이 심화되면서 더욱 뚜렷하게 나타나는 현상이다. 이제 MBO는 경영의 우수성을 지향하는 종합적인 경영관리제도로 인식되어야 하고 이를 위해서는 단지 전략적 관심뿐만 아니라 체계적이고 인간적인 영역을 MBO 개념 속에 통합시키는 노력이 요구된다. 성과평가·동기부여·전략계획으로부터 고객만족과 종업원 개발이라는 두 개의 축을 기초로 관련된 모든 부분을 통합시키는 총체적 경영으로 발전해나가는 것이다.

평가에 대한 강조로부터 시작하여 개인과 조직의 목표를 통합하는 방법으로 계속 발전하면서 마지막으로는 MBO를 장기적 계획 도구로 간주하는 개념의 진화는 바람직한 발전이다. 그러나 정말로 효과적이기 위해서는 MBO가 모든 핵심적 관리활동을 포괄적인 하나의 시스템으로 통합하는 관리방법이 되어야 한다.

이제 MBO는 드러커가 경영을 잘하는 기업은 목표관리를 하고 있다고 이야기한 취지를 살려 경영의 우수성을 지향하는 관리기법이라고 정의를 내려야 할 것이다. 경영의 우수성을 지향할 때 목표관리가 어떻게 운영되어야 할 것인가를 알기 위해서는 경영이란 무엇이고 어떻게 우수한 경영을 할 수 있는가를 살펴보아야 할 것이다.

04

우수경영의 모델과 MBO

경영이란 무엇인가? 지금까지 나온 경영의 정의를 살펴보면 다음과 같다(경영의 정의와 우수기업의 경영모델에 대해서는 3부 2장 04 '우수기업의 경영모델' 참조).

경영의 여러 정의

- 경영은 사람을 통해서 일을 수행하는 것이다.
- 경영은 빠르게 변화하는 환경에 적응해가는 것이다.
- 경영은 상충하는 여러 요소들 간의 균형을 유지하는 것이다.

위의 정의로부터 경영의 3요소에 환경·자원·사람이 있다는 것을 알 수 있다.

환경의 경영은 사업의 방향을 설정하는 것으로 이것을 전략적 측면의 경영이라고 부르고 바른 방향이 설정되었을 때 즉, '바른 일'이 설정되었을 때 효과적effective이라고 한다.

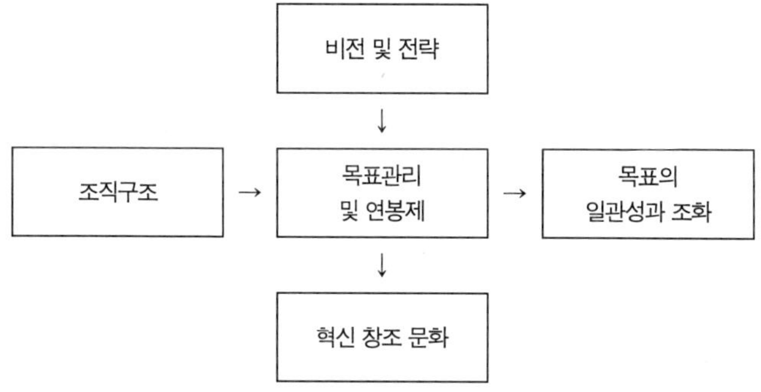

자원의 경영은 경영의 체계적 측면으로 낭비 없이 자원배분이 이루어질 때 효율적efficient이라고 하고 '일을 바르게 한다' 고 말할 수 있다.

사람의 경영은 경영의 인간적 측면으로 사람들로부터 혁신을 끌어내는 데 있다. 혁신은 사람들이 몰입하여 열성적enthusiastic으로 일할 때 가능하고 몰입한다는 것은 '일을 깊이 한다' 라고 말할 수 있다.

다시 말하면 경영을 잘한다는 것은 경영의 3요소를 잘 관리한다는 것을 말한다. 전략적·체계적·인간적 측면에서 바른 일을 바르게 깊이 할 때 즉, 효과적·효율적·열성적 경영이 이루어질 때 경영의 우수성excellent을 확보할 수 있는 것이다.

따라서 목표관리가 우수한 경영을 지향하는 도구로서의 역할을 하기 위해서는 단지 성과를 평가하고 자원을 배분하는 좁은 의미로서가 아니라 전략적·체계적·인간적 관점에서 종합적으로 접근해야 할 것이다. 전략적 관점에서는 고객만족에 기초를 둔 비전과 전략을 설정하고, 체계적 관점에서는 목표의 일관성과 조화를 이루어 조직 전체가 하나의 방향으로 나아갈 수 있도록 하고, 인간적 관점에서는 사람들이 보다 자율적으로 일하고 아이디어를 낼 수 있도록 조직구조를 개편하고 혁신적 문화를 창조하는 노력이 요구되는 것이다. MBO를 종합적으로 접근할 때 포함되어야 할 부문은 〈표 7〉로 나타낼 수 있다.

05

평가는 왜,
그리고 어떻게 해야 하는가?

기업 내 평가가 잘 이루어지기 위해서는 종업원들이 개성적이고 독립적이어야 한다. 개성적이라고 하는 것은 내가 무슨 일을 하고 싶은가를 아는 것이다. 독립적인 사고는 내가 하고 싶은 일을 하고 그 결과에 따라서 평가받고 남의 보호를 받지 않겠다고 하는 것이다. 같은 회사에서 A라는 사업부는 흑자를 내고 B라는 사업부는 적자를 낸 경우, B사업부에서 왜 A사업부보다 월급을 적게 받아야 되느냐며 A사업부와 같이 나눠먹자는 식의 사고방식을 가지고 있다면 평가는 제대로 이루어지지 않게 된다. 각자 자기가 한 업적에 따라서 평가받고 보호받지 않겠다는 생각을 가지고 있을 때 평가는 잘될 수 있는 것이다. 평가와 함께 종업원들의 개성적이고 독립적인 사고를 키워나가는 것이 중요하다.

우수한 기업은 대대적인 자율성과 공정한 평가의 특징을 가지고 있다. 세계적 경쟁력을 누리고 있는 영국의 이매지네이션 회사의 사장이 '사람만 좋으면 채용하고 일 년 후에 평가해 성과가 좋지 않으면 해고

한다'라고 말한 것에서 알 수 있듯이 자율성을 제고하기 위해서는 평가가 중요하다는 것이다(1부 1장 12 '지금은 브레인 & 브랜드시대' 참조).

평가를 하지 않으면 어떻게 될 것인가는 사회주의 국가를 보면 알 수 있다. 사회주의 체제하의 중국에서는 2가지의 말이 유행하고 있었는데, 그 중 하나는 종신고용제를 의미하는 '철밥그릇'이고, 다른 하나는 잘하는 사람이나 못하는 사람이나 다 같이 나눠먹겠다는 '큰 솥밥'이다. 이는 평가도, 해고도 하지 않겠다는 것이다. 사회주의가 몰락한 것은 바로 이 철밥그릇과 큰 솥밥의 정신 때문이다. 무평가·무해고는 기업이 망하는 지름길이라는 것을 알 수 있다.

평가하지 않는 조직의 특징은 우선 통제지향적이다. 결과output를 보고 평가하지 않으면 결국 투입Input 중심으로 관리하는 기업이 될 수밖에 없다. 한 사람을 평가할 때 경험·학벌·나이, 또는 몇 시간 일을 했느냐 등으로 평가하는 것이 이러한 기업의 특징이다. 그래서 아무리 열심히 일을 해도 상관이 자기를 찾을 때 자리에 없으면 그 사람은 소위 찍히게 되는 것이다. 그래서 통제지향적인 조직에서는 극단적으로는 일하는 척해야 한다.

또한 평가하지 않는 조직은 상호 불신하게 되어 있다. 기업의 경우 물건을 구매하는 부서, 그것을 사용하는 부서, 물건의 창고를 관리하는 부서가 각각 다른 것처럼 각 부서가 서로 견제하지 않으면 안 되게 되어 있는데 이것은 기업 내에 불신이 팽배해 있다는 것을 의미한다. 평가하지 않는 기업의 또 다른 특징은 누가 나를 지지해주느냐가 승진에 중요하게 작용하여 파벌이 생기게 되는 것이다. 그리고 열심히 일을 해도 알아주는 사람이 없으므로 서로 협력하지 않게 되어 일을 찾아서 하려고 하기보다 보신주의·복지부동의 자세가 팽배해지게 된다. 이러는 사이에 종업원의 능력은 개발되지 않고 무능한 사람을 양산하는 결과를 가져오게 되는 것이다.

그래서 인간적으로 경영한다 하여 공정하고 엄격하게 평가를 하지 않는 것은 결과적으로는 개인을 무능하게 만든다. 오히려 아주 엄격하게 평가하는 회사에서 종업원의 능력이 향상되고 경쟁력이 제고된다. 미국의 매킨지는 최고의 인재를 뽑아 매우 엄격하게 평가를 하고 있다. 채용한 뒤 2년쯤 지나면 평가를 하여 사람들을 해고하기 시작하는데, 그곳에서 해고당한 사람들이 나중에 미국의 유수기업의 임원이 되고 사장이 된다고 한다. 매킨지가 사회 네트워크를 통해서 해고당한 사람들을 충성스러운 협력자로 만들고 있는 것은 이 때문이다. 그들 또한 사장이 된 후에 회사에 문제가 발생하면 매킨지에 컨설팅을 의뢰한다. 나는 매킨지에서 실패한 사람이 결국은 성공하는 것처럼, 경쟁력을 갖춘 기업이 되기 위해서는 실패한 사람이 이를 통해 성공할 수 있도록 엄격한 평가를 해야 한다고 생각한다.

평가는 어떻게 해야 할 것인가? 결과도 중요하지만 그 과정도 보아야 한다. 그리고 종업원들이 가지고 있는 가치관을 평가해야 한다. 얀센사의 경우를 보면, 그들은 개인의 혁신성·창조성·기업가정신·도전성winning spirit 등을 평가하고 있다. 특히 중요한 것은 평가는 주관적이라는 것이다. 지금 우리나라의 기업에서는 지도력·팀 정신 등 평가 요소별로 점수를 매기고 객관화하고 있는데 객관적인 것이 반드시 공정하다고는 할 수 없다. 오히려 주관적인 것이 보다 공정할 수 있다. 특히 대학 입학시험을 보면 우리는 평가의 기준을 점수에 두어 누구도 반박하지 못하도록 하는 객관적 기준으로 평가하고 있다. 예를 들어 300점이면 합격이고 299점이면 불합격이 되는 것이다. 그러나 실질적으로 299점을 받은 사람이 공부를 하려는 의욕이나 다른 경험에 비추어 더 공부를 잘할 수 있는 학생인데 불합격했다면 이것은 불공정한 것이다. 따라서 객관적이라는 이름하에 불공정이 자행되고 있는 것이 우리의 평가 현실이 아닌가 생각된다.

어느 교포 학생이 하버드대학에 SAT시험의 최고 성적으로 지원했으나 불합격한 것에 대하여 항의하자 대학 측에서 우리는 점수로만 평가하지 않는다고 하여 그를 무색하게 한 적이 있었다. 주관적이라도 내가 어떤 원칙으로 평가했다는 것을 확실하게 이야기할 수만 있다면 이것이 바로 가장 객관적인 평가이다. 매킨지에서는 어떤 사람이 승진할 때가 오면 고위직 5명으로부터 추천서를 받도록 하여 평가하고도 다른 5명으로부터 추천서를 받지 못하면 그 사람은 승진할 자격이 없는 것으로 간주된다. 추천서는 이 사람이 왜 승진해야 하는가를 서술적으로 쓰도록 하여 평가한다. 이 사람과 어떤 프로젝트에서 같이 일했는데 어떠한 성과를 발휘했으므로 이 사람이 승진할 것을 강력히 추천한다는 식의 내용으로 작성하는 것이다. 그러면 매킨지의 승진심사위원회에서는 모든 추천서를 읽어보고 주관적으로 판단한다.

평가는 금전적인 보상만을 위한 것이 아니다. 평가는 변화를 시도하고 기여한 사람을 인정하고 그것이 어떠한 중요성을 갖고 있는지를 설명해주는 데 의의가 있다. 대가를 위해서 일하기보다는 자기만족을 위해서 자기가 하고 싶은 일을 하는 분위기를 조성하는 것이 중요하다. 그러나 금전적인 보상을 무시하라는 것은 아니다. 지멘스사의 사례를 보면 근로자의 제안을 4주 안에 처리하여 그 제안이 얼마나 가치 있는 것인가에 따라 즉각적인 보상을 하고 있다. 근로자의 아이디어로부터 나오는 연간 이익의 추정치에 그것을 즉각 실행할 수 있는가 아니면 많은 수정을 거쳐야 하는가를 의미하는 완성도를 곱하여 최고 연간 이익의 35퍼센트까지 보상한다. 자기만족을 위해 일하는 분위기를 조성하는 것이 중요하지만 이처럼 동시에 합리적인 보상제도에 의해 균형을 취할 필요가 있다.

그리고 상관이 부하를 일방적으로 평가하는 것보다는 스스로 평가하는 분위기를 갖추는 것이 중요하다. 또한 기능적 조직보다는 작은 팀조직이 평가를 하기가 쉽다. 팀조직의 경우는 그 팀의 결과가 명백히 나오게 되지만 기능적 조직에서는 일이 잘되거나 잘못되었을 때 누구 때문에 그렇게 되었는지 알기가 쉽지 않다. 어느 중공업회사의 사례를 보자. 그 회사에서는 아직까지 납기를 제대로 충족시켜본 적이 없다고 해서 그 이유를 영업부서 사람에게 물으니 제조부서에서 생산을 늦게 하기 때문이라고 대답했고, 제조부서에서는 자기들은 책임이 없으며 구매부서에서 자재를 제때에 가져다주지 않기 때문이라고 했고, 구매부서에서는 기술부서에서 구매에 관한 기술적 정보를 제때에 주지 않았기 때문이라고 했다는 것이다. 또한 기술부서에서는 기술제휴선에서 기술적인 정보를 늦게 주기 때문이라고 말했다. 이처럼 아무도 책임을 질 수 없는 것이 기능적 조직이며 따라서 평가하기가 힘든 것이다.

평가를 잘하기 위해서는 앞에서 이야기한 해체하고 분리하는 경영이 필요하다(조직의 해체에 대해서는 1부 2장 04 '시장 환경과 조직, 그리고 새로운 경영' 참조). 해체하고 분리할 때 독립적 경영이 가능해지고 평가가 제대로 될 수 있는 것이다. 'GE캐피탈'에서는 '하나의 큰 조직' 대신 '작은 독립적인 단위의 연합체'를 강조한다. 우리는 '하나의 큰 조직'으로 경영을 하고 있기 때문에 A사업부가 흑자를 내고 B사업부가 적자를 내도 B사업부는 A사업부와 같은 월급을 받는 것이다. 이런 식으로 경영해서는 평가가 제대로 될 수 없다.

그리고 외부구매·판매를 강조해야 한다. 예를 들어, 기업 내부에 회계부서가 있더라도 경우에 따라서는 외부의 공인회계사에게 회계업무를 맡김으로써 압력을 주기도 하고, 회계부서가 업무를 잘할 때는 외부에 회계업무를 판매하는 식의 경영이 되어야 한다.

또한 국가 전체적으로는 주식시장이 활성화되어야 한다고 본다. 〈포춘〉을 보면 미국의 어느 기업 사장의 성과가 좋은가 나쁜가를 설명할 때 항상 주가의 움직임을 반영한다. 그래서 미국 전문경영자로서의 사장은 회장이 아니라 주식시장이 해고한다고 볼 수 있다. 주식시장에서 주가가 올라가면 모두가 즐거운 것이지만, 떨어지면 경영자에게 압력이 들어오기 시작하는 것이다. 주식시장이 활성화되어야 최고경영자를 평가할 수 있는데, 최고경영자의 평가가 기업평가의 출발점이므로 주식시장이 시장경제의 기본이라고 할 수 있다.

목표관리와 평가의 기본

목표관리에 대해서 사람들은 상당히 좁은 의미로, 그리고 부정적으로 생각하는 경향이 있는 것 같다. 목표관리를 부정적으로 생각하는 이유는 경영층에서 목표를 주고 평가를 해서 일을 달성시키려고 하는, 아랫사람들을 쥐어짜기 위한 수단으로 생각하고 있기 때문이다. 그래서 목표관리가 제대로 성공하는 기업들이 그렇게 많지 않은 것 같다. 다시 말해서 목표를 주고 "당신, 달성했어, 못했어? 달성했으면 승급이고 못했으면 감봉이다" 하는 식으로 달성 여부에 따라 승급·승진이 결정되는 목표지상주의적 관리를 하여 아랫사람을 속박하는 하나의 채찍으로 사용되는 나머지 목표관리가 원래 의도했던 자율적 참여관리는 이루어지지 않았던 것이다.

목표관리에서 다루는 목표에는 조직목표와 운영목표가 있다. 조직목표는 조직 전체의 목표이고 운영목표는 조직 전체의 목표가 분화되고 할당되어 개인차원의 목표로 된 것이다. 그러므로 운영목표 중에는 부장의 목표, 과장의 목표, 구성원의 목표 등이 있다. 운영목표는 기본적으로 목표관리의 추진체라고 볼 수가 있다. 조직의 목표를 개인의 책임과 결의하에 둠으로써 조직목표가 달성되도록 하는 것이 운영목표이기 때문이다.

조직목표를 아무리 잘 만들었다 하더라도 그것이 개인의 행동으로 연결되지 않으면 무의미하다. 또 이 운영목표가 개인의 책임하에 놓여져 '이것은 내 목표다' '이건 내가 정말 하고 싶고 달성해야 될 목표다' 하는 마음이 일어나야 한다.

그러나 운영목표를 설정하는 것은 쉬운 일이 아니다. 예를 들어, 조직목표가 매출액을 올린다는 것이라고 했을 때 연구개발부서나 생산부서, 영업부서에서 어떤 목표를 세워야 되느냐 하는 것은 간단한 문제가 아니다. 우선 목표의 종류부터도 어렵지만 목표의 수준을 어떻게 하느냐는 문제도 간단하지 않다. 그래서 운영목표의 설정에는 많은 의사소통이 필요한 것이다.

목표관리가 성공적으로 되려면 일단 모든 사람이 같은 방향으로 노력을 해야 할 것이다. 노를 젓는데 한 사람은 앞으로 젓고 한 사람은 뒤로 저으면 그 배는 나아갈 수 없다. 모든 사람이 조직목표에 기여하는 방향으로 운영목표가 설정되어야 한다.

일관성과 조화는 조직이 하나의 유기체가 되기 위해서 필요하다. 또한 운영목표는 일하는 사람이 적극적인 참여의식을 가질 수 있도록 설정되어야 한다. 그런데 사람이라는 존재는 순수하지 못하여 뭔가 남보다 조금 더 덕을 보고 싶어 하는 경향이 있다. 그저 자기 일을 열심히 하고 그 대가를 받으면 되는데 자기가 한 일을 정확하게 평가해줄 사람이 없다 보니, 좀 적게 일하고 많이 얻으려고 하는 심리가 당연하게 나타나는 것이다. 그러한 대표적인 예로 목표의 하향조정을 들 수 있다. 각 부서별로 목표를 낮게 잡으려고 하고 또 부서 간 이기주의가 존재하기 때문에 협력이 잘 안 되는 문제점이 발생한다. 지원부서가 예산 부

338

족이라는 이유로 타 부서에 대한 지원을 하지 않게 되면 예산 내에서
활동하는 자기 부서의 목표는 달성되지만 조직이 추구하는 고객만족
이라는 중요한 목표가 달성되지 않을 수도 있다. 그래서 목표관리에서
중요한 것은 기업 내에 신뢰하고 협조하고 참여하는 분위기를 형성하
는 것이다.

　기본적으로 목표관리에는 상향식 철학이 필요하다. 단순히 결과를
평가하고 통제하겠다는 사고보다는 경영의 기본적인 목적인 사람들의
잠재력 개발을 우선으로 하는 경영이 중요하다.

07

목표관리의
문화적 고려 사항

연봉제는 연공서열제가 개인의 성과를 반영하지 못하여 인센티브로서 역할을 하지 못했고, 월급제가 보너스 및 각종 수당으로 복잡하여 관리적 문제가 발생함에 따라 봉급체계를 성과를 반영하면서 단순화하기 위한 제도이다. 그런데 연봉제에 대한 관심이 너무 형식적이고 단기적이다. 또한 연봉제가 조직 내에 정착될 수 있는 문화적 토양의 개발에는 소홀히 하는 경향이 있다.

연봉제는 목표설정·중간점검·성과평가·연봉결정의 4가지 과정으로 이루어지는데 자세한 내용은 다음과 같다.

목표설정: 조직의 목표와 나의 목표

목표설정은 하위부서 관리자들이 상위부서 목표에 어떻게 기여할 것인가를 나타내는 것이기 때문에 먼저 조직목표가 설정되고 다음에 부서별·개인별 목표가 설정된다. 이 과정에서 목표가 어떻게 설정되느냐에 따라 조직이 하나의 역동적인 유기체가 되느냐 안 되느냐가 결정된다. 역동적인 유기체란 모든 사람들이 바르게 설정된 조직목표에 기여하는 방향으로 최선을 다해서 일하는 조직을 말한다. 역동적인 유기체가 되기 위해서는 상하 간의 목표 사이에 일관성과 조화가 있어야 하고 개인에게 주어진 목표(이것을 조직목표에 대비하여 운영목표라 부른다)에 '이것은 내 목표다' 라고 하는 결의를 가질 수 있도록 해야 한다. 일관성이란 하위 수준의 목표가 상위 수준의 목표에 기여하는 방향으로 설정되는 것을 말하고, 조화란 서로 다른 부서의 목표가 상호 지원하는 관계에 있는 것을 말한다.

일관성과 조화를 위해서는 개별적보다 집단적으로 목표를 설정할 필요가 있다. 예를 들어 1박 2일 워크숍을 가서 회사목표와 각 사업부의 목표를 정하는데, 이렇게 집단적으로 토의를 하게 되면 조직 전체가 하나의 방향으로 갈 수 있는 일관성과 조화의 기틀을 잡을 수 있다.

결의를 위해서는 하향식으로 지시에 의해서 목표를 설정하는 것보다 상향식 또는 상호식으로 설정함으로써 자율적으로 토의하고 합의할 수 있도록 해야 한다. 하향식으로 목표를 강요하게 되면 마지못해 하게 되고 종업원은 본인이 목표달성의 수단으로 이용당하고 있다고 느끼게 되어 반감이 생기는 것이다.

목표관리나 연봉제를 도입할 때 종업원들이 부정적 인식을 갖고 저항하는 이유는 이 제도가 사람을 키운다고 하는 육성의 차원이 아니라 평가와 압력의 수단이라는 채찍의 차원으로 도입되기 때문이다. 이렇게 해서는 장기적으로 성공하기 힘들다.

목표를 평가의 수단, 압력의 수단으로 사용하여 목표달성 여부를 강조하면 그 과정에서 개인은 희생된다. 이것은 마치 동물원의 돌고래처럼 되는 것이다. 돌고래 쇼에서 돌고래는 물 밖으로 10미터 이상 뛰어

굴렁쇠를 오차 없이 통과하는데, 돌고래의 훈련 과정은 잘못된 목표관리 과정과 같다.

처음에는 물속에 굴렁쇠를 넣고 돌고래가 지나가면 먹이를 주고 지나가지 못하면 주지 않는다. 이렇게 조금씩 굴렁쇠를 올려가면서 훈련시켜 멋진 쇼를 하게 만드는 것이다. 그런데 구경하는 사람들은 열광하지만 돌고래에 돌아가는 혜택은 무엇인가? 이와 같이 회사에서도 매출액을 올해는 100억, 내년에는 110억처럼 계속해서 높여 달성하지만 결국 개인에게 돌아오는 것은 거의 없는 것이다. 보상과 처벌 때문에 계속해서 높아지는 목표를 달성해야만 하는 미래를 알 수 없는 주체성이 결여된 상황에 빠지는 것이다. 목표관리 및 연봉제가 성공하기 위한 문화적 토양이라는 것은 목표나 평가 이전에 사람을 위하는 인간적 경영을 해야 한다는 것이다.

인간적 경영의 기본은 자율과 학습이다. 자율성을 주고 학습을 통해서 능력을 개발해감으로써 '이렇게 하니까 되는구나, 다음에는 더 많은 것을 해야지' 라는, 할 수 있다는 정신과 높은 기대감을 심어주는 것이다. 그러나 통제하고 쥐어짜면 이런 정신이 나올 수 없고 '아! 어떻게 해도 안 되는구나' 하는 생각이 들게 된다. 입사한 지 얼마 되지 않은 사원들의 이야기를 들어보면, 지시 위주로 일을 하다 보니 일다운 일이 없고 회사를 그만두고 싶다는 생각이 든다고 한다. 이런 상황에서는 연봉제를 해봐야 한계가 있다.

중간점검: 연말에 당황하지 않도록

목표설정 다음은 중간점검이다. 중간점검은 문제가 있는지 보고, 있다면 목표를 수정하거나 보완하는 것이다. 이를 위해서는 지속적인 관찰이 요구되고 빈번한 피드백이 필요하다. 연말에 갑자기 통보해서 사람을 당황하게 하지 않도록 하는 것이 중간점검의 필요성이다. 그래서 무엇이 잘못되고 있는지, 어떻게 향상시킬 수 있는지를 알려주는 것이다. 지속적인 관찰은 '당신, 그때 나쁜 일 한 적 있지 않느냐?' 하면서 서로 싸우기 위한 것이 아니라 아랫사람이 더 좋은 성과를 낼 수 있도록 도와주기 위한 것이다. 관리자의 가장 중요한 역할은 부하를 키우는 것이라는 점을 인식해야 한다.

성과평가: 회사에 따라 중점을 두는 부분이 다르다

성과평가에서 우리가 제기해야 할 질문은 이것이 주관적이어야 하느냐, 객관적이야 하느냐는 것이다. 성과평가에서 우리는 보통 객관적으로 점수제로 하고 있는데, 여기에 맹점이 있다. 예를 들면, 지도력을 평가할 때 5점 척도를 사용해서 점수를 주는 것보다 주관적인 의견으로 '이 사람은 여러 사람 앞에서 연설하여 사람을 감동시키는 남다른 지도력을 가지고 있다'라고 말하면 충분하지 않겠느냐고 하는 것이다. 물론 주관적이라고 하더라도 공정해야 할 것이다.

어떤 기준으로 성과평가를 할 것인가도 중요한 사항이다. 일반적으로 이야기하는 기준에는 업적·능력·태도가 있지만 회사에 따라 중점을 두는 기준이 달라야 한다. 기업 성공에 중요한 것, 회사 내에서 일어나기를 원하는 것을 기준으로 정해야 할 것이다. 품질 문제가 심각한 경우에는 그것을 중요한 평가의 기준으로 삼아야 할 것이고, 기능적 장벽이 두꺼워 서로 이야기도 안 한다면 그것을 타파하기 위한 기준을 가장 중요하게 고려해야 할 것이다. 중소기업에서는 모든 것을 평가하려면 복잡하기 때문에 상관이 부하로부터 존경받고 있는가를 중요하게 평가해도 좋을 것이다.

다른 회사의 평가기준을 참고하는 것은 좋지만 그것을 그대로 하려고 해서는 안 될 것이다. 업적·능력·태도 중에서 사람의 태도, 즉 그 사람의 사고와 행동양식을 평가하는 것이 가장 중요한 것 같다. 사람만 좋으면 좋은 성과를 낼 수 있을 것이기 때문이다.

연봉결정: 피평가자가 참여하도록 유도해야

연봉제 도입의 마지막 단계가 연봉결정이다. 연봉제의 본래 의미는 봉급을 1년 단위로 책정한다는 것이지만, 성과에 따라 봉급을 차등지급한다는 성과급의 의미를 내포하고 있다. 성과를 봉급에 어떻게 반영하는가 하는 것은 기업이 처한 상황에 따라 다를 것이다. 기존 호봉제를 유지하면서 보너스만 성과에 따라 차등지급하는 초보적인 단계에서부터, 개인의 시장가치를 반영하여 연봉을 결정하는 직무성과급까지 다양한 방법이 있을 수 있다.

직무성과급은 개인의 직무가치에 따라 받을 수 있는 최대·최소치를 나타내는 봉급의 폭이 있고 그 안에서 성과등급에 따라 받을 수 있는 최대·최소치가 정해져 있는 것을 말한다. 즉, 개인의 직무와 성과에 따라 봉급이 정해지는 것이다.

연봉결정과 함께 승진심사와 경력계획이 성과평가 후에 이루어진다. 승진심사도 승진심사위원회를 통해 함으로써 객관성을 유지하고 승진심사에 피평가자가 참여하도록 함으로써 자기 의견을 피력하고 결과에 동의할 수 있는 분위기를 조성하는 것이 중요하다. 경력계획은 피평가자의 직무 만족도에 따라 부서 이동 또는 직군 전환에 대해 계획을 세우는 것을 말한다.

연봉을 결정하기까지

이상에서 연봉제를 도입할 때 요구되는 활동을 4단계로 나누어 살펴
보았다. 무엇보다 중요한 것은 자율적인 분위기를 조성하는 것이다.
자율적인 분위기 속에서 성과지향적 태도가 나오고 평가를 수용할 수
있게 된다. 달리기 시합을 한다고 해놓고 다리를 묶어놓는다면 어떻게
자기 능력을 발휘할 수 있겠는가? 지금 우리나라의 기업들이 제대로
능력을 발휘할 수 없는 통제적 문화를 가지고 있지 않은지 반성해보아
야 할 것이다.

08

목표관리제도와
인사고과의 연계

목표관리제도는 달성해야 할 목표수준을 설정한 후 달성도에 따라 임금이 결정될 수 있는 실력주의 임금보상제도를 뒷받침하고 있는 것이다. 종래의 연공서열제도하에서 근속연수 또는 상사와의 인간관계 등으로 평가가 좌우되는 것과는 달리, 객관적인 기준에 의해서 임금이 결정되기 때문에 보다 합리적인 제도로 받아들여지고 있다.

인사고과의 요소는 대체로 3가지로 구성되어 있다. 목표달성도에 의해서 결정되는 업적, 능력, 그리고 태도이다. LG에서는 평가 요소를 업무성과·직무요건·공통요건으로 나누고 여기에 어학가점을 하나 더 추가하고 있다.

업무성과에 대한 평가는 업무항목별 성과를 다섯 개 등급으로 나누고 각 업무항목의 가중치를 곱하여 구한다. 업무성과는 전체 평가 중 50퍼센트를 차지하는데 이 중 40퍼센트는 객관적으로 구한 점수이고 10퍼센트는 평가자가 환경적 요인, 평가에서 제외된 사항 등을 고려하여 주관적으로 주는 점수이다. 직무요건에 대한 평가는 직무가 요구하는 능력 수준을 갖추고 있는가를 평가하는 것으로 해당 직무 전문지식, IT산업의 이해 및 적용, 비전의 이해 및 실천 등의 평가항목에 대해 5점 척도로 평가하여 40퍼센트의 비중을 두어 구한다. 공통 요건에 대한 평가는 직무에 관계없이 전 직원이 갖추어야 할 기본 행동양식과 기본적인 개인특성 등을 평가하는 것으로 이에는 팀 중심적 사고와 행동, 커뮤니케이션, 타인에 대한 존중 등의 평가항목이 있고 5점 척도로 평가하여 10퍼센트의 비중을 둔다. 최종 평가는 3가지 요소의 평가점수에 어학가점 5퍼센트를 더하여 구한다. 각 직원에 대한 점수가 나오면 점수에 따라 '기본(59점 이하)', '표준(60점 이상 79점 이하)', '모범(80점 이상)'으로 등급을 매긴다.

업적은 목표의 중요도와 난이도를 감안하여 달성도를 평가하고 여기에 노력도를 반영하는 경우도 있다. 달성도는 보통 5단계로 나누어 평가하고 달성 수준의 기대치를 미리 정해놓기도 한다. 이 수준에 도달하면 평균이라는 평가를 받는다. 달성도와 난이도의 상관관계를 계량화하기도 하고 평가자에 일임하기도 한다. 목표의 중요도는 정하지만 평가에는 사용하지 않는 기업도 있다. 또한 난이도도 명시하지 않고 평가단계에서 주관적으로 고려하도록 지도하는 기업도 있다.

일본의 어느 회사에서는 난이도·달성도·중요도의 계수를 곱하여 업적평가를 하고 있다. 난이도를 측정하는 목적은 사원이 자신의 능력에 부합하는 과업을 하고 있는가를 평가하는 것이다. 쉬운 목표를 설정하여 달성도를 높게 하려는 태도를 방지하기 위한 장치이다. 이 회사는 난이도의 계수를 사원회의에서 설정하고 있다. 중요도는 과업의 조직에 대한 기대 공헌도를 기초로 정한다. 매년 경영전략이 바뀌므로 과업의 중요도도 매년 달라질 수 있다. 물론 이렇게 상세하게 할 필요가 있는가 하는 의문이 제기되고 있지만 회사경영층은 이렇게 해야만 목표관리제도가 살아남을 수 있다고 믿고 있다.

또한 업적평가에 개인목표의 달성도뿐만 아니라 고객봉사, 부하지도 육성을 포함시키는 회사도 있다. 고객봉사는 타 부문과의 연계성이나 협조성을 평가하는 것으로 설정한 개인목표에만 주력하는 폐단을 시정하기 위한 것이다. 부하지도 육성은 관리자에게 요구되는 부하의 지도 육성에 대해서 어느 정도 노력했는가를 평가하는 것이다. 이 회사에서는 2가지 항목에 어느 정도의 비중을 둘 것인지를 평가자에게 일임하고 있다.

한국모토로라에서는 평사원·감독자·관리자의 평가 기준이 다르다. 평사원은 업적(70퍼센트 반영)과 지도력·대화·성과관리·의사결정·기획조직과 같은 성과행위(30퍼센트 반영)를, 감독자는 업적(70퍼센트 반영)과 사원에게 인격적 대우를 하고 사원으로부터 존경받고 있는가 하는 지도력(30퍼센트 반영)을, 관리자는 업적(70퍼센트 반영), 지도력(15퍼센트 반영), 그리고 성과급제도의 정착을 위해서 사원들에게 교육을 제대로 시켰는지를 평가하는 3수준 평가Level 3 evaluation(15퍼센트 반영)[14] 등 3가지 요소로 평가하고 있다.

일본IBM에서는 조직공헌도, 팀워크, 노력도를 평가에 포함시키고 있다. 한국IBM은 업적평가와 전방위평가로 인사고과를 한다. 업적평가는 시장에서의 승리win, 보다 빠른 업무수행execute, 팀워크 향상teamwork 등 3가지 분야에 대해 개인목표를 설정하고 그 결과를 평가하는 것이다. 평가는 1·2·3·9로 한다. 1은 탁월(합의한 목표를 크게 초과달성함), 2는 양호(합의한 모든 목표를 달성함), 3은 보통(합의한 목표들 중 일부 목표들을 달성 못함), 9는 부족(합의한 목표들을 달성하지 못함)이다. 전방위평가는 피평가자가 지정하여 관련된 부서의 상사·동료·부하직원으로부터 평가를 받는 것으로 최종 평가에서 적어도 6명 이상으로부터 평가받고 최소한 20퍼센트가 반영된다. 몇 퍼센트를 반영할 것인가는 직원과 관리자 간의 상호 합의하에 의해 결정하는데, 주위 부서와 관련된 일이 많을 경우에는 그 비중이 35퍼센트로 올라갈 수도 있다. 관리자인 경우는 하나 더 추가하여 관리책임과 능력을 평가한다. 평가 요소로는 다음 4가지가 있다.

- 사기, 인정 및 보상: 사기와 보상을 극대화하고 업무성과가 인정되는 환경을 조성한다.
- 업무수행 관리: 직원이 자신에게 기대하는 바를 이해하고, 부서의 목표를 달성하는 데 최선을 다한다.
- 직원 개발: 개인의 잠재력을 발휘하고 업무상 필요를 충족시킬 수 있도록 직원을 개발한다.
- 직원 참여와 의사소통: 부서와 회사의 목표를 직원이 수용하고 협력을 통해 그 달성에 기여한다.

이처럼 한국IBM에서는 업적, 전방위평가, 관리책임과 능력 등 모든 평가 요소에 대해서 1·2·3·9로 평가하여 각 요소의 상대적 중요도를 감안하여 최종평가를 구하고 이를 기초로 급여와 승진이 결정된다.

한국IBM의 급여제도는 직무성과급인데 IBM은 직무의 상대적 가치에 따라 10개의 직급으로 나누어 각 직급에 정해진 최소·최대의 급여 범위 내에서 인사고과의 최종 평가에 따라 급여를 정한다. 급여를 책정할 때는 지난 3년간의 평가를 함께 고려하여 정하고 있다. 만일 지난 3년간 1·1·2를 받았다고 하면 최소·최대 범위 내의 85퍼센트 수준의 임금이라고 하는 것이 표로 주어져 있다. IBM의 급여제도는 평가 결과에 의해서 주어진 급여가 직원의 시장가치를 나타낸다고 하여 시장가치 보상제도market value compensation라고 부르고 있다.

대상그룹은 업적고과와 능력고과로 나누는데 업적고과는 개인 업적을 80퍼센트, 팀 업적을 20퍼센트 반영하고 있다. 업적고과는 S, A, B,

C, D로 5개 등급으로 나누고 있다. 연봉은 기본급과 업적급으로 나누어진다. 기본급은 같은 직급에 대해서는 같고 업적급은 기본급의 40퍼센트까지 받도록 하고 있는데 이것을 5단계로 나누어 고과에 따라 차등을 두고 있다. 앞으로 업적급의 비중을 기본급과 같게 50 대 50으로 할 계획을 가지고 있다.

그러나 일본 기업 중에는 평가의 공정성·객관성을 확보하기가 어렵기 때문에 목표관리제도를 직접 인사고과에 연결시키지 않는 기업도 있다. 일본의 어느 기업은 헤드헌트 회사의 협력을 받아 많은 기업의 급여 수준을 분석, 직원의 능력과 직무내용에 비추어 타사에서 지불하는 금액을 기초로 임금을 산정하는 시장가치의 사고에 근거한 연봉제를 도입하고 있다. 캐논은 평가에 객관성이 결여되어 있다고 생각하여 목표달성도를 승진·승급에 반영하지 않고 승진·승급은 시험에 의해서 결정하고 있다. 목표관리제도는 있지만 상사와 부하가 연 1회 만나 부하의 노력 정도를 확인하고 부하를 격려·육성하는 기회로 삼고 있다.

또 어떤 회사에서는 사원이 실적을 염두에 두고 상사와의 인간관계에만 신경을 쓰는 폐해가 발생해 지식·기능·책임감 등과 같은 12개 항목에 의한 능력평가에 따라 사원을 6개 등급으로 나누어 임금에 연결시키는 제도를 취하고 있다. 이것은 사원들에게 자신들의 능력향상이 중요하다는 사고를 장려하기 위한 목적을 가지고 있다.

또한 인사고과의 결과를 기초로 회사와 협상에 의해서 다음 해의 연봉을 결정할 때 연봉이 낮게 책정된 경우에는 일에 대한 의욕이 떨어질 우려가 있기 때문에 일본의 어느 회사에서는 '가연봉제'를 채택하였다. 이는 당해 연도의 목표를 기초로 '가연봉액'을 정하고 고과 결과는 다음 해의 상여금에 반영하여 성과가 좋으면 보태고 나쁘면 빼는 방법이다. 이 제도는 과거의 실적에 얽매이지 않도록 하여 일하고자 하는 의욕을 갖도록 하는 것이 목적이다.

이상에서 본 바와 같이, 목표관리와 인사고과의 연계는 인사고과의 한 요소로서 목표달성도를 평가하는 데 있다. 대부분의 기업에서는 목표달성도를 직접 임금과 승진에 반영하는 인사고과제도를 채택하고 있다. 한국IBM의 인사고과에서는 업적평가가 주류를 이루고 있지만 대부분의 기업에서는 목표달성도를 평가하는 업적평가 외에 능력평가와 태도평가를 추가하여 인사고과를 하고 그 결과를 급여와 승진에 반영하고 있다. 상여금 책정에는 업적고과만 반영하고 연봉과 승진에는 능력고과와 태도고과를 모두 반영하는 것이 보통이다.

09

목표관리 도입 과정

변화에 대한 준비

목표관리의 조직 내 도입은 관리 형태뿐만 아니라 종업원의 직무절차 및 기대에 중요한 변화를 요구하게 되므로 조직 구성원은 일하고, 행동하고, 생각하는 것이 목표관리의 도입 전과는 달라야 한다. 목표관리를 효과적으로 시행하기 위해서 우리는 그와 같은 변화에 의해 나타나는 부정적인 결과를 최소화해야 하며 새로운 제도가 종업원들에게 효과적일 수 있도록 동기를 부여할 방안을 모색해야 한다.

또한 목표관리시스템을 도입하여 운용하는 데는 종업원의 전문기술 능력 및 경영관리 능력이 필요하다. 조직은 그러한 능력을 제공하기 위해 포괄적인 훈련 및 개발 프로그램을 준비해야 한다. 훈련 및 개발 프로그램은 '목표관리란 무엇인가, 사람들은 어떻게 참여할 것인가, 어떤 변화가 필요한가, 시스템 내에서 효과적으로 업무를 수행하기 위해서는 어떤 능력이 요구되는가' 와 같은 기본 문제를 다루어야 한다. 이와 같은 프로그램은 훈련을 위해서뿐만 아니라 제기된 변화에 대한 의사소통과 사람들을 설득하기 위한 훌륭한 방법이 된다.

시행방법

1) 하향식 시행

이것은 널리 실시되는 경영관리 방법으로 최고경영층이 조직의 기본적인 존재의의, 장기목적, 조직목표, 전략계획 및 주요 부서별 목표를 준비함으로써 경영에 대한 전반적인 방향, 지침, 지표 등이 하위사업부와 부서에 명확하게 제시된다. 또한 하위부서 관리자들은 최고경영층 등의 지시와 지침을 근거로 그들 자신의 부서별 목표, 행동계획 및 직무절차를 수립하게 된다.

2) 상향식 시행

이 접근방법은 하향식 시행과는 반대의 의미를 지니는 것으로 하위관리자들은 그들의 부별(또는 과별)목표, 개인 직무목표, 행동계획 및 직무절차를 수립한다. 그들의 제안은 상위경영자에게 상신됨으로써 하위부서의 목표를 설정하기 위해 수정되고 통합되게 된다.

3) 연결핀 시행

이 접근방법에서는 각 직무부서의 관리자가 그 부서의 목표, 행동계획, 직무절차를 주요 구성원과 함께 준비한다. 그러나 이 방법은 상위부서의 관리자가 최고경영층의 지침·방향 및 조직목표를 제공하기 위해서 참여하므로 하향식 접근방법과 상향식 접근방법을 절충한 것이다.

시행단계

1) 조직 전체 시행

이것은 조직 전체에 걸친 광범위한 시행방법이다. 이 방법은 관리의 폭이 상대적으로 좁고, 업무 기능의 수가 제한되어 있다. 이와 같이 한 번에 시도하는 광범위한 시행은 최고경영자의 상당한 사전계획, 훈련 및 시간 등을 필요로 한다.

2) 부서별 시행

이것은 목표관리시스템에 대한 조심스러운 접근방법이다. 이 방법은 생산, 연구개발 또는 판매부서와 같은 부서별로 시행함으로써 목표관리시스템의 실현 가능성을 시험한다.

이 접근방법은 다양한 직무기능을 가진 대규모 분권적 조직에 매우 적합하다. 수직적으로 한 번에 한 부서씩 시행하는 이 방법은 조직으로 하여금 시험운영에 전념하도록 하며, 그 결과를 보고 시스템이 조직 전체로 확대 시행되어야 하는지의 여부에 대한 최종 의사결정을 내리게 해준다.

3) 계층별 시행

이 방법도 역시 한 번에 한 단계씩 추진하는 것이다. 다만 한 번에 한 부서가 아닌 한 계층을 대상으로 한다.

시행 과정은 시스템이 진행됨에 따라 한 계층에서 다음 계층으로 이동하는데, 대부분의 조직에 있어서 그 과정은 최고계층에서 시작하여 그다음의 하위계층으로 전개되는 하향식이다. 이 접근방법은 어느 정도 다양한 업무기능을 갖고 있지만 분권화가 제한된 중간 규모의 조직에 가장 적합하다.

시행책임

목표관리의 성패 여부는 조직이 그것을 어떻게 시행하느냐에 따라 대부분 결정된다. 시행방법 및 단계 이외에 고려할 요소는 '시행의 추진체가 누가 될 것인가' 이다. 이에는 3가지 기본적인 접근방법이 있다.

1) 내부조정위원회

이것은 많은 조직이 가장 경제적으로 시행할 수 있는 방법일 것이다. 특히 주요 조정인물은 무엇이 수행돼야 하며, 각각의 여러 직무부서의 노력을 어떻게 조정할지에 관한 상세한 지식을 갖고 있을 수 있다. 그러나 이는 '장님이 장님을 인도하는' 것 같은 위험이 있다. 즉, 모든 작업이 단지 비싼 대가를 치르는 학습과정이 될 수도 있다.

2) 외부자문위원

이것은 많은 비용이 들지만 변화를 일으킬 수 있는 간단한 방법이기도 하다. 특히 자문위원들은 많은 조직에서 유사한 시스템을 실제 시행해본 경험이 풍부하여 목표관리시스템 시행상의 공통적인 난점을 해결하는 방법을 숙지하고 있다. 그러나 언젠가는 조직이 그 시스템을 전담해야 하는데, 이 접근방법은 조직 구성원들이 외부자문위원들의 전문지식에 지나치게 의존하게 하는 경향이 있다.

3) 전담반

이것은 내부 인물과 외부 전문가로 구성된 전담반task force을 형성하여 내부 인물은 조직 내 자세한 기능관계와 직무절차를 제공하고, 외부 전문가는 제반지침과 전문지식을 제공해준다. 대부분의 상황에서는 이 결합된 전담반 접근방법이 가장 효과적이다.

휴먼경영

1장

인간적 경영

01

성품과 가치 중심의 인간적 경영

인간적 경영은 호손Hawthorne 실험으로부터 시작되었다고 할 수 있다 (Mayo, 1933). 그 뒤 매슬로우의 욕구 5단계설(Maslow, 1954)과 맥그리거의 X이론, Y이론(McGregor, 1960)이 인간적 경영의 체계를 세웠다. 인간적 경영은 인간의 욕구를 충족시킨다는 관점에서 매슬로우의 욕구 5단계설이 인간적 경영의 기초를 닦았다.

인간적 경영이 가능하기 위해서는 종업원의 성품이 좋아야 하고 좋은 성품을 개발하기 위해서는 가치관이 확립되어 있어야 한다. 이처럼 좋은 성품을 개발한다는 의미에서 기업은 인격도야의 장이 되어야 할 것이다.

인간적 경영은 조직 내에 일체감을 가져오고 일체감은 조직 성공의 기초가 된다.

인간적 경영이 기업 경쟁력을 제고시킨다는 논리는 '전략의 고리' 모형을 통해서 설명될 수 있다.

인간의 욕구

인간적이란 무엇인가? 인간적이라고 했을 때 이 말은 양심적이고 남을 배려한다는 것이다. 인간적이 되기 위해서는 이기적으로 사리사욕을 취하지 않아야 되는데 사람은 욕망에서 벗어나기 어렵기 때문에 사실 그렇게 되기 어렵다. 인간적으로 된다는 것은 엄청난 자기수양의 과정을 거쳐 인간완성을 지향하는 것이다. 인간적 경영은 종업원의 입장에서 그들이 잘되도록 배려해주는 경영이다. 우리가 인간적 경영이라고 했을 때 중요한 것은 종업원들이 일하고 싶은 회사를 만드는 것이다. 일하고 싶은 회사는 개인적인 욕구가 충족되는 회사이다. 개인적인 욕구는 일과 관계에 의해서 충족된다. 일이 재미있고 도전적이며, 관계가 친밀하여 동료가 보고 싶은 회사를 만들어야 한다. 그러면 개인의 욕구가 충족되는 보람 있는 삶이 될 것이다.

인간의 가장 기본적인 욕구는 위대해지고 싶은 것이다. 메리 케이Mary Kay는 모든 사람이 '나를 중요하게 느끼도록 해달라Make me feel important'라고 쓴 목걸이를 걸고 다닌다고 생각하고 다른 사람을 대한다(Underwood, 2003). 다른 말로 하면 우리들의 기본욕구는 무시당하지 않는 것, 우리의 존재가 중요하게 취급되는 것이다. 다른 사람을 중요하게 느끼도록 하는 데는 4가지 차원이 있다.

첫째는 관심과 배려이다. 상대방의 입장에서 생각해주고, 시간을 함께 보내면서 어려울 때 도와주는 것이다. 우리가 남이 아니라고 하는 것을 느끼게 해주어야 한다. 이것은 내가 여기 존재하고 있다는 것을 알아주는 것으로 가장 기본적인 수준이다.

둘째는 인정과 보상이다. 내가 성취한 것에 대해서 인정하고 공정하게 보상해주는 것이다. 이것은 금전적인 것만을 이야기하는 것이 아니다. 인정과 보상은 그 자체보다 어떻게 시행되느냐 하는 과정이 중요하다. 메리 케이 화장품 회사에서는 기념식를 통해 왕관을 씌워주면서 축하해준다(Underwood, 2003). 사람들이 올림픽 금메달리스트가 되고자 하는 이유는 금메달 그 자체라기보다 자기 나라 국기가 게양되고 세계에 방영되는 기념식이 있기 때문일 것이다.

셋째는 개발과 성장이다. 종업원은 전문가가 되거나 경영자가 되어야 한다. 종업원이 최고전문가나 최고경영자로 자랄 수 있도록 교육과 훈련의 기회를 제공해주는 것이다. 개발과 성장이란 개인의 몸값이 올라가는 것이다.

넷째는 가치와 비전이다. 지금까지 말한 3가지는 외부적으로 충족되는 욕구로, 남이 나를 알아주는 것이다. 그러나 보다 중요한 것은 내가 나를 인정해주는 것이다. 이는 내재적으로 충족되는 욕구이다. 내재적으로 자기가 중요하다고 느껴야 한다. 이것은 가치관의 개발을 통해서 자기 정체성을 확립하고 자아를 실현하는 것이다. 이것을 가능하게 하기 위해서는 조직의 가치와 비전을 공유하고 정말 하고 싶은 일을 해야 한다. 그리고 내가 가치 있는 일을 하고 있다는 삶의 보람을 느껴야 한다.

1) 개발과 성장

개발과 성장이 가능하려면 자기가 하고 싶은 일을, 하고 싶은 방법으로 할 수 있도록 해야 한다. 자율성이 중요하다는 것이다. 아직도 우리나라에는 기능적이고 단순반복적인, 하고 싶지 않은 일을 시키는 경향이 있다. 일을 도전적인 것으로 만들어야 한다. 그러려면 의미 있고 보람 있는 일, 단순하기보다 머리를 쓰는 일, 다른 사람들로부터 공정하게 평가받을 수 있는 일을 해야 한다. 의미, 머리, 평가는 일의 3요소이다(노부호, 2004). 의미 있고 단순하지 않고 평가받을 수 있는 일은 도전적이다. 일하고 싶은 100대 기업에 속한 어느 미국 회사의 직원은 일하면서 5분도 싫증이 난 적이 없다고 할 정도로 도전적인 일을 하였다고 말했는데 이런 일은 3요소가 갖추어진 일이다. 의미 있는 일은 부가가치가 높으며 단순하지 않아 여러 사람이 함께 팀을 이루어 하게 된다. 그러므로 동료들과 공동체의식을 가지고 한마음이 되어 일하면 더욱 의미 있는 일이 될 것이다. 즉 일이 의미 있다는 것은 같이 일하는 사람들과 연대의식을 가지고 부가가치가 높다는 것이다.

일에 흥미를 느끼지 못하고 최선을 다하지 않는 이유는 다음과 같다.

첫째, 소속감을 느끼지 못하기 때문이다. 같이 일하는 사람이 마음에 들지 않으면 협력이 잘되지 않고 관심과 배려하는 분위기가 없다.

둘째, 제대로 인정받지 못하기 때문이다. 평가제도가 없거나 공정하게 평가하기 힘들면 의욕이 생기지 않는다. 개인적인 평가는 하지 않더라도 팀 단위 평가를 통해 적어도 일하는 과정에서 고생한 것에 대한 보상이 있어야 할 것이다.

셋째, 일이 도전적이지 못해 성장욕구를 충족시키지 못하기 때문이다. 도전적인 일을 하려면 하고 싶은 일을 하도록 해주어야 한다. 또한 직무윤택, 직무확대를 해야 하고 아무도 하고 싶지 않은 일은 없애든지 외주를 주어야 한다. 브라질회사인 셈코에서는 비서 업무를 없앴다. 그러나 한국 기업에서는 대체로 도전적인 일을 맡기지 않는 경향이 있다. 한국P&G에서는 바로 대학을 졸업한 신입사원을 한 제품의 마케팅 책임자로 일하게 하는 데 비해 한국 기업에서는 그렇게 하는 경우가 많지 않다.

넷째, 가치 있는 일이 아니기 때문이다. 나의 존재이유를 설명할 수 있는 일을 해야 한다. 이 일이 사회를 위해서 중요하고 잘해볼 필요가 있다는 인식이 자리 잡을 수 있어야 한다. 교세라의 이나모리 카즈오 회장은 항상 같이 일하는 종업원들에게 '이 제품은 다른 곳에서는 할 수 없는 고도의 기술을 요하는 중요한 것이다. 훌륭한 제품을 만들어 세상에 내보내자' 라고 하면서 일의 보람과 가치를 심어주고자 하였다.

의미, 머리, 평가라는 일의 3가지 조건을 충족시키기 위해서는 일이 기능통합적 사업이 되어야 한다.* 사업은 일을 전체적으로 하기 때문에 '의미' 있고, 기능적·단순반복적인 일보다는 여러 기능을 조정해서 해야 하므로 '머리' 를 써야 한다. 그리고 사업에는 고객이 있으므로 고객으로부터 '평가' 를 받기가 쉽다. 사업은 혼자 하는 것이 아니고 팀으로 실행이 되기 때문에 같이 일하는 사람들과 공동체의식을 가질 수 있다. 일본 교세라의 아메바경영은 일을 사업체로 만들어 소규모 팀 단위로 독립채산제로 운영함으로써 일을 도전적이고 흥미 있게 만들었다.

개발과 성장을 위해서 가장 중요한 것은 관료제를 타파하고 종업원들에게 자율성을 주는 것이다. 그리고 평가보상시스템을 과도한 성과주의로 가지 않도록 노력할 필요가 있다. 일에 자율성을 부여하기 위해서는 자기가 일을 선택할 수 있어야 한다. 직무공모제가 한 방법이 될 수 있다. 자리에 공석이 생겼을 때 공모를 통해 선발하는 것이다. 예를 들어, 정기적으로 1년에 한 번 모든 직원의 직위를 해제하고 자기가 하고 싶은 일에 우선순위를 정해 지원하게 하는 방법도 있다. 이런 일을 시행할 때는 단계적, 점진적으로 하는 것이 혼란을 방지할 수 있다. 어느 한 부서의 한 계층을 대상으로 시행해본 뒤 점차 그 범위를 넓혀가는 것이다.

사람들 중에는 성격과 능력에 따라서 아이디어는 많은데 혼자 일하고 싶어 하는 기업가적 기질을 가진 이들이 있다. 이런 사람들은 사내 사업가로 키울 필요가 있다. 이때 기업경영자는 모험자본가Venture Capitalist가 되는 것이다. 셈코는 이런 사람들을 기술혁신사업부Nucleus of Technological Innovation라는 부서에 배치시키고 사업하는 데 필요한 경영지

---

* 일의 3가지 조건에 대해서는 3부 1장 04.조직을 위한 사람인가, 사람을 위한 조직인가 참조.

원서비스를 제공하여 성공하면 이익을 나누었는데(예를 들어서 종업원과 회사가 3 대 7로 나눈다) 개인은 적은 부분을 가져가지만 그래도 큰돈이기 때문에 백만장자가 된 사람이 많이 나왔다고 한다(Semler, 1994).

개발과 성장에는 과도한 성과급제가 폐단이 될 수 있다(정경진, 2011). 특히 임원의 경우에는 사업부의 성과가 좋지 않을 때 회사를 그만두어야 하는 경우가 많다. 그러나 반드시 성과가 실력을 반영하는 것은 아니다. 과도한 성과주의 아래에서는 사람을 키운다는 사고가 부족하다. 실력과 잠재력이 있는데도 성과가 좋지 않으면 책임을 지고 회사를 그만두게 하여 직원이 성장의 기회를 상실하게 되는 것이다. 그리고 동료들 사이에 이기적 경쟁이 치열해져 조직 분위기가 폐쇄적으로 변하고, 사람들도 비인간적으로 경직되고 스트레스를 받게 된다. 이런 분위기는 상호 협력을 해치고 개발과 성장을 억제한다. 성과주의가 공동체의식의 기초 위에 균형적으로 시행된다면 바람직할 것이다.

2) 가치와 비전

정체성을 확립한다는 것은 가치관을 개발하는 것이다. 이를 위해서는 인생의 근본적인 문제에 대해 많은 사색과 명상이 필요하다. 가치관은 '내가 존재하는 이유가 무엇인가?' '인간이란 무엇이고 어떻게 살아갈 것인가?' 또는 좀 더 구체적으로 '이 사회를 위해 나는 무엇을 하는 사람인가?' '나는 다른 사람과 어떻게 관계를 맺고 살아갈 것인가?' '내가 중요하게 생각하는 가치는 무엇인가?' 라는 질문에 대한 답이다. 이런 가치관의 개발을 통해서 자기의 중심이 잡혀야 한다. 자기 가는 길이 흔들리지 않아야 한다. 우리는 가치관의 개발을 통해서 자기 자신을 찾아갈 수 있다. 따라서 앞만 보고 달릴 것이 아니라 가다가 멈춰 서서 뒤돌아보고 나의 존재이유는 무엇인지 질문하면서 자기 자신에 대해 생각해볼 수 있는 시간적 여유와 조직 분위기가 필요하다.

일과 삶의 균형이 중요하다는 것이다. 그러나 대부분의 기업에서는 과도한 성과주의하에서 일만 시키는 분위기가 강하다. 일생을 일만 하며 보내 높은 자리로 승진했다고 해도 나이 들어 회사를 은퇴할 때가 되면 인생이 공허해지는 느낌을 갖게 될 것이다. 한 건설사 임원은 50대에 사표를 내고 명품기타를 만들고 있다. 고등학교 때 아버지가 사준 기타를 보고 '소리 좋은 기타를 만들겠다'는 꿈을 키워 왔다는 것이다. 그가 직장생활에 여유가 있었다면 좀 더 일찍 기타 만드는 일에 종사했을 것이고 더 행복해질 수도 있지 않았을까 하는 생각을 해본다(조선일보 2011. 1. 6).

자기 자신을 인정하기 위해서는 가치관에 기초를 두고 자기가 할 일을 선택해야 한다. 그리고 나도 무언가 가치 있는 일을 하는 사람이라고 인식하면서 최선의 노력을 기울여 자기의 잠재력을 개발하는 것이 필요하다. 그래야 후회 없는 인생이 될 것이다. 따라서 기업경영의 가장 중요한 목적은 종업원의 잠재력을 개발하는 것이라고 할 수 있다. 나도 무언가 가치 있는 일을 하는 사람이라는 삶의 보람을 제공해주는 기초가 기업의 비전이다. 기업의 경영자는 우리 회사가 하는 일이 얼마나 중요하고 왜 이 일을 잘하지 않으면 안 되는가를 비전을 통해서 말해주어야 한다. 비전이 있는 기업, 철학이 있는 기업이 되어야 한다. 내가 가치 있는 일을 하는 사람이라는 것을 느끼기 위해서는 사회봉사도 필요하다. 한미글로벌에서는 직원들이 매달 넷째 주 토요일을 사회봉사의 날로 정해 사회봉사 활동을 하는데, 종업원들이 가장 자부심을 느끼고 중요하게 생각하는 활동이라고 한다. GWP 지수의 자부심 부문에서 〈포춘〉 선정 100대 기업의 평균점수(86점)보다 높은 점수(89점)를 받을 수 있었던 비결도 사실은 사회봉사 활동과 깊은 관련이 있다고 한다. 어느 회사의 부회장은 60대에 은퇴하면서 '사랑의 집짓기 운동'에 자원봉사자로 참여했을 때, '나도 가치 있는 인간'이라는 보람을 느낀다고 했다(조선일보 2011. 1. 13).

이상과 같은 인간적 경영의 최종적 결과는 무엇인가? 그것은 개인의 존엄성dignity을 확보하는 것이다. 존엄성이라는 것은 당당한 것이다. 부끄럽지 않은 것이다. 그래서 가치관에 기초를 두고 주체성을 가지고 살아가면서 잠재력 개발을 통해 다른 사람은 물론 자기로부터도 인정받게 될 때 존엄성은 지켜지는 것이다.

한미글로벌의 사례

위에서 설명한 인간적 경영의 4가지 차원에서 한미글로벌이 어떻게 하고 있는지 알아보자.

1) 관심과 배려

한미글로벌은 관심과 배려의 일환으로 조직 내 커뮤니케이션을 활성화하고 있다. 이를 위해 인트라넷을 통하여 모든 구성원이 자신들의 생각을 기명 또는 무기명으로 피력할 수 있는 공간인 리얼토크 폴더, CEO가 일상적인 생각을 게재하고 구성원들이 이에 답글을 다는 형식인 CEO단상 등의 다양한 대화 창구를 열어놓고 있다. 이 밖에 인트라넷 상에 열려 있는 '칭찬합시다' 및 '축하합시다' 폴더에서는 구성원들이 일상 중에 행한 선행을 공개적으로 칭찬하고, 출산이나 생일과 같은 경사스러운 일을 공지하면 이에 답글을 달아 축하하도록 함으로써, 구성원들 간에 상호 칭찬하고 배려하는 것을 장려하고 있다. 그리고 분기 단위로는 칭찬과 배려를 잘한 직원을 구성원들의 추천을 받아 포상하는 '배려상 시상식'을 갖기도 한다.

또한 한미글로벌은 구성원들뿐만 아니라 그들의 가족까지도 배려하고 있다. 구성원 자녀에 대한 학자금은 보통의 기업들이 최대 2명까지 지원하는 데 반해, 한미글로벌은 자녀수에 관계없이 모두 지원하도록 하고 있다. 또한 직원 건강검진 실시 시 직원의 배우자까지도 함께 정밀 건강검진을 받도록 하여 가족의 건강까지도 책임지고 있다. 이러한 배우자 건강검진을 통해 기업 내에서 벌써 3명의 배우자들이 초기 암 증세를 발견하고 치료를 받은 바 있다. 이 밖에도 영화, 골프, 독서, 등산, 스키 등 다양한 분야의 동호회와 회사주관 행사들을 통하여 즐거운 일터를 만들기 위해 노력하고 있다.

2) 인정과 보상

한미글로벌은 성과평가 및 보상을 통합성과관리시스템Holistic Performance Management System에 의해서 관리한다. 평가를 통해 반기별로 개인의 차등 인센티브를 결정한다. 한미글로벌은 같은 직급이지만 연봉이 갑절 이상 차이가 나는 경우도 있다. 그리고 하급직급자가 상급직급자보다 더 많은 연봉을 받기도 한다. 실제로 임원보다 부장이 더 많이 받는 경우도 있다. 이는 철저히 성과관리시스템에 의해 개인에 대한 보상을 하고 있기 때문이다.

3) 개발과 성장

한미글로벌은 적극적으로 구성원의 자기개발을 장려하여 대학원 진학 지원은 물론 자기개발과 관련된 금전적, 시간적인 지원을 아낌없이 하고 있다. 먼저 금전적으로는 전산, 어학능력 향상을 목적으로 50만 원 이상을 지원하고, 도서구입비로 연간 20만 원을 지급한다. 구성원의 의견을 통하여 선정된 6권의 책과 자율로 선정한 6권의 책을 구입하여 매달 한 권씩 읽고 독후감을 제출하는 프로그램을 진행하고 있다.

시간적으로는 매주 목요일을 '자기개발의 날'로 지정하여 오후 5시퇴근을 원칙으로 하고 있고 매월 둘째 목요일은 유머나 와인, 악기, 심리학, 여행 등의 주제로 특강을 실시한다. 넷째 목요일은 영화 동호인에서 주관하는 영화관람을 실시하고 있다.

구성원의 경력관리에 있어서는 24명의 사내 직무전문가career counsellor를 배치해 구성원 각자가 원하는 분야에 대한 역량과 경력을 개발할 수 있도록 한 멘토mentor 시스템이 있다. 피라미드 구조를 가진 이 시스템은 사장과 부사장이 임원을, 임원급이 부장을, 부장이 과장 및 사원을 코칭하도록 구조화돼 있다. 구성원들은 연초에 경력개발 계획서를 작성, 해당 직무전문가에게 제출해 상담을 받고 회사로부터 희망하는 역량 및 경력개발을 위한 지원을 받는다. 경력개발제도를 통해 직원들은 해당 경력개발을 위해 최적화된 프로젝트를 맡을 수 있고 전문교육을 수강할 수 있다. 또한 비자발적 퇴직시에는 퇴직지원 전문회사인 DBM에 위탁하여 6개월간 퇴직지원 교육을 실시함으로써 구성원의 처음부터 마지막까지를 아울러 관리하고 있다. 이러한 회사 내 여러 가지 프로그램 중에서도 직원들이 가장 선호하는 것은 안식휴가제도이다. 이 제도는 직원으로 10년, 임원으로 5년간 근무한 구성원에 대하여 2개월간의 유급휴가를 부여하는 것이다. 김종훈 CEO는 '잘 놀아야 일도 잘한다' 라는 신념으로 이와 같은 과감한 제도를 마련하였다. 그런데 도입 당시 해당 구성원들이 서로 눈치를 보느라 휴가를 가지 않자, 자신이 먼저 솔선수범하여 2개월간의 유급휴가의 혜택을 누리고 돌아왔다. 휴가기간 동안 그는 아무런 업무도 수행하지 않은 채 설악산을 오르고 인도를 여행하였다. 그렇게 휴가를 마치고 돌아오자 비로소 다른 직원들도 차례대로 휴가를 다녀올 수 있었다고 한다.

4) 가치와 비전

한미글로벌은 '엑설런트 피플Excellent People에 의한 엑설런트 컴퍼니

Excellent Company'를 비전으로 설정하고, 이를 구현하기 위해 고객, 탁월, 혁신, 공헌, 정직을 핵심가치core value로 내세우고 있다. 특히 김종훈 회장은 종업원 위주의 회사를 만들고자 투명경영을 강조하고 있다.

구성원들에게는 '일하기 좋은 일터GWP'를 만들어 즐겁고 보람 있는 일자리를 제공하고, 지속적인 혁신을 통하여 건설산업에 새로운 가치를 창출하며, 경쟁 기업이 쉽게 모방할 수 없는 독특한 기업문화를 구축하고자 한다. 한미글로벌은 전사적인 차원에서 사회봉사 활동을 체계적으로 추진하기 위해 사회공헌위원회를 사내에 두고 있다. 이를 통해 사회복지시설들과 결연을 맺고 매달 사회봉사의 날(매월 넷째 주 토요일)을 정해서 전 임직원이 함께 봉사하는 시간을 갖는다. 임직원 채용시 근로계약서상에 사회공헌 활동 참여를 의무화하고 전 직원이 급여의 1퍼센트를 사회공헌 기금으로 기부하게 하고 있다. 회사에서는 직원기부금의 두 배에 해당하는 금액을 기금으로 보조matching grant하고 있다. 종업원들은 한미글로벌이 이러한 비전과 문화에 기초를 두고 사회적 책임을 다하며 건설산업을 선도하고 있다는 자부심을 가지고 있다. 또한 한미글로벌은 사회봉사활동의 저변 확대와 나눔의 문화 정착을 위해 임직원의 가족이 봉사활동에 참여할 경우, 휴가철 숙박시설 알선 및 보조 등의 지원책을 운영하고 있다.

성품

인간적 경영의 기초는 우리의 성품이다. 종업원들이 좋은 성품을 가져야 인간적 경영이 될 수 있다. 좋은 성품은 열정과 애정이다. 우리가 자기 일을 열심히 하고자 하는 열정과 남이 잘되도록 도와주고 싶은 애정이 없다면 인간적 경영의 4가지 요소인 관심과 배려, 인정과 보상,

개발과 성장, 그리고 가치와 비전은 이루어질 수 없다.

인간적 경영에서 추구하는 것은 종업원들의 성품을 개발하고 열정과 애정을 심는 것이다. 조직 내에 열정과 애정이 충만할 때 앞에서 이야기한 인간의 욕구를 충족시키는 4가지 차원이 실천될 수 있다. 인간적 경영을 하려면 우리가 달라져야 한다. 우리가 비전을 공유하면서 서로 배려하고 인정하고 다른 사람이 성장할 수 있는 기회를 제공하기 위해서는 우리들 자신이 상당한 인격자가 되어야 한다. 이와 같이 열정과 애정은 인간의 성품을 나타내는 것이다. 열정은 근면, 성실, 의지, 용기를 나타내고 애정은 배려, 나눔, 겸손, 검소, 감사를 나타낸다. 사실 이러한 성품의 개발은 우리가 인생에서 추구해야 하는 것이다. 성품은 사람의 본질을 나타내는 것으로 잘 바뀌지 않고 사람을 평가하는 기준이 되어야 한다. 세속적으로 성공했다 하더라도 좋은 성품을 개발하지 못했다면 실패한 인생이라고 해야 할 것이다.

열정과 애정은 사람에 따라 그 수준이 다르다. 열정의 측면에서 보면 일을 대충해버리는 사람이 있는가 하면 일을 제대로 하는 사람이 있다. 또 애정의 측면에서 보면 다른 사람에게 도움을 주려고 하는 사람이 있는가 하면 다른 사람을 이용하려는 사람이 있다. 이 차이는 어디에서 나오는가?

《달과 6펜스》에 나오는 화가 폴 고갱은 부인에게 자기를 찾지 말라는 편지만 써놓고 그림을 그리기 위해 세속의 모든 것을 팽개치고 가출해버렸다. 그는 그림을 그리지 않으면 미칠 것만 같았고 세상의 그 무엇도 그림에 대한 그의 열정을 가로막을 수 없었다.

슈바이처는 1875년에 알자스 지방에서 태어나 신학을 공부하다가 1905년 프랑스 선교단의 보고서를 통해 아프리카 원주민들이 의사가 없어 고통 받는다는 사실을 알았다. 그 후 그들을 위해 일할 것을 다짐하게 되었다. 그리고 모교 의학부에서 새롭게 의학을 공부한 후 1913년

의학박사가 되었고 그때부터 일생을 끝마치는 날까지 아프리카의 가봉 오고웨 강변의 랑바레네Lambarene에서 진료 봉사하였다. 왜 그는 아프리카 흑인들에 대해 애정을 갖게 되었는가? 테레사 수녀는 왜 인도로 가서 소외되고 버림받은 사람들을 위해 평생을 바쳐 헌신했는가? 왜 고흐는 지중해의 땡볕에서 모자도 쓰지 않고 어떤 때는 하루에 2~3개씩 그림을 그렸는가?

고흐는 일생동안 그림을 한 장밖에 팔지 못했는데도 그렇게 많은 그림을 그린 것을 보면 돈 때문만은 아닌 것 같다. 물론 권력을 쥐기 위해 그린 것은 더욱 아닐 것이다. 슈바이처나 테레사 수녀도 돈이나 권력 때문에 사랑을 베푼 것은 아니다. 그렇다면 이들은 무엇 때문에 자기 일에 열정을 가졌고, 무엇 때문에 다른 사람들에게 애정을 가지고 도움을 주었는가? 이렇게 우리에게 알려진 이들이 아니고도 앞에서 예를 든 기타를 만드는 사람이나 '사랑의 집짓기 운동'에 자원봉사하는 사람과 같이 자기 일에 열정이 있고 다른 사람에게 대가를 바라지 않고 도움을 주는 이들이 많이 있다.

가치

이들이 열정과 애정을 보여주는 것은 사업적 가치관과 인간적 가치관이 확립되어 있기 때문이다. 사업적 가치는 자기 일에 일생을 거는 정신적 자세를 말하고 인간적 가치는 상대방이 잘되도록 도움을 주는 정신적 자세를 말한다. 사업적 가치관은 열정을, 인간적 가치는 애정을 낳는다. 가치관이란 기본적으로 사람을 이기적인 성향으로부터 이타적인 성향으로 바꾸는 것이다. 우리는 경험을 쌓다보면 자기만 생각해서는 이 세상을 제대로 살아갈 수 없다는 것을 알고 이타적으로 바꿔어간다. 세상을 경험하면서 가치관을 개발하는 것이다. 가치관을 확립해나가는 것이 인격을 향상시키는 것이다. 세상 경험이 부족한 어린아이들은 아주 이기적이다. 자기밖에 모른다.

그러면 가치관은 어떻게 개발되는가?

첫째, 인생의 허무를 느껴야 한다. 허무를 느끼는 가장 확실한 방법은 우리가 언젠가는 죽는다는 사실을 떠올리는 것이다. 이러한 사실이 가치관을 개발하는 계기가 된다. 고갱도 회계사로 일했을 때는 그 생활이 따분하다고 느꼈을 것이다. 그러다가 '대체 무슨 삶이 이런가! 한 번밖에 살지 못하는데 제대로 내가 하고 싶은 것을 하고 살아보자' '모든 것 다 팽개치고 그림 한번 그려보자. 그리고 이왕 그리는 것 제대로 해보자'고 하면서 사업적 가치관을 개발하게 된 것이고 거기서 열정이 나온 것이다.

둘째, 일과 사람에 대한 인식의 전환이 있어야 한다. 일이라는 것은 우리의 존재이유다. 일을 하지 않는다면 살아 있을 이유가 없다는 것이다. 그리고 일은 자기를 표현하는 것이다. 사람은 하는 일이 모두 다르기 때문에 일은 자기의 창조적 표현이 된다. 우리는 피카소의 그림을 보고 그가 대단한 사람인지 아닌지를 평가한다. 그가 좋은 그림을 남겼기 때문에 존경하는 것이지 만일 그가 형편없는 그림을 남겼다면 '그림도 못 그리는 것이⋯⋯' 하면서 그를 비난했을 것이다. 우리가 일을 한다면 '당신 대단한 사람이네' 라는 소리를 들어야지 '그 사람 형편없군' 이라는 소리를 들어서야 되겠는가? 이것이 우리가 사업적 가치관을 확립하고 일에 열정을 가져야 하는 이유다.

그리고 사람이란 무한한 잠재력을 가지고 있다는 인식이 사람에 대한 애정을 갖게 되는 인간적 가치관의 출발점이 된다. 이런 인식이 있을 때 겉보기에 대수롭지 않은 사람이라고 해서 무시하지 않고 그 사람이 클 수 있도록 기회를 제공하고 지원해주게 되는 것이다. 일본에 있는 주켄공업의 마츠우라 사장은 '사람이란 어디에 어떤 재능을 감추고 있는지 모르는 존재'라고 말했다. 직원에게 기회를 주고 동기부여 시키면서 지지하고 기다려주면 큰 인재가 된다는 것이다. 이는 마치 나무에 햇빛과 물을 주고 큰 비바람을 막아주면 잘 자라는 것과 같다. 그는 직원들에게 강압하고 독촉하고 화내는 경우가 없다고 한다. 그래서 선착순으로 사람을 뽑아 제대로 일도 할 수 없을 것 같은 사원이 들어와도 2~3년 지나면 영어로 발표할 수 있는 정도가 되고, 공학의 배경이 없는 여사원이 들어와도 어엿한 기능공으로 발전하게 된다는 것이다.

이상에서 설명한 바와 같이 허무를 느끼거나 일과 사람에 대한 인식을 바꾸게 되면 내재적으로 가치관을 확립하여 열정과 애정을 가지게 된다.

기업은 인격도야의 장

가치관의 개발을 통해 사람을 순수하게 하여 열정과 애정의 성품을 개발하는 것이 인간적 경영의 기초라고 했다. 이것은 우리가 인격도야를 통해 자기 전환하여 지금까지와는 다른 사람이 되어야 한다는 것이다. '기업은 인격도야의 장'이라는 말이 있다. 인간적 경영을 하려면 최고경영자부터 인격이 바로서야 한다. 최고경영자의 말과 행동이 종업원들에게 주는 영향이 아주 크기 때문이다. 또한 종업원들을 교육시키고 성품을 평가의 기준으로 삼는 것도 필요하다. 성과만을 기준으로 평가하면 사람들은 이기적으로 되기 쉽고 조직의 결속력은 약화되는 것이다.

기업을 인격도야의 장이라 했을 때 최고경영자의 제1차적 조건은 열정과 애정이다. 열정과 애정은 사업적 가치와 인간적 가치가 강할 때 나온다. 사업적 가치는 지금 하는 사업에서 죽기 아니면 살기로 승부를 걸어보겠다는 것이고 인간적 가치는 종업원을 가족처럼 배려하는 것이다. 일본전산의 나가모리 시게노부 사장의 사업적 가치관은 안 된다고 말하지 말고 몇 번이고 시도하고 실험해서 해내기로 한 것은 결국 해내라고 하는 데서 나타난다. '끈질긴 놈이 마지막에 웃게 돼 있다'는 것이 그의 지론이다. 또한 그의 인간적 가치관은 자신의 모든 것을 희생해서라도 직원들의 미래를 끝까지 책임져야 한다고 말하는 데서 나타난다(나가모리 시게노부 사장에 대해서는 3부 1장 13 '일본전산 사례' 참조). 그는 사람에게는 상상할 수 없을 정도의 잠재능력이 숨어 있다고 믿는다. 이와 같이 강한 사업적, 인간적 가치관을 가지고 있기 때문에 그는 남다른 열정과 애정을 보여준다.

그의 일에 대한 열정은 제일 일찍 출근하고 제일 늦게 퇴근하는 것으로부터 알 수 있다. 그는 직원을 책임지고 있는 사람으로서 외부 강의와 골프도 사양하고 있다.

그의 직원에 대한 애정은 상호 소통과 종업원의 성장을 중요시하는데서 나타난다. 그는 20명 정도의 단위로 직원들과 식사를 하면서 인간적 교감을 이루고자 노력하고 있다. 또한 교육이 최선의 복지라고 말하면서 자기 스스로 종업원의 교육에 많은 시간을 투자하고 있다. 일본전산이 성공한 것은 이상과 같은 최고경영자의 열정과 애정이 직원들의 일에 대한 몰입과 직원 간의 협력으로 이어졌기 때문이다.

가치는 경영의 기본

최고경영자가 이렇게 가치관을 개발하고 그 기초 위에서 열정과 애정을 종업원들에게 심어나가는 것이 중요한 이유는 그렇게 되었을 때 경영의 기본이 지켜지고 경쟁력이 제고될 수 있기 때문이다.

스타벅스는 슐츠 회장이 경영 일선에서 물러나고 전문경영인 사장이 들어온 이후 과도한 확장전략으로 매출액은 늘어났지만 수익성이 악화되어 침체에 빠지게 되었다. 하지만 2008년 1월 그가 CEO로 다시 돌아오자 회사가 되살아났다. 회사가 침체에 빠지게 된 것은 핵심가치를 상실하고 정체성이 흔들렸기 때문이다. 그가 한 일은 사업적 가치와 인간적 가치를 핵심가치로 복원한 것이었다. 사업적 가치로 그는 커피로 승부를 거는 전략(그는 이것을 "refocus to coffee"로 불렀다)을 택하고 차별화된 맛과 서비스로 고객들에게 스타벅스의 즐거운 경험을 되찾아주면서 고객을 다시 불러들였다. 또한 인간적 가치로 종업원이란 말 대신에 파트너라는 말을 쓰고 파트타임을 포함한 전 종업원에게 의료보험 혜택을 제공했다. 또한 6개월 이상 일하면 스톡옵션 자격을 주면서 직원들의 자부심과 열정을 회복시켰다.

메디컬그래픽스의 사장 카이 앤더슨Kye Anderson은 사업가로서의 열정은 충만한 반면 경영자로서의 자질은 부족했기 때문에 이익과 주가가 하락함에 따라 2선으로 물러날 수밖에 없었다.

그러나, 카이 앤더슨이 2선으로 물러난 후 메디컬그래픽스는 이익을 중요시함에 따라 사업에 대한 열정이 식어갔고 1년이 지나도록 신제품이나 개량된 소프트웨어가 하나도 만들어지지 않았다.

회사는 이익을 중요시하게 되었고, 이에 따라 판매량이 상승하고 새로운 유통체계가 자리를 잡았다. 그러나 직원들은 별로 달갑게 여기지 않았다. 이전에는 밤이나 주말에도 열정적으로 일했던 연구개발부의 직원들이 자리를 비우는 시간이 많아졌다. 새로운 유통체계는 물류에 중점을 두고 의사나 환자를 소홀히 했고, 새로운 경영체계는 각 부서 간에 담을 쌓아서 계층구조를 강화했다. 새로이 개선된 이익은 주주들을 만족시켰음에는 틀림없으나 직원들의 열정에는 찬물을 끼얹는 결과가 되었던 것이다.

카이 앤더슨이 없는 메디컬그래픽스는 일하는 의미와 가치 즉, 사업적 가치를 상실하고 열정이 없는 회사로 전락하며 길을 잃고 방황했다. 결국 그녀는 다시 경영자로 복귀할 수 있었다. 카이 앤더슨은 사업적 가치에 기초를 둔 도전과 열정을 종업원과 공유함으로써 기술개발, 품질 향상 및 고객만족의 분위기를 조성해나갔다. 그 이후 메디컬그래픽스는 우수기업으로 성장할 수 있었다.

"인재와 기술을 바탕으로 최고의 제품과 서비스를 창출하여 인류사회에 공헌한다"는 삼성의 비전이 말해주듯이 기업에서 중요한 것은 인재와 기술이다. 이를 실천하려면 최고경영자가 사업적 가치관과 인간적 가치관을 가지고 있어야 한다. 이런 가치관이 있을 때 우리가 하는 사업은 돈을 벌기 위한 것이 아닌 이 사회와 인류를 위해 봉사하는 가치 있는 일이 되고 세계 최고를 지향해나갈 의미가 생기는 것이다.

결론적으로, 인간적 경영은 개인적 욕구가 충족되는 경영이다. 개인적 욕구가 충족될 수 있을 때 일하러 가고 싶은 회사가 될 것이다. 인간의 가장 기본적인 욕구는 위대해지고 싶은 것이다. 여기에는 관심과 배려, 인정과 보상, 개발과 성장, 가치와 비전이라는 4가지 차원의 욕구가 있다. 이러한 욕구가 충족될 때 '일하기 좋은 직장GWP' 이 되는 것이다.

이렇게 개인적 욕구가 충족되는 인간적 경영을 하기 위해서는 최고경영자로부터 출발하여 모든 종업원의 성품이 개발되어야 한다. 성품은 열정과 애정이다. 모든 종업원이 열정과 애정을 가지고 있을 때 비전을 공유하고 상호 배려하며 인정한다. 결국 각자가 성장할 수 있도록 협력함으로써 위대해지고 싶은 욕구가 충족될 것이다.

열정과 애정의 성품을 개발하기 위해서는 가치관이 확립되어야 한다. 가치관은 우리를 순수하게 하는 것이다. 가치관을 개발한다는 것은 인생의 허무를 느끼고 무언가 보람을 찾기 위한 것을 말한다. 유교에서 말하는 경천애인의 철학을 갖는 것이다. 일과 사람에 대한 인식도 바꿀 필요가 있다. 일은 우리가 살아가는 이유이고 사람은 무한한 가능성을 가지고 있는 존재라고 했을 때 열정과 애정이 생기게 된다.

인간적 경영은 가치관에 기초를 두고 있다. 가치관이 확립되어 있을 때 '전략의 고리'가 실천됨으로써 인간존중, 기술개발, 품질 향상, 고객봉사가 이루어져 경쟁력이 제고된다. 인간적 경영은 일하고 싶은 조직, 아름다운 조직, 경쟁력 있는 조직의 기초가 된다.

영속하는 기업은
열정과 애정이 있다

열정과 애정은 기업가정신이며 이는 사업적 가치관과 인간적 가치관으로부터 나온다. 그리고 그 기업의 사업적, 인간적 가치관을 반영하는 것이 비전이며 이것으로부터 개방적 문화와 도전적 문화가 나온다.

기업은 비전과 문화로 직원들의 열정과 애정을 끌어낼 수 있어야 한다. 영속하는 기업은 독특한 비전과 문화를 가지고 직원들의 열정과 애정을 끌어내고 있다. 열정은 자기 일에 사명감을 가지고 몰입하는 것이고 애정은 주위사람들과 협력해서 일하는 팀 정신, 나아가서는 주위에 관심과 배려를 나타내는 공동체의식이다. 영속하는 기업에 열정과 애정이 있다는 것은 인간적 경영을 했다는 뜻이다. 인간적 경영은 종업원의 잠재력 개발을 목적으로 하는 것이고 잠재력은 열정과 애정이 있을 때 개발되기 때문이다. 인간적 경영을 하면 모든 사람이 열정과 애정을 가지게 되고 지혜가 쌓이고 창의적이 된다. 일본 미라이공업에서 종업원들이 아이디어를 풍부하게 내고 특허제품이 많은 것은 이 때문이다.

비전은 우리의 존재이유, 사명감을 나타내는 것으로 우리가 여기에서 일생을 함께하면서 일할 가치가 있다는 것을 말해준다. 최고경영자는 비전을 통해서 존재이유 즉, 우리가 무엇 때문에 여기서 같이 일하는가를 말해줄 수 있어야 한다. 우리는 앞으로 어떤 사람이 되고, 무엇을 같이 일구고, 세상을 어떻게 좋게 만들 것인가를 말해주어야 하는 것이다. 교세라의 이나모리 카즈오 회장은 '우리가 함께 일하게 된 것은 소중한 인연이다. 훌륭한 제품을 만들어 세상에 내보내자' 라고 이야기하면서 종업원들의 열정을 불러일으켰다. 비전은 미래의 꿈과 희망이다. 가치 있는 일에 동참한다는 것이 꿈과 희망을 주고 가슴에 불을 지피는 열정을 불러일으킨다. 꿈이 있기 때문에 도전이 있는 것이다.

문화는 우리가 어떻게 행동할 것인가이다. 문화에는 여러 가지가 있지만 그 중에서도 중요한 것이 행동지향적 문화이다. 이것은 종업원들이 가지고 있는 아이디어를 쉽게 행동으로 옮길 수 있게 해주는 문화이다. 이를 위해서는 작은 시도를 존중하고 실패를 허용하는 제도가 필요하다. 3M에서 자기 시간의 15퍼센트는 현재 직무와는 무관하게 자기가 하고 싶은 기술개발이나 신제품 개발에 쓸 수 있도록 하는 제도는 행동지향적 문화의 한 예이다.

행동지향적 문화에는 저항정신이 중요하다. 저항정신이 기업의 변화와 혁신에 중요한 창조적 파괴의 기초가 되기 때문이다. 조직 내 잘못된 관행을 타파해나가기 위해서는 저항정신을 가진 직원이 많아야 한다. 우리나라 기업에서 잘못된 관행이 제대로 타파되지 않고 있는 것은 저항정신이 부족하기 때문이라고 생각된다.

문화는 어떤 행동이 바람직한가를 말해주는 것이다. 일본전산에서는 등용문으로 들어서는 직원의 7가지 조건이라고 해서 바람직한 직원은 어떤 직원이고, 쓸모없는 사람, 떠나야 할 사람, 믿음이 가지 않는 사람이 어떤 사람인가를 규정해 바람직하지 않은 사원이 어떤지도 명확하게 규정해놓았다. 때문에 직원이 어떤 행동을 해야 하는지를 알 수 있다. 이렇게 직접적으로 명확하게 직원의 행동규범을 규정해놓은 기업은 많지 않다.

열정과 애정이 있는 조직이 되기 위해서는 최고경영자가 열정과 애정이 있어야 한다. 유한양행을 창업한 유일한의 열정은 좋은 상품을 만들어 국가와 국민에게 봉사한다는 비전으로부터 출발한다. 이러한 고객봉사의 비전이 있기 때문에 그는 수술 후 꼭 필요한 혈청주사를 배달하기 위해 던져도 깨지지 않는 포장을 개발했다. 그래서 급행열차가 서지 않는 역에서 기관사가 던지면 병원 담당자가 기다렸다가 가져가도록 하여 귀중한 생명을 구할 수 있게 하였다. 그리고 그의 열정은 실패를 허용하는 도전정신 즉, 실패로 좌절해서는 안 되며 재기하여 실패를 자산으로 만들어야 한다고 하는 데서 나타난다. 그는 미국에서 라초이La Choy라는 숙주나물 통조림 회사를 설립하기 위해 며칠 밤을 새워가며 통조림을 만드는 실험을 했다. 결국 그는 성공시키는 열정을 보여주었다.

또한 그의 애정은 주위에 있는 사람을 배려하는 데서 알 수 있다. 그는 1936년에 종업원 지주제를 도입하여 직급과 근속연수에 따라 주식을 배분하였고, 윌로우 구락부라는 공제회를 설립하여 목돈이 필요한 직원에게 저리로 돈을 빌려주는 제도를 만들었다. 1937년에는 소사공장을 신축할 때 기숙사, 양어장, 수영장을 건설했는데 그 당시에 회사에 이런 시설을 갖추었다는 것은 정말 시대를 앞서가는 것이었다고 생각된다.

열정과 애정은 가치로부터 나온다. 최고경영자는 가치관을 확립한 사람이어야 한다. 그 가치관은 비전으로 나타난다.

유일한의 비전은 고객봉사, 인재배출, 그리고 기업은 사회를 위해 존재한다는 것이다. 이 비전은 그의 가치를 반영하고 있다. 고객봉사는 그의 사업적 가치관을 나타내는 것이다. 이를 달성하기 위해서는 열정을 가지고 일을 해야 한다. 인재배출은 그의 인간적 가치관을 나타낸다. 그는 직원들에게 한결같이 정직하고 성실하게 일하라고 말하면서 참된 인간이 될 것을 요구하였다. 그리고 종업원 지주제를 도입하고 회사 내에 기숙사, 양어장, 수영장을 설치함으로써 종업원들에 대한 애정을 나타내었다.

기업은 사회를 위해 존재한다는 그의 가치는 물질적 욕망으로부터 벗어난 순수성을 나타낸다. 특히 그는 정직하게 납세하였는데, 그 당시 아무도 하지 않는 일이었음에도 실천에 옮겼다는 것은 그의 도덕적 가치관을 말해주는 것이다. 또한 자유당 정권이나 박정희 정권하에서도 정치자금을 내지 않는 강한 소신을 보여주었고, 특히 사회 환원을 실천한 것은 그가 영성적 가치를 확립한 사람임을 말해준다. 그리고 정치자금을 내지 않아 자유당 정부와 박정희 정부로부터 세무사찰을 받았지만 아무런 잘못이 없었기 때문에 어떠한 제재도 받지 않았다. 오히려 박정희 정부에서는 모범납세자로 표창을 받았다. 아주 권위적인 두 정부하에서 정치자금을 내지 않고 사업을 했다는 것은 그의 강한 가치관을 말해주는 것이다.

03

일과 관계의 문화를
심화시키자

일과 사람에 대한 인식의 전환에 기초를 두고 사람들의 잠재력을 개발하기 위해서는 '일의 문화'와 '관계의 문화'가 조직 내에 정립되어 나가야 한다. 일을 열정적으로 하는 것이 가치 있는 것이라는 일의 문화를 갖기 위해서는 간섭하지 않고, 자율성을 주고, 평가를 해야 하며 무제한적인 정보를 제공해야 한다. 정보를 제공하지 않으면 책임을 물을 수가 없다. 미국의 어느 기업의 사장은 "나는 종업원들에게 아무것도 숨기지 않는다"고 하며 투명한 경영을 하고 있다. 우리도 이처럼 투명한 경영을 할 수 있다면 열정적인 일의 문화를 조성하는 데 많은 도움이 되리라 생각한다. 특히 평가와 관련해서는 직접 고객의 평가를 받을 수 있는 제도를 만드는 것이 효과적이다. 모든 종업원이 내 고객이 누구인가를 알고 있어야 한다. 그러나 현장이나 관리직에서 일하는 사람들은 고객이 누구인지를 모르는 경우가 많다. 어느 기업에서 현장근로자들에게 회사 밖으로 나가서 고객들을 만나고 올 기회를 주었다. 그랬더니 그 후 현장근로자들이 일에 대한 관심이 달라져서 훨씬 더 열정

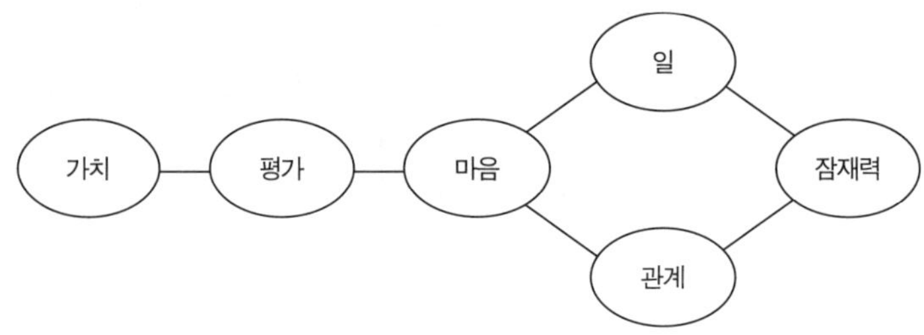

적으로 일하게 되었다는 사례가 있다. 고객을 인식하게 하는 것이 일의 문화를 조성하는 데 도움이 되는 것이다.

관계의 문화라고 하는 것은 기본적으로 신뢰와 협력의 문화이다. 내가 하고 싶은 일을 간섭할 수 있는 사람은 아무도 없다고 하는 평등의식을 통해서 참여를 조장하는 것이 협력의 문화를 조성하는 데 중요하다. 미국의 한 최고경영자는 회사에 큰 설비투자를 하려고 할 때 근로자들에게 그 프로젝트에 대한 평가를 요구하기도 했다. 이처럼 종업원이 적극적으로 참여하게 되면 신뢰감이 형성되고 협력의 문화를 만들어낼 수 있다.

이상의 내용을 정리한 것이 '잠재력의 고리(〈그림 10〉)' 이다. 잠재력을 개발하기 위해서는 열정적인 일의 문화와 참여와 협력이라는 관계의 문화가 확립되어야 한다. 이를 위해서는 우리의 마음이 순수해져야 하고 가치관에 기초를 둔 평가제도를 통해서 사람들을 평가해나가야 한다. 평가의 가장 중요한 점은 업적보다 사람을 평가하는 것이다. 그 사람이 순수하기만 하면 결국 잠재력이 개발되고 기업의 경쟁력이 제고될 수 있다. LG CNS에서는 업적 이외에 종업원이 조직 내에서 다른 사람들과 어떻게 가치를 공유하면서 신뢰를 형성해나가는가 하는 성품을 열정, 존중, 신의성실, 혁신의 4가지 요소에 기초를 두고 평가하고 있다. 따라서 잠재력 개발에 가장 중요한 것은 최고경영자가 조직 내에 가치관을 개발하고 심어나가는 것이다. 가치관에 기초를 두고 사람을 평가하여 마음을 순수하게 함으로써 일과 관계의 문화를 확립하고 잠재력을 향상시키는 것이 결국은 경영의 과정인 것이다.

조직 내에는 2가지 부류의 사람이 있다고 생각한다. 하나는 성과를 내기 위해서 일로 승부를 거는 사람이고, 다른 하나는 일은 대충하면서 다른 사람과 관계를 잘 맺는 정치로 승부를 거는 사람이다. 그러므로 사람을 채용하는 일은 매우 중요하다. 회사는 원하는 인재상을 밝히고 거기에 합당한 사람을 채용한다. 그런데 우리나라 기업이 외국계 기업에 비해 상당히 뒤떨어지는 부분이 바로 채용과정 부분이다. 외국계 기업은 채용을 중요하게 생각하여 많은 시간을 투자하고 수차례의 면접을 거치기도 한다. 그러나 우리나라 기업의 경우에는 5명씩 집단으로 면접을 보고 10분 만에 끝내버리는 경우도 있다.

직원을 채용할 때는 그룹 전사적 차원이 아닌 사업부별 또는 부서별로 사람을 뽑아야 한다. 미국에서는 채용한 사람을 쓰게 될 부장이 직접 사람을 선발하고 있다. '썩은 사과 하나가 전체를 망친다' 라는 말은 제대로 된 사람을 뽑아야 하는 것의 중요성을 나타낸다.

조직을 위한 사람인가,
사람을 위한 조직인가

잠재력은 일을 통해서 개발된다. 때문에 하는 일이 잠재력이 개발될 수 있는 일이 되어야 한다. 우리가 회사에서 20~30년 열심히 일하지만 잠재력이 크게 개발되지 않는 이유는 일이 잘못되어 있기 때문이다. 졸업한 지 2~3년 지난 졸업생들이 찾아와서 회사를 그만두고 싶다는 이야기를 많이 한다. 그 이유는 일다운 일이 없다는 것이다. 오히려 똑똑한 사람이 회사를 그만두게 된다. 왜 가장 원기 왕성하여 엄청난 가치를 창출할 수 있는 2~3년의 경력을 가진 20대 젊은이들이 회사를 그만두도록 만들어야 하는가? 일다운 일이란 '가치 있는 일이고 평가받을 수 있는 일이며 머리를 쓰는 일'이다. 이럴 때 우리는 일에 열정을 느낄 수 있다. 가치·평가·머리는 일의 3요소이다.

가치 있는 일이란 마지못해 하는 일이 아니라 하고 싶은 일이고 해볼 만한 일이다. 그런데 우리의 일은 부분적이고 반복적이며 기능적인 일들이 대부분이다. 단순히 상사의 지시에 따라 오늘 일을 내일도 모레도 반복적으로 하는 것이 현실이다. 가치 있는 일이 되기 위해서는 제품 제조든 부품 제조든 간에 일을 전체적으로 해야 한다. 일이 하나의 작품이 되어야 한다. 혼자서 할 수 없을 때에는 팀이 되어 할 수도 있다. 우리가 한 일이 가치 있는 것이라고 평가받을 수 있을 때 일에 열정을 느낄 수 있다. 기능적으로 일을 하다 보면 평가하기가 힘들어진다. 제대로 평가하기 위해서는 앞서 언급했듯이 소규모 팀조직을 바탕으로 '당신이 버는 것은 당신 몫이다' 라는 것이 있어야 한다.

자율적으로 생각하고 머리를 쓰는 일이라야 잠재력이 개발될 수 있다. 단순하고 부분적인 일을 하게 되면 머리를 쓸 필요가 없게 된다. 머리를 쓰는 일이라고 하는 것은 계속해서 변화가 일어나는 일이라는 것인데 우리는 대부분 큰 변화 없이 매일매일 반복적인 일을 수행하고 있다.

우리의 잠재력이 개발되기 위해서는 일의 구조를 바꾸어야 한다. 한때 리엔지니어링reengineering이라는 말을 많이 썼다. 일의 구조를 바꾸기 위해서는 일을 리엔지니어링하여 기능적이 아닌 통합적으로 할 수 있도록 해야 한다. 어떤 보험회사의 경우 개별적으로 수행되었던 신용조회, 등급책정, 보험료 산정, 인수, 보험증권 발행 등의 업무를 통합하여 고객관리자라는 통합관리자 한 사람에게 맡김으로써 일을 훨씬 빨리 진행시키고 고객만족을 높일 수 있었다. 그래서 리엔지니어링의 핵심은 일의 구조를 기능적인 일에서 전체적인 일로 바꾸어나감으로써 일다운 일을 맡기는 것이라 생각한다. 일의 구조를 바꾸려면 기능조직에서 팀조직으로, 더 나아가 프로젝트조직으로 조직구조의 변화가 있어야 한다. 쉽게 은행을 예로 들 수 있다. 은행은 신탁·외환·여신·수신·카드·지로 등 기능적으로 조직되어 있다. 팀조직, 프로젝트조직으로 바꾼다는 것은 두세 명이 한 팀이 되어 하나의 기업조직 담당 은행팀이 되는 것이다. 그들은 기업조직에서 필요로 하는 외환 업무·카드 업무·수신 업무 등을 동시에 하는 것이다.

모든 기능을 다 포괄하는 팀조직으로 가게 되면 보다 가치 있는 일을 하게 된다. 단순히 지로업무만 하는 것보다 모든 기능을 수행하고 한 기업 조직을 위해 모든 금융 업무를 지원한다. 그래서 보다 가치 있는 일이 되는 것이다. 그리고 일을 하고 나서 고객이 웃는 얼굴을 보여주면 좋은 평가를 받는 것이고 화난 얼굴을 보여주면 새로운 방법을 찾기 위해 머리를 쓰게 될 것이다.

조직구조를 기능적 조직에서 팀조직으로 바꿔 일을 의미 있는 일, 하고 싶은 일로 만들어나갈 때 사람과 조직과의 관계는 '조직을 위한 사람'이 아니라 '사람을 위한 조직'이 된다. 조직을 위한 사람이란 대규모 기능적 조직으로 부분적인 일을 하기 때문에 자기 고객이 없고 통제 중심의 일을 한다. 반면에 사람을 위한 조직은 소규모 팀조직으로 전체적인 일을 하기 때문에 고객이 있고 자율성이 존재한다.

조직을 위한 사람의 경우에는 자아실현이 불가능할 뿐만 아니라 사람이 회사의 매출액을 올리기 위해 열심히 일해야만 하는 수단으로 전락한다. 반면 사람을 위한 조직의 경우에는 사람들이 자기 고객을 가지고 자율적으로 일하기 때문에 고객 가치창조를 위한 기회를 추구하면서 그 결과에 대해 책임을 지는 사업가로서 일하게 되는 것이다. 앞에서 예를 든 은행과 같이 팀제를 도입한 어느 은행에서는 은행원들이 마치 은행장처럼 행동하고 있다.

시장경제 원칙을 적용하고 잠재력을 개발하기 위해서는 자율과 개방의 조직문화가 형성되어 있어야 한다. 자율은 열정의 기초가 되고 개방은 협력의 기초가 된다. 자율적인 조직을 만들기 위해서는 어느 정도 실수를 허용함으로써 시도를 장려하여 모든 사람이 자기가 하고 싶은 일을 할 수 있도록 해야 한다. 자율이 강조될 때 열정이 있고 기업가정신이 나오는 것이다.

개방적인 조직의 기초는 대화이다. 개방적인 조직은 곧 협력하는 조직이 될 수 있으므로 개방적인 조직이 되어야 기업가정신이 발휘될 수 있다. 또한 대화하고 협력할 때 조직 내에 아이디어가 흘러넘치는 것이다. 우리나라에는 기능 간·계층 간에 두꺼운 장벽이 존재하여 대화가 잘되지 않고 있다.

기능 간 장벽을 타파하기 위해서는 기능적 사고를 지양하고 고객지향적 사고를 심어주어야 한다. 계층 간 장벽을 타파하기 위해서는 권위주의적 사고를 불식해나가야 할 것이다. 아랫사람이 사장과 친구처럼 이야기하면서 비판할 수 있는 분위기가 요구된다. 대화하는 분위기를 조성하기 위해서는 비공식적 대화기구를 활성화해야 한다. 미국 HP사의 경우에는 오후에 30분간 티타임이 있어 사장을 비롯한 전체 종업원이 만나 이야기할 수 있도록 해놓고 있다.

잠재력이 개발되는 시장경제원칙에 의한 경영에는 자율이 가장 중요하다. 그런데 우리나라 사람들의 사고방식은 상당히 통제지향적이다. 이것은 우리 사회에 만연한 권위주의와 국민들의 정부의존적 사고에서 나타나고 있는데 그 원인은 상당 부분 우리나라의 통제지향적 교육제도 때문이라고 생각된다. 우리나라의 개혁 중에서 가장 중요한 것이 바로 교육개혁이다. 그러나 기본적인 틀은 바뀌지 않고 있다. 통제지향적 사고 속에서 개혁을 하고 있기 때문에 개선한다고 하는데도 제대로 되지 않는 것이다. 이것은 사교육이 점점 심화되고 있는 것을 보면 알 수 있다.

중년의 회사원들을 만나면 '회사생활 하기 힘들다'고 하는 이야기를 많이 듣는다. 그것은 그들의 잠재력이 개발되지 않았기 때문이다. 산업화시대, 특히 그동안 우리나라의 기업경영은 종업원의 잠재력을 개발하는 것이 목적이 아니었다. 그러나 앞으로는 종업원들의 잠재력을 개발하는 방향으로 바뀌어야 한다. 종업원들은 그들의 잠재력이 개발되지 않았으므로 승진 시기가 될 때마다 좌천되지 않을까 걱정한다.

그러나 회사에서 나가라고 했을 때 '잘됐다' 하며 나갈 수 있는 사람이 되어야 한다. 잠재력이 개발되어 있으면 오라는 곳이 많아 걱정이 없을 것이다. 리엔지니어링의 목적은 종업원을 '해고' 시키는 것이 아니라 그들의 잠재력을 개발하고, 독립시킴으로써 '해방' 시키는 것이 되어야 한다. 이를 위해서는 다음 5가지 경영원칙을 지켜야 할 필요가 있다.

1. 자율과 평가를 통해서 기업가정신을 심고 성과지향적 문화를 조성한다.
2. 가치관을 심어나감으로써 사람들을 순수하게 하여 조직 내에 일과 관계의 문화를 조성한다.
3. 비전을 제시함으로써 일에 대한 열정을 불러일으킨다.
4. 조직구조를 팀조직으로 하여 자율과 평가를 용이하게 하고 일을 의미 있게 만들어 나간다.
5. 자율과 개방의 문화를 조성하여 기업가정신이 발휘될 수 있도록 한다.

이렇게 함으로써 기업경영은 모든 사람들이 잠재력을 개발할 수 있도록 생명력을 불어넣는 것이고, 이를 위해 필요한 것이 사람을 순수하게 하고 자신을 찾아나가도록 하는 것이다.

정보화시대의
공장관리

생각하며 스스로 고치는 '혁신의 장' 조성

우리가 산업화시대에서 정보화시대로 진입하면서 겪게 되는 중요한 변화 가운데 하나는 인간화이다. 인간화는 사람 중심의 사회, 즉 개인을 존중해주는 사회로 바뀌어나간다는 것이다. 농경사회에서는 토지, 산업화사회에서는 자본이 생산의 주요 요소였지만 정보화사회에서는 정보가 생산의 주요 요소이다. 농경사회에서는 토지를 가진 지주가, 산업화사회에서는 자본가가 사회를 지배하였다. 정보화사회에서는 정보를 가진 지식인이 사회를 지배하게 될 것이다.

그런데 토지와 자본은 소수에 집중되는 경향이 있다. 농경사회나 산업화사회에서는 토지와 자본의 집중으로 다수가 소수에 종속되어 많은 사람들이 먹고살기 위해 권위에 순종하였고, 지주 또는 자본가와 일반 국민 사이에 지배와 대립관계가 형성되었다. 그러나 정보는 소수의 독점물이 될 수 없고 공유되는 자산이다. 물론 노력 여하에 따라 정보를 많이 가진 사람이 있고, 덜 가진 사람이 있기 때문에 종속관계를 형성할 수 있지만 다수가 소수에 종속되는 대립관계가 아니라 협력관계를 이루게 될 것이다. 정보화시대에 들어와 공산주의가 실패하게 된 것도 대립관계에 기초를 둔 공산주의 이론이 협력을 중요시하는 정보화시대에 맞지 않았기 때문이다.

정보화시대는 많은 사람이 정보를 가지고 있기 때문에 독자적으로 일할 수 있는 기회가 많아 기업가의 시대라고 말하기도 한다. 그만큼 소득기회도 많아 중산층이 두터워지는 사회라고 할 수 있다. 산업화시대에는 먹고사는 것이 중요했기 때문에 자기희생도 마다하지 않고 시키는 대로 할 수밖에 없었다. 그러나 정보화시대에는 사람들이 무엇이 의미 있는 삶인가에 대한 질문을 하기 시작했고 시키는 대로 하는 것이 아니라 하고 싶은 것, 의미 있는 것을 하고자 한다. 그래서 종업원의 입장에서 생각하고 관리해야 하는 인간적 경영이 중요해짐과 동시에 고부가가치 서비스산업이 발달하게 될 것이다. 산업화시대가 기계를 사와서 물건을 만들면 되는 기계 중심의 사회라면 정보화시대는 기술발전의 속도가 빠르고 경쟁이 심화됨에 따라 사람들의 아이디어에 기초를 두고 좀 더 나은 물건을 만들지 않으면 안 되는 사람 중심의 사회이다.

인간화되는 고부가가치 서비스시대에 우리는 공장과 경영의 개념을 바꾸어야 한다. 그동안 우리가 가졌던 공장의 개념은 무엇인가? 지금까지 공장은 싼 물건을 만들어내기 위해 손과 발로 힘들게 일하는 곳이었다. 이런 공장에서는 근로자들이 자부심을 가질 수 없고 혁신이 나올 수 없다. 현장작업자의 임금이 많이 올랐는데도 인력이 부족한 것은 이 때문이다. 이제 공장은 싼 물건을 만들어내는 원가절감의 장소가 아니라 좀 더 나은 물건을 만들어내는 혁신의 장소가 되어야 한다.

공장이 혁신의 장소가 되기 위해서는 단순히 물건을 만드는 곳이 아니라 좀 더 나은 물건을 만들기 위해서 생각하는 곳이 되어야 한다. 공장이 생각하며 즐겁게 일하는 장소가 되었을 때 근로자들은 긍지를 가지고 일할 수 있고 혁신이 나오게 될 것이며 제조업의 경쟁력이 되살아날 것이다.

미래의 공장은 사람 없이 로봇이 물건을 만들어내는 자동화된 공장이 아니라 사람이 살아 숨 쉬는 공장이 되어야 한다. 그렇다면 공장의 관리에서도 이제 만드는 것이 아니라 사람을 강조해야 한다. 예를 들어서 「목표달성 120일 작전」보다는 「생각하면서 일하자」와 같은 표어가 요구된다. 공장에 가보면 품질 향상과 생산성 제고를 내용으로 하는 표어가 많이 붙어 있는데 그보다 더 중요한 것은 공장 입구에 「공장은 혁신의 장소」와 같은 표어를 붙이는 것이 필요할 때라고 말하고 싶다. 어느 공장에서는 「오늘 하루 고생해서 감사합니다」 「꽃을 사랑하는 마음으로 제품을 사랑합시다」와 같은 표어를 사용했더니 생산성이 더 올라갔다고 한다. 이것은 이제 공장을 기계적으로가 아니라 인간적으로 관리해야 함을 말해주는 것이다.

무조건 생산량을 늘리려고 하는 것보다 근로자들이 어떤 어려움을 겪고 있는지를 이해해주는 것이 중요하다. 이제 우리나라 공장도 과거보다 많이 깨끗해졌고 즐겁게 일할 수 있는 분위기를 만들어가는 등 바람직한 현상이 나타나고 있다.

그러나 여기서 한걸음 더 나아가 공장을 생각하는 곳으로 만들어야 한다. 우리는 그동안 근로자들에게 생각할 기회를 주지 못했다. 좀 극단적으로 말해서 우리는 그들에게 작업 이외의 어떤 활동도 허용하지 않았다. 우리나라에도 제안제도가 도입되었지만 그 성과가 좋지 못한 것은 근로자들이 생각할 기회가 부족했기 때문이다. 근로자들은 감독자의 감시하에 고정된 일을 시키는 대로 반복적으로 하는 사람이었다. 어느 제약회사 관리자의 말에 의하면 근로자들한테는 될 수 있는 대로 이론을 가르쳐주지 않는다고 한다. 약을 만들 때 압력과 온도가 왜 그렇게 돼야 하는지를 가르쳐주면 근로자들이 압력과 온도를 그르칠 위험이 높기 때문이라는 것이다. 이런 공장에서는 만드는 사람이 좀 더 나은 물건을 만들 수 있는 아이디어를 내놓는 것을 기대할 수 없다. 이제 공장은 근로자들이 연구하고 실험하는 곳이 되어야 한다. 우리가 그들에게 실패를 허용할 때 혁신이 나올 수 있다.

정보화시대에서 경쟁력의 관건은 누가 근로자의 잠재력을 더 많이 끌어내느냐에 달려 있다. 근로자의 잠재력을 끌어내기 위해서는 무엇보다 먼저 사람은 무한한 잠재력을 갖고 있다는 사실을 믿어야 한다. 그리고 이를 발휘할 수 있도록 분위기만 조성해주면 된다. 이것은 간단하다. 그들에게 머리를 쓰는 일을 하게 하면서 필요에 따라 배울 수 있는 기회를 주는 것이다. '스스로 일할 수 있는 기회를 줄 때 사람이 해낼 수 있는 일은 정말 놀라울 정도'라고 미국의 어느 최고경영자는 말했다. 한 예로 이 회사에서는 경비원을 공장 문이나 쳐다보고 잠이나 자는 사람이 아니라 필요에 따라 품질검사 결과를 기록하고 의료보조원으로서 구급차를 운전하는 사람으로 격상시켰다. 앞으로는 회계업무도 맡겨볼 생각이라고 한다.

근로자들의 잠재력을 끌어내기 위해서 우리는 다음과 같은 질문을 해야 한다. '우리는 근로자들에게 조금이라도 자율성을 제공했는가' '교육과 훈련을 시키고 그들이 아이디어를 내도록 기회를 주었는가' '아이디어를 내려고 하면 잘 모르는 주제에 건방지게 구느냐고 하면서 시키는 일이나 잘하라고 말하지는 않았는가' '실패를 허용하고 여러 가지 새로운 시도나 실험을 할 기회는 주었는가' 하는 것이다.

정보화시대의 경영은 근로자가 주역이 되는 경영이다. 근로자가 중심이 되고 관리자들은 근로자가 좋은 물건을 만들 수 있도록 도와주는 역할을 해야 한다. 근로자의 임금이 높아져 경쟁력이 떨어진다고 말하는 것은 그만큼 우리가 그들을 충분히 활용하지 못한 측면이 있다는 것을 말해준다. 이제 경영층은 근로자가 아이디어를 낼 수 있도록 교육과 훈련에 투자해야 한다.

경영자가 근로자에게 투자할 수 있게 하려면 상호 신뢰관계가 확립되어야 한다. 노사관계가 요즘 많이 호전되었다고는 하지만 아직도 대립의식이 많이 남아 있다. 경우에 따라 노조가 경영합리화의 장애요인이고 비합리적으로 행동하는 정치집단이라는 비판도 있음을 노조 측에서 귀담아들어야 할 것이다.

정보화시대에는 노사협력의 바탕 위에서 근로자의 잠재력이 발휘될 수 있도록 하는 것이 가장 중요하다. 이것은 단순히 바쁘게 일만 하는 것이 아니라 생각도 하고 끊임없이 현장에서 실험과 연구가 이루어져야 함을 뜻한다.

인간적 경영

지금 우리는 산업화시대에서 정보화시대로 경영의 패러다임을 바꾸지 않으면 안 되는 급격한 환경 변화의 시기에 와 있다. 산업화시대는 대립과 불신의 시대였다. 만들면 팔리는 시대였기에 원가절감이 가장 중요했고 공장은 근로자들이 열악한 조건에서 힘들게 일하는 곳이었다. 이런 상태에서 근로자들이 자부심을 갖기란 어려웠고 그 결과 대립과 불신이 지배하게 되었다.

정보화시대는 경쟁이 심화돼 좀 더 나은 물건을 만들지 않으면 팔리지 않는 혁신의 시대이다. 그러므로 그냥 시키는 대로 만드는 것에서 벗어나 생각하고 아이디어를 내어 만들어야 한다. 지시한 대로 만들기만 하면 된다는 통제의 패러다임에서, 생각하면서 더 나은 물건을 만들지 않으면 안 된다는 자율의 패러다임으로 경영의 패러다임을 바꿔야 한다. 그래서 대립과 불신의 시대에서 협력과 신뢰의 시대로 나아가야 할 것이다.

인간화는 세계화와 더불어 정보화시대 경영의 특징이다. 보다 인간적 경영이 요구되는 것이다. 인간적 경영은 '우리는 왜 사는가' '경영은 왜 하는가' 라는 질문으로부터 시작돼야 한다.

우리가 사는 목적은 하고 싶은 일을 하면서 잠재력을 개발하는 것이고, 경영을 하는 목적은 사람의 잠재력 개발을 통해서 경쟁력을 제고시키는 것이다.

잠재력 개발을 매개로 하여 개인과 회사의 목적은 일치하는 것이다. 이것이 사람의 개발이 경영의 가장 중요한 목표가 되어야 하는 이유이다.

신뢰의 기본은 자부심, 긍지, 나아가서는 존엄성을 심어주는 것이다. 인간은 존엄성이 있어야 잠재력이 개발되고, 잠재력이 개발될 때 존엄성이 나온다. 존엄성을 갖기 위해서 필요한 것은 자율과 평등이다. 잠재력은 일을 통해서 개발되는데, 일은 혼자 하는 게 아니라 남과 협력해야 하기 때문에 잠재력을 개발하기 위해서는 일에 대한 열정과 관계의 혁명이 일어나야 한다. 이를 위해서는 자기가 하고 싶은 일을 한다는 자율과 인간의 무한한 잠재력을 개발하기 위한 기회가 제한 없이 주어지는 평등이 요구된다.

인력개발이 가장 중요

자율은 관료적 병폐를 제거하는 것이다. 미국의 어느 최고경영자는 무엇이든지 필요한 것을 하는 것은 근로자들에게 달려 있고 행동으로 옮기기 전에 윗사람의 결재를 받으려고 하지 말라고 종업원에게 주지시킴으로써 분위기를 바꾸어나갔다.

자율은 물론 평가를 전제로 한다. 평가는 개인보다 팀 또는 회사 전체의 성과에 관심을 갖게 함으로써 책임정신을 고취시킨다. 자율에는 또한 정보공유가 요구된다.

그러나 대부분의 한국 기업에서는 이익 등에 관한 정보를 차단하거나 좋아진 경영 상태에 대해서는 이야기하지 않고 근로자들을 계속 쥐어짜기만 한다는 극단적인 불평이 나오고 있다. 진정한 자율은 고객에 대한 정보를 필요로 한다.

미국의 어느 회사는 근로자들이 정기적으로 고객 회사를 방문하게 하였는데 그들은 돌아오자마자 자기 업무에 대한 자세를 달리하였고 고객의 요구사항에 대해 더 깊은 배려를 하게 되었다. 그들은 고객 회사와 공급업자의 협력을 얻어 신제품 개발 주기를 50퍼센트 이상 감축했다. 또한 고객 회사에 가서 경쟁업체가 하는 일을 자기들에게 달라고 하는 등 주문을 받아오기까지 했다.

평등은 참여와 협력

평등은 기회를 제한하지 않는 것을 말한다. 평등은 소외와 대립이 아니라 참여와 협력의 정신을 요구한다. 미국의 어느 회사는 근로자들에게 50억 원 규모의 사업계획서에 대한 타당성을 검토해달라고 요청함으로써 참여를 조장하였다. 참여의식을 조성하기 위해서는 대화가 중요하다.

미국의 한 철도운송 회사 사장은 노사문제를 해결하기 위해 근로자들과의 만남부터 시작하였는데 1만 명 종업원을 100여 차례에 걸쳐 만

나 그들이 느끼는 좌절감을 이해하고 일관성 있는 조치를 취함으로써
신뢰를 회복하게 되었다.

이젠 파이 키워야

협력은 구성원 상호 간, 상하 간에 개방적이고 민주적인 관계를 조성
하는 것이다. 우리나라 경영은 상대적으로 폐쇄적이고 권위적인 경향
을 띠고 있다. 협력을 위해서는 기능적 사고를 타파하여야 한다. 이것
은 기능적 조직에서 팀조직으로의 변화를 요구하지만 이에 앞서 모든
기능 부문에 우리 부서는 누구를 위한 부서인가 하는 고객지향적 사업
감각을 불러일으키는 것이 중요하다.

우리가 일에 열정을 가지고 남과 협력하면서 잠재력을 개발할 때 일
의 주인이 되는 것이다. 주인의식은 소유가 아닌 열정으로부터 나온
다. 우리가 자율과 평등에 기초를 두고 일을 하면서 일의 주인이 된다
면 모두가 근로자이며 경영자이다. 이럴 때 근로자도 없고 경영자도 없
는 경영이 가능한 것이다.

노사관계라는 용어는 산업화시대의 용어이다. 이런 의미에서 노총
과 경총은 없어져야 하거나 아니면 그 사명을 바꾸어나가야 할 것이다.
이제 노총과 경총은 서로 대립하면서 임금 인상률을 결정하는 단체교
섭형에서 어떻게 하면 근로자의 잠재력을 개발하여 기업의 경쟁력을
제고시킬 것인가를 함께 생각하고 아이디어를 내는 인력개발형으로
탈바꿈해나가야 할 것이다. 노사문제는 파이를 나누는 것이 아니라 파
이를 키우는 것이고, 임금 인상이 아니라 잠재력의 개발이고, 협상의
문제가 아니라 경영의 문제라는 인식의 전환이 요구된다.

자율성,
어떻게 실천할 것인가?

우리는 지금을 급격한 환경 변화의 시대라고 말한다. 이는 기본적으로 기술이 급속히 발전해나가기 때문이다. 급속한 기술의 발전으로 신제품이 하루가 멀다 하고 개발되고 세계 전체가 하나의 시장이 되는 세계화가 진전됨에 따라 경쟁이 심화되면서 환경 변화에 즉각적으로 대응해나가지 않으면 살아남을 수 없게 되었다. 이제는 과거에서처럼 윗사람의 의견을 물어서 결정을 내리는 시대는 지나갔다. 지금 기업경영에서 가장 중요한 주제는 자율성을 어떻게 실천해나갈 것인가이다.

자율성은 시대적 요구사항이지만 인간적 요구사항이기도 하다. 사람이란 기본적으로 사고하는 존재로 시키는 대로 하기보다 스스로 하는 것에 더 만족을 느낀다. 그러나 우리나라의 기업경영은 서구의 기업에 비해 자율성이 부족하다. 이것은 우리가 조선조 500년 동안의 중앙집권적 권위주의 체제에 오랫동안 물들어왔기 때문이 아닌가 생각한다.

자율성이란 무엇인가? 자율성은 간섭 없이 자기 판단에 따라 일을 처리하는 것이다. 자율성을 확대하기 위해서는 간섭하는 사람을 제거하는 것이 가장 효과적이다. 이것은 관료제도를 타파하는 것을 말한다. 관료제도란 결정하는 데 도장 찍는 사람이 많으면 결정에 시간이 오래 걸릴 뿐 아니라 도장 찍는 사람은 그 자체가 특권이기 때문에 변화를 싫어하여 조직이 환경 변화에 적응하는 데 방해가 된다. 시간이 오래 걸리고 변화를 싫어하는 조직이 관료조직이다. 소련의 개혁은 '노멘크라투라'라고 하는 관료에 의해서 성공적으로 추진되지 못했다.

그런데 아직도 조직 내에는 간섭, 즉 통제를 하는 것이 하지 않는 것보다 좋은 결과를 가져올 것이라고 생각하는 사람이 많아 관료조직을 타파하는 데 지장을 주고 있다. 아랫사람은 경험이 부족하여 믿을 수 없기 때문에 통제와 간섭을 하지 않으면 불안하다는 것이다.

어떤 조사결과에 의하면 회사 내의 문제에 대해 최고경영층은 4퍼센트밖에 모르고 중간 중역급도 9퍼센트밖에 모른다고 한다. 회사 문제에 대해서는 일선 업무책임자들이 가장 잘 알고 있고 그래서 그들이 더 나은 결정을 내릴 수 있는데도 윗사람들은 그것을 인정하고 있지 않은 것이다.

백번 양보하여 윗사람이 더 잘 알고 있다 해도 자율성 없이는 창조적 경영을 할 수가 없다. 자율성이란 스스로 결정을 내리는 것으로 끝나는 것이 아니다. 그 결과에 대해 책임을 지는 것을 말한다. 결과가 좋으면 자기의 영광이지만, 결과가 나쁘면 자기 불행이 되어 결과에 따라 자기 운명이 좌우되는 것이다. 이렇기 때문에 자율성을 주면 결정하기 전에 고민하게 된다. 어느 경영자는 자율성이 없을 때는 오히려 마음이 편했는데 자율성을 행사하고부터는 밤에 잠을 편히 잘 수 없다고 푸념하기도 하였다. 이렇게 결정을 하기 전에 밤잠을 자지 않고 고민하는 사람이 있을 때 창조적 결정을 기대할 수 있다. 물론 어느 정도 실패가 있을 수도 있지만 그것 때문에 많은 창조적 결정을 포기할 수 없는 것이다.

특히 현대는 환경 변화가 극심하여 내일 무슨 일이 벌어질지 아무도 모른다고 할 정도이다. 이러한 때 성공의 열쇠는 잘해야겠다는 정신에 달려 있다. 이는 자율성이 주어질 때 나올 수 있다. 그러므로 일선 종업원에게 모든 권한과 책임을 일임함으로써 그들의 자율에 맡기는 것이 기업 성공에 필수적인 것이다.

그러나 자율성은 그냥 내버려두는 방법이 아니다. 자율적으로 결정할 수 있는 분위기가 조성되지 않으면 성공적으로 시행될 수 없다.

먼저, 자율적으로 결정을 내리기 위해서는 책임에 상응하는 능력과 권한을 필요로 한다.

능력에 맞는 권한위양이 되어야 할 뿐만 아니라 책임에 맞는 적절한 권한이 제공되어야 한다. 어느 회사 공무부장의 지출재량권은 10만 원인데 이것은 고장 난 기계의 부품도 제대로 살 수 없는 돈이라고 한다. 이런 상황하에서 자율성은 생각할 수도 없을 것이다.

자율적 결정을 내리기 위해서는 자기 결정이 조직의 방향에 부합되는지를 알아야 한다. 따라서 모든 종업원은 조직이 어느 방향으로 가는지를 나타내는 비전을 공유하여야 한다. 품질에 불량이 났을 때 그것을 상부에 물어보지 않고 자율적으로 폐기처분할 수 있느냐 없느냐 하는 것은 품질을 강조하는 기업의 비전을 종업원 모두가 공유하고 있느냐의 여부에 달려 있는 것이다.

자율성은 참여를 말한다. 자율성이 성공하려면 종업원의 적극적 참여의식이 전제되지 않고는 불가능하다. 참여의식은 기본적으로 상관이 부하를 믿고 존중해야 나올 수 있다.

상관은 작은 행동을 통해서 부하의 판단을 신뢰하고 있음을 보여주어 자신감을 심어주는 것이 중요하다. 상관이 부하를 인간적으로 대함으로써 상관과 부하 사이에 인간적 관계가 형성되어야 한다. 나폴레옹은 부상당한 병사들이 적에 의해 짓밟히도록 남겨두고 떠나지 않는다는 것을 말과 행동으로 분명히 함으로써 인간적 관계를 공고히 하였다. 이럴 때 아무리 어려운 일도 해보겠다는 정신이 나올 수 있는 것이다.

또한 일의 중요성을 간접적으로 알리는 것이 참여의식을 조장하는 데 필요하다. 권한을 위양함으로서 상관이나 조직이 엄청난 위험부담을 지고 있음을 간접적으로 인식시키는 것이다. 이 일이 얼마나 중요한 것인가를 장황하게 설명하는 것보다 아무 말 없이 악수하면서 "자네만 믿네. 잘해보게" 하고 말하는 것이 효과적일 수 있다.

자율성은 방임하는 것이 아니지만 이것은 당신의 일이라고 하는 것을 분명히 함으로써 일에 대한 심리적 소유권을 넘겨주어야 한다. 권한을 위양하고도 믿지 못하는 듯한 사소하고도 미묘한 말 한마디는 일할 기분을 망칠 뿐 아니라 부하의 일이 상관의 일로 바뀌어 버릴 수도 있다. 예를 들어서 일을 잘하고 있는 부하에게, "당신, 김 과장하고 그 일을 점검해 봤소?" 하고 말하는 것은 부하의 일하고자 하는 심리적 긴장감을 풀어버릴 수도 있다. 부하의 심리적 긴장감을 강화하기 위해서는 보고는 과다하지 않도록 일주일에 짤막하게 한 번 귀띔하는 정도로 하는 것이 바람직하다. 또, 부하가 상관에게 와서 상의할 때 의견을 제시하거나 승인해주는 식의 대화가 되지 않도록 해야 한다. 즉, '좋은데' '좋은 일이야' 라고 하기보다는 '으흠'과 같이 그냥 들어주는 식으로 대응하는 것이 좋다. 이렇게 할 때 부하는 동료와의 대화를 통해서 문제를 해결하고자 하는 수평적 경영이 촉진될 것이다. 자율성은 평가를 통해서 결과에 대해 책임을 져야 성공적인 결과를 기대할 수 있다. 이럴 때 스스로 고민하고 결정을 내리게 될 것이다. 결과에 대한 평가를 통해서 심리적 긴장감을 고취하기 위해서는 도전적인 목표를 부여함과 동시에 건전한 실패는 허용해야 한다.

자율성이 성공적이기 위해서는 부하가 기업의 목적에 맞게 도전적이고 창조적으로 행동해야 한다.

이상에서 제시한 비전공유, 상관과 부하의 신뢰관계, 심리적 소유권 넘겨주기, 공정한 평가 등은 종업원의 참여의식이 성공적으로 추진될 수 있는 기본 환경이라고 할 수 있다.

07

종업원들의 참여와 몰입

기업 성공에는 종업원을 어떻게 하나로 결집시키고 회사 일에 능동적으로 참여하게 하느냐가 중요하다. 여기에는 긴박감sense of urgency, 일체감sense of unity, 문화적 동질성cultural homogeneity, 성취감sense of achievement, 보람감sense of purpose이 요구된다.

긴박감은 솔선수범, 위기의식, 도전의식으로부터 나온다. 먼저 긴박감은 지금 무언가 하지 않으면 안 되겠다고 하는 행동지향적 정신이다. 솔선수범이란 최고경영자가 움직이지 않으면 아랫사람들은 움직이지 않는다는 것이다. 최고경영자가 아침 일찍 출근해야 종업원들도 일찍 출근한다. 어떤 경영자는 아침형 인간으로서 일찍 일어나지만 집에서 자료를 읽고 9시에 출근했다. 그런데 종업원들이 사장의 근면성을 알아주지 않는 것 같아 회사에 일찍 와서 자료를 읽기 시작하자 종업원들이 달라지기 시작했다는 것이다.

긴박감은 경쟁 기업이 따라온다는 위기의식과 경쟁 기업을 따라잡자는 도전의식에서 나온다. 둘 다 경쟁에서 지지 않겠다는 경쟁의식이다. 또한 긴박감은 무언가 잘해보겠다는 책임의식이다. CEO가 비전을 제시하고 성공적 전략을 구사하면서 종업원들에게 목표를 주면 그들은 책임의식을 느끼게 된다. 긴박감이 없을 때 설마 어떻게든 되겠지 하는 해이감이 생기는 것이다.

일체감은 이익과 고통을 함께 나눌 때 얻을 수 있다. 종업원이 하고 있는 개인적인 걱정까지도 나누는 것이 필요하다. 이것은 넓은 의미에서 종업원에 대한 관심과 배려이다. 관심과 배려는 자기를 겸손하게 낮추고 남을 존중하는 것이다. 그들을 무시하거나 소외시키지 않고, 종업원들의 이야기를 경청하고 그들과 대화하는 것이다. 또한 조직 내 차별이나 파벌이 없어야 한다. 일체감이 없을 때 조직 내 위화감이 생겨 상호 협력이 잘 이루어지지 않게 된다.

문화적 동질성은 지도자가 생각하고 행동하는 것이 우리와 다르지 않다고 하는 것이다. 문화적 동질성은 일체감의 기초이다. 이를 위해서는 현장에서 그들과 함께 식사도 하고 대화도 나누면서 경험을 공유해나가야 한다. 종업원들과 공유하는 경험이 특별할 때 동질성은 강화된다. 삼성SDI에서는 회사 구성원 전체가 근처 칠불산으로 등산을 갔다. 그런데 갑자기 추워져 식사도 못하고 허기진 채로 추위에 떨면서도 서로 도와가며 내려오게 되었다. 오히려 이러한 경험이 일체감 조성에 도움이 되었다고 한다. 어떤 CEO는 직원 파티에서 젊은이들이 애창하는 노래를 불러 인기를 얻음으로써 종업원들과 가까워질 수 있었다.

성취감은 목표를 설정하고 평가하는 과정을 통해서 종업원을 인정하고 보상할 때 나오는 것이다. 성과를 내지 못하여 인정과 보상이 주어지지 않을 때 종업원들은 박탈감을 느끼게 되어 일을 잘해보려고 하지 않을 것이다. 그러므로 잘한 일은 칭찬하고 많은 사람들 앞에서 축하해주는 것도 필요하다. 또한 평가에 앞서 종업원들에게 다양하게 자기가 하고 싶은 일을 할 수 있는 기회를 주고 장기적 시각에서 평가하는 것이 중요하다.

　내가 나의 잠재력을 개발하고 있고 무언가 의미 있는 일을 하고 있다는 생각이 보람감sense of purpose이다. 이를 위해 종업원에 대한 교육과 훈련을 통해서 그들의 잠재력을 개발하고 성장시키는 것이 중요하다. 회사가 우리는 이 사회를 위해서 가치 있는 일을 하고 있다는 비전을 내세우고 직원들과 공감대를 형성할 때 보람감은 충족될 것이다. 개발과 성장에는 자기가 하고 싶은 일을 간섭 없이 마음대로 할 수 있는 자율성이 주어져야 한다. 보람감이 없을 때 종업원들은 공허감을 느끼고 일할 의욕을 잃게 된다.

08

민주주의와 시장경제

어떤 조직이든지 경영의 기본은 민주주의와 시장경제이다. 정치적으로는 민주주의이고 경제적으로는 시장경제이다. 민주주의와 시장경제는 개인의 자율과 책임에 기초를 둔 제도로 개인의 열성적 참여와 의지를 끌어낸다.

기업에서의 민주주의는 직원들이 스스로 자기 운명에 영향을 주는 사안에 대해 의견을 제시하거나 결정하는 것을 말한다. 의견을 얼마나 많이 반영시킬 것인가 하는 것은 얼마나 책임 있는 결정을 할 수 있는가 하는 직원들의 책임 역량에 달려 있다. 예를 들어, 다른 회사를 인수하거나 공장의 입지를 선정할 때 종업원들이 결정하게 하는 것이다.

자율시간 근무제도와 같이 규정이나 방침집을 철폐하고 직원들이 건전한 상식으로 출퇴근 시간을 자율적으로 결정하도록 하는 것도 민주주의의 한 형태이다. 월급을 스스로 결정하게 하는 기업도 있다. 셈코라는 브라질의 한 회사는 유사업종의 월급표와 회사의 월급표를 주고 스스로 얼마를 받는 것이 좋은지 결정하게 한 후 그것을 월급으로 준다. 그리고 1년에 두 번 그 직원의 월급이 일의 내용과 맞는지 평가하여 맞지 않으면 조정한다. 그런데 조정한 경우는 거의 없었다고 한다.

또한 상관을 임명할 때 아랫사람들의 의견을 반영하여 3분의 2 이상의 부하직원이 수용해야 가능하다. 상관이 계속 유임되어야 하느냐를 결정할 때도 상관에 대한 평가를 부하 종업원이 하여 결정하기도 한다.

많은 기업이 전반적인 회사경영에 대한 평가를 직원들이 하도록 하여 불만사항을 듣고 개선해나가고 있다. 민주주의가 되기 위해서는 조직구조를 납작한 팀조직으로 만들어 직원의 자율성을 강화하고 상관은 지시하는 관리자가 아니라 지지하고 도와주는 코치로서의 역할을 해야 한다. 경영의 민주주의는 기본적으로 회사경영에 직원들의 의견을 반영하는 것이다. 직원들이 책임 있는 결정을 할 수 있을 때 그들의 의견을 더 많이 반영시킬 수 있다.

기업경영에서의 시장경제는 기본적으로 관료제도의 굴레에서 벗어나 자기하고 싶은 일을 하고(직업선택의 자유) 성과에 따라 보상을 받는 것이다. 여기에는 경쟁원리가 도입되어야 한다. 그리고 가능한 모든 정보가 공유되는 투명경영이 이루어져야 한다. 셈코에서는 1인 사업가 제도가 있다. 사람에 따라서는 기존 조직의 틀 내에서 간섭 받고 일하는 것을 싫어하여 자기 아이디어를 가지고 회사를 나가 혼자 사업하려는 사람이 있다. 1인 사업가제도는 이 사람들을 붙잡아 사업가로 키우는 것이다. 이 사람들은 독립적으로 일하는데 회사의 지원을 받기 때문에 성공 가능성이 높다. 다기능 근로자도 선택의 범위를 넓혀 더 많은 성과를 낼 수 있기 때문에 시장원리에 부합한다. 그리고 조직 내에서 부서의 장벽을 넘어 자기가 하고 싶은 일을 선택할 수 있도록 해야 할 필요도 있다. GE에서는 경력개발계획CDP을 수립함으로써 직원들이 다음에 자기가 하고 싶은 일로 옮겨갈 수 있도록 하고 있다.

프로젝트별로 독립적인 사업을 수행하는 프로젝트조직에서 인력시장을 형성하는 것도 시장경제 경영이다. 컨설팅회사가 대표적인데 지금 진행 중인 프로젝트, 앞으로 할 프로젝트, 그리고 어떤 사람이 요구되는가 하는 정보가 공유되고 있어 프로젝트 관리자가 필요로 하는 사람을 채용할 수도 있고 직원 스스로가 원하는 프로젝트에 지원할 수도 있다. 다른 부서의 직원을 마음대로 갖다 쓸 수 있게 하는 것도 시장경제 원리다. 기업에 따라서는 사람을 빌려주는 데 대한 인건비를 부과하기도 한다.

시장경제는 성과에 따른 보상을 하는 것이다. 현장 작업자에게는 일한 시간에 따라 임금을 주는데 이것도 품질, 원가, 생산량 등 성과를 평가하여 임금을 주는 것으로 바뀌어야 할 것이다. 시간제 임금은 산업화시대의 유산이다. 산업화시대에, 특히 초기에는 출근했다가 일감이 부족하면 집으로 돌려보낼 수 있었기 때문에 시간제 임금이 가능했지만 지금은 일한 시간에 관계없이 귀가시킬 수 없다. 따라서 시간급이 아니라 성과급으로 바뀌어야 한다. 성과에 따른 보상을 하면 연봉제로 갈 수 있는데 연봉은 기본급, 목표달성 인센티브, 이익공유의 3가지 형태로 구성될 수 있다.

앞으로는 직원들도 주주처럼 이익공유 부분이 커져야 할 것이다. 성과에 따른 보상을 할 때 직원채용도 유연해질 수 있다. 자리가 있어야 채용하는 것이 아니라, 사람만 좋으면 일단 채용하고 나중에 성과를 평가하여 보상하는 채용방식도 있다.

성과에 따른 보상을 하면 부하직원이 상관보다 더 많은 월급을 받는 경우도 생긴다. 셈코에서는 특정기술을 가진 기술자가 희소하고 일반 관리자보다 성과에 더 많은 기여를 하기 때문에 관리자보다 높은 임금을 받는 기술자가 많다고 한다. 삼성전자에서도 부하직원이 상관보다 3배의 월급을 받는 경우도 있다. 민주주의와 시장경제가 실천될 때, 종업원들의 참여와 몰입이 가능해지고 창의적 경영이 저절로 이루어질 것이다.

교도소와 인간적 경영

처벌의 장소인가, 교화의 장소인가?

교도소는 죄를 지은 범죄자들이 들어와 있는 곳이다. 교도소의 경영과 관련하여 우리가 질문해야 할 것은 교도소가 처벌의 장소가 되어야 하느냐, 교화의 장소가 되어야 하느냐 하는 것이다. 처벌의 장소가 되어야 한다는 것은 죄를 짓고 들어왔기 때문에 보복의 차원에서 죗값을 치르고 다시는 죄를 짓지 못하도록 고통을 주자는 것이다.

어떤 사람은 사기를 당하여 전 재산을 날리고 가정도 파괴되었다고 했다. 그는 가해자인 사기꾼이 당연히 교도소에 들어가서 고통을 당해야 한다고 생각한다. 그러나 교도소 생활이 때 되면 밥이 나오고 운동도 시켜주고 TV시청도 할 수 있어 마음대로 돌아다닐 수 있는 자유만 없지 그리 힘들지 않고 살만한 곳이라고 한다면 말도 안 된다고 분개할 것이다. 실제로 노숙자 같은 경우에는 추운 겨울을 나기 위해 일부러 범죄를 저지르는 경우도 있다고 한다.

그러나 이렇게 되면 보복의 차원에서는 만족이 될지 모르지만 재소자들이 교도소에서 증오와 폭력을 배우고 이 사회에 대해 더 큰 적개심을 품고 출소하여 다시 범죄를 저지르게 될 가능성이 높아진다. 그러면 이 사회는 더 나빠지게 될 것이다.

그래서 교도소는 보복의 차원에서 죗값을 치르는 처벌의 장소가 아니라 출소 후 사회에 적응할 수 있도록 하는 교화의 장소가 되어야 한다. 교도소 내에서 증오와 폭력 대신 사랑과 친절을 배우고 사회에 대한 적개심 대신 이 사회를 위해 좋은 일을 하겠다는 봉사심을 가지도록 하자는 것이다. 이런 이유로 교도소를 재소자 중심에서 인간적으로 경영하자는 말이 나오고 있다.

물론 인간적으로 한다고 해서 일부러 범죄를 저지르고 들어올 정도로 편안하고 호화롭게 해서는 안 될 것이다. 얼마 전 조선일보의 보도에 의하면 겨울철에도 따뜻한 방에, 매주 3회 이상 육류가 나오는 식사에다, 교육도 받고 1년에 한 번 정기 건강검진의 혜택과 치료도 받을 수 있어 교도소가 국립호텔로 불린다고 했다. 어느 정도 수준의 시설과 서비스를 갖출 것인가 하는 것은 우리나라의 경제 수준과 사회 여론을 고려해서 결정되어야 한다.

교도소가 과거와 같이 콩밥을 먹고 노역하는 곳으로 인식되어서도 곤란하지만 우리의 세금으로 운영되는 교도소가 지나치게 안락한 곳이 되어서는 안 될 것이다.

교도소가 힘든 곳이 아니라면 어떻게 범죄를 막아낼 수 있겠는가? 육체적으로는 지내기 힘들고 고통스러워야 한다. 교도소가 교화의 장소이자 동시에 반성의 장소가 되기 위해서는 강제노역이 되어서는 안 되겠지만 욕망을 절제한다는 차원에서 마땅히 어느 정도 힘들고 고통스러운 점도 있어야 할 것이다.

사람은 바뀔 수 있는가?

교도소가 교화의 장소가 되어야 한다고 했을 때 제기되는 것은 사람들이 바뀔 수 있느냐 하는 것이다. 어떤 사람은 모범수로 있던 수감자가 나가서 범죄를 저지르는 것을 보고 사람은 바뀔 수 없다고 주장하기도 한다. 물론 바뀐 경우도 많다. 제프 헨더슨Jeff Henderson이 좋은 예가 될 것이다. 그는 마약관련 강력범으로 거의 10년간 복역하였는데 복역 중 요리에 재능과 열정을 발견하고 인생을 극적으로 전환하였다. 요리사로 상도 받고 2001년에는 라스베이거스에 있는 시저팔라스Caesar's Palace의 아프리카계 미국인으로 첫 요리장이 되었다. 이와 같이 사람들은 호기심을 가지고 다양한 시도를 열정적으로 하다 보면 누구든지 자기 일을 찾고 잠재력을 개발할 수 있다.

이와 관련된 다음의 2가지 사례를 살펴보자. 먼저 첫 번째 사례는 '청송 제2교도소'의 이야기이다.

청송 제2교도소는 '교도소 중의 교도소'라 불린다. 전국 5만여 명의 수용자 가운데 중重경비 시설 대상자로 분류되는 S4 등급이 약 2500명이다. 그중 교도관을 상습 폭행하거나 자살, 자해시도로 소란을 피우는 등 '악질 수용자'만 뽑아 관리하는 곳이다. '엄중격리 대상자'로 분류되는 이들끼리의 충돌을 사전에 막기 위해 청송 제2교도소의 850여 개 수용실 중 90퍼센트는 독방이다. 격층, 격방 수용이 원칙이라 한 방 걸러 빈방을 놔둔다. 식사, 목욕, 운동, 종교생활도 개인별로 한다. 2008년을 기준으로 40퍼센트의 수용자가 청송 제2교도소를 나가 다른 곳으로 갔다가 다시 문제를 일으켜 재再이감됐다.

그러자 격리만으로는 악순환을 막을 수 없다는 자성의 목소리가 나왔다. 교정본부 직원들은 머리를 맞대 '나를 찾아 떠나는 여행'이라는 뜻의 '아리랑我理朗 캠프' 프로그램을 만들었다. 각계 강사를 초빙해 하루 4시간씩 2주간 성격검사, 분노조절 훈련, 대인관계 교육을 집중적으로 받도록 하는 것이다. 2009년 8월, 10명의 수용자가 시범교육을 받았다. 이들 10명은 엄중격리 대상자들이었기 때문에 교육 전까지 서로 얼굴도 몰랐다. 전에는 형식적인 인성교육도 없었다. 독방에서 시간을 때우는 게 일과의 전부였다.

이들 중 전과 7범인 26세의 김모 씨는 "청송에 와서 처음 해보는 독방생활이 너무 힘들던 차에 교도관의 권유로 교육을 받았다"며 "내 속의 이야기를 남 앞에서 꺼내본 건 태어나서 처음"이라고 했다. 이렇게 교육을 받은 후 "청송에 온 뒤 비로소 우는 게 부끄럽지 않다는 걸 알았다"며 "요즘은 매일 밤 부모님 생각에 후회의 눈물을 흘린다" 라고 말했다. 이렇게 변할 수 있었던 이유는 교육을 받고 다른 사람들과 대화하는 등 자기개발이 가능한 인간적인 분위기가 조성되어 있었기 때문이다. 이런 분위기에서 재소자들은 조금씩 바뀌고 있다.

두 번째로는 '매킨McKean교도소' 의 사례가 있다.

이곳은 재소자들을 완전히 자유롭게 한다. 이렇게 자유스럽다는 것에 황홀하기까지 하다고 재소자들은 말한다. 교도관과 재소자의 음식도 같다. 이것은 재소자에 대한 관심과 배려가 높다는 것을 나타낸다. 그리고 영화관람, 팝콘 제공 등 다양한 문화 프로그램도 있다. 재소자들은 그들의 기술과 재능을 활용할 수 있다. 문화시설로는 팝뮤직 도서관이 있어 CD를 빌릴 수 있다. 재소자들은 스스로 재소자 복지기금을 조성하여 지역 불우아동 돕기 같은 자선활동과 음악감상과 같은 문화활동을 하고 있다. 또한 음악클럽 등 여러 가지 클럽이 있다. 이러한 클럽들이 재소자들의 안식처이면서 신입 재소자들에게 교도소를 오리엔테이션하는 안내조직이자 교도소의 독특한 문화를 전파하는 매개체이다. 교도관들과 재소자들 간에는 정기적 전체회의townhall meeting가 있다. 전체회의는 문제 해결의 기구로서 규정이나 절차의 변화가 있을 때는 이 회의에서 설명한다. 회의에서는 재소자들이 건의도 할 수 있다. 매킨교도소는 대화와 대응을 통해서 재소자의 불만을 경청하고 해결하고자 한다. 교도소는 자유스럽지만 외부보안은 철저하다. 전자감응식 외부보안장치가 되어 있다. 내부에는 쇠창살이 없고 재소자 방문은 나무로 되어 있으며 잠그지 않는다. 살인, 강간한 중범의 재소자들인데도 그들 간에 싸움이 없다. 규율은 엄격하여 질서와 안전을 해치는 행위는 엄벌에 처하고 있다.

이렇게 교도소의 인간적 경영이 가능하기 위해서는 교도소장의 가치와 철학이 달라야 한다. 그리고 교도소장부터 일선 교도관들까지 모두 인간존중의 철학을 공유하고 실천해야 한다. 대부분의 교도관들은 죄수들에게 심한 욕설과 구타를 하는 것을 당연한 것으로 여기고 있었고, 재소자와 신뢰를 형성한다는 것에 대해 반발하는 세력도 있었다. 실제로 두 명의 부교도소장이 루더와 의견을 달리한다는 이유로 해고되기도 하였다. 교도소장인 루더Luther는 교도소가 교도관들과 재소자들 모두에게 계속적으로 부정적인 경험의 장소가 될 필요가 없음을 강조하였다. 죄수들은 교도소로 보내짐으로써 이미 형벌을 받은 것이므로, 교도소에서 그들을 다시 벌주는 것은 더 이상 의미가 없다는 것이다. 이들에게 필요한 것은 사회에 복귀했을 때 스스로를 관리할 수 있는 사람으로 교화해주는 것이다. 교화한다는 것은 제프 헨더슨의 예에서 볼 수 있듯이 자신이 정말 좋아하는 일을 발견하고 재능을 개발하게 하는 것이다.

교도소 내 인간적 경영

인간적 경영은 교도소 내 문화를 난폭하고 다른 사람을 함부로 학대하는abusive 문화에서 보다 인간적인 문화로 바꾸는 것이다. 이것은 재소자를 한 사람의 성인成人으로 무조건 존중하는 것이다. 루더의 생각은 사람들이 책임 있고 예의바르게 행동하게 하려면 똑같이 사람들을 존중하고 책임 있고 예의바르게 대해야 한다는 것이다. 매킨교도소에는 재소자 관리의 신조 23가지를 적어놓은 현판이 곳곳에 걸려 있다. 이 가운데 몇 가지 내용을 살펴보면 다음과 같다.

1. 재소자들은 자신들의 죗값으로 교도소에 보내진 것이지 벌을 받기 위해 보내진 것이 아니다.
2. 교도관들은 재소자들이 사회로 돌아갈 때, 그들이 죄를 지었을 당시보다 많은 분노와 적개심을 갖지 않도록 할 책임이 있다.
3. 재소자들은 교도소에서 안전하고 인간적인 환경에 있을 권리가 있다.
4. 여러분은 인간에게 자신의 행동을 변화시킬 수 있는 능력이 있다는 것을 믿어야 한다.
5. 다양한 프로그램, 문화시설 및 서비스를 제공하여 가능한 한 정상적인 환경을 만들도록 해보자. 이러한 환경을 제공하지 않는 것은 질서와 안전을 유지하기 위한 방편이 되어야지, 처벌이 되어서는 안 된다.

매킨교도소는 깨끗하고 유쾌한 분위기를 주는 것이 가장 뚜렷한 특징이다. 전통적인 교도소가 주는 음침하고 우울한 인상과는 다르다.

교도소를 인간적으로 경영하기 위해서는 사람에 대한 인식을 바꿀 필요가 있다.

첫째는 성선설을 믿는 것이다. 사람은 원래 선한데 환경에 의해서 때가 묻어 나쁘게 된 것이므로 환경을 잘 만들어 인간적으로 대해주면 원래의 깨끗한 상태로 돌아갈 수 있다는 것이다. 즉, 사람들은 바뀔 수 있다는 것이다.

둘째는 사람들은 무한한 잠재력을 가지고 있다고 믿는 것이다. 재소자들은 그들의 잠재력을 개발할 기회가 없었기 때문에 사회에 적응하지 못했는데 재소기간 동안 그런 기회를 제공해주자는 것이다.

이상의 2가지 사람에 대한 인식을 교도소 경영과 관련하여 이야기하면 제한된 범위이지만 가능한 한 자율적인 환경을 조성하여 교도소 내에 잠재력을 개발할 수 있는 좋은 환경을 만들고 인간적으로 대해주면 재소자들도 성품이 좋아질 수 있다는 것이다. 중요한 것은 잠재력을 개발할 수 있는 기회를 제공해주어 사회에 적응할 수 있도록 하라는 것이다.

1) 긍정적 경험

사람들은 긍정적 경험을 하게 되면 긍정적 사고를 하게 되어 다른 사람을 신뢰하고 우호적이며 도전의식을 갖게 되지만, 부정적 경험을 하게 되면 부정적 사고를 하게 되어 불신하고 적대적이며 패배의식을 갖게 된다. 그러므로 긍정적 경험을 통해서 재소자들은 인생관을 부정적에서 긍정적으로 바꾸고 절망에서 희망을 갖게 된다. 그들의 삶을 파괴적인 것에서 건설적으로 바꾸어 현실에 적응할 수 있게 되는 것이다. 재소자들은 교도소에 있는 동안 긍정적 경험을 함으로써 사회에 대한 적개심을 털어버리고, 자기신뢰를 통해 스스로를 관리하는 법을 배워야 한다.

교도소가 긍정적 경험의 장소가 되기 위해서는 교도관들은 재소자를 다룰 때 신뢰감dependable을 줄 수 있어야 하며, 무엇을 할 것이라고 말했으면 행동으로 보여주어야 한다고 교육받았다. 그래서 재소자를 인종이나 종교에 따라 차별하지 않고 형평성을 가지고 대해주며 싫어

416

하는 일을 강요하지 않았다. 예를 들면 방 수색을 한 후에는 다시 정리 정돈을 해놓는 것과 같이 사소한 일에서도 교도관의 역할을 중요시하 였다.

2) 인간적 경영

인간적 경영의 요체는 비전의 공유를 통해서 구성원들이 의미 있는 일을 하고 있다는 보람을 가져야 하고, 구성원들 간의 관심과 배려, 그 리고 대화와 협력을 통해서 소속감을 느끼며, 자율과 책임을 통해서 스 스로 자기를 개발해나갈 수 있도록 하는 것이다. 매킨교도소에서는 이 러한 인간적 경영이 실천되었다.

인간적 경영이 가능하기 위해서는 재소자들에게뿐만 아니라 교도관 들에게도 인간적 경영을 해야 한다. 다시 말하면, 일선 교도관들이 재 소자들을 신사적으로 다루도록 하기 위해서는 상급교도관들이 먼저 일선 교도관들을 존중해야 하는 것이다. 상급교도관들은 일선 교도관 들이 자신들의 업무수행 방법뿐만 아니라 상급관리자들이 업무를 더 잘 수행할 수 있는 방법에 대해서도 좋은 아이디어를 많이 갖고 있다는 것을 인정해야 한다. 그래서 루더는 교도관들이 교도소 개선에 기여하 는 것은 당연한 일이라고 생각하였다. 예를 들어 2주에 한 번씩 열리는 부서장 회의에서 참석자 모두는 적어도 각기 하나씩의 구체적인 개선 방안을 제시하도록 하였다. 그리고 모든 일을 수행할 때 교도관들이 업 무조별로 문제 해결에 참여함으로써 업무에 대한 자율적인 책임감을 가질 수 있도록 하였다. 예를 들어, 재소자들을 활용하여 근처 삼림개 발의 가능성을 탐색하는 업무조, 재소자 프로그램을 확대하는 업무조 등을 만들어 수행하였다. 이러한 노력들은 참여의식이 없던 사람들을 참여시키는 데 특히 도움이 되었다. 이런 참여활동에 발휘되는 창의성 과 지적능력은 봉급 수준과는 아무런 상관도 없었지만 교도관들은 교도소를 개선하는 일에 자신이 일부 참여하였다는 사실을 자랑스럽게 여기게 되었다. 이것은 재소자들을 다루는 태도에 있어서도 변화를 가져왔다(교도관들도 인간적인 긍정적 경험을 함으로써 그들의 사고방식이 긍정적으로 바뀐 것이다). 대부분의 교도관들은 다른 교도소에서 이런 책임을 부여받지 못했었기 때문에 매킨교도소에서의 직무수행 방식을 보람 있는 일로 여기게 되었다.

인간적 경영의 출발은 관심과 배려이다. 매킨교도소에서는 재소자들에게 최소한의 문화생활을 향유하도록 하기 위해 다양한 프로그램, 문화시설 및 서비스를 제공하여 가능한 한 정상적인 환경을 만들어주고자 하였다. 그리고 그들을 성인으로 대하고 신뢰를 보여주었다. 예를 들어 영화관람과 같은 특별한 행사에는 재소자들에게 팝콘을 나누어 주었다. 팝콘을 자물쇠 구멍에 넣게 되면 자물쇠가 잠기지 않는다는 이유를 들어 일부 교도관들이 팝콘배급을 반대하였지만, 결국은 신뢰형성 차원에서 그대로 진행하였는데 아무런 사고도 발생하지 않았다.

매킨교도소에서는 교도관 식당과 재소자 식당의 음식이 같다. 이것은 우리는 하나라는 소속감을 심어주고 교도관과 재소자 사이의 신뢰수준을 높여주었다. 구성원 상호 간에 소속감을 느끼게 하는 것도 중요하다. 매킨교도소는 재소자들끼리의 인간관계를 잘 맺어주기 위해 많은 '클럽' 들을 허용하여 그들에게 구체적이고도 유용한 안식처를 제공해주었다. 그리고 새로 들어온 재소자들에게는 '안내조직' 으로서의 역할을 담당하도록 하였다. 재소자들은 수니파 회교도 클럽, 채식주의자 클럽, 스페인계 클럽, 음악감상 클럽 등에서 다양한 활동을 하고 있다. 음악감상 클럽은 악기를 대여해주고 인디언 클럽은 특별 만찬을 제공하기도 한다. 이러한 클럽은 또한 매킨교도소의 독특한 문화를 전파하는 구심점이 되었다. 한 회교도 모임의 대표는 자기에게 찾아와 칼을 달라고 했던 새로 온 죄수에게 이곳이 어떻게 운영되고 있는지 설명해주자 믿을 수 없어 했다고 말했다. 복지기금은 재소자 대표들과 교도소 고위경영자 1명을 포함한 이사회를 구성하여 관리되고 있고 외부 공인 회계사에 의해 매년 감사를 받고 있다.

대화와 정보공유를 하는 것도 필요하다. 매킨교도소는 정기적인 재소자와의 전체회의townhall meeting 시간을 통해 신뢰를 바탕으로 문제의 해결방법을 찾아가고 있다. 규정이나 절차에 대해 어떤 변화가 있을 경우에는 그것을 먼저 재소자들에게 제시한다. 그러면 재소자들은 여러 가지 민감한 부분들을 지적해내어 프로그램이 더 잘 운용되도록 한다. 재소자들의 제안은 매킨교도소의 일상적 문화로 정착되어 있다. 매점에서 제공되는 물품에 대해서도 재소자들이 추천할 수 있다. 또한 교도관들은 분기마다 재소자들의 의견을 조사한다. 그리고 재소자들의 생활의 질이 떨어지게 된 경우 가능하면 그 원인이 되는 방침이나 절차의 변화를 설명해주도록 하고 있다.

또한 자율과 책임의 경영을 하는 것이 요구된다. 보안장치에 있어서도 재소자와 교도소와의 신뢰를 찾아볼 수 있다. 전자감응식으로 통제되는 통상적인 외부보안장치 외에, 교도소 내부에 쇠창살은 없고 나무로 된 재소자 방문은 잠그지 않는다. 그러나 질서와 안전을 해치는 행위에 대해서는 신속하고 엄하게 벌하고, 교도소 내에서 허락될 수 없는 행동에 대해서는 분명하게 의사를 전달하며, 재소자들에게 벌을 줄 때는 일관성, 형평성을 가지고 대응한다.

자기개발과 자아실현을 위한 기회를 주는 것도 중요하다. 매킨교도소는 학교 같다고도 한다. 재소자들은 교실에 앉아 기본적 독서법을 비롯하여 목수, 원예, 이발, 요리 등 다양한 것을 배울 수 있다. 이렇게 해서 제프 헨더슨과 같이 자기의 재능을 개발하여 사회와 인류를 위해 일할 수 있는 능력을 갖출 때 이 사회에 적응할 수 있는 것이다.

의미 있는 일을 하고 있다고 느끼게 해주는 것도 중요하다. 모든 재소자들을 대표하는 통합조직인 재소자복지기금제도는 조성된 기금을 자선활동, 문화사업, 여가활동, 그리고 특별 프로그램에 사용함으로써 재소자들의 사회기여활동을 장려하는 역할을 하였고, 재소자들이 사회에 대해 긍정적인 시각을 가질 수 있도록 하였다. 1991년 크리스마스 때는 불우아동을 돕기 위해 2000달러의 기금을 마련하기도 했다.

이상과 같은 교도소 운영에 대하여 재소자들의 말을 들어보면 다음과 같다.

"나는 15년 동안 감옥에 있었는데 이곳처럼 사람들이 인종, 주의主義 또는 피부색에 관계없이 함께 잘 지내는 것을 본 일이 없다.""교도소장은 교도관들이 재소자들을 인간적으로 다루도록 이끌었다.""나는 놀랐다. 이곳에 온 지 2달이 지났지만 나는 아직—나는 이 말을 쓸 수밖에 없다—자유로움에 취해 있는 것 같다.""이곳에서는 사고가 거의 없다. 왜냐하면 이곳에서는 재소자들이 자신뿐만 아니라 교도소에도 이익이 되도록 자신들의 기술과 능력을 발휘할 수 있기 때문이다. 다른 어떤 교도소에서 재소자들이 사무실을 갖춘 클럽을 만들고, 그들 전용의 전화를 갖고, 그들이 원할 때는 언제나 관리직에 있는 사람들과 대화를 나눌 수 있겠는가?""이곳은 내부사정을 알수록 더 좋다. 이곳은 교도소 중 가장 나은 곳이다. 부교도소장을 매일 볼 수 있고, 교도소장도 2~3일에 한 번씩은 볼 수 있다."

3) 인간적 경영의 효과

매킨교도소가 이처럼 우호적인 분위기로 변모된 것은 재소자와 교도관 사이에 신뢰가 형성되었고 대화와 대응communication and responsiveness을 통해 문제를 해결해나갈 수 있었기 때문이다. 처음 교도소가 문을 열었을 때에는 교도소장의 파격적인 정책으로 교도관들이 당황하기도 하였지만, 이러한 비전을 공유하고 난 뒤에는 재소자들과의 의견교환을 통해 문제를 해결하고 비전을 달성할 수 있었다.

교도소를 이렇게 인간적으로 경영하게 되면 비용이 더 들 것 같지만 실제로는 운영비용이 절감되었고 교도소 내 사건의 발생도 줄어들었다. 루더 교도소장이 부임한 이래 교도소 내 탈옥, 살인, 자살, 성폭행을 포함한 폭력 등의 사건발생이 현저히 줄어들었고 재범율도 낮아졌다. 루더가 온 지 3년이 지나자 이 교도소에서는 탈옥, 살인, 재소자나 교도관에 대한 중대한 폭행, 성폭행, 자살과 같은 사건이 단 한 건도 발생하지 않았다. 인간적 접근을 하면 재소자를 감독해야 하는 교도관의 수도 줄어든다. 재소자들이 레크리에이션에 많이 참여할수록 교도소 내 사고발생이 현저히 줄어들고 건강문제도 적게 나타나서 비용이 절감되는 것이다. 재소자 1명당 연간 지출비용은 다른 교도소에 비해 평균 6000달러가 싸다. 매킨교도소는 미국교도협회로부터 교도소 중 최고의 평가점수인 99.3이라는 점수를 받았다. 미국교도협회의 슈타이너트Richard Steinert는 매킨연방교도소의 관리들에게 다음과 같이 말했다.

"나는 지금까지 150개의 교도소를 감사했는데 이곳이 재소자들과 교도관들의 복지에서 최우수 판정을 받은 두 번째 교도소입니다."

10

셈코 사례

배경

리카르도 세믈러Ricardo Semler가 그의 아버지 안토니오 세믈러Antonio Semler로부터 회사를 물려받은 것은 1982년 21세 때였다. 그는 록밴드로 활동하고 있었다. 그때 이 회사는 세믈러&컴퍼니Semler&Company로 불렸는데 전형적인 남미 지역의 회사와 마찬가지로 권위적 지도자에 의해서 경영되는 피라미드식 위계구조를 가진 회사였다. 그는 취임하자 회사 이름을 셈코Semco로 바꾸고 모든 비서직도 없앤 후 공격적으로 사업다각화를 추진하였다.

그는 자율적인 참여적 경영을 추진하기 위해 처음에는 행렬조직을, 그다음에는 사업부제를 시도했으나 성공하지 못했다. 그러나 셈코의 관리자 호앙 벤드라민Joao Vendramin의 제안에 따라 창살조직lattice organization을 시도한 이후 생산성은 크게 증가하였고 생산원가가 획기적으로 낮아지는 성공적인 결과를 얻을 수 있었다. 창살조직은 6명에서 10명 단위의 생산작업자들이 생산의 모든 측면을 자율적으로 관리하는 것이다.

예산수립과 생산목표를 자율적으로 설정함으로써 주인의식을 가지게 하고 월급을 월별 매출 및 생산성과 연계시켜 동기부여를 제공하였다. 이 팀은 민주적 절차에 의해 동료를 해고하거나 고용하고 리더를 선출했다.

그러나 자율관리팀을 조직의 기본단위로 하는 창살조직은 도입이 쉽지 않았다. 1985년 10월부터 1987년 1월 사이에 셈코 중간관리자의 3분의 1이 권한상실에 따른 불만으로 사직했다. 생산작업자들도 일을 제대로 수행하고 좋은 결과를 내야 한다는 측면에서 책임responsibility and accountability지기를 꺼려했다.

그는 피라미드식 위계적 조직구조를 반대했다. 그러한 조직의 전략계획과 비전은 혁신에 장애요인이라고 생각하였다. 그는 기업 성공이 단순히 숫자로 말할 수 있는 것이 아니라고 보았다. 고객이 우리가 만드는 제품을 어떻게 생각하고 제품을 생산하는 종업원들이 자기 회사에 대해 어떻게 생각하느냐가 중요하다는 것이다. 그는 기업경영이 통제가 아닌 자율로 갈 것을 주장하였다.

그는 종업원 참여, 이익분배, 개방정보시스템이라는 3가지 경영원칙에 기초를 두고 경영하고 있다. 종업원 참여는 좋은 결과를 내기 위해서 최선을 다할 수 있는 자기통제를 가능하게 하고, 이윤분배는 더 좋은 성과를 얻기 위해 노력하는 동기부여가 되고, 정보공유는 현명한 결정을 내릴 수 있도록 한다.

종업원 참여는 자기 자신에게 영향을 미치는 의사결정에 참여한다는 뜻이다. 의사결정에 자율성이 있어야 한다는 것이다. 이를 위해서 계층을 파괴하여 3단계로 만들고 상사도 지시하는 사람이 아니라 도움을 주는 사람이라는 뜻에서 코치라고 불렀다. 그리고 알아서 하라고 내버려두는 것이 아니라 종업원들이 현명한 결정을 내릴 수 있도록 필요한 기능을 갖춘 소규모 팀 단위로 일하게 하고, 필요할 때는 전문가적인 지식을 내외부로부터 제공받을 수 있게 하였다. 이렇게 실제 자율성을 행사하도록 제도와 문화가 뒷받침될 때 자율성은 임파워먼트를 가질 수 있게 된다.

참여적 관리의 4가지 장애

그는 자율적 참여적 관리에는 4가지 큰 장애가 있다고 보았다. 그것은 규모, 계층구조, 동기부여, 정보공유에 관한 것이다.

1) 규모

① 조직분리

인간은 본래 거대집단에서 일하기에 적합하도록 설계되어 있지 않았다. 최근까지만 해도 우리의 선조들은 사냥꾼이었고 채집자들이었다. 사냥과 채집은 보통 12명 이하로 구성된 집단에 의해 수행되었다. 그러다가 산업혁명이 일어나자 이에 따라 근로자들은 갑자기 수백 명 아니 심지어는 수천 명을 고용하는 공장에서 일하게 되었다. 이때 공장 내에 있는 수백 명의 사람들을 약 10명으로 구성된 소규모 팀들로 조직하는 것이 필요하지만 한곳에 너무 많은 팀이 있어도 조정이 잘될 수 없으므로 한 공장 내 사람들의 규모를 대략 150명 정도로 제한하는 것이 효율적이다. 거대한 생산단위 안에서 사람들은 자신이 조그마하고 존재감이 없다고 여기며 일이 이루어지는 방식이나 성취되는 최종 이익에 영향력을 행사하는 데 무력함을 느낀다. 한 공장 내에 수천 명의 사람들이 있는 경우 이것은 개인적 참여를 한낱 공상으로 만들어버

424

린다.

② 사례

실제로 300명 이상이 일하고 있고 영업용 식품서비스 장비들—슬라이서Slicer(빵, 햄 따위를 얇게 써는 기계), 저울, 정육 분쇄기, 믹서 등—을 제조하는 생산공장을 100명 정도 일하는 3개의 독립된 공장으로 분리시켰다. 원래 이 공장은 공장 전체에 걸쳐 12개의 단말장비를 IBM 대형컴퓨터에 연결시키는 MRP Ⅱ 시스템을 사용했다. 공장의 한쪽 끝에서 다른 쪽 끝으로 일을 해나가는 데에 서류작업만도 종종 이틀이나 걸렸다. 초과재고, 늦은 배달, 그리고 품질문제들은 자주 발생하는 현상이었다. 그래서 여러 가지의 근로자참여 프로그램, 품질서클, 간판시스템Kanban system, 그리고 동기부여 프로그램들을 적용하려고 시도해보았는데 모두 거창하게 출발했으나 몇 달 안 가서 그 동력을 잃어버렸다. 전체적인 일이 너무나 크고 복잡하기만 했다. 너무나 많은 회의를 열고, 너무나 많은 계층에 너무나 많은 관리자들이 있었다.

그래서 3개의 공장으로 독립시키면서 물리적, 관리적으로 분리하였다. 3개의 공장은 모두 같은 건물 내에 있었지만 인사, 경영정보시스템, 그리고 내부통제 같은 보조적 기능을 포함하는 관리제도와 물리적 구조인 출입구, 화물접수, 하역장, 재고품, 전화시스템 등으로 분리시켰다. 또한 IBM 대형 컴퓨터를 제거하고 세 개의 독립적인 개인용 컴퓨터에 기초한 MRP시스템을 도입했다.

③ 효과

이 같은 분리조치의 첫 효과는 노력의 중복과 규모의 경제를 상실함에 따른 비용의 증가였다. 그러나 종업원들의 참여의식과 소속감이 제고되면서 좋은 결과가 나타났다. 1년이 못 되어 매출액은 배로 증가했으며 재고는 136일에서 46일로 뚝 떨어졌다. 셈코는 2년 동안 연구개발실에서 머뭇거리고 있었던 8개의 신제품을 시장에 내놓았으며 전반적인 품질 수준은 연방검사척도로 평가했을 때 종전에 3분의 1이었던 불량률이 1퍼센트 이하로 떨어졌다. 또한 생산성이 증대되어 자연감소와 명예퇴직을 통해 32퍼센트나 인력을 감축할 수 있었다.

2) 계층구조

① 계층타파

피라미드식 계층구조는 권력을 강조하고 모두가 승진하고자 하기 때문에 직위가 불안해진다. 따라서 의사소통을 왜곡시키고 상호 작용을 힘들게 할 뿐만 아니라 계획하는 사람들과 집행하는 사람들이 같은 방향으로 움직이는 것을 어렵게 한다.

셈코는 관리계층을 3개로 줄이고 그것을 3개의 동심원으로 나타내었다. 최고경영층은 가운데 있는 조그마한 원으로 나타냈는데 여기에는 6명의 카운슬러가 있다. 리카르도 세믈러도 카운슬러 중 한 명으로, 두 종류의 법적 서류에만 사장이라고 표기하고 있다. 그다음 조금 큰 원은 8개 사업부division의 책임을 맡고 있는 파트너로 구성되어 있다. 마지막으로 바깥쪽 큰 원은 어소시에이트associates라고 부르는 종업원을 모두 포함하고 있다. 이중에 일부는 코디네이터coordinator라고 불리는 팀 리더이다. 종업원들은 10명 내외의 팀으로 나누어지는데 팀 리더는 영구직이기도 하고 임시직이기도 하다. 조직도는 다음 〈그림 11〉과 같다. 실제로 이런 조직도가 있는 것은 아니지만 이해를 돕기 위해 그려본 것이다.

최고경영층은 6명의 카운슬러가 있어 6개월마다 돌아가면서 CEO 역할을 한다. 예산은 6개월 예산을 수립한다. 이는 1년 예산을 수립하

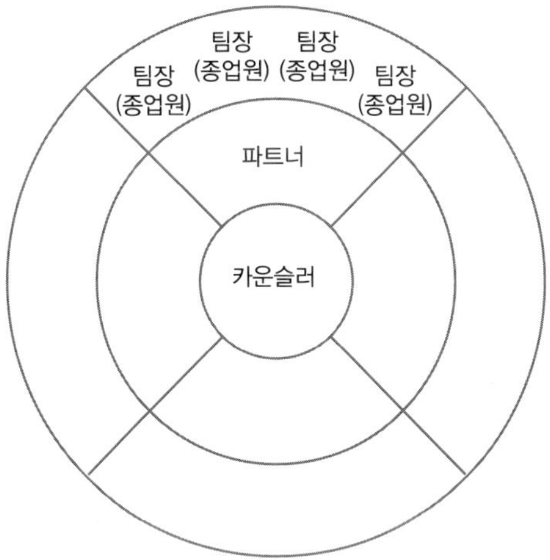

면 어려운unpleasant 결정을 3, 4분기로 연기하는 경향이 있기 때문이다. CEO주기와 예산주기는 서로 엇갈리게 만들었다. 예산주기는 1월에서 6월, 7월에서 12월이고 CEO주기는 3월과 9월에 시작된다. 이렇게 함으로써 다른 기업에서 하는 것처럼 한 사람에게 모든 책임이 돌아가도록 하지 않는다. 일이 잘못되어도 누군가 한 사람에게만 책임이 돌아가지 않기 때문에 CEO는 목표달성을 위해 스트레스를 받으며 일하지 않는다. 그러나 CEO를 맡고 있지 않다고 해서 느긋하게 지낼 수 없다. 모든 CEO들이 공동으로 책임을 지기 때문에 목표달성을 위해 노력하게 되는 것이다.

② 기술자 우대와 상향평가

계층구조하에서 관리자들이 누리는 지위와 돈status and money은 종업원 참여의 최대 장애요인이기 때문에 셈코에는 이를 완화하기 위한 몇 가지 조치가 있다. 먼저 관리자와 비교하여 중요한 조언을 해줄 수 있는 기술자나 전문가를 높게 평가한다. 관리자는 쉽게 다른 사람으로 바꿀 수 있지만 전문가는 그럴 수 없기 때문에 어소시에이트로 일하는 종업원이 파트너보다 훨씬 더 많은 보수를 받기도 한다. 이와 같이 종업원들이 관리직으로 가지 않고도 지위와 보수를 향상시킬 수 있도록 하고 있다. 그리고 관리자를 채용하거나 승진시킬 때 부하들이 모두 면담하여 수용하는 것을 조건으로 하고 있다. 1년에 두 번 부하들은 관리자를 평가한다. 또한 전 종업원이 회사의 신뢰도credibility와 최고경영층의 능력competence에 대한 설문지를 무기명으로 작성한다. 종업원들이 회사를 그만두거나 파업하게 하는 요인이 무엇인가를 묻는 것이다.

③ 공동의사결정

관료적 통제를 완화하고 종업원 참여를 조장하기 위해 중요한 의사결정은 합의제collegially로 하는 것을 원칙으로 하고 가끔 전사투표에 의해서 결정한다. 한번은 해양사업부의 공장을 확대하기 위해 공장부지를 물색했는데, 부동산 중개업자가 몇 달을 찾아다녔으나 성공하지 못했다. 그런데 종업원들에게 부탁한 지 일주일 만에 인근에 있는 3개의 공장 매물을 찾아내었다. 종업원 전체 투표를 해서 이 중 하나를 사기로 했는데 사실상 카운슬러들은 바라지 않는 공장이었다. 그러나 자신들이 일할 공장을 스스로 선택하는 것이 근로자들의 동기부여와 사기에 긍정적 영향을 미칠 것이라고 믿고 그 결정을 받아들였다. 이 새로운 공장부지로 이사 온 1984년에는 1인당 매출액으로 나타낸 생산성이 1만 4200달러였는데 1988년에는 3만 7500달러가 되었다. 같은 기간에 시장점유율은 54퍼센트에서 62퍼센트로 증가하였다. 이와 같이 종업원들에게 중요한 결정을 맡길 때 좋은 결과를 가져온다는 것을 알수 있다.

④ 종업원은 성인

관료적 통제로부터 벗어나서 종업원들을 자유롭게 풀어놓기 위해서는 종업원들에 대한 인식의 전환이 이루어져야 한다. 그것은 종업원을 성인으로 대해야 한다는 것이다. 종업원들은 자율적인 능력을 갖고 있고 양심적이고 책임감을 가진 성숙한 사람이라는 것이다. 너무 과대평가해도 곤란하겠지만 지금 대부분의 경영자들은 종업원들을 이기적이고 경험 없는 철부지라는 인식을 갖고 과소평가하는 경향이 있다. 그래서 공장에 일하러 오는 순간 회사는 그들을 한낱 경험 없는 철부지에 불과한 것으로 격하시킨다.

그들은 배지와 이름표를 달아야 하고 정해진 시간에 회사에 도착해야 하며 출근카드에 기표하기 위해 또는 점심식사를 하기 위해서 줄을 서서 기다려야 한다. 그리고 화장실에 가려면 상사의 허락을 받아야 하며 5분 지각할 때마다 장황한 설명을 해주어야 하고 많은 질문을 하지 않고 지시에 순순히 따라야 한다.

⑤ 방침철폐

리카르도 세믈러가 셈코의 경영을 맡고 나서 취한 첫 조치들 가운데 하나는 바로 규범, 방침집manuals, 그리고 규정regulations을 철폐하는 것이었다. 규정 없이는 대규모 조직을 운영할 수 없다는 것은 누구나 다 알고 있다. 그러나 대부분의 규정이 얼토당토하지 않은 내용이라는 것 또한 누구나 알고 있다. 그러한 규정들이 문제를 풀어주는 경우는 사실상 드물다.

그는 규정 대신 상식으로 일을 처리하도록 했다. 상식이란 개인적 책임을 요구하기 때문에 위험성이 없는 것은 아니지만 종업원들에게 그들의 판단력을 활용하도록 하였다.

예컨대 셈코에는 어떤 복식규정dress code도 없다. 또한 출장비 지급에 관한 복잡한 규칙들—예컨대 출장자들에게 어떤 종류의 숙박시설을 이용할 수 있는 자격을 부여할 것인가, 극장표 살 돈을 주어야 할 것인가, 출장 중에 자기 집으로 걸 수 있는 무료전화는 5분으로 할 것인가 아니면 10분으로 한정할 것인가 등—을 폐기했다. 만약 출장자들이 쓰는 돈과 그들의 판단을 신뢰할 수 없다면 애초에 그들을 회사의 이름으로 사업을 수행할 수 없도록 해외에 보내지 말아야 한다고 생각했다. 그래서 보안을 위한 몸수색이나 재고창고의 견고한 자물쇠, 그리고 고참종업원들의 업무용 소액 지불자금 계정에 대한 감사 같은 것들을 아예 폐기했다. 어쩌다 저지르게 된 절도범죄나 소액의 공금횡령자를 잡느라고 근로인력의 97퍼센트에게 모욕을 주는 조사행위 따위를 거부한 것이다.

⑥ 자율시간근무제

셈코는 자율성의 일환으로 사무직은 물론이고 공장현장에 자율시간근무제flexitime를 시행하고 있다. 아직 공장현장에 이러한 제도를 시행하고 있는 회사는 드문데, 그 이유는 근로자가 자유롭게 출근한다면 같은 시간에 함께 일할 수 없어 조립라인이 멈추게 될 것이라는 우려 때문일 것이다.

그러나 현장종업원들을 책임 있는 성인이라고 인정한다면 일을 제대로 끝내기 위해 동료들과 근무시간을 의논해 조정할 것이라고 믿어야 한다. 실제로 셈코에서 근로자들은 그렇게 했고 더 나아가 다른 사람이 나오지 않아도 일을 할 수 있도록 대부분의 종업원들이 몇 가지 직무를 할 수 있는 다기능 작업자가 되었다.

또한 현장종업원들은 생산목표와 작업 일정을 스스로 수립한다. 그들은 목표를 달성하기 위해 최선의 노력을 기울이므로 사장은 아무 걱정 없이 테니스를 치러가도 된다고 세믈러는 말한다. 실제로 어느 현장에서 공급업체로부터 모터가 제때 배달되지 않아 생산에 차질을 빚게 될 가능성이 생기자, 종업원 중 두 명이 공급업자에게 차를 몰고 가서 독촉하고 전원이 밤을 꼬박 새워 조립작업을 하여 일정을 맞추었다.

⑦ 팀과 임파워먼트

관료제도를 타파하기 위해서는 종업원들이 주어진 목표를 윗사람의 개입이나 간섭 없이 스스로 달성할 수 있도록 임파워되어야 한다. 그러기 위해서는 일선 작업자들이 목표를 달성하는 데 필요한 기능을 가진 10명 내외의 팀이 되어 일을 수행하도록 해야 한다. 조직의 기본 단위가 목표가 있고 평가될 수 있는 팀이 되어야 하는 것이다. 10명 내외라고 하는 것은 일의 종류에 따라 조금씩 다르겠지만 사람들이 협력해서 일할 수 있는 적정 규모로 보았다. 그리고 이러한 소규모 팀에서는 지도자가 저절로 나타난다.

셈코에서는 팀을 형성하지만 지도자(셈코에서는 코디네이터다)는 그들이 스스로 찾아내도록 하고 있다. 이렇게 팀을 형성해놓고 결과(여기서는 이윤)를 공유하면 각자 열정을 가지고 일하게 될 것이고, 만약 자기보다 더 일을 잘하는 사람이 있다면 비켜서서 다른 일을 찾아 나서게 될 것이다. 이런 조직에서 직위와 권력은 아무 소용이 없고 누가 일을 잘하고 얼마큼 기여하느냐가 중요해진다.

종업원들이 임파워되어 있을 때 그들은 스태프 기능을 스스로 할 수 있다. 셈코는 실제 일하는 사람에게 모든 것을 맡기기 때문에 스태프 기능이나 분석기능이 없다. 만들고 파는 사람들밖에 없다. 마케팅부서나 HR부서가 없다. 이것은 모든 종업원의 문제인 것이다.

3) 동기부여

이윤분배 프로그램은 종업원 참여와 민주주의의 확립에 요구되는 것이다. 이윤분배 프로그램은 경영층이 종업원을 일하게 하는 수단으로 사용한다든지(이윤분배는 일의 성과에 대한 감사의 표시로 시행되어야 한다), 그들이 하는 일이 어떻게 이익으로 연결되고 어떻게 이익이 배분되는지 이해하기 어렵게 되어 있으면 성공하기 힘들다. 회사가 종업원들로 하여금 그들 자신의 일이 이윤에 어떻게 연관되어 있고 그러한 이윤이 어떻게 나누어지는지를 이해하기 어렵도록 만들어 놓았다면 이윤분배는 결코 종업원들에게 아무런 동기부여가 되지 못할 것이다.

셈코의 경우에는 사업부division 별로 이윤분배 프로그램을 운영한다. 1년에 두 번 각 사업부의 손익계산서에서 나오는 세후 이익의 23퍼센트를 계산해서 그 사업부의 근로자들이 뽑은 세 사람의 종업원들에게 수표를 건네준다. 이들 세 사람은 그 단위부서가 회의를 하며 그 돈으로 무엇을 할 것인가를 결정할―간단한 다수결투표―때까지 그 돈을 투자한다. 대부분의 단위부서에서 그것은 동등한 분배로 결말이 난다. 예컨대 한 단위부서가 150명의 근로자들을 보유하고 있다면 총액은 150으로 나누어져 지급된다. 그것은 이처럼 간단하다. 작업장을 청소하는 친구도 그 사업부의 파트너와 같은 배분을 받는다.

4) 정보공유

셈코의 경험에 의하면 이윤분배 프로그램은 여러 가지 종업원 참여 프로그램을 광범위하게 실시할 때, 이윤분배의 기준이 매우 명료하고 간단해서 최저의 재능을 타고난 종업원들도 그것을 쉽게 이해할 수 있을 때, 그리고―아마 이것이 가장 중요한 점이 되겠지만―종업원들이 결정적으로 중요한 회사의 각종 통계량―예컨대 원가, 간접비, 매출액, 봉급표, 세금, 이윤 등―에 매월 접근할 수 있을 때 효과가 탁월하게 나타날 수 있다는 것이다.

광범위한 참여 프로그램이 주어질 때 종업원들은 자기성과를 향상시킬 수 있는 기회를 모색할 수 있기 때문에 이윤분배 프로그램은 종업원들이 주인의식을 갖고 임하게 한다.

특히 셈코에서는 일과 이익의 관계를 이해하기 쉽도록 하기 위해 회사가 어떻게 경영되고 있는지에 대한 중요한 통계수치를 완전히 개방하고 있다. 매월 종업원들은 자기가 속한 사업부의 대차대조표와 손익분석, 그리고 현금 흐름표를 제공받는데 이 재무제표는 우리가 회사를 운영할 때 보통 사용하는 것보다 많은 약 70개의 항목으로 구성되어 있다. 그리고 모든 셈코의 종업원들은 재무제표 내의 수치들을 읽고 이해할 수 있도록 교육을 받는다.

셈코의 최고경영자인 리카르도 세믈러가 이렇게 모든 재무자료를 개방하는 것은 진실한 수치를 보여줄 용기를 갖는 것이 장기적으로 보면 언제나 긍정적인 결과를 가져올 것이라고 믿기 때문이다.

월말이 되면 코디네이터들은 자기가 맡고 있는 팀의 수익, 비용, 이익에 대한 추정을 하고 며칠 뒤에 공식적 수치가 나오면 비교해봐서 코디네이터들이 자기 영역을 얼마나 잘 이해하고 있는지를 판단한다.

특히 많은 기업에서 엄두도 내지 못할 일이지만 셈코는 임원들에 대한 보수도 공개하고 있다. 임원들이 자신들의 보수를 공개하는 것을 어렵게 생각한다면 아마도 그들이 그만한 보수를 받을 만한 일을 하지 않았기 때문이라는 것이다. 그는 임원이라면 "나는 수년간 학교에서 교육을 받았고 다년간 직무경험을 쌓아 필요한 지능과 역량을 갖고 회사를 위해 헌신적으로 일했기 때문에 이 정도의 보수를 받을 자격이 있다"고 당당하게 말할 수 있어야 한다고 주장한다. 이것이 바로 자본주의체제의 원리라는 것이다.

경력개발

세믈러는 직원들이 자기 적성에 맞고 하고 싶은 일을 하는 것이 중
요하고 일하는 형태도 개인의 주어진 상황에 따라 다양하게 선택할 수
있어야 한다고 생각한다.

직원들이 하고 싶은 일을 할 수 있도록 셈코에서 시행하고 있는 프
로그램은 다음과 같다.

신입사원 순환근무제 Lost in space

신입사원들이 1년 동안 회사 안을 자유로이 돌아다닐 수 있게 함으
로써 원하는 일을 찾을 수 있도록 도움을 준다. 하고 싶은 일을 하고 관
심이 가는 곳이 새로 생기면 언제든지 옮겨간다. 한 사업팀이나 세 사
업팀, 혹은 여섯 개의 사업팀에서 동시에 일하기도 한다. 1년 기한이
끝나면 함께 일한 팀 모두 그에게 일자리를 제안할 수 있다. 이렇게 제
안을 받거나, 아니면 관심이 가는 쪽에 자신이 직접 지원을 한다.

만약 2가지 경우 가운데 어떤 일도 일어나지 않으면 셈코는 1년 동
안의 노고에 감사를 표한다. 이 프로그램을 시작한 이유는 현재의 교육
시스템과 경제시스템 아래서는 청소년기를 막 지난 22살 대학 졸업생
이 일자리와 같은 인생의 중대사를 정하기에 충분히 성숙하지 못하다
고 믿기 때문이다.

내부채용 우선제도 Family Silverware

회사에 자리가 비면 외부후보자에 비해 내부 후보자에게 30퍼센트 정도 더 유리하게 해준다. 이렇게 차별을 두는 것은 회사 내부 사람들이 지니는 장점 때문이다. 그들은 우리를 잘 알고 있고 또 우리도 그들을 잘 알고 있다. 그리고 그들이 새롭게 시작하는 업무에 마음을 기울이기만 하면 그 업무를 훌륭히 해낼 수 있음을 우리는 잘 알고 있다.

이 프로그램으로 종업원들은 완전히 다른 업무영역으로 전환할 수 있으며 자신이 좋아할 만한 분야를 시도해볼 수도 있다. 따라서 재능의 샘에서 재능을 길어 올릴 가능성은 그만큼 높아진다.

교육도 직원들이 자기 하고 싶은 일을 할 수 있도록 하는 게 중요하다. 아우로 알베스는 셈코의 영업 및 기술지원 관리자이지만 처음에는 트럭운전사로 일했다. 그는 제품구입 담당부서에서 일한 적도 있지만 수십 개의 직원교육 과정을 스스로 선택하여 이수함으로써 관리자가 될 수 있었다.

회사는 직원교육을 위해 매년 일정한 금액을 떼어놓는다. 그것은 매출액의 1~3퍼센트인데 돈의 사용은 전적으로 인적관리부서에 맡긴다.

직원에게 할당된 돈은 일하는 자리에 따라 차등이 있다. 이 돈으로 회사가 제공하는 각종 교육항목에서 원하는 교육을 '구매'하여 앞으로 하고 싶은 일을 할 수 있는 역량을 키워나갈 수 있다. 이런 방식으로 회사는 직원 스스로 자신의 경력을 관리하도록 함으로써 직원들의 경력을 관리하는 부담에서 벗어난다.

러시아워 MBA도 직원교육의 일환으로 도입되었다. 러시아워 MBA는 매주 월요일 오후 6시에 모임을 갖는다. 이 프로그램은 상파울루의 러시아워 시간에 차 안에서 시간을 허비하는 대신에 생산적으로 활용하려는 의도에서 시작되었다. 이 프로그램은 매우 작은 규모로 시작되었지만 곧 큰 인기를 끌었다.

지원자들이 수업을 이끌어 가는데, 주제를 제안하고 비즈니스 동향에 대해 언급하며 신문기사를 함께 읽고 시사문제를 두고 토의한다. 전문지식을 지닌 사람들은 〈하버드비즈니스 리뷰〉나 〈매킨지 리포트〉, 혹은 지난 주의 〈파이낸셜 타임스〉 기사에 대해 설명한다. 이 프로그램에는 대학원에 등록해 공부하는 직원들도 포함되어 있다. 이들은 학교에서 배운 최신 지식을 동료들에게 전하는 역할을 하고 있다.

근무형태

직원들이 자기가 처한 상황에 따라 일하는 형태를 바꿀 수 있도록 다음과 같은 프로그램을 운영하고 있다.

1) 근무시간 급여조정제도 Up-and-down pay

사람들이 자녀들과 더 많은 시간을 보내기 위해서 또는 다른 이유로 일을 적게 하는 대신에 그에 걸맞게 급여를 낮출 수 있는 제도이다. 이 제도를 이용하고자 하면 위원회에 신청서를 내야 한다.

위원회는 파트타임 업무요구를 충족시킬 수 있는 후보자들을 데이터베이스로 정리해두고 이를 활용하거나 3000명 상근직원 가운데 자리를 바꾸려고 하거나 업무분담에 관심을 갖고 있는 사람들을 찾아 이들의 협조를 구한다.

2) 은퇴연장제도 Retire-a-little

인간의 경제력, 체력, 여유시간을 나이에 따라 그래프에 나타내면 나이가 들수록 건강곡선은 내려가지만 시간과 돈 곡선은 올라간다. 즉

436

꿈을 실현하기에 가장 적합한 능력을 갖고 있을 때는 꿈을 실현하는 데 필요한 돈과 여유시간이 없고, 또 시간과 돈을 지니고 있을 때는 체력을 지니지 못한다는 것이다. 이 프로그램에서는 원하는 만큼 회사로부터 퇴직시간을 미리 얻어낼 수 있다. 예를 들어 일하는 시간의 10퍼센트는 일주일 가운데 한나절 오후에 해당되는데 회사는 월급에서 제하는 방식으로 직원에게 액면가격보다 약간 낮게 이 시간을 판매한다. 그러나 셈코는 여기에 그치지 않고 퇴직 후에 사용할 수 있는 인환권을 발행하고 있다. 퇴직 후에 인환권을 제시하고 받은 휴가만큼 일하고 그에 해당되는 급여를 받는 것이다.

3) 장기휴직제도Work and stop

직원들은 이 프로그램을 통해 어떤 이유든지 상관없이 3년까지 휴직을 할 수 있다. 일종의 내부 헤드헌터 역할을 하는 위원회가 장기휴직을 원하는 직원을 대신해 일할 사람을 찾는다. 휴직 후 직원은 같은 자리든 다른 자리든 상관없이 돌아올 수 있다. 돌아오는 것이 어렵지 않은 이유는 어쨌든 항상 흥미로운 업무가 어딘가에 있게 마련이고, 또 셈코의 직원들은 이 자리 저 자리 돌아다니기를 좋아하기 때문이다.

NTI와 위성기업Satellite Company

셈코의 자율경영은 종업원들을 피라미드식 위계적 조직구조를 벗어나 자율적으로 주인정신을 가지고 경영에 참여하도록 하는 것이다. 이러한 경영의 최종 목표는 종업원을 독립적 사업가로 키우는 것이다. 이 일환으로 셈코에서 나타난 것이 NTI와 위성기업이다.

1980년대 중반에 3명의 기술자가 새로운 작업단위work unit를 제안했다. 이 새로운 작업단위는 소규모로 구성되어 생산, 판매, 재고, 인사와 같은 현업의 문제를 떠나서 신제품 개발, 기존 제품개선, 새로운 마케팅전략, 생산성 향상, 새로운 사업 개발 등의 혁신적인 일을 하는 것이었다. 이들은 상관도 부하도 없이 일하고 최고경영층에 1년에 두 번 보고하여 존속 여부를 결정짓는다. 이 새로운 작업단위를 NTINucleus of Technological Innovation로 불렀다. 그들의 기본급을 아주 낮게 책정하는 대신 원가절감, 신제품 등 혁신의 결과 나오는 이익을 일정 부분 공유하도록 하였다.

그리고 외부 기업에 자유롭게 컨설팅을 하도록 하였다. 6개월 후 NTI는 18개의 프로젝트를 추진하였고 그 후 몇 년간 많은 혁신을 이루어내고 큰 보상을 받음으로써 성공적으로 사내에 정착되었다. 세믈러가 이러한 NTI를 회사 전체로 확대하고자 하여 나온 것이 바로 위성 프로그램Satellite program이었다.

위성기업은 회사에서 하던 일을 가지고 나와 독립하는 것이다. 위성기업은 우리나라의 사내하청과 유사한 것으로 회사 지원을 받지만 독립적이다. 이들은 셈코 제품과 서비스를 제공하기도 하지만 셈코의 경쟁 기업을 포함한 외부 기업과도 제품과 서비스의 공급계약을 맺기도 하고, 다른 위성기업에도 상호 제품과 서비스를 제공한다. 위성기업에서 일하는 사람들은 셈코의 풀타임 또는 파트타임 종업원이거나 전 종업원이거나 셈코와 전혀 관련이 없는 사람도 있다. 위성기업은 셈코 부지에서 셈코 시설을 이용하여 생산하기도 하고 일부는 셈코가 소유하지 않은 공장에서도 활동한다.

우리나라의 사내하청과 유사한 개념이지만 독립성과 이윤분배에서 차이가 있다. 위성기업 프로그램은 혼란스럽게 보이지만 기업문화로 적절하게 뒷받침될 때 좋은 결과를 가져온다는 것을 알 수 있다. 브라질이 긴축정책을 취한 1990년 이후 브라질 기업의 28퍼센트가 도산하고 산업생산이 10퍼센트 이상 하락했는데도 셈코의 매출과 이익은 변함이 없었다. 세믈러는 이것이 위성기업 프로그램에 기인하는 것이라고 말한다.

1) 위성 프로그램Satellite program의 배경

1990년에 브라질의 대통령인 콜로르는 그 당시의 초인플레이션을 잡기 위해 현금의 80퍼센트를 동결하고 유동성을 급격히 축소하였다. 곧 심각한 경기침체가 왔고 많은 기업이 도산하였다. 셈코도 여러 달 매출을 전혀 올리지 못하고 어려움을 겪었다. 100명 단위로 직원들을 모아 의견을 들으면서 마시는 커피도 줄이고, 복사기는 쓰지 않고, 주문한 새로운 유니폼은 취소하고, 전등은 가능한 한 끄고, 전화도 자주 쓰지 않는 등 원가절감을 통해서 겨우 버텨내고 있었다.

하지만 결국에는 살아남기 위해서 월급을 깎든지 직원들을 해고하든지 하지 않으면 안 되는 2가지 대안에 직면했다. 이때 현장 직원들이 구성한 위원회가 찾아와 30퍼센트 월급 삭감을 하는 데 3가지 조건을 제시하였다.

1. 현재의 월급으로 올라올 때까지 이윤분배를 현재의 24퍼센트에서 39퍼센트로 올릴 것
2. 경영층은 40퍼센트 월급 삭감을 할 것
3. 위원회 중 1인이 회사의 모든 비용을 승인하게 할 것

그 당시 분배할 이윤이 없었기 때문에 경영층은 잃을 것이 없어 쉽게 동의할 수 있었다. 또한 브라질 노동법에서는 노동자를 해고하면 2년 치의 월급을 해고수당으로 지급하도록 되어 있다. 그래서 해고는 쉽게 채택할 수 있는 대안이 아니었다.

이것이 변화의 계기가 되었다. 직원들은 비용절감을 위해서 보안, 청소, 케이터링, 트럭 운전 등 외부로 용역을 준 일도 내부에서 했다. 작업자들이 여러 가지 일을 기꺼이 나누어서 함에 따라 다른 분야의 일에 대해서도 지식이 많아지는 교차훈련이 이루어졌다. 그들은 이렇게

회사 내부사정에 밝아지자 혁신적인 아이디어를 많이 내게 되었다. 노사 간의 화합은 더욱 강화되었다.

이러한 분위기가 자율경영팀의 생성을 도왔다. 작업자들의 자율성이 증가함에 따라 관리자들도 그들의 역할에 대한 인식을 바꾸기 시작했다. 종래의 지시하는 역할에서 작업자들이 빠른 결정을 내릴 수 있도록 조언하고, 정보 및 훈련을 제공하고, 기타 제도적 지원을 하는 코치 또는 촉진자facilitator로 역할을 바꾸어갔다. 이렇게 경영방식이 바뀌어감에 따라 직원들은 관리자의 기대를 뛰어넘는 성과를 달성했다.

2) 위성 프로그램의 내용

셈코의 매출은 점진적으로 증가하고 봉급도 30퍼센트 감축하기 전의 수준으로 회복됐지만 장기적 생존을 위해서는 직원을 감축하고 일부 일은 외부 용역으로 돌려야 할 필요가 있었다. 그래서 NTI와 같은 개념을 확대 도입하고자 하였다. 용역을 외부에 주는 대신 직원들에게 주는 것으로, 셈코를 떠나 위성기업을 만들도록 한 것이다. 초기에는 셈코의 수주를 받아 일하도록 하였다. 분사하여 사내하청을 하는 식인 것이다. 위성기업은 회사의 기계를 리스하여 회사 공장 내에서 사업을 할 수 있고 셈코 이외의 다른 회사와도 영업할 수 있었다. 보상은 계약, 로열티, 커미션, 이익공유, 생산성과급 등 다양한 형태로 받을 수 있게 하였다. 초기에는 일정 급료를 보장받을 수 있게 하였다. 특히 초기 계약 물량을 주어 적응할 수 있는 기간을 주었고 기계와 공장부지에 대한 리스비용 지불을 2년간 유예해주기도 했다.

회사로서도 급여 지불액과 재고비용을 감축시키고 우리 사업을 잘 알고 있는 하청업자를 거느리게 되는 이점이 있었다. 더욱이 셈코는 기업가적 열정의 혜택을 누릴 수 있었다. 이익공유제에서도 직원들은 필요하다면 자발적으로 야간과 주말에 회사에 나와 일했는데 자기들 사업을 하자 더욱더 열심히 일했다.

직원들은 고용의 안정성을 포기해야 했지만 대신 셈코에서 받는 월급보다 몇 배 더 많은 보상을 받을 수 있는 기회가 있었다. 물론 경기침체가 지속되어 수익성이 좋지 않으면 월급이 저하될 수도 있지만 경기가 좋지 않다면 어차피 회사에 남아 있어도 고용이 보장되지 않을 것이다. 중요한 것은 그 당시 상황은 회사나 직원들의 입장에서 다른 선택의 여지가 없었다는 것이다. 회사는 직원들이 독립하는 데 도움이 될 수 있도록 직원들에게 원가계산, 가격, 보수유지, 재고관리 등을 가르치는 관리자 팀을 만들었다. 그리고 초기사업자금seed money으로 쓸 수 있도록 법적으로 요구된 해고수당 및 기타 수당 외에 명예퇴직금도 지급했다. 많은 직원들이 매달 월급의 8퍼센트가 적립된 개인기금도 사업자금으로 활용했다.

그러나 누구나 위성기업을 반드시 시작해야 하는 것은 아니었다. 어떤 직원은 해고수당을 받고 회사를 떠나기도 했고, 일부는 회사에 몇 개월 더 남아 있기도 했고, 아예 그냥 회사에 남아 있기도 했다.

그러나 많은 위성기업이 빠르게 설립되었다. 관리직 직원white collar workers들이 먼저 시작했다. 회계사, 인적자원 직원, 컴퓨터 전문가들이 독자적으로 위성기업을 만들어나갔다. 그다음에 현장직원blue collar workers들이 위성기업을 설립했다.

그 후 제조의 반이 위성기업으로 바뀌었다. 앞으로 10~20퍼센트는 더 확대될 것이라고 경영층은 생각했다. 지금까지 위성기업 중 하나만 실패하고 모두 성공적이었다. 일부는 확대하면서 투자자를 찾고 있었다. 일부 위성기업 직원들은 회사로 다시 채용되기도 하고, 얼마 안 되는 숫자지만 일부는 필요에 따라 위성기업과 회사를 왔다 갔다 하기도 했다.

또 일부 위성기업은 사업범위를 넓혀 그들의 대부분의 시간을 셈코와 어떤 관계도 없는 고객이나 협력업체와 셈코 공장부지에서 거래했다. 1990년대 셈코는 500명의 직원이 있었는데 94년에는 200명으로 줄었고, 위성기업에 200명 정도가 있으며 이 중 50~60명은 위성기업에 있으면서 셈코에 파트타임으로 일하고 있다. 셈코 직원들은 고정급으로 일하지만 위성기업 직원들은 현금 흐름, 매출, 이익, 생산량에 기초를 두고 설정된 로열티나 보너스로 구성된 변동급으로 일한다. 고정급과 변동급을 동시에 받는 직원도 있다. 모든 직원은 이익을 공유한다. 위성기업은 고정급, 시간급, 매출액 증가분의 일정비율, 소개비, 사례비, 커미션 등 다양한 형태의 보수를 받고 있다.

3) 위성 프로그램의 다른 형태

위성기업의 개념은 프로젝트별로 이루어지기도 한다. 어느 신제품 개발 프로젝트에 대해서 한 직원이 월급으로 100만 원만 주고 신제품 개발이 성공하면 처음 5년간 7퍼센트를 로열티로 주라는 조건으로 자신에게 맡겨달라고 해서 그렇게 하였다. 그 프로젝트는 한 달에 1만 달러에서 1만 5000달러 예산을 쓰고 있었고 성공이 불확실한 상태였다.

셈코는 사원을 채용하면서도 위성기업을 만들기도 한다. 한번은 한 사람의 기술자를 뽑는 데 1430개 신청서를 받았다. 5개월간의 인터뷰를 통해 최종 후보자로 70명 정도를 선발해 회사로 초청하였다. 그리고 회사를 견학시키고 자료도 보여주며 우리 회사가 무엇을 하는지 설명해주고 나서야 제안서를 내라고 했다. 이 중 41명을 채용했는데 1명만 정규직원이었고 나머지 40명은 커미션으로 보수를 받는 위성기업의 형태로 채용하였다.

11

미라이공업 사례

야마다 아키오는 1965년 창업했다. 창업의 계기는 그의 아버지가 운영하던 회사에서 전무로 일하다가 해고되었기 때문이다. 그는 극단 '미라이좌'를 결성해 단장과 무대감독을 맡아 해고되기 전 15년간이나 연극에 빠져 회사일은 뒷전이었다. 그래서 그는 극단 동료 3명(이 중 한 명이 지금 미라이공업의 회장으로 있는 시미즈 쇼하치다)과 여직원 한 명을 포함하여 4명이서 창업했다. 할 수 있는 것은 아버지 회사에서 배운 전기설비자재 사업이었다. 경쟁자는 세계적인 기업 마쓰시다전공이었다. 살아남기 위해서는 차별화하는 수밖에 없었다. 그래서 그는 '미라이공업은 다른 것을 만든다. 타사와 똑같은 물건은 만들지 않는다'라고 회사의 모토를 정했다.

그러나 전기설비자재는 재질이나 만드는 방식이 확실하게 법률(전기용품단속법)로 정해져 있기 때문에 방법을 크게 바꾸면 법률 위반이 된다. 때문에 법률이 허용하는 범위 내에서 언뜻 보면 눈치채지 못할 수준의 작은 아이디어를 시도하기로 했다. 이런 시도를 통해서 사용자의 불편을 덜어주고 사용하기 편리한 신제품을 개발함으로써 고객의 좋은 평판을 받고 성공할 수 있었다. 실용신안과 의장 등 2009년 미라이공업이 가지고 있는 공업소유권 수는 신청 중인 것까지 포함해서 총 2300건이 넘었다. 그리고 그 중 90퍼센트 이상은 시미즈 쇼하치가 직접 개발한 것이다.

이 회사에서는 신제품 아이디어를 내는 것이 중요한 과제이다. 미라이공업의 성장동력은 항상 새로운 아이디어를 생각하고, 그것을 구체적인 형태로 만들어 가는 데 있다. 그래서 그는 언제나 "항상 생각하는 일이 중요하다" 하고 사원들에게 강조한다. 이 회사에는 '항상 생각하라' 라는 표어가 계단, 복도, 문을 비롯하여 이곳저곳에 10미터 간격으로 붙어 있다. 그는 종업원들이 아이디어를 내도록 장려하기 위해서 뭔가 아이디어를 제안할 때마다 5000원을 현금으로 지급하였다. 그리고 실제로 채용되는 아이디어에 대해서는 10만 원에서 50만 원 정도의 장려금을 추가로 지급하였다.

그는 종업원의 자발적 의욕이 중요하다고 생각한다. 어떻게 일하고 싶은 의욕을 가지게 하느냐가 중요하다는 것이다. 그가 강조하는 말은 자주성과 자각이다. 스스로 알아서 해야 한다는 뜻이다. 차별화도 종업원의 자발적 의욕이 있을 때 가능하다고 생각한다.

회사가 사람들이 모인 하나의 집단인 이상, 사원들의 의욕이 경영의 기초가 되는 것은 당연하다. 사원이 자신의 일에 의욕을 갖고 임해야 창의적 아이디어가 나올 수 있고 기업으로서 차별화가 시작되기 때문이다. 사원의 의욕과 회사의 차별화, 이 2가지가 결합되어야 비로소 회사는 제구실을 하면서 크게 성장할 수 있다. 그런 의미에서 사원의 의욕을 불러일으키고 사기를 진작시키는 방안을 강구하는 일은 사장이 해야 하는 일 중에서 가장 중요한 것이라고 할 수 있다. 사원들이 강한 의욕을 보이면 반드시 회사가 잘 돌아가게 된다는 것이 그의 논리다.

자율경영

사원들의 의욕을 불러일으키기 위해 가장 먼저 해야 할 일은 자율성이다. 미라이공업의 야마다 사장은 사장이 모든 것을 하려고 하거나 간섭해서는 안 된다고 말한다. 사장은 자신의 능력을 과신해서는 안 된다는 것이다. 사장이 되고 나면 경리부터 총무까지 회사에 관한 일을 전부 볼 수 있는 권한이 생기기 때문에 자신도 모르게 자신의 능력을 착각하게 된다고 그는 말한다. 대체로 이런 사장들은 사원들을 모두 바보로 취급하고 모든 일을 자신이 맡아서 하려고 한다는 것이다. 그러나 권한이 있다는 것과 능력이 있다는 것은 다른 문제이다. 그는 이 점을 잘 알고 있기 때문에 아랫사람에게 권한을 위양하고 있다. 그는 아랫사람들에게 이렇게 말한다. "영업 이외의 일에는 간섭하지 않겠네. 그러니 자네들이 직접 하게. 대신 자네들은 자신이 맡은 분야에서 프로가 되어야 해. 각 분야에서 프로가 되려면 공부는 물론이고, 관련 세미나에도 참석하는 등 많은 노력을 기울여야 할 걸세."

그는 인간적이고 애정이 있는 사람이다.

종업원들의 아이디어를 존중하는 것은 자율성을 강조하는 그의 경영철학에서 비롯되었다. 이바라키 공장을 지을 때도 종업원의 자율성에 맡겼다. 영업부장이 "토지 1만 6500제곱미터를 사고 싶다"고 했을 때 그의 생각이 틀리지 않았다고 판단한 야마다 사장은 그에게 "그렇다면 좋네. 사기로 하지. 자네가 가서 계약하고 오게"라며 영업부장이 알아서 하도록 했다. 그 당시에는 기존 공장을 풀가동해도 생산량이 따라오지 못하는 상황이 계속되었기 때문에 영업부장은 진지하게 공장 용지를 찾고 있었던 것이다. 공장이 완성되고 3개월 후에 다시 공급부족이 발생했는데 그는 영업부장에게 "자네, 또 공단에 가서 토지를 알아보고 오게. 이 근처에 토지를 사야겠네" 하고 말하면서 영업부장 주도로 일을 처리하도록 했다. 그리고 새로 완공된 이바라키 공장도 금방 풀가동될 것이라 생각하고 영업부 말단직원에게 규수에 가서 땅을 알아보라고 시켰다. 그리고 그가 낸 아이디어를 존중하여 구마모토에 용지를 구입하고 공장을 지었다.

1985년에 새로운 사옥과 공장을 지으면서도 모든 일을 사원에게 맡겼다. 그러나 한 가지 분명한 지침은 주었다. 그것은 설계 중에는 얼마든지 내용을 변경해도 좋지만 건축 도중에 설계를 변경해서는 안 된다는 것이었다. 건축 도중에 변경하면 건축을 맡고 있는 회사 마음대로 비용을 결정하기 때문에 비용이 많이 든다는 것이 이유였다. 그런데 공사 직전에 경기가 나빠지면 가동률이 떨어지고 낭비가 되므로 공장을 1차, 2차로 나누어서 필요할 때 2차를 건설한다는 정보가 들어왔다. 그러자 그렇게 하면 건설비용이 많이 들게 되니 보다 적극적으로 생각해서 무조건 한꺼번에 만들라고 하였다. 이와 같이 그는 모든 일을 아랫사람들에게 맡기고 큰 틀에서 필요한 경우에만 개입하였다.

그는 자율성을 위해서 일본 경영에서 중요하게 생각하는 호렌소(호렌소는 보고, 연락, 상담의 첫 글자만 따서 만든 일본어이다)도 없앴다. 즉 보고와 연락과 상담이 없다는 것이다. 판단을 구하기 위해 서류를 작성하거나 보고하러 상사에게 가는 것만큼 비생산적인 것이 없다는 게 미라이공업의 생각이다. 경리사원 1명이 100억 엔이 넘는 청구서를 결제하고, 공장건설 용지를 선정해 구입할 때까지 회사 임원에게 단 한 번도 상담하지 않고 현장의 영업부장이 혼자 결정했다는 일화는 현장 중심의 자율경영의 사례로 지금도 널리 회자되고 있다. 제품화나 신종 기기를 도입할 때도 미라이공업은 상사보다 실제로 개발하고 작업에 관여하는 사원이 결정권을 갖는다. '현장주의란 현장을 잘 아는 사람이 자신들이 사용할 것을 선택하도록 하는 것'이라고 생각하기 때문이다. 그는 사장에서 물러나 상담역으로 경영을 지원하고 있지만 직원들이

상담하러 오면 "아마추어인 나에게 묻지 말고, 자신이 판단하라" 하고
호통을 쳐서 돌려보낸다. "또 상담하러 오면 그땐 해고야!" 하는 말까
지 덧붙인다. 상담역에게 상담하러 와서 혼나는 것은 미라이공업뿐일
것이다.

자율성의 일환으로 이 회사에는 제복이나 작업복이 없다. 사원에게
제복이나 작업복을 입히는 일은 강제에 불과하다고 생각하기 때문이
다. 강제로 요구하면 사원들에게는 의욕이 생기지 않는다. 정해진 제
복도 작업복도 없는 회사란 일본의 제조업에서는 보기 드문 경우다. 대
체로 사무직의 복장은 자유로워도 공장에서는 반드시 작업복을 입도
록 하기 때문이다. 복장을 지정하는 법률이 없는데도 다른 곳에서 그렇
게 하고 있으니 우리도 그렇게 해야 한다고 생각하는 것만큼 어리석은
일도 없다. 이런 생각은 결국 다른 사람과 똑같이 하고자 하는 의식을
강하게 만들어 각자의 개성이 사라지게 만든다.

사원들의 불만을 없애라

사원들의 일할 의욕을 불러일으키기 위해서는 사원들의 불만을 하
나하나 줄여나가는 것이 중요하다. 이것은 모든 것을 사원의 입장에서
생각해보면 금방 알 수 있다. 급여는 낮고 휴가도 없다면 그런 회사를
위해 노력하고 싶은 마음이 생길 리 없다. 그래서 그는 휴가를 되도록
많이 주려고 노력하고 있다. 이 회사는 휴일이 140일이다. 휴일 중간에
있는 샌드위치 근무일은 나와봤자 효율이 없다고 해서 놀다 보니 이렇
게 된 것이다. 예를 들어서 목요일이 국경일이면 목, 금, 토, 일 4일 연
휴로 쉬고, 화요일이 국경일일 때는 토, 일, 월, 화 4일을 연휴로 쉬도
록 했다. 이 회사는 8시 30분 출근이고 4시 45분 퇴근으로 근무시간도

줄였다. 출근카드도 없다. 그리고 잔업이나 야간근무는 하지 말라고 한다. 이렇게 해야 출퇴근 시간을 고려하면 아침 7시에 집을 나와서 밤 7시에 집에 돌아갈 수 있다. 8시간 잠자는 시간을 빼고 나면 4시간 여유시간이 생기는데 이 시간만큼은 자기를 위해서 사용하라는 것이다. 결과적으로 미라이공업의 연간 총 노동시간은 약 1640시간이다. 예전에 여가개발센터가 '여유도 진단'을 했을 때 미라이공업이 우수기업으로 표창을 받았다. 이렇게 노동시간을 짧게 하고 휴가를 늘려서 사원들의 의욕을 키우고 불만을 줄여나간다는 것이다. 사실 노동시간 단축은 모두 모여 아이디어를 짜내면 실현할 수 있는 일이다. 실제로 미라이공업은 창업 이래, 휴가를 계속 늘려가면서도 수입과 이익을 높일 수 있는 방법을 실현해왔다. 이것은 사원들이 의욕적으로 다양한 아이디어를 짜내었기 때문에 가능했다. 그는 "사원들의 불만을 없앨 수 있도록 철저하게 노력하는 것. 그것이 바로 사장의 일이다" 하고 계속해서 스스로 다짐하고 있다.

그는 또한 목표관리를 하지 않는다. 이 회사는 평가도 없다. 목표가 없기 때문이기도 하지만 그렇더라도 인성과 능력을 평가할 수 있는데 그것도 하지 않고 있다. 목표를 주고 달성 여부에 따라 성과급을 차등 지급하는 것은 동물에게나 할 수 있는 일이라는 것이다. 목표를 달성하면 당근을 주고, 목표를 달성하지 못하면 채찍을 치는 것은 말을 훈련시킬 때나 하는 것이다. 이렇게 사원을 동물 취급하는 것이 옳은 것인가 하는 것도 문제이지만 이런 취급을 받으면 사원들이 열심히 일하겠느냐고 그는 말한다. 일의 성과에 따라 월급이나 보너스를 차등 지급하면 신성한 노동을 수단으로 만들어 일을 싫어하게 되고 억지로 하게 된다. 이것은 또한 회사가 직원을 신용하지 않는다는 것을 말하는 것이다.

사람들은 근본적으로 말하면 돈 때문에 일을 하는 것이 아니다. 일이 재미있고 일을 통해서 뭔가 가치 있는 것을 이룰 수 있으며 자기가 성장하기 때문에 하는 것이다. 그러나 일을 주어진 목표나 돈 때문에 하게 되면 자율성이 줄어들어 싫어하는 일도 마지못해 하게 된다. 더 중요한 것은 좋은 회사를 만들어보자는 공동의 비전을 가지고 함께 노력한다는 팀 정신이다. 이러한 팀 정신이 있을 때 일에 의욕을 가지게 될 것이다.

인간의 가장 중요한 욕구는 의미인데 의미는 봉사와 동체로부터 나온다. 우리 모두 함께 힘을 합쳐서(동체) 이 사회와 인류를 위해 가치 있는 일을 하는(봉사) 좋은 회사를 만들어보자고 하는 정신이 있을 때 일에 의욕이 생기는 것이다. 미라이공업은 목표가 없기 때문에 목표달성에 관계없이 사원들에게 연공서열에 의해 급여를 똑같이 지불한다. 이렇게 하면 목표를 높게 달성한 사원에게서는 불만이 나오고 더 이상 노력을 하지 않을지도 모른다. 하지만 자주성과 자각으로 깨어 있는 사원들은 어떻게 해서라도 자신이 맡은 일을 이루려고 한다. 스스로 의욕을 가지고 열심히 일하는 것이 중요하다는 것이다. 그리고 노력하는 사원이 있으면 일하지 않는 사원은 기가 죽게 된다. 그렇게 되면 이제 사원들 사이에서는 새로운 가치관이 생기고 그것이 조직문화로 정착되어 일하지 않는 사원도 열심히 할 수밖에 없는 압력을 받게 되는 것이다. 개성이나 능력의 차이로 각자의 실적은 어느 정도 다르겠지만, 각각 자신의 한계치까지 최선을 다하는 풍토가 조성되어 결과는 더 좋아질 것이다.

이 회사는 노는 날이 많다. 노는 날이 140일로 여유 평가에서 1등을 했을 정도이다. 그러나 놀더라도 회사에 지장이 없이 논다는 것이고, 이렇게 함으로써 일과 삶의 균형을 취할 수 있어 여유를 가지게 된다. 그리고 그 시간에 다양한 경험을 함으로써 사고를 유연하게 하고 창의성을 높일 수 있다. 이 회사는 육아휴직도 보통 2년인 다른 회사와 달리 3년이다. 아이를 셋 낳으면 9년 휴직이 가능하다.

해고는 없다

이 회사가 자율성과 함께 중요하게 생각하는 것은 고용안정이다. 이 회사는 해고가 없다(영업에 책임을 지고 사표 낸 부장은 있었다). 해고될 걱정 없이 인생을 설계할 수 있을 때 회사 일을 자기 일처럼 생각하게 되는 애사심이 생긴다. "언제 해고될지 모르는데 어느 사원이 자기 집 안방처럼 깨끗이 공장을 청소하고 부품을 닦겠습니까? 그런 회사에서는 기술축적이 되지 않고 숙련공도 나오지 않습니다"라고 그는 말한다.

정년은 보통은 65세이지만 미라이에서는 70세가 정년이다. 60세 이후는 법적으로 월급을 반만 줘도 되지만 미라이에서는 70세까지 60세 월급을 그대로 준다. 고용안정과 함께 월급을 동종 업계보다 조금 많이 준다는 것이다(이것은 창업 초기 처음부터는 아닐 것이다). 야마다 사장은 사원들이 일할 의욕을 갖게 하는 데는 월급을 많이 주고 많이 쉬게 하고 근무시간을 짧게 해야 한다고 말한다.

그는 사원지주제를 하고 있다. 미라이공업의 주식은 계장 이상의 사원들 모두가 가지고 있다. 모두가 회사의 주인이라는 생각으로 사원들 각자에게 주식을 나누어주어 회사와 함께 직원들도 번영할 수 있어야 한다는 것이다. 또한 지금은 회사가 상장되어 있어 회사가 이익을 얻으면 배당이 늘어나기 때문에, 사원들의 의욕도 더 늘어날 것이라고 생각했다. 현재 미라이공업은 20퍼센트 배당을 실현하고 있다. 사원들은 5년만 지나면 원가를 뽑을 수 있으니 그 후의 배당은 보너스와 같다. 은행 이자도 늘어 많아도 7퍼센트 정도이기 때문에 수지맞는 투자임에 틀림없다. 이렇게 하는데도 이 회사는 고수익을 달성하고 있다. 영업이익률은 업계 2배인 평균 10퍼센트이고 성장도 높다. 어려웠던 90년대에도 15퍼센트 성장을 했다. 여러 가지 복지제도도 잘되어 있다.

사원 전체 해외여행

회사를 설립한 지 2년째가 되는 1967년에 당시 미라이공업의 한 달 매상은 1500만 원이었는데, 그때 "한 달 매상이 10억 원을 넘으면 다 함께 해외여행을 가겠다" 하고 기억에 없는 약속을 한 것이 계기가 되어 전 사원 해외여행이 시작되었다. 1973년 한 달 매상이 10억 원을 넘어서게 되자 1974년에 전체 사원이 대만으로 여행을 갔다. 그리고 1982년에는 상해와 항주로 여행을 갔다. 또 1992년 11월에는 나고야 증권거래소에 상장한 일과 1990년에 회사설립 25주년을 기념해서 깜짝 사원여행을 결행했다. 상해, 타이베이, 서울, 사이판, 괌, 싱가포르, 홍콩, 방콕 등 10군데 정도를 선택지로 만들고, 사원들이 각자 원하는 곳을 골라서 센다이, 나고야, 오사카, 후쿠오카에서 동시에 출발하는 전대미문의 사원여행이었다. 1996년에는 라스베이거스에 갔는데 1995년 맞은 회사창립 30주년 기념여행이었다. 사원들이 때마침 30회를 맞이하는 라스베이거스 마라톤에 단체 참가할 것을 제안해서 결정된 사안이었다. 이 여행에 들어간 비용은 약 15억 원 정도였다. 전국 19개 지점에서 참가한 사원들은 모두 합해서 약 530명이었는데 이 중 330명은 마라톤에 참가했고 대부분 완주했다. 좋은 추억을 많이 남긴 뜻깊은 행사였다. 지금은 5년마다 전 사원 해외여행을 개최하고 있다.

야마다 사장의 사업적 가치와 인간적 가치

야마다 사장은 사업적 가치와 인간적 가치를 가지고 열정과 애정을 보여주는 경영자이다. 그는 사업적 가치를 가지고 있다. 사업적 가치는 자기가 하는 사업을 최고로 끌어올리겠다는 자신감과 의지를 말한다. 그는 사업 초기 세계적인 회사인 마쓰시다전공과 경쟁하고 사무직 여사원의 급여조차 제대로 벌어들이지 못하는 그런 회사였을 때도 '이기자! 난 이길 수 있다!' 라는 신념을 가지고 있었다. 이러한 신념이 사업적 가치가 되었다.

또한 그는 아주 열정적인 사람이다. 그는 회사를 만든 후 몇 년 동안 영업을 하기 위해 필사적으로 돌아다녔다. 낮에 영업할 시간을 확보하기 위해서 야간열차로 이동하다 보면 목적지에 도착하는 시간은 언제나 새벽 3시 정도였는데, 겨울에 홋카이도와 도호쿠에서 거래처가 문을 열 때까지 역에서 기다리다 보면 추위 때문에 발이 꽁꽁 얼 지경이었다는 것이다. 그는 지금 생각해보면 '이기자! 난 이길 수 있다!' 라는 신념이 있었기 때문에 그 모든 것을 참을 수 있었던 것 같다고 말했다.

야마다 사장은 인간적 가치를 가지고 있는 경영자다. 그는 "직원들이 평범하다고 해서 아무것도 못하는 것이 아니다. 평범한 사람도 나름대로 노력하면 어느 정도 성과를 올릴 수 있다. 그렇기 때문에 회사는 능력 발휘의 기회를 사원에게 주어야만 한다. 어떤 분야든지 그 분야의 최고로 사원을 대우해주면 사원들은 최선을 다해 자신의 능력을 발휘하려고 한다. 중요한 사실은 사원들 모두에게 그런 최고의 능력이 잠재되어 있다는 것이다"라고 말한다. 이것이 그의 인간적 가치이다. 이러한 가치관이 있기 때문에 종업원들에게 자발적 의욕을 불러일으키기 위해 직원들에게 관심과 배려를 아끼지 않고 복지에 신경을 쓰고 있는 것이다. 앞에서 서술한 대로 그가 아랫사람의 아이디어를 존중하고 자율경영과 권한위양을 실천할 수 있던 것도 그가 인간적 가치에 기초를 두고 종업원을 믿었기 때문이다.

야마다 사장은 다른 사람을 배려하는 인간적 가치를 가지고 있었기 때문에 다른 사람의 신뢰를 끌어내는 친화력을 발휘할 수 있었다. 그는 사업 초기에 사원도 없이 부장급을 채용했는데 이 중에는 이미 받고 있던 월급의 절반밖에 되지 않는데도 야마다의 부탁을 받고 미라이공업으로 온 경우도 있었다. 이는 사람들이 그를 믿고 따랐기 때문이고 이것을 보면 그가 친화력이 있었다는 것을 알 수 있다.

다른 사람들로부터 신뢰를 끌어내는 그의 친화력은 한 영업사원과의 관계에서도 나타난다. 야마다가 회사를 처음 만들었을 때 미라이공업의 한 달 매상은 200만 원에 불과했고, 그 금액으로 회사를 운영하기란 정말 불가능했다. 그런 미라이공업을 구해준 사람이 바로 거래처였던 중견상사의 나고야 지점에 있던 영업사원이었다. 그는 야마다가 아버지 회사에서 일할 때부터 알고 지내던 영업사원이었는데, "아버지 회사에서 쫓겨나 독립하게 되었는데 앞으로 잘 부탁한다"고 하자 흔쾌히 도움을 약속해주었고 기초도 닦여 있지 않은 미라이공업에게 수지원료를 외상으로 공급해주었다. 운영자금이 부족하여 수지원료 대금을 제때 지불할 수 없었는데도 그는 전혀 불안한 모습을 보이지 않았고, 계속 원료를 공급해주면서도 수금 독촉도 하지 않을 정도로 정말 신기한 남자였다고 한다. 물론 나중에는 재료비를 지불하였지만 그 후 도쿄 본사로 전근을 가게 된 그는 떠나기 전에 인사를 건네다 이렇게 고백했다고 한다. "지금껏 본사를 속이느라 정말 진땀 뺐어요."

이 사례는 그 영업사원이 그 정도로 야마다 아키오를 믿을 만큼 그가 다른 사람에게 믿음을 주는 인간적이고 성품이 좋은 사람이라는 것을 말해준다.

도전적인 문화

그의 일에 대한 열정과 종업원에 대한 애정은 개방적 문화와 도전적
문화를 조성하는 밑바탕이 되었다. 그는 종업원들에게 자율성을 주고
개방적인 문화를 조성하여 직원들이 많은 아이디어를 내도록 하고 있
다. 이미 말한 대로 사원제안제도도 이 일환이다. 이렇게 모두가 아이
디어를 내기 때문에 전 사원이 연구원이다. 연구개발요원은 3.8퍼센트
인 30여 명이고 연구개발비는 2억 1600만 엔으로 매출액 대비 0.92퍼
센트밖에 되지 않지만 매년 200~300개의 신제품을 발표하고 있는 것
은 직원들의 아이디어를 소중히 여기는 개방적 문화가 있기 때문이다.

영업사원들도 신제품 아이디어 창출에 크게 기여하고 있다. 영업사
원들은 도매상뿐만 아니라 현장을 직접 찾아가 의견을 듣고 매일 영업
일보를 작성하는 게 일과다. 창업 초기부터 맨발로 전국의 영업망을 구
축한 장본인이기도 한 야마다 상담역은 영업일보 작성을 무엇보다 중
시한다. 영업사원들이 작성한 영업일보는 개발부로 보내져 집약된다.
영업일보를 작성할 때는 컴퓨터를 사용하지 않고 손으로 직접 하도록
하고 있다. 디지털보다 아날로그에 더 많은 메시지가 들어 있다는 야마
다 상담역의 판단에 의해서다.

미라이공업은 현장의 말소리를 하나도 놓치지 않기 위해 영업사원
이 현장에서 얻은 정보나 요구를 그림으로 그리거나 심지어는 무심코
낙서한 것까지 수집한다. 이렇게 얻은 아이디어는 신제품 개발과 제품
개량으로 이어졌다. 그 결과는 특허 및 실용신안 6112건(2006년까지)으
로 나타났다. 특허 1259건, 실용신안 540건, 의장 3787건, 상표 526이
그 성과를 말해주고 있다.

그는 실패를 허용하고 장려함으로써 조직 내에 도전적인 문화를 조
성하였다. 그가 실패와 관련해서 하는 말은 다음과 같다. "처음 시도하

는 과정에서 실패하는 것은 괜찮다. 실패를 두려워해서는 아무것도 할 수 없기 때문이다." "실패하면 그때 그만두면 된다." "실패는 거름이자 디딤돌이다." "몰랐던 일에서 실패하는 것은 괜찮다."

미라이공업에서는 도전하는 일을 장려하기 때문에 아무리 실패를 하더라도 그것을 무시하고 그 사람이 한 일로 평가를 받고 보너스도 올라간다. 하지만 똑같이 실패를 반복하거나 가르친 일도 제대로 실행하지 못한다면 그것은 명백한 능력부족이다. 이때는 처벌을 받아야 한다. 그는 또한 주도권을 가지고 시도하는 반항아를 승진시키라고 말하고 있다. 예를 들어서 다케야마는 미라이공업의 사장으로 취임하기 전에 미라이정공의 사장으로 있었는데, 그때 큰 실패를 경험했다. 비디오테이프를 자동으로 대출하는 기계를 만들고 판매회사까지 차렸는데 기계가 너무 자주 고장이 나서 사원들이 수리를 하기 위해 전국을 돌아다녀야 했던 것이다. 그래서 결국 합계 15억 원의 손실을 미라이공업이 부담하게 되었다. 하지만 그는 나름대로 어떻게 하면 미라이공업의 이익을 확보하고 성장시킬 수 있는지를 열심히 생각하고 있다. 그리고 다양한 경험을 쌓아가면서 경영자로서 공부하고 있다.

12

이나식품공업 사례

성품이 좋아야 열정과 애정이 생긴다. 죽음을 생각하면 삶의 의미를 찾을 수 있고 일에 열정을 가질 수 있다. 청소를 하면 마음이 순수해지면서 잘해보고자 하는 생각이 든다. 열정이 생기는 것이다. 그리고 바른 성품으로부터 무한향상심이 나온다. 무한향상심은 자기평가가 있을 때 가능하다. 자기평가를 한다는 것은 깨어 있다는 것으로 나를 밖에서 관찰한다는 것, 자기를 떠나고 있다는 것이다. 즉, 순수해질 수 있는 것이다.

인간적 경영 = 모든 이해관계자들과 신뢰경영 + 성품경영

이나식품공업은 쓰카코시 히로시 회장에 의해서 1958년 창립되었다. 사원수 405명에 매출액 159억 엔의 중소기업으로 창업 이래 48년간 한 해도 거르지 않고 '증수증익'을 실현했다. 게다가 평균 10퍼센트가 넘는 경상이익률을 유지하고 있다. 이러한 경영성과는 '시대의 흐름을 역행해도 어느 정도가 있어야지' 라는 시기 어린 지탄을 받을 정도다.

2008년 실적을 보면 종업원 400명에 매출액 159억 엔, 경상이익률 약 11퍼센트, 자기자본비율 72퍼센트에 은행차입금도 거의 없는 작지만 강한, 전형적인 강소기업이다.

10만 평방미터에 달하는 소나무 숲속에 자리한 이나식품공업 본사부지는 현관도 수위도 없어 주민들이 자유롭게 드나들 수 있도록 개방되어 있다. 계절마다 피어나는 각종 꽃과 야초로 가득하고 곳곳에 휴식공간이 마련되어 있어 마치 커다란 자연공원을 방불케 한다. 연간 30만 명이 방문한다니 말 그대로 유명 관광지다.

그는 대학 진학을 꿈꾸며 열심히 공부했던 고등학교 2학년 때 뜻하지 않은 폐결핵으로 3년간 투병생활을 해야 했다. 어쩔 수 없이 고등학교마저 중퇴해야 했던 그는 자유롭게 밖을 나다니며 일하는 사람들이 그렇게 부러울 수 없었다고 한다. 무슨 일이든, 일을 하고 싶었다. 3년간의 투병생활 끝에 간신히 취직한 곳은 나가노현의 목재회사였다.

1년 6개월 후 경영재건이라는 특명을 받고 전근한 곳이 바로 거의 포기상태였던 자회사 이나식품공업이었다. 사장 대리라는 직함을 달고 부임한 것은 그의 나이 21살 때였다. 당시 이나식품공업은 사원 10여 명에 생산설비라고는 모터가 달린 기계 4대가 전부인 영세기업이었다. 설립 6개월이 되었지만 성장곡선은 강 건너 남의 집 이야기였다. 만성 적자에 언제 쓰러질지 모를 정도로 빈사상태였다. 은행 관리하에서 재건을 시작했을 때는 인재도, 기술도 없었고 물론 자금도 없었다. 있는 것이라고는 산더미처럼 쌓인 빚뿐이었다.

마이너스에서 시작한 재건이었지만 한 가지 특이했던 점은 당시로서는 매우 희귀한 분말한천을 제조했었다는 것이다. 품질은 보잘것없었지만 쓰카코시는 여기에 한 가닥 희망을 걸고 연구개발과 제품개발에 매진했다.

그는 "회사의 목적은 매출액과 이익을 늘리는 것이 아니라 사원을 행복하게 하고 세상을 밝게 하는 것이다"라고 말한다. 그렇다면 그는 어떻게 사원들을 행복하게 하고 있는 것일까? 그중 하나가 고용보장이다. 총 400여 명의 종업원은 일부 예외를 제외하면 모두 정사원이다. 게다가 모두 종신고용이고 임금도 연공서열에 따른다. 두 번째는 사원들이 행복을 느끼도록 하기 위해 기업이 그들의 바람막이 역할을 해야 한다는 것이다. 다양하게 복지를 베풀어야 한다는 뜻이다. 사원 기숙사비가 싼 것은 물론이고 3년에 한 번씩 스노타이어 수당도 2만 엔을 지급한다. 5~6년 전부터는 사원들의 자택 차고를 개량하는 데 보조금을 지급하고 있다. 지붕이 달린 차고로 개량하는 조건으로 7만 엔을 지원한다. 겨울철 추위가 극심한 이 지역에서는 매일 아침 엔진이 따뜻해질 때까지 시간이 걸리는데 그동안 이산화탄소가 배출되기 때문에 지붕 달린 차고를 설치하면 아이들링 시간이 줄어서 환경에 도움이 된다는 것이다. 사원대출제도도 있다. 금전적으로 어려울 때는 먼저 소비자금융에 가지 말고 회사와 상담하라는 취지이다. 대부분의 사원이 이 제도를 이용하고 있다고 한다. 그리고 오전 10시와 오후 3시에 15분씩 다과를 즐기는 휴식시간이 있는데, 이때 먹는 과자를 살 '다과 대금'을 매월 500엔씩 지급하고 있다. 놀라운 것은 이 휴식시간에 '생산라인'을 멈춘다는 사실이다. 이유는 단 하나, 짧은 시간이지만 이때만큼은 일을 생각하지 말고 가족처럼 잡담을 즐기라는 것이다. 또한 2년에 한 번 해외로 사원여행을 떠난다. 여행 경비로 1인당 8만 엔을 보조한다. 지난해는 창립 50주년 기념으로 특별히 1인당 23만 엔을 보조했다고 한다. 간텐파파 가든도 사원복지의 일환이다. 간텐파파 가든은 1987년부터 만들기 시작했는데 '직장을 삼림이 우거진 환경으로 만들면 사원이 행복감을 느끼지 않을까?' 라는 생각에서였다. 그 후 매년 조금씩 시설을 늘려오면서 전 사원이 힘을 합쳐 다듬고 가꾸게 되었고 지역주민들에게 휴식처로 제공되면서 이제는 연간 30만 명이 방문하는 나가노현의 관광명소가 되었다.

그는 이렇게 복지에 신경을 쓰는 이유가 사원들을 이전보다 행복해졌다고 느끼게 만들어 자발적 의욕을 가지게 하는 것이 기업성장의 기초가 되기 때문이라고 말한다. 이런 자발적 의욕 때문에 이나식품공업의 사원들은 일 잘하기로 소문이 자자하고 종업원들 간에 협력도 잘되고 있다. 이 회사에는 '담당' 이라는 개념이 별로 없다. 본사를 방문해 보면 금방 느낄 수 있는데 본사에서 정해진 안내데스크도, 안내원도 없다. 외부 방문자가 있을 때는 미리 사원들에게 알리고 시간이 되면 현관 가까이에서 알아차린 누군가가 응대를 하는 형식이다. 이처럼 특정 담당자 없이 한 사람이 대여섯 명의 역할을 수행한다. 이것이 높은 이익률, 압도적인 시장점유율, 가격경쟁에 끌려가지 않는 고부가가치 제품군 등 이나식품공업의 강점을 만들어낸 기초라고 생각된다. 임금 및 보상과 관련해서 쓰카코시 회장은 성과주의와 능력급을 거부하고 연공서열에 따른다. 많은 경영자와 컨설턴트가 그에게 성과주의를 도입하지 않으면 '사원들의 모티베이션이 떨어진다' 고 지적한다. 그러나 그는 역설한다. 성과주의를 도입해도 이 제도가 좋다고 생각하는 사원은 극히 소수에 불과하다는 것이다. 그렇다면 결국 이것은 사원의 행복이 아니고 모티베이션으로 이어지지도 않는다는 것이 그의 생각이다.

"새로운 기술과 상품을 개발한다 해도 그것은 개발자 한 사람이 만들어낸 것이 아니지요. 성과를 내는 과정에서 동료와 거래처 등 많은 사람의 힘을 빌렸으며 회사의 경영자원과 역사가 낳은 신용도 기여하고 있는 것입니다. 그렇게 본다면 성과를 당사자 한 사람이나 팀에 귀속시키는 것은 공평하지 않다고 보는 거지요.”

스타플레이어가 활약하는 것도 중요하지만 조직이 커다란 힘을 발휘하는 것은 구성원이 하나가 되어 노력할 때라고 생각한다. 그래서 이나식품공업은 성과주의 도입을 거부한다. 어디까지나 연공서열이다.

“가장 돈이 필요해지는 시기가 자녀의 교육비와 주택융자금 등 지출이 늘어나는 40~50대이지요. 가장 돈이 필요할 때 월급을 올려주고 회사가 사원들의 바람막이가 되어주는 것, 그것이 바로 회사의 역할 아니겠어요?”

그는 월급은 일한 대가, 노동력의 대가가 아니라 기본적인 문화생활을 위한 수단이라고 말한다.

신뢰경영

쓰카코시 회장은 종업원을 신뢰하고 고객과 거래처로부터 신뢰를 얻을 수 있도록 행동한다는 것을 강조하고 있다. 싸다고 거래처를 바꾸지 않고 고객에게는 항상 만족과 즐거움을 제공하기 위해 노력한다는 것이다. 쓰카코시 회장은 성선설에 입각해 종업원을 믿는다. 그는 “가족이라면 당연히 믿어야 하는 것 아닙니까?” 하고 말하고 있다. 또한 자신을 믿어주는 상대에게 더욱 믿음을 주고 충성하고 싶어 하는 게 인간의 심리라는 것이다. 사원을 믿으면 일반 관리비를 현격히 줄일 수 있다고 한다. 먼저 관리를 하기 위한 서류나 인원을 줄여서 불필요한 시간과 그로 인한 인건비를 줄일 수 있다. 영업담당자가 사용하는 공용차 하나만 보더라도 그렇다. 보통 회사라면 사용한 후 몇 킬로미터를 달렸는지 주행거리나 휘발유 잔량 등을 기록하지만 여기서는 그런 종류의 보고가 없다.

성품경영

성품경영으로부터 신뢰가 싹튼다.

성선설에 입각한 경영을 가능하도록 하기 위해서는 인재 채용과 사원교육에 힘을 기울여야 한다. 신입사원을 채용할 때 가장 중요시하는 것은 '협조성'이다. 아무리 능력과 학력이 뛰어난다 해도 협조성이 없으면 불합격이다. 주위를 배려할 줄 알고 스스로 궂은일을 찾아서 할 수 있는 그런 사람을 원한다.

그리고 신입사원 연수 내용은 제도나 스킬이 아니라 인간으로서 살아가는 방법에 주안점을 두고 있다. 신입사원 연수 첫날 반드시 그들을 데리고 가는 곳이 있다. 바로 '100년 달력' 앞이다. 그리고 100년 달력 앞에서 '자신의 기일'을 기입해 보도록 한다. 시간은 누구에게나 동등하게 주어지고 언젠가 죽음이 찾아오는데, 남은 시간을 어떻게 사용할 것인지 자신의 일생을 숙연하게 생각해보자는 것이다. 사람이 죽음을 생각하면 보다 순수해지고 세상을 보는 시각이 달라진다. 그래서 일을 일생을 걸고 해보고자 하는 사업적 가치관과 다른 사람을 가족처럼 배려하는 인간적 가치관을 개발하고 열정과 애정을 가지게 됨으로써 좋은 성품의 소유자로 바뀔 수 있다. 이런 신입사원 연수는 2주간 지속되는데 연수가 끝날 즈음이면 신입사원은 전혀 다른 사람으로 바뀐다고 한다.

연수 결과는 회사 이외의 실생활에서도 나타난다. 한 예가 대중주차장 주차 방법이다. 이나식품공업의 사원들은 슈퍼마켓에 쇼핑을 하러 갈 때 입구에서 먼 곳에다 주차를 한다. 다른 사람이 가까운 곳에 주차를 할 수 있도록 배려하기 때문이다. 청소도 마음을 깨끗이 하고 좋은 성품을 개발하는 데 도움이 된다. 이미지를 좋게 하는 것은 말할 것도 없다. 이나식품공업은 매일 아침 업무를 시작하기 전에 전 사원이 라디오 체조를 한 다음 청소를 한다. 다 함께 유리와 변기를 닦고 회사 정원을 다듬는다. 이렇게까지 청소를 철저히 하는 이유는 무엇일까? 청소가 잘되고 화단이 잘 가꾸어져 있는 회사는 그것만으로도 이미지 향상과 매출액 증가에 공헌한다는 것이 그의 설명이다.

청소는 '소리 없는 최고의 세일즈맨'이라는 것이다. 수십 차례나 방문해 거래를 요청했지만 번번이 거절당했던 교토의 한 제과사와 거래를 시작하게 된 계기도 바로 청소였다는 것이다. 교토의, 그것도 수백 년의 역사를 지닌 전통 장수기업이라면 거래를 트는 게 쉽지 않은 일이라는 것은 누구나가 알고 있는 사실이다. 그는 "사원들이 자신의 손으로 직접 청소를 하는 것이 중요합니다. 직접 쓸고 닦고 다듬어야 의미가 있어요. 애사심을 갖게 되고 일에도 정성을 다하게 되지요" 하고 말한다. 청소가 잘된 회사는 사원들도 정중하고 표정이 밝다는 것이 그의 생각이다. 회사가 발전하려면 사원 스스로가 항상 향상심을 갖고 더 높은 목표를 설정해 자신을 개발하고 회사에 필요한 인재가 되기 위해 노력해야 한다. 바른 성품을 개발하는 것이 중요한 이유는 바른 성품으로부터 최선을 다하겠다는 무한향상심이 나오기 때문이다. 그냥 잘해주기만 해서는 직원들이 일에 의욕을 갖지 않는다. 꿈의 직장이라고 불리는 우리나라 일부 공기업에서는 상대적으로 직원들에게 해주는 혜택은 많지만 그만큼 직원들이 일을 열심히 하는 것은 아니다.

바른 성품 없이 베풀기만 하면 사람은 의존심을 갖게 되고 나태하게 되어 기업성과는 좋아지지 않을 것이다.

저성장

쓰카코시 회장이 생각하는 기업의 최대가치는 기업의 영속이다. 이를 위해 그가 일본의 장수기업으로부터 터득한 경영원칙은 신뢰경영과 저성장이다. 고객, 거래처, 종업원과의 신뢰관계를 중요하게 생각하는 것이다. 이를 위해서 고객에게 즐거움을 주는 고객봉사, 싸고 좋은 제품을 생산하기 위한 품질과 기술혁신, 싸다고 거래처를 바꾸지 않는 장기적 관계, 종신고용과 연공서열에 기초한 인간적 경영을 실천하고 있다.

그는 또한 안정적인 '저성장'이 장수기업, 즉 기업의 영속을 위해 절대적인 것이라고 생각한다. 기업이 장수하려면 안정적인 성장이 필요한데 급성장은 오히려 독이 된다고 보았다. 안정적인 저성장을 그는 '나이테 경영'이라고 부르고 있다. 나무가 매년 나이테를 만들어가듯이 서서히 성장해야 한다는 의미이다. 급성장할 때는 설비와 인원을 늘리지만 급성장 후에는 반드시 반동이 온다. 즉 잉여인원과 과잉설비라는 문제에 직면하게 되어, 급기야 설비를 폐기하고 급여를 줄이고 감원을 추진하게 되기 마련이다. 최악의 경우에는 폐업을 해야 하는 기업도 있다. 급격한 성장은 조직과 사회, 환경에 수많은 왜곡을 가져오며 절대로 사원을 행복하게 하는 게 아니라고 그는 생각하고 있다.

실제로 그는 '컵젤리 80℃'라는 상품을 1981년에 도입했는데 내놓자마자 폭발적인 인기상품이 되었다. 그러자 대형 슈퍼마켓에서 전국 전개를 제안해왔다. 전국 전개가 실현되면 매출액 증가는 단번에 늘어날 것임에 틀림없었다. 모든 중역이 전국 전개에 찬성했다. 그러나 쓰카코시 회장은 반대했다. 그 이유는 증산을 하려면 설비와 인원을 늘려야 하는데 수요가 생각한 대로 지속적으로 확대될지 확신할 수 없었고 급격한 생산확대로 품질관리가 소홀해질 가능성도 부인할 수 없었기 때문이다. 2005년에는 '한천은 몸에 좋다'거나 '다이어트에 효과가 있다'고 언론이 연일 소개하여 한천이 불티나게 팔리면서 점포에서 구입할 수 없게 되자 전국 각지에서 증산요청이 잇따랐다. 이때는 쓰카코시 회장도 못 이기는 척 증산을 결정했다. 그 결과 2005년 매출액은 전년 대비 40퍼센트, 경상이익은 2배나 늘었다. 그러나 2005년 200억 엔에 달했던 매출액은 2006년 176억 엔, 2007년에는 165억 엔, 2008년 159억 엔으로 3년 연속 감소를 기록하고 과잉설비와 잉여인력의 부담을 받게 되었다. 그는 이 경험이 결국 나이테 경영의 저성장 철학이 옳았다는 것을 증명하는 계기가 되었다고 회고하였다.

사회적 기여

이나식품공업은 본업에서 얻은 이익을 지역사회에 적극적으로 환원한다. 87년부터 조성에 들어간 본사 부지의 간텐파파에는 레스토랑, 약수터, 문화회관, 연구센터 등 각종 시설이 갖춰져 있어 방문객을 즐겁게 해주고 있다.

지금도 미술관을 신설하기 위해 부지를 조성하고 있다.

그러나 지금까지 세운 문화회관도 적자고, 가든 내 점포나 시설도 대부분 적자이다. 인건비도 안 빠지는 가게가 대부분이다. 그런데도 그는 개별적으로 수지를 계산하지 않는다. 이렇게 사회를 생각하는 그의 경영철학이 좋은 평판을 얻어 기업의 경쟁력을 높이고 있는 것이다.

사업적 가치

사업적 가치는 일을 돈 때문에 하는 게 아니라 일이 자기의 존재이유이고 삶의 보람이기 때문에 하는 것이다. 사업적 가치가 있을 때 일은 고역이 아니라 기쁨이고 일에 대한 열정이 나오게 된다.

고등학교 시절 투병생활을 할 때 그는 자유롭게 밖을 나다니며 일하는 사람들이 그렇게 부러울 수 없었고 무슨 일이든, 일을 하고 싶었다고 했는데 이러한 경험이 그가 사업적 가치를 확립하게 된 배경이라고 생각된다.

앞에서 이야기한 대로 인재도 기술도 없고 빚뿐인 영세기업에 부임하여 회사를 살리기 위해 혼신의 힘을 기울였다. 그는 화학서적을 펼쳐놓고 한천을 연구하며 생산설비를 공부했다. 그리고 연구개발과 제품개발에 매진했다. 한 손에는 회계장부를, 다른 한 손에는 화학서적을 들고 영업을 해야 했다. 일요일이나 국경일도 없이 일했다. 1년에 쉬는 날이라고는 정초의 이틀 정도였다. 회사가 문을 닫느냐 마느냐 하는 절체절명의 시기였다. 그러나 힘든 줄 몰랐고, 일할 수 있다는 그 자체만으로도 그는 기뻤다고 한다. 이렇게 열정을 가지고 일에 몰입했기 때문에 토요타 자동차를 비롯한 많은 대기업들이 시찰대상으로 삼을 정도로 회사를 업계 최고의 기업으로 발전시킬 수 있었다.

문화적 가치

그는 일과 삶에 대해 깊이 있게 생각하는 문화적 가치를 가지고 있다. 그는 기업을 살리기 위해서 정신없이 노력하면서도 '기업은 무엇을 위해 존재하며 기업의 성장이란 무엇인가?'라는 자문을 멈추지 않았다. 그런 고민 끝에 그가 얻은 해답은, 기업의 최대가치는 '기업의 영속'이며 기업의 영속이 필요한 이유는 '사원의 행복'이라는 것이다. 이것이 그의 경영철학이다. 다시 말해 기업의 목적은 종업원의 행복이고 종업원의 행복을 위해서 기업이 영속해야 한다는 것이다. 그래서 그에게 기업의 이익은 사원의 행복과 기업 영속을 실현하기 위한 수단이지 목적이 아니다. 이나식품공업의 사시는 우량기업이 아니라 '좋은 회사를 만들자' 이다. 우량기업이 경영상의 좋은 숫자를 추구하는 기업이라면 좋은 기업은 인간존중 철학에 기초를 두고 종업원의 행복을 추구하고 환경, 고용, 납세, 메세나 등을 통해 사회에 공헌하는 기업이다. 기업의 성장과 이익은 종업원의 행복과 사회공헌을 달성하기 위한 수단이라는 것이다.

전략의 고리

좋은 기업을 만들기 위해서는 전략의 고리를 실천해야 한다(3부 2장 02 '전략의 고리 실천' 참조).

전략의 고리는 사업을 하는 것이 돈 때문에 하는 것이 아니고 무언가 이 사회와 인류를 위해 가치 있는 일을 하고 보람을 느끼기 위해서 하는 것이라는 인식에 기초를 두고 있다. 이러한 인식이 경영자로 하여금 사업적 가치와 인간적 가치를 개발하게 하여 이익보다 고객만족과 종업원의 행복을 추구하게 하는 것이다. 전략의 고리를 실천하기 위해서는 가치관의 개발이 요구되고, 사업은 수양이며 인간완성에 이르는 길이라는 경영철학을 확립할 필요가 있다.

쓰카코시 회장은 좋은 회사를 만드는 '십계명'을 다음과 같이 명문화했다.

1. 항상 좋은 제품을 만든다.
2. 잘 팔린다고 해서 많이 만들지 않는다.
3. 최대한 정가판매를 고수하고 할인을 하지 않는다.
4. 고객의 입장에서 생산하고 서비스를 제공한다.

5. 깨끗하고 아름다운 공장, 점포, 정원을 조성한다.

6. 품위 있는 케이스와 센스 있는 광고를 한다.

7. 메세나 활동과 자원봉사 등을 통해 사회에 공헌한다.

8. 재료 조달업체를 소중하게 여긴다.

9. 구성원 모두가 경영이념을 이해하고 기업 이미지를 향상시킨다.

10. 이상 9개항을 확실하게 실행하고 지속한다.

이상의 십계명은 전략의 고리에서 강조하는 고객, 품질, 기술, 현장, 사람과 관련이 있다. 2번의 '잘 팔린다고 해서 많이 만들지 않는다'는 것은 많이 만들려고 하면 원료조달이나 시설용량 등 관리상의 문제로 품질이 나빠질 수 있기 때문이다. 3번의 '최대한 정가판매를 고수하고 할인을 하지 않는다'는 적정 가격에 판매한다는 신뢰를 고객에게 심어 주는 것이다. 또한 가격 경쟁하지 않고 고부가가치를 통해서 기업의 브랜드를 확립하겠다는 의지를 나타내는 것으로 품질의 이미지를 확립할 수 있다. 5번의 '깨끗하고 아름다운 공장, 점포, 정원을 조성한다'는 것은 기업 이미지를 제고하고 종업원들에게 자부심을 심어줌으로써 종업원의 행복에 좋은 효과를 가져다 줄 것이다. 6번의 '품위 있는 케이스와 센스 있는 광고를 한다'는 것은 제품의 이미지를 제고하는 것으로 품질과 관련이 있다. 7번의 '메세나 활동과 자원봉사 등을 통해 사회에 공헌한다'는 것은 전략의 고리에서 중심축이 되는 회사의 가치를 표방하는 것이다. 이것은 또한 기업 이미지를 제고하고 종업원의 행복에 기여하는 것이다. 8번의 '재료 조달업체를 소중하게 여긴다'는 좋은 품질의 제품을 만드는 데 필수적이다.

십계명 이외에도 쓰카코시 회장이 역점을 두는 것은 원료조달의 안정화와 연구개발에 대한 투자이다. 한천은 날씨에 크게 좌우되기 때문에 가격 기복이 심했다. 한 예로, 70년대 오일쇼크 때는 원료인 해조

부족으로 가격이 3배나 폭등하기도 했다. 쓰카코시 회장은 원료인 해초를 안정적으로 조달하기 위해 칠레, 모로코, 멕시코, 호주, 대서양 한복판에 자리한 외딴 섬에 이르기까지 전 세계를 탐색했다.

원료조달의 안정화는 전략의 고리 관점에서 보면 좋은 품질의 제품을 만들기 위해서 필요한 것이므로 기술개발에 해당된다고 할 수 있다. 쓰카코시 회장은 연구개발에 채산성을 따지지 않는다. 성과와 관계없이 자금과 인력을 투입한다. 매년 이익의 10퍼센트를 연구개발비로 사용하고 직원의 10퍼센트 정도를 연구 인력으로 투입한다. 연구개발에 힘을 기울인 결과는 특허 60건, 1000종이 넘는 상품군으로 나타났다. 품질개선과 안전한 생산체제도 타사에 앞서 구축했다. 이러한 연구개발 덕분에 한천시장이 축소되고 있는 가운데서도 국내 점유율 80퍼센트, 세계 시장점유율 15퍼센트라는 수치를 만들 수 있었던 것이다.

13

일본전산 사례

일본전산의 나가모리 시게노부는 어떤 사람인가?

일본전산이 한동안 화제가 되었다. 이 회사는 나가모리 시게노부가 후배 사원 3명과 같이 창업하였다. 이들은 시골의 기술전문대학을 나온 사람들로 일반적으로 말해 3류 인재들이었다. 나가모리는 실업계 고등학교를 마친 후 학비가 저렴하고 직업기술을 연마할 수 있는 기술전문대학을 나왔다. 그런데 지금 나가모리는 세계에서 주목받는 경영자가 되었고 일본전산은 세계 각지에 공장, 지사 등 계열사 140개를 가지고 있으며 13만 명의 직원으로 매출 8조 원을 올리는 세계적 기업으로 발전하였다. 그 이유는 무엇인가? 그것은 나가모리 시게노부의 열정과 애정 때문일 것이다.

일본전산은 뜨거운 조직이다. 이것은 리더가 뜨거운 사람이란 것을 말하는 것이다. 이 회사는 열정과 애정이 충만해 있다. 열정과 애정은 인간적 가치와 사업적 가치가 강할 때 나온다. 인간적 가치는 종업원을 가족처럼 배려하는 것이고 사업적 가치는 지금 하는 사업에서 죽기 아니면 살기로 승부를 걸어보겠다고 하는 것이다. 그의 일에 대한 열정은 제일 일찍 출근해서 제일 늦게 퇴근하고 토요일, 일요일에도 출근하는 것으로부터 알 수 있다. 또한 직원을 책임지고 있는 사람으로서 외부 강의와 골프도 사양하고 있다. 그는 종업원들에게도 열정적으로 일해 줄 것을 요구하고 있다. 일본전산의 3대 정신은 열정, 정열, 집념이고 '즉시 한다, 반드시 한다, 될 때까지 한다'가 중요한 구호이다. 그가 강조하는 배와 절반의 법칙도 열정의 일환이다. 남보다 일은 하루 16시간씩 두 배로 하고 납기일은 반으로 줄인다는 것이다. 이렇게 하여 다른 기업이 따라올 수 없는 경쟁력을 가질 수 있었다. 이러한 열정으로 그는 사업 초기의 어려움을 극복하였다. 일본전산이 창업한 시기는 73년이고 74년 오일쇼크가 일어났으므로 경제적 위기 상황이었으며 시장 침체기였다. 이런 상황에서 쟁쟁한 기업들이 즐비한데 아무 검증도 안 된 기업에게 일을 줄 리가 만무했다. 그래서 그는 어느 대기업의 담당자를 매일 출근하다시피 찾아가 기존 거래 하청업체들이 못하겠다는 것, 개발부서에서 하고는 있지만 어려운 것을 달라고 하여 드디어 모터의 크기를 반으로 줄여달라는 주문을 받아내었다. 비록 모터 크기를 반으로 줄이지는 못했지만 18퍼센트를 줄였고 이를 크게 인정해주었기 때문에 이후부터 수주를 받을 수 있었다.

일에 대한 열정은 빠른 의사결정에서도 나타난다.

그는 의사결정 1분내 원칙을 가지고 있다. 1분 이상은 직원의 열정을 죽인다는 것이다. M&A 등 중요한 결정은 토, 일요일 생각한 후 월요일에 결정한다고 한다.

또한 그는 실패를 관용하고 있다. 실패는 나무라지 않고 그날로 잊어버린다는 것이다. 이것이 그의 가점주의 철학이다. 실패를 해도 감점을 받는 것이 아니다. 당연한 일을 실수하거나 작은 일을 소홀히 했을 때는 작은 실수도 혼을 내지만, 열심히 했는데도 일어난 큰 실수는 내버려두고 자기 반성하면서 만회할 수 있는 기회를 주고 있다. 실패로부터 배우고 자기 실패를 만회하는 책임의식이 필요하다는 것이다. 핫토리 세이치는 그가 주임일 때 열심히 개척 영업을 하여 납품한 회사의 부도로 7천만 엔의 대금이 회수불능에 빠지는 실패를 했다. 하지만 영업은 물건을 파는 것이 아니라 대금을 회수하는 것이라는 교훈을 얻고 이후 좋은 실적을 거두고 임원이 되었다.

그는 잘한 것에 대해서는 칭찬해주고 글로 써서 부모에게 보낸다고 한다. 가족에게 감사의 표시를 하는 것이다.

그의 인간적 가치는 상호 소통을 강조하는 데서 나타난다. 애정은 시간을 같이 보내면서 이해의 폭을 넓히고 정을 나눌 때 생기는 것이다. 그는 의욕상실의 원인을 비효율적 업무와 상호 소통 부재라고 생각하고 있다. 그는 직원 20명 정도의 단위로 점심을 같이하기도 하고 과장급 이상 중역과 저녁식사도 하면서 일에 대한 자신의 생각을 전달할 뿐만 아니라 개인적 이야기도 나누며 인간적 교감을 이루고자 노력하고 있다. 또한 상호 대화를 통해서 불편사항이나 개선안을 경청하고 회사의 비서로 공감대를 형성하고자 하고 있다. 그리고 직원을 자기 집으로 초대하여 이야기를 나누기도 한다.

그의 사람에 대한 애정은 종업원의 성장을 가장 중요하게 생각하는 데 있다. 그는 교육이 최선의 복지라고 말하면서 종업원의 교육에 자기도 참여하여 중역사원들도 직원들 교육을 중시하도록 하고 있다. 그래서 일본전산의 임원들은 직원들 가르치기에 바쁘다고 하고 있다. 그는 회사 직원을 사랑하기 때문에 호통치고 자극을 준다. 그럴 때 인간적 결함에 대해서는 지적하지 않는다. 그는 호통칠 때 좌절하고 기가 죽는 사람이 아니라 진보적 반발심을 가지고 반성하고 다시 일어설 수 있는 사람이 될 것을 주문한다. 칭찬만으로는 사람을 키울 수 없다는 것이다. 애정 없는 칭찬보다 애정 있는 호통이 더 필요하다. 호통은 사람으로 하여금 궁리를 더 많이 하게 해서 자기개발에 도움이 된다. 그는 특히 장점이 있는 사람, 영업과 R&D에서 성과를 보여주는 사람에게 호통을 쳐 호통 당한 사람이 성공한다는 풍토를 조성하였다. 그는 또한 종업원들에게 3년 내지 5년에 달성할 수 있는 성장의 목표를 통해 꿈을 심어주고 그것을 달성하도록 격려하고 지원한다. 고등학교 밖에 나오지 않은 사람에게는 이런 것을 하면 대졸 자격을 준다든지 또는 과장으로 승진할 수 있다든지 하여 종업원들의 자기개발 및 성장욕구를 자극하고 충족시켜 주는 것이다. 이렇게 고졸사원을 우수한 인재로 키워내고 있다.

그는 종업원의 성품을 중요시한다. 그가 적자 상태에 있는 다른 회사를 인수하여 1년 만에 흑자로 돌려놓는 비결은 인수한 후 종업원들에게 주변 청소와 지각, 무단으로 결근하지 않는 성실근무를 요구한 것이다. 그는 이 2가지가 사람을 제대로 만드는 기본 중의 기본이라고 생각한다. 의욕상실(열정을 상실하고 나태해진다)의 원인은 비효율적 업무인데 이것은 주변이 정리가 되지 않기 때문에 업무가 비효율적일 수밖에 없다는 것이다. 또한 청소를 함으로써 의식이 바뀌고 성취감을 느끼게 된다. 바른 성품을 가지고 있으면 열정과 애정이 나온다고 보는 것이다. 적자 기업을 보면 사람의 기본이 안 되어 있다. 인사를 안 한다든지 청소를 안 한다든지, 근무태도가 불량하다든지 한다는 것이다. 그래서 그가 강조하는 것은 3Q 6S이다. 3Q는 퀄리티 워커Quality Worker가 퀄리티 컴퍼니Quality Company를 만들고 퀄리티 컴퍼니가 퀄리티 프로덕트Quality Product를 만들어 낸다는 것이다. 종업원의 성품이 좋으면 좋은 회사가 되고 좋은 회사는 좋은 제품을 만들어낸다는 말이다. 6S는 좋은 종업원이 되기 위해 갖추어야 할 요소로 정리, 정돈, 청소, 단정, 예의, 소양을 말하는 것이다. 이외에도 그는 좋은 종업원을 만들기 위해서 다음과 같이 몇 가지 조건을 제시하고 있다.

1. 교육해도 쓸모없는 사람의 5가지 조건

1) 변명만 하고 혼을 내려는 진의를 이해하려 하지 않는 사람

2) 혼을 내도 '진보적 반발심(승부욕)'을 갖지 않고 태연한 사람

3) 다른 사람이 혼나고 있는 것에 대해 무관심한 사람

4) 다른 사람을 나무랄 줄 모르는 사람

5) 개인적인 사생활을 전혀 입 밖에 내지 않는 사람

2. 떠났으면 하는 인재의 4가지 조건

1) 지혜를 내지 않는 직원

2) 지시받은 것밖에 못하는 직원

3) 처음부터 다른 사람 힘에 의존하는 직원

4) 곧바로 책임전가부터 하는 직원

3. 믿음이 가지 않는 직원의 5가지 조건

1) 힘들 때 바로 도망가는 직원

2) 자주 몸이 아파 쉬거나 지각하고, 건강관리 의식이 없는 직원

3) 쉽게 남의 일처럼 발언하는 평론가 타입 직원

4) 끝맺음이 어설픈 직원

5) 쉽게 하겠다고 해놓고 약속을 지키지 못하는 직원

4. 등용문(중역사원)으로 들어갈 수 있는 직원의 7가지 조건

1) 건강관리를 제대로 하는 직원

2) 일에 대한 정열, 열의, 집념을 기복 없이 가질 수 있는 직원

3) 어떤 경우에도 비용에 대한 인식Cost Mind을 가지는 직원

4) 일에 대한 강한 책임감을 가진 직원

5) 지적 받기 전에 할 수 있는 직원

6) 꼼꼼하게 마무리 할 수 있는 직원

7) 당장 행동으로 옮길 수 있는 직원

그가 가장 강조하는 것은 종업원의 성품이다. 그는 사람의 의식과 의욕이 중요하고 그다음이 능력이라고 말한다. 기술, 능력의 차이는 한 자리수이지만 의식, 의욕의 차이는 세 자리수라는 것이다. 여기서 의식은 사고방식, 가치관을 말하는 것이고 의욕은 일에 대한 열정과 사람에 대한 애정을 말한다. 가치관으로부터 의식이 나온다. 의식은 긍정적, 적극적, 낙관적인가 부정적, 소극적, 비관적인가 하는 것이다. 무슨 일을 하든지 세계 최고가 되고자 하는 사업적 가치관과 이 사회와 인류에 도움이 되고자 하는 인간적 가치관이 확립되어 있는 사람은 보다 긍정적, 적극적, 낙관적 의식을 가지게 될 것이다.

그는 특히 사람은 자기개발 욕구가 강해야 한다고 말함으로써 의욕을 강조하고 있다. 열정이 있는 사람은 자기개발의 욕구가 강하다. 모든 것을 걸고 일을 제대로 하고자 하고 자신을 발전시킬 자세가 되어 있어야 한다고 강조하고 있다. 그가 신입사원을 채용할 때 학력을 전혀 보지 않고 밥 빨리 먹는 사람 등 파격적인 방법을 사용한 것도 성품을 중요시하기 때문에 나온 방법이라고 생각한다.

이처럼 그가 성품을 중요시하는 것은 직원 채용에도 나타난다. 그는 처음부터 제대로 된 사람을 뽑기 위해서 학벌은 보지 않고 우직하고 끈질긴 사람을 뽑고자 하였다. 한마디로 성품 위주로 사람을 채용하는 것이다. 그래서 다른 기업에서 그대로 모방해서도 안 될 것 같은 목소리 큰 사람, 밥 빨리 먹는 사람, 2킬로미터 달리기를 시켰을 때 빨리 달리는 것보나 쉬지 않고 달리는 사람을 선발하였다. 끈질긴 사람은 열정이 있는 사람이다. 그는 직원이 어떤 꿈을 가지고 있고 왜 이 회사를 선택했는지를 물어보고 회사와 일에 애착이 강한 직원을 채용하고자 하였다. 회사에 들어오고 싶어 가슴 두근거리는 직원이 학교 공부를 잘하는 직원보다 낫다는 것이다.

그가 회사를 급성장시킬 수 있었던 이유는 열정과 애정에 기초를 두고 생각하는 경영을 강조하는 데 있는 것이 아닌가 생각한다. 그는 단순히 열심히 일하는 것이 아니라 골똘히 고민하고 연구하여 아이디어를 내라고 하고 있다. 그는 이것을 지적 하드워킹이라고 부른다. 그는 회사에서는 몸으로 근무하고 퇴근 후에는 생각으로 근무한다고 말함으로써 생각하는 경영을 강조하였다. 그리고 직원들이 경직된 사고를 버리고 유연한 사고와 발상의 전환으로 새로운 아이디어를 내고 도전적으로 생각하도록 독려하고 있다. 그는 '안 된다고 보고하지 말라. 되는 방법을 찾아라' 라고 항상 이야기하고 있다. 그리고 기강을 세우고 긴박감을 조성하기 위해 보고를 직접 받았다. 일본전산에는 아이디어 대회, 영업활성화 대회 등 아이디어를 교환하는 회의나 아이디어에 대한 포상제도가 많다. 모터개발 연구소의 여직원은 사장상으로 1억 원을 받았다.

14

주켄공업 사례

주켄공업은 마츠우라 모토오 사장이 1965년 창업 전 근무했던 한 회사에서 같이 일했던 동료 3명과 같이 창업하였다. 처음에는 플라스틱 성형 하청업체로 출발했는데 지금은 플라스틱 극소정밀부품 분야에서 세계시장의 70퍼센트를 장악하고 있는 세계 최고의 기업으로 성장했다. 매출액은 300억 원이고 직원은 98명이다. 이렇게 규모가 작은 것은 마츠우라 사장이 규모를 확대하는 것을 좋아하지 않기 때문이다. 한국, 대만, 싱가포르 등지에 해외 출자기업이 있다.

이 기업의 가장 중요한 특징은 자율성에 있다. 이 회사는 창업 이래 한 번도 출근부를 기록한 적이 없고 불필요한 규칙은 생산성을 떨어뜨린다는 이유로 어떤 규칙도 만들지 않았다. 출장 후 여비 정산도 할 필요가 없고 출장보고서 작성도 간단하게 하도록 하고 있다. 여비 정산은 모든 경비를 카드로 처리하기 때문에 카드회사에서 날아오는 명세만 확인하면 되는 것이고 출장 보고도 전화, 구두, 간단한 메일로 대체하고 있다. 이 회사는 특히 채용이 특이한 것으로 유명하다. 국적, 성별,

학력을 불문하고 무시험 선착순 채용이다. 요란한 머리에 오토바이를 타고 다니는 망나니 같은 친구나 높은 구두에 노랑머리를 한 불량소녀 같은, 제대로 일도 할 수 없을 것 같은 젊은이들이 들어와도 몇 년 지나면 영어, 중국어, 한국어, 독일어 등 외국어를 구사하고 제 몫을 한다는 것이다. 한 여직원은 고등학교 때 수학점수는 바닥을 기었는데 회사에 들어와 NC기계의 자동 프로그래밍을 다루면서 저도 모르게 수학박사(?)가 되어 미적분도 풀 수 있는 실력을 갖추게 되었다. 이 회사에서는 인문계 대학을 졸업한 여직원이 여성으로서는 일본에서 유일하게 정밀금형을 만들 수 있고 3차원 CAD/CAM을 자유자재로 구사하고 초고속 머시닝센터, 각종 연마기를 능숙하게 조작하는 기술자가 되기도 한다. 이것은 직원들이 배치전환을 통해서 자기가 좋아하는 일을 찾아서 할 수 있기 때문이다. 이 여성도 스스로 금형기술자가 되고 싶다고 요청하였다.

그는 어떤 사람이나 기회를 주고 동기부여하고 지지하면서 기다려주면 스스로 학습하고 성장하면서 잠재력을 무한히 발휘한다고 믿고 있다. 사람이란 어디에 어떤 재능을 감추고 있는지 자기 자신도 모르는 존재라는 것이다. 그는 직원들이 영어를 공부하고 싶어 한다는 걸 알고는 어학교재를 말없이 책상 위에 놓아두어 영어공부를 하도록 유도하기도 하고 외부 학원에 보내기도 하며, 해외에 어학연수를 가고 싶다고 하면 다녀오도록 휴직을 허락해준다. 이렇게 한두 명이 공부를 하기 시작하면 다른 동료들도 자극받아 너도나도 공부를 하겠다고 줄줄이 나선다. 이 회사는 학습하는 분위기가 되어 있는 것이다. 또한 상사가 부하를 가르치는 도제시스템으로 되어 있어 하루도 못 버틸 거라고 생각되는 젊은이들도 주켄의 분위기에 젖어들어 종이가 물에 젖듯이 회사일을 익혀 3~5년이 지나면 자리를 잡고 능력을 발휘하기 시작한다.

마츠우라 사장은 강압하거나 독촉하거나 화내는 경우 없이 직원들이 자기 적성을 찾을 때까지 자리를 재배치하고 기다려준다. 그는 직원들을 기다리고 밀어주면 스스로 움직이는 인재가 된다는 것을 확신한다. 100만분의 1그램이라는 세계에서 가장 작고 가장 가벼운 기어휠의 개발팀장이었던 가와이도 공고 졸업 후 15년 동안 이렇게 기다려주었기 때문에 금형외길을 걸으면서 세계 최고의 기술자가 된 것이다. 이것은 물론 그에게도 추운 겨울 컴컴한 새벽길을 뚫고 인적 없는 공장 한 구석에서 문제 해결을 위해 기계와 고군분투하는 열정이 있었기 때문에 가능한 일이었다.

주켄의 인사관리를 보면 씨비스킷Seabiscuit의 사례가 생각난다. 씨비스킷은 경주마의 이름이다. 씨비스킷은 1936년부터 1941년 사이에 많은 경마대회에서 우승하고 여러 가지 신기록을 수립하는 등 불멸의 기록을 남겼다. 당시 씨비스킷이 떴다 하면 경주마 주변 도로가 마비되고 숙소와 식당은 인산인해를 이룰 정도로 인기 있는 명마였다. 씨비스킷은 몸집이 작고 다리는 구부정해 경주마로서는 최악의 체형을 갖고 있었다. 비정한 주인들로부터 많이 얻어맞아 성격도 포악했다.

그런데 이 말이 미국 역사상 최대의 명마로 바뀔 수 있었던 것은 마주, 조련사, 기수 세 사람이 씨비스킷이 외모와는 달리 맹렬한 스피드와 영특한 머리, 불굴의 투지를 갖고 있다는 사실을 발견했기 때문이다.

그들은 씨비스킷에게 억지로 달리기 훈련을 시키는 대신, 달리고 싶은 마음이 들도록 동기를 부여했다. 말을 안 듣고 저항해도 채찍은 절대 쓰지 않았다. 진정하기를 기다렸고 늘 목을 토닥거리고 간식을 주었다.

또한 씨비스킷을 훈련시킬 때 실력이 엇비슷한 말과 바짝 붙어 달리게 함으로써 경쟁심을 자극했다. 이렇게 그들이 격려하면서 믿고 끝까지 기다려주자 씨비스킷의 숨은 재능은 서서히 빛을 드러내게 되고 만개하게 된 것이다.[15] 주켄공업의 인사관리 철학은 직원들이 재능을 발휘할 때까지 격려하고 믿고 기다려주는 것이다.

이 회사는 직급이 아니라 가족 같은 인간관계가 중시되어 대화와 협력이 잘되고 업무가 물 흐르듯 진행되는 것이 특징이다. 특히 서너 명, 많게는 열 명 정도 직위에 관계없이 함께 나가 회사 근처 우동집이나 라면가게 등에서 점심을 먹으면서 자연스럽게 회사일, 취미, 기술 등 여러 가지 화제로 이야기를 나누는데 때로는 기술 얘기로 점심시간을 넘기기도 한다. 이렇게 기술개발은 계획서도 없고 틈틈이 하며, 수시로 방향이 바뀌고 예산계획도 없이 진행되는 것이 특징이다. 이와 같이 기술개발에는 누구나 참여하여 발언할 수 있다.

이 회사는 정년이 없다. 무슨 일이 있더라도 회사는 직원을 버려서는 안 되고 끝까지 책임져야 한다. 사람은 소모품이 아니며 사원에게 안심과 희망을 주어야 한다는 것이다. 그는 이 고장에서 도움을 받아 어엿한 성인으로 자랐는데 지금도 그때 도움을 준 은인들을 한 번도 잊은 적이 없다고 한다. 그 은혜에 보답하기 위해서 이 고장 청년들을 한 사람이라도 더 훌륭한 사회인으로 만들어 내보내는 것이 그의 의무이며 평생의 과제라고 한다. 저 홀로 자라는 나무는 없다는 것이다. 이것이 그의 인간적 가치가 형성된 배경이다.

마츠우라 사장은 고등학교 때 트롬본의 웅장한 소리에 매료되어서 밤새 연습에 몰두하다 보면 어느새 동이 텄다고 할 정도로 하기로 마음 먹은 일에는 혼신을 다하였다. 그 당시 그의 투지가 하늘을 찌를 듯했다고 말했는데 이와 같이 그는 젊을 때부터 열정이 넘쳤던 사람이다. 그의 열정은 사업적 가치로 나타난다. 사업적 가치는 이 사업에 자기 전부를 바치는 열정이다. 그는 기술의 마이크로화와 고정밀도라는 목표를 세우고 잠시도 쉼 없이 분주히 달려왔고 작은 기어휠을 만들기 위해 한순간도 게으름을 피우지 않았다. 그는 가공정밀에서 세계 제일의 회사를 만들자는 비전을 가지고 있다.

그의 또 다른 비전은 절대 파산하지 않는 회사를 만드는 것이다. 이를 위해서 필요한 것이 시대의 변화를 읽고 한발 앞서 준비하는 것이라고 말하면서 신문, 논문을 정독하고 전문가들과 변화를 논의하면서 신기술을 빠르게 도입하고 흡수하고 있다. 미래를 위해 오늘 투자하는 것이 생존과 직결된 일이라는 것이다. 그는 중소기업으로서 어느 기업보다 일찍부터 컴퓨터를 도입하여 관리의 자동화를 이루었고 토요타 생산 방식, FMS 등도 일찍 도입하였다.

마츠우라 사장은 우연히 마주친 에릭슨의 일본주재원과 대화를 나누다가 세계의 산업구조가 바뀌고 있음을 감지했다. 그래서 새로운 기술의 개발만이 생존을 담보할 수 있다고 생각해 기술의 마이크로화에 승부를 거는 결정을 내리고 극소부품을 생산하기 시작하였다. 이것이 이 회사가 100만분의 1그램 기어휠을 만들고 세계적인 기업이 된 배경이다.

주켄이 극소부품을 생산하기 시작한 것은 1990년경인데 처음에 만든 것은 손목시계 부품이었다. 1000분의 2~4그램으로 당시로서는 경이적인 크기였다. 그 후 1만분의 1그램, 10만분의 1그램을 생산하면서 기술개발에 박차를 가했는데 10만분의 1그램, 지름 0.245밀리미터의 기어휠을 발표하고부터 주켄을 둘러싼 분위기가 급변하기 시작했다. 해외를 포함해서 한 번도 주문이 없었던 업계와 지역에서 주문이 밀려들기 시작한 것이다. 당시 주켄은 매출의 70퍼센트를 가전, 전자부품에 의존해왔는데 지금은 거의 제로에 가까운 상태이다. 마이크로부품의 생산, 즉 미세가공기술을 개발해내지 못했다면 아마도 지금쯤은 도산했을 것이다. 이와 같이 마츠우라 사장은 미래시장의 변화를 읽고 환경 변화에 적응해나가는 통찰력을 가지고 있다.

지도자가 갖추어야 할 3가지 능력은 통찰력, 추진력, 친화력이다. 추진력은 통찰력에 기초를 두고 방향을 정했으면 그 방향으로 조직이 나아갈 수 있도록 구성원과 공감대를 형성하고 조직과 시스템을 갖추어 필요한 기술을 개발하면서 설정한 목표를 끝까지 밀어붙이는 것이다. 이런 기업은 원가, 품질, 기술의 측면에서 우수한 성과를 내고 있다. 주켄공업도 규모는 작지만 생산기술과 품질관리에서는 그 어느 기업에도 뒤지지 않을 만큼 탄탄한 시스템을 구축하고 있다. 금형은 크기부터 작업 순서까지 모두 표준화되어 있고 재질, 표면처리 등의 과정도 표준 작업으로 통일하고 있다. 그의 추진력은 기술개발에 강한 집념으로 나타났다. 외주를 주고 있던 금형을 직접 제작하고 성형기도 남의 기계를 쓰기보다 직접 제작하기로 하였다. 금형에 대해서는 다나카 카즈오라는 젊은 기술자를 영입하였는데 그는 지금 세계 최고의 정밀도를 실현하는 기술을 보유하고 있는 소중한 인재이다. 성형기도 고속저압력 사출이라는 개념에 기초를 두고 기술개발하여 외양은 독일제와 비슷하지만 사출속도는 3배나 빨라 주켄공업이 세계를 리드할 수 있는 기초가 되었다. 일을 철저하게 하는 그의 추진력은 품질관리시스템을 정착시켰다. 주켄공업은 지난 30년 동안 실시한 품질관리 기록을 완전하게 보관하고 있다. 그것도 하루를 오전, 오후, 야간 3로트로 나누어 각 로트의 샘플과 함께 모든 종류의 서류를 정리 보관하고 있다. 취급 품목(플라스틱 성형품)이 약 2500점, 생산량이 한 달에 약 1억 개에 달하기 때문에 서류나 샘플의 보관 관리는 품질에 대한 보증이기도 하며 품질에 대한 리스크 관리이기도 하다. 또한 비용을 절감하기도 한다. 예전에 광우병 소동이 한창일 당시 유키지루시 식품은 수입 쇠고기를 국산 쇠고기로 속여 판 적이 있었다. 이 사건에서도 알 수 있듯이 완전하게 관리, 보존한 기록만 있었다면 추적 조사가 가능했을 것이고, 그처럼 거액의 배상금을 물어주거나 멀쩡한 고기까지 폐기할 필요는 없었을 것이다. 그는 이러한 시스템을 갖추기 위해 전문가의 컨설팅을 받은 것이 아니라 스스로 책이나 논문을 읽고 흡수하고 적용했다. 이것은 마츠우라 사장의 끈질김과 집념이 있었기 때문에 가능했을 것이다. 그는 품질 관리를 해설한 '일본공업규격'이나 미국 해군의 품질관리 기준인 '미국군용규격' 등을 참고하였다. 이외에 1973년 봄 어느 신문에 토요타의 오오노 다이이치 씨가 쓴 '토요타 생산 방식'이라는 논문과 혼다의 구마모토 공장장이 쓴 FMSFlexible Manufacturing System에 관한 논문을 읽고 회사에 적용하였는데 이것이 주켄공업을 근대적인 공장으로 혁신하는 밑거름이 되었다.

그의 친화력은 인간적 가치로부터 나온다. 그는 편견 없는 세상, 차별 없는 세상을 항상 강조하고 있다. 또한 매출이 떨어졌다거나 게으른 직원 때문에 언성을 높인 적이 없었다. 그러나 사람을 차별하거나 무시하는 광경을 목격하면 단 한 번도 그냥 지나치지 않았다. 상대를 배려해주는 그의 성품은 그의 모든 인간관계와 사업관계를 높은 신뢰관계로 만들고 있다. 그는 해외에 총 12개의 회사, 14개의 공장을 설립하였는데 출자는 상대 자본의 30퍼센트를 넘지 않도록 하고 있고 배당은 일체 요구하지 않을 뿐만 아니라 기술지도 비용도 받지 않는 것을 원칙으로 하고 있다. 이들 해외 기업과는 구두로 약속을 해서 계약서가 존재하지 않는다. 그는 인간관계와 사업관계에서 두터운 신뢰를 끌어내는 강한 친화력을 가지고 있는 것이다.

이러한 가치에 기초를 두고 그는 지도자가 갖추어야 할 통찰력, 결단력, 친화력을 가지고 개방적 문화와 도전적 문화를 형성하면서 주켄을 세계 일류기업으로 발전시켜 나가고 있다.

2장

우수기업의 리더십

전략의 고리: 경쟁력의 기본

전략의 고리

경영에서 기본이란 돈을 버는 것, 즉 이익을 남기는 것이다. 그런데 이익을 남기려면 우리 물건을 사주는 고객이 있어야 하고, 고객을 확보하기 위해서는 우리 제품의 품질이 좋아야 하고, 품질이 좋기 위해서는 기술을 개발해야 한다.

기술은 어떻게 개발되는가? 기술은 현장에서 사람이 개발하는 것이다. 특히 현장을 무시하고는 기술이 개발될 수 없다는 것을 인식할 필요가 있다. 기업이 추구해야 할 목표는 이익보다 더 중요한 고객, 품질, 기술, 현장, 사람의 개발과 같은 것이 있다. 나는 이것을 다음 〈그림 12〉와 같이 전략의 고리로 나타내었다.

최근 품질관리에서 나오는 이야기는 QC(품질통제)에서 QM(품질경영) 또는 TQM(총체적 품질경영)으로 가야 한다는 것인데 이것은 무엇을 뜻하는가? QM이란 경영의 모두 기능과 관련되어 있는 것으로 경영을 잘

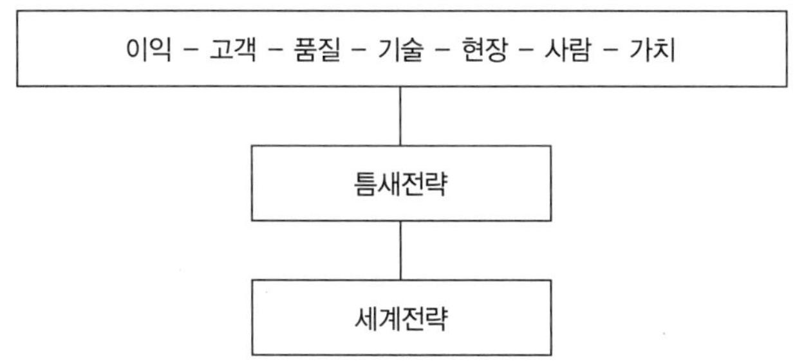

해야 품질이 좋아진다는 것이다. 우리는 품질하면 생산부문이나 공장 중심으로 생각한다. 그러나 품질은 공장에서 생산하는 것만이 전부가 아니다. 주문에서 배달까지 모든 기능이 포함되는 것이다. 좋은 품질의 제품을 만든다는 것은 효율을 추구하는 제도와 기법만이 아니라 사람과 전략도 포함된다. 사람들을 자율적으로 참여시켜 혁신적 아이디어를 끌어내고 시장의 틈새를 찾아 가치를 창출하는 미래지향적 전략을 수립해야 한다. 품질경영의 목표는 경쟁력인 것이다.

우리는 그동안 품질이라는 말을 할 때 제품만을 다루었고 그것을 가능하게 하는 하부구조에 대해서는 다루지 않았다. 우리나라는 70년대부터 80년대까지 품질을 강조하다가 최근에는 고객만족을 강조하기 시작했다. 그러나 이 2가지는 별개가 아니다. 사실 고객, 품질, 기술, 현장, 사람은 말은 다르지만 하나의 고리로 연결되어 있는 불가분의 관계를 가지고 있는 것이다. 그러나 우리는 과거 기술개발 없이, 그리고 고객을 무시하면서 품질을 강조했다. 이것이 한국 기업이 환경 변화에 적응하는 강한 체질을 기르지 못한 주된 원인이라고 생각한다.

지금 우리는 고객만족 경영이라고 해서 고객을 강조하고 있지만 이것만 강조한다면 다시 잘못될 우려가 있다. 고객만족을 제공하기 위해

서는 기술개발해서 고객의 욕구를 충족시키는 좋은 제품을 생산해야
하는 것이다. 따라서 우리가 고객만족이라고 말할 때는 그 속에 품질
향상, 기술개발, 현장중시, 사람개발이 모두 포함되어 있어야 한다. 다
시 말해 전략의 고리를 실천하는 것이다.

그러나 많은 기업이 단기적인 이익을 확보하기 위해 성장률, 시장점
유율, 매출액을 가장 중요한 경영지표로 삼고 고객만족보다는 물건판
매에 더 많은 비중을 두고 있다. 하지만 전략의 고리는 기업의 목표를
이익추구에서 사람(종업원)의 개발로 바꿀 것을 요구한다.

이를 위해서는 최고경영자의 경영에 대한 철학과 가치에 기초를 둔
정신적 전환이 일어나야 한다. 따라서 전략의 고리를 움직이는 중심축
은 가치이다.

가치에는 사업적 가치와 인간적 가치의 2가지가 있다. 조직 내에 사
업적 가치와 인간적 가치가 있을 때 종업원이 모두 하나가 되는 인간적
경영이 가능한 것이다. 그리고 이러한 가치를 지니고 있을 때 기업은
많은 것을 하려고 하지 않고 핵심 역량에 기초를 두고 틈새전략을 구사
함으로써 세계를 무대로 한 경쟁전략을 추구하게 된다.

최고경영자의 가치

1) 가치의 내용

① 사업적 가치

사업적 가치는 전략의 고리를 실천하는 추진체이다. 사업적 가치는
우리는 무엇 때문에 일을 하고 사업을 하는가에 대한 질문이다. 돈 때
문인가, 가치 때문인가. 가치는 인간의 가장 중요한 욕구다. '죽는 것

이 두려운 것이 아니라 의미 없는 죽음이 두렵다'는 말이 있다. 가치는 꿈과 희망을 제공하고 우리를 흥분시키고 열정을 불러일으킨다. 1960년대 초 미우주항공국의 '인간을 달에 착륙시킨다'는 숭고한 목표에 과학자들이 열정을 가지고 일을 했고 달 착륙 프로그램은 성공할 수 있었다.

무슨 일이든지 잘하기 위해서는 단지 돈 때문에 하는 것이 아니라 이것은 '일생을 걸고 해볼 만한 일'이라고 하는 도전적 가치를 확립해야 한다. 자기 사업에 대한 가치가 확립되어 있을 때 열정이 나오는 것이다. 사업에 대한 열정과 도전이 있을 때 실패를 마다하지 않고 기술개발에 매진하고 좋은 제품을 만들어 고객에 봉사한다는 정신이 나온다. 혼다의 비전은 '완벽한 엔진을 만든다'는 것이다. 이러한 비전이 있기 때문에 혼다는 현장 중심의 기술개발에 매진하여 세계 최고의 자동차를 만들 수 있었다.

사업적 가치를 가진 사람은 행동지향적이고 적극적인 기업가적 사고의 소유자이다. 사업 추진에서 저돌성을 보인다. 방향이 뚜렷하여 과감히 불확실성에 도전하는 자신감과 모험심을 보여준다. 사업 자체가 인생이기 때문에 사업을 위험부담으로 생각하지 않는다. 사업 없이는 의미 있는 인생이 될 수 없기 때문이다.

이들의 사업적 가치는 '한 우물 파기' 경영철학으로 나타낼 수 있다. ㈜이화다이아몬드공업은 국내 공구시장에서 31퍼센트의 점유율을 차지하는 국내 1위, 세계 5위의 다이아몬드공구 생산업체이다. 이는 지난 24년 동안 한눈팔지 않고 오직 다이아몬드공구 생산이라는 외길을 걸어온 결과이다. 이 회사는 좋은 제품을 만들면 판매는 저절로 늘어난다는 믿음으로 기술개발에 몰두하여 매출액의 3퍼센트 이상을 연구개발비로 투자하였다. 연구인력은 직원 500명의 6퍼센트에 해당하는 30여 명이 넘는다. 이는 제조업체의 생존을 지탱해주는 것은 장인정신이라는 창업자 김수광 회장의 경영철학에 기인한 결과이다. 모발건조기 분야에서 국내시장의 28퍼센트를 차지해 선두를 달리고 있는 유닉스전자도 21년 동안 '품질에는 타협이 없다' 라는 구호 아래 기술개발에 역점을 두고 새로운 기능 추가와 아름다운 디자인 개발로 제품을 차별화하여 성공하고 있다.

"남들이 가격에만 관심을 둘 때 우리는 품질과 기술에 관심을 두었기 때문에 오늘의 유닉스전자가 있는 것이다"라고 이 회사의 이충구 회장은 말한다.

'기술력은 기업생존의 처음이자 끝' 이라는 생각으로 매년 매출액의 3퍼센트 이상을 연구개발에 투자하며 신제품 개발에 주력하고 있는 은성사는 93년 낚시용품 연구소를 세웠다. 20여 명의 연구원이 직접 바다와 호수를 찾아 신제품 개발에 몰두하여 국내 최초로 카본소재 낚싯대, 교환성 민물낚싯대 등 많은 신제품을 개발해오고 있다.

사업적 가치관은 이상의 사례에서 보는 바와 같이 위험을 무릅쓰고 기술개발에 매진하여 좋은 제품을 만들어 고객에 봉사하겠다는 정신이고 열정인 것이다. 이러한 정신에 의해서 성공하는 기업들은 다른 경쟁 기업들이 단순히 기술을 도입하거나 외국 부품을 구입하여 조립하다가 도태되어 가는 데 비해 자체적으로 기술개발하는 어려움을 거치면서 경쟁력을 키워나간다. 인덕션쿠커 사업에서 경쟁업체들은 대만의 부품을 들여와 조립하다가 도태되어 나갔는데 신화물산은 자체개발로 경쟁력을 갖추고 있는 것이 좋은 예가 될 것이다.

다시 말하여, 숭고한 가치에 기초를 둔 열정과 도전의식이 기술과 품질을 향상시키고 봉사정신을 낳고 경쟁력을 결정한다.

② **인간적 가치**

인간적 가치는 인간존중의 가치이다. 인간존중의 가치란 종업원들을 가족처럼 생각하고 조그만 것에까지 세심한 배려와 관심을 가짐으로써 종업원들로 하여금 사장이 남이 아니라는 생각을 갖게 하고, 회사 일을 열심히 함으로써 자신이 잘되고 회사가 잘된다는 생각을 갖게 하는 것이다.

유닉스전자의 인간적 가치는 최고경영자가 가장 중시하는 것이 사람의 '마음가짐'이라고 하는 데서 찾아볼 수 있다. 마음은 인간 행위의 기초이므로 올바른 마음가짐을 갖고 있을 때 좋은 품질의 제품을 생산할 수 있다.

유닉스전자에서 가장 크게 드러나는 특징은 식사 후의 반별 토의이다. 이 회사는 중역들과 종업원이(사장은 최소한 1주일에 1번 이상) 늘 같이 식사하는 문화를 갖고 있다. 같은 식탁에서 식사하고 담소하며, 식사 후에는 꼭 작업반별로 모여 토의를 한다.

이런 기회를 통해 사소한 문제라도 불만은 그 자리에서 해소하고, 회사의 작업 환경과 개인 일을 이야기하며 친화력을 유지하도록 하고 있는데, 이것이 유닉스전자의 제일 큰 무기가 되고 있다고 생각한다.

이와 같이 성공하는 기업은 종업원을 회사의 최대자산으로 여기는 경영자의 인식이 종업원의 능력향상과 일에 대한 즐거움을 유발시켜 자율성을 바탕으로 창의력을 발휘할 수 있는 기반을 제공하고 있다. 자율성은 현장에서 관리자들의 간섭 없이 빠른 결정을 내릴 수 있는 근거와 기업 성공의 가장 중요한 요소가 되고 있다.

이상과 같이, 인간적 가치관을 통해 종업원들이 경영층과 일체감을 이룰 때 종업원들은 회사가 곧 가정이라는 인식하에 경영자를 믿고 따르며 회사의 경영에 주인으로서 참여할 수 있고 오랫동안 회사에 머무르게 되는 것이다. 오래 근무하는 직원이 많을수록 일선 부서나 공장에서의 기술축적이 가능해지고 이를 바탕으로 낭비 요소의 제거를 통해 끊임없는 향상이 이루어질 수 있다.

2) 사업적 가치의 형성과 공유

① 가치의 형성

사업적 가치는 어떻게 형성되는가?

사업적 가치 즉, 사업에 대한 열정은 깊은 경험으로부터 형성되고 가슴 깊은 곳에서 나오는 것이다. 충격적 경험과 진한 감동, 깊은 사색이 필요하다. 우리가 왜 사느냐 하는 질문을 통해 인생의 허무와 절망을 경험해야 한다. 이럴 때 아무것도 건질 것이 없는 인생에서 한 가지 가치 있는 일에 자기를 던지고 싶다는 정신이 생긴다.

의료장비를 생산하는 메디컬그래픽스의 회장인 카이 앤더슨은 아직 어린 나이인 13세 때 아버지가 40대 후반의 나이에 심장마비로 죽는 경험을 하게 된다.

아버지의 죽음에서 인생의 허무를 느낀 것일까? 그녀는 "아버지의 죽음은 나의 남은 인생 전부를 형성하는 데 결정적인 영향을 끼쳤다. 아버지의 죽음이 심장병으로부터 인류의 생명을 구해야겠다는 사명으로 바뀌었다. 또한 내가 필요로 했던 정력, 결단력을 제공했고 영감을 불어넣어 주었다"라고 이야기한다.

그녀는 고등학교 때 실험실에서 아르바이트를 하면서 방학을 보냈다. 친구들은 햇볕에 그을린 얼굴로 돌아왔지만 그녀는 귀신처럼 창백한 얼굴을 하고 있었다.

세인트 스콜라스티카대학으로 진학하여 의료 과학기술을 전공하였는데 공부에 대한 의욕이 너무도 강렬하여 아무도 말릴 수 없을 정도로 공부를 열심히 하였고, 졸업 후에는 미네소타대학교 대학병원의 심폐 실험실에 취직하였다.

이러한 경험을 기초로 그녀는 심장병 진료장비를 생산하는 회사를 창립하게 된 것이다.

② **가치의 공유**

또한 이러한 가치는 종업원과 공유되어야 한다. 혼자만의 열정으로 남아 있다면 좋은 결과를 기대할 수 없다. 가치를 공유하기 위해서는 자신의 경험을 종업원과 공유하고 일의 중요성에 대한 공감대를 형성하면서 비전, 설교를 통해서 조직 내에 가치를 심어나가야 한다. 동시에 상징적 행동, 구체적 정책 및 지속적 프로그램으로 가치에 대한 인식을 제고시켜야 한다. 자신의 경험을 종업원과 공유한다는 것은 쉬운 일이 아니다. 그것은 자신의 내부 깊숙이 자리 잡고 있는 개인적 감정을 드러내놓는 것이기 때문이다. 그러나 자신의 경험과 느낌을 이야기할 때 종업원들과 일의 중요성에 대한 공감대를 형성할 수 있고 공동체 의식을 가질 수 있게 된다.

일에 대한 가치를 공유하기 위해서는 그 일을 직접 해봄으로써 일의 감각을 개발해야 한다. 그 일을 해본 경험 없이는 그에 대한 가치를 공유할 수 없다.

항공회사라면 어느 부서에 있는 종업원이라도 비행기에 대해 잘 알아야 한다. 경리부에 있더라도 비행기에 대해 이야기할 수 있어야 하는 것이다.

사업의 감각을 개발하기 위해서는 판매원을 포함한 모든 종업원들이 현장에서 가장 기본적인 일부터 배우고 우리 회사는 무엇을 하는 회사라는 것을 느껴야 한다. 이렇게 해야만 제품과 사업에 대한 감각을 개발할 수 있고 일의 가치를 공유할 수 있다. 예를 들어서 독일의 공작기계회사인 트럼프Trumpf사에서는 파일링filing, 미국의 가구회사인 토마스 모저Thos Moser에서는 샌딩sanding, 왁스칠 등 기본적인 것부터 모든 종업원에게 시작하게 한다.

비전은 우리 회사가 하는 일의 핵심적 요소가 무엇인가 하는 것을 나타내는 것이다. 페더럴익스프레스의 비전은 '무조건 틀림없이 하룻

밤 사이에 진정으로 신뢰할 만한 우편배달 서비스를 제공하는 것'이다. 메디컬그래픽스의 비전은 '완벽한 심폐장비를 개발하여 심폐질환으로부터 인류의 생명을 구하자' 하는 것이 될 것이다. 이렇게 쉽게 기억할 수 있는 비전이 있고 이러한 비전이 종업원의 일상 경영활동과 밀접하게 연결될 때 사업적 가치의 공유는 보다 용이해질 것이다.

설교 또한 가치를 공유하는 좋은 방법이다. 최고경영자는 설교를 통해서 종업원에게 일에 대한 열정을 불러일으킬 수 있어야 한다. 메디컬그래픽스의 카이 앤더슨은 우리가 정확한 조사결과를 제공해줄 수 있는 세계에서 가장 훌륭한 심폐진료 장비를 제작하여 여러분의 가족이 구급실로 와서 우리 회사의 제품을 쓸 때 우리 가족의 생명을 구해줄 수 있으리라는 확신이 설 수 있도록 하자는 설교를 통해서 종업원과 가치를 공유하고자 하였다(카이 앤더슨의 예는 2부 1장 02 '비전의 요소' 참조).

상징적 행동, 구체적 정책, 지속적 프로그램이 일의 중요성을 일깨워준다. 캠핑용 버너로 유명한 콜맨Coleman에서는 불량품에 대한 고객의 불만이 접수되자 사장이 임원회의를 소집하고 "아니, 우리 회사가 못 쓰는 물건을 팔았단 말이오? 당장 수거하고 새것으로 교환해주시오. 그리고 당장 원인을 알아내시오!" 하고 호통을 치고 그냥 회의실을 떠났다. 이것은 나쁜 품질의 제품은 만들지도 팔지도 않겠다는 결의를 보여주는 상징적 행동의 예가 되는 것이다. 미국의 테넌트Tennant 사에서는 재작업을 하지 않는다는 정책을 수립하고 재작업 기능공의 수를 20명에서 10명으로 줄이다가 이제는 2명밖에 없다. 앞으로는 한 명도 두지 않을 계획이라고 한다. 이것은 잘못 만든 물건은 재작업하지 않음으로써 처음부터 잘 만들어야 한다는 정신을 강조하기 위한 정책이다.

경영은 시간이 지남에 따라 열기가 줄어드는데 특히 이것은 우리가 품질관리에서 경험한 것이다. 계속해서 새로운 프로그램을 고안해내어 경영에 활기를 불어넣는 것이 중요하다. GE에서는 타운미팅, 변화 가속 프로그램, 최근에는 6시그마 프로그램 등으로 계속해서 비전을 향한 열정을 불러일으키고 있다.

전략의 고리 실천

전략의 고리가 실천되기 위해서는 가치가 확립되어야 한다. 이때 요구되는 경영은 다음과 같다.

1) 인재육성

종업원을 성숙된 인간으로 만들고 그렇게 대우해주는 것이 인간적 경영의 기본이다. 이것은 자율과 참여의 경영을 말한다.

종업원의 자발적인 참여 없이는 아무런 효과를 거둘 수 없다. 품질을 원한다면 통제 위주의 경영에서 자율 위주의 경영으로 경영의 개념이 바뀌어야 한다. 자율성 아래에서 정성이 나온다. 품질은 강요될 수 있는 것이 아니다. 자기통제만이 완전한 품질은 가능하게 한다.

자율과 참여의 경영을 위해서는 관료제도의 타파, 기능 간 장벽 타파, 정보공개가 중요하다.

중간관리자와 조장, 반장과 같은 일선 감독자를 제거하고 자율경영 팀을 만들어 기능 간 장벽을 타파하고 고객의 문제를 자체적으로 해결할 수 있도록 해주어야 한다. 모든 작업자들이 감독자 없이 행동해서 함께 일할 때 학습에 대한 열의가 생겨 능력이 향상되면서 공급자와 직접 접촉도 하게 되고 설계업무까지도 맡게 될 수 있는 것이다.

또한 소규모 팀으로 일하면 서로를 잘 알게 되어 소속감을 느끼고 일에 대한 의욕이 생긴다. 자율과 참여의 경영에는 대화와 정보공개가 중요하다. 말콤볼드리지상을 수상한 글로브 금속회사의 심스A Sims 사장은 이렇게 말한다.

"나는 종업원들과 분기별로 회의를 갖는다. 20~30명의 소그룹 단위로 전 직원과 한 사람도 빠짐없이 만난다. 나는 아무것도 숨기지 않는다. 회사 장부를 공개하고 보여주면서 우리 상황이 얼마나 심각한지를 설명했고 대화를 통해서 그들의 이해를 구했다."

기능 간 장벽을 타파하기 위해서는 광범위한 교차훈련과 직무전환이 필요하다. 자기 일 이외에 다른 사람의 일을 해보아야 그들을 이해하게 되고 향상의 아이디어가 많이 나오게 된다.

또한 자기 일에 대한 자부심이 있어야 한다. 자부심이 있을 때 일에 대한 정성이 나온다.

사람들은 자아실현의 욕구를 가지고 있기 때문에 자기 스스로 잠재력을 찾고자 확인하고 개발할 수 있는 무한 기회를 제공할 때 자부심이 생기는 것이다.

경영의 목표는 모든 종업원들이 최고 능력을 발휘할 수 있도록 만들며 자부심을 갖게 하는 것이다.

2) 기술개발

가치가 있을 때 열정이 있고 실패를 마다하지 않는 용기가 나온다. 이것이 기술개발의 기초가 된다.

미국의 토마스 모저라는 가구회사의 사장은 다음과 같이 말하고 있다.

"우리는 지금까지 '사업계획서'라는 것을 만들어보지 않았다. 그냥 가장 좋은 가구를 만든다는 생각뿐이다. 나의 유일한 전략은 많은 시도를 하고 무엇이 성공하는가를 파악하는 것이다. 이렇게 해서 나는 가구 설계를 한다. 내 설계의 대부분은 실패작이다. 그러나 여러 가지 시도해보는 것이 가만히 앉아서 이야기하는 것보다 낫다."

이러한 시도와 실패가 현장 중심의 기술개발이고 좋은 제품의 기초가 되는 것이다.

기술개발이 안 된다면 그 이유는 사업적 가치와 도전의식이 없기 때문이다. 그들은 새로운 시도를 해보지 못했고 따라서 실패를 해본 경험이 없다. 그들은 너무 쉽게 돈을 벌려고 하고 있다. 과거에 외국에서 설비를 사와서 투자만 하면 돈을 벌던 시대의 체질을 아직도 가지고 있는 것이다. 이는 인건비가 쌀 때는 가능했지만 이제는 이렇게 해서는 경쟁력이 있을 수 없다. 설비를 사오는 것이 아니라 설비를 개발해야 한다.

부품이나 소재도 마찬가지다. 이것을 일본에서 수입만 해온다면 경쟁력에서 일본에 뒤처질 수밖에 없다. 왜냐하면 이제는 새로운 것을 만들어내는 혁신 능력이 요구되는데 소재, 비품, 설비의 개발 능력 없이는 혁신이 불가능하기 때문이다.

기술개발은 현장에서 일하는 종업원들의 아이디어에 기초를 두고 문제를 해결해나가는 과정이다. 그런데 좋은 아이디어가 제안되기 위해서는 그런 아이디어를 필요로 하는 분위기가 형성되어야 한다. 최고경영자가 기술개발에 대한 강력한 의지를 가지고 있을 때 좋은 아이디어를 가치 있게 생각하는 분위기가 형성되고 종업원들의 좋은 아이디어가 발굴될 수 있다. 그런 의지가 없으면 아이디어를 내는 사람은 귀찮은 존재가 되어 중간에서 좌절하게 되는 것이다.

3) 품질 향상

사업적 가치가 있을 때 완전한 제품을 추구하게 되고 제품은 하나의 예술적 작품이 된다. 고객의 관심은 비합리적이고 주관적, 정서적이므로 지각적인 문제를 다루어야 한다. 품질은 통계가 아니다. 이것으로는 고객의 사랑을 받을 수 없다. 피카소의 그림같이 품질을 예술적 차원으로 격상시켜야 한다. 품질은 기술적인 것만이 아니라 심미적인 것이다. 재미있고 흥미진진한 제품은 기술적 우수성만으로 달성될 수 없다. 일에 자기 전부를 바치는 사람의 열정이 필요하다. 미국의 토마스 모저라는 가구회사는 가구를 팔지 않고 정신을 판다고 이야기하고 있다. 이 회사는 가격이 375달러에서 6000달러까지 하는 19세기형의 구식 디자인을 한 우아한 수제가구를 생산한다. 고객들은 그냥 단순히 앉기 위한 것을 사는 것이 아니라 거기에 담긴 강한 정서적 요소, 정신과 정성을 사는 것이다. 그들은 원자재 구매에서부터 배달에까지 정신을 불어넣고 있다. 고객들은 단순히 잘 만들고 디자인이 좋아서 사는 것이 아니라 하나의 예술적 작품으로 사는 것이다. 대부분의 제품, 특히 대량생산제품에는 이 정신이 결여되어 있다.

사업적 가치가 있을 때 제품이 생활의 전부가 된다. 독일의 트럼프 공작기계 회사는 완전한 기계를 만들기 위한 노력을 하고 있다. 이 회사의 사장은 42년 전 견습생으로 일했으나 지금은 주식의 73퍼센트를 소유하고 있다. 최고경영자는 제품을 알고 사랑한다. 이럴 때 제품이 자기의 전부라는 사고가 생기고 제품을 사랑하기 때문에 관리자보다 근로자를 더 사랑하게 된다. 이러한 정신이 제품을 예술적 차원으로 격상시키고 있는 것이다.

4) 고객만족

고객만족을 위해서 중요한 것은 최고경영자가 조직 내에 고객을 중요시하는 비전을 설정하고 실천하는 것이다. 고객을 중요시하는 최고경영자의 비전은 사업적 가치관으로부터 나온다. 사업적 가치는 소명의식이고 이 일을 통해서 고객에게 봉사하고 사회에 기여한다는 정신이다. "우리가 사는 것은 돈 이상의 어떤 의미를 추구하는 것이다"라는 말이 있는데 돈 이상의 어떤 의미가 바로 봉사인 것이다. "아무리 작은 구멍가게를 하더라도 그것에 의미를 부여하는 일이 필요하다" 라는 말처럼 만일 우리가 돈 때문에 일을 한다면 우리의 열정에는 한계가 생기고 발전은 제한될 것이다.

미국의 식료품업체 사장 스튜 레오나드는 '고객은 언제나 옳다' 라는 자신의 철학을 상점 벽에 게시하였다. 이처럼 최고경영자의 비전이 구체적으로 표현되고 실천될 때 종업원 모두는 고객봉사라는 공동 목표를 가지고 고객문제 해결에 초점을 맞추게 된다. 고객봉사 정신이 하나의 가치관으로서 조직 내에 자리 잡게 되는 것이다. 즉, 고객봉사는 물건을 많이 팔아 이익을 남기기 위한 것이 아니라 보다 나은 사회를 만들기 위해 도덕적 차원에서 요구되는 것이다.

얼마 전 어느 일본인이 한국의 백화점에서는 물건을 강매하려는 인상을 주는 점원이 가까이 와서 붙어 다니고 있어 고객을 '걸어 다니는 돈지갑' 정도로 취급하고 있다고 불평했다. 이는 한국의 백화점이 봉사지향적이라기보다 판매지향적이기 때문이다. 그래서 물건을 잘 바꿔주지도 않고 물건을 사지 않고 나갈 땐 괜히 등이 근질근질해지는 것이다.

전략

경영이 효과적이기 위해서는 전략도 중요하다. 고객의 욕구를 충족

498

시키는 전략이 틈새전략이다. 틈새전략을 구사하기 위해서는 언제나 고객의 말을 듣고 고객의 입장에서 제품을 연구하고 만드는 것이 요구된다. 경영은 고객의 신뢰를 획득하는 것인데 이렇게 할 때 고객의 신뢰를 획득할 수 있다.

미국에서 말콤볼드리지상을 수상한 글로브 금속회사는 고부가가치 제품으로 틈새시장에 진출하여 세계 최고의 기업과 경쟁한다는 자부심을 갖게 됨으로써 기업을 도산 직전에서 회생시켰다. 이 회사의 심스 사장은 "보통 고객들은 '여기에 주문 목록이 있으니 이 중에서 원하는 것을 고르시오'라고 하는 구매방식에 익숙해 있지만 우리는 '당신이 필요로 하는 것은 무엇입니까?'를 물으면서 고객의 입장에서 영업을 했다"라고 말한다. 세계 최고의 기업과 경쟁한다는 세계전략은 우수기업이 되기 위해 필수적인 도전정신을 제공해준다. 세계전략을 위해서는 틈새전략을 구사해야 한다.

전략은 또한 변화와 혁신에 기초를 두고 있어야 한다. 바뀌지 않는 것은 없다. 변화하는 고객의 욕구에 적응하기 위해 끊임없이 향상시켜 나가야 한다. 명확한 비전에 기초를 두고 모든 것을 바꾼다는 것이 전략의 핵심이 되어야 한다. 독일의 트럼프, 미국의 HP와 3M같은 회사는 매출액의 30퍼센트 이상을 지난 3년간 개발된 신제품으로부터 올려야 하는 혁신목표를 가지고 있다.

이하에서는 틈새전략과 세계전략을 추구하는 기업들의 사례를 살펴보기로 하자.

1) 틈새전략

최고경영자가 사업적 가치와 인간적 가치를 가지고 있을 때 사람을 통해 기술을 개발하고 좋은 품질로서 다양한 고객의 욕구를 충족시키는 가치창조의 활동이 가능한 것이다. 사업적 가치와 인간적 가치가 없을 때 기업은 이익에만 머물러 고객을 중요하게 생각하지 않기 때문에 돈이 되면 무엇이든지 하려고 하는 시장점유전략을 구사하게 된다.

시장점유전략은 기존 시장에서 타 회사보다 시장 지분을 더 차지하고자 노력하는 것이고, 가치창출전략은 변화된 고객의 욕구를 충족시킴으로써 새로운 시장을 창출하고자 노력하는 것이다. 시장점유전략은 능력보다는 무엇이 잘 팔리고 있는가에 기초를 두고 많은 일을 벌이기 때문에 살포전략이라고 할 수 있다. 대기업이 중소기업에서 개발한 식혜시장에 뛰어든 것은 살포전략의 일환이다. 가치창출전략은 고객의 욕구를 충족시키는 제품을 개발해야 한다. 때문에 고객과 밀착함으로써 경쟁 기업이 잘 볼 수 없는 기회를 포착하여 자사의 능력에 기초를 두고 시장을 창조해나가는 틈새전략을 구사하게 된다.

틈새전략을 구사하는 이들 기업은 단지 시장이 요구한다는 이유만으로 제품을 만들지 않는다. 얼마 전 자동차산업이 지속적인 기술개발로 독자모델을 개발해나가는 대신 외국모델을 도입하여 조립 생산함으로써 산업 발전에 역행하고 있다는 보도가 나왔다. 이것은 단지 점유율을 높이겠다는 것으로 이렇게 모방만 해서는 우리의 고유모델을 발전시켜 나갈 수 없다.

틈새전략이 성공하는 이유는 살포전략과 달리 정신적 자세가 다르기 때문이다. 틈새전략은 이 사업에서 승부를 걸겠다는 사업적 가치관에 기초하고 있기 때문에 장기적으로 경쟁우위를 확보하기 위한 문제의식을 가지고 기술개발에 역점을 두는 것이다.

살포전략은 남이 하는 것 중에서 잘되는 것이 있으면 뛰어들어 매출액을 늘리겠다는 생각을 가지고 외형적인 것을 추구한다. 때문에 구체적 문제의식이나 방향감각이 결여되어 전략적 과제가 없다. 반면 틈새전략을 구사하는 기업은 현장을 중시하여 전 종업원의 아이디어에 기초를 두고 끊임없는 향상을 추구하는 과정에서 기술개발이 이루어진다. 전 종업원이 연구원이 되는 분위기 속에서 기술이 축적되어 독창적인 고유모델이 개발될 수 있다. 그러나 살포전략을 구사하는 기업은 매출액을 확대하기 위해 광고, 가격, 유통에 중점을 두고 전 사원을 판매원으로 만드는 분위기를 조성하여 장기적 경쟁우위 확보에 실패하는 것이다.

조직구조에 있어서도 틈새전략 기업은 특정고객에 초점을 두고 시장을 파고 들어갈 수 있는 제품조직을 하고 있지만, 살포전략 기업은 대체로 기능적 조직을 하고 제품이 계속 증식되기 때문에 어느 한 제품에 결의를 가질 수 없다. 또한 평가에 있어서도 틈새전략 기업은 세계최고가 되어 시장을 선도하려는 세계전략을 가진다. 때문에 개발과 전략 질적 기준을 강조하지만, 살포전략 기업은 국내에서 살아남으면 된다는 소극적 자세를 가지고 매출액과 같은 양적 기준에 치중하는 경향이 있다.

2) 세계전략

성공적인 중소기업은 전략의 고리를 실천하고 틈새전략에 기초를 두어 점진적으로 세계시장에 진출한다. 경우에 따라서는 가장 경쟁이 치열한 지역에 침투하여 정면승부를 걸고 있다. 초음파진단기를 주력제품으로 하고 있는 메디슨의 경우 국내 시장의 협소로 해외 시장에서의 경쟁력 확보가 매우 중요한 실정이다. 이에 메디슨에서는 소형기종을 중심으로 저가와 품질, 완벽한 A/S를 통해 해외 시장에 진출하고 있다.

유닉스전자도 헤어드라이어를 세계에서 품질기준이 가장 까다롭다는 일본에 100만 달러 정도 수출하는 것을 비롯해 미국, 동남아 등지에 연간 250만 달러 정도를 수출하고 있다. 이충구 회장은 중소기업이 국내외 시장을 개척하면서 어려운 점은 브랜드를 알리는 일이라고 말하며 이를 위해서 외국 기업과 전략적 제휴를 추진하고 있다고 한다.

㈜이화다이아몬드공업은 기술력을 바탕으로 고품질의 공구를 생산하고 해외수출에도 적극 나서 99년에는 6000만 달러의 수출목표를 잡아놓고 있다. 수출뿐 아니라 해외생산 거점도 마련하고 있다. 이 회사는 인건비와 재료비가 오르자 해외에 생산기지를 설립하고 해외생산에 나서고 있다. 지난 93년 중국에 공장을 설립한 데 이어 95년 태국에 현지 공장을 세우고 해외수출에 나섰다. 98년에는 중국에 또 하나의 새로운 공장을 설립했다. 국내에서는 수출용 공구 생산을 위해 옥천공장도 세웠다. 현재 태국과 일본에 현지 법인을 설립하고 해외 영업망을 확대해나가고 있다. 영업방식도 바꾸어 OEM(주문자상표부착 생산)방식의 한계를 예견하고 독자적인 상표를 개발하여 현재 동남아시아에서는 이화라는 브랜드로 판매를 활성화하고 있다.

축소 모형기관차를 전문적으로 생산하는 삼흥사도 끊임없는 기술개발로 핵심 부품의 국산화에 성공하고 세계 시장점유율 60퍼센트를 차지하는 세계 1위 기업이 되었다. 방송통신장비를 생산하는 아진비전은 수출이 전체 매출의 95퍼센트를 차지하는 수출 전문기업이다. 시즈는 스키장갑 단일품목으로 98년 1800만 달러의 수출실적을 기록하고 세계 시장점유율 22퍼센트를 차지했다. 홍진크라운의 HJC헬멧은 국내에서는 잘 알려져 있지 않지만 미국 오토바이족 10명 중 4명이 착용하고 있을 정도다. 대륭정밀도 세계 위성방송수신기 시장의 25퍼센트를 차지하고 있다. 진웅은 전 세계 텐트의 35퍼센트를 공급하고 있다.

이상에서 설명한 바와 같이 사업적 가치와 인간적 가치가 있어야만 고객의 욕구를 중시하는 봉사정신과 종업원과 하나가 되는 동체정신이 생긴다. 고객을 위한 봉사정신과 종업원과 하나가 되는 동체정신이 바로 품질, 기술, 현장, 사람을 중요하게 만드는 것이다.

502

가치가 뚜렷한 사람은 많은 것을 하기보다 정말 잘하는 것을 하려고 하기 때문에 세계 전체를 무대로 활약하게 된다. 그들에게는 세계전략과 틈새전략 이외에 다른 전략은 없다.

기업경영에 있어서 가장 중요한 것은 최고경영자의 가치관이다. 최고경영자는 일과 삶의 가치관이 확립되어 있어야 하고 그것을 종업원과 함께 공유함으로써 조직을 하나의 공동체로 만들어나갈 수 있어야 한다. 조직 내에 가치를 확립하는 것, 그것이 바로 기업 성공의 제1차적인 조건인 것이다.

사회도 마찬가지다. 가치가 바로 잡혀 있을 때 일에 매진하는 열정이 나올 수 있다. 선진국과 후진국을 구별하는 가장 기본적인 기준은 사회의 건전성이다. 자기 이익을 위해서 남을 속이거나 불법을 행하지 않고 자기 일을 성실하게 열심히 하는 국민이 많아야 선진국인 것이다. 이것은 우리가 건전한 가치관을 가지고 있을 때 가능하다.

사람은 마음이 순수해야 자기 일에 열정을 가질 수 있다. 이럴 때 과학자는 밤늦도록 열심히 연구함으로써 세계적 과학자가 될 수 있고, 기업가는 사업에 몰두함으로써 세계적 기업을 키울 수 있는 것이다. 지금은 무엇보다 우리의 가치를 바로 잡을 때이다. 가치는 엄격하고 예외가 없어야 한다. 바른 가치를 엄격하게 심어놓으면 사회는 순수해지고 모든 것은 저절로 굴러간다.

우리의 역사가 외세침략으로 얼룩지고 그렇게 찬란하지 못한 것도 가치 부재에 기인한다. 우리 역사는 개인적 역량을 하나로 결집시켜 세계를 무대로 국력을 발휘하는 사례를 제대로 보여주지 못했다. 가치를 추구할 때 자기를 버리는 정신이 나올 수 있고 전체를 위해 행동할 수 있다. 그럴 때 우리는 모두 하나가 되어 힘을 합칠 수 있고 신바람을 내며 일할 수 있는 것이다. 그러나 가치를 회복하는 것은 개인적인 노력만으로는 불가능한 일이다. 사회 전체가 그렇게 돌아가야 하는데 여기

에는 지도자의 역할이 중요하다. 지도자의 가장 중요한 역할은 가치를
창조하고 심어나감으로써 국민의 마음을 하나로 모으는 데 있다.

전략의 고리 기업 사례

독일의 중견기업 미텔슈탄트[16]

독일은 세계에서 수출을 가장 많이 하는 나라이다. 이 수출의 근간이 되는 것이 미텔슈탄트Mittelstand라고 하는 독일의 중견기업이다. 미텔슈탄트가 잘나가는 이유는 대부분 우직한 엔지니어들이 창업한 회사로서 기술, 고객, 종업원을 중요하게 생각하는 기업철학을 가지고 한눈팔지 않고 자기 하는 일에 몰입하여 끊임없이 개선하면서 세계 최고가 되겠다는 비전을 가지고 있기 때문이다. 한마디로 일생을 걸고 이 사업을 잘해보겠다는 사업적 가치관과 종업원을 가족같이 대하는 인간적 가치관을 가지고 앞서 이야기한 전략의 고리를 실천하고 있는 것이다. 또한 이들 기업은 수대에 걸쳐 가족기업으로 내려오면서 한 분야를 계속 파고들어 가는 틈새전략을 구사한다. 대부분 시골의 작은 마을에 위치하고 있지만 세계를 무대로 활동하고 있다. 이들 기업은 단기적 이익보다 장기적 기술개발을 추구하는 경영을 하기 때문에 국민들로부터 존경을 받고 있고 일류 공대 출신 기술자들도 여기에 취직하는 것에 자부심을 가지고 있다. 한국의 전경련 같은 독일기업연합회의 회장은 주로 미텔슈탄트Mittlestand의 사장이 맡고 있다.

일에 대한 열정이 있기 때문에 사장을 포함한 고위경영자들이 고객을 만나고 기술개발에 참여하는 현장경영을 하고 있다. 예를 들어서 글로브트로터Globetrotter라고 하는 야외 스포츠장비 회사의 CEO는 영하 수십 도의 자재 시험실에 들어가 직접 제품을 테스트해보는데 직접 해봐야 고객에게 안심하고 팔 수 있다는 것이다.

기술에 대한 자부심이 강하지만 그들의 가장 큰 강점은 기술이라기보다는 고객과의 끈끈한 관계라고 할 정도로 고객을 중요하게 생각한다. 그들은 업무의 많은 시간을 고객을 만나는 데 보내고 신뢰관계를 형성하면서 장기간 거래를 지속해나가고자 노력하고 있다. 이러한 고객 관계 속에서 고객의 문제를 해결해나가면서 새로운 기회를 찾고 성장해 나가는 것이다. 고객을 혁신의 원천으로, 성장의 동반자로 생각하는 것이다. 예를 들어서, 크노르 브렘즈Knorr-Bremse라고 하는 브레이크Brake 제조회사는 고객 회사와 접촉하고 많은 정보를 공유하면서 단순히 브레이크 부품을 만드는 것보다 브레이크 시스템brake system을 개발하는 것이 미래 성장에 좋다는 것을 알게 되었다. 이렇게 고객과 시장을 중요시하기 때문에 기술자가 기술에만 매몰되어 있지 않고 시장도 중시하는 균형감각을 가지며 성공적인 혁신을 이루어 내고 있는 것이다.

종업원과 가족관계를 유지하고자 하기 때문에 직원을 뽑을 때 엄격하게 심사하여 뽑고 웬만하면 해고하지 않는다. 조직 분위기는 자율성이 있고 권위적이지 않다. 그리고 보수도 대기업과 큰 차이가 없기 때문에 종업원이 동기부여되어 있고 회사에 대한 충성도가 높다.

미텔슈탄트의 경영자들은 MBA는 물론, 대학도 제대로 안 나왔고 영어도 잘 못하지만 세계화에 적극적이다. 경우에 따라서는 사전계획 없이 무작정 물건을 들고 해외에 나가 팔려고 시도한다. 충진 및 캐핑 기술로 유명한 크로네스Krones는 미국으로 날아가 몇 개 도시를 방문하다가 밀워키 어느 호텔에 지사를 열었는데 지사가 잘 돌아갈 때까지 10년이나 걸렸다. 정수기 회사인 브리타Brita는 미국으로 가 약국에서 정수기로 거른 물로 차를 만들었다. 그리고 지나가는 소비자들과 함께 이야기 나누며 정수기를 팔면서 세계화가 시작되었다.

GM

기업이 쇠퇴하는 것은 경영의 기본을 지키지 못하기 때문이고 기본을 지키지 못하는 이유는 경영자의 철학이 빈곤하기 때문이라고 생각된다. 경영의 기본은 무엇인가? 그것은 고객을 감동시키는 것이다. 고객을 감동시켜야 기업 생존에 필수적인 이익을 확보할 수 있다. 고객을 감동시키기 위해서는 원가, 품질, 납기 등의 측면에서 좋은 제품을 만들 수 있어야 하고 이는 끊임없는 기술혁신과 개발로 뒷받침될 때 가능하다. 기술혁신과 개발은 현장에서 사람을 통해서 이루어지기 때문에 현장 중시와 인간존중의 경영 풍토가 마련되지 않으면 제대로 되지 않는다. 그런데 이러한 풍토는 우리가 하는 이 사업을 일생을 걸고 세계 최고로 만들어 보겠다는 의지가 있을 때 보다 자연스럽게 조성될 수 있다. 자기가 하는 사업을 세계 최고로 만들어 보겠다는 의지가 사업적 가치관이다.

따라서 경영의 기본은 우리가 왜 이 사업을 하는가, 즉 돈을 벌기 위해 하는가 아니면 무언가 이 세상을 위해 보람 있는 일이기 때문에 하는가라는 사업적 가치에 기초를 두고 인간존중, 기술혁신, 품질개선,

고객감동이 이루어지도록 전략의 고리를 실천하는 것이다. 우리는 항상 어려울 때마다 기본으로 돌아가자는 말을 많이 하는데 이것은 전략의 고리를 실천하는 것을 말한다. 사실 전략의 고리를 실천하는 기업들이 우량기업이다. 이들 기업은 사업적 가치관이 뚜렷하기 때문에 본업에 충실하고 틈새전략을 구사한다. 여기서 틈새전략은 능력에 기초를 두고 시장을 만드는 전략이다. 그러나 GM의 SUV, 렌터카, 리스 등의 대량판매시장 진입은 뚜렷한 핵심 역량 없이 그냥 잘 팔리기 때문에 시장에 내놓은 것이다. 이것은 틈새전략에 대비하여 살포전략이라고 불린다(노부호, 1999). GM이 90년대에 들어와 승용차시장보다 SUV, 더 나아가서는 금융에 치중한 것은 사업적 가치관이 결여되었기 때문이다.

전략의 고리를 실천하는 우수기업은 노사신뢰를 중요하게 생각하는 인간적 가치에 기초를 둔 경영을 한다. 때문에 노사문제가 있다면 이것을 경영의 최우선 순위에 놓고 신뢰를 얻기 위해 부단히 노력하여 노사협력의 문화를 구축하는 것이다. 그러나 GM은 1998년 장기파업 후 노사가 위기를 공감하고 회사를 살리기 위한 노사화합에 성공했지만 이후 성과와 상관없는 인력 감축으로 노사신뢰를 상실하여 노사대립의 문화를 극복하지 못하였다. GM은 자동차 빅3 중 노조 대응능력이 가장 뒤떨어진다는 평가를 받고 있다. 결과적으로 퇴직자를 포함한 종업원에게 과도한 복지혜택과 공장 해외 이전에 대한 동의 및 공장 가동 80퍼센트 유지 등 경영권을 침해하는 단체협약으로 경영상의 어려움을 겪고 있다.

사업적 가치관이 강한 회사는 R&D에 과감한 투자를 한다. 그러나 GM은 2004년 연구개발비가 4년 전에 비해 10퍼센트 감소하고 있다. GM은 하이브리드카에서도 뒤지고 있는데, 디자인 변경에 오랜 시간이 걸려 신차 출시를 제때 하지 못하고 있다. 또한 품질이 악화되고 A/S 비율이 급증하는 등 고객 평판이 나빠지고 있어 매출이 감소되고 있다. 매출 감소를 만회하기 위해서는 기술, 품질에 관심을 두어야 함에도 불구하고 딜러에 대한 판매 인센티브를 강화함으로써 판매를 늘리려고 했는데 그것은 단기적 처방은 될지 몰라도 장기적 대안은 될 수 없다. GM은 사업적 가치관이 결여된 기업의 전형을 보여주고 있다.

이나모리 카즈오

규수지방 시골의 이류대학인 가고시마 대학을 나온 이나모리 카즈오는 지도교수의 도움으로 어렵게 쇼후공업이라는 회사에 취직을 하게 되지만 그 회사는 도산 직전이었다. 동네 야채가게 주인아주머니로부터 들은 말로는 그 회사에 있으면 장가가기도 쉽지 않다는 것이다. 회사 경영이 계속 악화되자 다른 4명의 동기생들은 회사를 떠나기로 했고 그도 자위대 중역 후보생 학교에 합격했다. 하지만 본가에서 제출서류인 호적등본을 보내주지 않아 갈 수 없었다. 혼자 남은 그는 마음을 고쳐먹고 아침부터 밤늦게까지 연구와 실험에만 몰두하였다. 그리고 마쓰시타 전자공업에서 주문이 들어왔던 절연용 세라믹 부품인 U자 게르시마 개발에 성공했다.

그는 이 사업을 위해서 다른 부서의 사람들을 재배치하는 대신 새로운 사람을 충원하게 된다. 새로 채용한 종업원들과 "우리가 이렇게 함께 일하게 된 것은 소중한 인연이다. 그리고 우리가 만드는 세라믹 부품은 도쿄대학에서도 할 수 없는 고도의 기술을 요하는 중요한 것이다. 훌륭한 제품을 만들어 세상에 내보고 싶은 마음이 들지 않는가?"라고 말하면서 종업원들에게 일의 보람과 공동체의식을 심어주고자 하였다. 그는 가고시마에 계신 부모님께 송금하고 남은 월급을 대부분 종업원들과의 술값으로 쓰면서 밤늦게까지 부원들과 대화를 나누면서 공감대를 형성했다.

그러나 그는 직장 상사인 부장이 바뀌면서 마음이 맞지 않아 쇼후공업을 떠나 교토세라믹을 창업하게 된다. 그 전 부장은 자네는 자유롭게 놔두면 뛰어난 능력을 발휘할 성격이라며 그에게 모든 일을 맡겨 주었다. 그런데 신임 부장은 세라믹 진공관을 개발하기 위해 악전고투하고 있을 때 '자네 능력으로는 무리인 것 같으니 손을 떼라' 라고 하였다. 그 말을 들은 것이 계기가 되어 전임 부장, 그리고 쇼후공업의 부하직원들이 함께 창업을 한 것이다. 그들은 '일치단결하여 세상에 도움이 되는, 사람에게 보탬이 되는 일을 하기 위해 여기 동지들이 모여 피로써 약속하노라' 라는 서약을 새끼손가락의 피로 서약할 정도로 비장하게 출발하였고 세계 제일의 회사가 될 목표를 내세웠다. 그는 전기로에 불을 붙이는 날 "이제 곧 교토 제일의, 일본 제일의, 나아가 세계 제일의 회사가 될 것입니다"라고 천명하였다. 술이라도 마시게 되면 주위 사람들이 "또 그 소리냐?" 하고 핀잔을 줄 정도로 어김없이 "조만간 일본 제일의, 세계 제일의 회사가 된다"라고 목소리를 높였다. 그는 세계 제일의 회사가 되고자 하는 사업적 가치관을 사업 초기부터 굳게 가지고 있었던 것이다.

그런데 창업 3년째인 1961년, 입사한 지 1년 정도 되는 고졸사원 11명이 그에게 찾아와 앞으로의 정기승급과 보너스 등을 보장해달라는 요구와 함께 요구사항이 받아들여지지 않으면 모두 그만두겠다고 하였다. 그는 이 말을 듣고 종업원에 대한 시각에 큰 전기를 맞게 되었다. 이렇게 요구하는 모습에서 혈기왕성하던 자기의 젊은 시절을 느낀 그는 그들을 자기 집으로 데려가 설득했다. "임금 상승에 대해서 약속을 해줄 수 있지만 실현되지 않으면 거짓말이 된다. 나를 믿어 달라. 만약 내가 너희들을 배반한다면 네 손에 죽어도 좋다"고 말하자 그 중 한 명은 그의 손을 잡고 울기까지 했다. 이렇게 그들을 설득시켜 보낸 뒤 그는 ‘한번 채용한 사원은 평생을 돌보지 않으면 안 된다’ 는 다짐을 하였다. 그리고 ‘기업경영의 가장 기본적인 목적은 종업원과 그 가족의 미래를 지켜주고 모든 사람의 행복을 추구해야 한다’ 라는 결론에 도달했다. 인간적 가치관이 그의 기업경영에 뿌리내리기 시작한 것이다. 그는 더 나아가 ‘인류사회의 발전에 공헌한다’ 라는 내용을 추가하여 경영이념으로 삼았다. 그의 방에는 ‘경천애인’ 이라는 액자가 걸려 있다. 세상과 사람을 위한 경영, 사심 없는 경영을 사시로 하고 있는 것이다.

그는 조직 전체를 공정별, 제품군별로 몇 개의 작은 조직으로 나누고 하나의 중소기업처럼 경영을 맡겨 독립채산제로 운영하였다. 그래서 종업원들이 강한 일체감을 가지고 가족 같은 신분으로 일할 수 있도록 하였다. 이러한 소규모 조직은 고정된 것이 아니라 환경 변화에 적응해 자기 변신을 하기 때문에 ‘아메바’ 라고 불렀다. 독립채산제로 운영되는 아메바조직은 전원이 스스로의 목표를 달성하고 각자 사업가적 입장에서 노력함으로써 개인의 능력이 향상되고 보람도 느끼게 된다. 그러나 아메바 간 경쟁이 너무 이기적으로 흐르게 되면 회사는 내부로부터 붕괴되고 말 것이다. 따라서 그는 직원들에게 회사는 몇몇 사람을 위해서가 아니라 전체 종업원을 위해서 존재하고, 남을 배려하고 도와주려는 이타적 마음을 갖는 것이 중요하다는 것을 강조했다. 이런 이타의 철학에 입각해 있기 때문에 아메바경영에서는 업적이 뛰어나도 그것이 곧바로 급여에 반영되지 않는다. 모두를 위해 공헌했다는 만족감과 동료의 진심 어린 감사와 칭찬이야말로 사람이 얻을 수 있는 최고의 보상이라는 인식이 자리 잡고 있는 것이다.

그는 창업 초기에 비집고 들어갈 틈이 거의 없는 일본 산업계의 하청구조로 큰 고초를 겪어야 했다. 심혈을 기울여 개발한 세라믹 전자부품을 도쿄와 지방도시의 대형업체를 찾아다니며 납품하려 했으나 헛일이었다. 이름 없는 업체의 신규사업 참여 장벽이 그만큼 두꺼웠던 것이다. 국내 시장의 높은 벽을 실감한 그는 미국 시장 개척에 나선다. 1962년의 일이다. 합리적인 미국인들은 그의 설명을 잘 들어주었다. 미국 시장에 공을 들인 결과 1965년 3월, 홍콩의 마이크로일렉트로닉스microelectronics, 7월에 미국의 페어차일드Fairchild, 1966년에는 IBM으로부터 대량주문을 수주하는 데 성공했다. 그의 세계전략은 이렇게 해서 시작된 것이다(김형철 역, 2003).

04

우수기업의 경영모델

경영의 정의

무슨 일이든지 잘하려면 그 본질을 알아야 한다. 히딩크는 축구를 스피드와 체력이라고 정의하고 그에 따라 선수들 훈련과 경기전략을 수립했기 때문에 2002년 월드컵에서 한국 팀이 4강에 오를 수 있었다. 마찬가지로 경영을 잘하려면 경영의 본질을 알아야 한다.

경영이란 무엇인가? 경영은 정의하기가 힘들다. 경영을 정의한다는 것은 장님이 코끼리 만지는 것과 같다. 다시 말해서 여러 사람이 다른 각도에서 이야기하다 보니 한쪽 측면만을 이야기해 전체적으로 정의하기 힘들다는 것이다.

지금까지 나온 정의를 분류해보면 크게 3가지로 분류될 수 있을 것 같다. 첫째, 경영은 사람을 통해서 일을 수행하는 것이다(노부호, 1983). 이것이 지금까지 경영에 대한 정의 중에서 가장 오래되고 가장 잘 정의되었다고 평가되는 것이다. 메리 파커 폴렛이란 사회심리학자가 내린

정의이다. 둘째, 경영이란 급격하게 변화하는 환경에 적응해나가는 것이다(Ways, 1996). 소니가 처음에 가전을 하다가 디지털가전으로 바꾸고, 최근에 엔터테인먼트로 간 것은 환경 변화에 적응하기 위한 것이다. 그러나 디지털가전까지 갔을 때는 상당히 잘했는데 엔터테인먼트 쪽으로 가면서 주가도 떨어지고 조금 잘못된 방향으로 가는 게 아닌가 하는 이야기가 나오고 있다. 셋째, 경영이란 상충하는 여러 요소들 간에 균형을 유지하는 것이다. 경영이라는 것은 기술개발도 해야 되고 품질도 개선해야 되고 원가절감도 해야 되는데 이런 것을 어떻게 적절하게 균형을 취할 것이냐 하는 것이다. 결국 이 문제는 자원배분의 문제로 직결된다. 우선순위에 따라 기술, 품질, 원가에 자원을 균형 있게 배분하는 것이 중요하다.

1) E = E³

환경, 자원, 사람이 경영의 3요소다. 환경 변화에 잘 적응하고, 여러 가지 상충적인 요소에 자원을 균형적으로 배분하고, 사람관리를 잘해야 한다. 사람관리를 잘한다는 것은 사람들로부터 독창적인 아이디어를 끌어내어 혁신을 하는 것이 목적이다. 사람관리의 기본적인 목적은 혁신이다. 자원관리의 목적은 낭비를 없애는 것이다. 다시 말해서 기술이 중요하다고 해서 기술에 지나치게 자원을 배분하면 경영의 왜곡이 나타나고 자원이 낭비되게 된다. 환경의 관리는 우리가 어떤 사업을 할 것인가 하는 방향을 정하는 것이 목적이다. 환경은 경영의 전략적 측면, 자원은 체계적 측면, 사람은 인간적 측면이다. 이렇게 3가지 측면으로 경영을 나눠볼 수가 있고, 이것이 잘될 때 방향 설정이 효과적Effective이고, 자원배분이 효율적Efficient이고, 사람이 열성적Enthusiastic으로 된다. 경영이 효과적이고, 효율적이고, 열성적으로 될 때 우수한excellent 경영이 되는 것이다. 즉 'Excellent = Effective × Efficient ×

Enthusiastic'이기 때문에 모든 단어가 E로 시작하여 우수경영의 개념적 모형을 E = E³이라고 표시할 수 있다.

결과적으로 전략적, 체계적, 인간적으로 경영을 잘해야 된다. 그럼 GE는 전략적, 체계적, 인간적 경영을 어떻게 잘하고 있는가? 전략적으로 어떤 사업을 할 것이냐를 간단하게 하면 '우리는 세계 1위 또는 2위 아닌 사업은 안 하겠다. 세계 최고가 되는 사업이 아니면 안 하겠다.' 등 이렇게 사업의 방향을 정하는 것이다. 그래서 '여기에 포함되지 않으면 일반적으로 말해서 우리는 철수한다' 라는 뜻이다.

체계적으로는 원가, 품질, 기술개발 등을 어떻게 잘할 것인가 하는 것이다. 체계적인 경영에는 OTR~Order To Remittance~이라고 해서 즉, 주문을 받고 난 뒤에 고객이 우리에게 돈을 지불할 때까지 걸리는 시간을 단축시키려고 노력하는 것을 한 예로 들 수 있다. 시간 단축이라는 것은 결국 원가절감이다. 품질에서는 6시그마 운동을 하고 있다.

인간적 측면에서는 사람들이 서로 협력해서 열정적으로 일할 수 있는 분위기를 만드는 것이 중요하다. GE에서 잭 웰치~Jack Welch~가 제일 처음 한 것이 벽 없는 조직을 만드는 것이었다. 이를 위해 워크아웃 미팅을 도입했다. 워크아웃 미팅이라는 것은 사업부와 관련된 모든 사람이 다 모여서 사업적인 문제를 해결하기 위해 자유롭게 아이디어를 내고 그 자리에서 아이디어가 채택될 것인가 안 될 것인가를 결정하는 모임이다. 이는 상하 간에 기능적으로 벽이 없는 조직을 만드는 데 상당히 도움이 되었다. 그래서 워크아웃 미팅이 사실 GE의 대표적인 혁신 기법으로서 인용되고 있다.

잭 웰치에게 20년 재직이 끝나고 난 뒤에 누군가 인터뷰에서 '20년 재직 중 제일 잘한 일이 무엇인가?' 라고 물어보자, 그는 워크아웃 미팅을 한 것이라고 대답했다. 그러면 제일 잘못한 일은 무엇이냐고 했더니 이렇게 말했다. "내가 워크아웃 미팅을 취임하고 난 뒤 바로 하지 않고

5년이나 지나고 나서 했기 때문에 그 동안에 많은 사람들이 고통을 겪었다. 그래서 그것이 제일 잘못한 것이다."

다시 말해서 벽 없는 조직, 모든 사람들이 협력하고 아이디어를 내고 열성적으로 일할 수 있는 분위기가 경영에서 얼마나 중요한가를 간접적으로 이야기하는 것이 아닌가 생각한다.

우수기업 경영모델

경영을 전략적, 체계적, 인간적인 관점에서 어떻게 하는 것이 잘하는 것인가를 개념적 모형으로 나타낼 때, 〈그림 13〉과 같이 집약할 수 있다. 첫째, 전략적으로 중요한 것은 고객이다. 둘째, 체계적으로 중요한 것은 내부를 어떻게 하면 효율적으로 관리하는가 하는 것이다. 셋째, 인간적으로 중요한 것은 사람이다. 경영의 3요소를 환경, 자원, 사람이라고 했는데, 여기서는 고객, 관리, 사람 이렇게 3가지로 나눈다. 고객과 관련된 문제가 어떻게 고객에게 가치를 제공할 것인가는 전략경영이고, 내부 관리는 목표관리를 통해서 체계적으로 수행하며 사람관리는 인간적인 측면에서 조직관리와 연관이 된다(〈그림 13〉 우수기업 경영모델 참조).

1) 비전

이러한 전략, 목표, 조직관리를 원활하게 하기 위해서 요구되는 것이 비전과 문화다. 비전과 문화라고 하는 것은 리더십이 해야 할 가장 중요한 과제이다. 앞에서 언급한 바와 같이(1부 2장 07 '구조혁신을 통한 기업 경쟁력 강화' 참조) 비전은 전략적, 체계적, 인간적 관리가 원활하게 돌아갈 수 있도록 하는 윤활유와 같은 것이다. 우수기업이 되기 위해

516

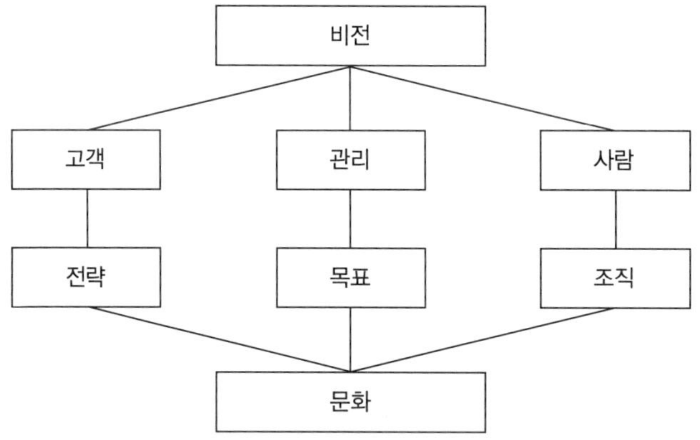

서는 비전과 문화가 바로 서 있어야 한다.

비전이란 첫째는 가치이다. 가치라고 하는 것은 기업이 어떻게 종업원들로부터 아이디어를 얻고 혁신해나가느냐 하는 것이 주된 내용이다. 비전은 혁신의 기초가 되는 것이다. 예를 들어서 미국의 EDS라고 하는 회사의 비전은 첫째도 고객이고, 둘째도 고객이고, 셋째도 고객이다(노부호 역, 1994). 이렇게 고객을 중요시하는 것은 고객을 통해서 변화해간다고 하는 비전을 나타낸 것이다. 3M의 경우는 아이디어를 중요시한다(Collins et al, 1994). 그래서 3M의 비전 중 하나는 '연약한 아이디어를 죽이지 말라' 이다. 아이디어라고 하는 것은 연약하여 쉽게 죽을 수 있는 것이다. 그래서 '왜 그런 시시한 아이디어를 내느냐' 와 같이 부정적으로 말하면 그다음부터는 아이디어가 나오지 않는다. 아이디어를 많이 낼 수 있도록 하려면 철저하게 보호해줘야 한다. 3M은 종업원의 아이디어가 혁신의 기초가 되는 회사이다.

또 비전은 우리가 어떤 사업을 하고 왜 그 사업을 하느냐 하는 존재의의purpose를 나타낸다. 디즈니는 처음에 만화를 만들었지만 존재의의를 '사람들을 행복하게 만드는 것'이라고 했기 때문에 영화 등 다양한 사업으로 확대할 수 있었다. 삼성전자는 반도체, 디스플레이, 디지털 미디어, 컴퓨터 등의 사업을 하면서 디지털융합digital convergence을 통해 세계 최고의 제품을 만들어낸다는 존재의의를 표방하고 있다. 따라서 비전은 우리가 어떤 좋은 일을 하느냐 하는 것을 나타내기 때문에 이를 통해서 보람과 생동감을 느끼게 된다. 우리는 또한 비전이 제시하는 가치를 통해서 공감대를 형성하고 협력할 수 있는 연대감을 조성한다. 비전은 조직이 하나의 공동체가 되게 하는 역할을 하기 때문에 인간적인 측면에서 열정을 가지고 협력해서 일할 수 있는 기초가 되는 것이다.

비전에는 여러 가지 내용이 포함될 수 있지만 지금까지 답습했던 기업의 방향이나 관행이 달라질 수 있도록 새로운 패러다임을 제시하고 기본적으로 우리의 생각이나 의식을 바꾸도록 해야 한다. 다시 말해 비전을 통해서 마음가짐을 새롭게 하고 뭔가 잘해보자고 하는 긍정적 의식을 갖게 된다. 그리고 이 단계에서 중요한 것은 공감대를 형성함으로써 참여의식을 불러일으키는 것이다.

공감대를 형성하기 위해서는 우리가 하는 일이 어렵지만 가치 있는 일이라는 것을 말해줄 수 있어야 한다. 도전적이고 감동적이어야 한다는 것이다. 교세라 창업자인 이나모리 카즈오는 "우리가 만드는 세라믹 부품은 도쿄대학에서도 할 수 없는 고도의 기술을 요하는 중요한 것이다. 훌륭한 제품을 만들어 세상에 내보고 싶은 마음이 들지 않는가?"라고 말하면서 비전을 공유하고자 하였다. 또한 비전은 최고경영자가 열린경영, 현장경영, 솔선수범의 리더십을 보여줄 때 공감대를 형성할 수 있다. 한국전기초자의 서두칠 사장은 모든 정보를 숨기지 않고 공개하였고 교대조별로 2시간씩 하루 세 번 현장사원들과 기업이 처한 상황이나 미래전략에 대해 이야기하였다. 또한 현장 상시주재를 선언하고 개인생활을 포기하는 솔선수범을 보였다. 이렇게 함으로써 그는 직원들과 일체감을 형성하고 신뢰를 획득할 수 있었다. 신뢰는 곧 공감대 형성의 기초가 된다.

비전을 실행하기 위해서는 비전으로부터 파생되어 나오는 여러 가지 장단기 목표를 종업원들에게 할당해서 그 목표가 달성될 수 있도록 행동계획을 수립하는 것이 필요하다. 목표를 설정할 때는 사람들을 너무 오래 기다리게 하지 않는 것이 좋다. 단기간에 성과를 낼 수 있는 중간 목표를 설정하여 성공을 경험하게 함으로써 "아, 이렇게 하니까 되는구나" 하는 의식을 심어주는 것이 중요하다(노부호, 2005).

한국전기초자에서도 비전이 성공할 수 있을 것인가에 대해, 특히 삼성코닝을 추월한다는 것에 대해 부정적이었는데 98년 매출을 2배로 늘리고 고부가가치 제품인 모니터용 유리를 만들어내면서 소극적이고 부정적인 생각이 적극적이고 긍정적으로 바뀌게 되었다(1부 2장 05 'IMF 위기 이후 한국 기업의 구조조정과 경영혁신' 참조).

2) 문화

우수기업은 강한 문화를 가지고 있다. 전략적으로는 차별화differentiation의 문화, 체계적으로는 기강discipline의 문화, 인간적으로는 기업가정신entrepreneurship의 문화를 가지고 있다.

차별화의 문화는 모방하지 않는 문화이다. 다른 기업을 보고 참고는 하지만 모방은 하지 않는다는 정신이 철저해야 한다. 상대방이 하고 있는 것을 부분적으로 자기 회사에 맞게 고쳐 받아들이기는 해도 통째로 가져오지 않는다. 중요한 것은 독특한 사업모델을 개발해야 한다는 것이다.

짐 콜린스Jim Collins는 《좋은 기업에서 위대한 기업으로Good to Great》라는 책에서 고슴도치 이론을 제시했다. 이것은 기업이 하는 사업을 선정할 때 핵심 역량에 기초를 두고 단순히 잘할 수 있는 사업을 하는 것이 아니라 세계 최고가 될 수 있는 사업을 선정하라는 것이다(Collins, 2001). 차별화의 문화는 바로 세계 최고가 되겠다는 것을 말한다. 삼성의 1등주의 문화, GE에서 세계 1, 2위 아니면 사업을 하지 않겠다고 한 것은 차별화의 문화를 표현한 것이라고 할 수 있다.

미국의 애보트 래버러토리Abott Laboratory라는 제약회사는 파이저Pfizer와 같은 제약회사를 도저히 따라갈 수 없다고 판단해 제약사업을 포기하였다. 그리고 수술 후 회복을 돕는 영양제를 만드는 회사로 탈바꿈하여 위대한 기업이 되었다. 킴벌리클라크Kimberly-Clark도 제지회사에서 소비재회사로 탈바꿈하여 단순히 좋은 기업에서 위대한 기업으로 발전하였다. 삼성전자도 TV, 핸드폰, 컴퓨터가 하나의 제품으로 합쳐지고 홈네트워크에서와 같이 반도체기술, 통신기술이 합쳐지는 등 디지털 기술이 융합하는 정보화시대에 가전, 컴퓨터, 통신, 반도체 등을 모두 하고 있다. 세계에서 이렇게 모든 IT기술을 융합할 수 있는 사업구조를 갖고 있는 회사가 없다. 이것은 삼성전자가 세계 1위가 될 수 있는 독특한 사업모델을 가지고 있다고 말할 수 있다.

기강의 문화는 목표지향적 문화를 말한다. "우리는 한번 한다고 하면 한다" 하는 문화를 말한다. 대체로 삼성전자가 다른 회사에 비해서 이것이 강하다고 하는 세간의 평이 있다. 이런 기업들은 전투력이 있다. 원가절감, 품질 향상, 기술개발의 목표를 설정하고 달성함으로써 지속적으로 향상시켜 나가는 기업으로 효율성(매출액/투자)과 수익성(순이익/매출액)이 좋아 투자수익률ROI이 높다.

삼성전자도 생산전문 회사보다 생산성이 높을 정도로 원가절감이 잘되어 있다. 또한 차별화되는 고부가제품을 만들어내어 고가에 팔리기 때문에 수익도 높아 자기자본이익률ROE이 30~40퍼센트에 달하고 있다. 토요타 역시 JIT시스템을 시행하는 측면에서 높은 기강의 문화를

가지고 있는 기업이다. 미국에서는 최근에 〈비즈니스위크Business Week〉
에서도 보도가 되었지만 델Dell이 기강이 높은 문화를 가지고 있다
(Business Week, 2003 Nov.3).

기업가정신의 문화는 자율성이 강한 문화를 말한다. 대기업 중에서
는 삼성전자가 다른 기업에 비해서 자율성이 높은 편이다. 회장 앞에서
도 '노'라고 할 수 있는 사람이 많다고 하는 것은 이것을 어느 정도 말
해주고 있다. 삼성전자에서 좋은 경영자가 많이 배출되는 것도 한국에
서는 상대적으로 높은 자율성에 기인하고 있는 것이다. 우리가 서구기
업으로부터 배워야 할 것은 자율성의 문화이다. 자율성은 실패를 허용
할 때 꽃을 피울 수 있는데 구글 같은 기업에서 실패를 허용하는 수준
은 놀라울 정도이다.

문화적 요소 중에서 가장 중요한 것은 일의 문화와 관계의 문화를 확
립하는 것이다. 일의 문화는 열정이고 관계의 문화는 '우리는 모두 하나
다' 하는 협력의 정신이다(보다 자세한 것은 1부 2장 05 'IMF 위기 이후 한국
기업의 구조조정과 경영혁신', 3부 1장 03 '일과 관계의 문화를 심화시키자' 참조).

한국전기초자에서는 근로자들의 의식을 바꾸어 보통은 지겹고 힘들
다고 생각되는 일을 사명과 천직이라고 생각하도록 하여 일을 보람차
고 재미있게 하도록 하였다.

한국도자기는 충효사상을 경영이념으로 내세워 사회에 책임을 다하
고 부모에게 정성을 다하는 마음으로 일하도록 함으로써 일의 문화를
형성하였다. LG전자의 김쌍수 사장은 '노력한 만큼 확실한 성과를 지
급한다'는 인센티브 시스템을 확립하여 일의 문화를 조성하였다.

바로 앞에서 언급한 GE의 워크아웃 프로그램은 성공적으로 관계의
문화를 확립한 좋은 예이다. 이 프로그램으로 GE는 부서 간, 계층 간
장벽이 없는 무경계boundaryless문화를 추구할 수 있었다.

한국전기초자의 서두칠 사장은 직원들과 친구처럼 대화할 수 있는

분위기를 만들어 관계의 문화를 구축하였다. LG전자 창원공장은 획일적인 유니폼 대신 다양한 평상복을 입게 하여 사무직과 생산직의 위화감을 없앰으로써 관계의 문화를 향상시켰다.

이상에서 설명한 일의 문화와 관계의 문화는 가치에 기초를 두고 있다. 가치가 개발되어 있어야 전략적, 체계적, 인간적 측면에서 우수한 경영이 일어날 수 있는 문화가 조성될 수 있다. 요구되는 가치는 사업적 가치와 인간적 가치다.

교세라 창업자인 이나모리 카즈오는 사업적 가치관이 강했다. 그는 입사 동기생들이 모두 희망이 없다고 회사를 떠난 뒤에도 홀로 남아 기술개발에 전념하였다. 그리고 같이 일하는 부하직원들에게 왜 우리가 여기에서 열심히 일하지 않으면 안 되는지를 역설하며 기업가정신을 심어나갔다(김형철, 2003).

종업원들에게 긍지를 심어준 GE의 워크아웃 미팅도 잭 웰치의 인간적 가치에 기인한다. 워크아웃 미팅을 통해서 자기 아이디어가 받아들여졌을 때 울먹이면서 삶의 의욕을 느꼈다고 말한 흑인 여성의 이야기는 경영자들이 종업원들에게 가져야 하는 인간적 민감성의 중요성을 말해주는 것이다. 그 흑인 여성은 워크아웃 미팅이 있기 전에는 자기 의견이 경영층에 의해서 번번이 묵살당해 죽고 싶을 때도 있었다고 말했다. 이러한 워크아웃 미팅이 종업원을 죽일 수도 있고 살릴 수도 있는 중요한 동기부여 요소가 될 수도 있다는 사실을 인식하는 민감성이 필요한 것이다. 이러한 민감성을 가지기 위해서는 종업원들과 대화하면서 그들을 이해하고 자기 경험의 한계를 극복하는 상상력을 발휘해야 한다.

문화라고 하는 것은 우리가 어떻게 행동할 것인가를 결정하는 것이다. 문화 중에 기업에서 가장 중요하다고 생각되는 것이 행동지향적인 문화다. 문화는 행동지향적인 문화를 만들기 위해서 뒷받침되어야 한다고 생각한다. 대화의 문화를 만든다는 것도 행동할 수 있는 뒷받침이 되는 것이다. 행동이라는 것도 대화와 협력이 뒷받침되지 않으면 잘될 수 없다. 그래서 행동지향적인 문화를 어떻게 만드느냐 하는 것이 중요하다.

행동지향적인 문화라는 것은 기본적으로 기업가정신이다. 이는 모험risk taking을 하는 정신으로 가장 중요한 것은 자율성이다. 미국이 80년대 중반 기업을 중심으로 변화와 개혁이 이루어질 때 신임사장이 들어와 조직 활성화를 위해 제일 처음 하는 말이 누구의 지시도 받지 않고 그냥 하라, 즉 'just do it' 이었다. 이것은 나이키 운동화의 로고인데 이와 같이 자율성은 정보화시대의 용어라 할 정도로 정보화시대에 들어와 중요해졌다. 사실 우리나라 기업도 자율성 하나만 제대로 잘하면 경쟁력이 상당히 올라갈 것이라고 생각한다. 우리나라 사람의 DNA 속에는 통제지향적인 요소가 상당히 강하게 뿌리 박혀 있다. 요즘 많이 바뀌고 있지만 아직도 우리는 권위주의적인 문화가 강하다. 한국의 외국계 기업들과 한국 기업들을 비교만 해봐도 일하는 내용의 자율성이 다르다. 삼성중공업에서 중장비 만드는 사업부가 볼보Volvo로 바뀌었을 때, 똑같은 회사에서 경영층만 바뀐 것인데 '어떻게 일하는데 이렇게 활력이 나는지 모르겠다' 고 이야기하는 것을 보면 우리가 자율적인 문화를 형성하는 데 부족하다는 것을 알 수 있다. 자율적인 문화가 결국 행동지향적인 문화이다.

3) 고객관리

고객은 기업의 중요한 요소이다. 그래서 드러커도 '기업의 존재이유는 고객을 위해서 가치를 창조하는 것이다.' 라고 이야기했다(Drucker, 1964). 우리가 물건을 만들어서 고객에게 판다고 하는 것은 돈을 벌기 위한 것이 아니다. 물건을 파는 것은 하나의 핑계이고 실제로는 고객에게 봉사하는 것이라는 인식을 갖는 것이 우수한 기업이 되는 데 중요하다. 고객봉사를 무한책임의 정신으로 받아들이고 '우리가 어떻게 고객에게 봉사할 것인가' 하는 정신으로 기업을 하다 보면 고객이 가지고 있는 문제가 눈에 보이게 되고 그것을 충족시키려고 노력하면서 회사 스스로 혁신해나가는 것이다. 회사 발전이라는 것은 결국 고객과 함께 발전하는 것이다. GE도 비행기 엔진을 만들다가 결국 수리하는 사업을 추가하였는데 수리 부분에서 더 많은 이익이 나왔다. 고객의 문제를 해결하는 과정에서 조직이 변화하는 것이다.

4) 전략경영

전략에는 틈새전략이 중요하다. 물론 이 전략은 한 가지만 잘하는 회사라는 뜻에서 중소기업 측면에서 많이 이야기한다. 전략에서 가장 중요한 것은 정신이다. 틈새전략에는 죽기 아니면 살기로 하는 정신이 있다(Business Week, 2004). 큰 회사에서는 여러 가지 일을 한다. 제일모직은 모직만 하는 것이 아니라 패션도 하고 화학제품과 전자소재도 만든다. 제일모직 같은 회사는 틈새전략을 구사한다고 말할 수 없을지 모르지만, 하나하나의 사업은 틈새정신을 가지고 하지 않으면 세계 최고가 될 수 없다. 틈새전략이라고 하는 것은 죽기 아니면 살기로 하여 세계 최고가 되겠다는 정신을 말하는 것이다. 그래서 우수한 기업들을 보면 기술에 과감한 투자를 하고 매출의 50퍼센트 이상을 해외에서 올리고 있다. 특히 일본의 카오 같은 회사는 본사 직원의 20~30퍼센트 정도가 신제품을 개발하는 회사이다. 그래서 우수기업은 기술에 기반을 둔 공격적인 전략을 펼치고 있다. 회사의 인원이 많으면 왜 인원이 많으냐고 하는 사장이 있는가 하면, 왜 우리 회사는 매출이 작은가 하는 사장이 있다. 물론 상황에 따라 다르겠지만 공격적인 전략을 펴는 것이 우수기업의 역할이 아닌가 하고 생각한다. 우수기업은 M&A, 전략적 제휴 등을 통해서 자기가 하는 사업을 확대 심화시켜 나가고 있다. 독일 크노르 브렘즈Knorr – Bremse라는 철도브레이크 시스템 회사는 다른 브레이크 시스템 회사를 흡수해서 시장점유율을 늘리고 기술력도 강화시켜 나갔다(Economist, 2003).

5) 목표관리

내부 관리는 목표관리를 통해서 이루어지고 있다. 원가, 품질, 기술에 목표를 설정하고 달성해나가는 것이다. 우수기업은 목표관리를 잘한다. 목표관리에는 기강이 중요하다. 기강이란 원칙을 지키고 빈틈없이 하는 것이다. 우수한 기업들은 재무적인 관점에서도 기강discipline이 강하다. 요즘은 정보화시대가 되어 돈이 빨리 움직여서 그런지 회사는 멀쩡한데 현금 흐름이 문제가 되어 망하는 회사가 많다. 물건을 팔고 외상으로 주면서 금융을 하는데 잘될 때에는 손익계산서에 외상매출금으로 잡히고 전부 돈으로 들어오지만, IMF같은 위기가 오면 부실채권이 되어 망하게 된다. 독일의 지멘스Siemens 같은 회사가 외상을 줄 때 신중하게 원칙을 가지고 하는 기강을 가지고 있었기 때문에 경기침체기에 다른 기업들이 어려움을 겪고 도산할 때에도 살아남을 수 있었다고 한다(Economist, 2003). 한국의 한 중소기업은 외상으로 물건을 줄 때 적용하는 규칙이 있어 외상 여부를 결정하고 한도도 정해놓고 있다. 예를 들어서 삼익LMS에서는 고객 회사의 사장이 외제차를 분수에 맞지 않게 탄다든지 하면 외상매출을 주지 않는 규칙을 가지고 있다고 한다. 일본의 카오 같은 회사는 신제품 개발도 잘하지만 원가절감을 하나의 종교로 생각할 정도로 원가절감에도 강한 기강을 보여주고 있다. 원가절감을 위해서는 부품과 기술을 공용화하여 규모의 경제를 이루고자 하고 있다. 캐논은 복사기의 이미지 처리 부품을 카메라에도 사용하고 있다. SCM과 ERP 등 정보시스템은 원가를 비롯하여 품질, 납기에

중요하다. 혼다는 세계 전역의 공장을 공급체인의 네트워크 속에 묶어
생산과 판매를 유기적으로 통합하여 재고관리를 효율적으로 하고 있
다(Economist, 2003).

6) 사람

사람과 관련해서 중요한 것은 어떻게 사람들을 참여시키느냐 하는
것이다. 우수한 기업을 보면 평범한 사람으로부터 비범한 성과를 끌어
낸다. 보통 사람인데 우수한 기업에 가면 우수한 사람처럼 참여하는 것
이다. 사람들이란 무한한 잠재력을 가지고 있다는 말이 있지만 얼마나
열심히 참여하느냐 하는 것이 관건이고, 이를 위해서는 조직이 유연해
야 할 것이다. 일본의 교세라에서는 아메바조직이라고 해서 필요에 따
라 만들어지고 해체되는 조직을 운영함으로써 사람들에게 자율과 책
임의 정신을 심어주고 있다. 또한 기능적 조직은 경직적이므로 고객지
향적인 팀조직으로 만들어 나가는 것이 필요하다. 이것은 기본적으로
분권적 조직으로 운영하는 것을 말하며, 납작하고 간소한 스텝의 조직
으로 대기업이라도 중소기업처럼 환경 변화에 신속하게 적응할 수 있
도록 하는 것이다.

생명과 창조의 경영: 기업가정신과 잠재력 개발

요즘 창조경영이라는 말이 경영의 화두가 되어 논의되고 있는데, 창조경영을 특별히 새로운 것이 아니라 경영의 기본으로 돌아가는 것이라고 생각할 필요가 있다. 경영의 기본은 무엇인가? 그것은 종업원들의 기업가정신을 살리고 그들의 잠재력을 개발하는 것이다.

기업가정신

1) 자율

기업가정신은 자율과 책임의 정신이다. 즉, 내가 무슨 일을 할 것인지 스스로 정하고 결과에 대해 책임을 지는 정신이다. 기업가정신은 자율로부터 비롯된다. 기업가정신은 아이디어에 기초를 두고 있는데, 아이디어는 강제로 나오지 않는다. 통제하지 않고 자율적으로 내버려둘 때 즉, 마음의 여유가 있을 때 아이디어가 나올 수 있기 때문이다.

불확실성이 지배하는 정보화사회에서 자율성은 시대적 요구사항이다. 정보화시대란 물어볼 시간도, 물어볼 사람도 없는 시대다. 경영을 항해에 비유하면 산업화시대의 경영은 잔잔한 바다 위를 항해하는 것이고, 정보화시대의 경영은 거칠게 파도치는 바다 위를 항해하는 것과 같다. 산업화시대는 오늘 배가 부산을 떠나면 언제 하와이에 도착할지를 알기 때문에 예측과 계획이 가능했고 계획에 따라 지시할 수 있었다. 그러나 정보화시대는 거칠게 파도가 치기 때문에 배가 하와이로 간다고 했지만 홍콩으로 가게 될지 아니면 중간에 파산하게 될지 현장에 있는 선장도 모르는 것이다. 앞으로 무슨 일이 일어날지 아무도 모른다고 하는 것이 정보화시대의 현실이다. 이럴 땐 상황 변화에 따라 자율적으로 적응해나가는 수밖에 없다. 그런데 만일 거친 파도 속에서 선장이 키를 오른쪽으로 돌리려 할 때, 현장에 있지도 않은 누군가가 키를 꺾기 전에 반드시 나의 결제를 받으라고 말을 한다면, 결제를 받으러 간 사이에 배는 전복되고 모든 사람이 죽고 말지도 모른다. 극단적으로 이야기하자면, 아랫사람이 일하는 것을 간섭한다는 것은 그 사람을 경쟁에서 도태시키는 결과를 가져올 수 있는 것이다.

한국 기업이 외국에 투자할 때 정부의 허가를 받아야 한다는 규정이 있는데, 하루빨리 결정을 해야 경쟁에서 살아남을 수 있는 치열한 국제경쟁 환경에서 결제를 받기 위해 시간을 소모하게 하는 것은 투자기업의 경쟁력을 저하시키는 일이다.

또한 자율성이라는 것은 인간적 요구사항이다. 아무리 능력이 없는 사람이라도 최대의 성과를 이끌어내기 위해서는 자율성밖에 없다는 것이다. 자율성이야말로 생명력·창조력의 원천이다. 다시 말해서 자율적으로 내버려두는 것만이 그 사람을 살리는 것이다. 어떤 교육학자는 교육자로서 가장 중요한 일은 걸음마 단계의 어린이가 걸어가다가 넘어지려고 할 때에 쫓아가서 안아주려고 하는 충동을 억제하는 것이라고 말한 바 있다. 넘어지려고 할 때 안아주게 되면 그 아이는 영영 걸을 수 없게 된다는 것이다. 이처럼 어린아이는 넘어지면서 걸음을 배우듯이 사람은 실패를 통해서 강해지는 것이다.

2) 책임

한편 자율성을 강조하면서 간과하지 말아야 하는 것은 책임정신이다. 어떤 임원은 우리 회사는 통제를 하는데도 일이 잘 안 되는데, 자율성을 부여한다면 어떻게 회사 일이 잘될 수 있겠느냐고 말하면서 자율성을 불안하게 받아들였다. 그런데 그 말의 배경을 보면 그 회사에는 성과지향적인 책임정신이 강조되지 않은 것을 알 수 있다.

책임정신은 성과지향적인 문화로 나타나는데 이것은 모든 사람이 항상 회사를 위해서 어떤 좋은 일을 했다고 하는 것을 이야기할 수 있는 분위기를 말한다. 분기별로 또는 최소한 1년에 한 번은 평가를 해서 회사를 위해 무슨 좋은 일을 했는지를 말해볼 수 있도록 해야 한다. 평가를 하지 않으면 내가 잘하고 있는지 못하고 있는지 무슨 일을 해야 좋은 평가를 받는지 모르기 때문에 열심히 해도 알아주는 사람이 없는 분위기가 형성되어 기업경영이 잘될 수 없는 것이다.

책임정신은 평가로부터 나오는데, 평가에 앞서 사람들이 능력을 발휘할 수 있는 분위기를 제공해야 한다. 다리를 묶어놓고 100미터 달리기를 해서 평가한다는 것은 말이 안 되는 것이다. 자율적인 분위기가 평가에 앞서서 조성되어야 할 뿐만 아니라, 종업원 각자도 자기가 하고 싶은 일을 한다는 개성적인 사고와 일의 결과에 대해 책임을 지고 보호받지 않겠다는 독립적인 사고를 가져야 한다. 개성적이고 독립적인 사고를 확립하기 위해서는 해체하고 분리하는 경영을 통해서 조직을 몇 개의 사업부로 나누어 마치 다른 회사처럼 독립적인 경영을 하라는 것이다. 직원 채용도 따로 하고 직급체계도 각 사업부의 성과에 따라 다르게 하는 것이다(조직의 해체에 대해서는 1부 2장 04 '시장 환경과 조직, 그리고 새로운 경영' 참조).

영국의 기업 '이매지네이션'의 경우와 같이 사람만 좋으면 채용하고 1년 후에 평가하여 성과가 좋으면 그대로 두고 성과가 좋지 않으면 해고한다고 하는 경영이 바로 자율과 평가에 의한 경영의 요체라고 할 수 있을 것이다. 종업원이 입사해서 무슨 일을 할 것인가는 그 사람의 책임이지 경영자의 책임이 아니라는 것이다. 자기가 하고 싶은 일을 찾아서 하고 업적을 내라는 것이다. 이것이 책임경영이다.

잠재력 개발과 사고의 전환

시장경제의 원칙이라고 하는 것은 자율과 책임의 경영이고, 결국 사람들의 창조력·생명력을 활성화시킴으로써 잠재력을 키우고 자아실현을 하게 하는 원칙이다. 시장경제의 원칙이야말로 인간적인 원칙인 것이다. 인간이 왜 사는가 하는 질문은 답도 없는 질문이지만 굳이 답을 하자면 잠재력을 개발하는 것이라고 할 수 있다. 사람들은 일을 통해서 잠재력을 개발해나간다. 피카소는 그림을 그리면서, 베토벤은 작곡을 하면서 잠재력을 개발하듯이 사람들은 일을 하면서 잠재력을 개발하게 된다. 국정 운영과 기업 경영이 잠재력 개발에 초점을 둘 때 가장 인간적인 것이다. 경영의 목적은 경쟁력을 제고하는 것인데, 경쟁력을 제고하기 위해서는 구성원들의 잠재력이 개발되어야 한다. 경쟁력이 제고될 때 삶의 질은 향상될 것이다. 그러므로 국정 운영과 기업 경영의 초점은 '잠재력 개발'에 두어야 할 것이다.

잠재력은 어떻게 개발되는가? 잠재력이라고 하는 것은 일을 통해서 개발되는 것이므로 일을 열심히 할 때, 그리고 일이라는 것은 혼자 할

수 없으므로 일을 다른 사람들과 협력해서 할 때 비로소 잠재력은 개발
될 것이다. 잠재력은 결국 열정과 애정에서 나오게 된다. 잠재력 개발
의 장애 요인은 나태와 탐욕이다. 탐욕 때문에 협력이 잘되지 않는 것
이다. 기업경영을 잘하는 것이 어쩌면 간단한 것인데도 문제가 발생하
는 것은 탐욕에서 비롯되지 않나 생각된다. 탐욕이란 일에 앞서 돈·명
예·권력을 추구하는 것이다. 일을 열심히 해서 돈과 명예와 권력을 얻
게 되는 것이 아니고 문제는 돈·명예·권력을 추구하기 위해서 비합리
적·비도덕적 수단을 사용하는 데서 생기는 것이다. 자기가 하고 싶은
일을 한다면 잠재력이 개발되고 경쟁력이 제고되는 것인데, 돈을 더 많
이 준다는 이유로 하고 싶은 일을 하지 않고 적성에 맞지 않는 일을 한
다면 잠재력이 개발될 수 없다.

'회사에 나올 때 가면을 쓰고 나오지 말라' 라는 말이 있다. 베토벤이
회사에 나와서 피카소의 가면을 쓰고 그림을 그리면 그 일이 제대로 되
겠느냐 하는 것이다. 미국의 어느 최고경영자는 종업원이 회사에서 단
하루라도 좋으니, 뜨겁게 열정적으로 일을 해달라는 말을 하고 있다.
가면을 쓰게 되면 일을 미적지근하게 할 수밖에 없다. 가면을 쓰게 되
는 이유는 나태와 탐욕 때문이다. 그리고 사람이 나태하고 탐욕스러운
것은 그 사람이 순수하지 못하기 때문이다. 가장 순수한 것은 자기가
하고 싶은 일을 다른 사람과 협력해서 함으로써 이 사회에 봉사하겠다
는 마음가짐이다. 순수는 자율과 책임에 기초를 두고 있다. 사람이란
통제하고 보호해주면 무기력해지고 의존심이 생길 뿐만 아니라 이기
적이고 대립적이 되는 것이다. 이런 의미에서 지하철에서 구걸하는 사
람에게 동전을 주지 않는 것이 더 인간적일 수 있다.

그러나 자율과 책임만으로는 나태와 탐욕을 완전히 제거할 수 없다.
사람 내부로부터 열정과 애정의 정신이 나올 수 있도록 조직 내에 가치
관이 하나의 문화로 정립되어야 한다. 평가의 기초는 가치관이다. 사람

을 순수하게 하는 가치관은 사업적 가치관과 인간적 가치관의 2가지가 있다. 사업적 가치관은 "이 일에 일생의 승부를 걸었다" 하는 도전과 열정이고 이 일로 고객에 봉사하고 사회에 기여한다는 소명의식이다. 인간적 가치관은 인간 존중의 가치이고 신뢰와 협력의 기초가 되는 다른 사람에 대한 애정, 연민의 정 등을 말하는 것이다. 인간적 가치관은 우리가 서로 남이 아니라는 동체정신을 불러일으킨다. 편법을 쓰거나 다른 사람을 지배함으로써 자기 이익을 챙기겠다고 생각하는 사람이 많을 때 기업경영은 잘되지 않을 것이다. 우리가 봉사정신과 동체정신의 고양으로 순수하게 될 때 우리의 잠재력은 개발되고 경쟁력은 제고될 것이다.

그러나 가치관에 의해서 사람이 순수하게 된다고 하는 것은 아주 어려운 일이다. 이것은 사람이 달라져야 함을 뜻한다. 잠재력 개발의 제1차 요소는 자기전환self transformation으로 가치관에 입각한 정신적 전환이 요구된다. 시장경제원칙이라는 것이 자율과 책임만이 아니라, 그것을 가능하게 하는 봉사정신과 동체정신으로 뒷받침되어야 한다. 흔히 시장경제원칙이라 하면 '약육강식'이라 하여 무자비하다고 생각하지만 시장경제에서 나오는 경쟁이 나태와 탐욕을 제거시켜주고 우리를 순수하게 한다. 물론 완전한 시장이 없기 때문에 가치관에 기초를 두고 평가함으로써 자기전환을 이루어나가도록 해야 할 것이다. 자율과 책임의 시장경제원칙은 사회를 생각하는 봉사정신과 남을 생각하는 동체정신이 조화를 이루어야 함을 의미한다. 그러나 남을 무조건 도와주는 것이 동체정신이 아니다. 다른 사람에게 생명력을 불어넣고 잠재력을 개발하도록 하는 것이 동체정신이다. 다른 사람을 도와주기만 하면 의존심이 생기므로 동체정신에 위배된다고 할 것이다.

그러므로 최고경영자가 가치관을 개발하고 조직 내에 심어나가는 것이 중요하다. 잠재력 개발을 위해서는 우리가 순수해질 수 있는 가치가 기업 내에 확립되어 있어야 한다는 것이다.

06 제3수준의 경영: V이론

이번 장에서의 목적은 새로운 차원의 경영을 제시하는 것이다. 이것을 '제3수준의 경영'이라 부르고자 한다. '제3수준의 경영'에서 추구하는 것은 인간의 잠재력 개발이다. 잠재력이 개발되기 위해서는 조직 내에 사업적 가치관과 인간적 가치관이 조직문화로서 자리 잡고 있어야 한다. 이러한 가치관이 있을 때 경영은 이익을 넘어 고객, 기술, 사람을 중요하게 다루게 되는 것이다.

이 개념을 설명하기 위해 일이란 무엇이고 사람은 무엇 때문에 일하는가에 대한 가정을 설명하는 X, Y 이론을 넘어 V이론을 제시하고 각각의 이론에 기초를 둔 3가지 수준의 경영을 보여주고자 한다. V이론에 기초를 둔 것이 '제3수준의 경영'이다.

'제3수준의 경영'은 마음을 경영하는 것이다. 마음을 경영하기 위해서는 종업원들이 일로부터 의미를 찾을 수 있어야 한다. 그래야 종업원들은 일에 몰두할 수 있다. 왜냐하면 사람들의 가장 중요한 인생의 목적은 의미를 찾는 것이기 때문이다.

경영의 기본과 가치의 내용

히딩크는 축구의 기본인 체력과 스피드를 강조함으로써 한국축구를 세계적 수준으로 도약시켰다. 무슨 일이든 잘하려면 기본을 잘해야 한다. 히딩크는 "기본으로 돌아가자."라는 말의 중요성을 다시 한 번 상기시켜 주었다. 경영의 기본은 무엇인가? 나는 이것을 전략의 고리로 설명한다(3부 2장 01 '전략의 고리: 경쟁력의 기본' 참조).

앞에서 언급했듯이 전략의 고리는 경영의 기본을 이익이 아니고 고객, 품질, 기술, 사람에 두라는 것이다. 특히 기업의 목표를 이익추구에서 사람(종업원)의 개발로 바꿀 것을 요구한다.

이익추구에서 사람개발로 기업의 목표가 바뀌기 위해서는 최고경영자가 일과 사람에 대한 인식의 전환에 가치를 두고 사업적 가치와 인간적 가치를 개발해야 한다.

일과 사람에 대한 인식

'제3수준의 경영'을 이해하기 위해서는 일과 사람에 대한 다음과 같은 인식이 요구된다.

첫째, 인간은 무한한 잠재력을 가지고 있다는 인식이 있어야 한다. 이런 인식이 되어 있어야 인간의 독창적인 잠재력을 끌어낼 수 있는 것이다. 인간이 무한한 잠재력을 가지고 있다는 말은 경영자에게 무엇을 뜻하는가?

이것은 종업원의 교육과 훈련에 투자를 아끼지 말 것과 종업원에게 대대적인 자율성을 줄 것을 요구하는 것이다. "회사를 대학처럼 운영하라"는 말은 종업원의 성장을 위해서 가능한 한 모든 기회를 제공하라는 것도 포함한다. 종업원의 성장이 곧 회사의 성장이라고 생각해야 한다.

둘째, '일은 자기의 창조적인 표현이다' 라는 인식이 필요하다. 사람은 왜 일을 하는가? 사람은 일을 하게 되어 있기 때문에 일한다. 일은 단지 돈을 벌기 위해 하거나 상관이 보기 때문에 하는 것이 아니다. 일은 인간의 본능이자 그것이 바로 삶이기 때문이다. 극단적으로 하찮은 일이라고 생각할지 모르지만 화장실 청소도 자기표현이기 때문에 여기에는 자기의 모든 것이 들어가야 한다. 피카소가 그림으로 자기를 표현하는 것이나 청소원이 화장실 청소로 자기를 표현하는 것이나 다를 것이 없다. 그렇기 때문에 우리가 피카소의 그림을 감상하는 것과 마찬가지로 우리의 일을 감상할 줄 알아야 한다. 잘한 일을 잘했다고 인정하고 감상할 줄 알아야 한다.

'인간이 무한한 잠재력을 가지고 있고 일은 자기의 창조적인 표현이다' 라고 했을 때, 우리는 종업원이 자기 전부를 바쳐 일할 수 있도록 조직 내 인간적인 분위기를 조성해주어야 한다. 인간적인 분위기는 인간적인 관계로부터 나온다. 인간적인 관계는 다양한 사람들이 하나로 될 수 있는 관계를 말한다. 우리는 공통적인 가치를 지니고 있을 때 비로소 하나가 될 수 있고, 인간적인 관계는 자율성, 공정한 평가, 소속감에 기초를 두고 있다. 이것이 바로 정보화시대에 요구되는 인간적인 경영의 내용이다.

경영 수준의 3단계

여기서 우리는 경영의 수준을 세 단계로 나누어 볼 수 있다. 첫째는 이익을 가장 중요하게 생각하는 경영이고, 둘째는 사람을 중요하게 생각하는 경영이고, 셋째는 가치를 중요하게 생각하는 경영이다.

첫 번째, 이익을 중요하게 생각하는 경영은 돈 버는 데 중점을 두기 때문에 천박한 상업주의로 빠져드는 경향이 있어 돈이 된다는 사업은 무엇이든지 하고 고객의 욕구가 무시되고 종업원에 대한 배려가 부족하다. 1980년대까지 우리나라 기업의 상당수가 이런 경영을 했고 지금도 이런 수준에 머물러 있는 기업이 많다고 생각한다. 이런 기업은 고객의 욕구를 충족시키기 위해서 어떤 좋은 새로운 제품을 개발해낼 것인가보다 이익과 직결되어 있는 매출액이나 시장점유율을 증가시키기 위해서 다른 제품을 모방하여 출시하고 어떤 마케팅 수단을 동원할 것인가를 생각한다. 이런 기업은 종업원의 자율성이 부족하다. 종업원으로부터 창의적 아이디어를 요구하기보다 시키는 대로 하기를 바란다. 종업원들은 머리를 쓰기보다 몸으로 때운다. 일찍 출근하고 늦게 퇴근하는 종업원이 승진의 가능성이 높은 것이다. 출근시간, 퇴근시간뿐만 아니라 근무 중 활동 중심으로 종업원을 관리하는 통제지향적 경영을 한다.

두 번째, 업적을 중요하게 생각하는 경영은 종업원의 능력개발이 중요하다고 인식하고 있다. 능력개발을 통해서 창의적 아이디어를 낼 수 있을 때 고객욕구를 충족시키고 새로운 제품을 만들어낼 수 있으며 이럴 때 이익도 확대될 수 있다는 것이다. 정도의 차이는 있지만 대기업을 중심으로 한 상당수 우리나라의 기업이 이런 수준에 놓여 있다고 생각된다. 이런 기업의 주요 관리 기법 중의 하나는 '목표에 의한 관리'이다. 목표를 주고 목표를 달성하는 범위 내에서 자율적으로 행동할 수 있는 것이다.

세 번째, 가치를 중요하게 생각하는 경영이다. 가치는 기업의 비전으로 표현된다. 이미 언급한 바와 같이 가치는 봉사정신과 동체정신을 말하고 우리를 순수하게 만드는 것이다. 가치는 삶의 보람이고 신뢰의 기초이다. 조직이 추구하는 일을 중심으로 협력할 수 있는 분위기가 조

<표 8> 경영의 3단계

수준	경영 초점	경영 특징	인적 활용	동기 요소	경영이론
1	활동	통제	몸	물질적	X
2	목표	참여	머리	사회적	Y
3	비전	자율	가슴	정신적	V

성된다. 이러한 분위기가 조성될 때 기업가정신이 고양되고 종업원은 스스로 일을 찾아 목표를 설정할 수 있게 된다. 단순히 목표를 달성하기 위해 머리를 활용하는 것이 아니라 조직의 가치와 비전을 가슴으로 받아들이고 공감하기 때문에 목표를 설정하고 달성하는 과정이 자연스럽게 이루어지는 것이다. 이상을 정리하면 <표 8>과 같다.

경영 수준이 1단계에서 3단계로 갈수록 인간은 인격적으로 성숙되는 것이다. 1단계에서는 행동지침을 주고 통제하는 권위주의적 경영이 이루어진다. X이론에 기초한 경영이다. 주요 동기부여 요소는 금전적인 것으로 물질적 차원에 머물고 있다. 2단계에서는 목표를 주고 책임을 지게 한다. 목표를 달성하는 범위 내에서 자율이 주어지기 때문에 이를 참여적 경영이라고 부르기로 한다. Y이론에 기초한 경영이다. 주요 동기부여 요소는 개인 업적에 대한 인정을 받는 것으로 사회적이라고 말할 수 있다. 3단계에서는 조직의 가치 및 비전에 대한 공감대를 형성하고 스스로 목표를 설정하며 신뢰관계에 기초를 두고 경영이 이루어진다. 스스로 목표를 설정한다는 의미에서 참여적인 목표관리와 구별하여 민주적 경영이라고 부르고자 한다. 주요 동기부여 요소는 어떤 대가나 인정을 받는 것이 아니라 자아실현을 할 수 있는 가치 있는 일을 하는 것이다. 이것을 정신적spiritual 차원이라고 말할 수 있고 이는 X, Y를 뛰어넘는 가치관에 기초를 둔 인간에 대한 가정이므로 V이론이라고 명명하기로 한다(V는 values를 나타낸다). '제3수준의 경영'이 지

〈표 9〉 인간의 일과 동기부여에 대한 가정

X 이론	Y 이론	V 이론
1. 일이란 원래 대부분의 사람에게 있어서 하기 싫은 것이다.	1. 일이란 작업 조건만 잘 정비되면 놀이를 하거나 쉬는 것과 같이 극히 자연스러운 것이다.	1. 일은 자기의 존재이유이고, 창조적 표현이다.
2. 대부분의 사람들은 야망이 없고 책임지기를 싫어하고 지휘받기를 좋아한다.	2. 조직목표를 달성하는 데는 자기통제가 필수불가결하다.	2. 사람들은 단지 돈이나 인정을 받기 위해 일하기보다 삶의 보람을 위해서 일한다.
3. 대다수의 사람들이 조직문제를 해결하는 데 창의력을 발휘하지 못한다.	3. 조직문제를 해결하기 위한 창의력은 누구나 있다.	3. 사람들은 일을 통해서 바르게 살아가는 자세를 배우고 자아실현을 추구한다.
4. 동기부여는 생리적 욕구나 안전 욕구의 계층에서만 가능하다.	4. 동기부여는 생리적 안전 욕구의 계층에서는 물론 사회적 존경, 자기실현의 욕구에서도 가능하다.	4. 사람들의 가장 중요한 욕구는 일을 통해서 삶의 의미를 찾고 잠재력을 개발하는 것이다.
5. 대다수의 사람들은 엄격히 통제되어야 하고 조직목표를 달성하기 위해서는 강제되어야 한다.	5. 사람은 적절하게 동기가 부여되면 일에 자율적이고 창의적이다.	5. 이상적 조직은 가치관의 개발을 통해서 열정과 애정이 넘치는 공동체가 되는 것이다.

자료 : X-Y이론 : P. Hersey & Blanchcd, "Management of Organizational Behavior", *Englewood Cliffs, N. J: Prentice-Hall. Inc.*, 1982, p. 42
V이론 : 저자가 정리한 것임

향하는 바는 3단계 수준의 경영이고 이때 경영의 목표는 사람을 정신적으로 고양시키고 자기를 찾아 깨달음을 성취하는 것이 될 것이다. X, Y, V 이론의 일과 동기부여에 대한 가정은 〈표 9〉와 같다.

07

신자유주의는 인간적이다

얼마 전 〈파이낸셜 타임스〉는 "신자본주의 실험은 실패했다"고 보도하였고, 폴 크루그먼은 '지금의 금융위기는 시장만능주의가 부른 재앙으로 앞으로는 정부의 규제가 강화된 자본주의가 될 것이다' 라고 전망했다. 시장의 탐욕을 제어하기 위한 규제는 필요하지만 자본주의 사상의 근간이 되는 자유주의가 퇴조하는 것은 아니라는 생각이다.

신자유주의는 그간 사람들을 약육강식의 경쟁 상황으로 내모는 비인간적 사회를 만들어 인간을 소외시키고 경제불평등을 심화시킨다는 비판을 받아왔다. 그러나 결론부터 말하자면 신자유주의는 비인간적인 것이 아니라 인간적인 것이다.

신자유주의는 자유를 기본으로 한다. 자유를 주었을 때 책임을 물을 수 있다고 하는 말이 있는 것처럼 자유는 책임을 동반한다. 자유와 책임은 열정과 애정이 있는 사회를 가져온다. 사람이란 누구나 잘되고 싶은 욕구를 가지고 있기 때문에 자율적으로 내버려두면 무슨 일이든지 잘해보려는 열정을 가지게 되고 다른 사람과 협력해서 더 많은 일을 해보고자 하는 애정을 가지게 되는 것이다.

신자유주의와 대립되는 사회주의는 정부가 개입하고 규제하는 통제 사회로서 나태와 탐욕을 초래한다. 무언가 하려다가 벽에 부딪히면 좌절하게 되어 시키는 대로만 하고 주도권을 가지고 최선을 다해보겠다는 생각이 줄어들게 되어 나태해지며 윗사람 눈치나 보면서 자기 이익을 챙기려는 탐욕이 자라는 것이다. 또한 통제지향적 정부하에서는 정치권력과 유착하여 부당이익을 추구할 소지가 많다. 사회주의 국가에서 부패와 부정이 만연한 것은 이 때문이다.

통제가 과도할 때 그것은 과보호가 되고 의존적 체질을 기르게 된다. 그동안 정책적 보호를 받았던 농업과 중소기업이 의존적 체질을 갖게 되었다는 비판이 있다. 이것은 멧돼지와 집돼지를 비교해보면 알 수 있다. 멧돼지가 날렵한 것은 자율과 책임의 정신에 입각해 개성적이고 독립적인 행동을 하기 때문이고 집돼지가 미련한 것은 규제와 보호라는 틀 속에 안주하면서 나태하고 의존적인 행동을 하기 때문이다.

우리가 이 시기에 질문해야 할 것은 자유주의로 가서 열정과 애정이라는 도덕적 기강을 세울 것인가, 아니면 사회주의로 가서 나태와 탐욕이라는 도덕적 해이를 낳을 것인가 하는 것이다. 신자유주의의 가장 중요한 특징은 열정과 애정이라는 기업가정신을 고취시키는 것이다. 열정은 도전이고 애정은 협력이다. 우리는 협력을 통해서 창의적 아이디어를 내고 위험을 감수하는 도전을 통해서 새로운 미래를 창조하는 것이다. 우리가 지난 40여 년의 산업화 역사 속에서 세계사에 유례없는 경이적 성장을 이룬 것은 바로 기업가정신 때문이었다. 우리가 다시 한 번 경제의 재도약을 통해서 선진국으로 진입하기 위해 필요한 것은 기업가정신이다. 기업가정신은 약육강식이거나 비인간적인 것이 아니라 열정과 애정을 통해서 우리의 잠재력을 개발하는 인간적인 것이다.

자유주의의 약점이라고 하는 경제적 불평등도 사회주의보다는 낮다. 경제적 불평등을 해소하고자 사회주의를 하자면 북한과 같이 되자는 것뿐이다. 경제적 불평등이 있을지 모르지만 자유주의는 기업가정신을 살려 우리의 삶의 질을 제고하는 것이다. 빈부격차와 인간소외의 역사는 인류의 역사와 함께 이어져왔다. 이것을 해결하고자 했던 공산주의는 70년간의 실험 끝에 자멸했고 스웨덴식 복지사회를 포함한 유럽식 사회주의도 그 한계를 드러내고 지금은 신자유주의로 선회하고 있다. 빈부격차 및 인간소외의 해소와 관련되어 정부의 역할을 부인하는 것은 아니지만 정부가 할 수 있는 일은 극히 보조적이라는 것이 역사적으로 증명되었다. 빈부격차와 인간소외를 해결하는 바른 길은 일자리를 창출하는 것이다. 일자리를 창출하기 위해서는 기업가정신을 제고해야 하며 이를 위해 요구되는 것이 신자유주의다. 신자유주의를 통해서 개방적이고 도전적인 사회를 만들어야 한다. 이것이 이 시대가 우리에게 요구하는 가장 중요한 과제이다.

08

사업적 가치관과 집중력

경영에는 집중력이 중요하고, 집중력은 사업적 가치관으로부터 나온다.

경영에는 전략적, 체계적, 인간적 3가지 측면이 있고 경영을 잘하기 위해서는 전략적으로 통찰력, 체계적으로 조직력, 인간적으로 창의력이 요구된다. 그런데 통찰력, 조직력, 창의력은 집중력으로부터 나온다. 집중력은 일에 대한 열정이다. 열정이 주인정신이다. 회사 일을 자기 일로 삼고 하는 것이다. 열정은 사업적 가치관을 가지고 있을 때 나온다. 일을 몰입해서 한다는 사업적 가치관이 있을 때 집중력이 생기고 정보를 수집하고 분석하는 과정을 통해서 통찰력을 기르게 된다. 사업적 가치관에 대한 공감대가 형성되어 우리 한번 같이 잘해보자 할 때 공동체 정신에 기초한 조직력이 생기고, 일에 대한 집중력을 통해서 골똘히 생각할 때 창의력이 생기는 것이다.

삼성전자는 반도체 분야에서 앞서나가기 위해 경쟁 기업보다 한 발 앞서 투자하는 대담한 결정을 하여 성공하게 되는데 이런 대담한 결정에는 이건희 회장을 비롯한 경영진의 결단이 뒷받침되었다. 이러한 결단력은 이 사업에서 성공해야겠다는 사업적 가치관이 집중력을 가져왔고 집중력에 의한 통찰력이 있었기 때문에 가능했을 것이다. 이건희 회장은 반도체사업에 대한 결단을 내리기 전에 반도체에 관한 책은 거의 다 읽었다고 할 정도로 반도체사업에 대한 집중력과 열정을 가지고 있었다. 미래를 내다보고 위험부담을 지면서 사업을 추진하는 결단력은 통찰력을 요구하고, 통찰력은 집중력을 요구하고, 집중력은 일에 대한 사업적 가치관(열정)을 요구한다.

삼성전자는 제품개발과 생산에서 조직의 역량을 결집하여 타 회사에서 따라올 수 없는 속도전을 보여주었다. 64M Dram은 개발은 도시바보다 늦었으나 생산을 빨리하여 시장에 먼저 출시함으로써 삼성전자가 세계 1위로 올라서는 계기가 되었다. 이것은 사업적 가치관에 기초를 두고 무언가 잘해봐야겠다는 열정을 종업원들이 공유하고 있었기 때문에 목표를 설정하고 달성해나가는 기강이 확립되어 있었을 뿐만 아니라 가치 있는 일을 하기 위해 힘을 합쳐 일해보자고 하는 공동체의식, 즉 팀 정신도 발휘되고 있었기 때문이다. 기강 있는 팀 정신 disciplined team spirit이 조직력이다.

교세라의 이나모리 카즈오 회장은 쇼후공업에 입사한 후 회사경영이 악화되면서 동기생 4명이 다 떠나가고 혼자 남게 된 뒤 마음을 고쳐먹고 아침부터 밤늦게까지 오로지 연구와 실험에만 몰두하여 신제품개발에서 좋은 결과를 얻을 수 있었다. 그는 거의 매일 밤 온몸에 분말을 뒤집어쓴 채로 피곤에 지친 부원들 앞에 나타나 "왜 열심히 일하지 않으면 안 되는가?" "훌륭한 제품을 만들어 세상에 내보내고 싶은 마음이 들지 않는가?" 하고 설득하면서 일에 대한 가치관을, 사업적 가치관을 심어주었다. 사업적 가치관을 공유할 때 공동체의식이 생긴다. 공동체의식이란 가치 있는 일을 하기 위해서 힘을 합쳐 일해보자는 정신이다. 우리는 일을 통해 관계를 맺고 심화시키면서 공동체의식을 키워나가는 것이다. 공동체의식이 조직력의 기초가 된다. 이와 같이 기업 성공의 기초는 우리가 하는 일은 사회에 보탬이 되는 가치 있는 일로서 한번 잘해볼 필요가 있다는 사업적 가치관으로부터 나오는 열정, 결의, 의지이다. 조직 내 이러한 열정, 결의에 기초한 조직력을 강화시키기 위해서 경영자는 비전을 통해서 사업적 가치와 공동체의식을 심어주어야 한다. 이것은 경영자가 사업적 가치관이라고 하는 삶의 철학이 확립되어 있어야 함을 말해주는 것이다.

집중력이 창의력을 가져온 예는 많다. 무언가 한 가지 일을 골똘하게 생각하면 전혀 생각하지 않았던 시간과 장소에서 아이디어가 나오게 된다. 교세라 회장인 이나모리 카즈오는 젊은 시절 TV브라운관용 세라믹 부품을 만들기 위한 분말사출성형 과정에서 전통적으로 쓰는 점토 대신 파라핀 왁스를 사용하여 순도를 높이고 합성에 성공했다. 파라핀 왁스를 발견하게 된 계기는 그가 복도를 걸어가다가 선배가 실험하면서 놓아둔 파라핀 왁스에 걸려 넘어질 뻔한 순간 아이디어가 머릿속을 스치고 지나갔기 때문이다.

정문술 사장이 반도체조립 공정에 쓰이는 리드 프레임매거진을 개발할 때의 일이다. 여러 개의 금속판을 조립해서 만드는 전통적 방법으로는 정밀도와 내구력의 문제를 해결할 수 없어 포기하려는 생각도 하면서 고민하는 중에 자기도 모르게 짜증 섞인 푸념으로 "에이 빌어먹을, 조립하지 않고 통째로 꽝꽝 찍어버렸으면 좋겠구먼" 하고 말했다. 그때 옆에서 듣고 있던 기술자가 그렇게 하면 되겠다는 생각이 들어 세계 시장에서도 인기 있는 제품을 개발하게 되었다. 골똘하게 생각하는 사람들에게는 어떤 계기로 아이디어가 떠오르게 되는 것이다. 창의력도 집중력의 소산이다.

원가절감 목표 5퍼센트는 달성하지 못해도 30퍼센트는 달성한다는 말도 집중력과 관련 있는 말이다. 도전적 목표Stretch goal를 세우면 사람의 정신이 달라지고 각오가 달라져 집중력이 생긴다. 이러한 집중력이 사고의 전환을 통해 창의성을 낳아 30퍼센트 원가절감 목표를 달성할 수 있는 많은 아이디어를 내놓게 되는 것이다.

코리아나 유상옥 회장은 채시라를 광고 모델로 채용하여 성공을 거두었다. 코리아나라는 회사를 상기시키기 위해서 모델이 제품을 들고 코를 스치게 한 것이 사람들의 관심을 불러일으킨 것이다. 화장품 라미벨을 선전하기 위해 작은 종을 사용한 것도 그가 낸 아이디어이다. 머드팩도 역시 그가 낸 아이디어로 크게 히트한 제품이다. 이와 같이 CEO는 무언가에 대해 집중해서 골똘하게 생각하는 집중력을 가지고 있기 때문에 그 분야에 기술적 전문가가 아니라도 창의적 아이디어를 내놓게 되는 것이다.

게리 하멜은 그의 HBR논문 〈전략적 의도Strategic Intent〉에서 기업의 전략적 성공에는 현재 가지고 있는 자원과 능력이 중요한 것이 아니라 세계적 수준의 기업이 되겠다고 하는 의지가 중요하다고 말했다.[17] 이 의지가 사업적 가치관이다. 이러한 사업적 가치관에 기초한 의지가 있을 때 조직력이 강화되어 조직 역량의 향상과 성장의 속도가 빨라 불가능할 것처럼 보이는 목표를 달성하고 앞선 기업을 따라잡을 수 있는 것이다. 캐논의 전략적 의도strategic intent는 제록스를 타파하자Beat Xerox는 것이었는데 1960년대 제록스에 상대도 되지 않던 캐논은 1980년대에 와서 제록스를 따라잡을 수 있었다.

09

7요소 리더십 모델과
이순신 장군

효과적 리더십을 위해 지도자가 갖추어야 할 요소가 무엇인가. 리더십만큼 중요한 연구분야도 없다. 이는 엄청나게 많은 논문을 보면 알 수 있다. 그러나 효과적 리더십의 요소에 관해 쓴 논문은 찾기 힘들다.

짐 콜린스는 레벨 5리더십Level 5 leadership을 이야기하면서 겸손과 의지라는 두 요소를 효과적 리더십의 요소라고 말했다(Jim Collins, 2001). 코비Covey는 리더십에서 성품의 중요성을 이야기했다(Stephen R. Covey, 1990). 그가 말하는 성품은 근면, 성실, 청직과 같은 인간이 지켜야 할 기본적 가치에 기초를 두고 있는 것이다. 리브Reave는 영성적 가치와 관행이 효과적 리더십과 관련이 있다는 것을 말하고 있다. 여기서 영성적 가치는 근독Integrity, 정직, 겸손과 같은 것이고 영성적 관행은 타인에 대한 존중, 공평한 대우, 관심과 배려, 공감적 경청, 타인의 기여 인정, 명상과 같은 것을 들었다(Reave, 2005).

여기서 나는 가치, 열정, 애정, 지혜를 성품으로 정의하고 성품이 지도자가 수행하는 3가지 역할에 영향을 주어 리더십의 효과성에 좋은 결과를 가져올 것이라는 가설에 기초하고 있다. 여기서는 가치를 문화적, 영성적, 도덕적, 사업적, 인간적 측면의 5가지로 분류하고 지도자가 수행하는 역할은 비전제공자Visionary, 전략실행자Executor, 그리고 동기부여자Motivator의 3가지로 나누었다.

이것은 나의 논리적 주장에 근거하고 있고 아직 실증적 검증을 거치지는 않았다. 여기에서는 이순신 장군의 사례로 모델의 타당성을 뒷받침하고자 한다.

7요소 리더십 모델

리더가 하는 역할role에는 3가지가 있고 이러한 역할을 잘할 수 있도록 하는 성품character에는 4가지 요소가 있다. 그래서 리더십에는 7가지 요소가 있는 것이다(〈그림 14〉 참조). 리더가 해야 하는 역할에는 비전을 제시하는 비전제공자로서의 역할, 그리고 무슨 일을 성공적으로 실행할 수 있어야 하는 전략실행자로서의 역할, 그리고 사람들을 열정적으로 일하게 하는 동기부여자로서의 역할이 있다. 성품의 4가지 요소는 가치, 열정, 애정, 지혜이다.

〈그림 14〉 7요소 리더십 모델

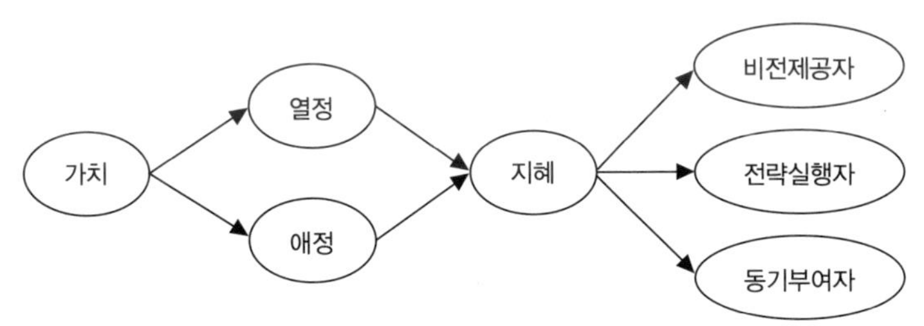

가치는 5가지로 분류될 수 있다(노부호, 2008b). 사업적 가치, 인간적 가치, 도덕적 가치, 영성적 가치, 문화적 가치가 그것이다. 가치는 우리를 순수하게 하는 것이다. 도덕적 가치는 성찰하는 삶을 통해 자기를 비워 사심을 버리고 인간관계에서 바른 도리와 원칙을 지키는 것이다. 예를 들어서 상관의 부당한 압력이 있을 때 자신에게 불리해도 일 처리를 바르게 하는 것이다. 자기를 비워 보다 완전한 경지에 가까이가면 영성적 가치가 발현될 것이다. 영성적 가치는 자기를 초월하고 생사를 초월하는 것이다. 영성적 가치는 도덕적 가치가 심화되었을 때 나오는 것이고 도덕적 가치보다 차원이 높은 것으로 영성적 가치가 있으면 도덕적 가치는 자연히 발현된다. 도덕적 가치와 영성적 가치는 우리가 얼마나 순수한가를 나타내는 것이다.

문화적 가치는 인생이란 무엇이고 어떻게 살 것인가를 고민하는 것이다. 자기구원을 향한 자기수양, 자기극복을 얼마나 치열하게 하느냐하는 것이다. 문화적 가치는 절대에 대한 끊임없는 도전, 삶의 고통을 극복하기 위한 내면과의 싸움을 말한다. 문학, 예술, 철학은 이러한 인간의 고민을 담고 있기 때문에 문화적 가치를 가진 사람은 문학, 예술, 철학에 관심을 갖게 될 것이다. 우리가 순수해지면 인간의 치열한 삶이나 자연의 웅장함을 보고 감동하게 되어 있고 그것을 표현한 것이 문학, 예술, 철학인 것이다. 이러한 문화적 가치가 있을 때 도덕적, 영성적 가치가 개발될 수 있다.

사람이 순수해지면 사업적 가치와 인간적 가치가 발현된다. 사업적 가치는 자기가 하는 사업을 최고로 키워 보겠다는 의지이고, 인간적 가치는 남이 잘되기를 바라고 협력하여 상생하자는 것이다. 사업적 가치와 인간적 가치는 우리의 일과 삶에 직접적이고 필수적인 것이고, 문화적 가치는 순수성을 추구하는 것이므로 문화적 가치는 영성적 가치, 도덕적 가치, 사업적 가치, 인간적 가치를 형성하는 데 영향을 줄 것이다.

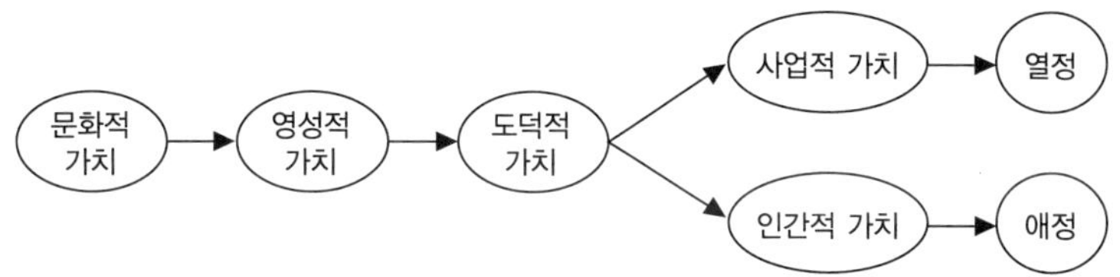

이상에서 이야기한 5가지 가치가 어떻게 연결되어 있는가를 보여주는 것이 〈그림 15〉이다.

가치관은 어떻게 형성되는가? 최고경영자들을 만나보면 가치관의 형성에 어릴 때의 경험이 아주 중요하다는 생각이 든다. 3부 2장 01 '전략의 고리: 경쟁력의 기본'에서 설명한 바와 같이 메디컬그래픽스의 회장인 카이 앤더슨은 어릴 때 아버지가 심장마비로 죽는 경험을 하고 심장병으로부터 인류의 생명을 구해야겠다는 사업적 가치관을 확립하였다.

사업적 가치로부터 열정이 나오고 인간적 가치로부터 애정이 나온다. 열정은 일을 어떻게 하는가와 관련이 있다. 현장에서 솔선수범하는 것은 열정에 속한다. 열정은 도전이고 집중력이다. 집중력은 한 가지 일을 시작하면 끝을 보는 것이다. 애정은 겸손, 효성, 우정 등 인간관계에서 다른 사람에게 보여주는 관심과 배려를 말한다. 아랫사람을 편견 없이 대하고 그들의 의견에 경청하는 개방적 태도를 보여주는 것이다.

지혜는 폭넓고 균형 잡힌 시각과 가치관에 입각한 행동의 원칙을 가지고 있는가, 세상이 어떻게 돌아가는지 통찰력을 가지고 있는가와 관련된 것이다. 지혜는 또한 감정에 동요되지 않고 복잡한 상황을 단순 정확하게 파악하여 차분하게 처리하는 기초가 된다. 지혜란 일을 하면서 터득하는 것이다.

지혜는 경험과 교육을 통해서 얻은 내용을 사유를 통해서 자기 것으로 체화시킬 때 나오는 것이다. 지혜를 위해서는 깊은 경험과 사유가 요구된다. 일과 타인에 대한 애정을 가지고 사는 사람은 혼신의 힘을 다해서 인생을 살아간다고 볼 수 있고 그래서 보다 깊은 경험과 사유를 함으로써 지혜를 쌓게 되는 것이다. 일을 적당히 하고 건성으로 살아서는 지혜가 생기지 않는다. 지혜를 갖추고 있을 때 훌륭한 비전제공자, 전략실행자, 동기부여자가 될 수 있는 것이다. 우리는 지도자가 바른 지혜를 갖추지 못했을 때 조직의 방향을 거꾸로 돌리고 말만 하고 실행은 없고, 조직을 조화롭게 하기보다 갈등을 유발하는 것을 보아왔다.

비전제공자

비전제공자는 비전을 통해서 기업의 방향을 설정하고 성공적인 전략을 구사해야 한다. 비전제공자에게는 3가지 행동 특성이 있다. 첫 번째로 학습의욕이 있어야 한다. 세상이 어떻게 돌아가는지, 현장이 어떻게 돌아가는지 알아야 한다. 경청하고 학습하는 행동 특성을 가지고 있어야 한다. 현장에서 사람들의 이야기를 듣는 것이 중요하다. 그것도 그냥 듣는 것이 아니라 정서적으로 공감하면서 듣는 것이 중요하다. 들을 때 상대방의 마음을 읽어야 한다. 그리고 두 번째로 정보를 공유해야 한다. 지도자는 이야기꾼story teller이 되어야 한다. 이것은 자신의 정보를 공유하는 것을 말한다. 세 번째는 비전을 공유하려면 지도자는 솔선수범해야 한다.

지도력이 좋은 사람들을 보면 다른 사람의 말을 잘 듣고, 자기가 가지고 있는 정보를 잘 제공해준다. 한국전기초자의 서두칠 사장은 정보를 종업원들에게 아무것도 숨기지 않고 제공하였는데 이렇게 해야 종업원들의 사고가 사장의 수준까지 올라올 수 있고 자기가 하는 말이 잘 실천될 수 있다고 하였다. 지도자가 솔선수범하지 않으면 종업원은 따라오지 않는다.

비전제공자는 또한 3가지 능력이 있어야 한다. 우선 미래를 보는 통찰력이 있어야 하고, 이에 기초를 두고 다른 사람을 설득할 수 있어야 하고, 종업원들에게 무언가 해야겠다는 긴박감을 조성할 수 있어야 한다. 통찰력이라고 하는 것은 방향 설정의 기본이다. 지도자는 결단력을 가지고 방향 설정을 해야 한다. 그리고 설정된 방향으로 아랫사람을 설득하고 구성원들의 힘을 결집시키기 위해 조직 내에 긴박감을 조성하는 것이다.

긴박감은 '우리 한번 힘을 합쳐 잘해보자'고 하는 것으로 일체감과 도전의식으로부터 나온다. 삼성 엔지니어링은 IMF 위기 이후로 실적이 좋지 않아 직원들이 패배의식에 젖어 있었는데 2003년 초 정연주 사장이 들어와 1년 동안 수주활동은 하지 않고 우리는 어떤 문제를 가지고 있고 앞으로 잘하려면 무엇을 해야 하는가라는 질문으로 직원들과 대화를 시작하였다. 문제를 해결하기 위한 테스크포스팀Task Force Team을 만들어 새로운 제도와 관행을 도입하고 희망적인 비전을 제시하면서 회사의 구도를 바꾸어나가자 직원들이 '이렇게 하면 되겠다. 우리 한번 해보자'라는 생각이 들게 되었다는 것이다.

전략실행자

전략실행자에게 요구되는 자질은 소신, 기강, 몰입, 위양의 4가지를 들 수 있다. 실행을 잘하기 위해서는 첫째, 소신decisiveness이 있어야 한다. 안동병원의 강보영 이사장은 고객만족경영을 실천하기 위해서 MK택시 사례를 가지고 직원교육을 하고자 하였는데, 의사와 간호사들이 우리를 택시기사와 같이 취급하느냐고 항의하는 등 반대가 심했다. 그런데도 불구하고 강 이사장은 대규모 예산을 들여 직원들을 일본의 MK택시로 견학을 보내면서 그들의 서비스정신을 도입하는 정책을 계속 밀고 나갔다. 결국 의사와 간호사가 따라오고 그들의 친절마인드가 높아지면서 환자 수도 증가하였다는 사례가 있다(매일경제신문사, 2000).

둘째, 기강discipline이 중요하다. 기강이라고 하는 것은 일종의 의지라고 할 수 있다. 우리가 흔히 하는 말로 '한번 한다고 하면 한다'라고 하는 변명이 용납되지 않는 태도이다.

셋째, 몰입engage해야 한다. 현장에서 사람들과 함께하면서 일이 어떻게 되어가고 있는가를 모니터링하고 계속 확인해야 하는 것이다.

넷째, 모든 것을 혼자 하려고 하면 안 되고 일을 위양delegation해야 실행이 잘된다. 전략실행자로서 좋은 예는 뉴욕 시장이었던 줄리아니이다. 그는 뉴욕을 범죄의 도시에서 국제관광도시로 바꾸었다(Giuliani, 2002).

동기부여자

동기부여자의 역할에는 목수carpenter, 정원사gardener, 정보수집가pollinator, 전도사evangelist, 지휘자conductor의 5가지가 있다.

첫째, 지도자는 관심을 가지고 아랫사람을 관찰하여 적재적소에 쓴다. 지도자는 목수이다. 훌륭한 목수에게는 어떤 나무라도 쓸모가 있는 것처럼 지도자는 어떤 인재라도 쓸모가 있다는 생각을 해야 한다.

구부러진 나무는 구부러진 대로 좋은 데 쓰일 수 있고, 옹이가 들어 있는 나무도 그것대로 쓸모가 있다는 것이다. 그래서 어떤 경영자는 고생도 하고, 역경을 견뎌낸 사람이 사고의 깊이가 있고 오히려 쓸모가 있다고 했다. 어느 중소기업 경영자는 학벌은 좋지 않다고 하더라도 사람은 모두 나름대로 장점이 있기 때문에 장점을 키워 쓰면 훌륭한 인재로 만들 수 있다고 하였다. 이것을 장점경영이라고 한다.

둘째, 지도자는 정원사가 되어야 한다. 정원사라는 것은 물도 뿌려주고 잡초도 뽑고 하는 사람이다. 즉, 사람을 교육, 훈련시키는 것이다. 정원사는 기본적으로 사람을 성장시키지만 회사에 필요가 없다고 생각되는 사람을 솎아낼 필요도 있을 것이다. 공정한 평가를 통해서 보상과 처벌을 일관성 있게 시행하고 평가에 기초를 두고 직원들의 경력개발을 지원한다.

셋째, 지도자는 아랫사람들이 아이디어를 많이 내도록 해야 한다. 정보수집가라고 하는 것은 나비가 날아다니면서 꽃가루를 수집하는 것과 마찬가지로 아랫사람들의 아이디어를 수집하는 역할을 해야 한다. 조직 분위기를 경직되지 않고 개방적으로 만들면 종업원들이 아이디어를 낸다. 그리고 현장을 방문하여 종업원들과 대화하면서 아이디어를 수집하는 것이다.

넷째, 자신의 아이디어를 전파해야 한다. 우리 회사는 어떤 가치를 중시하는지 어떤 비전을 가지고 있는지를 이야기하고 종업원들과 가치와 비전을 공유해야 한다. 전도사가 되어야 하는 것이다. 그러기 위해서는 남다른 열정과 애정을 가지고 있어야 한다. 열정과 애정은 사람에 따라 그 깊이에 차이가 많다. 그 깊이는 사람의 가치관을 반영하는 것이고, 깊이에 따라서 상대방의 마음을 사는 정도나 상대방이 감화를 받는 것이 달라진다.

미국의 매킨교도소 사례는 이것을 잘 설명하고 있다. 매킨교도소는 과거에 흉악범들을 수용하였고, 탈옥과 살인이 일어나는 교도소인데, 그 교도소에 새로 부임한 교도관이 경영을 완전히 다르게 했다. 흉악범이 있는데도 불구하고 쇠창살을 없애고, 문에 자물쇠를 채우는 것도 없앴다. 물론 외부로 나가는 통로는 철저히 통제를 하지만 내부의 시설은 개방화시킨 것이다. 방 수색 같은 것도 거의 하지 않고 수감자들을 인간적으로 대우했다. 그 후 분위기가 완전히 달라져서, 그 교도관은 정부에서 주는 상까지 받았다.

그 교도소장은 성직자가 되려고 했다가 인간을 사랑하는 마음을 실천하기 위해서 교도관이 되었다고 했다. 그 교도관은 자신이 가지고 있는 철학과 가치관을 재소자들과 공유함으로써 무엇이 가치 있는 삶인가에 대해서도 이야기를 나누었을 것이다.

재소자들은 교도관으로부터 감화를 받고 '우리들의 삶이 그동안 정말 형편없었다. 이제 제대로 살아보자' 하는 마음으로 인생관이 바뀌게 되었다. 그 교도관은 전도사로서의 지도자였다(노부호, 1994).

다섯째, 지휘자가 되어야 한다. 많은 사람들이 화음을 잘 낼 수 있도록, 팀워크를 이루도록 역할을 분담시키고 갈등을 조정해야 한다. 리더의 중요한 역할 중의 하나는 아랫사람들 사이의 갈등을 없애주는 것이라고 할 수 있다. 그래서 사실 어느 조직이든지, 부서장들끼리 친한 사람도 있지만 그렇지 않은 경우도 있다. 일반적으로 다른 부서에 있는 동료들을 적으로 생각하는 분위기도 있는 것이다. 그럴 때 윗사람이 아랫사람들 사이의 갈등관계를 해소해나가는 것이 중요하다. 좋은 지휘자가 되기 위해서는 철학이 있는 경영자가 되어야 한다. 철학이 있는 경영자는 사람들의 인생관을 바꾸고 조직문화를 개방적으로 바꾸어 조화를 이루어낼 수 있다.

이순신 장군의 리더십

이순신 장군은 7요소 리더십모델이 적용될 수 있는 좋은 사례라고 생각되어 이순신 장군과 관련된 기존 문헌을 참고하여 요소별로 정리하고자 한다.

1) 가치

① 영성적 가치

이순신의 고매한 인격은 생사를 초월하는 영성적 가치관으로 발전하였다. 그는 죽음도 초월하였다. 명량해전에서 왜선과 대치하여 홀로 거의 한 시간을 싸웠다는 것은 이를 말해주고 있다. 또한 죽음을 맞아 무슨 말을 하는가가 그 사람의 가치관을 나타내는 것이다. 그는 명량해전을 앞두고 부하들을 모아놓고 '필사즉생 필생즉사必死則生 必生則死(반드시 죽기를 각오하고 싸우면 살고, 반드시 살려고 하면 죽는다)' 라는 비장한 각오를 피력하였다. 또 노량해전을 앞두고 밤 자정이 되어 문득 손을 씻고 갑판 위로 올라가 천지신명께 빌기를 '차수약제 사즉무감此讐若除 死則無憾(이 원수를 무찌른다면 지금 죽어도 여한이 없겠습니다)' 이라고 하였다. 노량해전에서 적탄에 맞아 숨을 거두면서도 '전방급 신물언아사 물령경군戰方急 愼勿言我死 勿令驚軍(지금 싸움이 한창 급하니 내가 죽었단 말을 하지 마라. 군사를 놀라게 해서는 안 된다)' 이라고 말한 것은 죽음을 초월한 그의 가치관을 반영하는 것이다.

코니시 유키나가의 반간계에 의해서 카토오 키요마사가 일본에서 조선으로 나올 때 그를 사로잡으라는 조정의 명령을 지키지 않았다는 죄목으로 이순신이 의금부에 하옥되던 날 모두들 옥문 밖에 달려와서, "상감의 노여움이 극도에 이르렀고 조정의 대신들도 역시 그러하니 일이 장차 어떻게까지 될는지 모르겠소" 하고 겁내며 탄식했다. 그러나 이순신은 "죽고 사는 것은 천명이다. 죽게 되면 죽는 것이다!" 할 따름, 태연한 자세 그대로 옥에 갇혔다. 그 후 고문당하고 참형 직전에 이르러 장차 일이 어떻게 될지 알 수 없었을 때 옥리가 순신의 조카 분(李芬)에게 은밀히 말하기를 "뇌물을 쓰면 살아날 수 있겠다" 했다. 순신은 이 말을 듣고 조카 분에게 크게 화를 내며 "죽으면 죽었지, 어찌 도리를 어기며 구차하게 살기를 도모하겠는가!" 했다. 이순신의 지조지킴이 이와 같았다(송복, 2007).

그리고 정여립 사건에 연루되어 우의정 정언신과 전라도 도사 조대중이 투옥된 일이 있었다. 이순신은 정언신이 옥에 갇혀 있을 때 옥문 앞에까지 가서 그의 안부를 물었다. 그때 금오랑들이 술을 마시고 노래를 부르면서 떠드는 것을 보고 "죄가 있고 없는 것을 막론하고 일국의 대신이 옥중에 계신데 이같이 무엄하게 논대서야 미안하지 않소?" 하면서 그들을 나무라기까지 했다.

이순신이 정읍현감으로서 전라감사의 차사원이 되어 서울로 가는 도중에 마침 조대중의 집을 수색하여 증거물로 서적과 문서들을 싸 가지고 올라가는 금오랑을 만났다. 마침 그는 이순신과 잘 아는 사람이라, "대중의 문서 속에 당신의 편지가 들어 있는데 그것을 뽑아 드릴까요?" 하는 것이었다. 그때 이순신은 "대중이 본도 도사로 있으면서 내게 문안편지를 보냈기에 나도 그에게 문안편지를 낸 것뿐이오. 그리고 이미 관리의 수색 물품 속에 들어 있는 이상 그것을 사사로이 뽑아낸다는 것은 있을 수 없는 일이오" 하고 말하면서 고마워하기는커녕 태연히 대답하여 거절했다. 이는 항상 바른 일을 하고 물러서지 않는 당당함을 보여주는 일화이다. 당시 정여립 사건에 연루된 사람은 모두 죽음을 면치 못하는 무시무시한 상황이었다는 것을 감안하면 이상의 일화는 이순신 장군이 생사를 초월한 일면을 보여주는 것이다(김종대, 2004).

② **도덕적 가치**

그의 도덕적 가치는 청렴결백과 파사현정으로 나타낼 수 있다. 그는 어릴 때에도 언제나 활과 화살을 차고 다니며 마을 안에서 비록 나이 많은 어른들이라도 도리에 어긋나는 일을 못하게 했다. 그는 관직에 나가서도 상관의 부당한 압력을 거부하고 옳은 일을 하는 소신을 보여주고 있다.

그는 1579년(선조12) 2월 훈련원 봉사奉事(정8품)로 근무했는데, 지금으로 말하면 국방부 산하의 교육훈련 담당 부서이다. 그때의 상관인 병부정랑丙部正郎(정5품, 지금의 과장급) 서익이 자기의 친지 중 한 사람의 서열을 바꾸어 참군으로 승진시켜야 된다면서 인사관계 서류를 잘 꾸며달라 청탁하였으나 그는 단호히 거절하였다.

1580년 7월에 발포만호鉢浦萬戶(종4품)로 근무할 때(발포는 지금의 고흥군 남쪽해안 내발리이다) 직속상관인 전라좌수사 성박이 사람을 시켜 편지를 보내왔다. "내가 거문고를 만들고자 하니 발포영 객사 앞뜰에 있는 오동나무를 베어서 보내시오" 하였으나 "이것은 나라의 물건이라 사사로 쓸 수 없는 것이다. 그리고 심은 지 오래된 나무인데 하루아침에 베어버릴 수가 있단 말이냐" 하며 거절하였다. 성박은 노발대발하였으나 이순신은 끝내 뜻을 굽히지 않았다.[18]

병조판서 김귀영이 서익과 관련된 소문을 듣고는 이순신의 강직한 인격을 높이 평가하여 중신아비를 넣어 자기의 서녀를 이순신에게 첩으로 주겠노라 했다. 그러나 이순신은 중신아비에게, "이제 내가 벼슬길에 갓 나온 사람으로서 어찌 권세의 집에 발을 들여놓을 수가 있겠는가" 하고 한마디로 이를 거절했다. 그리고 율곡이 이조판서로 있을 때 이순신이 종시임을 알고 유성룡에게 말하여 만나보기를 청하였고, 유성룡도 이순신에게 율곡을 한번 만나보라고 권유하였다. 이에 대해 이순신은 "나와 율곡이 같은 덕수 문중이라 서로 만나보는 것도 좋지만

그가 전상銓相의 자리에 앉아 있는 동안에는 옳지 못한 일이오.” 그러고
는 끝내 만나보지 않았다(김종대, 2004).

이순신은 발포만호에서 파직된 그 이듬해(38세) 1월에 도로 서울로
올라와 그해 5월에 다시 훈련원 봉사로 복직하게 되는데, 복직될 때까
지는 집에서 쉬면서도 활터로 나가 무예를 연마했다. 그때 활터에서 있
었던 일이다. 병조판서 류전이 이순신에게 좋은 전통이 있음을 알고 그
것을 자기에게 주기를 요청한 일이 있었다. 절호의 복직 기회일 수도
있었지만 이순신은 조금도 주저하지 않고 “드리기는 어렵지 않으나,
하찮은 전통으로 말미암아 대감과 소인이 함께 좋지 않은 누명을 받게
될 것이니, 그게 미안합니다” 하며 거절하였다. 이순신의 이 기가 찬
말에 류 판서判書는 “그대 말이 옳다” 하고 거듭 말하며 더 이상 요구하
지 않았다. 이처럼 이순신은 윗사람에게 아부하지 않는 청렴한 성품을
지니고 있었다(김종대, 2004).

③ 문화적 가치

이순신은 22세 이후에는 책을 덮고 무예 방면을 전공했지만 그가 닦
은 글과 글씨는 문장가로나 서도인으로나 능히 전문가의 경지에 이르
렀음을 알 수 있다. 천부적으로 문학적 소양을 타고났다고 볼 수 있다.

한산도에서 지은 시만도 20여 수가 있었다고 하는데 거의 없어지고
지금 남아 있는 작품은 “한산섬 달 밝은 밤에……”로 시작되는 〈한산도
가〉 등 얼마 되지 않는다는 것이 안타깝다.

〈난중일기〉도 그의 문학적 소양의 발로라고 볼 수 있다. 인생관 등
자기철학을 확립하는 기초가 되었다고 생각된다. 특히 사선을 넘나드
는 해전을 치르면서 매일같이 일기를 쓴다는 것은 결코 쉬운 일이 아니
다. 그는 일기를 쓰면서 하루 일과를 반성하고 다음 날의 계획을 세웠
다. 이렇게 치열한 기록정신이 부단한 자기수련의 과정으로 승화되어

558

마침내 탁월한 리더십을 발휘할 수 있었던 것이라고 생각한다(김덕수, 2004).

④ 사업적 가치

사업적 가치는 사명감에 투철한 것을 말하는데 이순신은 사업적 가치도 강하였다. 사업적 가치는 멸사봉공의 정신으로 나타낼 수 있다. 노량해전을 앞두고 판옥선상에서 '차수약제 사즉무감此讐若除 死則無憾(이 원수를 무찌른다면 지금 죽어도 여한이 없겠습니다)' 이라고 기도한 것은 사업적 가치를 말해주는 것이다.

갑오년 8월에는 부인의 병이 위중하다는 기별을 받고 진중에 와 있던 맏아들 회를 돌려보낸 뒤 사흘째 되는 날의 일기에 이렇게 썼다. "이날 아침 탐선이 들어와 아내의 병세가 아주 위중하다고 한다. 혹시 생사 간에 벌써 결판이 났을지도 모른다. 그러나 나랏일이 이 지경에 이르렀으니, 다른 일이야 생각할 길이 없다(김종대, 2004)." 그에게 있어서 공과 사는 이처럼 명확하고도 엄격했다.

⑤ 인간적 가치

인간적 가치는 남과 하나가 되는 사고와 태도이다. 기쁨과 슬픔도 함께하는 것이다. 갑오년 일기에 보면 "바람이 세게 불고 매우 춥다. 여러 배에서 옷 없는 사람들이 거북이처럼 웅크리고 추위에 떠는 소리는 차마 듣지를 못하겠다. 군량미조차 오지를 않으니 더욱 민망스럽다"며 병사들과 고통을 함께하며 탄식했다. 또한 병들어 죽는 사람들이 생길 때마다 이를 거두어 각각 제 고을에 안장해주도록 하여, 갑오년 정월에 시체 214구를 묻어준 데다, 4월 1일에는 장흥, 진도, 녹도 등에서 여제를 지내주도록 했으며, 을미년(1595) 7월 14일에는 죽은 군사들에게 제사 지내도록 쌀 2섬을 내어준 일도 있었다(김종대, 2004).

인간적 가치는 또한 겸손으로 나타난다. 장군은 수많은 싸움에서 모두 승리했음에도 "나는 나라를 욕되게 했다. 오직 한 번 죽는 일만 남았다" 하고 자주 말했다고 한다.

2) 열정

사업적 가치는 열정, 의지, 결단력 등으로 나타난다. 열정은 기개와 기백을 나타낸다. 장군의 칼에는 다음의 명문이 새겨져 있다.

석자 칼로 하늘에 맹세하니 산과 물이 떨고 한번 휘둘러 쓸어버리니 피가 강산을 물들인다三尺誓天 山河動色 一揮掃蕩 血染山河

열정은 전략적 과제를 노심초사 생각하는 것이다. 다음 시 한 수는 노심초사 잠 못 이루는 이순신 장군의 심정을 잘 말해주고 있다.

한바다에 가을빛 저물었는데 추위에 놀란 기러기 진지 위를 나네. 가슴에 근심 가득 잠 못 이루는 밤 새벽달은 활과 칼을 비추네水國秋光暮 驚寒雁陣高 憂心轉輾夜 殘月照弓刀

명량해전 하루 전 일기에는 '이날 밤, 신인이 꿈에 나타나서 가르쳐 주시기를 이렇게 하면 크게 이기고, 이렇게 하면 패하게 된다고 했다' 하고 되어 있는데 이는 이순신 장군이 12척의 전선으로 명량해전을 승리로 이끌기 위해 얼마나 노심초사하면서 골똘히 생각했는가를 말해주는 것이다.

전쟁을 승리로 이끌어야겠다는 그의 사업적 가치관은 끊임없이 병서를 보며 연구하고 학습하여 지적 역량을 쌓게 했다. 이순신은 소년 때부터 공부하는 틈틈이 병서를 읽고 진 치는 법, 칼 쓰는 법, 활 쏘는

법을 연구하기를 게을리하지 않았다. 그는 무인으로서의 삶을 살면서도, 유교경전과 각종 병서를 가까이했으며, 전쟁에서 지형지물의 중요성을 일찍 간파해 젊은 시절부터 지리에 대해 많은 사례연구를 해왔다. 그의 끊임없는 연구와 학습이 그를 위대한 장군으로 만든 것이다.

열정은 실패를 무릅쓰고 위험을 감수하는 도전적 기업가정신을 나타낸다. 백의종군 후 다시 삼도수군통제사가 되어 12척의 배를 수습하였지만 조정에서는 이순신에게 수군을 버리고 육군에 합류하라는 지시를 내렸다. 그러나 이순신은 "지금 신에게는 아직도 12척의 전선이 있으므로 죽을힘을 다해 싸우면 적 수군의 진격을 막을 수 있습니다. …… 전선의 수가 적고 미미한 신하에 불과하지만 신이 죽지 않는 한 적이 감히 우리를 얕보지는 못할 것입니다"라는 유명한 말로서 결사항전의 의지를 다졌다. 실제 그는 명량해전에서 칠천량해전의 승리 후 위세 높은 왜 선단 앞에 조선 수군의 대열이 무너지고 뒤로 물러나는 상황에서도 꿈쩍하지 않고 홀로 싸워 막는 솔선수범을 보여줌으로써 조선 수군의 전의를 살리고 승기를 잡는 계기를 만들었다.

3) 애정

애정은 다른 사람에 대한 관심과 배려이고 우정, 우애, 효성, 그리고 포용력으로 나타난다. 다음 2가지 일화는 이순신이 가까이했던 부하, 동료들과의 애정을 나타내준다. 이순신의 한산도 생활 중에는 가슴 아프고 섭섭했던 일도 많았다. 특히 그가 통제사가 된 다음 해 갑오년 4월 9일에 조방장 어영담이 한산섬 진중에서 병으로 세상을 떠났을 때에는 그날의 일기에 '조방장 어영담이 세상을 떠났다. 통탄함을 무엇으로 말하랴!' 하고 적고 몹시 애통해하였다. 다음 해 을미년 9월 14일 충청수사 선거이와 작별할 때에는 다음과 같은 절구 한 수를 지어 서로 나뉨을 애달파했다(김종대, 2004).

북쪽에 갔을 때도 같이 일하고,

남쪽에 와 죽고 삶을 같이하더니

오늘밤 이 달 아래 잔을 나누면,

내일은 우리 서로 나뉘겠구려

그는 한산도 통제영에서 주기적으로 어머니가 계신 여수로 사람을 보내거나 탐후선편에 어머니의 안부를 물었고, 동풍이 강하게 불어 배를 띄우지 못할 때에는 어머니의 안부를 전해듣지 못해 답답했다고 적고 있다.

1592년(을미년) 설날 저녁에 쓴 일기에는 '촛불을 밝히고 혼자 앉아 나랏일을 생각하니 모르는 사이에 눈물이 흐른다. 또 병드신 팔십 노친을 생각하며 뜬 눈으로 밤을 새웠다' 라고 쓰여 있는데 그의 지극한 효성을 느낄 수 있다.

이순신은 정유년 4월 의금부에서 석방되어 권율 막하에서 백의종군을 하기 위해 아산을 지나는 도중에 어머니 상을 당하였다. 이순신의 어머니는 아들이 붙잡혀 갔다는 소식을 듣고 여수를 떠나 배편으로 고향인 아산으로 가다가 돌아가신 것이다. 그러나 죄인이라는 신분 때문에 장례를 주관하여 치를 수도 없어 "내가 평생을 충, 효에 전심했건만 이제 와서 모두 헛된 일이 되었구나" 하고 한탄하였다.

이순신은 정읍현감으로 부임하면서 어머니(75세)와 함께 어버이 없는 어린 조카들을 같이 데리고 내려갔다. 당시에는 공직자가 직계자손이 아닌 다른 식구들을 많이 거느리고 있는 것을 이른바 '남솔' 이라고 해서 이를 파면사유로 삼기도 했다. 이때 이순신은 주위의 입놀림에도 흔들림이 없이 이렇게 말할 뿐이었다.

"내가 비록 남솔이란 허물을 쓰고 파직이 될망정, 차마 어찌 의지할 곳 없는 어린 조카들을 내버릴 수가 있겠는가." 이를 들은 이들은 모두 그를 어진 이라 했다(김종대, 2004).

그의 인간적 가치는 애민사상으로 확대되어 있다. 심지어는 왜군을 전멸시킬 때도 패잔병들이 타고 도망갈 수 있는 배 한두 척은 꼭 남겨두었다. 그들이 육지로 올라와 백성들을 해치지 않을까 해서였다. 또한 전라좌수영 쪽으로 몰려드는 피난민들에게 사방으로 적의 길이 막힌 데다가 땅이 넓고 기름지기도 한 독산도로 들어가 봄갈이를 시작하도록 했다는 기록도 있다.

또 매양 군사 먹일 것을 걱정해서 백성들을 모아들여 둔전을 짓게 했고, 사람을 시켜 고기를 잡게 하며, 소금 굽고 질그릇 만드는 일에 이르기까지 안 한 일이 없었다. 그리하여 그는 수만 섬의 군량을 만들어 군졸들을 먹였고, 옷감을 바꿔다가 군졸들을 입혔던 것이다. 이와 같이 이순신은 무장으로서뿐만 아니라 백성을 구제하는 민중 지도자로서의 역할도 했다(김종대, 2004).

이순신 장군은 포용력이 큰 사람이었다. 이것은 상대방에 대한 깊은 배려에서부터 비롯되는 것이다. 명의 수군도독 진린이 고금도로 온 이후 초기 해전의 전투에서 조선 수군은 적선 50여 척을 격파하고 싸움이 급하여 왜군의 수급 70여 개를 베었는데 명의 수군은 전과가 전무하였다. 이에 진 도독이 부하들에게 크게 화를 내자 이순신은 그를 다음과 같이 설득하였다.

"대감은 명나라 대장으로 와서 왜적들을 무찌르는 것입니다. 이곳 진중의 승첩이 바로 대감의 승첩입니다."

그리고 거둔 수급 40여 개를 진린에게 보내어 그의 마음을 살 수 있었다. 그로부터는 진 도독은 이순신에 대해서 이름을 부르지 않고 이야 李爺라고 존칭해서 불렀다는 것이다. 진린이 이순신의 뛰어난 인품과 지략에 감복하여 명나라 신종에게 보고하자, 명나라 신종은 이순신에게 지휘관을 상징하는 팔사품을 보내주었다.

4) 지혜

지혜는 지도자가 비전제공자, 전략실행자, 동기부여자로서의 역할을 잘하도록 한다. 그의 지혜는 이러한 역할에서 세부적으로 드러나겠지만 거시적 관점에서 그의 지혜는 '전쟁은 국민이 한다' 라는 사실을 인식한 것이다. 그는 주민과의 연대를 형성했고 감성경영을 통해서 그들의 적극적인 동참을 유도하였다. 그는 또한 전쟁 수행 중 국민들의 지원과 참여가 중요함을 알았기 때문에 합천 초계에서 전남 장흥군 회령포까지의 2000리를 한 달여간 대장정을 하면서 민심을 수습하고 장병들을 결집하면서 행정력을 복원하는 종합적인 리더십을 보여주었다. 지혜에 관한 구체적인 사례는 다음에 이야기하는 3가지 역할에서 설명되고 있다.

5) 비전제공자

비전제공자는 비전을 제시하고 전쟁에 이기기 위한 전략을 수립하는 것이다. 전쟁과 관련하여 비전은 역사인식과 국가관을 가지고 왜 전쟁을 하지 않으면 안 되는가를 이야기하는 것이다. 임진왜란은 침략에 대한 방어전쟁이었기 때문에 비전은 전쟁에서 승리하는 것이었다. 마지막 노량해전에서 "한 척의 배도 돌려보낼 수 없다"라고 한 데서 알 수 있듯이 왜군을 응징해야 한다는 그의 전쟁비전은 확고한 것이었다.

비전제공자는 전략적 사고로 미래에 대비해야 한다. 이점에서 이순신 장군을 잘 나타낼 수 있는 말은 유비무환이다. 이순신은 앞날에 큰 재난이 있을 것을 미리 내다보았다. 그리하여 여수에 부임하자마자 좌수영의 본영은 물론이요, 자기 관할 아래 있는 5관 5포를 샅샅이 순시하며, 장병을 사열하고 군기를 점검하는 등 물샐틈없는 준비를 정성껏 해나갔다.

이순신 장군은 또한 유비무환의 일환으로 정보수집을 열심히 하였다. 당시 조정에서는 일본의 움직임에 대한 정보수집을 소홀히 하였지만 이순신 장군은 1587년 2월 흥양 지역 왜군 침입 때 왜적의 포로로 잡혀갔다 온 공태원으로부터 왜군의 일상을 상세히 청취하고 파악해 나갔다(김종대, 2004).

앞에서 언급한 바와 같이 이순신 장군은 끊임없이 병서를 연구하여 전법에 해박한 지식을 가지고 있었다. 한산대첩에서 사용했던 학익진鶴翼陣은 학이 날개를 편 듯이 치는 진법으로 본래 육지에서 쓰는 전법인데 이순신은 이를 바다에 적용하였다. 그는 또한 주어진 자연환경을 최대한 활용하기 위해 남해안의 복잡한 지형과 조류를 훤히 꿰고 있었다. 삼도수군통제사라는 최고 지휘관이었지만 현장답사를 게을리하지 않았다.

이순신 장군은 상대의 강약점을 파악하여 승리하는 전략을 개발하고 이를 위해 필요한 무기를 개발하였다. 일본 수군은 칼싸움에 능해 일단 배 위에서 싸우면 그들이 유리했다. 등선육박전에 강한 일본을 무력화시키기 위해 거북선을 개발하였고 승자나 쌍혈총통이 총신이 짧고 총구멍이 얕아서 일본의 조총보다 성능이 뒤떨어지므로 새로운 정철총통을 개발하였다.

그는 전쟁 수행만 한 것이 아니라 무기를 개발했고 군사들의 의식주를 해결하기 위해 자급자족 경제를 운영하였다. 그는 조정의 지원이 끊기자 군량확보를 위해서 과거 둔전관의 경험을 살려 둔전을 경영했으며, 어로작업과 소금제작으로 수만 석의 군량을 마련하는 경영 능력을 보여주었다. 군량을 역으로 도성에 보내기까지 하였다. 또한 해로통행첩의 발행을 통해 군자금을 확보하는 수단도 발휘하였다.

6) 전략실행자

이순신 장군의 실행력은 철두철미, 주도면밀, 만전지계로 나타낼 수 있다. 이순신은 무과에 급제하고 난 후 처음 발령을 받아 정이품 군관이 되어 함경도 삼수고을 동구비보로 부임한다. 삼수란 곳은 일등 가는 귀양지로서 여진족의 침범이 빈번한 아주 위험한 변경 지역이었는데 이순신은 그곳에서 그에게 부여된 초급장교로서의 임무를 성실히 수행하였다. 군사들의 훈련을 강력하게 시행해 여진족의 침범에 대비했고 백성들의 안전대책에도 만전을 기했다(김종대, 2004).

그의 전쟁 준비는 철두철미했다. 임진왜란이 일어나기 하루 전인 1592년 4월 12일 거북선 제작을 완료하였고 새로 개발한 정철총통의 시험사격을 실시하였다. 비전제공자로서 거북선 제작과 정철총통 개발의 필요성을 인식한 후 이것을 실제로 실행에 옮긴 것이다. 전라좌수사가 된 후 1년 만에 거북선 제작을 완료했다는 것은 대단한 실행력을 보여주는 것이다.

이순신은 개전 당시부터 군비확충에 노력한 결과 제4차 해전인 부산전투에 나아갈 당시에는 전함 수를 20여 척 늘릴 수 있었다. 뿐만 아니라 한산대첩 이후 한 달여 만에 군량과 총통화기를 다시 충분히 확보했고 장정들도 다시 모았다. 이때 이순신 함대의 불패신화는 장정들을 모으는 데 큰 힘이 되었다. 명량해전 후 15개월 동안 노량해전을 앞두고 판옥선을 건조하고 병력을 8배 증가시키기도 하였다.

그는 또한 전투력 증강을 위해 힘썼다. 활쏘기 대회를 개최하고, 탄약 확보, 병력 증원 등을 위하여 노력하였다. 이순신이 부하들과 같이 활쏘기 연습에 매진했던 한산도 활터에 가보면 그의 완벽성을 알 수 있다. 화살로 적을 명중시키려면 적과의 거리를 정확히 측정해야 한다. 그러나 바다에서는 거리감각이 무뎌져 다른 배에 탄 적을 정확히 겨냥하기 힘들다. 이 문제를 해결하기 위해 이순신은 바닷물을 사이에 두고 활 쏘는 곳과 과녁을 배치할 수 있는 곳을 활터로 개발하였다(지용희, 2003).

모의군사 훈련도 철저하게 하였다. 특히 한산대첩을 앞두고 학익진

법 활용을 위한 노젓기, 함대형성 훈련, 그리고 방향전환 훈련에 만전을 기했다. 그는 전투가 없는 날에는 전선을 바다에 띄우고 훈련을 반복했다. 배를 부리는 방법을 연마하고 또 연마하였다. 바람을 타고 달리는 배의 방향을 바꾸는 것은 쉬운 일이 아니었다. 한두 대도 아니고 선단을 이룬 배의 방향을 일사불란하게 바꾸는 것은 모험에 가까웠다. 배끼리 충돌할 가능성이 높았던 것이다. 그러나 장군은 끊임없이 진법 훈련을 되풀이하였다. 그 결과 그는 20세기 초 영국의 저명한 해군전략가 발라드G. A. Ballard 제독이 극찬할 정도로 한산해전에서 일사불란한 함대운용을 할 수 있었다(지용희, 2003).

7) 동기부여자

동기부여자로서 지도력은 어떻게 병사들을 동기부여 시켜 전투에 적극적으로 참여하게 하느냐 하는 것이다. 이순신 장군은 인간적 가치가 강한 사람이었다. 이것은 남을 배려하고 개방적이고 긍정적으로 대하는 것을 말한다. 그는 장수로서 품위가 없다고 모함을 받을 정도로 부하 사랑이 남달랐고 부하들과 마음을 트고 동고동락하는 현장경영을 하였다. 이순신이 한산도 생활에서 가장 깊은 관심을 기울였던 것 중의 하나는 고생하는 장병들을 배불리 먹여 그들의 사기를 돋우는 일이었다.

이순신은 이따금 진중에서 비 오고 바람 불어 다른 일을 할 수 없는 날에는 바둑, 장기, 종정도從政圖 등 오락을 하도록 했다. 또한 연회를 베풀고 각종 포상제도를 통하여 용기와 사기를 북돋아주었다. 1596년 5월 5일의 일기에서는 '밤이 깊도록 즐거이 뛰놀게 한 것은 억지로 즐겁게 하려고 한 것이 아니요, 오랫동안 고생하는 장수들에게 그 수고를 풀어주고 싶기 때문이다' 라고 기록되어 있다.

이순신은 전투에 참가했다가 다치거나 죽은 장병들에게도 각별한 관심을 기울였다. 한산해전과 같이 역사의 한 고비를 지었던 치열했던 전투에서는 우리 측도 전사자가 19명, 전상자는 115명이나 되었다. 다만 특기할 만한 것은 전사상자의 거의 전부가 미천한 노비계급이었건만 이순신은 그의 장계 속에 그들의 직위와 성명을 누락 없이 적어 넣었고, 또 죽은 자를 안장해주었으며, 상한 자에게 약물을 주어 치료하게 했다는 것이다(김종대, 2004).

이순신 장군은 전쟁에 임하여 논리적 설득력으로 병사들의 자신감을 심어주고자 하였다. 1597년 9월 16일 난중일기에는 명량해전 때 두려워 떠는 군사들에게 "적이 비록 1천 척이라 하더라도 우리 배를 쉽게 당해내지 못할 것이다. 동요하지 말고 힘을 다해서 적을 쏘아라!" "병법에 이르기를 죽으려 하면 살고, 살려고 하면 죽는다 했고, 한 사람이 길목을 지키면 천 명도 두렵게 할 수 있다는 말도 있는데 모두 오늘 우리를 두고 이른 말이다"라고 말했다고 기록되어 있다(김종대, 2004).

그는 신상필벌의 원칙을 가지고 엄격한 군법을 적용하였다. 군율을 어기는 자는 경중에 따라 목을 치기도 하고 곤장을 치기도 하여 엄청난 군기를 확립해야 했다. 국법을 어긴 자는 끝까지 추적하여 목을 쳤다. 긴박한 전쟁 상황에서 군대가 흐트러지지 않도록 하기 위해 국법을 어긴 자에 대하여 느슨하게 할 수 없었던 것이다(지용희, 2003).

이순신은 솔선수범하는 장군이었다. 명량해전에서 왜적을 맞아 조선 수군이 모두 뒤로 주춤주춤 물러날 때 홀로 싸워 막았다. 한산도의 삼도 수군통제사 시절 이순신의 몸이 불편해서 부하들이 누워 쉬기를 권하자 이순신은 오히려 이렇게 꾸짖었다. "적과 상대하여 승패를 결하는 것이 호흡 사이에 달렸는데 장수된 자로서 죽지 않았거늘 어찌 편히 누울 수가 있을까 보냐." 이리하여 이순신은 억지로 앉아 앓기를 12일 동안이나 했다는 것이다(김종대, 2004). 이것도 장병들의 전의를 북돋우기 위한 솔선수범의 하나라고 볼 수 있다.

568

내용 요약

이상에서 살펴본 바와 같이 이순신 장군은 '전쟁은 국민이 한다' 라는 지혜에 기초를 두고 주민과 연대를 강화하고 소금제작, 둔전경영, 통행첩 발행 등으로 주민들과 군사들의 의식주를 해결하고자 했고 적의 약점을 공격할 수 있는 거북선, 정철총통과 같은 무기를 개발했다. 넬슨이나 도고 헤이하치로와 같은 다른 유능한 장군과 달리 그는 단지 전쟁만 한 것이 아니었다. 그가 조선 수군 재건을 위해 대장정에 나섰을 때에도 평소 이순신의 인품에 감동했던 많은 장정들이 그를 따라나섰다. 이순신은 단순한 장군이 아니라 정치가이자 사업가이자 행정가이며 신비의 리더십을 보여준 군신軍神으로까지 칭송받고 있다.

이순신 장군이 뛰어난 지도자인 것은 그의 높은 도덕적, 영성적 가치에 기인한다. 그는 생사를 초월할 정도로 자기를 버리는 순수성이 있었기 때문에 강한 열정과 애정을 가지고 비전제공자, 전략실행자, 동기부여자로서의 역할을 성공적으로 수행하면서 왜와의 전쟁에서 23전 23승의 전과를 올릴 수 있었다.

여기서 나는 논리적이고 직관적인 근거에 기초하여 7요소 리더십 모형을 제시하고 이순신을 사례로 하여 그 모형의 타당성을 검증하고자 하였다. 본 모형의 타당성이 확립되기 위해서는 더 많은 사례연구가 필요할 것이다. 나아가서는 7요소를 측정할 수 있는 설문지를 개발하여 수집된 실증적인 자료를 가지고 통계적 검증을 해볼 필요도 있을 것이다.

이 모형의 타당성이 입증된다면 리더십의 효과성을 결정짓는 것은 가치이다. 그러면 미래 지도자를 육성해 내기 위해 가치, 특히 영성적 가치를 어떤 방법으로 개발할 것인가 하는 것이 중요한 질문이 될 수 있을 것이다. 일부 종교에서 시행하고 있는 명상, 기도, 묵상 등이 제시될 수 있지만 보다 체계적인 방법이 제시될 수 있으면 좋을 것이다.

유일한의 기업가정신과 경영

여기서는 기존 문헌과 유한양행의 연만희 고문과의 인터뷰에 기초하여 유일한의 기업가정신과 경영 특징을 내가 개발한 개념적 모형에 비추어 평가해봄으로써 그의 기업가정신과 경영이 어떤 수준에 있는가를 살펴보는 것을 목적으로 하고 있다.

유한양행 창업자인 유일한은 미국에서 초등학교부터 대학원까지 교육받은 엘리트이다. 독립운동에도 서재필, 이승만 등과 함께 참여하면서 민족정신을 키웠고 질병으로 고생하는 조국의 국민들을 보고 제약산업을 시작한 기업가이다. 그는 국민에게 봉사하겠다는 민족애에 바탕을 두고 사원지주제도 등 종업원의 복지를 중시하는 인간적 경영과 정직한 납세를 강조하는 정도경영의 모범을 보였을 뿐만 아니라 한국 최초로 전문경영인의 시대를 열었고 자신의 전 재산을 사회에 환원하였다는 점에서 그를 한국의 대표적인 상징적 기업가의 반열에 올려놓아야 할 필요가 있다고 생각된다.

유일한의 기업가정신을 내가 개발한 기업가정신의 개념적 모형인

가치—성품—문화로 이어지는 '기업가정신의 위계적 구조'에 비추어 평가해볼 때 그의 기업가정신은 높은 수준에 있음을 알 수 있다. 또한 우수기업의 경영모델인 '전략의 고리' 모형에서 우수기업은 최고경영자의 기업가정신에서 비롯된다고 하였는데(3부 2장 01 '전략의 고리: 경쟁력의 기본' 참조) 유일한의 기업가정신이 어떻게 그의 경영에 반영됐는지 그의 경영 특징을 전략의 고리 모형에 따라 평가해볼 필요가 있다.

기업가정신은 문화, 성품, 그리고 가치로 정의를 내릴 수 있다. 보다 구체적으로는 사업적 가치와 인간적 가치가 기업가정신의 기초라는 것이다.

기업가정신은 기본적으로 창의와 도전이지만 창의적이기 위해서는 대화와 협력의 문화, 도전적이기 위해서는 시도와 실패의 문화가 요구된다. 이런 의미에서 기업가정신은 문화라고 말할 수 있다. 문화는 사람들의 성품으로부터 나온다. 대화와 협력의 문화는 애정을 요구하고 시도와 실패의 문화는 열정을 요구한다. 열정과 애정은 성품을 나타내는 것이고 성품은 가치에 기초를 두고 있다. 내가 하는 사업을 세계 최고로 키워보겠다는 사업적 가치관이 있을 때 실패를 두려워하지 않고 시도하는 용기와 열정이 나오고, 다른 사람을 잘되게 도와주려는 인간적 가치관이 있을 때 애정이 나오는 것이다. 유일한은 이러한 가치관이 높은 수준으로 확립된 강한 기업가정신의 소유자이다.

기업가정신의 정의

기업가정신은 기존 질서를 타파하고 새로운 질서를 창조함으로써 좀 더 나은 사회를 만드는 능력, 즉 혁신하는 능력이라고 정의할 수 있다. 이것을 경제학자 슘페터는 창조적 파괴라고 불렀고 기업의 경우에는 제품, 공정, 시장, 재료, 조직 등을 혁신하는 창조적 파괴를 통해서 새로운 가치를 창조하는 것이라고 하였다(Schumpeter, 1942).

1) 기업가정신은 창의와 도전

혁신을 하기 위해서는 좋은 아이디어를 내고 그것을 행동으로 옮겨야 한다. 많은 사람들이 기업가정신 하면 도전만 이야기하는데 도전만 가지고는 되지 않고 좋은 아이디어를 내야 한다. 우리나라에는 생계형 자영업자의 비율이 높은데 이것은 도전정신은 높지만 아이디어가 부족한 것을 말해주는 것이다.

기업가정신을 단순히 성취욕이라거나 도전이라고만 해서는 안 된다. 시장과 고객으로부터 기회를 찾는 것이 중요하다. 발상의 전환을 통해 기존 질서를 타파하는 창조적 아이디어를 내야 하는 것이다. 아이디어와 기회가 없는 도전은 무모한 도전이 되고 실패로 끝난다. 발상의 전환을 통해 기회를 찾는 노력을 할 때 아프리카인에게 신발을 팔 수 있었고 사우스웨스트항공과 같이 저가비행기를 출현시킬 수 있었다. 기업가정신은 창의와 도전이다. 이것이 지금까지 알려진 기업가정신의 정의이다. 그러나 이러한 정의는 추상적이다. 창의적 아이디어를 내고 독창적 행동을 할 수 있으려면 우리에게 필요한 것은 무엇인가?

2) 기업가정신은 문화

창의적 아이디어를 끌어내기 위해서는 대화와 협력의 개방적 문화가 요구되고 도전정신을 함양하기 위해서는 시도와 실패의 도전적 문화가 요구된다. 이런 의미에서 기업가정신은 문화이다. 개방적 문화와 도전적 문화의 기본 전제는 자율과 책임의 자유주의 문화이다. 자율과 책임의 문화는 사람들을 풀어놓고 자기가 하고 싶은 일을 찾아 알아서 하도록 하는 것이다. 사람들은 자기가 잘되고자 하는 향상욕구를 함양하기 때문에 자율적으로 풀어놓으면 자기의 문제를 해결하기 위해 다른 사람들을 만나 대화하면서 아이디어를 구하여 기회를 추구하고 포착된 기회를 열정을 가지고 시도하여 그 결과에 책임을 지게 된다. 다시 말해서 개방적이고 도전적이 되는 것이다.

대화와 협력의 개방적 문화를 조성하기 위해서는 아이디어를 존중하고 직원들이 아이디어를 내도록 장려해야 한다. 3M에서는 회사의 방침 중에 '연약한 아이디어를 죽이지 말라' 라는 말이 있다(3M에 대해서는 1부 2장 01 '혁신과 성장의 2가지 전략' 참조). 아이디어는 연약해서 장려하지 않으면 살아나지 않는다. 아무리 대수롭지 않은 아이디어라고 생각되더라도 귀중하게 받아들이는 경영층의 태도가 요구된다. GE에서는 대화하고 협력하는 개방적 문화를 조성하기 위해서 무장벽 boundarylessness을 회사의 중요한 방침으로 정립했다. 이를 위해서 기능 간, 상하 간 장벽 없이 관련되는 모든 사람이 한곳에 모여 해당 사업부의 문제를 가지고 토론하여 해결책을 찾는 워크아웃이라는 제도를 시행했는데 잭 웰치는 이 제도를 자기가 재임 중에 한 일 중에서 가장 잘한 일이라고 말한 바 있다(3부 2장 04 '우수기업의 경영모델' 참조).

대화와 협력을 통해서 많은 사람들과 상호 작용을 하며 의견을 교환하고 결합하다 보면 대수롭지 않은 아이디어가 창의적 아이디어로 바뀐다. 브레인스토밍은 이러한 원리에 바탕을 두고 있다. 나는 이것을 두고 '아이디어는 발효한다' 고 말한다. 그래서 '위대한 발견은 우연한 만남에서 비롯된다' 고 하는 것이다.

시도와 실패의 문화를 조성하기 위해서는 종업원들이 자기가 하고 싶은 일을 할 수 있도록 해야 하고 실패를 두려워하지 않도록 성실한 실패에 대해서는 이를 허용하고 장려해야 한다.

3M에서는 15퍼센트 법칙이라고 해서 자기 시간의 15퍼센트, 즉 일

주일에 하루 정도는 자기가 하고 싶은 일을 상관의 허가 없이 할 수 있도록 하고, 실패로부터 배우는 것이 중요하다는 것을 강조하고 있다. 구글에서는 20퍼센트 법칙이 있는데, 보다 많은 실패를 보다 빠르게 해야 우리가 빠르게 움직일 수 있다고 말하면서 실패를 장려하고 있다. 도전이라는 것은 실패를 무릅쓰고 시도하는 것이다.

3) 기업가정신은 성품

대화와 협력을 위해서는 다른 사람에 대한 애정이 있어야 하고 시도와 실패를 위해서는 일에 몰입하는 열정이 있어야 한다. 기업가정신은 애정과 열정이다. 애정과 열정은 사람의 기본적인 성품이므로 기업가정신은 성품이라고 말할 수 있다.

애정과 열정은 사람마다 그 정도가 다르다. 어떤 신부님이 사지가 없는 아이를 키우고 있다는 이야기를 TV를 통해 본 적이 있다. 이 신부님의 애정은 보통 사람과는 차원이 다르다 할 것이다. 한 기업을 세계적 기업으로 키우기 위해 매진하는 중소기업인을 보면 일에 대한 열정이 남다르다 할 수 있다. 그러면 이러한 애정과 열정의 차이는 어디에서 나오는가?

4) 기업가정신은 가치

그것은 가치관의 차이이다. 가치관에는 인간적 가치관과 사업적 가치관이 있다. 사업적 가치관은 일을 단지 먹고살기 위해 하는 것이 아니라 '일은 자기의 존재이유이고 자기의 창조적 표현이다' 라는 인식에 기초를 두고 있다. 우리는 할 일이 없다면 존재할 이유가 없는 것이다.

또한 우리는 베토벤을 그의 음악을 통해서 이해하는 것처럼 우리는 어떤 사람이 한 일의 결과를 놓고 그 사람이 어떤 사람인지 이해하게 된다. 일은 곧 자기를 나타내는 것이다. 그렇다면 일은 이 사회를 위해

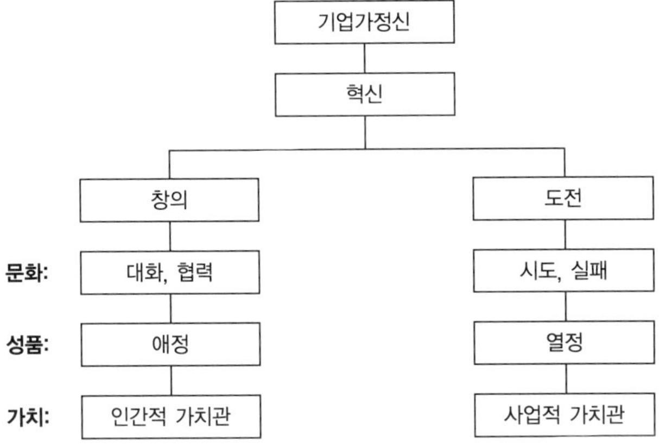

가치 있는 일이어야 하고 우리는 자기 일을 필생의 사업이라고 생각하고 일에 열정을 기울여야 할 필요가 있는 것이다.

인간적 가치관은 사람은 무한한 잠재력을 가지고 있다는 인식에서 출발한다. 다른 사람을 보면 잠재력이 개발되지 않은 것을 안타깝게 생각하여 도움을 주고자 하는 것이다. 상대방이 잘되기를 바라는 것이 애정이다.

그래서 기업가정신은 가치라고 말할 수 있다(노부호, 2008. 10.). 일본 교세라의 창업자 이나모리 카즈오의 가치는 경천애인, 즉 이 사회와 인류를 위해서 좋은 일을 하겠다는 것이다. 이와 같이 기업가는 숭고한 가치에 기초를 두고 있어야 한다. 가치가 결여되어 있다면 기업가의 열정은 탐욕이고 이런 기업가는 단기적으로 이익만 추구하고 장기적으로 추진해야 하는 기술개발, 인력개발, 고객봉사에는 관심이 없어 크게 성공할 수 없는 것이다.

이상에서 말한 것을 종합하면 기업가정신은 숭고한 가치, 고결한 성품, 개방적이고 도전적 문화에 기초를 둔 혁신하는 능력이라고 말할 수 있다(《그림 16》 참조).

유일한의 일생

유일한은 파란만장한 한국 역사와 함께한 사람이다. 그는 1895년에 태어나 어머니 배 속에서 청일전쟁을 겪었고 노일전쟁 직후 9살 때 순회공사인 박장현을 따라 미국으로 가 처음에는 샌프란시스코에서 초등학교를 다니게 되었다. 그는 7살 때 비단실을 뽑는 기술을 배워오라고 해서 집에서 50리 떨어진 양잠학교에 가게 돼 밤마다 집에 가고 싶어서 울고 지냈다고 할 정도였는데 이제는 이역만리 미국에서 고향을 그리워하면서 어린 나이에 고독과 싸우게 된 것이다.

그는 14세인 1909년에 네브래스카로 옮기게 되는데 거기서 독립운동가인 박용만이 세운 한국소년병학교에 다니면서 군사훈련을 받고 한국의 독립을 위한 민족정신과 강인한 정신력을 기르게 된다. 이러한 경험이 그의 가치관을 형성하는 기초가 되었을 것이다.

그는 이 시기에 운동도 잘해 고등학교에서 미식축구부에 들어 센터도 맡고 쿼터백도 맡으면서 미국 학생들 사이에서 신뢰와 존경을 받을 정도로 리더십을 발휘했다.

그는 21세 때 미시간대학 상과에 입학을 했는데 학비를 벌기 위해 중국, 한국의 토산품을 사서 그 당시 미국의 철도부설공사를 하기 위해 온 중국 노무자들에게 팔아 보통 학생들이 아르바이트해서 버는 것보다 더 많은 돈을 벌었다. 이때부터 그는 사업가적 자질을 발휘했다.

그는 대학 졸업 후 숙주나물 통조림을 개발하여 크게 성공을 거두면서 다시 한 번 사업가적 자질을 보여준다. 그는 번 돈 40만 불을 가지고 약을 사서 귀국하여 한국에서 유한양행을 설립하고 제약사업을 시작하였다. 그때가 1926년이다. 그가 제약사업을 하기로 마음먹은 것은 1925년 녹두를 구매하기 위해 상해를 거쳐 서울에 왔을 때 한국 사람들이 미국에 있는 약으로 쉽게 치료될 수 있는 질병으로 고생하고 있었기 때문이다.

그는 독립운동에도 일찍부터 참여하였다. 14세 때인 1909년 네브래스카 헤이스팅즈의 한국소년병학교에 가서 훈련을 받을 때부터 그와 독립운동과의 인연은 시작되었다. 그는 24세 때인 1919년 필라델피아 한인 총 대표회의에 참여하여 '한국국민의 목적과 열망을 표방하는 결의문' 기초작성위원회의 대표위원이 되어 그 결의문을 150여 명의 대의원들 앞에서 발표하였다. 이때 서재필, 이승만 등 독립운동가들과 만나 교류했다. 서재필과는 가까운 사이가 되어 그가 1926년 귀국할 때 서재필에게 인사를 갔는데, 이때 서재필은 조각가인 자기 딸을 시켜 버드나무 목각화를 만들어 선물로 주었다. 그리고 그것이 유한양행의 상표가 되었다.

그는 일본의 진주만 침공 직전 미국 LA에 출장소를 개설하러 갔다가 태평양전쟁 발발로 귀국하지 못하고 미국에서 미육군전략처oss의 한국담당 고문(이때 펄벅은 중국담당 고문이었다)으로 일했다. 임시정부에서 1945년 8월 말 국내정진계획인 독수리작전을 감행할 때 미국에서도 함께 참여할 수 있도록 그가 주도해 LA에서 청년들을 군대로 조직하여 한인국방경위대인 맹호군을 편성하였다. 또한 무장유격 활동을 위해 한국인을 국내에 침투시키는 OSS의 비밀침투작전인 냅코Napko작전에도 참여하여 훈련을 받았다. 그리고 전후 일본처리 문제를 논의하는 1945년 1월 1일~1월 29일 사이에 개최된 태평양국제관계연구소Institute of Pacific Relations 회의에도 한국 대표로 참석하였다. 해방 후에 그는 기업가로서 유한양행의 경영에 매진한다.

유일한의 가치, 성품 및 문화

1) 유일한의 가치

유일한의 경영철학에서 가장 기초적인 것은 '기업은 개인의 것이 아니며 사회와 종업원의 것이다' 일 것이다. 기업이 사회와 종업원의 것이라고 했을 때 가장 중요한 것은 '정성껏 좋은 상품을 만들어 국가와 동포에 봉사하는 것'과 경쟁력 있는 회사를 만들어 일자리를 창출하는 것이라고 유일한은 생각했다. 좋은 상품으로 국가에 봉사하고 경쟁력 있는 회사를 만들기 위해서는 종업원들은 국민을 위한다는 봉사정신과 우리 민족이 일본보다 못하지 않다는 민족의 긍지를 가지고 일해야 하며, 정직하고 성실하게 일하는 양심적인 인재가 되어 참신한 계획으로 능동적으로 활동해야 한다고 말함으로써 성품의 중요성을 강조하였다. 특히 유한공고의 설립이념에도 나와 있지만 참된 인간이 경영에서 가장 기초적이라는 인식을 한 것 같다.[19] 그리고 참된 인간을 만나는 것을 소중히 여겨 예동식, 나찬수 같은 직원은 처음 만나면서부터 그들을 신뢰하고 평생을 같이하였다.

그는 기업 이익을 3가지로 쓸 것을 주장하였다. '기업 이익은 첫째 기업을 키워 경쟁력을 제고시켜 일자리를 만들고, 둘째 정직하게 납세하며, 셋째 남은 것은 기업을 키워준 사회에 환원한다' 라는 것이다. 기업을 키우는 데는 R&D 투자도 중요하고 종업원 복지도 중요한 것이다. 그는 특히 종업원의 복지에 관심을 가지고 '월로우 구락부' 라는 사원 공제회를 만들어 주택자금융자, 자녀교육비 등으로 종업원들을 지원하였다. 또한 소사공장에는 독신자기숙사, 화원, 양어장, 수영장을 만들었다. 그 당시 이러한 복지시설을 마련해주는 회사는 거의 찾아볼 수 없었다고 생각된다.

유한양행의 광고에도 유일한의 가치와 철학이 반영되어 있다. 1928년 최초의 기업이미지 광고는 '솔직한 말straight talk'이라는 제목의 영문 광고였다. 이 광고에서 '사업의 즐거움은 인간관계Human contact에 있습니다. 성공의 척도는 제공하는 서비스에 달려 있습니다. 우리의 가장 큰 소원은 여러분에게 친절한 서비스를 제공함으로써 여러분이 우리에게 친밀감을 느끼도록 하는 것입니다. 우리는 우리가 취급하지 않는 물품의 구입이나 각종 심부름도 기꺼이 여러분을 기쁘게 해드리기 위해 서비스하고자 합니다. 이것은 솔직한 말입니다' 라고 말하는 데서 알 수 있듯이 봉사정신을 강조하고 있다(조성기, 2003, 215).

1930년 동아일보에 실린 '조선에 대한 유한양행의 상업' 이라는 제목의 최초의 한글광고에서도 그동안 지원해준 고객들에 대한 감사와 더불어 최선의 봉사를 우선으로 하여 최량의 약품과 의료품을 계속 공급하겠다는 약속을 내용으로 하고 있다.

조선일보에 실은 '선구先駒의 책벌' 이라는 제목의 광고에는 '여하한 물건을 무론하고 좀 더 저렴한 재료로 모조하여 근사한 명칭과 유사한 포장으로 광고와 선전을 이용하여 민중을 기만하여 염가로 판매할 수 있다는 말이 있습니다' 라고 하면서 선구자로서 당하는 고충을 토로하고 소비자들로 하여금 유사품에 속지 말도록 계몽하고 있다. 또한 '의사는 당신의 친구' 라는 제목의 광고를 통해서는 의사에게 상담과 지도를 받아 약을 사용하라고 자주 권면하면서 국민들을 계몽하고자 하였다(조성기, 2003, 236).

1938년에 역사상 처음으로 동아일보 전면광고로 낸 '만천하 독자에게 고함 ─과거를 사하고 장래를 촉함' 이라는 광고는 제목에서도 알 수 있듯이 그가 고객봉사에 대한 강한 사명감을 가지고 있었다는 것을 말해준다. 또한 약품선전보다는 민중보건운동의 방향에 관한 자신의 소견을 밝히면서 그동안 유한양행이 어떠한 자세로 민중보건에 이바지하려고 노력해왔는가를 보여주고 있다(조성기, 2003, 251).

이상에서 유일한의 가치를 전체적으로 살펴보았는데 좀 더 구체적으로 5가지 종류의 가치로 나누어 정리해보면 다음과 같다.

① 사업적 가치

사업적 가치는 자기 일을 사명감을 가지고 하는 필생의 사업이라고 생각하면서 열정적으로 하는 정신적 자세를 말한다. 유일한에게는 2가지가 있다. 하나는 독립운동이고 다른 하나는 기업경영이다.

사업적 가치관은 봉사정신이다. 봉사정신은 어떤 일을 위해서 자기를 던지는 것을 말한다. 봉사정신을 가지고 일할 때 열정이 나온다. 유일한은 조국에 대한 봉사정신이 강한 사람이라는 점에서 강한 사업적 가치관을 가진 사람이다. 그는 네브래스카 한국소년병학교에서 군사훈련을 하면서 체력을 단련하고 민족정신을 일깨웠고, 필라델피아 한인총대표회의에 참가하여 '한국국민의 목적과 열망을 표방하는 결의문' 기초작성위원회 대표위원으로 결의안 작성의 중책을 맡기도 하면서 나라를 위해서 봉사하고자 하는 애국심을 길러온 것이다. 그는 일본의 진주만 공격 이후 태평양전쟁 동안에는 미육군전략처oss에 한국담당 고문으로 일했고 해방침투작전인 냅코작전에 참여했다.

OSS 비밀문서에 기록된 바에 의하면 '그는 투철한 애국자이며 그가 회사 지사들을 전략적으로 중요한 도시에 세워나갔다. 이들 사업체의 지배인, 부지배인, 직공장, 감독 등 중역들은 보다 투철한 한국인 애국자들인 그의 친척과 친구들로 메웠다. 그래서 유사시 이들을 지하조직의 핵심으로 운영할 생각이었다. 따라서 그는 그의 사업조직망을 회사의 존망을 무릅쓰고 기꺼이 이용하는 데 동의했다'고 적혀 있다. 이것을 보면 그가 유한양행을 경영해나갈 때도 항상 독립운동을 염두에 두고 해왔음을 알 수 있다. 사업을 해서 돈만 버는 회사가 아니라 유사시에는 독립운동조직으로도 활용될 수 있도록 고려했다는 것이다(조성기,

2003, 261). 이와 같이 그에게는 독립운동이 머릿속을 떠나지 않았고 한국의 독립을 위해서 일하고자 하는 의욕이 강했다고 생각된다.

그가 기업을 한 것도 독립운동의 일환이었다. 나라를 찾으려면 국민이 건강해야 하고 지식이 있어야 한다고 말한 것에서 알 수 있듯이 그가 유한양행을 시작한 것은 국민건강을 위한 것이었으며 교육사업에도 관심이 많았다. 그는 교육사업에 필요한 돈을 벌기 위해 기업을 하였다고 할 수 있다. 그가 얼마나 교육을 중시했는가는 그가 "…… 이 모든 것은 순위를 정하기가 매우 어려운 명제들이다. 그러나 나로 말하면 바로 국가, 교육, 기업, 가정이 순위가 된다"라고 말한 것에서도 알 수 있는 것처럼 기업보다 교육을 더 중시하였다. 그는 기업가이기보다 교육자이기를 더 원했다. 그가 일찍이 유한공고를 설립한 것도 돈이 없어 학교에 갈 수 없는 학생들을 지원하기 위한 것이었다.

그가 서던캘리포니아대학에서 MBA를 받고 스탠퍼드대학에서 국제법을 전공한 것도 나라를 위해 일할 수 있는 자기의 역량을 키우고자 한 일이었을 것이다. 그는 정치가로서도 훌륭한 자질을 갖추고 있었지만 원칙이 너무 강했고 그 때문에 그는 정치를 할 수 있는 기회를 받아들이지 않았다고 생각된다(그와 이승만 대통령 사이의 관계는 뒤에 나오는 도덕적 가치 부분을 참고하기 바란다).

기업경영의 측면에서도 그는 일찍부터 기업가적 자질을 보여주었다. 그는 대학졸업 후 숙주나물 통조림 사업을 시작할 때 통조림을 개발하기 위해 몇 날 밤을 새면서까지 연구개발에 몰두하여 수많은 시행착오 끝에 사업을 성공시키는 열정을 가지고 있었다. 또한 그는 녹두를 구입하기 위해 상하이에 들렀다가 한국에 와보니 한국인들이 갖가지 질병에 걸려 고생하는데 미국에서는 쉽게 구할 수 있는 약조차 없어 제대로 치료받지 못하는 현실에 안타까움을 느꼈다. 그래서 국민건강을 지키는 제약사업을 하는 것이 조국의 독립을 위해 자기가 해야 할 일이라고 생각한 것이다.

그의 사업적 가치관은 유한양행의 비전에서도 나와 있는 바와 같이 '있는 힘을 다하여 정성껏 좋은 상품을 만들어 국가와 동포에 봉사하는 것'이다. 그는 독립운동을 하듯이 사업을 했고 거기에 자기를 던지는 열정을 보였다. 이러한 열정이 있었기 때문에 일본 회사들이 지배하던 한국 시장에서 국민의 신뢰를 받고 성장할 수 있었다.

② 인간적 가치

유일한은 마음이 따뜻한 사람으로 주위 사람들에게 자상한 관심을 보여주고 있다.[20] 그는 1960년대 말경부터 자기 집에 가족은 없이 가정부, 정원사, 요리사 세 사람과 말년을 같이 보냈는데 이들에게 많은 인정을 베풀었다(조성기, 2003, 331). 한번은 이 세 사람에게 주식을 1천 주씩 나누어주었고 또 자기명의의 땅 100평을 가정부에게 40평, 정원사와 운전사에게 각각 30평씩 분양해주었다. 그런데 공짜로 주는 것이 아니라 2월급에서 조금씩 공제하여 갚는 것으로 함으로써 그들의 자존심을 해치지 않았다. 그리고 주식은 4년 동안만 월급에서 공제하고 그때까지 갚지 못한 나머지는 면제해준다는 약속을 하였다. 가정부 심점순 씨는 주식 값을 4년 동안 반만 갚고 나머지 25만 원을 갚지 않았지만 1천 주의 명의이전을 받았다.

그의 인간적 가치관은 사람과의 만남과 인연을 중시하고 한번 맺은 인연은 끝까지 지키고자 하는 데서 알 수 있다. 그가 1925년 녹두 구매를 위해 상하이에 들린 후 한국에 왔을 때 일본 고등계에 신고되어 조사를 받을 때 예동식이라는 사람이 통역으로 왔는데 그때 독립운동과는 관계없이 사업차 들렀다 하여 잘 해결되었다. 이때 예동식이라는 사람을 잘 보고 신뢰하게 되어 미국으로 돌아가면서 이 사람에게 회사설립 준비를 맡기게 된다.

유일한이 귀국은 1927년 3월에 했지만 회사 설립일자가 1926년 12월로 되어 있는 것은 그가 미국에 가 있는 동안 예동식이 설립 준비를 했다는 것을 말해준다. 또한 그가 귀국할 때 미국에서 약을 많이 사가지고와 세관에서 통관이 잘 안 되어 묶이게 되었는데 이때 도움을 준 사람이 나찬수였다. 그 뒤 예동식과 나찬수는 유한양행에서 중요한 역할을 한다. 약제사로 입사했던 나찬수는 30년 가까이 일했는데 소사 공장장으로 있다가 1955년 작고하였다.

그가 인연을 중시하는 것은 어릴 때 네브래스카 주에 가서 도움을 받았던 태프트Taft 자매와의 인연을 봐도 알 수 있다. 그는 나중에 사업으로 성공한 뒤 1934년 유럽 쪽 제약회사들을 둘러보기 위해 해외에 나갔다가 돌아오는 길에 그들을 시카고에서 만났는데, 일흔에 가까운 나이로 건강이 좋지 않은 그들에게 금일봉과 생명보험을 들어주며 감사의 표시를 하였다.

그가 유언에서 그의 딸 재라에게 유한공고 내의 땅 5천 평을 물려주면서 그 땅을 유한동산으로 꾸미되 결코 울타리를 치지 말고 "학생들이 마음대로 드나들게 하여 그 어린 학생들의 티 없이 맑은 정신에 깃든 젊은 의지를 지하에서나마 더불어 느끼게 해달라"고 한 것도 어린 학생들을 사랑하는 인간적 가치관을 느끼게 한다(조성기, 2003, 349).

그의 인간적 가치관은 해방 후에는 그가 회장으로 있든 사장으로 있든 회사에서 월급을 일절 받지 않았다는 사실에서도 나타난다. 주식배당금으로도 충분한데 왜 월급을 굳이 받아야 하느냐며 사양했다는 것이다. 월급을 받지 않는다는 것은 지나치게 사적 이익을 추구하지 않고 남을 배려한다는 것을 말해준다.

③ 도덕적 가치

그의 도덕적 가치관은 자기에게 불리한 일이 될지라도 원칙을 지키는 데서 알 수 있다.

가장 돋보이는 것은 그가 정직한 납세의 원칙을 지켰다는 것이다. 정직한 납세는 지금도 지키기 어려운 일인데 탈세가 빈번한 사회문제가 되었던 그 당시 일반적인 관행에 비추어보면 정말 어려운 일이었을 것이다. 그러나 그는 1925년 녹두를 구입하기 위해 중국을 여행하면서 중국 기업들의 일상적인 탈세를 목격하고 이렇기 때문에 중국이 작은 섬나라인 일본에게 당하는 것이라고 생각하면서 정직한 납세는 국가를 부강하게 만드는 기초가 되는 것으로 기업의 중요한 의무가 되어야 한다는 원칙을 세웠다.

그의 도덕적 가치관은 그가 인간관계에서 의리와 원칙을 지키는 것에서 알 수 있다. 그는 해방 후 이승만 대통령으로부터 초대 상공부장관으로 요청받았지만 거절하였다. 이것은 그가 어릴 때부터 알고 지냈고 지도를 받았던 박용만과 이승만 대통령이 나쁜 사이이고 그도 이승만 대통령과는 거리를 두고 있었기 때문이다. 객관적인 관점에서 보면 그가 이승만 대통령과 타협하여 정부에 들어가 한국을 위해 일할 수 있었다면 그에게도 좋고 한국의 발전에도 좋았을 것이라는 생각이 든다. 그러나 그는 원칙을 지키는 사람이었고 끝까지 타협을 거부한 것이다. 그는 이승만 대통령과의 좋지 않은 관계로 1948년 정부수립 후 미국에서 귀국하려고 몇 번 시도하였으나 번번이 정부에 의해 입국이 거절되었다. 한번은 수영비행장에서 입국이 거절되기도 하여 한국전쟁이 끝날 무렵인 1953년 1월에 귀국할 수 있었다. 그가 박용만과의 관계에서 의리를 지킨 것도 사람과의 만남과 인연을 중시한다는 점에서 인간적 가치라고 말할 수도 있지만 원칙을 지키고 이익을 좇아 행동하지 않았다는 점에서 도덕적 가치관이라고 말할 수 있다.[21]

그가 장남 유일선에게 경영권을 넘겨주지 않고 전문경영인인 조권순에게 넘겨준 것도 그의 원칙을 지키는 도덕적 가치관에서 나온 결정이라고 볼 수 있다. 그는 유한양행 임원들의 추천도 있고 해서 미국에서 변호사로 일하고 있는 장남 유일선을 불러들여 부사장직을 맡기고 후계자로 삼고자 하였던 것 같다.[22] 그러나 유일선은 반바지를 입고 출근했으며 출퇴근시간을 제한하지 않고 늦게 출근하고 늦게 퇴근해도 되지 않느냐고 하는 등 지금 생각하면 앞선 생각이지만 그 당시 한국에서는 이해되지 않는 미국식 사고방식으로 매사를 처리했다. 유일한은 아들이 임직원들과 마찰을 일으키는 것을 보고 경영자로 적합하지 않다고 보았다. 아들이라고 하는 정실에 얽매이기보다 '기업의 성장과 미래'라는 원칙을 먼저 생각했던 것이다. 어쩌면 이러한 도덕적 가치관이 그의 말년을 쓸쓸하게 했고 아내와 아들도 지켜보지 않는 가운데 삶을 마감해야 했는지 모른다.[23]

그는 이와 같이 가족과의 관계에서 정실에 얽매이지 않을 뿐만 아니라 회사 경영에서 회사의 용품 하나 쓰는 일에 있어서도 공과 사를 분명히 구별하였다. 일을 하지 않는 주말에는 자기 스스로 회사 차를 개인용으로 사용하지 않았을 뿐만 아니라 비서를 비롯한 중역진도 일절 사용하지 못하도록 했다. 결벽증에 가까울 정도로 회사의 연필 한 자루도 개인용으로는 사용하지 않았다(조성기, 2003, 332). 회사 부지도 꼭 필요한 경우가 아니면 구입하지 않았다. 그는 개인 돈으로 원효로 입구의 한 건물을 사서 이용하다가 몇 년 후에 팔아 큰 차익을 남긴 적이 있었다. "본래 그 건물은 차익을 남기려고 사둔 것이 아닙니다. 또 내가 열심히 일해서 번 돈도 아니고 여러분들이 관리를 잘해서 번 돈이므로 나눠주는 것입니다"라고 말하면서 임직원들에게 나눠주었다.

그의 도덕적 가치관은 다음과 같은 일화에서도 나타난다(조성기, 2003, 235). 1930년대 중반에 심신쇠약 증세를 치료하여 원기를 회복시켜준다고 선전하는 약품들 중에는 마약성분이 들어 있는 것들이 대부분이었다. 유한양행 직원들 중에도 약을 제조할 때 마약성분을 조금 넣어 효과를 극대화시켜 판매를 늘리자고 제안하는 경우도 있었다. 만주 출장을 다녀온 영업담당 전항섭이 만주에는 마약 중독자들이 많으므로 더욱 그러한 제품이 필요하다고 조심스럽게 의견을 말했다. 그러나 유일한은 단호한 태도로 우리 회사의 생명이 신용인데 국민을 속이고 국민의 건강을 해치는 일을 하려고 하느냐 하면서 전항섭을 무섭게 책 망했고 당장 사표를 쓰라고 했다는 것이다.

④ 영성적 가치

그의 가치관의 기초는 애국심이었다고 생각된다. 애국심은 나라를 위해서 자기를 던진다는 각오가 돼 있다는 점에서 영성적 가치라고 말 할 수 있을 것이다. 그의 애국심이라는 영성적 가치관은 국가와 국민에 봉사해야 한다는 사명감을 강하게 낳았고, 이것은 1920년대 우리 국민 을 질병의 고통에서 구하고자 제약업을 시작한 사업적 가치관과 국민 을 사랑하고 나아가서 종업원을 사랑하는 인간적 가치관을 가져온 것 이다.

정직한 납세의 원칙과 함께 그가 1950년대와 1960년대, 그리고 그 이후 독재적이고 권위주의적인 정권에서 정치자금을 내지 않고 정부 와 타협하지 않았다는 것은 그의 영성적 가치관을 보여주는 것이다. 그 는 무시무시한 자유당 정권하에서도 정치자금을 주지 않고 버티었으 니 그 시절을 그야말로 독립투사처럼 살아냈다고 할 수 있다. 이런 점 에서 이것을 영성적 가치로 보는 것이다. 아마도 그의 가슴속에 흐르는 독립운동가의 정신이 없었더라면 거대한 권력의 눈치를 보지 않고는 견디기 힘들었을 것이다(조성기, 2003, 302).

박정희 정권도 기업들에게 정치자금을 요구하는 것은 이승만 정권 과 별로 다를 바 없었다. 유한양행은 이전과 마찬가지로 정치자금을 통해 권력과 손을 잡으려 하지 않았다. 그러나 이번에도 국세청에서

강도 높은 세무사찰이 들어왔다. 하지만 한 달 동안이나 조사해도 탈세 사실을 밝혀내기가 힘들었다. 오히려 세무서 직원들이 이렇게 깨끗하게 장부를 정리하고 정확하게 세금을 납부하는 기업이 한국에 있나 하고 놀랄 정도였다. 박정희 대통령도 이런 기업이 있나 감동을 하여 1968년 3월 제2회 '세금의 날' 기념식전에서 유일한에게 '동탑산업훈장'을 직접 수여했다. 이는 업계 최초의 영예인 셈이었다. 국세청은 유한양행에 '국세청 선정 모범 납세업체'라는 동제현판을 보내주기까지 했다. 유한양행은 유일한의 지침을 따라 '정확하고 신속한 납세'를 늘 회사의 지상시책으로 삼고 있었다(조성기, 2003, 321).

그는 비교적 죽음에 초연했다고 생각되는데 이것은 그의 영성적 가치관을 말해주는 것이다(조성기, 2003, 340). 그는 천식기가 있어 해외 출장을 갈 때는 인공호흡기를 늘 가지고 다녔다. 그리고 동행인으로 하여금 방에 같이 자도록 했다. 한번은 조권순이 유일한과 함께 일본 출장을 갔을 때 아침에 일어나 보니 그가 숨을 쉬지 않고 있었다. 조권순이 놀라서 그를 흔들어 깨우자 막혀 있던 숨이 통할 수 있었다. 집에서 혼자 주무시다가 이런 일이 생기면 어떻게 하느냐고 조권순이 묻자 그는 "혼자 가는 거지 뭐. 난 사실 세상에 대해 미련이 없네. 다만 하나님이 나에게 맡겨주신 것들을 관리해야 하는 청지기로서 아직 할 일이 남아 있으면 나도 좀 더 세상에 있는 것뿐일세"라고 말했다는 것이다. 그가 청지기로서 하늘이 내려준 자기사명을 다할 뿐 세상에 욕심이 없다고 한 것은 세상을 초월한 영성적 가치관이라고 말할 수 있을 것이다. 그는 또한 자신의 기도문을 직접 쓸 정도로 영성적이었다.

⑤ 문화적 가치

그가 기도문을 직접 썼다는 것은 그가 인생에 대해서 얼마나 많은 생각을 했겠느냐 하는 점에서 문화적 가치를 반영하는 것이다. 문화적 가치란 인생에 대해서 생각하고 자기의 정체성을 찾아가는 것이다. 그가 어떤 경험을 했는가를 보면 그가 어떻게 정체성을 찾아갔는지를 알수 있다. 그는 어릴 때 고독하게 지내면서 자기와의 싸움에 시간을 많이 보냈고 초등학교, 고등학교, 대학교를 고학하면서 자립정신을 키웠다. 이러한 상황에서 그는 자기의 삶을 어떻게 살아가야 할지 생각하지 않을 수 없었고 많은 고민에 빠지지 않을 수 없었을 것이다. 거기에 그는 정한경, 박용만 등과 같은 독립운동가들을 만나 교류하면서 정체성을 확립하고 정신력을 길러나갔다.

박용만은 "지금 한국은 일본의 식민지가 된 것과 마찬가지야. 앞으로 얼마 있지 않으면 일본이 정식으로 한국을 식민지로 만드는 조약 체결을 강요할 거야. 그러면 우리는 하루아침에 나라를 잃고 말지. 우리나라 인재들은 나라를 되찾기 위해서라도 우선 실력을 키워야 해. 일본보다 모든 면에서 앞서 가고 있는 미국에서 열심히 배워 일본을 앞질러야 된다 이거야. 일형(유일한의 어릴 때 이름)은 나이가 어리니 여러 방면에서 미국을 배우란 말이야. 일본인들이 조선 땅에 세운 회사들보다 더 큰 회사를 세워 나라를 살릴 수도 있지" 하고 유일한에게 말했다. 이때 유일한은 집이 그리워 우는 자신이 부끄럽다는 생각을 하며 앞으로 자신이 해야 할 일에 대해 생각했다(조성기, 2003, 69).

정한경과는 네브래스카 커니에서 만났다. 그는 같은 평남 지역 출신이었는데 "우리가 공부하는 목적은 독립국가 건설에 있다. 고향이나 여자 그리워하는 마음을 버려라"라고 말해주었다(조성기, 2003, 95). 또한 유일한은 네브래스카에서 고등학교에 다닐 때 박용만이 설립한 한국소년병학교에서 여름방학 때마다 군사훈련을 받으면서 민족정신을 일깨우고 체력을 단련하면서 리더십을 함양할 수 있었다. 강인한 정신력과 국가를 위해서 일해야 하겠다는 정체성을 확립해나간 시기였다고 볼 수 있다.

2) 유일한의 성품

이상에서 기술한 대로 유일한은 강한 가치관에 기초를 두고 근면, 성실, 정직, 배려와 같은 좋은 성품을 기를 수 있었다. 유일한의 비전은 '기업은 개인의 것이 아니며 사회와 종업원의 것이다'라는 경영철학의 기초 위에 국가와 국민에 대한 봉사와 양심적인 인재의 배출을 기본사명으로 하고 있다. 그가 해외여행을 할 때 직업란에 기업가라고 쓰지 않고 교육가라고 기입한 것을 보면 양심적인 인재의 배출은 그가 특히 중요하게 생각했던 사명이었던 것 같다. 그가 유한공고를 설립한 것도 이 일환이었을 것이다.

참된 인간은 유한공고의 3대 교훈 중 하나이다.

그가 말한 참된 인간, 양심적 인재는 '참신한 계획과 능동적인 활동으로 정직하고 성실하게' 일하는 사람이다(조성기, 2003, 294). 여기서 그가 강조하는 네 단어는 참신, 능동, 정직, 성실이다. 참신은 창조적 아이디어, 능동은 도전적 행동, 정직은 인간적 가치관에 기초한 애정, 성실은 사업적 가치관에 기초한 열정을 나타낸다. 인재는 열정과 애정의 성품 위에 창의와 도전의 기업가정신을 발휘하는 사람이다. 그는 사람의 능력이나 성과보다 성품과 태도를 더 중시하였다고 할 수 있다.

검소는 자기만 생각하는 것이 아니고 남을 배려하는 것이므로 애정의 한 측면이라고 말할 수 있다. 유일한은 아주 검소하였다. 그가 세상을 떠난 후 유품을 정리해보니 일상생활에 꼭 필요한 물건들 몇 가지와 구두 두 켤레, 양복 세 벌밖에 없었다는 일화는 그의 검소함을 말해주는 것이다(유한양행, 1995, 98).

그는 아무리 더운 여름이라고 해도 에어컨이 장치된 차를 타지 않았다. 같이 동승했던 송종률 유한공고 교장이 "회장님, 이렇게 더운데 에어컨을 부착하시지요!" 하고 말하면 "이 사람아, 우리가 얼마나 잘 살게 되었다고 에어컨이 필요해? 자동차를 타고 다니는 것만도 고마운 일이지” 하면서 사치를 부리는 주변 상황을 마땅치 않게 여기곤 했다는 것이다.

그가 19년 동안이나 쉐퍼Sheaffer 만년필 하나만을 쓰고 있었다는 것도 그의 검소함을 말해준다. 만년필 유행도 자주 바뀌는데 그는 줄기차게 그 만년필만을 고집하였다. 그는 만년필뿐만 아니라 어떤 물건이든지 한번 사면 꼭 버려야 할 이유가 없는 한 새 것을 사는 일은 좀체 없었다. 그리고 쉐퍼 만년필이 고장 나자 그것을 포장해서 미국 본사로 보냈는데 쉐퍼 본사에서는 수리하는 대신 새 만년필을 보내주었다. 그는 새 만년필을 친구들에게 종종 자랑했다고 한다. 이 이야기는 그의 검소함을 말함과 동시에 쉐퍼의 고객봉사 정신을 강조하는 것일 것이다.

또 한 가지 우리가 놓쳐서는 안 되는 유일한의 삶의 자세는 언제나 촌각을 쪼개가면서 쉬지 않고 일을 했다는 점이다. 근면, 그것은 어려서부터 유일한이 지켜온 생활규범이었다. 그는 사업의 여가가 생기면 공부를 하면서 책을 썼고, 틈틈이 독서를 하는가 하면 개인적인 일도 소홀히 한 일이 없었다고 한다. 잠자는 시간을 제외하고는 일과 생각과 공부를 쉬지 않았던 것이다. 전쟁 도중에 미국에 머물면서는 50대에 다시 대학원에 다니며 학문을 계속했고, 병들어 누워 있으면서도 건강만 허락되면 맡은 바를 뒤로 미루는 일이 없었다. 어렸을 때의 회고록이나 미국에 있으면서 한국과 미국의 경제적 제휴를 위한 논술을 발표한 것을 보면, 그의 문장력과 사색의 능력도 남에게 뒤지지 않음을 알 수 있다.

그런 성격이었기 때문에 다른 사람들이 일손을 놓고 쉬는 것을 보면 불만을 표시하곤 했다. 열심히 일하는 사람을 사랑했고 게으름을 피우는 사람을 좋아하지 않은 것은 회사의 이해관계보다도 그의 인간성에 대한 평가였던 것이다. 그는 여행을 하는 기간에도 언제나 독서와 사고

590

에 열중했고, 어떤 기회에 무슨 일을 통해서도 배우는 일을 소홀히 여기지 않았다. 그리고 해야 할 일은 즉석에서 처리하고 미루지 말라는 것이 부하들에 대한 요망이기도 했다. 그 몸에 배인 근면과 절약정신이 유한양행 전체에 통하는 데는 긴 세월이 필요했고, 사람들은 그 뜻을 깨닫는 데 적지 않은 관심을 쏟아야 했다고 측근들은 말하고 있다(유한양행, 1995, 100).

3) 유일한의 문화

사업적 가치는 열정이고 인간적 가치는 애정이다. 열정과 애정으로부터 나오는 개방적 문화와 도전적 문화가 있을 때 창의와 도전의 기업가정신이 살아날 수 있다.

여기에서는 유일한의 도전적 문화와 개방적 문화에 대해서 살펴보고자 한다.

① 도전적 문화

유일한은 실패를 나무라기만 하지 않고 실패로부터 배울 것을 요구해서 종업원들에게 도전정신을 갖고 일하도록 격려하였다. 이것은 지금에 와서도 실천하는 기업이 많지 않은데 1920~1930년대에 이런 생각을 할 수 있었다는 것은 그가 훌륭한 경영자라는 것을 말해준다.

직원들이 중요한 실수를 하면 시말서를 쓰도록 하는 것은 모든 회사의 관행인데, 그는 실수의 종류를 나누어 대응했다(조성기, 2003, 290). 게으르고 안일한 가운데 실수한 경우는 가차 없었지만, 뭔가 일을 의욕적으로 하려다가 큰 실수를 저지른 경우는 오히려 연말 보너스를 더 주곤 했다. 시말서를 몇 차례 썼기 때문에 월급이 깎일 것을 각오하고 있던 직원들이 이전보다 더 두툼한 월급봉투를 보고 놀란 적도 있었다.

사실은 유일한 그 자신이 도전적인 성격의 사람이었다. 그는 숙주나

물 사업을 시작할 때 오랫동안 신선도를 유지하기 위해 처음에는 병조림을 만들었는데 햇빛에 약하여 쉽게 말라버리고 신선도가 오래 유지되지도 못해 실패하였다. 그 후 통조림을 시도하였는데 수많은 시행착오를 겪었지만 끝까지 좌절하지 않고 성공적으로 통조림으로 만드는 기술을 개발해낸 것이다. 실패에 좌절하지 않고 실패를 교훈 삼아 재기하는 것이 중요하다는 것을 실천적으로 보여준 것이다.

② 개방적 문화

유일한은 직원들의 좋은 아이디어를 받아들이는 개방적 태도를 가졌다. 홍병규 사원이 숙직을 섰을 때 해주도립병원에서 맹장염 수술 후 필요한 프랑스제 혈청주사약을 급히 보내달라는 주문이 들어왔다. 그러자 그는 숙직자가 함부로 열어서는 안 되는 냉각장치가 되어 있는 특수창고에서 약병을 꺼내 던져도 깨어지지 않도록 두껍게 포장한 다음 경의선 기관사에게 해주도립병원이 있는 토성역(토성역에는 급행열차가 서지 않았다)을 지날 때 던져달라고 하였다. 역에서 기다리고 있던 해주도립병원 직원들은 그 약병을 받아들고 병원으로 달려가 환자의 생명을 살릴 수 있었다.

이 소식을 들은 유일한은 허락 없이 냉동창고를 연 홍병규를 나무라기는커녕 '어디서 그런 아이디어를 얻었나?' 라고 물으면서 오히려 약품 유리병이 던져도 깨어지지 않도록 특수포장용기를 제작해보도록 지시를 내려 제작에 성공하였다. 이후 위급한 경우에는 기관사가 약품 용기를 플랫폼에 던지면 병원 직원이 가져가 사용할 수 있게 되었다. 이러한 사례는 유일한이 항상 좋은 아이디어를 구하고 있으며 개방적 문화를 조성하고 있음을 말해주는 것이다. 또한 그는 가끔 세계여행을 나가 세계 제약업계의 동향을 살피고 사업구상을 하는데 이것도 그의 개방적 태도를 말해주는 것이다.

전략의 고리

3부 2장 01 '전략의 고리: 경쟁력의 기본'에서 설명한 바와 같이 전략의 고리는 경영의 기본을 나타내고 우수기업의 경영자는 전략의 고리를 실천하고 있다.

유일한이 종종 유한양행의 기업정신과 사업 방향에 대해 사원들에게 말한 것을 보면 그가 전략의 고리를 믿고 실천하고 있었다는 것을 알 수 있다(조성기, 2003, 219).

"제가 대학 시절 얼마 동안 디트로이트 포드자동차 공장에서 아르바이트를 한 적이 있습니다. 그때 저는 포드의 기업방침을 현장에서 배울 기회가 있었는데 그것이 저에게 많은 영향을 주었습니다. 우선 좋은 물건을 값싸게 생산해야 합니다. 그리고 고객이 원하는 상품이 무엇인가를 알아내야 합니다. 수요를 찾아다닐 뿐만 아니라 수요를 창조해야 합니다. 수요를 창출하기 위해서는 항상 기술을 개발하여 고객이 사고 싶은 물품들을 생산해내야 합니다. 그리고 기술을 개발하기 위해서는 늘 밖으로 눈을 돌려 남들이 무엇을 하고 있는지 살펴야 합니다. 새로운 아이디어 없이 기업이 결코 성장할 수 없습니다."

그는 여기서 좋은 물건을 값싸게 생산해야 한다고 말함으로써 품질을 강조했다. 그리고 고객의 잠재욕구를 충족시킬 수 있도록 수요를 창출하기 위해서는 기술개발을 해야 하고 이를 위해서는 종업원들이 현장에 기반을 두고 아이디어를 내야 한다. 종업원들이 아이디어를 내지 않으면 기업이 결코 성장할 수 없다고 말함으로써 종업원들의 중요성을 강조하고 있는 것이다. 다시 말해서 그는 전략의 고리를 실천하고 있는 경영자인 것이다.

전략의 고리를 실천하는 데는 가치관의 정립이 요구된다. 이미 기술한 바와 같이 유일한은 확고한 사업적 가치관과 인간적 가치관이 있었고 이에 기초한 열정과 애정이 있었기 때문에 전략의 고리를 실천할 수 있었다. 그는 종업원과 신뢰관계를 유지하고 종업원의 헌신적인 봉사와 충성심을 끌어낼 수 있었고, 직접 발로 뛰는 현장경영을 통해서 사업의 감각과 통찰력을 키워나갈 수 있었던 것이다. 1930년대 세계 대공황의 시기에는 몇 명 안 되는 직원들이 거래선을 확보하기 위해 전국 방방곡곡을 누비고 1인2역을 감당하며 불철주야 회사를 위해 열심히 뛰어 어려운 시기를 견뎌내었고(조성기, 2003, 218), 6·25 사변 중 1·4후퇴 때에는 전 사원이 힘을 합하여 제품과 원료 등 주요 물품을 포장하고 수송차량 교섭을 벌여 부산으로 상당량을 가지고 갔다. 다른 제약회사들은 미비한 생산시설과 부족한 원료로 인하여 조악한 제품들을 생산하였지만 유한양행은 이전과 마찬가지로 양질의 규격품을 만들어낼 수 있었다(조성기, 2003, 280).

이하에서는 유한양행이 유일한의 사업적 가치관과 인간적 가치관에 기초를 두고 경영의 기본인 인간존중, 기술개발, 품질 향상, 고객봉사를 실천하고 틈새전략과 세계전략을 구사하면서 어떻게 우수기업으로 발전할 수 있었는지를 알아보고자 한다.

1) 인간존중

종업원의 복지 측면에서도 그는 그 시대의 일반적 수준을 뛰어넘는 배려를 종업원들에게 베풀었다. 1936년에 그는 사원들의 복지를 위하여 '윌로우Willow 구락부'라는 일종의 공제회를 만들었다. 2년 후에는 그가 기증한 주식 25주를 중심으로 기금을 조성하여 사원의 주택자금 융자, 자녀교육비 지원 등 활동 범위를 넓혀나갔다. 1942년에는 회사로부터 7천환을 얻어 생계가 어려운 사원들을 돕는 생활보조기금으로 사용하기도 했다. 1956년에는 사우공제회로 이름을 바꾸었는데 그는 일생 동안 2만 7218주를 기증했다(조성기, 2003, 238). 그는 또한 1937년에 소사공장 증축공사를 하면서 그 부지에 종업원들의 후생 복지시설들을 짓도록 하고 일일이 챙겼다. 그리하여 독신자 기숙사, 집회소, 운동장, 화원, 양어장, 수영장 등이 종업원들을 위해 만들어졌다(조성기, 2003, 243).

그는 '기업은 개인의 것이 아니며 사회와 종업원의 것이다' 라는 그의 기업이념을 실천하고 보다 많은 사람이 회사와 경영에 참여할 수 있도록 문호를 개방하기 위해 1936년 유한양행을 주식회사로 발족시켰다. 이와 함께 주식의 일부를 액면가의 10퍼센트 정도의 가격으로 종업원들에게 공로주로 배분하여 우리나라에서 종업원 지주제를 처음으로 실시하였다(황명수, 1994).

종업원 지주제도는 1973년과 1974년에 유상증자를 실시하면서 확대되었는데 1973년에는 6급 이상 사원에게, 1974년에는 전 사원에게 유상증자를 실시하여 직급별 근무 연한에 따라 주식을 배정하였다. 이와 같이 유한양행은 사원지주제를 실시함으로써 명실상부 사원에 의해서 경영되는 회사로서의 기틀을 더욱 확고히 다지게 되었다(유한양행, 1995, 336~339).

유한양행은 1968년에 비민주적인 차별적 호칭을 폐지하고 전사원제를 도입하였다. 종래 사원·준 사원·기사·기사보를 사원 4급으로 하고, 고원을 사원 5급, 용원을 사원 6급, 공원을 사원 7급으로 바꾸었다(안춘식, 1994).

2) 기술개발

그 당시에는 대단한 기술개발은 아니지만 사원들의 아이디어를 존중하였고 고객봉사를 위한 기술개발에 높은 관심을 가지고 있었다. 예를 들면 앞의 개방적 문화에서 설명한 바와 같이 홍병규라는 사원이 약병을 두껍게 포장해 기관사에게 토성역을 지날 때 밖으로 던져달라고 부탁하여 환자의 생명을 살렸다는 이야기를 듣고 약품 유리병이 깨어지지 않는 특수용기를 제작하도록 하여 여러 차례 실험을 거듭한 끝에 아무리 세게 던져도 깨어지지 않는 용기를 제작할 수 있었다는 일화를 들 수 있다(조성기, 2003, 243). 이 사례는 고객봉사와 기술개발에 대한 그의 열의를 느끼게 한다.

그가 수입만 하지 않고 제조하기로 한 것도 기술개발의 일환이라고 볼 수 있다. 소규모 시설을 갖춘 공장에서 처음 제조한 것이 '안티푸라민'이었다. 1936년에는 경기도 부천군의 2만여 평의 땅을 사서 제약실험 연구소와 제조공장을 건설하였다. 보다 좋은 제품을 만들기 위한 그의 집념은 1937년 소사공장 증축 때 기울인 그의 노력에서 알 수 있다. 그때 일본은 중일전쟁을 감당하기 위해 국가동원법을 실시하여 인력과 물자조달을 관리하였다. 이런 중 유한양행이 소사공장 증축 공사를 계속한다는 것은 여간 어려운 일이 아니었으나 끝까지 포기하지 않고 필요한 시설들을 하나씩 갖춰나갔다. 쓸 만한 제약회사 하나를 세우는 데 그야말로 크고 작은 수많은 시설들이 필요하였다. 그 시설들은 하나같이 정교한 기술을 요하였으므로 오스트리아 빈 출신 화학자로 상하이에서 일하고 있는 바레트 박사를 초빙하여 공장증설에 따른 주요 설계를 맡겼다(조성기, 2003, 243). 어려운 시기에 외국인 기술자까지 초청하여 최신 공장을 짓겠다고 생각한 것은 그가 기술의 중요성을 인식하고 실천하고 있었음을 나타내는 것이다.

그는 원료 확보에도 높은 우선순위를 두었다. 1940년에 철원에 약초재배단지를 만들어 한약약초를 시험 재배했고 어류를 원료로 비타민A를 제조하는 합자회사를 설립했다. 1941년에는 대련에 공장부지를 구입하면서 약초재배지도 구입했다. 그는 원료 비축에 사전준비를 해놓았기 때문에 제2차 세계대전의 여파와 일본 정부의 경제 통제로 제약업계가 원료 부족으로 많은 어려움을 겪는 상황 속에서도 계속해서 약품을 제조해낼 수 있었다.

3) 품질 향상

정성껏 좋은 상품을 만들어 국가와 동포에 봉사한다는 것이 유일한의 경영철학이었기 때문에 양질의 제품을 만들어 판다는 것은 기업의 생명과도 같았을 거라고 생각된다.

앞의 도덕적 가치에서도 설명한 바와 같이 영업담당 전항섭이 만주에는 마약중독자들이 많고 그 당시 심신쇠약을 치료하는 약품들 중에는 마약성분이 들어 있는 것이 대부분이었기 때문에 유한양행도 그러한 제품을 생산할 필요가 있다고 조심스럽게 의견을 말했지만, 유일한은 그를 무섭게 책망하고 당장 사표를 쓰라고 할 정도로 국민의 건강을 위해 제품을 만들도록 직원들을 엄격하게 훈련하였다.

1930년 동아일보에 실린 광고에서도 최량의 약품과 의료용품을 계속 공급하겠다는 약속, 세계 의학계에서 공인된 약품만 취급한다는 제품설명을 미루어볼 때 품질 향상을 위한 임직원들의 노력을 짐작해볼 수 있을 것이다.

조선일보에 실은 '선구의 책벌'이라는 제목의 광고에서도 그 당시 범람했던 모조품을 가지고 유사한 포장이나 광고와 선전으로 민중을 기만하고자 하는 기업에 속지 말도록 계몽하고 있는데 이것은 유한양행이 좋은 제품을 제공하는 일을 선도하고 있음을 말해주는 것이다.

4) 고객봉사

그는 또한 앞의 광고 내용에도 나와 있듯이 항상 국민건강을 생각하기 때문에 양질의 약품을 국민들에게 제공하고자 하였고, 고객봉사 정신에 기초를 두고 고객감동을 끌어내었다. 해주도립병원에 주사약을 어렵게 전달한 홍병규 사원의 사례에서도 알 수 있듯이 고객감동은 유일한의 국가와 국민에 봉사한다는 가치관을 전 사원들에게 심을 수 있었기 때문에 가능한 것이었다.

그는 사업을 하는 것이 처음부터 돈을 벌기 위해서라기보다 국민에게 봉사하기 위한 것이었다. 그는 전략의 고리를 실천하는 기본정신이 갖추어져 있었다. 그의 경영에서 가장 돋보이는 부분은 고객봉사이다. 대표적인 예의 하나가 '스피디한 시대에 민쾌한 유한봉사'라는 제목의 광고에 나와 있는 일화가 있다. 1936년 1월 어느 추운 날 밤에 수취인 주소가 없는 파상풍 혈청 전보주문을 받았는데, 파상풍은 매우 위급한 병이므로 어느 병원에서 주문한 것인지 몰라 전보발신지의 3개 병원에 각각 혈청을 발송하여 귀중한 인명을 구할 수 있었다.

5) 틈새전략

그가 제약사업을 선택한 것은 틈새전략이라고 볼 수 있다. 틈새전략은 남들이 잘할 수 없는 것, 자기가 잘하는 것으로 고객만족을 추구하고 계속해서 사업을 진화·발전시켜 고객만족을 심화해나가는 것이다. 이런 관점에서 제약산업은 그 당시 한국인들이 질병으로 고생하고 있었고 미국에서 수입해온 약 등 그가 이를 누구보다 더 잘 해결할 수 있는 자원과 능력을 가지고 있었다는 점에서 틈새전략이었다.

물론 유한양행이 한국토산품을 구입·제조하여 미국, 유럽으로 수출하고 크라이슬러와 제휴하여 자동차부품을 수입한 것은 틈새전략에서 벗어난 것처럼 보인다. 그러나 이때는 세계 경제와 한국 경제가 전쟁의 소용돌이 속에서 경기변동과 불확실성이 심하였고 많은 기업이 다각화하고 있던 때라 특별히 지나치다고 볼 수는 없을 것 같다. 오히려 이러한 다각화 때문에 30년대 대공황을 견뎌낼 수 있었던 측면도 있다.

틈새전략은 한 가지 사업만 하는 것을 뜻하는 것이 아니라 남들이 잘할 수 없는 일이고 세계 최고로 키우기 위한 의지가 있느냐 하는 틈새정신이 중요하다. 틈새정신이 없다면 한 가지 사업만 해도 틈새전략이 될 수 없지만 능력이 뒷받침되고 틈새정신이 있다면 여러 가지 사업을 해도 틈새전략이 되는 것이다(노부호, 2004). 이런 의미에서 그의 자동차사업과 화장품사업으로의 다각화 시도는 바람직한 것이었지만 정책적 내지 정치적 이유로 좌절되었다.

그는 해방 직후부터 자동차사업을 실행에 옮겨 미군정 무역부를 통하여 자동차 부속품들을 수입하다가 1951년 부산에서 크라이슬러와 제휴하여 한국 대리점 코리안모터스를 설립하였다. 그러나 자동차 부속품 수입을 허가해준 정부가 바로 그 다음 해에 자동차 수입 금지 및 부속품 수입 제한령을 내리는 등 잦은 정책변경을 하였다. 이로 인해 수입한 10만 달러어치의 자동차 부속품이 부산 세관창고에 쌓인 채 햇빛을 보지 못하는 등 심대한 타격을 받고 1960년 1월 코리안모터스를 청산하기로 단안을 내리게 된다(조성기, 2003, 303).

유한양행은 또한 1960년대 초반 맥스팩터MaxFactor와 제휴하여 화장품사업을 시작하고자 70여 명의 신입사원을 뽑아 훈련시키고 메이크업 아티스트도 양성했는데 정부에서 정치자금을 요구해오자 단호히 포기하였다고 한다. 유일한은 정경유착을 아주 싫어했다. 또한 정치적인 돈은 쓰지 않고 회사 자본의 범위 내에서 사업을 한다고 했는데 이것이 유한양행이 다각화전략을 적극적으로 펼치지 못한 이유가 될 수도 있을 것이다.[24]

6) 세계전략

그는 한국에서 사업을 하기로 작정한 처음부터 세계전략을 가지고 있었다. 그의 머릿속에는 독립운동에 대한 생각이 떠나지 않고 있었지만 그가 1925년 녹두 구매를 위해 중국에 갔다가 돌아가는 길에 한국에 들렀을 때 민족기업들이 자립경제운동의 일환으로 이전보다 많이 설립되긴 했지만 그 영향력이 크지 않은 것을 보고 튼실한 민족기업을 세우는 것도 독립운동 못지않다고 생각했다. 그리고 기업을 세운다면 세계로 뻗어나가 일본도 무시할 수 없는 세계적 기업을 세우고 싶어 했다(조성기, 2003, 174). 그의 세계전략은 처음에는 미국, 유럽의 제약회사들과 수입계약을 맺고 수입하는 것이었지만 1959년에는 자체 생산한 약품을 대만을 비롯한 동남아시아 여러 나라에 수출하기도 하였다.

그는 1920년대 제약사업을 하면서 한국 기업으로서는 가장 큰 규모로 세계경영을 했다고 할 수 있을 것이다. 그는 인재 채용이 세계적이었다. 유한양행에는 만주인 막이, 일본인 스기하라와 시미다, 러시아인 헤프틀러, 그리고 오스트리아 화학자 바레트 박사가 일했다.

그리고 운영 측면에서도 1933년 대륙으로 뻗어나가는 전초기지를 마련하기 위해 다롄에 아보트와 합작하여 유한양행이 필요로 하는 약품의 3개월분 내지 6개월분을 저장할 수 있는 약품창고를 건설 운영하였다. 해방 이전 유한양행의 전성기였던 1937년에는 유한만주제약회사, 대련유한양행, 천진유한양행 등의 회사를 설립하였다. 1938년에는 LA에 출장소를 설립하였고 일본의 통제를 피하기 위해서는 만주에 법인체를 하나 세워두는 것도 좋을 것 같아 1940년 12월에는 봉천 출장소를 기반으로 '만주유한공사'를 설립하여 약품제조 및 수출기지로 만들었다. 그리고 여기서 직접 약품을 제조하여 만주와 중국, 러시아, 베트남 등지로 보내어 팔 수 있었다. 1941년에는 태평양전쟁 발발로 인한 원료공급 중단 사태에 대비하기 위해 대만의 재고 보관창고와 주재소를 주재소에서 출장소로 격상시켜 베트남 지역으로 진출하는 방안을 모색하였다. 그 당시 한국 기업인으로 이렇게 세계적 시각을 가지고 원료공급과 생산의 세계적 거점을 가진 세계적 경영을 할 수 있는 경영자로는 그가 유일했을 것이다.

그러나 이러한 그의 세계전략은 1945년 해방과 함께 국토가 38선으로 양분되는 바람에 이북의 재산을 포함하여 만주, 중국 등지의 재산을 한순간에 날리고 말았다. 이 지역의 기업자산은 전체의 80퍼센트에 해당되는 것으로 유한양행은 막중한 손실을 보았고 세계적으로 구축해온 거대한 판매망이 무너짐으로써 영업 기반이 크게 위축되었다.

유한양행의 경영 성과

이상에서 기술한 바와 같이 유일한은 기업가정신에 기초를 두고 전략의 고리를 실천함으로써 우수기업의 기초를 닦아나갔다. 이는 경영 성과로 나타났다.

유한양행이 1936년 주식회사로 전환할 때의 자본금 규모가 7만 5000원이었는데, 1938년 민족계 제약업체 총 33개사의 전체 자본금은 167만 6000원이었다. 유한양행이 민족계 제약업계의 전체 자본금의 45퍼센트를 차지할 정도로 큰 규모였음을 알 수 있다(황명수, 1994). 그러나 유한양행은 해방과 더불어 북한, 만주, 중국에 있던 재산을 잃게 되었는데 다른 기업들 중에서도 세계경영을 가장 활발하게 펼쳤던 유한양행의 손실이 가장 컸다. 여기에 한국전쟁은 기업 재산을 상실하는 또 다른 시련이었다.

한국전쟁 후 유한양행은 ICA 원조자금의 지원을 받아 최신 기계설비 등을 들여오고 최신의 화학실험 연구실을 갖추어 1950년대 말에 다시 한국 최대의 제약회사로 부상하였다(유한양행, 1964). 1962년에는 대방동에 현재의 사옥을 신축하여 이전하였다. 이후 유한양행은 화장품 제조시설, 속초의 수산공장, 소사에 국내 최초의 합성공장, 유한킴벌리 제지공장 등을 신축하면서 사세를 확장하였다(황명수, 1980).

1970년 유한양행의 국내의약품 생산액은 30억 원이고 국내 의약품 총생산액은 338억 원으로 유한양행의 시장점유율이 8.7퍼센트임을 알 수 있다. 유일한이 죽은 1971년에는 시장점유율이 9.4퍼센트였다. 이때 유한양행의 인기품목이었던 비타민제는 24.3퍼센트, 구충제는 24.0퍼센트, 화학요법제는 32.6퍼센트, 외피용약은 20.2퍼센트로 높은 시장 점유율을 보여주고 있다(유한양행, 1976). 유일한은 1969년 경영의 제일선에서 은퇴하고 후임자 조권순 부사장에게 기업을 물려주었다. 이로서 유일한은 1926년 창업 이래 43년간 유한양행을 이끌어온 것이다.

유일한 경영이념의 계승과 적용

유한양행의 경영은 그의 죽음 이후 사내에서 유일한의 경영이념을 체득한 전문경영자에게 승계되고 있다. 유일한의 경영이념은 지금도 가장 좋은 제품의 생산, 인재양성, 기업이윤의 사회 환원이라는 3가지 핵심 가치로 계승·발전되어 오고 있다. 보다 구체적으로는 다음과 같다.

1) 가장 좋은 제품의 생산

유일한 박사는 일제치하 병들고 굶주린 동포를 보고 "건강한 국민만이 주권을 되찾을 수 있다" "가장 좋은 상품을 만들어 국가와 동포에게 도움을 주자"라는 신념 하에 제약회사인 유한양행을 설립하였다. 지금도 가장 좋은 제품을 생산하여 공급하는 것은 유한양행의 핵심 가치가 되고 있다. 따라서 회사는 전체 임직원의 약 15퍼센트에 해당하는 연구인력을 보유하고 있으며, 매출액 대비 R&D 투자도 제약업계 평균 수준을 웃도는 5~6퍼센트 수준을 유지하고 있는 등 연구개발 강화에 꾸준히 노력하고 있다. 또한 업계 최고 수준의 시설을 갖춘 연구소와 공장을 각각 2005년과 2006년에 준공하여, 질 좋은 제품 생산을 위해 꾸준히 노력하고 있다.

유한양행의 내부품질관리규정In House Regulation도 약사법에서 요구하는 기준보다 훨씬 엄격히 적용되고 있다. 이는 국민의 건강을 위한 '가장 좋은 상품의 생산'과 '기업의 생명은 신용'이라는 기업이념이 유한 내부에 깊숙이 자리하고 있기 때문이다.

2) 인재양성

"기업의 기능에는 유능하고 유익한 인재를 양성하는 교육까지도 포함되어 있어야 한다"라는 창업자의 정신이 유한양행의 경영에 그대로 계승, 발전되어 오고 있다.

먼저 유한양행은 '교육과정 이수제'를 도입하여, 다양한 사내·사외 교육 프로그램을 통해 임직원 각자가 본인의 업무능력 향상과 자기개발을 할 수 있도록 적극적으로 지원하고 있다.

또한 유한양행은 회사와 종업원의 커뮤니케이션 진작을 위한 다양한 프로그램(노사합동연수회, 사원운영위원회, 사업계획심의회, 경영실적보고회 등)을 개발·운영하여 종업원의 적극적인 경영 참여를 유도하고 있다. 대화와 상호 존중에 기초한 노사화합 문화의 정착을 통해서 창업 이래 무노사분규를 실현해나아가고 있다.

특히 전문경영인 체제인 유한에서는 '노사관계'라는 말 대신 '노노 勞勞관계'라는 말을 사용하고 있을 정도로 상호 신뢰를 기반으로 한 공동운명체적 관계, 노사 간 대등한 관계를 유지하고 있다.

3) 기업이윤의 사회 환원

"기업의 소유주는 사회이다. 단지 그 관리를 개인이 할 뿐이다." "기업에서 얻어진 이익은 그 기업을 키워준 사회에 환원하여야 한다."

이와 같은 창업자의 기업가정신은 유한양행의 핵심 경영가치로서, 유일한 사후 전 재산의 사회 환원에 의해 설립된 유한재단을 통해 보다 계획적이며 실질적인 사회공헌 활동에 앞장서고 있다.

회사	2008년	2007년	2006년	2005년	2004년
삼성전자	1	1	1	1	1
포스코	2	2	3	2	3
유한킴벌리	3	4	4	6	4
유한양행	4	3	5	5	2
LG전자	5	5	6	4	7

〈표 10〉 한국에서 가장 존경받는 기업

조사기관: 한국능률협회 / 조사대상: 매출순위 150대 기업

유한재단은 장학사업, 교육지원사업, 기술·문화·연구 장려사업, 사회복지사업, 사회봉사자 시상사업, 재해구호사업 등을 통해 활발한 사회적 활동을 하고 있다. 또한 유한양행은 자발적인 봉사동호회를 통해 임직원들이 활발히 봉사활동을 하고 회사는 이를 적극적으로 지원하고 있다.

이상과 같이 유일한 경영이념의 계승으로 유한양행은 한국에서 가장 존경받는 기업 종합평가에서 상위로 선정되어 왔다(〈표 10〉 참조).

그러나 우리 사회는 유일한의 경영이념을 제대로 수용하지 못하고 있다. 그동안 우리 주위에 수많은 기업가들이 있었지만 유일한과 같이 신선한 충격과 감동을 안겨주는 기업가는 없는 것 같다.

이상에서 설명한 바와 같이 유일한의 경영이념은 품질, 인재, 사회 환원으로 파악될 수 있는데 이러한 경영이념은 경쟁이 심화될수록 기업의 영속적 성장에 필수가 될 것이다. 보다 구체적으로는 다음과 같다.

품질은 기업의 경영활동에서 경쟁력을 확보하여 시장을 점유하고, 미래 성장동력을 확보하기 위한 가장 기본적인 요소다. 즉, 고객이 다양한 제품으로부터 우리 제품을 선택할 수 있도록 하기 위해서는 남보다 좋은 제품을 생산, 공급하고 차별화된 서비스를 제공하는 것이 중요

하다. 품질불량으로 인해 큰 위기를 맞이한 몇몇 기업들을 볼 때 품질 좋은 제품 생산의 중요성은 날로 커진다고 할 수 있다.

기업에서 임직원은 가장 중요한 자산이므로, 기업은 임직원의 역량을 개발하고 향상시킬 수 있도록 적극적으로 지원하는 것이 중요하다. 개인 각자의 능력 향상은 결국 기업 전체의 성과향상으로 이어지기 때문이다. 또한 기업에 종사하는 모든 사람은 기업활동을 통한 하나의 공동운명체라는 생각을 가지고 노사 상호 간에 원활한 커뮤니케이션을 통해 유기적인 공동체 문화를 확립해야 할 것이다. 이는 결국 임직원 각자의 책임감과 자긍심을 높여 회사 성장의 밑거름이 될 것이다.

오늘날 기업의 사회적 책임은 날로 중요해지고 있다. 향후에는 사회적 책임에는 소홀히 하며, 오직 개별적인 부의 축적과 성장에만 집중하는 기업은 지속적으로 성장할 수 없을 것이다. 회사는 이윤창출과 더불어 적극적으로 사회적 책임을 다할 때 고객으로부터 좋은 평가를 받게 되고, 이는 결국 그 기업에 대한 고객의 충성도를 높이는 선순환 구조를 가져온다. 사회적 책임은 정보화시대에 기업의 지속적인 성장을 이끄는 핵심요소가 될 것이다.

내용 요약

지금까지 유일한의 기업가정신과 경영을 내가 개발한 개념적 모형에 비추어 재조명함으로써 그의 기업가정신이 '기업가정신의 위계적 구조'에 비추어 이상적 수준으로 개발되었고 이러한 기업가정신이 있기 때문에 그의 경영 또한 우수기업의 경영모델인 '전략의 고리'를 그대로 실천하고 있음을 보여주었다. 그는 보통 사람들에게서는 찾아보기 힘든 강한 도덕적 가치관과 영성적 가치관을 보여주었고, 이 때문에 남다르게 강한 열정과 애정을 가지고 개방적이고 도전적인 문화를 심고 임직원들의 헌신적인 봉사에 기초를 두고 기업을 혁신적으로 이끌어갈 수 있었다. 이로써 기업경영자에게 가장 중요한 것은 기업가정신의 개발이고 기업가정신의 개발에 중요한 것은 가치관의 개발이라는 결론을 내릴 수 있었다. 또한 기업가정신과 가치관의 측면에서 유일한은 보통 사람들이 따라가기 힘든 아주 모범적인 기업가였고 한국의 독립운동과 함께하면서 민족정신을 고양시켰다는 점에서 한국을 대표하는 상징적 기업가로서 후대에 귀감이 되어야 할 것이다.

또한 기업가정신을 설명하면서 가치를 중요한 기초 요소로 제시함으로써 기업경영에 가치의 중요성을 강조하였다. 즉, 가치를 사업적 가치, 인간적 가치, 도덕적 가치, 영성적 가치, 문화적 가치로 나눔으로써 가치를 좀 더 깊이 있게 분석할 수 있는 틀을 제공하였다. 우리가 일생의 많은 시간을 경영에 종사하면서 보낸다면 경영에도 도가 있어야 한다. 기업이 인격도야의 장이 되어야 한다는 것이다. 이런 의미에서 유일한의 기업가정신을 재조명하면서 가치의 중요성을 강조한 것은 의미 있는 일이라고 생각된다.

유일한은 구한말 역사의 소용돌이 속에서 태어났다. 그 당시 파란만장했던 한국의 역사처럼 그의 삶도 굴곡이 많았다. 그는 한국의 독립운동과 함께하면서 민족정신을 함양했고 기업가적 자질을 발휘하여 한국의 경제발전에 초석을 닦았다. 우리는 한국의 기업가들을 이야기하면서 정주영, 이병철 등 한국의 대기업 그룹을 형성한 기업가에 초점을 두는 나머지 독립운동을 하면서 민족정신을 기르고 그 기초 위에 국가와 국민에 봉사한다는 보다 숭고한 가치관을 가지고 기업을 일으켰던 유일한에 대하여 소홀히 한 점이 있었다.

유일한의 경영 특징 중에서 특별히 언급해야 할 것이 몇 가지 있다. 그는 그 당시 한국 기업인으로는 가장 큰 규모로 세계적 경영을 하여

606

만주, 대만 등에 원료공급 및 생산거점을 마련하였을 뿐만 아니라 미국, 유럽의 제약 중들과 제휴하여 약품을 수입하고 동남아 등지에는 수출도 하였다. 그러나 한국 최초의 제약회사로서 세계전략을 가지고 경영하였는데 그 뒤 1960년대 이후 한국 산업화와 더불어 한국의 다른 기업에 비해 성장이 늦춰진 것은 아쉬운 점이라고 생각된다. 이것은 여러 가지 이유가 있겠지만 그가 정치자금을 내지 않고 정치와 거리를 두고 있었기 때문에 정부의 산업화 정책에 편승하지 못한 것도 하나의 이유가 되지 않았을까 생각된다.

그가 우리나라 제약업계 최초로 전체 기업 중에는 두 번째로 주식을 상장하였고 최초로 종업원 지주회사제도와 신입사원 공개채용제도, 그리고 공원, 용원, 고원, 준사원 등 등급직을 폐지하고 전원 사원제도를 도입한 것은 그의 앞선 경영자적 자질을 말해주는 것이다. IBM컴퓨터를 1968년에 도입한 것도 한국 최초였다. 그리고 최초로 전문경영자 시대를 열었고 특히 중요한 것은 전 재산을 사회에 환원하였다는 것이다.

11

리더십의 본질

변화

리더십의 가장 중요한 요소는 변화다. 정보화시대는 특히 급격한 환경 변화의 시대이고, 불연속적 변화의 시대이기 때문에 변화가 더욱 중요해졌다. 불연속적 변화의 시대라고 하는 것은 어제까지 하던 일을 오늘 하지 않고 전혀 하지 않던 일을 해야 하는 변화를 말한다. 정보화시대의 가장 중요한 화두는 변화다. 유원지에 불과하던 용인 자연농원이 테마파크인 에버랜드로 바뀐 것과 같은 변화가 요구된다. 차석용 사장은 법정관리 하에 있던 해태제과를 보다 건실한 업체로 바꾸어 크라운제과에 매각했고, LG생활건강을 맡아 보다 경쟁력 있는 업체로 탈바꿈시켰다. 이와 같은 사례는 리더십의 본질이 변화라는 것을 말해주고 있다.

변화를 위해서는 사고의 변화, 패러다임의 변화가 있어야 한다. 서두칠 사장이 한국전기초자에 처음 부임해갔을 때 한국전기초자는 부즈 알렌 해밀턴이 진단한 대로 희망이 없는 회사라는 비관적 사고의 기초가 되는 4가지 요소가 있었는데, 그는 그것에 대한 인식을 바꾸고자 하였다.

1. 유리산업은 사양산업이다 ― "사양산업은 있지만 사양기업은 없다. 사양기업은 경영을 잘못했다는 것인데 우리가 앞으로 잘하면 된다"라고 이야기했다.
2. 과잉투자로 이자도 갚을 수 없다 ― "지금 수출도 못하고 있는데 수출도 하고 시장점유율을 높이면 해결될 수 있다."
3. 한국전기초자의 기술 수준이 낮아 기술료도 많이 내고 있고 선진 기술을 따라갈 수 없다 ― "우리가 밤낮으로 노력하고 도전하면 못할 것이 없다."
4. 3D 업종으로 작업자 구하기도 힘들다 ― "3D 업종이라 하지만 우리가 땀 흘려 일할 수 있다는 것은 축복이다."

동원시스템즈에서 서두칠 사장은 7가지 패러다임의 변화를 제시했다.

이렇게 새로운 패러다임을 제시하는 것은 세상이 달라졌음을 인식시키고 구성원의 의식을 바꾸기 위한 것이다. 변화와 혁신은 새로운 행동을 요구하고 새로운 행동은 새로운 의식을 필요로 한다. 리더십이 변화라 했을 때 그 핵심내용은 종업원의 의식을 바꾸는 것이다. 중국의 하이얼이라는 가전업체의 사장은 대소변을 아무 데나 보는 종업원들의 의식을 바꾸어 하이얼을 세계적 가전업체로 만들 수 있었다.

1993년 시행했던 삼성전자의 품질경영도 품질에 대한 대담한 목표를 제시하고 의식을 바꾸면서 행동 변화를 유도할 수 있었기 때문에 성공한 것이다. 삼성테스코의 이승환 사장도 할인점이란 단지 물건을 싸게 살 수 있는 창고 같은 가게라는 미국식 개념에서 탈피하여 고객들에게 보다 나은 가치를 제공해주는 가치점value center, 나아가서 문화활동을 위해서 사람들이 모이는 지역공동체community center로서 할인점의 개념을 재정립하는 패러다임의 변화를 통해서 성공할 수 있었다.

혁신

리더십을 변화라고 했을 때 이는 혁신(이노베이션)을 의미한다. 이노베이션은 뭔가 가시적인 것을 만들어내는 것이고 아이디어와 행동의 합성어이다. 행동하지 않으면 새로운 것을 만들어낼 수 없고 행동하기 위해서는 아이디어가 있어야 한다. 리더십의 본질은 아이디어와 행동이다. 아이디어가 흘러넘치는 개방적인 조직, 무언가 자유롭게 시도할 수 있는 도전적 조직을 만들어야 할 뿐만 아니라 리더 자신이 아이디어가 많고 행동지향적이어야 한다.

왜 어떤 사람은 아이디어가 많고 어떤 사람은 아이디어가 적은가? 이것은 경험의 차이이다. 우리가 새를 보지 못했다면 비행기를 만들지 못했을 것이고 고래를 보지 못했다면 잠수함을 만들지 못했을 것이다. 인생에서 성공하는 사람은 머리가 좋아서(IQ가 높아서)가 아니라 아이디어가 좋아서 성공한다. 대원군이 쇄국정책을 한 것이 머리가 나빠서가 아니라 경험이 부족했기 때문이다. 대원군은 해외 경험이 거의 없었고 세계가 어떻게 돌아가는지를 몰랐기 때문에 서구로부터 밀려오는 개방화의 물결이 대세인 줄을 몰랐던 것이다.

싱가포르의 리콴유는 경험이 다양하고 통찰력도 대단한 사람이었기 때문에 유능한 지도자가 되었다고 생각한다. 싱가포르라는 조그만 나라가 먹고살기 위해서는 무역을 중심으로 국제화해야 한다는 방향을 정하고 일관성 있게 추진하여, 처음 독립했을 때는 살기 어려웠던 나라가 지금은 국민소득 2만 달러가 넘는 선진국이 된 것이다. 도산 직전의 어려운 기업이나 침체된 기업을 맡아 경쟁력 있는 기업으로 탈바꿈시킨 경영자들을 보면 아이디어가 많은 사람들이다.

법정관리 하의 해태제과를 회생시켰고 LG생활건강을 보다 경쟁력 있는 기업으로 탈바꿈시켰던 차석용 사장도 다양한 경험을 했지만 그중에서도 P&G에서의 경험이 그의 사고를 형성하는 데 많은 도움이 되었을 것이다.

경험이 부족한 사람은 사고가 경직되어 남의 아이디어를 잘 받아들이지 않고 독창적인 아이디어를 내놓지도 못한다. 우리는 모든 것을 경험할 수 없기 때문에 우리의 사고를 유연하게 하고 독창적인 아이디어를 많이 내놓을 수 있기 위해서는 경험의 한계를 극복해야 한다. 경험의 한계를 극복하기 위해서는 대화를 통해서 남의 경험으로부터 배워야 한다. 노사문제도 대화가 부족하여 자기 경험의 한계를 극복하지 못하고 사고가 경직되어 자기주장만 내세워 대립하기 때문에 해결되지 않는 것이다. 노사문제를 해결한 경영자들의 이야기를 들어보면 대화의 중요성을 강조하고 있다.

경험의 한계를 극복하기 위해서는 호기심이 많아야 한다. 호기심이 새로운 경험을 하게 한다. 앞에서 이야기했듯이 안식년 휴가 때 이탈리아로 가서 6개월간 요리 강습을 받고 돌아온 미국의 어느 최고경영자는 재충전을 통해서 사고가 유연해졌을 것이다(1부 1장 03 '정보화시대의 환경 변화와 기업의 대응' 참조). 한국의 경영자는 잘 쉬지도 못하지만 6개월을 쉴 수 있다고 하면 아마 하버드대학의 최고경영자 과정에 갈 생각을 할 것이다. 그만큼 호기심이 적고 사고의 유연성도 떨어지는 것이다.

행동

　리더십은 또한 행동이다. 아이디어를 실행에 옮겨야 하는 것이다. 미국의 한 최고경영자는 "우리 회사가 어려움을 겪고 있을 때는 많은 사람이 생각만 하고 있기 때문이다"고 말함으로써 행동지향적으로 바뀔 것을 요구하고 있다. 프랑스의 새 수상인 사르코지도 이제 생각만 하지 말고 행동하라고 강조한다. 행동지향적 조직이 되기 위해서는 변화를 받아들일 수 있도록 종업원들에게 긴박감을 심어줄 필요가 있다.

　긴박감이란 변화에 참여해야겠다는 강한 의지를 나타낸다. 구성원들이 긴박감을 가지고 기업이 나가는 방향으로 적극적으로 참여할 때 우수기업이 되는 것이다. 우수기업을 보면 객관적인 평가와 보상을 통해서 변화에 참여하지 않으려면 나가라는 분위기가 조성되어 있다. 변화에 참여하면 성취감을 느끼는 동반자가 될 수 있지만 변화에 저항하면 낙오자가 되어 박탈감을 느끼게 될 것이다. 그 선택은 종업원 자신에게 달려 있다는 분위기가 강하다.

　긴박감을 조성하기 위해서는 평가와 보상 이외에 위기의식과 도전의식을 심어주고 우리 모두 하나라는 일체감을 심어주어야 한다. 이를 위해 필요한 것이 비전경영, 열린경영, 그리고 솔선수범에 기초한 현장경영이다. 비전이 설득력 있게 제시될 때 우리도 할 수 있다는 도전의식이 생긴다. 열린경영을 통해서 정보를 공유할 때 위기의식도 생기지만 일체감도 생긴다. 정보공유를 통해서 우리 기업의 상황과 경쟁기업의 움직임에 대해 알게 되면 가만히 있어서는 안 되겠다는 위기의식을 느끼게 되는 것이다. 정보공유는 또한 자기 자신을 상대방에게 공개하는 것이고 상대방을 인정해주는 것이기 때문에 일체감을 갖게 되는 출발점이다. 솔선수범은 최고경영자가 먼저 나서서 열심히 하는 모습을 보여 구성원들을 따라오게 만드는 것이다. 현장경영은 기업이 당면한 문제를 정확하게 파악할 수 있는 기회를 제공함과 동시에 현장에서 종업원들과 동고동락하면서 시간을 공유하는 것으로 많은 개인적 대화까지도 할 수 있어 일체감 형성의 기초가 된다.

변화와 관련하여 중요한 것은 전략적 과제를 설정하여 전 구성원들의 노력을 결집하는 것이다. 전략적 과제는 미래 통찰력에 기초를 두고 비전을 달성하기 위해 이 시점에서 해결해야 할 가장 중요한 과제가 무엇인가를 말하는 것이다. 1993년 삼성전자가 프랑크푸르트 선언을 할 때는 품질이 전략적 과제였다. 그때 삼성전자 제품의 품질은 정말 좋지 않았다. 유럽 시장에 나간 모니터는 30퍼센트 정도가 클레임이 들어왔다는 이야기를 해주는 임원이 있었다. 이렇게 전략적 과제를 설정하고 나면 중요한 것은 그것이 제대로 실천될 수 있도록 하는 것이다. 많은 기업이 품질경영을 하지만 모두 성공하는 것이 아니다. 주어진 과제를 깊이 있게 지속적으로 시행하는 것이 중요한데, 이때 필요한 것이 최고경영자의 구체적이고 강력한 행동지향적 언어이다. 삼성전자는 그때 품질경영을 하면서 12시간 A/S체제를 유지했다. 오전에 고장 신고하면 오후에, 오후에 신고하면 그 다음 날 오전에 A/S해주는 것이다. 이를 위해서는 엄청나게 많은 인력과 비용이 소모되기 때문에 삼성전자 내부에서 이렇게 하다가 망할지도 모르겠다고 우려하는 이야기가 나오기 시작했다. 그러자 이건희 회장이 "삼성전자가 돈이 없으면 내 돈을 낼 테니까 걱정하지 말고 하라"고 말했다는 신문기사를 본 적이 있다. 이런 말 한마디가 바로 전략적 과제가 실천될 수 있느냐 없느냐를 결정하는 것이다.

기술개발도 많은 기업이 하고 있는데 왜 어떤 기업은 되고 어떤 기업은 안 되는가? 한국전기초자와 그 후에 간 동원시스템즈에서 서두칠 사장은 "연구개발을 열심히 하라"라는 식의 추상적인 말 대신에 "연구실은 24시간 불이 꺼져서는 안 된다"라는 구체적이고 행동지향적인 말

을 했기 때문에 기술개발에 성공할 수 있었다. 미래산업의 정문술 사장
도 "기술개발에 돈을 아끼지 말라"고 함으로써 기술개발을 성공적으로
이끌 수 있었다.

제도

변화가 실현되기 위해서는 제도적 뒷받침이 있어야 한다. 혁신투자
팀과 같이 변화의 전반적 관리를 책임지는 변화전담 조직이 필요하기
도 하고 기존 조직과는 별도로 변화와 혁신을 목적으로 하는 조직을 둘
수도 있다. 오리온에서는 새로운 사업을 개발하기 위해 별동부대를 두
어 연구하게 함으로써 케이블 등 엔터테인먼트사업으로 진출할 수 있
었고 LG전자에서는 40퍼센트 정도의 인력이 현업에서 분리되어
TDR Tear Down & Redesign이라고 하는 혁신project을 담당하고 있다. GE에
서는 CAP이라는 제도 하에 개인적으로 향후 3개월 동안 변화목표를
설정하고 매달 진행과정을 발표하게 함으로써 변화를 촉진시키고 있
다. 또한 변화목표달성을 '평가, 보상, 승진'으로 연결시켜 참여하지
않을 수 없도록 하는 것도 필수적이다. 지금은 많이 없어졌지만 연수가
차면 자동 승진, 승급되는 제도에서 탈피하여 평가를 통해 발탁 승진하
는 제도가 요구된다. 평가에서 하위등급을 받은 경우에는 GE에서 하
는 것과 같이 팀에서 방출되고 특별 관리되는 제도도 필요하다. 팀별로
이익과 손실을 파악하여 얼마나 이익증가와 원가절감에 기여했는지를
평가하여 경쟁적 분위기를 조성할 필요도 있을 것이다. 제일모직에서
는 양말상이라고 하여 팀장이 성과 좋은 팀원에게 양말을 시상하고 있
고 목표를 달성한 팀장에 대해서는 사장이 초대하여 금일봉과 함께 부
부동반 만찬을 하고 있다.

일체감

　종업원들과 일체감을 형성할 때 변화에 대한 참여의식이 높아지게 된다. 이를 위해서 필요한 것이 열린경영, 현장경영, 솔선수범이다. 열린경영은 종업원들과 많은 대화를 통해서 공감대를 형성하고자 하는 것이다. 매주 또는 매월 조회를 통해서 매출액, 이익 등 성과를 알려주고 예상되는 문제점과 해결방안을 제시하는 것도 대화이다. 어떤 CEO는 편지를 통해서 종업원들과 대화하기도 한다. 비전, 전략, 목표설정 및 달성 방법에 대해 아랫사람들과 같이 고민함으로써 아랫사람들도 경영에 참여하게 되는 열린경영의 하나라고 할 수 있다. 현장경영은 변화목표 달성의 진행을 주기적으로 직접 챙김으로써 잘한 것은 포상하고 잘못될 때는 필요한 것을 지원해주는 것이다. 솔선수범은 어려운 일을 종업원에게 시키기 전에 먼저 나서서 모범을 보여주는 것이다. 명량해전에서 이순신 장군은 선봉에 서서 왜적과 대접전을 벌였다.

비전

　리더십은 비전이다. 정보화시대에 와서 특히 비전이 중요해졌다. 정보화시대는 불확실성이 심한 시대로 아무도 내일 무슨 일이 일어날지 모른다. 누가 지시하고 통제할 수 있는 시대가 아니고 일을 책임 맡은 사람이 자율적으로 해야 하는 시대이다.
　산업화시대는 변화가 심하지 않았기 때문에 예측이 가능하여 거기에 기초를 두고 계획을 세워 구성원들을 계획에 맞게 끌고 가는 통제의 시대였다면, 정보화시대는 예측이 불가능하여 구성원들이 자율적으로 적응해야 하는 시대이다.

그런데 자율이라고 해서 그냥 마음대로 하라고 내버려둘 수는 없다. 배를 만드는 회사에서 영화를 만들겠다고 한다면 자원이 분산되어 좋은 결과를 기대할 수 없을 것이다. 비전이란 '우리는 무엇을 하는 회사이고 어떤 가치를 표방하는 회사다' 라는 것을 나타내기 때문에 판단과 행동의 기준이 되어 자율을 가능하게 하는 기초가 된다.

비전은 크게 2가지 요소로 구성되어 있다. 하나는 가치value와 의의 purpose로 구성된 이념이고 다른 하나는 20년 내지 30년 후의 대담한 목적과 그때 우리의 생생한 모습으로 구성된 미래상이다. 가치는 경영에서 무엇을 중요하게 생각하느냐 하는 것으로 의사결정의 기준이 된다. 고객만족을 중요한 가치로 내세우는 기업은 고객이 반품을 요구할 때 현장 직원이 일일이 상관에게 물어보지 않고 반품을 받아들일 수 있는 정책을 가지고 있다. 3M은 직원들의 독창적 아이디어를 중요시하기 때문에 실수를 장려하는 문화를 가지고 있다. 의의는 우리가 존재하는 이유raison d'etre를 나타낸다. 이것은 우리 회사가 어떤 가치 있는 일을 하느냐 하는 물질적인 것이 아닌 정신적인 측면을 말하는 것으로, 활동 그 자체가 아니고 활동으로부터 나오는 사회적 기여를 말한다. 월트디즈니는 만화를 만들고 영화를 만들지만 의의는 사람들을 행복하게 만드는 것이다. HP는 개인에 대한 깊은 존중, 품질에 대한 헌신, 지역사회에 대한 책임을 가치로, 인류의 발전과 복지를 위한 기여를 의의로 내세우고 있다.

비전이란 이념적으로 우리의 고객은 누구이고 우리는 그들을 어떻게 더욱 풍요롭고 행복하게 해주느냐 하는 것을 말해주는 것이다. 우리는 단지 월급을 받기 때문에 일하는 것이 아니라 일이 그 자체로 어떤 가치와 의미를 가질 때 긍지와 자부심을 갖게 되고 참여의 정신이 강화된다. 우리의 잠재력을 끌어내려면 우리가 하는 일이 일생을 걸고 해볼 만한 가치 있는 것이라고 하는 믿음이 필요하다. 따라서 우수기업의 경영자는 종업원들에게 회사가 하는 일이 얼마나 가치 있는 일인가를 일러줌으로써 긍지와 자부심을 갖게 해주는 것이 중요하다. 대한항공에서도 스튜어디스 교육 때 대한항공이 없었으면 1960년대부터 지금까지 이룬 경제발전이 가능했겠는가 반문하면서 대한항공이 하는 일이 국가적으로 얼마나 중요한 일인가를 상기시키고 있다고 한다.

비전의 이념적 측면인 가치와 의의는 조직이 2가지 종류의 가치를 공유할 때 기업에 실질적인 효과를 가져다줄 것이다. 하나는 이 일은 의미와 보람이 있어 일생을 걸어보겠다는 정신을 나타내는 사업적 가치관이고, 다른 하나는 우리는 모두 하나이고 공동체정신으로 협력해야 한다는 인간적 가치관이다. 의의는 일의 의미와 보람을 나타내는 것으로 모든 구성원이 그것으로부터 사업적 가치관을 가질 수 있어야 할 것이다.

월트디즈니의 의의는 사람들을 행복하게 만든다고 하는 것인데 이것이 종업원들로 하여금 일생을 걸고 한번 해볼 만한 것이라는 사업적 가치관을 갖게 하는 것이다. HP의 가치인 개인에 대한 존중은 인간적 가치관을 반영하는 것이고 품질에 대한 헌신은 사업적 가치관을 반영하는 것이다.

사업적 가치관은 일에 대한 열정을 말하는데 봉사정신에 기초를 두고 있다. 봉사정신이 없으면 열정은 오래가지 못한다. 인간적 가치관은 사람에 대한 애정이고 동체정신에 기초를 두고 있다. 3M이 '아이디어를 죽이지 말라' 고 하는 비전을 통해서 실패를 허용하고 그로부터 배울 것을 기대하는 것은 조직 내에 공유되고 있는 동체정신의 발로이다. 우수한 경영자들은 봉사정신과 동체정신, 즉 열정과 애정이 높은 수준에 있다. 경영이라고 하는 것은 모든 사람의 열정과 애정의 수준을 올리는 것, 즉 사업적 가치관과 인간적 가치관의 수준을 높이는 것이다. 이것이 의식의 개혁이다.

비전의 또 다른 측면은 미래상이다. 미래상은 10~30년에 걸친 대담한 목적audacious goal과 그 목적을 성취하면 갖추게 될 우리의 생생한 모습vivid description이다. 1930년대 머크Merck는 주요 대학에 버금가는 연구실을 설치하고, 일반적인 화학회사에서 세계에서 가장 앞선 제약회사로 탈바꿈하려는 대담한 목적을 수립했다. 그리고 "인내와 끈기로 연구를 수행하여 산업에 새로운 활력을 불어넣고 고통과 질병으로부터 사람들을 해방시킬 것이다" 하는 생생한 묘사를 하였다.

그런데 비전은 죽은 비전이 될 수도 있고 살아 있는 비전이 될 수도 있다. 리더가 해야 할 일은 비전을 살아 있는 비전으로 만드는 것이다. 비전이 액자에만 걸려 있어 종업원들이 기억하지 못한다거나 그들의 행동에 아무런 영향을 주지 않는다면 죽은 비전인 것이다. 살아 있는 비전이 되기 위해서는 종업원 사이에 공유되고 전략, 목표로 구체화되고 실천되어야 한다. 우수기업의 비전은 기업전략에 기초를 두고 구체적인 목표로 바뀌게 된다.

한국전기초자에서 서두칠 사장은 세계 최고의 초자회사를 만든다는 대담한 목적을 세웠다. 구체적으로 첫해는 '혁신의 해'로 하여 흑자경영 목표를 세우고, 둘째 해는 '도약의 해'로 하여 삼성코닝을 따라잡는 목표를 세우고, 셋째 해는 '성공의 해'로 무차입 경영의 목표를 세웠다. 일본 닛산의 카를로스 곤도 NRPNissan Revival Plan를 세웠는데 그 구체적인 목표는 3년 내에 흑자달성, 영업이익률 5퍼센트 증가, 부채 절반 감소라는 내용이었다. 2년 만에 이 목표는 달성되었다.

닛산은 그다음에 '180'으로 불리는 목표를 세웠는데 그 내용은 3년 안에 100만 대 더 팔고, 영업이익률은 8퍼센트로 제고하고, 부채는 없앤다는 것이었다. 이와 같이 비전이 전략, 목표로 구체화되어 일관성을 가지고 추진될 때 살아 있는 비전이 되고 성공의 가능성은 높아지는 것이다.

문화

리더십이 변화라고 했을 때 변화의 틀을 지속적으로 유지해나가기 위해서는 조직 내에 강력한 문화가 조성되어 있어야 한다. 리더는 새로운 문화를 창조해야 한다. 문화는 상당 부분 비전으로부터 파생되어 나온다. 비전이 표방하는 가치는 우리의 사고방식을 결정짓고 사고는 문화의 기초가 되기 때문이다.

문화가 가치에 기초를 두고 있고 기업 성과에 얼마나 중요한가 하는 것은 미국 어느 교도소의 사례에서도 잘 나타난다(3부 1장 09 '교도소와 인간적 경영' 참조). 미국 매킨교도소에 새로 부임한 교도소장은 교도소 운영의 패러다임을 통제에서 자율로 바꾼다. 이 교도소는 강간, 살인 같은 흉악범을 수용하고 있는데 쇠창살을 나무문으로 바꾸는 등 자율적인 분위기를 조성함으로써 탈옥과 같은 사고가 많이 줄어들어 모범 교도소 경영자 상을 받았다. 불가능할 것처럼 보이는 교도소에서 이렇게 문화를 바꿀 수 있었던 배경에는 교도소장의 가치관이 자리 잡고 있다. 교도소장은 인간을 사랑하는 마음에서 성직자가 되려고 했지만 교도소장이 되었다고 한다. 인간을 사랑한다는 것은 인간의 무한한 가능성을 믿는다는 것이고 그러한 가능성을 발휘하도록 하기 위해서는 자율성밖에 없다는 것을 인식하고 있는 것이다. 죄수들은 감옥에 들어오는 것으로 이미 죗값은 치렀고 감옥에 들어와서까지 고통을 줄 필요는 없다는 것이 그의 생각이다. 그리고 자율적인 분위기에서 그들의 무한한 잠재력을 개발하는 삶이 중요하다는 것을 일깨워줌으로써 죄수들의 행동을 바꿔나갈 수 있었던 것이다. 그래서 새로운 문화를 심어나가기 위해 중요한 것은 일과 사람에 대한 인식의 변화다.

기업에서 확립해야 하는 것은 일의 가치와 관계의 가치이다. 여기에서 우리는 일을 통해 우리의 무한한 잠재력을 개발해야 하고, 그러기 위해서는 일에 열정을 가져야 한다. 이럴 때 열정을 가질 수 있는 일을 선택해야 한다는 일의 문화와 우리 모두 하나로서 협력해야 한다는 관계의 문화가 형성된다. 우수기업은 일의 문화와 관계의 문화가 확립되어 있다.

일하기 좋은 최고의 직장Best company to work for으로 뽑힌 기업의 한 직원은 "나는 5분도 일에 싫증이 나본 적이 없다. 일이 너무 exciting하다"고 이야기했다. 그는 동료 간에 서로 배려해주고 협력이 잘 되어 집안일이나 다른 일로 바빠 회사를 나오지 못하면 다른 동료가 대신 해주어 일과 삶의 균형을 취할 수 있다고 했다. 이와 같이 일의 문화와 관계의 문화가 확립되어 있을 때 재미있는 경영, 펀fun경영이 가능한 것이다. 펀경영이라고 해서 근무 중에 노래를 부르고 춤을 추고 웃기는 이야기를 해야 하는 것이 아니다. 회사 일이 즐겁고 동료와의 관계가 좋으면 회사에 가고 싶어지고 펀경영이 되는 것이다. 또한 일이 exciting하고 동료 간에 애정이 있을 때 마음의 여유가 생겨 유머도 나오고 노래도 부르고 싶은 것이다.

특히 한국 기업이 고쳐야 할 문화는 통제의 문화다. 한국 사람은 통제의 DNA가 강하다. 그래서 우리는 권위적이고 폐쇄적이다. 한국 기업은 관료적인 문화가 강하여 보고 지시하는 경영을 하고 있고 대립적인 문화가 강하여 심지어 동료를 적으로까지 생각하지 않으면 안 되는 경우도 있다. 권위적, 통제적, 폐쇄적 문화를 민주적, 자율적, 개방적 문화로 바꾸어야 한다. 보고 지시하는 경영에서 대화 토론하는 경영으로, 상관에게 '노'라고 말할 수 있고 동료 간에 진정한 협력이 이루어지도록 바꾸어야 한다. 한국 기업은 자율성을 어떻게 확대할 수 있느냐 가장 큰 과제이다. 자율성의 핵심은 시도를 하도록 만들고 실패를 허용하는 것이다. 실패를 장려하기도 해야 한다.

자율성을 강조하기 위해 80년대 미국에서 유행한 말은 'just do it'

이었다. '상관에게 물어보지 말고 그냥 네가 알아서 하라' 라는 말이다. 우리가 추구해야 할 자율성은 결재가 없는 자율성이다. 각자 알아서 하고 결과만 가지고 평가하면 되는 것이다. 이것은 종업원들을 사장으로 만드는 것이다. 그래서 정보화시대의 조직은 계층이 많은 관료제도가 아닌 계층이 없는 기업가제도로 바뀌어야 한다. 종업원을 자율적으로 만들기 위해서는 실패를 허용하고 장려해야 한다. 실수를 처벌하면 시도를 못하고 자율성은 죽게 된다. 실수해도 괜찮고 실수로부터 배우는 것이 중요하다는 인식을 심어주는 것이 중요하다. 우수기업은 또한 긴박감의 문화를 가지고 있다. 보통 잘못되는 기업을 보면 위기의식이 없다. "설마 망하기야 하겠나?" 하는 설마의식이 있다. 회사가 잘못되는데도 아무도 책임을 느끼지 않는다.

우리가 키워야 할 문화에는 세계문화가 있다. 이제는 세계적 시각을 가져야 한다. 세계 여러 나라의 언어, 문화, 그리고 관습을 이해할 수 있는 역량을 키워야 한다. 또한 다른 나라의 문학, 예술에도 관심을 가져야 한다.

12

자기 확신을 가진 지도자가 필요하다

전면적인 개혁의 시대

정보화시대는 1980년대 초부터 시작되었다. 그러나 아직도 우리는 산업화시대의 틀로부터 벗어나지 못하고 있는 것은 아닌지 자문해보아야 한다. 산업화시대에 잘 적응했던 제도는 이제 무너지고 새로운 제도가 탄생되어야 한다. 모든 것이 바뀌지 않으면 안 되는 전면적 개혁의 시대인 것이다. 이것은 즉, 단순한 개선이 아닌 혁명이 요구된다.

산업화시대의 대표적인 제도는 공산주의였다. 공산주의는 1960년대까지만 해도 소련이 미국을 능가할지 모른다고 예측하는 학자도 있을 정도로 잘 적응했는데 1980년대 말에 와서 완전히 멸망했다. 공산주의가 멸망한 것은 통제하고 폐쇄적인 관료제도가 주된 원인이었다.

그러나 아직도 우리나라 기업경영에서 정도의 차이는 있지만 이러한 공산주의적인 요소가 남아 있다는 것은 전면적인 개혁이 요구되고 있다는 것을 말해준다. 전면적 개혁은 어떠한 피해와 고통이 있다 하더라도 끝까지 밀고 나가는 용기를 가진 지도자가 요구된다. 급격한 변화의 시기에는 위대한 지도자가 요구되는 것이다.

즉 변화의 내용과 방향에 대해서 자기 확신을 가지고 있는 비전 있는 지도자가 요구된다 할 것이다. 어떠한 일이 있어도 이것만은 양보할 수 없다고 하는 자기 확신이 없으면 보수의 저항을 이겨나갈 수 없다.

위기의식과 도전의식

지금 요구되는 경영혁신은 전면적 개혁으로서 많은 사람의 적극적 참여 없이는 성공을 거둘 수 없다. 참여를 위해서는 변화의 필요성에 대한 공감대를 형성할 필요가 있다. 사람들은 현실에 안주하고자 하는 속성을 가지고 있기 때문에 변화를 위해서 위기의식을 가지지 않으면 안 된다. 아무리 술 담배를 끊어야 건강에 좋다고 이야기해도 위궤양에 걸려 한번 크게 고생하지 않으면 습관을 잘 고칠 수 없는 것이 사람이다. 따라서 환경이 급격히 변해가는데 모르고 가만히 있으면 서서히 죽게 될 것이라는 것을 인식시켜 줄 필요가 있다.

위기는 아무도 내일 무슨 일이 일어날지를 모르는 급격한 환경 변화로부터 출발한다. 환경 변화에 적절하게 대응하지 못하고(난공불락의 세계적 기업 GM이 지금 휘청거리고 있는 것처럼) 지금 잘하고 있다고 자만에 빠지면 도태의 길을 걸을 수밖에 없다. 오늘날의 소비자들은 개성이 뚜렷하고 변덕스러우며 제품수명 주기는 점점 더 짧아지고 경쟁은 더욱 격심해지고 있다. 환경 변화의 속도에 맞춰 변화하지 않으면 안 된다는 인식이 위기의식의 출발이다.

위기의식을 조성하기 위해서는 오늘의 시각이 아니라 내일의 시각에서 보아야 할 것이다. 위기의식을 심어주기 위해서는 고객들이 타사의 제품을 더 좋아하고 시장점유율이 잠식당하고 있는 현실을 통계를 통해서 종업원들에게 자세히 알려줄 필요도 있다.

미국의 유니온 퍼시픽 레일로드사는 고객조사를 통해서 낮게 나타난 신뢰도를 알림으로써 변화의 필요성을 인식하게 되었으며 덴마크의 오티콘사는 세계 최고의 회사이지만 시장점유율이 급격히 감소하는 것을 계기로 변화를 시도하였다. 위기의식은 '이래서는 안 되겠다'고 하는 것인데 '나도 할 수 있다'고 하는 도전의식과 결부되어 나타날 수 있다. 사람은 누구나 위대해지고 싶은 욕구를 가지고 있기 때문이다.

세계 최고를 겨냥하는 도전의식이 있을 때 위기의식도 생긴다. '우리는 세계적 기업인 GE와 비교하여 손색이 없는 생산성 수준을 달성하고 있는가? 차이가 있다면 그것은 무슨 이유인가?'와 같은 질문으로부터 변화의 출발점을 삼을 수 있을 것이다.

위기의식과 도전의식은 조직 내에 '무언가 하지 않으면 안 되겠다'는 긴박감을 조성하는데 이는 지도자가 뚜렷한 목표의식을 가지고 적극적으로 행동하지 않으면 조성될 수 없다.

지도자는 현장에서 바쁘게 움직이면서 일선에서 뛰고 있는 종업원들을 직접 만나 이야기를 듣고 문제점을 해결하는 일관성 있는 조치를 내려 나가야 할 것이다.

따라서 지도자는 위기가 닥칠 때까지 기다리지 않고 위기를 창조하고 심어나가야 하며 불가능한 일이란 없고 도전하는 것이 중요하다는 것을 일깨워 나가는 능력이 요구된다.

새로운 문화와 창조

지금 일어나는 경영혁신은 산업화시대의 권력 중심의 문화에서 정보화시대의 일 중심의 문화로 바뀌는 것을 말한다. 이것은 불신에서 신뢰, 통제에서의 자율, 소외에서 참여, 대립에서 협력으로 조직의 문화가 바뀌는 것을 의미한다.

신뢰의 문화를 창조하기 위해서는 아무리 시간이 걸리더라도 지도자가 일선 종업원들을 만나 현재 조직의 폐해를 직접 듣고 문제를 해결하기 위한 일관성 있는 조치를 내리는 것이 중요하다.

종업원들에게 재무상태를 공개하는 것도 필요한 일이다. 이러한 변화의 와중에서 종업원들이 경영층을 믿을 때 변화를 위한 참여가 보다 적극적일 것이다.

자율의 문화는 무엇이든지 "고객을 위해서 필요한 일이라면 상관의 결재를 받을 필요 없이 그냥 하라"라는 것을 종업원들에게 주지시키는 것으로부터 조성된다. 미국의 타이트플렉스사는 고객과 작업자를 직접 연결하여 고객의 문제를 해결하는 데 무제한의 권한을 부여했다.

참여의 문화는 종업원을 가능한 범위 내에서 경영의사결정에 참여시키는 것이다. 타이트플렉스사는 500만 달러짜리 사업계획서를 종업원들에게 엄격하게 검토하여 추진 여부를 결정해달라고 요청함으로써 참여의 문화를 조성하였다.

협력의 문화는 기능부서 간 장벽을 뛰어넘어 수평적으로 일하는 것을 조장함으로써 가능하다. 이것은 우리 부서는 누구를 위한 부서인가 하는 고객지향적 사고로부터 출발한다. 유니온 퍼시픽 레일로드사에서는 마케팅과 영업은 수익과 고객에 초점을 맞추고 운영부서는 비용과 기관차 운영에만 초점을 맞추어 조화가 이뤄지지 않았는데, 고객서비스 향상이라는 공동사명을 가진 후에는 협력하는 관계로 발전하였다.

이상에서 설명한 바와 같이 성공적인 경영혁신에는 비전의 설정, 위기의식과 도전의식의 조성, 새로운 문화창조에 지도자의 능력이 요구된다.

1 Gary Hamel, 《경영의 미래》, 권영설 · 신희철 · 김종식 역, 세종서적, 2009.

2 흘수선: 선체가 물에 잠기는 한계선이다. 흘수선 아래에 구멍이 나면 침몰하는 것에 비유하여, 흘수선을 넘어가지 않는다는 것은 기업이 망하지 않을 정도의 위험부담을 진다는 것이다.

3 "31등 하던 '부잣집 아들' 갑자기 2등으로 뛴 까닭은…", 한국경제, 2009. 9. 23.

4 James L, Collins & Jerry I, Porras, Built to Last, HarperCollins, 1994.

5 "이건희 회장 경영복귀 1년, 삼성에 어떤 변화 있었나", 동아일보, 2011. 3. 9.

6 "삼성 3세 중심 '신수종 밑그림 잡혔다'", 프라임경제, 2011. 3. 8.

7 "The Incredible Shrinking Company", Economist, December 15, 1990, p. 65.

8 노부호, 《경영혁명》, 한국경제신문사, 1991, pp. 354~359.

9 James L, Collins & Jerry I, Porras, "Building Your Company's Vision" Harvard Business Review, Sep–Oct, 1996.

10 김종훈, 《우리는 천국으로 출근한다》, 21세기북스, 2010.

11 짐 콜린스, 《성공하는 기업의 8가지 습관》, 워튼 포럼 역, 김영사, 1996.

12 Kim, C. and Mauborgne, R., "Value Innovation: the Strategic Logic of High Growth," HBR, Jan–Feb, 1997.

13 "머크사는 왜 죽지 않았는가", 조선일보 위클리비즈, 2011. 2, pp. 26~27.

14 3수준 평가는 모토로라에서 훈련프로그램의 평가에 사용하는 용어이다. 지식과 기술을 해당 직무에 잘 응용하고 있는가를 평가하는 것이다. 1수준 평가에서는 구성원들이 얼마나 만족하고 있는가를 평가하고, 2수준 평가에서는 지식과 기술을 얼마나 잘 습득하고 있는가를 평가하고, 3수준 평가에서는 조직의 성과에 얼마나 기여하고 있는가를 평가한다.

15 이지훈, 《혼창통》, 쌤앤파커스, 2010.

16 헤르만 지몬, 《히든 챔피언Hidden Champion》, 이미옥 역, 흐름출판, 2008.

17 Gary Hamel, "Strategic Intent", Harvard Business Review, 1989.

18 http://www.choongmoogongleesoonsin.co.kr/sub_04/sub_04_03.asp.

19 유한공고의 설립정신은 성실, 교훈은 참된인간, 기술연마, 사회봉사였다.

20 유한양행의 연만희 고문은 유일한은 고집이 세고 엄격하여 아랫사람들이 만나기 어려워했지만 실제로 대해보면 정과 눈물이 많고 부드러운 사람으로 아랫사람들과 대화하고 싶어 했다고 한다.

21 유한양행의 연만희 고문은 유일한이 정치에 관심이 없었고 이승만 대통령의 상공부장관 제의를 거절한 것은 그가 이승만 대통령과 다르게 서재필, 안창호 등과 함께 흥사단 계열에 속했기 때문일지도 모른다고 했다.

22 연만희 고문에 의하면 유일한은 처음부터 유일선을 유한양행의 경영에 참여시킬 생각이 없었다고 한다.

23 연만희 고문은 유일한과 그의 아들 및 아내와의 사이에 한국적 잔정은 없었지만 소원한 관계는 아니었다고 생각된다고 했다. 부인은 유일한이 1971년 사망하기 2년 전 1969년에 한국에 와서 문병을 했고 아들도 몇 번 문병을 왔다고 한다. 장례식 때 오지 않은 것은 서구식 합리주의적 사고방식의 결과일 것이다. 여기서 하나 덧붙일 것은 유일한이 교육적 차원에서 아들에게 엄격했다는 점이다. 유일선이 공부할 때 고층건물의 유리 닦는 일도 하게 했다고 한다. 그러나 유일선은 유일한 사후 한국을 방문하여 유한양행의 중역들 앞에서 유일한의 가치에 공감하고 있음을 보여주었고 유일한 시상식에도 참석하여 인사말을 하였다고 한다.

24 유한양행의 연만희 고문과의 인터뷰에 기초

김덕수, 《맨주먹의 CEO: 이순신에게 배워라》, 밀리언하우스, 2004.

김성호, 《일본전산 이야기》, 쌤앤파커스, 2009.

김정경, "포드의 경쟁력 회복요인과 시사점", 〈자동차경제〉, 통권 제430호, 자동차 산업연구소, 2010. 8.

김종대, 《내게는 아직도 배가 열두 척이 있습니다》, 북포스, 2004.

노부호, "전략의 고리: 경쟁력의 기본", 〈서강 Harvard Business〉, 제17권 제5호, 서강대학교, 1999.

노부호, "7요소 리더십 모델과 이순신 장군", 〈서강경영논총〉, 제19-2호, 2008. 12.

노부호, "기업가정신과 국가경쟁력", 기업가정신 국제컨퍼런스, 한국무역협회 등 경제5단체 주최, 쉐라톤 그랜드 워커힐 호텔, 2008. 10.

노부호, "생명과 창조의 경영: 시장경제원칙", 〈서강 Harvard Business〉, 2000년 6월호, 서강대학교, 2000. 7.

노부호, "우수기업의 경영모델", 〈서강경영논총〉, 제18집, 2007. 12.

노부호, "유일한의 기업가정신과 경영", 〈경영사학〉, 제25집 제4호, 한국경영사학회, 2010. 12.

노부호, "전략의 고리: 경쟁력의 기본", 〈서강 Harvard Business〉, 제17권 제5호, 서강대학교, 1999. 9.

노부호, "한국 기업의 구조조정과 경영혁신: 성공적 실행을 위한 제언", 〈서강경영논총〉, 16-1호, 2005. 12.

노부호, 《한국의 비전과 정부역할(상)》, 월간중앙, 2008. 4.

노부호, 《인간혁명과 경영창조》, 삶과 꿈, 1999. 5.

노부호, "기업윤리: 사회적 책임과 역할", 〈철학과 현실〉, 2000년 가을호, 철학문화연구소, 2000. 9.

노부호, "'소가 밟아도 무너지지 않는' 구조혁신", 〈Dong-A Business Review〉, November 2010 Issue2, No. 69.

노부호 편저, 《한국 중소기업의 성공전략》, 유나이티드 컨설팅 그룹, 1993.

이상문, 노부호, 《MBMO》, 법문사, 1983.

다카하시 노부오, 《성과주의의 허상》, 정경진 역, 오즈컨설팅, 2007. 11.

리카르도 세믈러, 《셈코스토리》, 최동석 역, 한스컨텐츠, 2006.

마츠우라 모토오, 《선착순 채용으로 세계 최고 기업을 만들다》, 이민영 역, 지식공간, 2010.

"'마음관리'로 생산성 2배 향상 삼성전기 태국공장", 매일경제, 1999. 9. 22.

매일경제 중소기업부 편, 《성공한 사장들이 말하는 나의 사업이야기》, 매일경제신문사, 2000.

박준용, "경영의 핵심은 목적의식이다", 〈서강 Harvard Business〉, September–October, 1992("The Purpose at the Heart of Management", Harvard Business Review, May–June, 1992).

서두칠, 《서두칠의 지금은 전문경영인 시대》, 김영사, 2006.

서두칠, "The Success Factors of Change Management Implementation for Companies in Crises: An Ethnographic Participant–Observer Case Study of 3 Companies and their CEO", 박사학위논문, 서울과학종합대학원대학교, 2010.

서두칠과 한국전기초자 사람들 공저, 《우리는 기적이라 말하지 않는다》, 김영사, 2001.

송복, 《서애 류성룡 위대한 만남》, 지식마당, 2007.

안춘식, "유일한의 기업 활동과 경영전략(특집 유일한 연구)", 〈경영사학〉, 제9집, 한국경영사학회, 1994.

염동호, 《괴짜 경영학》, 휴먼앤북스, 2009.

《유한양행약사》, 유한양행, 1964.

전봉건, 한광구, 《유한 50년사》, 유한양행, 1976.

유일한 전기 편집위원회, 《나라사랑의 참 기업인 유일한》, 유한양행, 1995.

윤봉준, "시련 끝에 이룬 개혁", 〈서강 Harvard Business〉, November–December, 1992("Trial–By–Fire Transformation: An Interview with Globe Metallurgicals Arden C. Sims", Harvard Business Review, May–June, 1992).

이나모리 카즈오, 《CEO to CEO》, 김형철 역, 한국경제신문사, 2003.

임원빈, 《이순신 병법을 논하다》, 신서원, 2005.

"앙코르 내 인생, 건설사 임원하다 기타 만드는 최동수(72) 씨", 조선일보, 2011. 1. 6.

"앙코르 내 인생, 증권사 CEO에서 집짓기 운동 이창식(66) 씨", 조선일보, 2011. 1. 13.

조성기, 《유일한 평전》, 작은 씨앗, 2003.

㈜벽산 김재우 사장, 임직원 공저, 《거봐! 안 망한다고 했지》, 라이트북닷컴, 2003.

지용희, 《경제 전쟁시대 이순신을 만나다》, 디자인하우스, 2003.

짐 콜린스, 《성공하는 기업의 8가지 습관》, 워튼 포럼 역, 김영사, 1996.

잭 웰치, 《잭 웰치 끝없는 도전과 용기》, 강석진 감수, 이동현 역, 청림출판, 2001.

톰 피터스, 《톰 피터스의 경영혁명》, 노부호 역, 한국경제신문사, 1997, pp. 354~359.

톰 피터스, 《해방경영》, 노부호 외 역, 한국경제신문사, 1994.

황명수, "유일한의 생애와 경영이념(특집 유일한 연구)", 〈경영사학〉, 제9집, 한국경영사학회, 1994.

황명수, "한국기업의 발달(1910~1945)", 〈논문집〉, 제14집, 단국대학교, 1980.

Christensen, Clayton M., "How will you measure your life?", Harvard Business Review, Jul-Aug, 2010.

Collins, James C. and Jerry I. Porras, "Building Your Company's Vision", Harvard Business Review, Sep-Oct, 1996.

Drucker, Peter F., Managing for Results: Economic Tasks and Risk-Taking Decisions, Harper & Row, 1964.

Gary Hamel, The Future of Management, Harvard Business School Press, 2007.

Herman Simon, "Hidden Champions", Business Week, Jan. 26, 2004(《히든 챔피언》, 이미옥 역, 흐름출판, 2008).

Jim Collins, Good to Great, Harper Business, 2001(《좋은 기업을 넘어 위대한 기업으로》, 이무열 역, 김영사, 2002).

John P. Kotter, "Leading Change: Why Transformation Efforts Fail", HBR, Jan, 2007.

Kim, C. and Mauborgne, R., "Value Innovation: the Strategic Logic of High Growth", HBR, Jan-Feb, 1997.

Laura Reave, "Spiritual value and practice related to leadership effectiveness", The Leadership Quarterly, 16(2005), pp. 655~687.

Maslow, Abraham H., Motivation and Personality, Harper & Row Publishers Inc., 1954.

Mayo, Elton, The Human Problems of an Industrial Civilization, NewYork: Macmillan, 1933.

McGregor, Douglas, The human side of enterprise, Reflections, Volume 2, Number 1, 1960.

Nohria, Nitin; Joyce, "William; Bruce Roberson, What Really Works", Harvard Business Review, Vol. 81 Issue 7, Jul, 2003, pp. 42~52.

Ricardo Semler, "Managing without managers", HBR, 1989, pp. 9~10.

Ricardo Semler, THE SEVEN-DAY WEEKEND: Changing the Way Work Works, Portfolio, April, 2004.

"Rising Above the sludge" Economist, Apr. 3rd, 2003.

Rudolph W. Giuliani, Leadership Through the Ages, Hyperion, October 1, 2002.

Schumpeter, Joseph A., Capitalism, Socialism and Democracy, New York: Harper, 1975[orig. pub. 1942].

Semler, Recard, "Why my former employees still work for me", Harvard Business Review, Jan-Feb, 1994.

Stephen R. Covey, Principle-Centered Leadership, Hachette Book Group, USA, 1992(《원칙 중심의 리더십》, 김경섭·박창규 역, 김영사, 2001).

Stephen R. Covey, The 7 Habits of Highly Effective People, Fireside, 1990(《성공하는 사람들의 7가지 습관》, 김경섭 역, 김영사, 2003).

Steve Jobs, "Stay hungry. Stay foolish", Fortune, 2005. 9. 5.

Underwood, Jim, More than a pink Cadillac, McGraw-Hill, 2003.

Ways, M., "Tomorrow's management", Fortune, July 1, 1966.

"What You Dont Know About Dell", Business Week, Nov. 3, 2003.

Wrzensniewski, Amy, Justin M. Berg, and Jane E. Dutton, "Turn the Job you have into the Job You Want", Harvard Business Review, June, 2010.

Yoo, Jungho(with Anne Krueger, coauthor), "Falling Profitability, Higher Borrowing Costs, and Chaebol Finances during the Korean Crisis." in Coe and Kim (eds.), Korean Crisis and Recovery. Washington D. C.: IMF, 2002(in English).

KI신서 3540

통제경영의 종말

1판 1쇄 발행 2011년 12월 15일
1판 2쇄 발행 2012년 3월 20일

지은이 노부호
펴낸이 김영곤 **펴낸곳** (주)북이십일 21세기북스
부사장 임병주 **기획2실장** 안현주 **기획** 박영미 유승재
편집실장 주명석 **편집팀장** 정지은
책임편집 박혜란 **디자인 표지** 송경진 **본문** 네오북
마케팅영업본부장 최창규 **마케팅** 김현섭 김현유 강서영 **영업** 이경희 정병철
출판등록 2000년 5월 6일 제10-1965호
주소 (우 413-756) 경기도 파주시 문발동 파주출판문화정보산업단지 518-3
대표전화 031-955-2100 **팩스** 031-955-2151 **이메일** book21@book21.co.kr
홈페이지 www.book21.com
21세기북스 ·**트위터** @21cbook ·**블로그** blog.naver.com/book_21
ⓒ노부호, 2011

ISBN 978-89-509-3296-1 03320
책값은 뒤표지에 있습니다.